마음의 개념

마음의 개념
길버트 라일 지음
이한우 옮김

文藝出版社

THE CONCEPT OF MIND

Gilbert Ryle

마음의 개념
차례

서론 ——————————————————————— 9

1 데카르트가 만든 신화
1. 공식적인 교설 ——————————————— 13
2. 자가당착에 빠진 공식적인 교설 ——————— 19
3. 범주적 오류의 기원 ———————————— 23
4. 역사적 소묘 ——————————————— 28

2 방식을 아는 것과 사실을 아는 것의 차이
1. 들어가는 말 ——————————————— 30
2. 예지와 지성 ——————————————— 30
3. 방식을 아는 것과 사실을 아는 것 —————— 34
4. 주지주의적 전설의 여러 가지 동기 —————— 40
5. 내 머리 속에서 —————————————— 44
6. 방식을 아는 것에 대한 적극적인 해명 ———— 49
7. 예지적 능력들과 습관들의 상호대비 ————— 52
8. 예지의 발휘 ——————————————— 56
9. 이해와 오해 ——————————————— 64
10. 유아론(唯我論) ————————————— 75

3 의지
1. 들어가는 말 ——————————————— 78

2. 결의들에 관한 신화 ─── 79
　　3. 「자발적」/「비자발적」의 구별 ─── 87
　　4. 의지의 자유 ─── 94
　　5. 기계론의 망령 ─── 95

4 정서
　　1. 들어가는 말 ─── 103
　　2. 감정과 경향성의 상호대비 ─── 104
　　3. 경향성과 동요의 상호대비 ─── 115
　　4. 기분 ─── 123
　　5. 동요와 감정 ─── 131
　　6. 향유하는 것과 소망하는 것 ─── 134
　　7. 동기들의 기준 ─── 138
　　8. 행위의 이유와 원인 ─── 143
　　9. 맺음말 ─── 145

5 성향과 발생사건
　　1. 들어가는 말 ─── 147
　　2. 성향진술들의 논리 ─── 149
　　3. 정신능력과 경향 ─── 159
　　4. 정신적 발생사건들 ─── 173
　　5. 성취 ─── 191

6 자기인식
　　1. 들어가는 말 ─── 199
　　2. 의식 ─── 202
　　3. 내관 ─── 211
　　4. 「특별한 접근권」에 의하지 않은 자기인식 ─── 216
　　5. 음미되지 않은 발언에 의한 드러남 ─── 234
　　6. 자아 ─── 241
　　7. 「나」라는 개념의 체계적 도피성 ─── 253

7 감각과 관찰
1. 들어가는 말 —————————————— 258
2. 감각 ————————————————— 261
3. 감각자료이론 ————————————— 271
4. 감각과 관찰 ————————————— 287
5. 현상론 ———————————————— 303
6. 보충하는 말 ————————————— 310

8 상상력
1. 들어가는 말 ————————————— 317
2. 마음속으로 그려보는 것 ———————— 318
3. 특별한 지위를 갖는 그림에 관한 이론 —— 321
4. 상상하기 —————————————— 331
5. 가장하기(…… 인 체하기) ——————— 335
6. 가장하기, 공상하기, 상상하기 ————— 343
7. 기억 ————————————————— 354

9 지성
1. 들어가는 말 ————————————— 364
2. 지성의 판별기준 ——————————— 365
3. 이론의 구성, 습득 및 활용 —————— 372
4. 인식론적 용어의 올바른 적용과 잘못된 적용 — 380
5. 말하기와 가르치기 —————————— 402
6. 지성의 우선권 ———————————— 408
7. 인식론 ——————————————— 411

10 심리학
1. 심리학의 프로그램 —————————— 414
2. 행태주의 —————————————— 423

옮긴이의 말 —————————————— 428

서 론

　이 책은 몇 가지 유보조건 하에서 마음의 이론(혹은 정신의 이론)이라 부를 수 있는 것에 관한 것이다. 그러나 이 책은 마음(mind)에 관한 무슨 새로운 정보를 전달해주지는 않는다. 우리는 이미 정신에 관한 풍부한 정보를 갖고 있다. 이런 정보는 철학자들의 논증에서 도출되거나 그런 논증에 의해 반박될 성질의 것이 아니다. 따라서 이 책에 나오는 철학적 논증들은 정신에 관한 기존의 지식을 확장하려는 것이 아니라, 다만 이미 알고 있는 지식들의 논리적인 지형도를 올바르게 그리려는 데 그 본연의 의도가 있다.

　교사, 시험감독관, 관리, 비평가, 역사가, 소설가, 신앙고해자, 하사관, 경영자, 노동자, 배우자, 부모, 연인, 친구, 적(敵) 등은 누구나 자신들이 관계맺고 있는 사람들의 성격이나 지성의 특징들에 관한 일상의 문제들을 나름대로 풀어나가는 방법을 잘 알고 있다. 즉 이 각계각층의 사람들은 자신들과 관계하는 상대방이 훌륭한 일을 해내면 칭찬할 줄 알고, 그가 이룩한 성취에 대해 나름대로 평가할 줄도 알며, 또한 그의 말과 행동을 이해하고 동기를 파악하며 우스갯소리도 얼마든지 알아듣고 웃을 수 있다. 어쩌다 잘못을 저지를 경우에는 그 잘못을 어떻게 바로 잡을 것인지도 안다. 심지어 그들은 비판이나 솔선수범, 훈시, 처벌, 뇌물제공, 조롱, 설득 등과 같은 수단으로 상대방 마음에 교묘하게 영향을 주고, 또 그 결과에 비추어 자신의 그 다음 행동방향을 새롭게 정할 수도 있다.

　사람들은 대부분 타인의 마음을 이렇게 저렇게 서술하거나 거기에 행동으로 대처해야 할 경우, 얼마나 효율적으로 사용하느냐에는 사람에 따라 정도 차가 있겠지만 마음의 힘이나 작용(mental powers and operations)과 관련된 개념들을 동원한다. 다시 말해 그들은 구체적인 상황에 처했을 때,「조심스러운(careful)」,「아둔한(stupid)」,「논리정연한(logical)」,「부주의한(unabservant)」,「명민한(ingenious)」,「허황된(vain)」,「치밀한(methodical)」,「고지식한(credulous)」,「재치있는(witty)」,「자제력이 강한(self-controlled)」 등과 같이 정신작용과 관련된 수천 가지의 수식어를 상황에 맞게 적용하는 방법을 이미 배워 알고 있다.

그러나 이런 개념들을 상황에 적용할 줄 안다고 해서 이 개념들 간의 상관관계, 혹은 이런 개념군(群)*과 다른 개념군 간의 상관관계를 안다고 말할 수는 없다. 예를 들면 일반 사람들은 개념들을 사용해 얼마든지 의미있게 이야기를 할 수 있으면서도, 사용하는 개념 그 자체에 대해 이야기를 해보라고 하면 주저하고 망설이게 된다. 다시 말해서 그들은 실생활을 통해 자기와 밀접한 분야에서는 어떤 개념이라도 무리 없이 사용하는 방법을 알고 있지만, 그 개념들의 적용(適用)이나 사용(使用)을 지배하는 논리적 규칙들에 대해서는 한 마디도 하기 어려운 것이 사실이다. 비유적으로 말해서, 이 사람들은 자기 고장의 지리(地理)에 대해서는 속속들이 알면서도 그 고장의 지도(地圖)를 작성할 줄 모르거나 아니면 그 지도를 이해할 줄 모르는 사람의 처지와 비슷하다.

여러 가지 목적상 이처럼 사용법을 잘 알고 있는 개념들의 논리적 위상(位相)을 정립하는 일은 필요하다. 마음의 힘이나 작용 혹은 상태 등과 관련된 개념들의 논리적 위상을 정립하려는 시도는 지금까지도 철학자의 과제 중에서 가장 중요한 부분을 차지하고 있다. 인식론(혹은 지식이론), 논리학, 정치철학, 미학(美學) 등은 바로 철학자들이 마음이론분야에서 이루어낸 성과다. 그래서 이들 분야의 몇몇은 부분적으로나마 상당한 진척을 이룩하기도 했다. 그러나 3세기에 걸친 자연과학의 전성기 동안, 마음의 힘이나 작

---

* 여기서 개념군이란 범주를 달리하는 개념들의 집합을 말한다. 예를 들어 이 책에서 앞으로 계속 나오겠지만 지성적(intellectual)이라는 수식어와 예지적(intelligent)이라는 수식어는 서로 범주 혹은 종류(kind)를 달리한다는 것이 라일의 주장이다.

용과 관련된 개념들을 연결시키는 논리적 범주들은 잘못 선택되어 왔다는 것이 이 책의 기본적인 입론(立論, thesis)의 한부분이다. 특히 데카르트의 경우, 그가 남긴 철학적 유산의 하나로서 지금까지도 마음의 지도(地圖)를 왜곡하고 있는 몹쓸 신화(神話)를 후세에 남겨 놓았다.

물론 신화는 가공(架空)의 이야기와는 다르다. 신화는 「A」라는 범주에 속하는 사실들을──동일 범주의 용어들로 서술치 않고──「B」라는 범주에 해당되는 용어들로 제시한 것이다. 따라서 하나의 신화를 설파(說破)하거나 논박하는 일은 사실들을 부정하는 것이 아니라 그것들을 제자리에 돌려놓는 것이다. 이 책에서 내가 시도한 것이 바로 이런 일이다.

개념들의 논리적 지형도를 정립한다는 것은 바꾸어 말해서 그 개념들이 사용된 명제나 문장들의 논리적 관계를 밝히는 일이다. 즉 명제들 간의 정합성(整合性)여부나 추론(推論)관계를 보여주는 일이다. 한 개념이 소속되어 있는 논리적 유형(type)이나 범주(category)는 그 개념이 논리적으로 정당하게 사용될 수 있는 일련의 방식들을 말한다. 따라서 이 책에서 채용된 핵심 논증들은, 마음의 능력이나 과정을 나타내는 개념들을 사용한 일부 작업들이 왜 논리적 규칙들을 위반한 것인지를 보여주려는 의도를 갖고 있다. 나는 데카르트의 신화가 암암리에 조장한 사고방식을 비판하고, 나아가 문제가 된 개념들을 어떤 논리적 범주에 소속시켜야 할 것인지에 관한 대안을 제시하기 위하여 「귀류」논증*을 이용하겠다. 그렇지만 경우에 따라서, 특히 우리의 목표에 대한 기여가 사실상 더 크다고 판단될 경우에는 보다 완화되고 덜 엄밀한 방식의 논증들도 이용할 것이다. 하지만 철학의 근본특징은 습관에 의한 범주사용에서 엄밀한 원칙에 따른 범주사용으로 전환하는 것이다. 그래서 비록 유화적인 설득이 완고한 지적 습관을 폐기시키는 데 용이하다 할지라도, 그런 설득은 엄밀한 논증을 강화시켜주지는 못하고 다만 이런 논증에 대한 거부감을 다소간 무마시켜줄 뿐이란 점을 명심해야 한다.

일부 독자는 이 책에서 나의 논조(論調)가 지나치게 논쟁적이라고 생각할

---

* 한 명제의 부정으로부터 모순된 결론을 도출해냄으로써 그 명제를 「증명」하거나 그 명제 자체로부터 모순된 결론을 도출함으로써 그 명제를 「반증」하는 것을 말한다.

는지 모른다. 사실 지금 내가 열과 성을 다해서 논박하고 있는 가정(假定)들이 나 자신도 한때 깊이 빠져 있었던 것들이란 점을 고려한다면 그들의 심정을 충분히 이해하고 남음이 있다. 일차적으로 나는 나의 사상체계 속에 들어 있는 결함들부터 가려낼 것이다. 다른 이론가들은 이를 밑거름 삼아 우리가 걸려 있는 만성병을 진단해내어, 내가 내린 처방으로부터 도움을 얻게 되길 바란다.

1
데카르트가 만든 신화

1. 공식적인 교설

마음의 본성과 위치에 대해서는, 가히 「공식적인 이론(official theory)」이라 부를 만한 교설(敎說)이 전문이론가들 사이에서는 말할 것도 없고 문외한들 사이에도 널리 횡행하고 있다. 거개의 철학자나 심리학자 그리고 종교이론가들은 약간의 유보조항을 단 채 이 교설의 주요 지침들을 수용하고 있으며, 설사 이 교설 속에 이론상의 난점들이 있다는 것을 인정하는 경우에도, 그들은 이 교설의 기본 뼈대에 심각한 타격을 가하지 않고서도 그런 난점들을 얼마든지 극복할 수 있다고 여긴다. 나는 이 책 전편에 걸쳐 이 교설의 중심원리들은 논거가 미약하기 그지 없으며, 사변(思辨)에 기울지 않고 생각했을 때 우리가 마음에 대하여 알 수 있는 것과 상충된다는 점을 입증해보이고자 한다.

주로 데카르트에 뿌리를 두고 있는 공식적인 교설이란 요약하면 다음과 같다. 젖먹이나 백치를 제외한 모든 인간은 육체와 정신*을 동시에 갖고 있다. 혹자(或者)는 이를 모든 인간은 육체임과 동시에 정신이라고 말하고 싶을지도 모르겠다. 이런 육체와 정신은 통상 서로 얽혀 있지만, 육체가 죽더라도 정신은 계속 남아서 활동을 계속할 것이다.

---

* 여기서는 마음과 동의어다.

인간의 육체는 공간(空間) 속에 있기 때문에, 공간 속의 모든 물체를 지배하는 기계적 법칙들에 따른다. 육체의 제반과정과 상태에 대해 외부의 관찰자들은 파악할 수 있다. 그래서 어떤 사람의 육체활동은 동물이나 파충류의 활동, 심지어는 식물이나 광물 또는 별의 제반 움직임과 마찬가지로 공적(公的)* 영역이 된다.

이에 반해 정신은 공간 안에 들어 있지 않으며, 그 활동이 기계적 법칙들을 따르지도 않는다. 한 정신의 제반작용을 외부의 관찰자가 파악한다는 것은 불가능하다. 이는 정신의 활동이 지극히 은밀하고 사적(私的)이기 때문이다. 나의 마음의 상태와 과정을 직접적으로 인지할 수 있는 것은 나 자신뿐이다.

따라서 한 인간(person)은 두 개의 평행하는 세계를 살아가고 있는 것이다. 하나는 육체에서 일어난 일들로 이루어지는 세계이고, 또 하나는 정신에서 일어난 일들로 이루어지는 세계이다. 육체의 세계는 공적(公的, public)이고, 정신의 세계는 사적(私的, private)이다. 전자에서 일어난 사건은 물리적 세계의 사건이고, 후자에서 일어난 것은 정신적 세계의 사건이다.

한 사람이 자신의 개인사에서 일어난 사건들 전부를, 아니 일부만이라도 직접적으로 인지(認知)하고 있는가 혹은 인지할 수 있는가의 여부는 지금까지 논란의 대상이 되고 있다. 그런데 공식적인 교설에 따르면, 그 사람은 이 사건들 중의 일부에 대해서는 직접적이고 확실한 인지를 갖는다. 즉 그는 의식, 자아의식 그리고 내관(內觀, introspection)의 수준에서는 자기 마음의 현상태와 제반기능을 직접적이고 올바르게 인지한다는 것이다. 그는 물리적 세계에서 동시에 일어나는 사건들이나 서로 인접한 사건들에 대해서는 불확실하게 인지하겠지만, 일시적으로 자기 마음을 지배하는 것의 적어도 일부에 대해서는 확실하게 알 수 있다는 것이다.

이처럼 두 개의 세계로 나누어진 인간의 분화(分化)를 통상 다음과 같이

---

* 여기서 공적(public)이라는 말은 사적(private)이라는 말과 대비되는 용어로 일상적으로 우리가 사용하는 공공영역이란 의미가 아니고「자기 이외의 다른 사람들과 공유할 수 있다」는 의미이다.

표현한다 : 자신의 육체를 포함해 물리적 세계에 소속된 사물과 사건들은 외적(外的, external)인 데 반해, 마음의 제반작용은 내적(內的, internal)이다. 물론 이같은 내면/외면의 대조는 비유적으로 이해되어야 할 것이다. 왜냐하면 마음은 공간을 점유하지 않으므로, 공간적 성격을 갖는 내면/외면이란 용어를 사용하는 것은 적절치 못하기 때문이다. 그러나 내면/외면의 쌍 개념을 올바르게 비유적 의미에서 수용하는 일은 실제로 극히 드물며, 전문적인 이론가들조차 한 사람의 피부「밖」수십 혹은 수백 미터 지점에서의 물리적인 자극이 어떻게 해서 두개골「안」의 정신적 반응을 일으킬 수 있는지, 또는 두개골의「내부」에서 행해진 (마음의) 결심이나 결단이 어떻게 외부에 있는 물리적인 세계에 영향을 미치게 되는가 하는 따위의 문제들을 탐구하는 일이 벌어지고 있다.*

설사「내면」과「외면」이 비유적인 의미로 받아들여지는 경우에도, 한 사람의 정신과 육체가 어떤 식으로 상호영향을 미치고 있는가의 문제는 심각한 이론상의 난관(難關)에 봉착하게 된다.** 마음이 의지(意志)하는 바를 다리와 팔 그리고 혀가 실행에 옮긴다. 그리고 귀와 눈에 (물리적인) 영향을 주는 것은 마음의 지각작용(知覺作用)과 일정한 관계가 있다. 얼굴을 찡그린다든지 미소를 짓는 것은 마음의 기분상태에 따른 것이요, 신체상의 체벌을 가하는 일은 마음의 도덕적 개선이 이루어질 것을 기대하기 때문이다. 그럼에도 불구하고 물리적 세계의 사건과 정신적 세계의 사건 사이에 실제로 어떠한 상호관계가 존재하고 있는가의 문제는 여전히 숙제로 남게 된다. 왜냐하면 상호관계라는 말 자체는 이미 물리적 계열에도, 정신적 계열에도 속할 수 없음을 나타내고 있기 때문이다. 이런 상호관계는 한 사람이 자신의 내면생활을 기록한 자서전을 통해 알 수 있는 것이 아니며, 그렇다고 그 사람의 겉으로 드러난 이력(履歷)을 다른 사람이 서술한다고 해서 알 수 있는 것도 아니다. 또한 내성(內省)에 의해, 또는 연구실에서의 실험을 통해 알 수도 없다. 이 상호관계의 문제는 생리학자(生理學者)와 심리학자(心理學

---

* 이는 내면/외면을 비유적으로 사용하지 않은 경우를 말한다.
** 사실 문제는 데카르트가 정신과 육체의 이분법을 확립한 이후 줄곧 철학자들의 논쟁거리가 되어왔다.

者)가 서로 배드민턴하듯 상대방에게 쳐넘기는 이론상의 「셔틀콕」과 같다고 해야 할 것이다.

이같이 부분적으로 비유적인 의미를 갖는 육체와 정신의 이분법(二分法)의 저류에는 보다 심층적이고 철학적이라 할 수 있는 가정(假定)이 자리하고 있다. 존재 혹은 존재상태에는 전혀 다른 두 종류가 있다는 것이다. 즉 존재하는 것, 혹은 일어난 사건은 물리적 존재상태나 정신적 존재상태 중의 어느 하나를 취한다는 것이다. 동전의 앞뒷면처럼, 혹은 생물의 암수처럼, 존재하는 모든 것은 물리적인 것과 정신적인 것으로 나누어진다. 물리적 성격을 가지려면 반드시 공간을 점유해야 하며, 이에 비해 정신적 성격을 가지려면 시간(時間) 속에 있어야 한다. 또 물리적인 것은 물질(物質) 혹은 그 기능으로 구성되어야 하는 데 반해, 정신적인 것은 의식(意識, consciousness)으로 구성되든지 혹은 의식의 한 기능이어야 한다.

이리하여 마음과 물질은 양극적인 대립을 이루게 되는데, 이런 대립은 다음과 같은 결과를 초래하게 된다. 물질적 대상들은 「공간(space)」이라 부르는 공동의(common) 영역에 있게 되며, 한 공간을 점유한 어떤 육체에서 일어나는 일은 다른 공간을 점유한 다른 육체에서 일어나는 일과 기계적인 연관을 갖는다. 이와 달리 마음에서 일어난 사건들은 「정신」이라 부르는 고립된(insulated) 영역에서 이루어지며, 텔레파시처럼 예외적인 경우를 제외하고는 한 정신 속에서 일어난 일과 다른 정신에서의 일 사이에는 아무런 인과적 연관도 없다. 한 사람의 정신이 다른 사람의 정신과 구별될 수 있는 것은 다만 공적인 물리적 세계를 매개로 해서이다. 정신은 각기 고유한 거처(居處)를 갖고 있기 때문에, 내면생활의 측면에서 볼 때 우리들은 모두 개별적으로 로빈슨 크루소와 같은 고립된 생활을 하고 있는 것이다. 사람들은 서로의 육체에 대해서는 보고 듣고 놀라고 할 수 있지만, 정신작용에 대해서는 치명적으로 맹인에다 귀머거리의 신세와 똑같아 아무것도 알지 못한다.

그렇다면 마음의 제반작용을 인식할 수 있는 지식은 어떤 종류의 것인가?

첫째, 공식적인 교설에 의하면 한 인간은 자기 마음의 제반작용에 대해 가장 훌륭한 직접적 지식을 가질 수 있다. 마음의 상태와 과정은 의식의 상태와 과정이며, 이런 상태와 과정을 조명(照明)해주는 의식은 어떤 환각이나 환영(幻影)도 만들어냄이 없이 확실성에로의 길을 열어준다. 그 사람이 현재 갖고 있는 사고, 감정, 의지, 지각, 기억, 상상력 등은 본질상 「발광성(發光性)」을 띠고 있다. 이것들의 존재와 본성은 그 소유자에게만 드러난다. 내면세계는 바로 이같은 의식의 흐름인 고로, 이런 흐름을 자신의 본질로 하는 마음이 그 속에 나타나는 것을 알지 못한다고 주장하는 것은 불합리하다는 것이다.

사실 프로이트가 최근에 제시한 증거에 따르면, 본인도 잘 모르는 이 흐름에 도달하는 데는 여러 경로들이 있다고 한다. 즉 사람들은 스스로 그 존재를 인정하지 않는 충동(衝動)들에 의해 행동하게 된다는 것이다. 그래서 사람들의 사고(思考) 중에서 일부는 자신들이 알고 있는 것과 다르며, 의지(意志)의 경우도 마찬가지다. 그 결과 사람들은 자신도 모르게 스스로에 의해 기만당하기도 하며, 또한 공식적인 교설에 따르면 매우 투명해야 하는 정신적 사실들을 간과하기도 한다. 이에 대해 공식적인 교설을 지지하는 이론가들은 사람들이 정상적인 상황에 있는 한, 자기 마음의 현상태와 제반작용을 직접적으로 올바르게 인지할 수 있다는 주장으로 맞선다.

사람은 이같은 의식의 직접적 소여(所與)를 제공받는 것 말고도, 내적 지각이나 내관(introspection)과 같은 특별한 유형의 지각을 사용할 수 있는 능력을 갖고 있다고 한다. 사람은 자기 마음 안에서 일어나는 것들을 (비시각적인 의미에서) 「볼」* 수 있는 능력이 있다는 것이다. 즉 사람은 시각(視覺)을 통해서 꽃을 보거나 자세하게 살필 수 있고, 또 청각(聽覺)을 통해 울리는 종소리를 듣고 판별하는 것과 마찬가지로, 내면세계에서 일어나는 일들을 신체의 감각기관에 의존하지 않고 반성적(反省的) 혹은 내성적(內省的)으로 「볼」 수 있다는 것이다. 그리고 이러한 자아관찰은 환각이나 혼동 또는 회의와는 전혀 무관한 것으로 간주한다. 마음속에서 일어난 일에 대한 자기관찰이 갖는 확실성은 물리적 세계에서의 물질이나 물체에 대한 관찰결

---

* 시각적인 의미에서 본다는 것은 육체에 속하고 비시각적인 의미에서 본다는 것은 정신에 속한다. 그래서 후자의 경우에는 꺾쇠표시를 사용하겠다.

과의 확실성보다 그 정도가 비할 바 없이 뛰어나다. 왜냐하면 감관지각은 착각이나 혼동을 야기해도, 의식이나 내관은 결코 그렇지 않기 때문이라는 것이다.

둘째, 어떤 한 사람은 다른 사람의 내면세계에서 일어나는 그 어떤 것에도 직접적으로 접근할 수 없다. 기껏해야 다른 사람의 신체활동을 외부에서 관찰한 다음, 거기에 기초하여 다분히 불확실한 추론을 통한 간접적인 접근만이 가능할 뿐이다. 즉 자신의 행동에 유추해서 다른 사람의 행동이 의도하는 바를 추단(推斷)할 수 있을 뿐이다. 한 사람의 마음속에서 일어나는 일에 대한 직접적인 접근은 그만이 누릴 수 있는 특권이다. 이런 특권을 갖지 못하는 한, 한 사람의 정신작용은 다른 모든 사람들에게는 어쩔 수 없이 불가사의한 일이다. 왜냐하면 유추를 통해 접근해간다 하더라도, 여기에는 관찰상의 확증이 전혀 없기 때문이다.

이렇게 해서 공식적인 교설의 주창자들은 자기들의 전제에서 비롯된 모순에 빠지게 된다. 그들은 자신의 마음 이외에 다른 사람들에게도 똑같이 마음이 존재하고 있다고 믿을 만한 납득할 수 있는 이유나 근거를 갖고 있지 못하기 때문이다. 설사 그들이 다른 사람의 육체 안에도 자신과 별로 다르지 않은 마음이나 정신이 존재한다고 믿을 경우에도, 과연 그 정신이 구체적으로 어떻게 작용하는지 혹은 그 특징이 어떠한 것인지는 알 수 없다. 이런 견해를 따르게 되면 영혼은 숙명적으로 절대적 고립에서 벗어나지 못한다. 다만 육체들끼리의 만남만이 있을 뿐이다.

이같은 공식적인 교설에 따르는 사고방식의 필연적 결과로서, 마음의 힘과 작용에 관한 제반개념들을 형성하는 독특한 길이 있게 된다. 예를 들면, 일상생활에서 접촉하는 상대방의 재치나 성격 혹은 고차원적 행위 등을 묘사하기 위해 사용되는 동사, 명사, 형용사 등은 상대방의 내면세계에서 일어난 사건을 지시하든지 혹은 그런 사건이 일어나게 한 경향들을 지시하는 것으로 간주되어야 한다. 그래서 어떤 사람이 무엇을 안다(know), 믿는다(believe), 생각한다(think)고 할 때, 혹은 뭔가를 바란다(hope), 두려워한다(dread), 의도한다(intend), 꺼린다(shirk)고 할 때, 혹은 이것을 구상하고 있다(design)거나 저것에 대해 즐거워한다(amuse)고 할 때, 지금 말한 동사들은 (우리에게는) 숨겨진 그 사람의 의식의 흐름 속에서 일어난 개개의 사건들을 함의한다고 간주된다. 오직 본인만이 직접적인 앎과 내관을 통해 위에서 열거한 정신작용에 관한 동사들이 올바르게 사용되었는지의 여부를 판가름할 수 있다. 따라서 교사나 비평가, 전기(傳記)작가, 친구 등과 같은 외부의 관찰자들은 결코 자신들의 해석이 참되다고 주장할 수 없다. 하지만 철학자들이 마음의 본성과 위치에 관한 이론을 구성할 수 있다고 믿었던 이유는 모든 사람이 올바른 해석법을 알고 있어서, 해석이 잘못되거나 혼란스러울 때는 올바르게 수정할 수 있다고 여겼기 때문이다. 철학자들은 마음의 제반활동에 관한 개념들이 규칙적-효과적으로 사용된다고 전제했기 때문에 그들은 그 개념들의 논리적 지형도를 확정하려고 시도했던 것이다. 그러나 공식적 교설이 제시하는 논리적 지형도는 자기모순에 빠져 있기 때문에 이런 개념들을 가지고 타인(他人)의 정신을 규칙적-효과적으로 인지하는 것은 불가능하다.

2. 자가당착에 빠진 공식적인 교설

지금까지 우리는 공식적인 교설에 대해 다소 장황하게 살펴보았다. 나는 앞으로 이를 약간 나쁜 의미에서 「기계 속의 유령에 관한 도그마」*라고 부를 것이다. 나는 이 도그마가 근본적으로 잘못된 것임을 입증해보이고자 한다. 왜냐하면 이 도그마는 개개의 잘못을 한데 모아놓은 것이라기보다는 하나의 엄청난 오류이며 동시에 특별한 유형의 오류이기 때문이다. 한마디로 이 도그마는 「범주적 오류(category-mistake)」를 범하고 있다. 범주적 오류란 실제로는 A라는 논리적 유형이나 범주(혹은 유형들이나 범주들의 범위)에 속하는 정신생활의 사실들을 엉뚱하게 B라는 유형이나 범주에 귀속시키는 것을 말한다. 따라서 이 도그마는 철학자의 신화(神話)이다. 이런 신화의 허구성을 드러내는 과정에서 나는 어쩌면 인간의 정신생활에 관하여 너무도

---

* 여기서 기계란 육체를 의미하고 유령이란 정신이나 마음을 뜻한다. 이는 데카르트로 대표되는 정신-신체이원론을 단적으로 표현하는 말이다.

당연하게 여기는 것들을 부정하는 일을 떠맡게 될지도 모른다. 그리고 나의 목표는 정신활동을 묘사하는 개념들의 논리를 바로 잡으려는 것뿐이라는 나의 맹세가 단순한 핑계 정도로 평가절하 될지도 모른다.

이런 가능성을 사전에 불식시키지 않을 수 없기 때문에 우선 내가 「범주적 오류」라는 말로 의미하는 바가 무엇인지부터 서술하겠다. 이를 위해 나는 몇 가지 사례들을 통해 구체적으로 설명을 해가겠다.

옥스퍼드 대학교나 케임브리지 대학교를 처음 방문하는 사람은 수많은 대학건물, 도서관, 운동장, 박물관, 학과 및 교무과 사무실 등을 보게 된다. 그리고나서 그는 「그렇지만 '대학(大學, University)'이란 것이 도대체 어디에 있느냐? 나는 지금까지 대학생, 교수, 사무직원 등은 보았지만, 이들이 머물고 활동하는 '대학'을 눈으로 본 적은 없다」고 말할 것이다. 이런 의문에 대해 우리는 그에게 「'대학'이란 당신이 본 대학건물, 연구실, 사무실 등과 같은 또 하나의 제도나 그것에 상응하는 은폐물이 아니다」라고 설명해야 한다. 대학이란 그가 보았던 모든 것들이 조직 구성되는 방식(方式)을 말하기 때문이다. 그래서 대학건물, 연구실, 사무실, 학생, 교수 등을 보고나서 이것들 간의 상호관계를 이해하게 되면 「대학」을 보게 되는 것이다. 그 방문자는 교회, 보들리언 도서관, 애쉬몰리언 박물관과 동열(同列)에서 「대학」에 대해 운운하는 것이 올바르다고 여기는 순진한 가정에 따랐기 때문에 그런 잘못을 저지른 것이다. 즉 그는 「대학」을, 그 구성부분인 여러 제도들과 동일한 범주에 귀속시키는 오류를 범했던 것이다.

또 다른 예를 들어 보자. 어린아이가 1개 사단(師團)의 행진을 구경하는 경우에도 마찬가지의 오류를 범하기 쉽다. 그 아이가 보병대대, 포병대대, 기병대대 등을 하나하나 지칭한 다음, 사단은 언제쯤 지나갈 것이냐고 묻는다면 동일한 오류에 빠지게 되는 것이다. 아마도 이 아이는 사단이란 것이 자기가 보았던 여러 대대들과 동열의 것이라고 상정했을 것이다. 그러나 각급 대대들을 봄으로써 사단의 행진을 본 것이라는 점을 깨닫게 되면 자기가 저지른 오류가 무엇인지도 알게 될 것이다. 그 행진은 보병대대, 포병대대, 기병대대 「그리고」 또 하나의 사단이 행진한 것이 아니라 한 사단「의」 보병대대, 포병대대, 기병대대가 행진한 것이었다.

끝으로 예를 한 가지 더 들겠다. 난생 처음 야구경기를 관전하게 된 사람은 투수, 야수, 타자, 심판, 기록원 등이 맡고 있는 역할과 기능에 대해 알게 된다. 그리고나서 만일에 그 사람이 「하지만 시합에서 단결심을 만들어 내는 사람은 없지 않은가? 누가 던지고, 치고, 수비를 하는지는 알 수 있지만, 단결심의 발휘는 누구의 역할인지 모르겠다」고 투덜거린다면, 이것도 마찬가지로 잘못된 유형의 이야기를 하는 것이다. 단결심이란 투구, 타격, 수비와 같은 야구의 한 기능이 아니다. 대충 말하면, 단결심은 각각의 위치를 맡은 선수들이 열심히 할 때 생겨나는 것이며, 이는 한 사람이 동시에 두 가지 위치를 맡는다고 해서 생겨나는 것은 아니다. 단결심을 보인다는 것은 분명 투구나 수비를 하는 것과는 다르며, 또한 투수가 공을 던지고 난 「후에」 단결심을 보인다든지 야수가 수비를 하면서 「동시에」 단결심을 보이는 것과 같은 일은 결코 일어날 수 없다.

범주적 오류를 범하고 있는 이같은 사례들에는 주목할 만한 공통된 측면이 있다. 셋 모두에서 이런 오류를 저지른 사람은 「대학」, 「사단」, 「단결심」 등의 개념이 어떻게 사용되는지를 모르고 있었다. 그들의 혼란은 이런 개념들의 사용능력이 부족한 데서 비롯된 것이다.

그런데 이론적 측면에서 흥미가 있는 범주적 오류는 다음과 같은 오류, 즉 낯익은 상황에서는 완벽한 개념적용의 능력을 발휘하다가도 좀 추상적인 사고를 할라치면 갈팡질팡하여 개념들을 잘못된 논리적 유형(혹은 범주)에 귀속시키는 사람들이 저지르는 오류이다. 이런 사례를 한 가지 들어보겠다. 정치학을 공부하는 한 학생이 영국, 프랑스, 미국 등의 헌정제도들의 주요 차이점들에 대해 배우고, 또한 영국의 내각, 의회, 행정부, 사법부, 성공회 등의 차이와 연관에 대해서도 배웠다고 하자. 여기에서 누군가가 성공회와 내무부 그리고 영국헌법 간의 관계에 대해 질문을 한다면 그 학생은 당황하게 될 것이다. 왜냐하면 성공회나 내무부는 하나의 제도(制度)인 반면, 헌법은 이런 의미에서의 제도는 아니기 때문이다. 따라서 내무부와 성공회의 관계에 대해서 할 수 있는 성질의 이야기를 그대로 헌법과 내무부, 혹은 헌법과 성공회의 관계에 대해서 해서는 안 된다. 영국의 「헌법」은 「내무부」나 「성공회」와 동일한 논리적 유형의 개념이 아닌 것이다.

이와 좀 비슷한 이야기를 하자면, 존 도씨는 리처드 로씨에게 친척도 될 수 있고 친구도 될 수 있고 경쟁자도 될 수 있다. 그러나 존 도씨는 「평균 납세자」*와는 친척도, 친구도, 경쟁자도 될 수 없다. 물론 존 도씨는 「평균 납세자」에 대해 얼마든지 의미있게 이야기할 수 있다. 그러나 존 도씨에게 「당신은 왜 리처드 로씨를 대하듯이 —— 친척이나 친구나 경쟁자로서 —— 평균 납세자를 대하지 못하는가?」라고 물으면, 십중팔구 그는 당황하여 아무런 말도 하지 못할 것이다.

여기서 우리의 주제와 관련하여 주목하지 않으면 안 될 중요한 사실은, 그 정치학도가 영국의 헌법을 다른 제도들과 같은 수준의 것으로 상정(想定)하는 한 그는 헌법을 뭔가 불가사의하고 신비로운 제도로 간주하는 경향을 보이게 된다는 사실이다. 마찬가지로 존 도씨도 「평균 납세자」를 동료 시민들과 같은 수준에서 생각하는 한 그는 이런 납세자를 환상적이고 실체가 없는 인간, 즉 도처에 있으면서 어디에서도 볼 수 없는 유령으로 간주하는 경향을 갖게 될 것이다.

다분히 파괴적인 나의 목적은 바로 이같은 일군(一群)의 범주적 오류들이 앞절에서 요약한 (마음과 육체의) 이원론의 원천임을 보여주는 데 있다. 사람(person)을 하나의 기계(육체) 속에 신비스럽게 숨어 있는 유령(마음)이라고 보는 도그마는 바로 이런 이유 때문에 생겨난 것이다. 사실 한 사람의 사고, 감정, 목적합리적 행위 등은 물리학이나 화학 혹은 생리학의 용어로 기술할 수 없기 때문에 그것들에 적합한 용어로 기술해야 한다. 육체가 복잡하게 조직된 유기체라면, 마음도 비록 다른 성격의 재료와 구조이긴 하지만 복잡하게 조직된 단위이다. 혹은 육체가 다른 물체들처럼 원인과 결과의 장(場)이라고 한다면, 마음도 비록 천체처럼 기계론적 의미에서는 아니겠지만 원인과 결과의 또 다른 장이어야 한다.

---

* 추상적인 의미에서의 개념이다.

3. 범주적 오류의 기원

　내가「데카르트의 범주적 오류(Cartesian category-mistake)」라고 명명한 것의 주요한 지적(知的) 기원들 중의 하나는 이런 것일 것이다. 갈릴레오가 자신의 과학적 발견의 방법을 통해 공간 속의 만물을 기계론적으로 설명하는 이론을 입증해보였을 때, 데카르트는 서로 상충되는 두 가지 동기(動機)가 가슴 속에서 요동치는 것을 느껴야 했다. 과학적 천재성의 소유자였던 그는 기계론(혹은 역학)의 요구에 순응하면서도, 종교적 도덕적 심성이 강했던 데카르트는 홉스가 말하듯이 인간은 시계보다는 좀더 복잡한 기계라는 기계론적 인간관까지 받아들일 수는 없었다. 즉 정신적인 것은 기계적인 것의 한 양태(樣態)일 수 없다는 것이었다.
　데카르트와 그 후계자들은 당연히 다음과 같은 출구를 이용하긴 했지만, 유감스럽게도 그것은 잘못된 길이었다. 하여튼 그들에 따르면, 정신활동을 나타내는 용어는 기계적 과정들을 서술하는 것이 아니기 때문에 비기계적인 과정들을 서술하는 것으로 간주되어야 한다. 그리고 기계론적 법칙들이 공간에서의 운동을 공간 내의 다른 운동의 결과로서 설명을 하듯이, 마음의 비(非)-공간적인 작용을 다른 작용의 결과로서 설명하기 위해서는 다른 법칙들이 있어야 한다는 것이다. 그래서 지성적인 인간행동과 비지성적인 인간행동 간의 차이는 바로 양자의 인과관계들의 차이에서 비롯된다고 본다. 그래서 인간의 혀나 사지(四肢)의 운동은 기계적 원인들에 따른 결과인 반면, 마음의 작용은 비-기계적인 원인들의 결과가 된다.
　이리하여 육체적인 것과 정신적인 것의 차이는「사물(thing)」,「물체(stuff)」,「속성(attribute)」,「상태(state)」,「과정(process)」,「변화(change)」,「원인(cause)」,「결과(effect)」등으로 이루어진 공통된 범주들의 틀 내부에서의 차이로 나타났다. 그래서 마음도 사물(事物)이긴 한데, 육체와는 다른 종류의 사물로 간주된다. 또 마음의 제과정은 원인과 결과이긴 한데, 육체의 운동에 적용되는 것과는 다른 종류의 원인과 결과이다. 모든 게 이런 식이다. 앞의 예에서 방문객이「대학」을 종류가 약간 다르기는 하지만 대학건물과 같은 유형에 속하는 것으로 생각했듯이, 기계론자들은 정신을 기계와 마찬가지로――종류가 약간 다르기는 하지만――인과적 과정을 갖는다고 보았다. 그들의 이론은 한 마디로 준(準)-기계론적 가설이었던 것이다.

  이러한 가정(假定)이 공식적인 교설의 핵심에 놓여 있었다는 사실은 마음이 육체와 주고받는 영향관계를 설명하는 일이 애당초부터 난제였다는 사실에 의해 분명해진다. 예를 들어, 의지(意志)와 같은 마음의 과정이 과연 어떻게 혀의 운동과 같은 공간적 움직임을 야기할 수 있는가? 시신경(視神經)의 신체적 변화가 어떻게 한 줄기 빛에 대한 마음의 지각에 영향을 미칠 수 있는가? 이같은 마음과 육체 사이의 관계에서 생기는 곤혹스러움은 데카르트가 마음의 이론에 대해 부과했던 논리적인 틀을 드러내준다. 이 틀은 데카르트가 갈릴레오와 더불어 자신들의 기계론(혹은 역학)에 부여했던 바로 그 틀이다. 데카르트는 여기에서 한걸음 더 나아가 기계론적 규범을 암암리에 따르면서 마음을 단순한 관찰상의 용어로 기술함으로써 자기가 빠진 딜레마로부터 벗어나고자 했었다. 그래서 마음의 제반작용은 육체(또는 물체)를 기술하는 데 사용되는 것의 단순한 부정어들에 의해 기술될 수밖에 없었다. 왜냐하면 그에게 있어서 마음의 제반작용은 공간 속에 있지도 않고, 동작이나 물질의 변양(變樣)도 아니고, 또한 공개적인 관찰에 의해 접근할 수 있는 것도 아니었기 때문이다. 즉 마음은 시계와 같은 물체가 아니라 비(非)시계라고 하는 신비스럽고 불가해한 것이었다.

  이런 견해에 나타난 마음은 기계에 붙어 있는 유령이 아니라 그 자체가 바로 유령 같은 기계이다. 인간의 육체를 엔진이라고 할 수 있지만, 그러나 우리가 보통 말하는 그런 엔진은 아니다. 왜냐하면 육체라는 엔진의 일부작동은 그 엔진 내부에 있는 (마음이라는) 또 하나의 엔진에 의해 가동되기 때문이다. 바로 이 내부에 있는 엔진이야말로 앞서 여러 번 이야기했던 매우 특별한 종류의 엔진이다. 이것은 눈에 보이지 않고 소리를 들을 수도 없으며 크기도 없고 무게도 없다. 이 엔진은 그냥 말하는 물건과 달라서, 그 엔진을 지배하는 법칙은 일반 엔지니어들이 알고 있는 기계적인 법칙과는 전혀 다른 것이다. 과연 이 엔진이 육체의 엔진을 어떻게 지배하고 있는지에 대해서는 하나도 알려진 바가 없다.

　두번째 중대한 난점도 마찬가지의 교훈을 준다. 공식적인 교설에 따르면 마음은 육체와 동일한 범주에 속해 있고, 또 육체는 엄격하게 기계적인 법칙을 따르기 때문에, 마음도 비기계적인 법칙에 의해 엄격하게 지배되어야 할 것이라고 한다. 물리적 세계는 결정론적 체계이다. 따라서 정신적 세계도 결정론적 체계여야 한다는 것이다. 또 육체는 그것이 겪게 되는 변화를 피할 길이 없다. 마찬가지로 마음도 변화를 피할 수 없다는 것이다. 따라서 ─── 정신과정을 지배하는 법칙은 물리과정의 법칙과 엄격성이라는 공통의 속성 밖에 갖지 않는다는 타협안이 채택되지 않는 한 ─── 「책임감」이니 「선택」이니 「장·단점」이니 하는 개념들은 정신현상에 적용할 수가 없다. 공식적인 교설에서는 「의지의 자유」문제도 결국, 마음은 역학(力學, mechanics)의 범주들에서 도출된 용어로 서술할 수 있다는 가설과, 고차원적인 인간행위는 역학적인 한 운동이 아니라는 지식을 어떻게 조화시킬 것인가 하는 형태로 제기되었다.

　이상과 같은 주장이 완전히 잘못된 것임을 전혀 알아차리지 못했다는 사실이 나에게는 역사의 아이러니처럼 느껴진다. 당시의 이론가들은 제정신을 가진 사람은 누구나 합리적/비합리적 발언 혹은 목적합리적/자동적 행동 간의 차이를 인식할 수 있다고 올바르게 가정하였다. 이것말고는 기계론에서 벗어날 수 있는 계기를 마련해주는 것이 전혀 없다고 해도 과언이 아니다. 그렇지만 위의 설명에서는 어떤 사람도 원칙상 다른 사람의 육체에서 나오는 합리적 발언과 비합리적 발언의 차이를 인식할 수 없다고 전제하고 있었다. 왜냐하면 그 사람은 타인의 발언 중에서 요청된(postulated) 비물질적 원인에서 비롯된 발언은 전혀 알 수 없기 때문이다. 자기 자신을 예외로 한다면, 그는 (다른) 사람과 로봇 간의 차이를 전혀 말할 수 없게 된다. 이렇게 되면 우리는 결국 백치나 미치광이로 분류된 사람들의 내면생활도 여타의 정상적인 사람들과 다름없이 합리적이라고 인정해야 한다. 역으로 정상적이라고 분류된 사람들 중에도 사실은 진짜 미친 사람이 있을 수 있게 된다.

　공식적인 교설에 따르면, 외부의 관찰자는 타인의 겉으로 드러난 행동이 그 사람의 마음의 힘이나 과정과 어떠한 상관관계를 맺고 있는지 전혀 알 수 없다. 그래서 이 관찰자는 자신이 갖고 있는 마음에 관련된 개념들을 다른 사람에게 적용하는 것이 올바른 것인지의 여부도 전혀 확인할 수 없다. 이렇게 되면 (그 개념들은 자신만의 것이기 때문에) 그 자신에 대해서조차 논리적 일관성을 유지키 어려우며, 또한 자신의 정신상태가 정상적이라고 말하는 일이 어렵거나 불가능해진다. 왜냐하면 그는 이 교설대로 하자면 자기행동을 타인의 행동과 비교하지 못하기 때문이다. 간단히 말해서 이 교설을 받아들이는 한 우리는 사람들에 대해, 그리고 그들이 수행하는 행위에 대해 영리하다, 신중하다, 용감하다, 아둔하다, 위선적이다, 소심하다는 등의 판단을 할 수 없다. 그래서 이러한 판단의 밑바탕이 되는 특별한 인과적 가설을 세우는 문제도 결코 제기될 수 없는 것이다. 「사람은 기계와 어떻게 다른가?」라는 물음은 새로운 인과적 가설의 도입에 앞서 모든 사람들이 이미 마음에 관한 개념들을 올바르게 적용할 수 있을 때에만 비로소 정당하게 제기될 수 있다. 이러한 적용을 위한 기준으로 그같은 인과적 가설을 채용한다는 것은 앞뒤가 바뀐 것이라 할 수 있다. 또한 지금까지 그 어떤 수준의 인과적 가설도 적용기준을 둘러싼 이같은 난관을 제대로 해결해준 적이 없다. 우리는 지금까지도 이같은 기준의 적용가능성과 기계론적 인과성이 서로 양립할 수 있는지의 문제를 데카르트가 고민했던 무렵 그가 구별했던 것과 같은 방식으로 좋은 산수와 나쁜 산수, 예의바른 행동과 무례한 행동, 풍부한 상상력과 빈곤한 상상력 등을 구별해서 쓰고 있다.

데카르트는 자기문제의 논리성(論理性)을 착각했다. 그는 「예지적인 행동과 비(非)예지적인 행동을 현실적으로 어떤 기준에 의해 구별할 것인가」라고 물었어야 함에도 불구하고 「기계론적 인과원리가 이 차이를 보여주지 않는다면, 그 어떤 다른 인과적 원리가 우리에게 그 차이를 보여줄 것인가」라고 물었다. 그 후 그는 이 문제가 기계론의 문제가 아님을 알게 되자, 이 문제는 결국 기계론에 상응하는 또 하나의 문제여야 한다고 가정하였다. 바로 이런 역할을 위해 심리학이 종종 동원되었다는 사실은 어쩌면 당연한 일일 것이다.

만일 어떤 두 가지 용어가 동일한 범주에 속할 경우, 양자(兩者)를 연결하는 제3의 명제를 구성하는 일은 온당하다. 그래서 한 구매자가 왼손장갑과 오른손장갑을 샀다고 말한다면 이는 논리적으로 하자가 없다. 그러나 왼손장갑과 오른손장갑 그리고 한 켤레의 장갑을 샀다고 말한다면 이는 논리상 적절하다 할 수 없다. 「그녀는 슬픔의 눈물을 펑펑 흘리며 환희의 의자가마를 타고 집으로 왔다」고 하는 말은 상이한 범주에 속하는 두 용어——눈물을 펑펑 흘리는 것과 환희의 의자가마——를 결합시킨 데서 생겨난 불합리성을 꼬집는 흔한 말장난이다. 만일 이를 분해하여 「그녀는 눈물을 펑펑 흘리며 집에 왔든지, 혹은 의자가마를 타고 왔다」고 말하더라도 우스꽝스럽기는 매한가지다. 서두에서 말했던 「기계 속의 유령」에 관한 도그마도 바로 이런 우(愚)를 저지르고 있다. 이 도그마(dogma)에 의하면, 육체와 마음이 존재하고 있고, 각기 상응하는 물리적 과정과 정신적 과정이 발생하며, 육체의 운동에는 기계적 원인과 정신적 원인이 있다는 것이다.

나는 이 세 가지 명제들을 연결하게 되면 불합리한 결과가 초래된다는 사실을 논증할 것이다. 하지만 나의 논증이 각기 분리된 명제가 그 자체로 불합리하다는 점을 보여주지는 않는다는 점을 명심해야 한다. 예를 들면 나는 정신적 과정이 발생하고 있다는 것을 부정하는 것은 아니다. 수학에서 13이상의 숫자로 나누기를 하는 장제법을 하는 것은 분명히 정신적 과정이며, 농담을 하는 것도 마찬가지다. 그러나 내가 말하려 하는 것은, 「정신적 과정들이 발생하고 있다」는 말이 「물리적 과정들이 발생하고 있다」는 말과 동일한 유형이나 종류가 아니며, 따라서 범주를 달리하는 이 두 문장을 결합하거나 선언(選言)하는 것은 자가당착에 빠진다는 사실이다.

만일 이같은 나의 논증이 성공적인 것으로 판명날 경우, 이로부터 흥미를 끌 수 있는 여러 가지 결과들이 산출될 것이다. 첫째, 마음과 육체를 나누었던 거룩한 이분법은 사라지되, 단순히 어느 한 쪽이 다른 쪽을 흡수하는 방식으로가 아니라 전혀 다른 방식으로 사라져버릴 것이다. 왜냐하면 마음과 육체의 병립(竝立)은 「그녀는 눈물을 펑펑 흘리며 집에 왔다」와 「그녀는 환희의 의자가마를 타고 집에 왔다」를 병립시키는 것과 마찬가지로 그 유형에 있어 애당초 잘못된 것이기 때문이다. 바꾸어 말하면 마음과 육체는 양극적 대립상태에 있다고 믿는 것은 곧 마음과 육체가 동일한 논리적 범주에 속하는 용어들이라고 믿는 것과 같은 것이다.

둘째, 따라서 관념론(觀念論)과 유물론(唯物論)은 잘못 제기한 문제들에 대해 답하는 것이 된다. 마음의 상태와 과정을 물질의 상태와 과정으로「환원(reduction)」하든지, 혹은 물리적 세계를 마음의 상태와 과정으로「환원」하는 것은「마음이 존재하든지 육체가 존재한다」(양자가 동시에 존재하는 것은 아니다)는 선언(選言)이 정당하다는 것을 전제로 깔고 있다. 이는 마치「그녀는 왼손장갑과 오른손장갑을 샀던지 혹은 한 켤레의 장갑을 샀다」(양자를 동시에 한 것은 아니다)고 말하는 것과 같은 꼴이다.

하나의 논리적 맥락에서 마음이 존재하고 있다고 말하고, 이와는 다른 논리적 맥락에서 육체가 존재하고 있다고 말하는 것은 아주 온당하다. 하지만 이것이 온당하다고 해서 두 개의 전혀 다른 부류의 존재자(existence)가 있다는 뜻은 아니다. 왜냐하면「존재자」란 말은「색깔있는(coloured)」이나「성별의(sexed)」처럼 유(類)개념이 아니기 때문이다.「밀물이 '올라오다(rising)'」,「희망이 '부풀어오르다(rising)'」,「평균수명이 '상승하다(rising)'」에서의「올라가다(rising)」가 상이한 의미를 가지듯이, 여기에서「존재한다(exist)」는 말도 서로 다른 의미를 갖는다. 만일 밀물, 희망, 평균수명이 지금 (같은 의미에서) 올라가고 있다고 말하는 사람이 있다면, 우리는 그가 말도 안 되는 농담을 하고 있다고 치부해버릴 것이다. 마찬가지로 소수(素數), 수요일, 의견, 해군 등이 (같은 의미에서) 존재하고 있다고 말한다면, 이는 좋건 싫건 농담으로 간주될 것이다. 바로 이런 맥락에서 마음과 육체가 존재한다고 말하는 것은 잘못된 것이다. 앞으로 나는 공식적인 교설은 논리적 모순에 빠지게 될 일군(一群)의 범주적 오류에 기초를 두고 있다는 것을 입증할 것이다. 이러한 모순을 폭로하는 일은 마음에 관한 개념들의 올바른 논리성을 확립하는 데 건설적인 기여를 할 것이다.

4. 역사적 소묘

여기에서 나는 공식적인 교설이 유독 데카르트철학에서만 유래한다든지,

혹은 17세기 역학(力學)의 발견이 갖는 함축적 의미들에 대해 팽배했던 불안감에서 나온 것이라고 말할 생각은 없다. 스콜라신학(神學)과 종교개혁의 신학은 일반인과 철학자 그리고 성직자들에게만 가르쳐졌던 것이 아니고 과학자들도 배워야 했다. 예를 들어 스토아적-아우구스티누스적 의지론(意志論)은 캘빈주의자들이 죄(罪)와 은총에 관한 교리를 세우는 데 초석이 되었다. 또한 플라톤과 아리스토텔레스의 지성론(知性論)은 영혼의 불멸성에 관한 정통파의 교리를 형성했다. 데카르트는 이미 갈릴레오의 영향 하에서 영혼에 관한 기존의 신학교리를 새롭게 개혁시키고 있었다. 그 후 신학자의 「양심」우선설(良心優先說)은 철학자의 의식우선설(意識優先說)로 바뀌었으며, 운명예정설도 결정론(determinism)에 자리를 내주었다.

더불어 두 개의 세계를 상정하는 신화가 아무런 이론적 생산성도 없었다고 말하는 것은 지나친 주장일 수 있다. 신화들은 새로움을 유지하는 한에 있어서는 종종 중요한 이론적 기여를 남기기도 하였다. 준(準)-기계론적 신화가 남긴 업적 중의 하나는 당시에 팽배해 있던 정치만능의 신화에 부분적으로 타격을 가했다는 점이다. 그때까지만 해도 마음과 그 기능은 정치지배자와 피지배자의 관계에서 유추하여 서술되고 있었다. 이는 당시에 마음과 관련된 용어로서 「지배하는(ruling)」, 「복종하는(obeying)」, 「제휴하는(collaborating)」, 「반역하는(rebelling)」 등의 다분히 정치적인 개념들이 사용되고 있었다는 사실을 확인해보는 것으로 충분하다. 이 개념들은 그 후에도 계속되어 윤리학이나 인식론의 논의에서까지 널리 사용되기에 이르렀다. 물리학에서는 가히 오묘하다 할 수 있는 「힘(forces)」의 신화가 「목적인(目的因)」에 관한 낡은 신화를 무너뜨리고 과학적인 혁신을 이룩했다면, 인간학과 심리학에서는 숨은 작용, 충동, 기능 등의 신화가 지배, 복종, 불복종 등의 낡은 신화를 무너뜨리고 진보를 이룩했다고 할 수 있다. 이는 분명히 두 세계의 신화가 남긴 중대한 이론적 기여라 할 수 있을 것이다.

2
방식을 아는 것과 사실을 아는 것의 차이

1. 들어가는 말

　이 장에서 내가 보여주려는 것은 다음과 같다 : 어떤 사람이 마음의 특성들을 발휘하고 있다고 말할 때, 이 말은 우리 눈에 드러난 그의 행위와 발언의 원인이 되는, 마음속에 숨겨진 사건들(occult episodes)을 지칭하는 것이 아니라 우리 눈에 드러난 행위나 발언들 그 자체를 지칭하고 있다는 것이다. 물론 어떤 행위를 아무런 의향도 없이 행해진 것이라고 서술하는 것과, 그 행위와 생리적으로는 유사한 또 다른 행위를 의도적으로 혹은 주의깊게 혹은 교활하게 행해진 것이라고 서술하는 것 간에는 여러 가지 차이점들이 있다. 그리고 이 차이점들은 본 연구에 본질적인 의의를 갖는다. 하지만 이런 서술상의 차이점들은 겉으로 드러난 행위를 은밀하게 단서로 삼는 배후행위(shadow-action)에 대해 암묵적으로 언급하는지의 여부와 무관하다. 오히려 그 차이점들은 일정한 종류의 검증가능한 설명적-서술적 명제들의 존재유무와 관계 있다.

2. 예지와 지성

　내가 첫번째 고찰대상으로 삼은 마음의 작용에 관한 개념들은 통상 예지

(叡智, intelligence)라 불리는 개념군(群)에 속한다. 우선 여기에 해당하는 몇 가지 두드러진 형용사들을 열거해보자 : 「똑똑하다(clever)」, 「민감하다(sensible)」, 「세심하다(careful)」, 「치밀하다(methodical)」, 「창의적이다(inventive)」, 「신중하다(prudent)」, 「예리하다(acute)」, 「논리정연하다(logical)」, 「재치있다(witty)」, 「섬세하다(observant)」, 「비판적이다(critical)」, 「실험적이다(experimental)」, 「기지가 있다(quick-witted)」, 「교활하다(cunning)」, 「현명하다(wise)」, 「명민하다(judicious)」, 「꼼꼼하다(scrupulous)」 등등. 그래서 어떤 사람의 예지능력이 결여된 경우에는 통상 「어리석다(stupid)」고 말하든지, 아니면 좀더 구체화시켜 다음과 같은 수식어를 사용한다 : 「어눌하다(dull)」, 「멍청하다(silly)」, 「부주의하다(careless)」, 「산만하다(unmethodical)」, 「창의성이 없다(uninventive)」, 「성급하다(rash)」, 「둔감하다(unobservant)」, 「무비판적이다(uncritical)」, 「실험적이지 못하다(unexperimental)」, 「둔하다(slow)」, 「단순하다(simple)」, 「우둔하다(unwise)」, 「모자라다(injudicious)」 등등.

 미리 일러두지만 어리석음(stupidity)은 지성(知性, intellect)계열에 속하는 무지(無知, ignorance)와 동일한 것 혹은 동일한 종류의 것이 아니라는 사실을 염두에 두는 것은 대단히 중요하다. 많이 알고 있다(being well-informed)는 말과 멍청하다(being silly)는 말은 얼마든지 양립할 수 있다. 그래서 반대로 논증이나 농담의 의미를 예리하게 포착하는 능력을 가진 사람이 (지식의 측면에서는) 빈곤한 경우도 얼마든지 생길 수 있다.

 「예지적이라는 것」과 「지식을 갖고 있다는 것」 간의 이같은 구별이 중요성을 갖는 부분적인 이유는 철학자나 일반인 모두 지적 작업들(intellectual operations)을 정신활동의 핵심(核心)으로 간주하는 경향이 있기 때문이다. 즉 그들은 정신활동과 관련된 다른 모든 개념들을 인지와 관련된 개념(concepts of cognition)에 의해 규정하려는 경향이 있기 때문이다. 그들은 모두 마음의 일차적 기능은 문제에 대한 해답을 찾아내는 것이고, 마음이 갖는 그 밖의 기능들은 숙고(熟考)를 통해 해답으로서 얻어낸 진리들을 뭔가에 응용하는 것이거나 심지어 숙고에 이르지 못하고 유감스럽게도 정신이 산만해지는 것에 불과하다고 생각한다. 영혼(혹은 정신)이 지닌 이론구성

(theorizing)기능을 정당화하기 위해 영혼의 불멸성을 상정해야 한다고 믿은 그리스인들의 이상(理想)은 기독교에 의해 불신을 받긴 했지만, 완전히 추방되지 않았다.

　우리가 지성(知性, intellect), 좀더 구체적으로 말해, 사람들이 발휘하는 지적(知的) 능력과 수행들에 대해 이야기할 경우, 이는 일차적으로 이론구성에 필요한 특별한 부류의 작업들을 지칭한다. 이런 작업들의 목표는 참(true)인 명제나 사실(事實)들을 인식하는 것이다. 수학과 기존의 자연과학은 인간지성의 모범적인 성과들이다. 그래서 초창기의 이론가들은 당연히 그 발전을 목격하고, 때로는 거기에 직접 기여하기도 한 이론과학(理論科學)과 이론적인 분야들의 고유한 탁월성이 무엇인지에 대해 깊은 성찰을 하였다. 그들은 동물보다는 인간이, 야만인보다는 문명인이, 심지어 인간정신보다는 신(神)의 정신이 우월한 까닭은 전자보다는 후자가 엄밀한 이론을 만들어내는 능력이 뛰어나기 때문이라고 믿었다. 그래서 그들은 진리(眞理)를 알 수 있는 능력이야말로 마음의 결정적인 속성이라는 견해를 후대에 물려주었다. 그밖의 다른 인간능력들은 그것들이 참인 명제들에 대한 지적 파악에 의해 인도된다는 것이 입증될 수 있는 한에서만 「정신적(mental)」인 것으로 분류될 수 있었다. 그 당시 합리적이라는 것은 진리들을 인식하고 또 그것들 간의 관계들을 인식할 수 있다는 뜻이었다. 따라서 합리적으로 행동한다는 말은 어떤 사람이 자기의 갖가지 비이론적인 성벽(性癖, propensity)들을, 일상생활의 활동에 관한 진리가 무엇인지를 파악함으로써 통제하는 것을 뜻했다.

　이 장(章)의 주된 목적은, 마음의 특질들을 직접 보여주는 수많은 활동들이 있지만, 그 활동들 자체가 지적(知的) 작업이나 그 결과는 아니라는 사실을 보여주는 데 있다. 예지적 행위는 이론의 양자(養子)가 아니다. 그 반대로 이론구성이란 여러 가지 행위 중의 하나일 뿐이며, 그것은 예지적으로 (intelligently) 행해지기도 하고 어리석게 행해지기도 한다.

　예지에 의해 진리파악(지성)을 규정하지 않고 진리파악(지성)에 의해 예지를 규정하고자 하는 주지주의적 교설을 이렇게 처음부터 바로 잡으려 하는 데는 또 다른 중요한 이유가 있다. 이론구성은 침묵한 가운데 할 수 있고, 또 실제로 대다수 사람들은 그렇게 하고 있다. 사람들은 자신들이 구성한 이론들을 문장(文章)을 사용해 명료하게 표현한다. 그러면서도 이론구성 작업을 하는 동안 이런 문장들을 소리내어 말하는 일은 거의 없다. 다만 자신들과 이야기할 뿐이다. 그들은 또 자신들의 생각을 도표나 그림으로 나타내기도 한다. 그러나 이런 경우에도 그 작업을 반드시 종이 위에 나타내면서 하는 것은 아니다. 그들은 「도표나 그림들을 마음의 눈(mind's eyes)으로 본다」. 우리들의 통상적인 사고는 대부분 내면의 고요한 독백으로 진행되며, 여기에는 흔히 시각적 상상력(視覺的想像力)이 펼쳐내는 내면의 영화와도 같은 영상들이 수반된다.

침묵하는 가운데 자기 자신과 이야기하는 능력은 단번에 혹은 아무런 노력도 없이 생겨나는 것이 아니다. 이를 위해서는 사전에 예지적으로 소리내어 말하는 것을 배우고, 또 다른 사람이 그렇게 해서 하는 말을 듣고 이해할 수 있어야 한다는 필요조건이 따라붙는다. 우리의 내면 속에서 조용히 사고한다는 것은 숙련의 결과다. 큰 소리를 내지 않고 책을 읽는 법을 사람들이 익힌 것은 중세(中世)에 와서다. 이와 비슷하게 어린이는 마음속으로 읽는 법을 익히기에 앞서 우선 소리내어 크게 읽는 법부터 배워야 하며, 자기 자신에게 말하기에 앞서 큰 소리로 말하는 것을 배워야 한다. 그럼에도 불구하고 많은 이론가들은 지금까지 이같은 침묵이야말로 사고(思考)의 결정적인 속성인 양 생각해왔다. 예를 들면 플라톤은 영혼이 사고 속에서 스스로에게 이야기한다고 말하기도 했다. 그러나 침묵은 청중을 본인 단 한 명으로 제한해버리기 때문에, 다소 편리한 점이 있더라도, 사고의 본질이라고는 감히 이야기할 수 없다.

이론구성을 마음의 일차적 활동으로 보는 가정은, 이론구성이란 본질적으로 사적(私的)이고 조용하며 내밀한 작업이라는 가정과 결합해 「기계 속의 유령」이라는 도그마를 지탱시키는 주요한 버팀목의 역할을 하고 있다. 사람들은 자신들의 마음을, 그 마음이 은밀한 사고작용을 수행하는 「장소」와 동일시하는 경향이 있다. 심지어 그들은 우리가 사고를 내면(內面)에 가둬두기 위하여 특별한 기교를 사용하고 있다는 사실은 전혀 깨닫지 못한 채, 우리 자신의 사고를 남들에게 알리는 방법에는 특별한 신비성이 있다는 식으로까지 생각을 하고 있다.

3. 방식을 아는 것과 사실을 아는 것

어떤 사람이 「똑똑하다(shrewd)」, 「멍청하다(silly)」, 혹은 「신중하다(prudent)」, 「신중치 못하다(imprudent)」는 식으로 예지를 표현하는 수식어로 표현될 때, 이는 그 사람이 이런저런 진리를 알고 있다든가 모르고 있다는 것을 말하는 것이 아니라 어떤 종류의 일들을 할 수 있는지의 여부에 대해, 즉 그의 능력(能力)이나 무능력에 대하여 말하는 것이다. 이론가들은 지금까지 줄곧 이론들의 본성과 원천 그리고 그 근거에 대해 탐구하는 일에만 전념했기 때문에 어떤 사람이 자기의 과제를 어떻게 수행하는지를 안다는 것은 도대체 무슨 뜻인가 라는 문제에 대해서는 거의 관심을 보인 바 없다. 이에 반해 교육이라는 특별한 업무를 할 때 뿐만 아니라 일상생활에서도 우리는 인식결과보다는 인식능력에, 그리고 우리가 배우는 진리보다는 진리획득작업에 훨씬 큰 관심을 둔다. 실제로 우리가 지적인 탁월함이나 열등함을 문제삼을 경우에조차, 우리는 이미 획득하여 소유하고 있는 축적된 진리들보다는 스스로 진리들을 찾아내고 그것들을 조직화하여 응용할 수 있는 능력에 관심을 집중한다. 가끔 우리가 어떤 사람에게 일부 사실에 대해 무지(無知)하다고 비난하는 이유도 따지고 보면 그 무지란 것이 사실은 (예지적인 차원에서의) 어리석음의 결과이기 때문이다.

「방식(how)」을 아는 것과 「사실(that)」을 아는 것 사이에는 상이점들이 있지만 병행관계들도 있다. 우리는 하나의 도구를 사용하는 방식을 배우는 것에 대해 이야기하기도 하고, 때로는 어떤 것이 이러저러하다는 사실(that)을 아는 것에 대해 이야기하기도 한다. 또 나무를 자르기 위해서는 어떻게 해야 하는지를 아는 것에 대해 이야기하기도 하고 때로는 로마군이 어떤 장소에 야영을 했다는 사실을 아는 것에 대해 이야기한다. 또 옭매듭을 어떻게(how) 묶는지를 잊어버린 것에 대해 이야기하기도 하고 영어 knife에 해당하는 독일어가 Messer라는 사실(that)을 잊어버린 것에 대해 이야기하기도 한다. 요컨대 우리는 「어떻게(how)」에 대해 의문을 가질 수도 있고, 「사실여부(whether)」에 대해 의문을 가질 수도 있다.

그러나 우리는 어떤 사람이 방식(how)을 믿는다든지 생각한다는 식의 말은 하지 않는다. 만일 어떤 사람이 한 명제를 받아들이는 근거나 이유에 대해 질문을 한다면 이는 적절한 것이지만, 같은 질문을 카드치는 요령이나 투자에서의 신중함에 대해 던질 수는 없다.

사람들이 농담을 주고받는 방식, 문법에 맞도록 말하는 방식, 장기두는 방식, 고기잡는 방식, 논증하는 방식 등을 알고 있다고 말하는 경우, 이는 도대체 무엇을 함축하고 있는가? 이에 대한 대답은 첫째, 그들은 이런 작업들을 수행할 때 잘(well), 즉 정확하게 혹은 효과적으로 혹은 성공적으로 수행하는 경향이 있다는 것이다. 다시 말해 그들의 수행성과들이 일정한 표준에 이르렀다든가 일정한 기준들을 충족시킨다는 것이다. 그러나 이것만으로는 충분치 않다. 고장 안 난 시계라면 정확하고, 조련된 물개는 성공적으로 묘기를 부린다. 그렇다고 해서 이때의 시계나 물개를 「예지적(intelligent)」이라고 말하지는 않는다. 이 말은 자기행동에 책임질 수 있는 인간에게만 한정시켜야 한다. 「예지적」이기 위해서는 일정기준을 충족시켜야 하는 것은 물론, 그 기준을 적용하는 능력도 있어야 한다. 즉 예지적이라는 것은 자기 행위를 규제하는 것이어야지 단순히 잘 규제되는 것만은 아니다. 어떤 사람에 대해 세심하다(careful)든가 뛰어나다(skilful)고 말하기 위해서는 그가 자기 행위의 수행과정에서 잘못을 찾아내어 시정할 태세가 되어 있고, 성공적으로 개선해나가며 다른 사람의 경우를 타산지석(他山之石)으로 삼는 능력을 필히 갖고 있어야 한다. 그는 비판적인 수행(遂行)을 통하여, 즉 어떤 일을 올바르게 하려고 노력함으로써 일정한 기준을 적용해야 하는 것이다.

이 점은 통상 다음과 같이 서술된다. 즉 행위자가 자신이 어떤 일을 하는 동안 자신이 무엇을 하고 있는지를 생각하고 있을 때에, 그리고 그가 이런 생각을 하지 않았을 경우 그렇게 잘 하지 못했을 그런 방식으로 자신이 무엇을 하는지를 생각하고 있을 때에, 그리고 바로 그때에만 그 행위는 예지적 성격을 드러낸다는 것이다. 이 일반적인 이야기는 종종 주지주의적 전설을 지지하는 증거로 인증되곤 한다. 이 전설의 옹호자들은 예지적인 수행에는 규칙들의 준수 및 일정기준들의 적용이 포함된다고 주장함으로써 방식을 아는 것을 사실을 아는 것에 재편입시키려고 노력하는 경향이 있다. 그 결과 예지적이라 불리는 행위는 이같은 규칙이나 기준들을 지적으로 인식한 다음에 따라오는 것으로 여겨진다. 즉 행위자는 먼저 무엇을 해야 할 것인가에 관한 일정한 명제들——이런 명제들을 「격률(maxims)」, 「정언명법(imperatives)」, 「규제원리(regulative propositions)」라고 부른다——을 수용하는 내면의 지적 과정을 겪고난 다음에야 비로소 그런 명령들에 따라 행위를 수행한다는 것이다. 간단히 말해 실행에 앞서 행위자는 자기 자신부터 설복시켜야 한다는 것이다. 예를 들면, 요리사는 자기의 요리법으로 음식을 만들기 전에 우선 그 요리법을 암송해야 한다. 또한 구조자는 물에 빠진 사람을 구하러 물에 뛰어들기 전에 거기에 해당하는 적절한 도덕의 정언명법 따위에 내면의 귀를 기울여야 한다. 또 장기를 두는 사람은 말을 적절히 옮기기에 앞서 미리 해당되는 놀이규칙과 전술을 머리 속에 완전히 그려놓아야 한다. 이같은 주지주의적 전설에 의할 것 같으면, 행위자는 언제나 무엇을 하고 있는지를 의식하면서 그 일을 하기 때문에 동시에 두 가지 일을 하고 있다. 하나는 거기에 해당되는 일정한 명제나 격률들을 고려하는 것이고, 다른 하나는 이런 명제나 격률이 명하는 것을 실행에 옮기는 것이다. 다시 말해 언제나 이론구성을 행한 다음 실천을 행하는 것이다.

물론 우리는 종종 행위를 하기 전에 반성(反省, reflexion)을 하지만 동시에 올바르게 행위하기 위해서도 반성을 한다. 장기두는 사람은 말을 옮기기 전에 어떤 식으로 옮길 것인지를 생각할 시간을 필요로 한다. 그러나 예지적으로 수행된 모든 행위는 그에 해당하는 명제나 격률들에 관한 고찰을 전제로 한다고 하는 일반적인 주장은, 설사 이런 고찰이 잽싸게 이루어지고 또 행위자가 거의 의식하지 못할 정도로 빨리 이루어진다고 하더라도, 타당성을 인정키 어렵다. 분명히 말하지만, 주지주의적 전설은 오류이며, 우리가 어떤 행위에 대해 예지적이라고 말한다면 여기에는 앞서 말한 두 가지 기능——격률에 대한 고려와 이의 실행——이 동시에 포함된 것이라 볼 수 없다.

무엇보다도 먼저, 예지적이라 부를 수 있는 많은 행위들이 있지만, 거기에 해당되는 기준이나 규칙들이 정립되어 있지 않는 것들이 허다하다. 예를 들어 재담군이 재미있는 농담을 할 때 그에게 기준으로 삼았던 격률이나 규준이 무엇이냐고 물어보면 대답을 하지 못하는 것이 상례이다. 그는 재미있는 농담을 할 줄 알고, 재미없는 농담을 식별할 줄도 안다. 그러나 그는 재미있는 농담을 하는 방법이나 절차를 말로 표현하지는 못한다. 따라서 농담을 하는 것은 농담에 관한 이론을 반드시 전제한다고 말할 수 없다. 심미적 취향, 숙련된 기술, 독창적 기법 등의 규준들도 마찬가지로 그런 재능의 예지적인 발휘를 가로막는 장애물이 없이 해명되지 못한 채 그냥 남아 있다.

정확한 추리를 위한 규칙들(논리학)을 최초로 정리한 이는 아리스토텔레스이다. 그러나 사람들은 이런 규칙들을 배우기 전부터 이미 오류를 찾아내어 그것을 피하는 법을 알고 있다. 이는 마치 아리스토텔레스 시대의 사람들이 (아리스토텔레스도 포함하여) 대부분 이런 규칙이나 공식들을 마음속에서 고려하지 않고도 논증을 할 수 있었던 데서 더욱 명확히 드러난다. 그들은 논증에 앞서 어떻게 논증할 것인가에 관한 계획을 세우지 않는다. 실제로 그들이 사고하기에 앞서 자신이 무엇을 사고할 것인지에 대해 계획을 세워야 한다면, 그들은 아무런 사고도 하지 못할 것이다. 왜냐하면 이런 계획을 세우는 일도 일종의 사고이기 때문에 또 다시 계획에 대한 계획, 그 계획에 대한 계획…… 식으로 무한소급이 이루어지기 때문이다.

유효한 실천(efficient practice)은 그것에 관한 이론에 선행(先行)한다. 그래서 방법론들은 실제적인 방법들의 사용을 전제하고 있으며, 이런 사용결과를 비판적으로 탐구한 것이 바로 방법론(methodology)이다. 아리스토텔레스나 아이작 월턴(Izaak Walton)이 제자들에게 자신들의 실제적인 학문의 격률이나 규칙들에 대해 이야기할 수 있었던 것도 바로 이 때문이다. 그리고 사람들이 격률이나 규칙들에 대해 이야기할 수 있었던 것도 이 때문이다. 따라서 사람들은 격률이나 규칙을 모르면서도 얼마든지 예지적으로 행위를 할 수 있는 것이다. 심지어 일부 예지적인 행위는 거기에 적용되는 원리들을 사전(事前)에 몰랐다고 하더라도 전혀 영향을 받지 않는다.

주지주의적 전설을 반대하는 본질적인 이유도 바로 여기에 있다. 명제나 격률들을 사전에 고려한다는 것 자체가 바로 예지적일 수도, 어리석을 수도 있는 마음의 작용이기 때문이다. 그런데 만일 어떤 일이 예지적으로 실행되기 위해서는 사전에 반드시 이론적 작용이 일어나야 한다면, 그것도 예지적으로 일어나야 한다면, 우리가 이 악순환(惡循環)의 고리에서 벗어난다는 것은 논리적으로 불가능한 일이 되고 만다.

그렇다면 어떻게 해서 이런 식의 무한소급이 일어나게 되는지를 살펴보자. 주지주의적 전설에 따르면, 행위자가 어떤 일을 예지적으로 수행할 경우, 그의 행위는 언제나 그 실천적 문제에 해당되는 규제원리를 고려하는 선행적인 내적 작용에 의해 일어난다는 것이다. 하지만 그가 하고 많은 원리나 격률들 중에서 하필이면 어느 특정한 원리를 고려하는 까닭은 무엇일까? 왜 요리사는 요리법을 모두 떠올리지 않아도 되었을까? 학자들은 왜 형식논리학의 규칙을 미리 떠올리지 않아도 되었을까? 설사 요리사나 학자나 이것을 염두에 둔다고 하더라도, 이 경우 그의 지적과정은 멍청한(silly) 것일 뿐, 예민한(sensible) 것은 아니다. 어떻게 행위할 것인지에 대해 예지적으로 반성한다는 것은 다름아닌 적절한 것과 적절치 못한 것을 구별하여 적절치 못한 것을 버리는 일이다. 그렇다면 우리는 요리사나 학자가 예지적으로 반성하기 위해서, 그는 「어떻게 행위할 것인지」에 대해 어떻게 반성하는 것이 가장 올바른 것인가를 반성해야 할 것이라고 말해야 할 것인가? 이같은 암묵적인 무한소급에서는 「적절함(appropriateness)」이라는 기준을 적용하는 과정에 이 기준 자체를 반성하는 과정이 포함되어 있지 않다는 것을 보여준다.

그 다음으로, 내가 합리적인 행동을 하기 위해서는 먼저 그렇게 행동하게 되는 이유에 대해 곰곰이 고찰해보아야 한다고 계속 상정할 경우, 나는 어떻게 나의 행위가 발생하는 특정의 상황에 그 이유를 적절하게 적용할 수 있겠는가? 적용할 수 없다. 왜냐하면 이유나 준칙은 필연적으로 보편성을 가진 명제이기 때문이다. 이런 명제는 개개 사건들의 시시콜콜한 면까지 규정하지 못한다. 결국 다시 한 번 더 나는 어리석어서는 안 되고, 예민해야 하는데, 이런 예민함 자체는 우리가 어떤 일반적인 원리를 지적으로 인식한다고 해서 얻어질 수 있는 것이 아니다. 예를 들면 병사가 아무리 클라우제

비츠의 전략원칙들에 통달한다 하더라도 그것만으로 훌륭한 장군이 될 수는 없는 것이다. 문제는 그 원리들을 훌륭하게 적용할 줄 아는 능력을 갖추고 있느냐 하는 것이다. 준칙들을 적용하는 법을 안다고 하는 것과 그 준칙들을 지적으로 수용하여 안다는 것은 전혀 별개의 차원에 속하는 일이다.

 이상의 논의를 일반화시켜 주지주의적 전설이 만들어낸 불합리한 가정을 요약하면 다음과 같다 : 모든 행위는 무엇을 할 것인가를 사전에 생각하는 선행적인 내적 기능에서 비롯된다. 그래서 우리는 매우 자주 이처럼 무엇을 할 것인가를 사전에 계획하는 과정을 수행하고, 그리하여 우리가 어리석다면 계획도 어리석을 것이고, 똑똑하다면 계획도 똑똑해진다. 이런 가정을 고수할 경우, 우리는 계획은 잘 세우고 그 수행은 어리석게 하는 어처구니 없는 일도 생기게 된다. 따라서 우리의 지적 계획 수립의 과정은 계획을 계획하는 또 다른 내면적 과정의 똑똑함에 기초를 두며, 이런 과정은 또 다시 어리석거나 똑똑한 것 중의 하나가 될 수 있다. 이런 소급은 무한히 계속될 수밖에 없으며, 결국 이는 어떤 작용이 예지적이기 위해서는 사전에 지적 작용의 자극이 있어야 한다는 이론의 불합리성을 극명하게 보여준다고 보아야 한다. 예민한 작용과 둔감한 작용을 구별해주는 기준은 그 혈통이 아니라 작용절차이며, 이는 실천적 수행뿐만 아니라 지적 수행에 대해서도 마찬가지로 타당하다. 「예지적(intelligent)」인 것을 「지적(intellectual)」인 것에 의해 규정할 수는 없으며, 마찬가지로 「방식에 대해 안다는 것(knowing how)」을 「사실을 안다는 것(knowing that)」에 의해 규정할 수 없다. 「내가 무엇을 하고 있는지를 깊이 생각하는 것」 속에는 「무엇을 하고 있는지 그리고 그것을 하고 있다는 사실을 동시에 생각하는 것」이란 의미가 내포되어 있지 않다. 내가 어떤 일을 예지적으로 수행할 때, 즉 내가 무엇을 하고 있는지를 생각하면서 수행할 때, 나는 한 가지 것만을 하는 것이지 두 가지 일을 동시에 수행하는 것은 결코 아니다. 즉 나의 수행은 하나의 특별한 절차나 방식을 가질 뿐, 그밖의 전력(前歷) 따위는 갖지 않는다.

4. 주지주의적 전설의 여러 가지 동기

사람들은 왜 일상경험에서 어떤 작용의 예지적인 수행(遂行)이 행위의 과정과 이론구성의 과정이라는 두 개의 과정으로 구체화돼야 한다는 믿음을 강하게 갖게 되는가? 이는 무엇보다도 그들이「기계 속의 유령」이라는 도그마에 젖어 있기 때문이다. 행위(行爲)는 겉에서 보면 근육활동과 유사하기 때문에, 단순한 물리적 과정으로 서술되곤 한다.「물리적인 것」과「심리적인 것」의 이분법에 기초할 경우, 근육활동 그 자체는 마음의 작용일 수 없다. 따라서 근육활동이「능숙한(skilful)」,「교활한(cunning)」,「재치 있는(humorous)」 등의 수식을 받으려면,「기계 속에서」가 아니라「유령 속에서」 일어나는 또 다른 대응행위를 통해 전위(轉位)되어야 한다. 왜냐하면 이런 수식어들은 말할 것도 없이 마음의 속성들을 표현하는 술어이기 때문이다.

물론 우리가 겉으로 드러난 어떤 행위에 대해 재치 있다거나 교묘하다고 말할 때, 이는 그냥 우리 눈에 보이는 근육의 운동만을 염두에 두고 있는 것은 절대 아니다. 앵무새는 유머감각은 없을지라도 동일한 상황에서 똑같은 말을 따라 할 수 있다. 혹은 시골뜨기도 재간 있는 사람이 했던 것을 그대로 재현할 수 있다. 물론 이 경우에 우리가 그 시골뜨기가 재간 있다고 생각지는 않는다. 그러나 똑같은 음성적 발화(發話)가 유머가 있는 사람의 입에서 나오면 즐거움을 주는 데 반해, 앵무새의 입에서 나오면 단순한 소리의 반응이라고 한다면, 여기에서 우리는 유머나 재치란 것이 우리 귀에 들리는 것이 아닌, 우리 귀에 들리지 않는 그 무언가로부터 생겨난다고 말하고 싶을 것이다. 이리하여 귀로 들을 수 있는 행위들 중에서 어떤 것은 재치가 있고 어떤 것은 그렇지 못한 이유는, 재치 있는 행위에는 진정한 재치의 발휘라 할 수 있는, 또 다른 귀로 들을 수 없는 행위가 관여하기 때문이라고 말하고 싶은 유혹을 느낄 것이다. 그러나 재치 있는 행위와 그렇지 못한 행위 사이에 눈으로 보거나 귀로 들을 수 있는 차이가 없다는 것을 받아들인다고 해서——우리는 이를 받아들이지 않을 수 없다——그 차이가 뭔가 특이하고 신비스러운 작용의 개입여부에 있다고 생각할 필요는 없다.

광대의 기예는 경쾌한 발걸음과 공중곡예를 통해 드러날 것이다. 그는 마치 서투른 사람들이 하듯이 기우뚱거리고 공중돌기도 한다. 구경꾼들은 뭔가 서툴러 보이는 그의 솜씨에 찬사와 환호를 보낸다. 그러나 그들이 찬사와 환호를 보내는 것은 광대의 「머리 속에서」 이루어지고 있는 뭔가 특별하고 신비스러운 작용에 대해서가 아니다. 그들이 환호하는 것은 겉으로 드러난 광대의 행위이다. 더욱이 그 행위가 숨겨진 내적 원인들의 결과여서 환호하는 것이 아니라 그 자체가 바로 기예이기 때문이다. 이제 기예(skill)는 단순한 외적 행위가 아니다. 따라서 그것은 눈으로 볼 수 있는 행위도 아니고, 그렇다고 눈으로 볼 수 없는 행위도 아니다. 사실 어떤 수행(遂行, performance)을 기예의 발휘라고 인식하는 것은 그 수행을 카메라로 분리하여 기록할 수 없는 한 요인에 비추어 이해하는 것을 말한다. 그러나 하나의 수행에서 발휘된 기예가 카메라에 의해 분리되어 기록될 수 없는 이유는 그 기예란 것이 은밀한 유령의 사건이어서가 아니라 도대체 사건(happening)이라 부를 수 없는 것이기 때문이다. 그것은 하나의 성향(disposition), 혹은 여러 가지 성향들의 복합체이며, 성향이란 잘못된 논리적 유형의 한 요인이다. 큰 소리로 이야기하는 습관 자체가 크다거나 작은 것이 아니듯이, —— 왜냐하면 습관이란 말에는 「소리가 큰」, 「소리가 작은」 따위의 술어를 사용할 수 없기 때문이다—— 혹은 같은 이유로 해서 두통에 대한 민감성이 참을만 하다거나 참을 수 없다고 말할 수 없듯이, 겉으로 드러난 작용이나 내적인 작용으로 발휘된 기예나 취향 혹은 경향 자체는 겉으로 드러난 것이라는 둥 내적이라는 둥의 표현을 해서는 안 된다. 왜냐하면 이는 잘못된 논리적 유형이기 때문이다. 전통적인 마음이론은 성향과 그 발휘된 행위 간의 유형차이를 혼동하여 비가시적인 마음의 원인과 가시적인 육체적 결과라는 식의 신화적인 이분법을 구축해놓았다.

광대의 몸놀림과 공중돌기는 그의 마음이 작용한 것들이다. 왜냐하면 이것들은 그 광대의 익살이기 때문이다. 그러나 겉으로 비슷해 보이는 서투른 사람의 몸놀림과 공중돌기는 그의 마음이 작용한 것이 아니다. 왜냐하면 그는 의도적으로 이렇게 하는 것은 아니기 때문이다. 의도적인 몸놀림은 육체의 과정임과 동시에 마음의 과정이다. 그러나 몸놀림을 의도하는 것이 한 과정이고 실제로 몸놀리는 것이 또 하나의 과정이라고 보아서 두 개의 과정인 듯이 생각해서는 안 된다. 그렇지만 낡은 신화는 좀처럼 죽지 않고 있다. 우리는 지금도 여전히 이렇게 주장하고 싶을 것이다 : 만일 광대의 익살이 세심함, 판단력, 재치 등 관객의 기분을 사로잡는 요소들을 드러내보인다면, 그 광대의 머리 속에는 이에 대응되는 일들이 일어나고 있다고. 만일 광대가 자신이 무엇을 하고 있는지를 생각하고 있다면, 그의 분장한 얼굴 뒤에는 눈으로 확인할 수 없는 사색의 기능이 일어나고 있다고 생각할 것이다. 물론 생각한다는 것은 마음의 기본적인 활동이며, 또한 사고과정은 눈으로 볼 수 없고 귀로 들을 수도 없는 과정이다. 그렇다면 과연 어떻게 해서 광대의 겉으로 드러난 행위가 그의 마음의 작용일 수 있는가?

이 문제를 올바르게 다루려면 한걸음 뒤로 물러설 필요가 있다. 「정신적 (mental)」이니 「마음(mind)」이니 하는 개념들의 특수한 의미가 일반적으로 사용되게 된 것은 지극히 최근의 일이다. 우리는 오늘날 「암산(暗算, mental arithmetic)」이니 「독심(讀心, mind-reading)」이니 「마음속에서(in the mind)」 진행되는 논쟁이니 하는 것들에 대해 이야기하고 있으며, 이런 의미에서의 「정신적인 것」이 비가시적인 것임은 분명하다. 한 소년이 종이에 계산하지 않고, 또한 소리를 내지 않고 조용히 혼자서 숫자나 연산기호로 계산을 하고 있다면 그는 「암산」을 하고 있다고 말할 수 있다. 이와 비슷하게 어떤 사람이 다른 사람의 생각이나 구상을 말이나 문자로 서술할 경우 그는 독심술을 하고 있다고 말할 수 있다. 이 두 가지 사례는 「정신적인(mental)」과 「마음(mind)」의 특수한 의미를 단적으로 보여준다. 왜냐하면 소리내어 혹은 종이에다 계산하는 소년도 정확하고 치밀하게 단계를 밟아 계산하기 때문이다. 그렇지만 그의 계산은 은밀하다기보다는 공개적으로 이루어지는 세심한 지적 작용이다. 따라서 그의 수행은 정상적인 의미에서의 「정신적」 능력이 발휘된 것이다.

만일 어떤 사람이 입을 꾹 다물고 호주머니에 손을 넣은 상태에서 마음 속으로 계산을 하고 있다면, 이는 고유한 의미에서 사고(思考)라 할 수 없다. 입을 다물고 있다는 것은 사고의 본질적인 부분과 무관하다. 사람들은 소리를 내며 사고할 수도 있고, 상대방이 알아볼 만큼 입술을 우물거리면서 침묵 가운데 사고할 수도 있다. 혹은 우리들 대부분이 유아기 때부터 그래 왔듯이, 침묵한 가운데 입술을 전혀 움직이지 않고 사고할 수도 있다. 이런 차이는 사회적-개인적 편의나 성격에 따른 것이다. 즉 이런 차이는 작가가 연필보다는 펜을 선호한다든가 일반 잉크보다는 투명 잉크를 선호한다고 해서 작품의 본질에 영향을 주지 못하는 것과 마찬가지로 수행된 지적 작용의 일관성이나 적합성 등에 대해 영향을 주지 못한다. 벙어리도 수화로 이야기를 한다. 만일 이 사람이 혼자 생각하고 싶다면, 자기 손을 등 뒤나 탁자 밑에 두고서 수화를 할 것이다. 우연히 한 사람이 이렇게 하는 것을 보고서 그가 사고하지 않는다고 말해서는 안 될 것이다.

「한 사람의 머리 속에서」 이루어졌다는 것을 의미하는 「정신적(mental)」과 「마음(mind)」이란 단어의 이같은 특수한 용법이 「기계 속의 유령」이라는 도그마를 지지하는 증거로 사용될 수는 없다. 오히려 그 용법은 이 도그마에 전염될 것이다. 소리를 내지 않고 다른 청각적 언어상징을 통해 사고를 하는 기술적인 트릭이야말로 우리의 사고작용의 비밀을 잘 간직한다. 왜냐하면 한 사람의 청각적 언어상징을 다른 사람은 볼 수도 없고 들을 수도 없기 때문이다(또한 앞으로 알게 되겠지만, 그 상징을 사용하는 자신도 마찬가지라 할 수 있다). 그러나 이런 비밀은 유령의 배후세계라고 하는 요청된 세계에 속하는 것이 아니다. 그것은 단지 내 머리 속에 떠오르는 소리와 마음의 눈으로 「보는」 사물을 특징짓는 사적인 비밀일 뿐이다.

게다가 한 사람이 자기 머리 속에서 혼자 어떤 일을 말하고 있다는 말에는 그가 사고하고 있다는 뜻이 내포되어 있지 않다. 그는 큰 소리로 할 때와 마찬가지로 속으로도 헛소리나 중얼거림을 할 수 있다. 의미있게 말하는 것과 헛소리를 해대는 것 간의 구별은 소리내어 말하는 것과 속으로 말하는 것 간의 구별과 무관하다. 언어작용이 지성의 발휘이게끔 해주는 것은 그것이 공적이냐 사적이냐와 전혀 관계없다. 연필과 종이를 사용한 산술이 암산보다 더 예지적일는지 모른다. 그리고 사실여부를 떠나 광대의 상상작용들*이 일어난다고 할 경우에, 대중 앞에서 광대가 하는 공중돌기가 마음의 눈

---

 * 이는 바로 다음에 이어지는 마음의 눈으로 보거나 마음의 느끼는 작용들을 말한다.

으로 보거나 마음의 다리로 느끼는 공중돌기보다 더 예지적일는지 모른다.

5. 내 머리 속에서

우선 「내 머리 속에서(in my head)」는 구절의 일상적인 용법에 대해 몇 마디 해두는 것이 여러모로 편리할 것이다. 나는 암산을 할 때, 종이 위에서가 아니라 「내 머리 속에서」 작용하는 숫자들을 가지고 있다고 말한다. 만일 내가 재미 있는 소리나 헛소리를 듣고 있었다면, 그 후에도 나는 쭉 「내 머리 속에서 울리는」 소리를 갖고 있다고 표현할 것이다. 내가 문학작품을 읽고 철자맞추기를 풀고 풍자시를 짓는 것은 모두 「내 머리 속에서」이다. 왜 이는 아주 적절한 비유처럼 느껴지는가? 비유인 한에서는 분명히 이는 옳다. 그 어느 누구도 내 머리에서 음률이 들릴 때, 외과의사가 나의 두개골 속에 들어 있는 (그 음률을 연주하는) 초미니 오케스트라를 찾아낼 수 있을 것이라고 생각지 않는다. 또는 내과의사가 머리에 청진기를 대어 내가 듣고 있는 그 음률을 들을 수 있으리라 생각지 않는다.

우리는 가끔 「내 머리 속에서」란 말이 두뇌와 지적 과정의 관계에 관한 이론들에서 파생되어 나온 것이라는 주장을 듣게 된다. 아마도 「문제해결을 위해 머리를 짜내다(rack one's brains to solve a problem)」라는 표현은 이런 이론들에서 나온 것인지 모른다. 그러나 「자기의 골 속에서」 철자맞추기를 풀었다고 자랑할 사람은 아무도 없을 것이다. 학생들은 가끔 자기 머리에서 간단한 계산을 했노라고 말하곤 한다. 그리고 머리에서 들리는 음률을 듣기 위해 지적인 노력이 필요한 것은 결코 아니다. 오히려 역으로, 종이와 연필을 사용하여 한 계산이야말로 비록 「머리 속에서」 행해진 것은 아니지만 두뇌를 사용한 것이다.

일차적으로 「우리의 머리 속에서」 일어난다고 말해도 좋은 것은 상상에 의한 「소리」들이다. 이 소리들 중에서 특히 중요한 것은 우리가 말하고 듣는 그 소리이다. 그것은 내가 혼자 중얼거리는 말과 음률이며, 이는 육체의 공연장에서 윙윙거리는 것으로 간주된다. 약간 심하게 말하면 「내 머리 속에서」라는 말은 종종 일부 사람들에 의해 모든 상상(想像)에 의한「소리」들에게까지 적용되며, 심지어는 내가 보았다고 착각한 사물들을 서술하는 데에도 확대적용된다. 하지만 이런 확대적용의 문제에 대해서는 뒤에 가서 다시 살펴볼 것이다.

그렇다면 어떤 것을 말하거나 중얼거리는 것을 표현하기 위하여 그것이 우리 머리 속에서 나왔다거나 중얼거린다고 말하게끔 유도하는 것은 무엇일까? 첫째, 어구(語句)는 필수불가결하게 부정적(negative) 기능을 갖는다. 기차의 바퀴소리가 내 머리에서「Rule Britannia」라고 들린다면, 그 바퀴소리는 다른 승객들도 듣겠지만 내가 듣는「Rule Britannia」는 듣지 못한다. 기차에는 온통 박자가 맞는 덜거덕거리는 소리로 가득하다. 그러나 내가 들은「Rule Britannia」는 그 어디에서도 들을 수 없다. 그래서 그 소리는 나의 한 부분을 가득 채우고 있다고 말하고 싶은 유혹에 빠지게 된다. 덜거덕거리는 소리의 원천은 바퀴와 철로이다. 그런데 나의「Rule Britannia」라는 소리는 외부에 원천을 갖고 있지 않기 때문에 그것의 원천은 나의 내부에 있다고 말함으로써 이 부정적(negative) 사실을 표현하고 싶은 유혹에 빠지게 된다. 그러나 이것 자체가「Rule Britannia」는 나의 목구멍이나 가슴이나 배에서가 아니라 나의 머리 속에서 들린다고 말하는 것이 자연스런 비유인 양 만들어주는 이유를 설명하지는 못한다.

당신이 하는 말이나 악단이 연주하는 음률을 들을 때, 나는 통상 어느 방향에서 소리가 나고 그 근원지가 나와 얼마나 거리를 두고 있는지에 대한 관념을——종종 잘못된 관념을——갖는다. 그러나 나 혼자 소리를 내어 하는 말이나 중얼거리는 음률, 혹은 내가 숨쉬고 기침하는 소리를 들을 때, 사정은 판이하게 달라진다. 왜냐하면 여기에서는 소리의 방향이나 거리의 문제가 전혀 생겨나지 않기 때문이다. 나는 더 잘 듣기 위해 고개를 이리저리 돌릴 필요가 없으며, 또한 소리나는 곳으로 귀를 더 가까이 갖다 댈 필요도 없다. 더욱이 비록 내가 입을 다물어 버리거나 속으로 소리를 낼 수는 있겠지만, 당신의 목소리나 악단의 연주소리는 내 귀를 막더라도 더 커지면 커졌지 작아지지는 않는다. 두근거리는 것, 재채기, 코를 훌쩍이는 것 등과 같은 머리 속의 소음들과 마찬가지로 내가 하는 말도 거리가 떨어진 곳에서 생겨난 것이 아니다. 이런 소리들은 모두 다 머리에서 생겨나 머리를 통해 들어온 것이며, 이 중에서 어떤 것은 약간의 공간적인 이동을 하기도 한다.* 내가 콜록거린다든지 반향하는 소리를 낸다면, 이때 나는 손에서 음차(音叉)의 진동을 느낄 때와 똑같은 의미에서 나의 머리 속에서 일어나는 진동이나 떨림을 「느낄」 수 있다.

그런데 문제는 이런 소리들은 비유적인 것이 아니라 문자 그대로 내 머리 속에서 난다는 것이다. 이런 소리들은 진짜로 머리에서 생기기 때문에 의사도 청진기를 통해 들을 수 있다는 것이다. 그러나 암산을 하고 있는 학생은 종이가 아니라 그의 머리에 숫자들을 갖고 있다고 말할 때의 「머리에」란 말은 문자 그대로 사용한 것이 아니라 여기서 차용해온 비유적인 의미이다. 그 숫자들을 마치 기침소리를 머리에서 듣는 것과 같은 방식으로 그 학생의 머리에서 듣게 되지 않는다는 사실은 누구나 쉽게 알 수 있다. 왜냐하면 만일 그가 귀를 막고서 소리를 꽥 지른다면, 그는 반쯤 귀가 먹거나 계속 웅웅거릴 것이기 때문이다. 그러나 암산을 할 경우, 그가 째지는 소리로 그 숫자들을 마음속으로 외친다고 한들 반쯤 귀먹는 일 따위는 일어나지 않는다. 그는 째지는 소리를 낼 수도 없고 듣지도 못한다. 왜냐하면 그는 단순히 째지는 소리를 지르고 듣는 것을 상상하고 있을 뿐이며, 상상 속의 째지는 소리는 사실 (실제의) 째지는 소리가 아니며 속삭임만도 못하기 때문이다. 그러면서도 그는 내가 내 머리에서 「Rule Britannia」라는 소리가 난다고 말하듯이, 그 숫자들이 자기 머리에 있다고 말한다. 왜냐하면 이는 자기 귀에 들린 상상의 소리가 생동적인 소리임을 표현하는 데 있어 매우 효과적이기 때문이다. 여기서 「내 머리에서(in my head)」란 말은, 예를 들어, 「한 사건이 사십 년 전에 일어난 것이긴 하지만 나는 지금 그 사건을 '보고 있다'」라고 말할 때의 동사 「보고 있다(see)」와 같은 방식으로 이해되어야 한다. 만일 우리가 하고 있다고 상상하는 것을 실제로 하고 있다면, 즉 우리가 혼자 중얼거리는 것을 듣고 있다면, 이 소리들은 문자 그대로의 의미에서 우리 머리에 있다고 할 수 있을 것이다. 그러나 우리는 소리를 만들어

---

* 내 입에서 난 소리가 내 귀까지 들어오는 데 필요한 공간적 이동을 말한다.

내거나 들을 수 없고 다만 그렇게 하고 있다고 상상할 뿐이기 때문에, 우리가 웅얼거려서 만든다고 상상하는 음률이나 앞서 말한 숫자들이 우리의 머리에 있다고 말할 때 이는 곧 문자 그대로의 의미에서는 사용할 수 없는 어떤 것을 표현할 목적으로 유보시킨 기존의 표현을 사용하여 말하는 것이라고 이해할 수 있다.

나는 앞에서 「내 머리에서」란 표현을 상상 속에서 내가 만들어낸 소리에 대해서 뿐만 아니라 상상에 의한 소리일반, 심지어는 상상 속에서 보는 것들에까지 확대하여 사용하는 경향이 있음을 지적한 바 있다. 나는 이런 경향이 다음과 같은 낯익은 일련의 사실들에서 생겨난 것이 아닌가 생각한다. 우리의 머리에 있는 감각기관들에는 자연적인 덧문을 타고 나든지 인공적인 덧문을 만들 수 있다. 즉 우리는 눈꺼풀이나 손으로 시야를 막아버릴 수 있다. 우리의 입술은 혀를 막을 수 있으며, 귓구멍이나 콧구멍을 막기 위하여 손가락을 사용할 수도 있다. 그래서 당신과 내 앞에 있는 시각물, 청각물, 촉각물, 후각물 등은 이런 덧문들을 사용하여 배제시킬 수 있다. 그러나 내 마음의 눈으로 보는 것들은 눈을 감는다고 해서 배제되지 않는다. 경우에 따라서는 이렇게 함으로써 더 생생하게 「보이기도」 한다. 어저께 일어났던 도로사고의 비참한 광경을 잊기 위해서는 눈을 뜨고 있는 것이 훨씬 더 빠른 길이다. 이렇기 때문에 우리는 상상의 광경과 실제의 광경을 구별하기 위하여 실제의 대상들은 덧문의 먼 곳에 있지만 상상의 대상들은 덧문과 가까운 곳에 있어서 그렇다고 말하고 싶은 유혹을 느낄 것이다. 즉 실제의 대상들은 내 머리 밖에 있는데 상상의 대상들은 내 머리 안에 있다고 말해버리는 것이다. 그러나 이는 좀더 천착해야 할 필요가 있는 문제이다.

시각과 청각은 거리감각인 데 반해, 촉각이나 미각 혹은 후각 등은 그렇지 않다. 다시 말해서 우리가 일상적으로 「보다(see)」, 「듣다(hear)」, 「주시하다(watch)」, 「귀기울이다(listen)」, 「분간하다(espy)」, 「엿듣다(overhear)」 등의 동사를 사용할 때, 거기에 상응하는 대상들은 우리와 거리를 두고 있는 사물들이다. 우리는 남쪽으로 사라져가는 기차소리를 듣고, 저 멀리 하늘에 있는 행성을 본다. 이리하여 우리는 「눈앞에」 있는 것의 소재나 향방에 대해 이야기해야 하는 어려움에 직면한다. 왜냐하면 그것은 눈에 보이면서도 밖에 있는 것이 아니어서 명확한 지적을 하기가 불가능하기 때문이다. 그러나 우리는 거리를 두고 떨어져 있는 사물들을 느끼거나 맛보는 것에 대해 이야기하는 것은 아니다. 그리고 만일 한 사물이 얼마나 떨어져 있고 어느 방향에 놓여 있는가 라는 물음을 받을 경우, 우리는 「냄새를 맡아보거나 맛을 보면 안다」고 대답하지 않는다. 물론 우리는 촉각이나 운동감각을 사용할 수도 있다. 그러나 이런 식으로 해서 전기스위치가 어디에 있는지를 알아낸다고 할 경우, 우리는 손가락 끝이 어디에 닿았는지 밖에 알아내지 못한 것이다. 손으로 만지고 있는 대상은 손이 어디에 닿았는지를 알려주지만, 눈으로 보거나 귀로 듣는 대상은 눈이나 귀가 어디에 닿아있는지를 전혀 일러주지 못한다.

그래서 우리가 사물은 사실상 보이거나 들리는 것이 아니라 그렇다고 상상할 뿐이라는 사실을 강조하고 싶을 경우, 우리는 그 거리를 부정함으로써 사물의 상상적 성격을 주장하고, 또 비유적인 근접성을 주장함으로써 거리를 부정한다. 그것은 「밖에 있는 것이 아니라 안 쪽에 있다. 덧문의 외부에 있는 것이 아니고 내부에 있다」. 또 그것은 「외부의 실재가 아니라 내부의 환영(幻影)이다」. 우리는 우리가 느끼고, 냄새맡고, 맛보고 있다고 상상하는 것을 기술(記述)하기 위하여 이같은 언어적인 속임수를 사용하지는 않는다. 배를 탄 한 승객은 갑판이 그의 발 밑에서 요동하는 것을 느낀다. 그리고 해안에 당도하더라도 그는 그의 발 밑에서 포장도로가 요동하는 것을 계속해서 「느낄」 것이다. 그러나 운동감각은 거리감각이 아니기 때문에, 그는 배에서 느꼈던 요동이 다리에서 그대로 느껴진다고 해서 그 요동이 포장도로가 아니라 다리에서 일어나고 있다고 말함으로써 상상 속에서의 다리의 느낌을 환각으로 간주하는 웃음거리를 만들 수는 없다. 또 「나는 배의 반대편이 요동치는 것을 느꼈다」고 말할 수도 없었다. 또한 포장도로의 환각적인 요동을 「내 머리에서 느낀다」고 서술하지도 못한다. 다만 「내 다리에서 느낀다」고 서술할 수 있을 뿐이다.

그래서 내가 주장하고 싶은 바는, 「내 머리에서」라는 구절은 무엇보다도 먼저 생생한 상상 속에서 내가 내는 소리에 대하여, 그 다음으로 상상 속의 모든 소리 심지어는 상상 속의 시각적 광경에 대해서까지도 적절하고 표현력이 풍부한 비유라는 것이다. 왜냐하면 후자의 경우들에 있어서 비유상의 근접성을 내세워 거리를 부정하는 의도는 상상적 성격을 내세우는 것으로 간주되기 때문이다. 그리고 이런 근접성은 시각이나 청각 등의 머리기관에 대해서가 아니라 덧문이 붙어 있는 곳에 대해 상대적이다. 사람들이 때때로 「정신적(mental)」이나 「마음만의(merely mental)」를 「상상의(imaginary)」와 동의어로 사용하고 있다는 사실은 언어적인 면에서 대단히 흥미를 끄는 것이다.

그러나 이같은 언어적인 보충이 정확한지의 여부는 내가 이 책에서 전개하고 있는 일반적인 논증과 관련하여 중요하지 않다. 이런 보충은 우리가 「우리의 머리에」 있다고 말한 것들, 즉 상상의 말이나 음률 혹은 광경 등에 대해 관심을 끌도록 하는 데는 기여할 것이다.

사람들이 「마음에서(in the mind)」라는 어구를 사용할 때, 그들은 통상 「머리에서(in the head)」라는 덜 오도된 비유적 용법으로 표현코자 하는 것을 지나치게 현학적으로 표현하고 있는 것이라 할 수 있다. 「마음에서」라는 구절은 없어도 관계없으며, 또 그래야 한다. 이 용어를 사용하는 사람은 무의식적으로 마음이란 기묘한 「장소」이며, 이 장소를 점유하는 자들은 특이한 유령이라고 하는 견해를 수용한 결과가 된다. 이 책에서 내가 입증해야 하는 것 중의 하나 마음의 성질들은——기본적인 것을 따를 때는 제외하고——일반적인 의미에서의 「머리에서」 일어나는 것이 아니라는 사실이며, 또 머리에서 발휘된 것이 그렇지 못한 것보다 우위를 가지는 것은 아니라는 것이다.

6. 방식을 아는 것에 대한 적극적인 해명

지금까지 논의를 통해 내가 입증하려 했던 것은 다음과 같다. 즉 예지(intelligence)가 발휘된 결과 이루어진 행동은 먼저 규정이나 규범들을 고찰하고 그 다음에 그것들을 시행하는 단선적(單線的)인 작용의 결과로 분석될 수 없다는 사실이다. 또한 우리는 이론가*들이 이런 분석에 빠지게끔 만드는 몇 가지 동기들에 대해서도 고찰했었다.

그러나 만일 어떤 일을 예지적으로 수행한다는 것이 방금 말한 것처럼 규정을 고찰하고 그 다음에 그것을 시행에 옮기는 두 가지 일을 하는 것이 아니라 한 가지만을 한다는 뜻이라면, 그리고 수행 그 자체에 기준이나 척도를 적용한다는 뜻이라면, 이런 요인이 과연 어떻게 해서 우리가 「능숙하다」, 「신중하다」, 「고상하다」, 「논리정연하다」고 말하는 행위나 작용을 특징지울 수 있는가 하는 문제는 그대로 남아 있게 된다. 왜냐하면 능숙하게 수행한 행위와 단순한 습관이나 맹목적인 충동 혹은 정신이 멍한 상태에서 수행한 행위 간에는 눈으로 보거나 귀로 들을 수 있는 차이가 있어야 하는 것은 아니기 때문이다. 한 사람이 「소크라테스는 죽는다」는 결론이 도출되는 전제들을 말하고 난 직후 앵무새가 「소크라테스는 죽는다」고 소리칠 수 있다. 또 어떤 소년은 한편으로는 야구경기에 대해 생각하면서 다른 소년이 낸 곱셈문제를 기계적으로 정확하게 풀 수도 있다. 하지만 이때 우리는 이 앵무새가 「논리적」이라고 하지 않으며, 주의가 산만한 그 소년이 문제를 「잘」 풀었다고 서술하지 않는다.

먼저 장기놀이를 익히고 있는 한 소년에 대해 고찰해보자. 여기에서 소년이 장기의 규칙들에 대해 전혀 배우지 않은 상태에서도 우연히 규칙에 맞도록 왕(王)을 옮기는 경우가 있을 수 있다. 여기서 그가 규칙에 맞도록 말을 옮겼다고 해서 곧바로 그가 놀이의 규칙을 알고 있다고 할 수는 없다. 또한 구경꾼도 그 소년이 말을 움직인 방식에서 그 움직임이 우연인지 규칙을 잘 알고서 한 것인지를 판가름해줄 어떤 가시적(可視的)인 특징들을 식별할 수 있어야 할 필요는 없다. 그렇지만 소년은 이제 놀이를 올바르게 배우기 시작하는 것이며, 이 말은 곧 그가 규칙들을 명시적으로 받아들이기 시작한다는 뜻이다. 어쩌면 그는 이 규칙들의 암기를 완료하여, 얼마든지 필요에 따라 그 규칙들을 활용할 수 있을 것이다. 처음에 몇 번 장기놀이를 해보면서

---

* 라일은 이 책에서 빈번하게 이론가(theorist)라는 용어를 자주 사용하는데 이는 주로 철학자를 가리키지만 가끔 심리학자를 지칭하는 경우도 있기 때문에 가능하면 이론가라고 그대로 옮겼다. 철학자를 지칭하는 것이 분명한 경우에만 철학자라고 옮겼다.

그는 소리를 내어 혹은 머리로 그 규칙들을 외우려 할 것이고, 경우에 따라서는 이런저런 특수한 상황에서 규칙들을 어떻게 적용해야 할 것인지에 대해 물어야만 할 것이다. 그렇지만 얼마 안 가서 그는 따로 그 규칙들에 대해 생각하지 않고서도 규칙들을 준수하게 된다. 그는 허용된 이동만을 하고, 금지된 이동은 하지 않는다. 게다가 상대방이 규칙들을 위반하면 즉각 알아차리고 항의한다. 그러나 그는 이제 더 이상 금지와 허용이 확연히 구별되는 공식을 속으로 혹은 소리내어 암송하지 않아도 된다. 이제 허용된 것만을 취하고 금지된 것은 하지 않는 태도는 그의 「제2의 본성」이 되어버린 것이다. 이 단계에 이르면 그는 규칙들을 암송할 수 있었던 이전의 능력을 상실하기까지 한다. 그래서 다른 초심자를 가르쳐야 하는 경우, 그 규칙들에 대해서는 아무런 지침도 못주고, 다만 자신의 정확한 말의 이동을 보여주고, 초심자의 그릇된 이동을 고쳐주는 방법으로만 초심자를 가르칠 수 있을 뿐이다.

그런데 규칙들에 대해 전혀 듣지도 못하고 책에서 읽지도 않고서 한 소년이 장기를 배우는 일도 얼마든지 있을 수 있다. 다른 사람들이 말을 움직이는 것을 유심히 지켜보고, 또 자기가 움직인 말이 언제는 허용되고 언제는 금지되는지를 주시함으로써 그는 「정확한」 이동과 「잘못된」 이동을 규정하고 있는 규칙들에 대해 직접 강술하지는 못하더라도 정확하게 장기를 두는 기술은 알아낼 수 있는 것이다. 우리는 모두 이런 방식으로 술래잡기나 숨바꼭질, 초보적인 문법이나 논리규칙들을 익혔다. 우리는 때로는 남들의 비판과 모범에 의해, 때로는 이론의 교훈을 전혀 빌리지 않고서 직접 행하는 가운데 어떻게 하는지를, 즉 「방식(方式, how)」을 배운다.

여기서 우리는, 만일 그가 할 수 있는 것이라고는 규칙들을 정확하게 암송하는 능력 뿐이라면, 그가 놀이방식을 알고 있다고 말할 수 없다는 사실을 명심해야 한다. 그는 요구되는 말의 움직임을 수행할 수 있어야 한다. 그러나 비록 그가 놀이규칙을 암송할 수 없다고 하더라도 정상적으로 허용된 이동을 하고 금지된 이동은 안 하며 상대방이 금지된 이동을 하였을 경우 항의한다면, 그는 놀이방식을 알고 있다고 말할 수 있다. 「방식」에 대한 그의 앎은 일차적으로 그가 허용된 이동을 하고 금지된 이동은 하지 않는 데서 나타난다. 그가 규칙들을 준수할 수 있는 한, 우리는 그가 그 규칙들을 명시적으로 공식화할 수 있는지의 여부에 대해서는 신경쓰지 않는다. 규칙들을 적용할 수 있다는 의미에서 그가 과연 그 규칙들을 알고 있는지 없는지를 보여주는 것은 그가 머리에서 혹은 혀로 하는 것이 아니라 장기판에서 그가 수행(遂行)하는 것이다. 이와 거의 비슷하게, 비영어권의 학생은 문법에 맞는 영어를 사용하는 방식을 영어권의 어린이처럼 배우지는 않을 것이다. 왜냐하면 그가 숙달한 것은 영어문법 자체라기보다는 영어문법에 대한 이런저런 이론이기 때문이다.

7. 예지적 능력들과 습관들의 상호대비

규칙들을 적용하는 능력은 꾸준한 실천에서 나온 결과이다. 따라서 사람들은 재능과 능숙한 기술은 다름아닌 습관이라고 주장하고 싶어한다. 물론 재능과 능숙한 기술은 제2의 본성이며, 후천적인 기질이다. 그렇다고 해서 이것들이 습관이라고 추론할 수는 없다. 습관은 제2의 본성들 중의 한 가지일 뿐, 유일한 것은 아니다. 뒤에서 논증하겠지만, 모든 제2의 본성들은 곧 습관이라고 간주하는 일반적인 가정들은 우리의 탐구와 관련하여 대단히 중요한 몇 가지 구별들을 사상(捨象)해버리는 문제점을 안고 있다.

곱셈문제를 기계적으로 외워서 정확하게 푸는 능력은 여러 가지 중요한 측면에서 직접 계산에 의해 풀어내는 능력과 구별된다. 우리가 어떤 사람에 대해 「그는 단순히 맹목적인 습관에 의해 어떤 일을 한다」고 말할 때, 그 뜻은 그가 자신이 하고 있는 일을 전혀 생각지 않고 자동기계처럼 한다는 것이다. 그는 아무런 주의나 세심한 노력을 기울이지 않는다. 우리는 걸음마 단계를 지나면 발걸음에 전혀 신경을 쓰지 않고서도 도로 위를 걷는다. 그러나 어둠 속에서 심한 바람이 불고 있는 빙벽을 오르는 등반가는 맹목적인 습관에 의지하여 사지(四肢)를 움직이지는 않는다. 그는 자기가 하고 있는 것이 무엇인지에 대해 명확히 생각하고, 위급상황에 대비한 긴장을 늦추지 않으며, 노력을 절감해가면서 여러 가지 시도를 해본다. 간단히 말해 그는 온갖 능숙한 기술과 판단력을 동원하여 걸어올라간다. 아차 실수라도 하면 그는 다시 반복할 길이 없으며, 뭔가 효과적인 기술을 찾아내면 그것을 계속 사용하면서 개선해나가려 할 것이다. 이런 상황에서 등반가는 등반을 하면서 동시에 어떻게 등반하는 것이 좋은가를 자신에게 가르친다. 단순히 습관적인 행위의 본질적인 성격은 하나의 수행이 과거의 수행들을 그대로 본뜬다는 데 있다. 그러나 예지적 행위의 본질적인 성격은 과거의 수행들을 기초로 해서 새롭게 수행을 해나간다는 데 있다. 예지적인 행위자는 지속적으로 배우는 과정에 있는 것이다.

   습관과 예지적 능력을 나누는 이러한 구별은 제2의 본성을 길러내기 위한 두 가지 방법 간의 구별을 통해 보다 구체적으로 알 수 있게 해준다. 우리는 연습(drill)에 의해 습관을 기르고, 훈련(training)에 의해 예지적 능력을 기른다. 연습은 계속적인 반복을 그 핵심으로 하고 있다. 훈련소의 신병(新兵)은 똑같은 동작을 수없이 반복하는 방법으로 「어깨총」을 익힌다. 어린이들이 알파벳이나 구구단을 외우는 방법도 마찬가지다. 그래서 연습은 완전히 자동적으로 반응할 수 있으면, 즉 자다가도 「올바르게 반응」할 수 있으면 그만이다.

   이와 달리 훈련은 하나하나 따져보면 단순한 연습들로 구성되어 있지만 연습과는 본질적으로 다르다. 여기에는 훈련을 받는 사람 자신의 판단에서 나온 비평과 실례에 의한 새로운 자극이 포함되어 있다. 그는 자신이 무엇을 하고 있는지를 생각해가면서 자기가 하는 일의 방식들을 배우기 때문에, 그는 한 가지씩 수행할 때마다 보다 잘 수행할 수 있는 방식에 관한 교훈을 얻는다. 「어깨총」만을 연습한 병사는 사격술과 독도법을 능숙하게 수행할 수 있는 훈련을 받아야 한다. 연습(drill)은 예지적 능력이 없더라도 별로 관계가 없지만, 훈련은 예지적 능력을 계발시킨다. 우리는 병사가 「자면서」 지도를 읽어낼 수 있기를 기대하지는 않는다.

   습관과 예지적 능력 간에는 이보다 더 중요한 차이가 있다. 이 점을 살피기 위해서는 우선 성향적인(dispositional) 개념들 일반의 논리에 관해 약간 언급을 할 필요가 있다.

   유리는 깨지기 쉽고, 설탕은 용해될 수 있다고 말할 때, 우리는 성향과 관련된 개념들을 사용하는 것이다. 이런 개념들의 논리적인 힘은 다음과 같다. 유리의 깨지기 쉬움(혹은 깨지기 쉬운 성향)은 그것이 일정한 시점에 실제로 산산조각이 난다는 뜻은 아니다. 그것은 실제로 박살이 나지 않더라도 깨지기 쉬운 것이다. 유리가 깨지기 쉽다고 말하는 것은, 그것에 타격이 가해질 경우 부서지게 될 것이라고 말하는 것이다. 또 설탕이 용해될 수 있다고 말하는 것은 물에 집어넣을 경우 녹게 될 것이라고 말하는 것이다.

하나의 사물에 성향적 속성을 부여하는 진술은──전부가 그런 것은 아니지만──그 사물을 하나의 법칙 하에 포섭시키는 진술과 많은 공통점을 갖는다. 성향적 속성을 갖고 있다는 것은 어떤 특정한 상태에 있다거나 특정한 변화를 겪고 있다는 뜻이 아니다. 일정한 조건이 이루어져야만 그것은 특정한 상태에 있을 수 있고, 또 특정한 변화를 겪을 수도 있다. 이 점은 성격을 형성하는 특질들이라고 하는 인간 특유의 성향들에 대해서도 마찬가지로 적용된다. 내가 습관적인 애연가라는 말 속에는 어느 특정한 순간에 내가 담배를 피우고 있다는 뜻은 포함되지 않는다. 즉 내가 식사중이 아닐 때, 취침중이 아닐 때, 강의중이 아닐 때, 혹은 장례식에 참석중이 아닐 때, 담배를 피우는 영구적인* 경향성이 높다는 것이다. 이는 최근에 내가 전혀 흡연한 적이 없더라도 마찬가지로 타당하다.

성향들(dispositions)에 관해 논의할 때, 처음에는 유리의 깨지기 쉬움이나 성인의 흡연습관 등과 같은 아주 간단한 사례에서 시작하는 것이 훨씬 유익할 것이다. 왜냐하면 이같이 알기 쉬운 성향들을 논의함으로써 성향적 속성의 부여과정에 암암리에 놓여 있는 가설적인 명제를 폭로하는 일이 매우 용이하기 때문이다. 「깨지기 쉽다」는 것은 다름아닌 이러저러한 조건들 하에서는 산산조각이 날 수밖에 없다거나 산산조각이 날 가능성이 높다는 뜻이다. 또 흡연가라고 말하는 것은 이런저런 조건 하에서 파이프에 담배를 집어넣고 불을 붙여 빨아들일 수밖에 없다거나 그럴 가능성이 높다는 뜻이다. 이 두 가지 사례는 단일한 성향에 관한 것이기 때문에, 그 성향의 실현(實現) 혹은 현실화는 거의 일양적(一樣的)이다.

---

* 「영구적인」이라고 해서 영원불변하다는 뜻은 아니고 상당히 장기적이라는 정도의 의미이다.

그렇지만 이처럼 단순한 모델의 성향적 개념들을 중심으로 고찰하게 되면 처음에는 도움이 되지만, 논의가 진행될수록 완전히 그릇된 가정(假定)으로 우리를 이끌어 갈 가능성이 높다. 많은 성향들은 그 실현형태가 무한하리만큼 다양하다. 그런데 성향적 개념들은 유한하다. 어떤 사물을 딱딱하다고 서술할 때, 우리는 이를 통해 그 사물이 변형을 거부한다는 것만을 의미하는 것은 아니다. 예를 들면, 그것을 내리칠 경우 예리한 소리를 낼 수도 있고, 그것과 부딪치면 아플 것이고, 고무공처럼 탄력적인 물건을 집어 던지면 튀겨오를 수도 있는 등, 그 서술이 의미하는 바는 수없이 많다. 한 동물이 군집적이라고 하는 말이 의미하는 바를 모두 밝히고자 한다면, 우리는 위의 경우에서와 마찬가지로 무한히 계속되는 상이한 가설적 명제들을 만들어내지 않을 수 없다.

그런데 우리 탐구의 주요 관심사인 사람들의 보다 고차적인 성향들은 일반적으로 단순한 성향이 아니라 무한히 이질적이고 다양한 형태로 발현될 수 있는 성향이다. 제인 오스틴(Jane Austen)이 그의 작품 《오만과 편견(*Pride and Prejudice*)》에 나오는 여주인공의 성격을 특징지우는 독특한 유형의 오만(傲慢)을 보여주려고 했을 때, 그녀는 여주인공의 행동과 말, 사고와 감정 등을 여러 수천 가지의 상황 속에서 드러내야만 했던 것이다. 제인 오스틴이 「나의 여주인공의 오만은 이런 상황이 발생할 때는 언제나 이런 식으로 행동하는 경향을 낳았다」고 말할 수 있는 단 하나의 행동기준 혹은 반응기준이란 없다.

특히 인식론자들은 성향들이 일양적(一樣的)인 방식으로 발휘되기를 기대하는 우를 종종 범한다. 예를 들면, 그들이 「알다(know)」와 「믿다(believe)」라는 동사가 통상 성향적 의미에서 사용되고 있다는 것을 인정할 때, 그들은 암묵리에 이같은 인지적 성향들이 실현되는 한 가지 유형의 지적 과정들이 있어야 한다고 가정하고 있는 것이다. 그들은 경험의 증거를 무시하고서, 예를 들면 「지구는 둥글다」고 믿고 있는 사람은 종종 「지구는 둥글다」는 명제를 확신을 갖고서 인식하고 판단하고 때로는 내적으로 다시 주장하는 유일무이한 과정을 겪어야만 한다는 요청(要請)을 내세운다. 물론 실제에 있어서 사람들은 이런 식으로 진술들을 되풀이하여 말하지는 않는다. 설사 그들이 그렇게 한다고 하더라도, 그리고 그들이 그렇게 하는 것을 우리가 알고 있다고 하더라도, 우리는 여전히 —— 만일 그들이 추론하고 상상하고 말하고 기타 여러 가지 행위들을 수행하는 것을 직접 보지 못한다면 —— 그들이 지구는 둥글다고 믿고 있는 데 대해 동의할 수 없다. 만일 그들이 이처럼 추론하고 상상하고 말하는 등의 행위를 직접 본다면, 설사 그들이 원래의 진술을 내적으로 할 수 없는 충분한 이유를 알고 있다고 하더라도 지구는 둥글다는 그들의 믿음에 동의할 수밖에 없다. 스케이트를 타고 있는 사람이 얼음은 깨지지 않을 것이라고 아무리 강력하게 우리에게 호언장담하고 자기 자신까지 설득시킨다고 하더라도, 만일 그 자신이 호수의 주변에만 머물러 있으면서 자기 아이들을 가운데 쪽으로 가지 말도록 주의시키고 얼음이 깨졌을 경우에 어떻게 해야 할 것인지에만 온 신경을 기울이고 있다면, 그 자신부터 메스꺼움을 느낄 것이다.

8. 예지의 발휘

어떤 사람의 행위에 대해 예지적(叡智的, intelligent)이다 그렇지 않다를 판단하려면, 우리는 앞에서 말한 바 있듯이 눈에 보이는 수행 그 자체를 넘어서야 한다. 왜냐하면 백치나 몽유병환자, 정신병자, 정신착란증환자, 심지어는 앵무새가 우연히 혹은 「기계적으로」 행하는 수행은 내적이건 외적이건 특수한 것이기 때문이다. 그러나 우리가 수행 자체를 넘어서서 보려고 할 때, 그것은 행위자의 내면세계 속에 숨겨져 있다고 (잘못) 가정된 대응물을 찾아내려고 하는 것은 물론 아니다. 우리는 수행을 통해 실현된 그의 능력과 자질들을 고려하고 있는 것이다. 우리는 원인(原因)들을 탐구하는 것이 아니라 능력, 능숙한 기술, 습관, 개연성, 경향성 등을 탐구하는 것이다. 예를 들면, 우리는 표적의 중심점을 정확히 맞추는 병사를 보고 있다. 이는 행운인가 능숙한 기술인가? 만일 그것이 능숙한 기술에서 나온 것이라면, 그는 또 한번 명중을 시킬 수 있을 것이고, 바람이 불거나 사거리가 바뀌거나 표적이 움직일지라도 좋은 성적을 낼 수 있을 것이다. 설사 두번째 탄환이 빗나가는 경우일지라도, 세번째, 네번째, 다섯번째 탄환은 점점 더 중심부에 근접해갈 것이다. 이 과정에서 그는 방아쇠를 당기기 전에 더욱 정성들여 호흡을 가다듬으려고 노력할 것이다. 그는 전우들에게도 반동이나 바람에 어떻게 대처할 것인지에 관한 요령도 충고할 수 있다. 사격술은 여러 가지 능숙한 기술들이 합쳐져서 이루어지는 복합체이며, 그가 행운으로 맞힌 것인지 뛰어난 사격술로 맞힌 것인지의 문제는 곧 그가 능숙한 기술을 갖고 있느냐의 문제이며, 또한 만일 그가 이런 기술을 갖고 있다면, 그가 사격시에 주의력, 절제, 환경적 요인들에 대한 고려, 사전교육의 숙달 등에 얼마나 노력을 기울였는지의 문제이다.

그의 표적 적중이 요행수인지 훌륭한 사격술의 결과인지를 판별하기 위해서는 그 자신은 물론이고 우리에게도 이 단 한 번만의 성공으로는 부족하다. 즉 우리는 몇 번 더 사격하는 것을 보거나 과거의 기록을 참고해야 하고, 그의 설명이나 변명을 들어보는 것도 유익하며, 그가 동료 전우들에게 해주는 충고 등도 참고할 가치가 있다. 그밖에도 수없이 많은 단서들이 있을 수 있다. 다시 말해서 한 사람이 사격을 어떻게 하는지, 즉 사격을 잘 하는 방식을 알고 있는지를 판가름하는 단 하나의 척도나 기준은 없으며, 이런 판가름을 위해서는 일반적으로 상당히 많은 종류와 횟수의 수행(遂行)들을 고려해야 한다. 이런 경우라야 어느 정도라도 그가 운이 좋아서 그랬는지 사격술이 좋아서 그랬는지를 결정할 수 있는 것이다.

장기판에서 한 주정뱅이가 상대방의 작전계획을 완전히 망쳐놓은 결정적인 한 수를 두었다고 하자. 구경꾼들이 이 수는 뛰어난 실력이 있어서가 아니라 그냥 운좋게 둔 것이라고 판단하기 위해서는 다음과 같은 수많은 사항들을 충분히 알고 있어야 한다 : 그전까지 그의 행마(行馬)는 통상적인 장기 규칙을 어긴 것이 대부분이고, 전술적인 연관성이 결여되어 있으며, 동일한 전술상황이 발생하더라도 이와 동일한 수를 둘 가능성이 거의 없으며, 왜 자신이 그렇게 두었고 왕(王)이 처해 있는 위협상황을 설명하지 못하는 것 등등에 대해 알고 있어야 하는 것이다.

그들이 당면한 문제는 유령과도 같은 과정들이 발생하였는지 여부의 문제가 아니라「할 수 있을 것인지(could)」를 표현하는 명제와「하려 할 것인지

(would)」를 표현하는 명제 및 이 명제들을 적용했을 때의 참과 거짓을 판별하는 문제이다. 왜냐하면 개괄적으로 이야기해서, 마음의 문제는 검증할 수 없는 범주의 명제들로 이루어진 문제가 아니라 검증가능한 가설적 혹은 준(準)-가설적 명제들로 이루어진 문제이기 때문이다. 정상인과 백치를 나누는 차이는 정상인은 두 사람이고 백치는 단지 한 사람이어서가 아니라 정상인은 백치가 할 수 없는 많은 일들을 해낼 수 있다는 데 있다. 여기서 「할 수 있다(can)」와 「할 수 없다(cannot)」는 사건을 서술하는 언어가 아니라 양상언어(modal word)이다. 물론 술취한 사람의 행마와 제정신인 사람의 행마를 서술할 때, 그리고 백치가 낸 소리와 정상인이 낸 소리를 서술할 때, 우리는 (가능적인 의미의)「할 수 있을 것이다(could)」와 (경향적인 의미의)「하려고 할 것이다(would)」라는 표현뿐만 아니라 사실의 발생여부를 나타내는 「했다나 일어났다(did)」와 「하지 않았다나 일어나지 않았다(did not)」라는 표현을 사용해야 한다. 주정뱅이의 행마는 무턱대고 한 것인 데 반해, 정상인은 자기가 하고 있는 말을 염두에 두고 있었다. 나는 「그는 무턱대고 그것을 했다(he did it recklessly)」와 「그는 고의로 그것을 했다(he did it on purpose)」는, 사건발생을 나타내는 두 보고문 간의 본질적인 차이는 단순사건 보고문과 복합사건 보고문 간의 차이로서가 아니라 전혀 차원을 달리하는 것으로 이해되어야 함을 앞으로 제5장에서 상세히 규명할 것이다.

따라서 「방식」을 아는 것은 하나의 성향이긴 하지만, 반사작용이나 습관과 같은 단선적인 성향은 아니다. 이런 성향을 발휘한다는 것은 규칙이나 규준들을 준수하거나 기준의 올바른 적용을 뜻하는 것이지, 이론적인 공리(公理)를 기계적으로 반복하여 실행에 옮기는 것과는 전혀 관계가 없다. 더욱이 이런 성향의 발휘는 눈에 띄는 것일 수도 있고 은밀한 것일 수도 있으며, 또한 실제로 수행된 행위일 수도 있고 상상에 의한 행위일 수도 있으며, 입으로 소리낸 말일 수도 있고 머리 속에 들리는 말일 수도 있으며, 캔버스 위에 실제로 그린 그림일 수도 있고 마음의 눈에 보이는 그림일 수도 있다. 혹은 각각의 두 가지가 적당히 혼합된 것일 수도 있다.

이런 요점들은 어떤 사람이 예지적으로 주장을 펼칠 때 일어나게 되는 것이 무엇인지를 서술해봄으로써 보다 구체적으로 알 수 있다. 이런 사례를 선택한 데는 중요한 이유가 있다. 왜냐하면 지금까지 인간의 합리성에 대해서는 너무나 많은 이야기를 해왔기 때문이다. 그런데 우리가 「합리적(rational)」이라는 말로 이해하는 것 중에서, 비록 부분적이긴 하지만, 어쨌든 일부분만이「설득력있게 추리할 수 있다(capable of reasoning cogently)」.

첫째, 우리가 추론자를, 마음속으로 혼자서 주장하고 있는 것으로 보건, 아니면 큰 소리로 주장하고 있는 것으로 보건 간에, 혹은 상상의 법정에서 선서를 하는 것으로 보건 아니면 현실의 법정에서 선서를 하는 것으로 보건 양자간에는 아무런 중요한 차이도 없다는 것이다. 그의 주장이 설득력이 있고 명석하며 적절하고 잘 조직되어 있다고 판단내릴 수 있는 기준들은 마음속의 추리건 사람들 앞에 공표된 추리건 아니면 글로 쓴 추리건 관계없이 모든 것에 대해 적용된다. 마음속으로 하는 논증은 상대적으로 빠르고 다른 사람의 방해를 받지 않으며 비밀이 보장된다는 실제적인 이점들이 있다. 그리고 말로 하는 논증과 글로 하는 논증은 청중이나 독자의 비평을 통하여 치밀성을 높일 수 있는 장점이 있다. 그러나 양자에는 지성의 동일한 성질이 발휘된 것임에 변함이 없다. 물론 여기에서 마음속의 독백으로 하는 추리의 오류를 찾아내기 위해서는 전문적인 학습이 요구된다는 단서가 붙어야 한다.

둘째, 그의 논증에는 무심결에 거쳐갈 만큼 진부한 몇 가지 단계가 있겠지만, 그의 논증의 주요부분은 결코 미리 구성된 것이 아니다. 그는 새로운 반론에 직면하고 낯선 증거들을 해석하며, 이전까지는 전혀 본 적이 없는 새로운 요소들 간의 결합관계를 만들어가야 한다. 간단히 말해서 그는 항상 혁신(革新)을 해야 하고, 또 이렇게 혁신해가는 한에서만 그는 습관에서 벗어날 수 있다. 그는 상투적인 반복을 일삼아서는 안 된다. 그가 항상 자신이 무엇을 하고 있는지 생각하고 있다는 것을 보여주는 근거는 무엇보다도 그가 과거의 사례에 종속되지 않는다는 이같은 사실이며, 그 다음으로는 그가 애매성을 불식하여(on guard) 모호했던 부분들은 기꺼이(ready) 명확하게 고치는 한편 자기주장의 요점들을 활용할 수 있는 기회를 노리고(on the look out), 쉽게 반박될 수 있는 추론들에 기대지 않도록 주의하며(careful)

반론을 당했을 때는 논리정연하게 논박을 할 수 있고 자신의 최종적인 목표를 향해 자신의 추론과정을 이끌어감에 있어 단호할(resolute) 수 있다는 사실이다. 뒤에 가서 입증하겠지만, 여기서 사용된 「기꺼이 …… 하다(ready)」, 「조심하여(on guard)」, 「주의하는(careful)」, 「모색하는(on the look out)」, 「단호한(resolute)」 등의 단어들은 모두 준-성향적이고 준-발생사건적인 것들이다. 이것들은 특이한 내면적 작용들의 동시적인 발생을 뜻하는 것도 아니고, 그렇다고 필요할 경우 보다 구체적인 작용을 수행할 수 있는 능력이나 경향들을 의미하는 것도 아니다. 세심한 운전자라고 해서 돌발할지도 모를 무수히 많은 사고들을 모두 상상하거나 염두에 두지는 않는다. 또한 그는 그 중에서 어느 하나의 사고를 인지하여 대처하는 능력이 뛰어난 것도 아니다. 그는 고삐풀린 망아지가 길로 뛰어들 것을 예측하지는 못하지만, 이런 류의 일에 대해 준비는 되어 있다. 그가 우발사태에 대처할 준비를 갖추고 있는지의 여부는 실제로 그런 사태가 일어났을 때 그가 수행하게 될 행위에서 드러난다. 그러나 그의 준비상태는 설사 위급한 일이 전혀 일어나지 않는 경우에도 그가 차를 운전하는 방식을 보면 알 수 있다.

예지적인 추론자가 행하는 활동의 제반 측면들의 근저에는, 하나의 핵심적인 측면, 즉 그는 시종일관 오류를 피하고 타당한 증명과 추론을 제시하면서 논리적으로 추론하고 있다는 측면이 놓여 있다. 그는 논리학의 규칙, 문체, 논쟁전략, 직업상의 예절 등을 준수한다. 그런데 그는 아마도 논리학의 규칙에 대해서는 별다른 의식을 하지 않으면서 준수할 것이다. 즉 그는 자기 자신에 대해 그리고 법정에 대해 사사건건 아리스토텔레스의 논리학적 공식들을 인용하지는 않을 것이다. 그는 실제의 추론과정에서 자연스럽게 아리스토텔레스가 추출해낸 규칙들을 적용한다. 그는 또 정확한 방법으로 추론을 해가면서도 방법론의 규정들은 염두에 두지 않을 수 있다. 그가 준수하고 있는 규칙들은 이미 그의 사고방식의 한 부분이 되어버린 것이다. 즉 그 규칙들은 자신의 사고와 상응하는 외부의 법규집이 아니다. 한마디로 그는 효과적으로 행위하고 있으며, 그가 효과적으로 행위하고 있다는 것은 그가 두 가지 행위를 동시에 수행하고 있다는 뜻이 아니다. 그것은 일정한 방식이나 양식 혹은 절차로 한 가지 행위를 수행하는 것이며, 이러한 「활동

방식(modus operandi)」을 묘사하기 위해서는 「빈틈 없는(alert)」, 「세심한(careful)」, 「비판적인(critical)」, 「명민한(ingenious)」, 「논리적인(logical)」 등의 준-성향적이고 준-발생사건적인 수식어를 사용해야 한다.

이상에서 살펴본 예지적 논증에 대하여 타당한 것은, 일정한 변형을 가하기만 하면 그밖의 다른 예지적 행위들에 대해서도 타당하다. 권투선수, 의사, 시인, 외판원 등은 자신들의 고유한 일을 할 때 특수한 기준을 적용한다. 왜냐하면 그들은 올바른 것을 얻고자 노력하고 있기 때문이다. 그리고 그들이 현명하다든가 능숙하다든가 고무적이라든가 예리하다는 평을 받게 되는 까닭은 자신들의 과제를 수행하기 위한 규정들을 고려하는 방식 때문이 아니라 이런 수행 자체를 고려하는 방식 때문이다. 권투선수가 어떤 전술을 행사하기에 앞서 그 전술에 대한 계획을 수립하는지의 여부, 즉 권투에 대한 그의 탁월성 여부는 그가 실제로 어떻게 싸우느냐에 따라 결정된다. 그가 링의 햄릿으로 불릴 정도라면, 그는 아무리 뛰어난 이론가이고 해설가라 하더라도 열등한 선수임을 면하지는 못할 것이다. 권투를 잘 할 수 있는 탁월성은 주먹을 주고받는 과정에서 나타나는 것이지, 주먹에 대한 이런저런 명제를 수용하느냐 거부하느냐에 따라 결정되는 것이 아니다. 이는 마치 탁월한 추리능력으로 타당한 증명을 하고 오류를 정확히 찾아내는 데서 나타나는 것이지, 어떤 논리학자의 공식(公式)을 승인하느냐의 여부와는 무관한 것과 마찬가지다. 또한 이는 외과의사의 노련한 기술도 정확한 손의 움직임을 통해 드러나는 것이지, 의학적 진리나 사실에 대해 말을 하는 혀의 놀림에 있는 것이 아닌 것과 같다.

이렇게 말한다고 해서 지적 작용의 가치를 부정하거나 평가를 하려는 것은 아니다. 이상의 예를 통해 내가 말하고자 하는 것은 예지적(intelligent) 능력이 발휘되기 위해서는 지적(intellectual) 작용의 추가적인 발휘가 포함되어야 한다는 것이다. 앞으로 제9장에서 살펴보겠지만, 가장 단순한 솜씨를 익히는 데도 지적 능력이 있어야 한다. 즉 어떤 지침에 따라 일을 수행할 수 있기 위해서는 그 지침을 이해하는 것이 필수적인 조건이 된다. 그래서 명제를 다루는 약간의 능력은 이런 능력들을 획득하는 조건이다. 하지만 이 때문에 이런 능력의 발휘에는 명제를 다루는 능력의 발휘가 수반되어야 한다고 반드시 결론지을 필요는 없다. 만일 평영(平泳)을 할 때 꼭 필요한 지침들을 이해하는 능력이 내게 없다면, 나는 평영을 배울 수 없을 것이다. 그렇지만 내가 평영을 하게 되었을 때, 그 지침을 계속 암송해야 할 필요는 없다.

의학지식에 대해 거의 모르는 사람이 훌륭한 외과의사가 될 수는 없다. 그렇다고 외과의사의 탁월성이 외과의학적 지식과 동일한 것은 아니다. 게다가 그런 지식의 단순한 산물은 더욱 아니다. 외과의사라면 교육이나 자신의 귀납 혹은 관찰을 통해 수없이 많은 지식들을 배웠을 것임이 분명하다. 그렇지만 동시에 그는 실습을 통해 수많은 자질도 익혔을 것이다. 효율적인 치료는 숙고된 처방을 정교하게 적용하는 것이긴 하지만, 처방을 치료에 적용하는 과정에 포함된 예지적 능력은 그 처방을 지적으로 파악하는 과정에 포함된 것과 동일한 작용이 아니다. 어떤 사람에 대해 말은 잘하면서 실제로는 엉망이라고 묘사하는 것은 모순이 아니며, 또한 역설(逆說)도 아니다. 또 어떤 사려깊고 독창적인 문학비평가가 산문문체에 관한 탁월한 규준이나 지침들을 지극히 조악한 산문문체로 써내려가는 일이 얼마든지 있을 수 있고, 또 어떤 사람들은 훌륭한 작문이란 무엇인가에 관한 지극히 저급한 이론을 뛰어난 문장으로 표현해내는 일도 충분히 가능한 일이다.

지금 이 장에서 애쓰며 다루고 있는 문제의 핵심요지는 매우 중요한 것이다. 왜냐하면 이는 「기계 속의 유령」이라는 도그마의 기초를 이루는 범주적 오류를 측방에서 공격하는 것이기 때문이다. 전문가나 문외한 모두 무의식 중에 이 도그마에 의존하고 있는 고로, 우리가 여러 행위의 수행들에 대해 특징지을 때 사용하는 「명민하다(ingenious)」, 「치밀하다(methodical)」, 「세심하다(careful)」, 「재치 있다(witty)」 등의 형용사를 마치 그 행위자의 의식의 흐름 속에서 일어난 어떤 것을 지칭하는 것인 양 생각한다. 그들은 통상 겉으로 드러난 행위에 귀속되는 예지의 현실적인 담지자로서 내면의 배경수행을 요청한다. 그리고 그들은 이런 식으로 해서 겉으로 드러난 행위가 예지의 실현태(實現態)인 이유를 설명한다고 생각한다. 그들은 겉으로 드러난 행위는 마음속에서 일어난 작용의 결과로 간주해왔다. 그렇지만 요청된 마음속의 작용이 정신의 결핍이 아니라 예지의 실현태라고 볼 수 있는 이유가 무엇인가 라는 문제에 직면하면 침묵하게 된다.
 나는 이 총체적인 도그마에 맞서, 우리는 한 사람의 마음의 제반 작용을 서술할 때 내면 속의 배경작용을 서술하는 것이 아님을 강력히 주장하는 바이다. 우리는 그의 한 가지 이력(履歷)의 몇 가지 국면을 서술하고 있다. 즉 우리는 그의 행위의 부분부분들이 수행되는 방식들을 서술하고 있는 것이다. 우리가 그의 행위들을 「설명한다」고 할 때의 의미는 우리가 숨겨진 원인들을 찾아 추론해간다는 뜻이 아니라 가설적 및 준-가설적 명제들 하에 포섭됨을 뜻한다. 이 설명은 「돌로 때렸기 때문에 그 유리잔은 파손되었다」는 식의 설명이 아니라 「그것은 깨지기 쉽기 때문에 돌에 맞았을 때 유리잔은 파손되었다」는 식의 설명에 가깝다. 만일 우리가 높이 평가하는 수행들이 행위자의 머리에서 조용히 진행된 것이라면 이는 이론상의 아무런 차이도 없다. 그러나 이는 실제적으로는 많은 차이를 가져온다. 왜냐하면 시험관은 후보자가 성공적으로 마음속에서 수행한 작용들에 대해 점수를 줄 수는 없기 때문이다.
 그러나 한 사람이 소리를 내어 의미 있는 말을 하든지 매듭을 묶든지 속임수를 쓰던지 조각을 하던지 할 때, 우리 눈에 보이는 그 행위들 자체가 바로——물론 물리학자나 생리학자가 그의 행위들을 서술할 때 사용하는 개념들 만으로는 그의 학생이나 교사가 자신들의 논리나 문체 혹은 기법을 높이 평가할 때 사용하는 개념들을 충당할 수 없겠지만——그가 예지적으로 수행하고 있다는 것을 보여주는 것이다. 그는 육체적으로 능동적일 수 있고, 정신적으로 능동적일 수는 있지만, 서로 다른 두 「장소」에서, 혹은 서로 다른 두 「엔진」을 가진 상태에서 동시에 능동적인 것은 아니다. 한 가지의 능동성만이 있을 뿐이다. 그러나 그것은 한 가지 이상의 설명적 기술(記述)을 필요로 한다. 한 마리의 새가 「남쪽으로 날아가고 있다」고 기술하는 것과 또 한 마리의 새가 「이주하고 있다」고 기술하는 것 사이에 생물학적으로는 큰 차이가 있을지언정 공기역학이나 생리학의 견지에서는 별다른 차이가 없다. 이와 마찬가지로 한 사람이 지껄이고 있다고 기술하는 것과 또 한 사람이 뜻이 있는 말을 하고 있다고 기술하는 것 간에는 수사학적, 논리학적 차이는 클지언정 물리학과 생리학상의 차이는 거의 없다.

많은 이론가들이 생각하듯이, 「마음은 자기의 고유한 장소를 갖고 있다」는 말은 참이 아니다. 왜냐하면 마음이란 비유적인 의미에서조차 「장소(place)」가 아니기 때문이다. 이에 반해 장기판, 플랫폼, 교탁, 판사석, 화물차 운전석, 스튜디오, 축구장 등은 분명한 장소를 차지하고 있다. 이것들은 사람들이 어리석게 혹은 예지적으로 활동을 하고 노는 장소이다. 「마음」이란 투과할 수 없는 막(幕)의 뒤에서 활동하거나 놀고 있는 또 하나의 사람에 대한 명칭이 아니다. 또한 활동을 하거나 놀이를 하는 장소에 대한 명칭도 아니다. 또한 활동할 때 쓰는 또 하나의 도구에 대한 명칭도 아니고 놀이할 때 사용되는 또 하나의 기구에 대한 명칭도 아니다.

9. 이해와 오해

우리가 마음에 관한 술어(述語)들을 사용해 사람들을 특징지우는 일은 접근할 수 없는 의식의 흐름 속에서 일어나는 유령과도 같은 과정들에로 검증할 수 없는 추론을 해나가는 것이 아니다. 이 점은 이 책 전체를 통해 내가 일관성있게 주장하고 있다. 그때 우리가 서술하는 것은 그 사람들이 자신들의 뚜렷하게 공적인 행동의 부분들을 수행하는 방식들이다. 사실 우리는 그들이 행하는 것만을 본다든지 그들이 말하는 것만을 듣는 차원을 넘어선다. 그러나 이처럼 넘어선다(going beyond)고 해서 뭔가 내밀하게 숨겨져 있는 원인들을 향해 추론해간다는 의미는 아니다. 여기서 넘어선다고 하는 것은 무엇보다도 그들의 행위를 낳게 한 동력과 기질들을 고찰한다는 의미에서이다. 그러나 이 점은 더욱 확장될 필요가 있다.

장기를 둘 줄 모르는 사람이라도 장기놀이를 구경할 수는 있다. 그는 장기를 둘 줄 아는 사람들 못지않게 행마를 볼 수 있다. 그러나 장기가 도대체 무엇인지조차 모르는 구경꾼은 함께 있는 다른 사람들처럼 장기두는 사람의 어리석음이나 현명함에 대한 판단을 내릴 수 없다. 어떤 행위가 진행되고 있는 것을 그냥 지켜보는 것과 그 행위를 이해하는 것 간의 이러한 차이는 도대체 무엇일까? 또 다른 예를 들자면, 어떤 화자(話者)가 말하는 것을 듣고 있는 것과 들은 내용을 이해하는 것 간에는 어떠한 차이가 있는가?

 마음과 육체라고 하는 두 개의 세계가 각기 존재한다는 전설을 신봉하는 사람들은 이렇게 대답할 것이다. 장기놀이자의 행마를 이해한다는 것은 장기판에서 본 말들의 가시적인 움직임으로부터 놀이자의 마음속에서 일어난 비가시적인 작용으로 추론해가는 것이다. 이런 추론과정은 가시적인 철로표지판의 변경으로부터 신호기 안에서의 비가시적인 손잡이 조작으로의 추론에 비유될 수 있다는 것이다. 하지만 이런 비유에는 불충분한 요소가 담겨 있다. 왜냐하면 이 비유에 따를 경우 한 사람은 신호기를 찾아가듯이 직접 다른 사람의 마음을 찾아간다는 것은 불가능하므로, 눈에 드러난 움직임과 그 움직임의 숨겨진 인과적 대응물 간에 필연적인 연관성을 확립할 방도가 전혀 없기 때문이다. 신호기의 비유는 또 다른 곳에서 허물어지고 만다. 손잡이와 신호수 간의 연관성을 알아내기란 쉽다. 받침대와 도르래의 기계적인 원리 및 긴장과 압력 하에 있는 금속의 작용 등에 대해 우리 모두는 개략적인 수준에서나마 잘 알고 있다. 우리는 신호기 내부의 기계장치가 어떻게 작동하며, 또 신호기 외부의 기계장치가 어떻게 작동하는지, 그리고 양자가 기계적으로 어떻게 연관을 맺고 있는지를 충분히 잘 알고 있다. 그러나 기계 속의 유령에 관한 전설을 신봉하는 사람들은, 어느 누구도 추정된 마음의 제반작용을 지배하고 있는 법칙에 대해 아직 아무것도 모르지만 마음의 작용과 손의 움직임 간의 요청된(postulated) 상호작용들은 완전히 신비적인 것이라는 사실을 인정한다. 이 상호작용들은 추정된 정신적 상태도 아니고 육체적 상태도 아니기 때문에 기지(旣知)의 물리법칙이나 심리법칙을 따르는 것으로 간주될 수 없다.

 따라서 아직까지 어느 누구도 다른 사람이 말하거나 행동한 것을 조금이라도 이해한 적이 없다는 결론이 나온다. 우리는 유클리드가 사용했던 단어들을 읽고 있으며, 나폴레옹이 했던 일들을 잘 알고 있다. 그러나 이 두 사람이 과연 마음속에 어떤 생각을 품고 있었던지에 대해서는 눈꼽만큼도 아는 바가 없다. 또한 장기나 축구경기를 구경하는 사람들은 경기자가 생각한 내용에 대해 아무런 암시조차 얻은 바 없는 것이 된다.

그러나 이는 현실적으로 따져볼 때 분명히 불합리한 것이다. 장기를 둘 줄 아는 사람은 누구나 상대방이 하는 것을 이미 잘 이해하고 있으며, 평범한 소년이라도 기하학에 대해 조금만 공부한다면 상당수준까지 유클리드의 추론과정을 따라 할 수 있다. 또한 이런 이해는 아직 확립되지도 않은 심리학의 법칙들에 바탕을 둘 필요도 없다. 장기를 두는 사람의 행마를 이해한다는 것은 심리학적 진단과 비슷한 일을 하는 것이 아니다. 사실 한 사람이 심리학적 법칙에 따른 인과적 추론을 하는 한에서만 다른 사람의 말이나 행동을 이해할 수 있다고 한다면, 어떤 심리학자가 이런 법칙을 발견한다 하더라도 이 발견된 법칙을 다른 사람들에게 전달할 수 없다고 하는 우스꽝스런 결론이 나올 것이다. 왜냐하면, 이런 가설에 따를 경우, 다른 사람들은 법칙에 대한 그의 해명을 이해하기 위해서는 그가 하는 말로부터 그의 (숨겨진) 생각으로 추론해감에 있어 그 법칙을 따라야 하기 때문이다.

한 사람이 다른 사람의 말이나 행동을 이해하게 되는 과정은 수맥(水脈) 탐지자가 눈에 보이는 잔가지의 비틀림을 기초로 해서 지하의 수로를 찾아내는 것과 유사하다고 보는 견해에 대해 긍정적으로 생각하는 사람은 거의 없을 것이다. 그래서 때때로 이에 약간의 수정을 가하여, 한 사람은 자신만의 사적인 경험과 자신의 겉으로 드러난 행위의 상호관계를 직접 알 수 있는 고로, 그는 다른 사람들의 행위도 이런 상호관계로부터 유추해서 이해할 수 있다는 견해가 나오기도 했다. 이해(理解)는 여전히 심리적인 예언이다. 그러나 그것은 예언자가 자신의 내면세계와 외면세계의 상호관계를 직접 관찰한 것에 바탕을 둔 유추에 의해 더 강화되는 그런 예언이다. 그러나 이같은 수정이 난점을 근본적으로 해결해주지는 못한다.

뒤에 가서 나는 한 사람이 자기의 수행에 대해 내리는 평가가 다른 사람들의 수행에 대한 그의 평가와 그 종류에 있어 아무런 차이도 없다는 점을 입증해보일 것이다. 그렇지만 현재 우리의 논의와 관련해서는, 설사 한 사람이 그 자신의 수행에 대하여 정신활동과 관련된 개념들을 사용하는 데 있어 우위(優位)를 가진다 하더라도, 다른 사람들의 정신적 과정에 대한 추정적(推定的)인 유추적 주장은 완전히 오류라고 할 것이다.

어떤 사람이 수많은 철도표지판과 신호기를 조사했다면, 그는 새로운 상황이 발생했을 때 표지판의 관찰된 변화로부터 손잡이의 관찰불가능한 이동으로 나아가는 상당히 개연성 있는 추론을 할 수 있을 것이다. 그러나 만일 그가 단 하나의 신호기만을 조사하고, 대기업의 표준화방법에 대해 전혀 아는 바가 없다면, 그의 추론은 유감스럽게도 박약한 것이 되고 말 것이다. 왜냐하면 이런 추론은 단 한 가지의 사례만을 기초로 한 과도한 일반화(一般化)이기 때문이다. 게다가 한 신호기의 손잡이가 외관이나 움직임에 있어 다른 신호기의 그것과 매우 비슷할 경우, 그 두 신호기에 들어 있는 기계장치들 간의 밀접한 유사성으로 추론해가는 과정은 상당한 개연성을 가질 것이다. 그러나 사람들의 관찰된 외관이나 행위는 매우 다르며, 따라서 그것들을 서로 밀접하게 연결돼 있는 내적 과정들에 그대로 적용하면 사실상 자가당착에 빠질 것이다.

따라서 한 사람의 행위나 말을 이해한다는 것은 내밀하게 숨겨진 과정에 이르는 식의 문제가 아니다. 왜냐하면 실제로 이해는 일어나고 있는 반면에, 이처럼 내밀한 과정에 이르는 신비적인 일은 일어나지 않고, 또 일어날 수도 없기 때문이다.* 물론 추정된 내밀한 과정 자체가 신비적이라는 주장은 나의 일반적인 입론(立論)의 한 부분이다. 왜냐하면 이처럼 요청된 진단을 하려고 해도 그 진단의 대상물이 존재하지 않기 때문이다. 그러나 지금 우리의 목적에서는 설사 이런 내면적 상태와 작용이 존재한다고 하더라도 한 사람은 다른 사람의 내면세계에서 일어나고 있는 상태와 작용으로 개연성 있는 추론을 해나갈 수 없으리란 점을 입증해보이는 것으로 충분하다.

이해가 겉으로 나타난 행위를 산출해낸 추정상의 내면적인 과정이나 상태를 추론하거나 추측하는 일이 아니라고 한다면, 도대체 그것은 무엇인가? 또 이해를 위해 심리학이론 및 적용능력을 숙달하지 않아도 된다면, 이해를 위해서는 과연 무엇이 필요한가? 우리는 앞에서 장기를 둘 줄 모르는 사람은 다른 사람들이 두는 것을 따라가지 못하며, 스웨덴어를 읽거나 말할 줄 모르는 사람은 스웨덴어로 된 글이나 말을 이해할 수 없고, 추리능력이 약

---

* 여기서「일어난다(occur)」는 말에 특별한 주목을 요한다. 이해는 그 성격상 일어날 수 있는 것인 데 반해 내밀한 과정에 이르는 신비적인 일이란 도대체가 발생사건(occurrence)이 아니기 때문이다.

한 사람은 다른 사람들의 논증이나 증명을 제대로 따라가지 못한다는 것을 보았다. 이해란 「방식」을 아는 것의 한 부분이다. 특별한 종류의 예지적 수행들을 이해하는 데 필요한 지식은 그런 종류의 수행을 할 수 있는 일정정도의 능력이다. 산문문체나 실험기법, 혹은 자수(刺繡)에 대해 유능한 비평을 할 수 있는 사람이라면 최소한 글쓰는 요령, 실험방식, 바느질 요령 등을 알고 있어야 한다. 여기에서 그가 심리학을 공부했는지 여부는 기껏해야 그가 화학신경학, 경제학 등을 공부했는지의 문제 정도밖에 관련성이 없다. 물론 상황에 따라 이런 학문들이 그가 비평하고 있는 대상을 제대로 파악하는 데 도움을 줄 수는 있다. 그러나 꼭 있어야 할 필요조건은 그가 관심을 두고 있는 바를 행하는 방식이나 요령을 숙달하고 있어야 하는 것이다. 다른 사람이 하는 농담을 알아듣는 어떤 이에게 있어서 꼭 있어야 할 한 가지 조건은 유머감각이며, 그것도 지금 한 농담에 해당되는 특수한 유형의 유머감각이다.

　물론 하나의 행위를 예지적으로 수행하는 것이 그 수행을 예지적으로 이해하는 것과 딱 일치하는 것은 아니다. 행위자는 행위를 처음으로 발생시키고, 관찰자는 그저 바라만 볼 뿐이다. 그러나 행위자가 준수하는 규칙 및 그가 적용하고 있는 기준은 관찰자의 칭찬이나 조롱을 지배하는 규칙 및 기준과 동일한 것이다. 플라톤철학에 관한 주석자가 (플라톤에 버금가는) 풍부한 철학적 독창성을 반드시 지니고 있어야 하는 것은 아니다. 그러나 만일 — 오늘날의 너무나도 많은 주석자들이 그러하듯이 — 철학적 논증의 힘과 동기를 제대로 파악할 수 없다고 한다면, 그의 주석은 보잘것없고 무가치한 것이 되고 말 것이다. 만일 그가 제대로 파악할 수 있는 능력을 가졌다면, 그는 플라톤이 어떻게 행동해야 할 것인가에 관해 알고 있었던 바의 일부라도 실제로 수행하는 방식을 알고 있어야 한다.

　만일 내가 당신의 수행을 유능하게 판단내릴 수 있다면, 나는 수행을 지켜보면서 거기에 있는 잘못과 무질서를 찾아내려고 주의를 기울일 것이다. 그러나 그 수행을 하고 있는 당신도 마찬가지로 이런 잘못과 무질서를 범하지 않으려고 노력한다. 나는 이 과정에서 당신이 행운으로부터 얻는 장점들을 기꺼이 알아낼 수 있을 것이다. 그러나 당신도 마찬가지다. 당신이 수행해가면서 배울 것이고, 나도 역시 당신의 수행이 진행됨에 따라 새로이 배울 것이다. 예지적인 수행자는 비판적으로 행동하고, 예지적인 관찰자는 비판적으로 이해한다. 개략적으로 말해서, 수행과 이해는 동전의 양면이라고 보면 된다. 여러분은 클로버매듭을 묶고 잘못을 고쳐나가는 과정에서는 물론이고 그것을 정확하게 묶는 데 대해 상상하고, 학생들에게 가르치면서 그들의 둔한 손재주를 비판하고 뛰어난 솜씨에 대해서는 칭찬해줄 때, 잘못된 결과를 보고서 그 원인이 된 잘못을 추론해낼 때 그리고 관찰된 실수가 가져올 결과들을 예측하려할 때, 클로버매듭을 묶는 방식에 대한 앎을 발휘한다. 「이해한다(understand)」는 말과 「따라가다(follow)」는 말은 여러분의 「방식(how)」에 대한 앎을 일정하게 발휘한다는 뜻이다. 이런 앎은 (지식처럼) 손에 물건을 쥐듯이 이루어지는 것이 아니다.

이 말은 관찰자나 독자가 어떤 행위나 말을 이해하는 과정에서——그 자신의 내면적 과정으로부터 행위자나 발화자의 상응하는 내면적 과정에로 나아가는——유비적(類比的, analogical) 추론을 하고 있다는 뜻이 아니라는 사실을 지적해두는 일이 이제는 불필요한 것처럼 보인다. 또한 관찰자나 독자가 스스로 행위자나 발화자의 상황 속에 상상에 의해 들어갈 필요는 없다. 관찰자나 독자는 행위자나 발화자가 무엇을 창안해내고 있는지를 알고자 할 경우를 제외하면, 그들이 자신들이 하고 있는 일에 대해 생각하는 것과 똑같이 생각할 뿐이다. 행위자는 인도하고 관찰자는 따라간다. 하지만 그들이 가는 길은 같은 길이다. 또한 이해에 대한 이같은 설명을 취한다고 해서 우리가 유사한 영혼들 간에 무슨 신비스러운 전기와도 같은 공감(共感)이 있다고 요청해야 하는 것은 아니다. 장기를 두는 두 사람의 마음이 일치하건 하지 않건 간에——두 사람이 서로 적이라면 일치하지 않을 것이다——서로의 행마를 이해할 수 있는 능력은 이같은 일치에 달려 있는 것이 아니라 장기를 두는 능력, 장기에 대한 관심 및 상대방의 수에 대한 친숙도 등에 달려 있다.

이 점, 즉 어떤 수행을 이해할 수 있는 능력은 그 유형에 있어 그것을 수행할 수 있는 능력과 일치한다고 하는 사실은 앞에서 논의했던 주장, 즉 예지적 능력이란 단일한 성향이 아니라 매우 다양하고 상이한 수행들을 낳을 수 있는 복합적인 성향이라는 사실을 구체적으로 보여주는 사례이다. 그러나 여기에는 두 가지 단서조항이 필히 첨가되어야 한다. 첫째, 하나의 행위를 수행하는 능력과 이해하는 능력 속에 비판을 하거나 교훈을 얻어낼 수 있는 능력이 반드시 포함되지는 않는다는 것이다. 잘 훈련된 선원은 복잡한 매듭을 능숙하게 묶을 수 있고, 또한 다른 사람이 정확하게 그리고 솜씨있게 매듭을 묶는지 아니면 서툴게 묶는지를 식별할 수 있다. 그렇지만 매듭 묶는 요령을 말로 해보라고 한다면 잘 못할 것이다. 둘째, 하나의 수행을 이해하기 위해서는 그것을 수행할 수 있는 것과 동일한 정도의 능력이 있어야 하는 것은 아니다. 천재를 인식하기 위해 천재가 되어야 하는 것은 아니다. 훌륭한 연극비평가가 배우나 극작가의 입장에서는 그렇지 않을 수도 있다. 행위를 이해하기 위해서는 그 행위를 완벽하게 수행할 수 있어야 한다면 교사나 학생이 있을 수 없을 것이다. 학생들은 일을 하는 방식, 즉 요령을 더 잘 알고 있는 사람에게서 그 요령을 배운다. 유클리드의 《기하학원론》은 학생에게 완전히 닫힌 책도 아니고 그렇다고 완전히 열린 책도 아니다.

비록 잘못된 방향에서이긴 하지만, 역사가나 학자, 문학비평가 등이 자기 분야의 행위나 말들을 어떻게 이해하는지를 설명하고자 했던 일부 철학자들이 이같은 이해개념의 한 측면을 파악한 적이 있다. 의심할 바 없이 기계 속의 유령이라는 도그마를 고수하였던 이 철학자들은 당연히 역사적 인물의 말과 행동을 그들의 현실적인 사상, 감정, 의도 등의 표현으로 해석하려는 역사가들의 시도에 당혹감을 느꼈다. 왜냐하면 마음이 서로에게 불투과적이라면, 역사가들은 어떻게 역사적 영웅들의 마음을 뚫고 들어갈 수 있는가 라는 문제가 제기되기 때문이다. 하지만 이런 투과가 불가능하다면, 모든 학자나 비평가 그리고 역사가 등의 노력은 헛수고가 되고 말 것이다. 그들은 겉으로 나타나는 표지판은 서술하지만, 그것들을 영원히 밀봉된 신호기 속의 작용의 결과로서 해석할 수는 없다.

이 철학자들은 이같은 사이비(似而非) 문제에 대해 다음과 같은 해결책을 제시한 바 있다. 비록 나는 당신의 마음이나 플라톤의 마음의 작용들을 눈으로 볼 수 없고 다만 내가 내적 작용의 외부적인 「표현」이라고 간주하는 명시적인 행위와 글로 씌어진 것만을 보거나 읽을 수 있지만, 나는 끈질긴 노력과 실습을 통해 내 자신의 내밀한 주장에서 그런 행동이나 말이 처음에 생겨났던 그대로 재연할 수 있다. 나는 플라톤의 손으로 저술된 문장들에 의해 잘 표현될 수 있는 그런 생각들을 나 혼자 할 수 있다. 또한 나는 실제로 혹은 공상 속에서 내가 눈으로 본 당신의 어떤 행위를 낳게 한 그런 의지(意志)들을 나 혼자서 품을 수 있다. 나는 당신처럼 행동하게 하거나 플라톤처럼 저술할 수 있게 해주는 마음의 틀을 익힘으로써 당신이나 플라톤에게도 유사한 마음의 틀을 집어넣을 수 있다. 만일 이런 틀의 주입이 올바른 것이라면 나는 플라톤이 그의 대화편을 썼을 때나 당신이 클로버매듭을 묶을 때 어떠하였는지를 알 수 있다. 나는 당신의 겉으로 드러난 행위들을 재연해봄으로써 당신만의 사적인 체험들을 추체험한다. 마찬가지로 플라톤 연구가들도 제2의 플라톤, 제2의 대화편 저자가 되어, 또 이렇게 함으로써만 대화편을 이해한다.

  그러나 불행하게도 플라톤의 정신적 과정을 재현(再現)하려는 이 계획은 결코 성공할 수 없다. 아무리 하더라도 나는 결코 플라톤이 될 수 없었던 것, 즉 20세기에 영국에서 살고 있는 플라톤 학도인 것이다. 내가 사는 문화, 학교교육, 언어습관, 관심사 등은 플라톤의 그것과 같을 수 없으며, 이는 플라톤의 마음의 틀을 모방·재현하려는 나의 의도를 좌절시키고, 그 결과 그를 이해하려는 노력은 물거품이 되고 만다. 전설을 추종하는 사람들은 「이는 문제의 특성상 내가 할 수 있는 최선」이라고 주장하여 위기를 벗어나고자 할지도 모른다. 이해란 불완전할 수밖에 없다는 것이다. 나는 진정으로 플라톤이 되어 봄으로써만 그를 이해할 수 있다는 것이다.

  이런 따위의 이론을 고수하는 사람들은 거기에다가 새로운 위안들을 추가시킨다. 마음들끼리 서로 접근할 수는 없지만, 음차(音叉)처럼 그것들은 서로 공명(共鳴)할 수는 있다고 말할는지 모른다. 다만 불행하게도 그 마음들은 서로 공명하고 있다는 사실을 모르겠지만. 또 나는 당신의 경험을 있는 그대로 공유할 수는 없다. 그러나 우리 경험 중의 일부는 거의 일치에 가까울 정도로 공명을 하고 있다. 물론 우리는 이를 알지는 못한다. 가장 운이 좋은 경우, 우리는 서로 같은 순간에 같은 박자의 노래를 부르고 있는 불치의 귀머거리와 같은 신세다. 그렇다고 우리가 철저하게 잘못된 이런 이론적 장식에 머물 필요는 없다.

왜냐하면 이 이론은 완전히 신비적인 딜레마에서 벗어나려고 몸부림쳤지만, 결국은 실패로 끝난 또 하나의 시도일 뿐이다. 이 이론의 가정에 따르면, 이해(理解)란 고립무원(孤立無援)의 상태에 있는 유령, 즉 마음의 알 수 없는 작용들을 명상하는 것이 된다. 그래서 이 이론의 신봉자들은 알 수 없는 어떤 것을 명상해야 한다는 난점을 해결키 위하여 이렇게 말한다 : 나는 그것을 알지 못하는 상태에서 나 자신의 고유한 마음의 작용을 내가 이해하고자 하는 사람의 마음과 그 드러난 「표현」에 있어 비슷한 것으로 간주함으로써 이 난점에서 벗어날 수 있다. 그러나 이렇게 되면 또 다시 전혀 입증할 수 없는, 그러나 아주 흥미 있는 새로운 가정, 즉 겉으로 드러난 유사한 행위와 말에는 언제나 이와 유사한 내면적 과정들이 상응(相應)하고 있다는 가설이 등장하게 된다. 그런데 이는 그 이론 자체에 따르면 전혀 검증할 수 없는 가설이다. 이 이론은 한 술 더 떠서, 내가 내면적 과정들을 겪고 있다는 사실로부터 나는 이 과정들을 완벽하게 파악할 수 있다, 즉 나는 나의 의식의 흐름 속에서 일어나는 그 어떤 것에 대해서도 오류를 저지르지 않는다는 가정을 추론해내는데, 이는 유감스럽게도 전혀 적절치 못한 것이다. 간단히 말해서 이상에서 말한 이 이론은 이해를 미약한 유비적 논증에 입각한 인과적 설명으로 보려는 교설의 한 변양(變樣)일 뿐이다.

그렇지만 이 이론을 논의해보아야 하는 까닭은 그 이론에서는 이해를 심리학적 진단——아직 심리학자들이 발견치도 않은 법칙들에 입각하여 겉으로 드러난 행위로부터 정신적 과정으로 인과적 추론을 해나가는 과정——과 동일시하지 않는다는 것이 부분적인 이유이다. 그리고 이런 동일시를 피하기 위하여 일말의 진리가 담긴 가정을 하고 있다는 것도 한 가지 이유가 된다. 이 이론에서 사람들의 마음의 특징들은 그들이 겉으로 알 수 있도록 말하고 행동하는 것에 반영되어 있다고 가정한다. 그래서 제반활동의 양식이나 절차들을 연구하는 역사가나 학자들은 올바른 길을 갈 수 있다고 본다. 그러나 이 이론에 따르면, 이 길은 「물리적인 것」과 「정신적인 것」, 그리고 「외면적인 것」과 「내면적인 것」이 나누어지는 갈림길에서 불가피한 종

말을 맞고 만다. 그런데 만일 이 이론의 옹호자들이 사람들의 제반 활동의 양식과 절차가 「사실은」 그들의 마음의 작용방식이며, 단순히 마음의 작용이라고 추정되는, 요청된 내밀한 과정의 불완전한 반영이 아니라는 점을 깨닫고 있었다면, 그들은 쉽게 자신들이 빠져 있던 딜레마에서 벗어났을 것이다. 또한 그렇게 되었더라면 자기분야에서의 인물들이 말하고 행동한 것을 원칙적으로 이해할 수 있다고 하는 역사가들의 요구는 자동적으로 변호되었을 것이다. 그림자를 연구하고 있었던 것은 그들이 아니다.

겉으로 드러나는 예지적 수행들은 마음의 제반 작용을 파악하는 단서가 되지 못한다. 갑(甲)이 을(乙)은 어떻게 살고, 어떻게 말하고, 어떻게 먹고, 어떻게 망설이고, 어떻게 화를 내는지를 서술할 때 이는 을의 마음을 서술하는 것이다. 물론 갑의 서술은 불완전하다. 왜냐하면 이 서술에는 을만이 품고 있는 일부 생각들이 빠져 있고, 또한 을만이 기록할 수 있고 제임스 조이스 정도되는 사람만이 그가 기록해주기를 바라는 수많은 희망이나 몽상 그리고 혼자만의 지껄임 등이 빠져 있기 때문이다.

이해에 관한 본 탐구를 마무리짓기에 앞서 부분적인 이해 및 오해에 관하여 약간 언급을 해야겠다.

「사실」을 안다는 것의 개념과 「방식」을 안다는 것의 개념 사이의 유사성과 차이점에 대해 우리는 이미 주목한 바 있다. 우리는 이제 차이점에 대해 좀더 상세하게 살펴보자. 우리는 지금 사실이나 진리 체계에 대한 부분적인 지식을 갖고 있는 사람이라는 특별한 의미에서는 제외하고, 사실이나 진리들에 대한 부분적인 지식을 갖고 있는 사람에 대해 이야기하고 있는 것이 결코 아니다. 만일 소년의 경우에도 약간은 알고 나머지는 모른다면 그 소년은 영국의 지방들에 대한 부분적인 지식을 갖고 있다고 말할 수 있다. 그러나 그가 서섹스(Sussex)는 영국의 한 지방이란 것에 대한 불완전한 지식을 갖고 있다고 말할 수는 없을 것이다. 그는 이런 사실을 알 수도 있고, 또 저런 사실을 모를 수도 있다. 다른 한편으로 어떤 일을 하는 방식을 부분적으로만 알고 있는 사람에 대해 이야기하는 것, 즉 그가 일정한 정도로만 어떤 능력을 지니고 있다고 말하는 것은 적절한 것이며 정상적인 것이다. 보통의 장기놀이자는 장기에 대해 아주 잘 알지만, 고수(高手)는 훨씬 더 잘 알고, 심지어 고수라 할지라도 더 배우고 익혀야 할 것이 많다.

이미 예상했겠지만, 이 점은 이해에 대해서도 그대로 유효하다. 보통 수준의 장기놀이자는 고수의 전술 및 전략을 부분적으로는 이해하며 따라 갈 수 있다. 경우에 따라서 충분한 연구와 숙고를 거친 후라면, 일부 특정한 시합들에서 고수가 사용하는 방법들을 모두 다 이해할 수 있을 것이다. 그렇지만 그는 고수가 다음 시합에서 어떤 방식으로 싸울 것인지에 대해서는 전혀 예측할 수 없으며, 고수의 행마를 해석하고 이해하는 데 있어 고수 자신이 말을 두고, 또 그 후에 설명을 해나갈 때만큼 빠르고 확실하게 하지는 못할 것이다.

「방식」을 배운다는 것, 다시 말해서 능력의 향상은 「사실」을 배우는 것이나 어떤 새로운 정보를 획득하는 것과는 같지 않다. 사실이나 진리는 전달될 수 있지만, 절차나 요령은 심득(心得)될 수 있을 뿐이다. 그래서 절차나 요령을 익히는 과정은 점진적일 수밖에 없는 데 비해, 진리나 사실의 전달 과정은 상대적으로 갑작스럽게 이루어진다. 그래서 「어느 순간에 그는 하나의 사실을 알게 되었는가?」라는 물음은 의미를 가질 수 있지만, 「어느 순간에 그는 하나의 기술을 습득하였는가?」라는 물음은 말도 안 되는 질문이다. 「부분적으로 훈련된」이라는 말은 의미를 갖지만 「부분적으로 전달된」* 이라는 말은 아무런 의미도 갖지 못한다. 훈련(training)이란 학생들이 아직 달성하지는 못했지만 결코 달성할 수 없는 것이 아닌 과제들을 익혀가는 기술이다.

오해(誤解)의 개념은 아무런 일반적인 이론상의 난제들도 제기하지 않는다. 카드놀이를 하면서 한 명의 전술(戰術)을 나머지 적수들이 잘못 이해를 했을 때, 그들이 생각하기에 자신들이 알아냈다고 여겨지는 교묘한 수는 ──설사 그 사람의 전술에서 나온 수와 일치하지 않더라도──카드놀이에서 얼마든지 있을 수 있는 하나의 수가 된다. 이 놀이를 알고 있던 사람만이 이 놀이는 추정된 책략이 부분적으로 발휘된 것이라고 해석할 수 있을 것이다. 오해란 「방식」을 아는 과정에서 생기는 부산물이다. 적어도 러시아

* 우리말 자체로는 자칫 의미를 갖는다고 생각하기 쉽겠지만, 원어 part-informed란 앞의 문장과 관련해서 볼 때 그 자체로서 성립될 수 없는 어구(語句)임을 밝혀둔다.

어(語)를 부분적으로나마 숙달한 사람만이 잘못된 의미이긴 하지만 그 어떤 러시아어 표현을 할 수 있을 것이다. 실수란 능력이 발휘되는 과정에서 생기는 한 가지 산물이다.

잘못된 해석이 항상 관찰자나 해석자의 서투름과 부주의 때문에 생기는 것은 아니다. 잘못된 해석은 부주의 때문에 생기기도 하지만 본래의 행위자나 화자(話者)의 교묘한 술수 때문에 생기기도 한다. 또는 이 두 가지가 함께 작용하기도 한다. 그러나 수행된 행위나 말해진 단어는 사실상 두 가지 이상의 서로 다른 조처들로 구성되어 있다. 하나의 매듭을 묶는 데 필요한 처음 10개의 동작은 그 다음 매듭을 묶는 데 필요한 처음 10개의 동작과 같을 수 있고, 하나의 결론을 도출해내는 데 적합한 일련의 전제들은 또 다른 결론을 도출해내는 데 필요한 일련의 전제들과 같을 수 있다. 그래서 관찰자의 잘못된 해석은 심각하고 뿌리가 깊은 것이다. 그것은 미숙한 단계에 있을 때에만 부주의한 것이다. 교묘한 속임수는 이런 가능성을 맘껏 활용하는 기교이다.

오해가 가능한 곳에서는 이해도 가능하다. 이는 명백하다. 우리가 눈에 보이는 수행들을 언제나 잘못 생각한다는 주장은 불합리하다 할 것이다. 왜냐하면 우리는 그 자체 속에 잘못 생각하지 않는 법을 익히는 것을 포함하는 학습과정을 잘못 생각하도록 배운다는 것은 있을 수 없기 때문이다. 잘못된 해석은 원칙적으로 고쳐 나갈 수 있으며, 논쟁이 가치를 지니게 되는 것도 부분적으로는 이 때문이다.

10. 유아론(唯我論)

현대 철학자들은 다른 사람들의 마음에 대한 우리의 앎이나 지식이라는 문제에 전념해왔다. 이들은 기계 속의 유령이라는 도그마에 깊이 물들어 있었기 때문에 자기 마음 이외에 다른 사람의 마음들도 존재한다고 믿고 있는 사람들을 보증해줄 수 있는 논리적으로 만족스러운 증거를 찾아내는 데 실패하였다. 나는 당신의 육체가 수행하는 바를 볼 수는 있지만, 당신의 마음이 무엇을 하고 있는지는 볼 수 없다. 그리고 당신의 육체가 행하는 바를 기초로 당신의 마음이 행하는 바를 추론해내려는 나의 부질없는 시도는 완전히 수포로 돌아가고 만다. 왜냐하면 이런 추론을 가능하게 해줄 전제들은 부적절한 것이 아니면 알 수 없는 것이기 때문이다.

이제 우리는 위에서 상정했던 난관에서 벗어날 수 있는 길을 볼 수가 있다. 나는 다른 사람들이 말하고 행동하는 것을 이해하는 데 있어 다른 마음들이 존재하고 있다는 것을 발견한다. 당신이 말한 바를 이해하는 데 있어, 당신의 농담을 알아듣는 데 있어, 당신의 장기두는 전략을 파악함에 있어, 당신의 논증을 따라감에 있어, 나의 논증에 들어 있는 함정들을 지적하는 당신의 주장을 듣고 이해함에 있어, 나는 당시의 마음의 제반작용을 향해 추론해가고 있는 것이 아니라 그 제반작용을 직접 이해하고 있는 것이다. 물론 나는 당신이 내는 소리만을 듣는다거나 당신이 취하는 동작만을 보고 있는 것은 아니다. 나는 내가 듣는 것과 보는 것을 이해한다. 그렇지만 이런 이해가 무슨 숨겨진 원인들에로 소급해 들어가는 것은 아니다. 여기서의 이해란 그 작용들이 행해지는 방식을 파악하는 것이다. 대부분의 사람들이 마음을 가지고 있다(비록 백치와 갓난아이의 경우는 예외이지만)는 것을 아는 것은 그냥 그들이 어떤 일을 할 수 있고 또 하는 경향이 있다는 것을 아는 바와 다를 것이 없다. 우리는 실제로 그 사람들이 하고 있는 일들을 눈으로 봄으로써 그렇게 한다. 우리는 우리 이외의 다른 마음들이 존재한다는 것을 발견할 뿐만 아니라 개개의 사람들이 가진 특별한 지성과 성격이 무엇인지도 발견한다. 사실 우리는 철수는 마음을 갖고 있다, 우리 마음 이외에 다른 마음들도 존재한다는 등의 일반적인 명제들을 이해하기 훨씬 전부터 이런 특별한 문제들을 잘 알고 있다. 우리는 돌은 딱딱하고 스펀지는 물렁물렁하다는 사실을 알고 있는 것과 마찬가지로 새끼 고양이는 물질적 대상이라든가 물질은 존재한다는 등의 일반적인 명제들을 파악할 수 있기 훨씬 전부터 새끼 고양이는 따뜻하고 활동적이고 감자는 차갑고 활동성이 전혀 없다는 사실을 안다.

물론 이런 식물이나 동물과는 달리 오직 당신에게서만 찾아낼 수 있는 성질들이 있다. 당신이 이런 성질들에 대해 직접 언급한다면 더욱 찾아내기 쉽다. 안과의사라면 환자에게 오른쪽 눈과 왼쪽 눈으로 각각 어떤 기호나 문자들을 볼 수 있는지, 그리고 그것들이 얼마나 선명하게 보이는지를 물어야 한다. 내과의사라면 환자에게 어디가 아픈지, 그리고 어떤 식으로 아픈지를 물어야 한다. 정신분석학자라면 환자에게 꿈이나 몽상에 대해 물을 것이다. 만일 당신이 혼자만의 내밀한 독백이나 상상(想像)의 내용들을 털어놓지 않는다면, 나는 당신 혼자서 (마음속으로) 무슨 말을 했고, 무엇을 마음속에 그리고 있었는지를 찾아낼 방도가 없다. 그렇지만 당신의 감각기관과 상상만이 당신의 지혜나 성격이 드러나는 유일한 영역은 아니다. 어쩌면 미치광이의 경우에는 유일한 영역이 될는지도 모른다. 나는 당신이 겉으로 드러난 행위들——지금까지 이 행위들 중에서 가장 중요한 것은 당신의 말과 글이다——을 어떻게 수행하는지를 관찰함으로써 당신이 가진 능력이나 관심사, 호불호(好不好), 방법 및 신념들에 대하여 내가 알고 싶어하는 바의 대부분을 찾아낸다. 사상 속의 독백을 포함하여, 당신이 어떤 식으로 상상을 하는가 라는 문제는 오히려 부차적일 뿐이다.

3
의 지

1. 들어가는 말

우리가 지금 이 책에서 그 논리적 성격을 분석하고 있는 마음작용(mental-conduct)과 관련된 제반개념들은 대부분 익히 알고 있는 것들이고 일상적이기까지 한 것들이다. 논란의 대상이 되는 것은 그 개념들을 어떻게 적용할 것인지가 아니라 그것들을 어떻게 분류하고, 또 어떤 범주들에 집어 넣을 것인지이다.

그런데 결의(決意, volition)의 개념은 사정이 좀 다르다. 우리는 일상생활에서 그 개념을 어떻게 사용하는지에 대해 알지 못한다. 왜냐하면 우리는 일상생활을 하는 가운데 그 개념을 사용하지 않기 때문에 그 개념을 어떻게 적용하고 또 그것을 잘못 사용하지 않기 위해서는 어떻게 해야 하는지를 실제생활을 통해 배우지 못하기 때문이다. 결의(決意)란 작위적(作爲的) 개념이다. 이 개념의 조작방식을 알기 위해서는 약간의 전문적인 이론들을 살펴보지 않으면 안 된다. 물론 그것이 전문용어라고 해서 정당하지 못하거나 쓸데없는 개념이라고 단정지어서는 안 된다. 「이온화(Ionization)」니 축구에서의 「옵사이드(off-side)」니 하는 말도 전문용어이긴 하지만 정당하고 유용한 것을 보면 알 수 있다. 오늘날에는 유용성이 사라져버렸지만, 「플로지스톤」*이나 「동물영혼」이란 것도 과거에는 정당한 전문용어였다.

나는 결의의 개념도 이런 후자의 부류에 속하는 것임을 보여주겠다.

2. 결의들에 관한 신화

「마음(mind)」은 중요한 의미에서 3원적이다, 즉 마음의 과정은 궁극적으로 3개의 부류로 나누어진다는 생각은 오랜 세월 동안 논란의 여지가 전혀 없는 공리(公理)처럼 간주되어왔다. 지금도 우리는 종종 마음이나 영혼은 사고, 감정 및 의지라고 하는 세 부분을 갖고 있다는 말을 듣게 된다. 좀더 형식적인 어투로 말하자면, 마음이나 영혼의 기능은 더 이상 환원이 불가능한 세 가지 상이한 양태인 인지적 양태(Cognitive mode), 정서적 양태(Emotional mode) 및 의욕적 양태(Conative mode)로 이루어진다는 것이다. 이 전통적인 교설은 전혀 자명한 것이 아닐 뿐더러, 기껏해야 손도 댈 수 없을 정도의 혼란과 거짓추론들의 뒤범벅일 뿐이다. 이 교설은 다만 골동품적 가치를 가진 이론일 뿐임을 명심해야 한다.

그러나 이 장의 주요 목적은 방금 말한 3원적인 마음의 이론을 전반적으로 살펴보는 데 있는 것이 아니고, 그 이론의 구성인자들 중의 하나를 파괴적으로 검토해보는 데 있다. 이를 위해 나는 그 이론에서 말하는 「의지(意志, will)」라는 것에 대응되는 하나의 능력, 혹은 비물질적인 기관이 존재하며, 따라서 「결의(決意)」라고 불리는 것에 상응하는 과정이나 작용도 일어나고 있다고 보는 입장의 교설을 반박코자 한다. 그렇지만 논의를 시작하기에 앞서 나는 이런 반박이 자발적/비자발적 행위들 간의 구별 및 강한 의지의 사람과 약한 의지의 사람을 나누는 구별을 무효화시키지는 못한다는 점을 분명히 밝혀둔다. 오히려 나의 반박은 「자발적」, 「비자발적」, 「강한 의지의」, 「약한 의지의」 등이 의미하는 바를 불합리한 가설로부터 해방시킴으로써 이런 말들의 의미를 더욱 명석하게 해줄 것이다.

제반결의(volition)들은 한 마음이 자신의 관념들을 사실들(facts)로 바꾸어 놓는 「마음속의」 특별한 작용이나 작업들로서 요청되어왔다. 예를 들어 나는 물리적 세계에 존재하도록 만들고 싶은 약간의 사태들에 대해 생각하

---

* 열소(熱素)라고도 하며 라부아지에의 산소발견 이전까지 가연성 물질로 여겨졌다.

고 있다. 그러나 나의 사고나 바람은 실행력이 없기 때문에 실행력을 갖는 또 다른 마음의 과정이 요구된다. 그래서 나는 나의 근육을 움직이도록 하는 결의(決意)를 수행한다. 어떤 신체상의 운동이 이같은 결의에서 나온 것일 때에만 나는 나의 손이나 혀가 수행한 바를 칭찬할 수도 있고 비난할 수도 있다는 것이다.

내가 왜 이런 이야기를 거부하는지는 쉽게 알 수 있을 것이다. 이 이야기는 기계 속의 유령에 관한 신화를 확장한 데서 나온 불가피한 것이다. 또 이런 입장에서는 한 종류의 존재자를 파악할 수 있는 정신적 상태와 과정들이 있고, 또 다른 종류의 존재자를 파악할 수 있는 육체적 상태와 과정들이 있다고 가정한다. 마음의 무대에서 일어난 일은 육체의 무대에서 일어난 일과 결코 동일하지 않는다. 그래서 한 사람이 의도적으로 방아쇠를 당겼다고 말하는 것은 적어도 물리적 무대에서 일어난 일과 정신적 무대에서 일어난 일을 서술하는 두 가지 명제를 연결해서 표현하는 것이다. 이런 부류의 신화에 따르면, 방아쇠를 당기는 신체적 작용은 방아쇠를 당기려고 의도하는 정신적 작용의 결과이기 때문에 그것은 인과적 명제를 표현하는 것이 된다.

이런 이론에 의하면, 신체의 제반작용은 공간 속에서 일어난 물질의 운동이다. 그래서 이런 운동을 야기한 원인은 공간 속의 또 다른 물질의 운동「일 수도」있고, 종류를 달리 하는 당김, 즉 인간의 운동「일 수도」있다. 영원한 미궁에 빠지게 될 소리같지만, 분명히 공간 속에서 일어난 물질의 운동이 아닌, 마음속의 당김이 근육을 움직인 원인일 수 있다는 것이다. 어떤 사람이 의도적으로 방아쇠를 당겼다고 서술하는 것은 곧 마음속의 당김이 원인이 되어 손가락 근육을 움직였다는 뜻이다. 그래서 「결의」와 관련된 언어는 준(準)-기계론적 마음이론의 언어이다. 만일 한 이론가가 「결의」나 「의지의 작용」을 거리낌없이 이야기한다면, 이것만큼 그가 마음을 특별한 원인들로 이루어진 부차적인 영역으로 보는 도그마에 깊이 빠져 있음을 보여주는 증거도 없을 것이다. 따라서 우리는 결국 그가 신체상의 작용들을 마음의 제반과정의 「표현들」로 간주하게 될 것임을 쉽사리 예측할 수 있다. 또한 그는 마음의 무대에서 공연되는 그림자-드라마를 구성하는 요청된 비물리적 사건들을 내포하기 위해 흔히 사용되는 복수형 명사 「경험들」을 즐겨 입에 올리게 될 것이다.

 예지적 성격의 술어들을 통해 서술하는 외부적 행위들이 이에 대응되는 숨겨진 의지작용의 결과라는 교설에 대한 첫번째 반박은 다음과 같다 : 스토아학파 및 성(聖) 아우구스티누스 이래로 이론가들이 우리에게 우리의 행위를 이런 식으로 서술하도록 권고해왔다는 사실에도 불구하고, 어느 누구도 자신의 행동이나 친지들의 행동을 이런 권고된 방식으로 서술하지 않는다. 예를 들면 자신은 오전 10시에 이런 의지 혹은 저런 의지를 갖게 되었다든가, 정오와 점심시간 사이에 5번의 신속하고 쉬운 결의와 2번의 신중하고 어려운 결의를 했다는 식으로 말하는 사람은 아무도 없다. 피의자(被疑者)는 자신이 어떤 일을 했다는 사실을 시인할 수도 있고 부인할 수도 있다. 또 고의로 했다는 사실에 대해서도 시인이나 부인을 할 수 있다. 그러나 의지를 갖고 있었는지에 대해서는 시인도 부인도 할 수 없다. 또한 판사나 배심원은 사건의 성격상 하나의 결의가 방아쇠를 당기는 행위를 이끌었다는 사실을 증거로 채택할 수 없다. 소설가들은 등장인물의 행위나 발언, 제스처, 표정, 몽상, 심사숙고, 양심의 가책, 당황함 등을 서술한다. 그러나 이 과정에서 등장인물들의 결의에 대해 언급하지는 않는다. 그들은 이런 결의들에 대해 무슨 말을 해야 좋을지를 모른다.

 그렇다면 이 결의들을 서술하기 위하여 우리는 어떤 종류의 술어들을 사용해야 할까?「갑작스런」과「점차적인」,「강한」과「약한」,「어려운」과「쉬운」,「기꺼운」과「마지못해 하는」등은 사용할 수 없는가? 또「가속적인」,「감속적인」,「방해받는」,「지연된」등은 어떤가? 사람들은 결의들을 하는 데 있어 유능했는가 무능했는가 라는 식의 표현은 어떤가? 우리는 이런 결의들을 발휘함으로써 어떤 교훈들을 얻을 수 있는가? 결의들은 피곤한가 주의가 산만한가? 나는 그 결의들 중에서 2개나 7개를 동시에 할 수 있는가? 나는 결의들을 했다는 사실을 기억할 수 있는가? 나는 다른 것들을 생각하거나 꿈을 꾸면서도 결의를 할 수 있을까? 결의가 습관적인 것이 될 수 있을까? 나는 어떻게 결의했는지를 망각할 수 있을까? 나는 결의하지도 않았는 데 했다고 믿는다든지 결의를 내리고서도 하지 않은 것으로 잘못 믿을 수 있는가? 저 소년은 어느 순간에 다이빙을 하기로 결의를 하였을까? 그가 사다리에 발을 걸쳤을 때일까? 아니면 처음으로 심호흡을 했을 때일까? 또 마음속으로 「하나, 둘, 셋!」이라고 숫자를 센 직후일까? 아니면 뛰어들기 바로 직전이었을까? 이런 질문들에 대해 과연 그 자신은 뭐라고 답할 수 있을까?

　물론 이런 교설의 옹호자들은 겉으로 드러난 행위가 의도적, 자발적, 고의적, 훌륭한 등으로 묘사될 수 있을 때는 언제나 결의가 암묵적으로 행해진 것이라고 주장한다. 또한 그들은 사람은 누구나 어떤 일을 할 때 자신이 그 일을 하고자 의욕을 갖고 있다는 것을 알 수 있을 뿐만 아니라 알 수밖에 없다고 본다. 왜냐하면 결의는 일종의 의식(意識)의 과정이기 때문이라는 것이다. 그래서 만일 보통의 남녀들이 자신들의 행동을 서술할 때 자신들의 결의과정에 대해 언급하지 않는다면, 이는 분명히 드러난 행위와는 달리, 내면적 행위를 서술하는 데 적합한 어휘들에 대한 훈련이 되어 있지 않기 때문이라고 본다. 하지만 이 교설을 옹호하는 어떤 이론가가 자신이 「귀여운 머핏 양」이라고 중얼거리는 과정에서 얼마나 오랫동안 최후의 결의를 수행하였는가 혹은 얼마나 많은 의지작용들을 수행하였는가에 대해 자문해 본다면, 그는 마땅한 대답을 찾지 못하는 어려움에 빠지고 말 것이다. 물론 그의 이론 자체에 따를 것 같으면, 이런 어려움이 존재해서는 안 된다.

　일반사람들이 이런 행위의 발생에 대해 전혀 보고를 하지 않는다면──무엇보다도 그 이론에 따르면 이런 행위들은 두통이나 지루함보다는 더 빈번하게 일어난다──, 만일 일상어휘 속에 그 작용들을 나타내는 말이 없다면, 그리고 결의의 빈도나 지속 혹은 강도에 대한 간명한 질문들을 해결하는 법에 대해 아는 바가 없다면, 경험적 기반에서는 그것들이 존재한다고 주장하지 않는다고 결론내리는 것이 훨씬 공정하다. 플라톤이나 아리스토텔레스가 영혼의 본성이나 행위의 원천에 대해 수없이, 그리고 치밀하게 논의하면서도 결의(決意, volition)에 대해서는 한마디도 언급하지 않았다는 사실은 그들이 이를 고집스럽게 거부했기 때문이 아니라 기계 속의 유령의 발견이 아닌 그런 유령의 요청에* 기초를 둔 이 특수한 가설과 친숙해질 수 없

---

* 발견은 발생사건과 관련되지만 요청은 발생사건과 무관하다는 점을 염두에 둘 필요가 있다.

였던 역사적 조건 때문이다.

  두번째 반박은 다음과 같다 : 물론 한 사람은 다른 사람의 결의들을 눈으로 목격할 수 없다. 그렇지만 그 사람은 겉으로 드러난 행위가 자발적인 (voluntary) 행위이고 반사작용이나 습관적 행위 혹은 외적 원인을 갖는 행위가 아니라고 믿을 만한 충분한 이유들이 있기만 하다면, 관찰된 그 외부적 행위로부터 그 행위를 산출한 (내면의) 결의로 추론해갈 수 있다. 따라서 그 어떤 재판관이나 스승 또는 부모도 자신이 판단한 그 행위들이 칭찬받아야 할 것인지 아니면 비난받아야 할 것인지를 알지 못한다. 왜냐하면 그들은 그 행위가 의지에 따른 것이라는 사실 이외에는 더 이상 아는 것이 없기 때문이다. 설사 행위자가 자기 손을 움직이기 전에 어떤 결의를 했다고 인정하더라도——물론 이런 인정이 이루어진다고 가정했을 경우에 한해서——이것이 문제를 해결해주지는 못한다. 이런 인정을 표명하는 것 또한 (입의) 근육의 겉으로 드러난 또 하나의 움직임에 지나지 않는다. 그 결과, 행위들에 대한 우리의 칭찬이나 비난을 설명하기 위해 결의라는 것이 도입되었음에도 불구하고, 이런 설명을 바로 그 결의가 제공해주지 못하는 것이다. 만일 우리가 다른 사람들의 행위들에 대해 칭찬과 관련된 개념들을 적용할 수 있는 또 다른 기반들을 갖고 있지 못하다면, 우리는 이 행위들로부터 그 행위들을 산출한 것으로 추정되는 결의들에로 추출할 수 있는 아무런 근거도 가질 수 없다.

  또한 행위자 자신은 자기의 겉으로 드러난 모든 행위가 일정한 결의의 결과임을 알 수 있다고 말할 수도 없다. 실제로는 있을 수 없는 일이지만, 만약에 그가 추정된 의식의 직접적 소여나 추정된 내성의 직접적 결과들로부터 자신이 방아쇠를 당기기 직전에 그렇게 해야겠다고 의지작용을 발휘했다는 사실을 어느 정도 알 수 있다고 가정한다 하더라도, 이것만으로는 방아쇠를 당긴 것이 그런 의지작용의 결과라고 단정할 수는 없을 것이다. 결의와 신체적 움직임 간의 연관관계 자체는 신비적인 채로 남기 때문이다. 그래서 그의 결의는 그 결과와 방아쇠의 당김이 다시 원인이 되는 다른 사건을 가질 수 있는 것과 마찬가지로 다른 운동을 야기할 수도 있는 것이다.

  나의 세번째 반박은 아래와 같다 : 결의와 신체적 움직임 간의 연관성이 신비적인 상태로 남아 있다는 핵심적인 사실을 얼버무리려는 태도는 올바른 것이라 할 수 없다. 이 연관성은 암의 원인의 문제처럼 아직 해결되지는 않았지만 해결가능한 유형의 신비가 아니라 전혀 다른 유형의 신비이다. 또 이 이론에서는 마음의 세계를 구성하고 있다고 생각되는 사건들은 육체의 세계를 구성하는 사건들과 다른 유형의 존재성격을 갖는다고 가정한다. 그리고 두 세계 간의 그 어떤 연관성도 허용되지 않는다. 마음과 육체 사이의 교섭은 아무런 연계도 있을 수 없는 연계를 포함하고 있다. 마음과 육체 사이에 인과적 교섭이 있어야 한다는 주장은 그 이론의 한 부분과 상충되고, 양자 간에는 아무런 인과적 교섭도 없어야 한다는 주장은 다른 부분과 상충한다. 기계 속의 유령이라는 전설에서 묘사된 마음은 인간육체의 예지적 행동을 인과적으로 설명하기 위해서는 반드시 존재하지 않으면 안 되는 것이다. 그리고 그 전설에 나온 마음은 육체가 속해 있는 인과적 체계의 외부에 있는 것으로 정의되는 다른 층위의 존재자에 속한다.

 네번째 반박은 이렇다 : 비록 결의의 일차적 기능이 신체적 움직임을 산출하는 데 있지만, 이런 결의가 존재한다고 하는 주장은 정신적 사건들도 의지의 작용에서 나와야 한다는 뜻을 함의한다. 결의는 행위들에 대해 「자발적이다」, 「단호하다」, 「훌륭하다」, 「악질이다」라는 판단을 가능케 하기 위해 요청된 것이었다. 그러나 이런 부류의 서술어들은 신체적 움직임에만 적용되는 것이 아니라──그 이론에서 말하는──정신적인 그리고 비물리적인 작용들에도 적용될 수 있다. 사고하는 사람은 단호하게 추론할 수도 있고 사악한 상상을 품을 수도 있다. 그는 5행시를 지어보려고 할 수도 있고, 계산하는 데 온 신경을 집중하려고 할 수도 있다. 그래서 이 이론에 따르면 일부의 정신적 과정들은 결의에서 나올 수 있다고 한다. 그렇다면 결의 자체는 어디에서 나오는가 ? 결의는 마음의 자발적인 작용인가 아니면 비자발적인 작용인가 ? 이 둘 중 어느 쪽으로 답을 하건 자가당착에 빠질 것이다. 만일 내가 방아쇠를 당기려고 의지(意志)할 수밖에 없다면, 나의 당기는 행위를 「자발적」이라고 서술하는 것은 불합리하다. 그러나 만일 방아쇠를 당기는 나의 결의가──그 이론에서 말하는 의미에서──자발적이라면, 그것은 선행하는 결의에서 나온 것이고, 또 이 선행하는 결의는 그 전의 결의에서 나온 것이 되어 「무한소급」에 빠지고 만다. 이런 난점을 피하기 위하여 일부에서는 결의는 자발적인 것도 아니고 비자발적인 것도 아니라는 주장이 제기되었다. 「결의」는 이런 술어에는 맞지 않다는 것이다. 만일 그렇다면, 「유덕(有德)한」이니 「사악한」이니 「좋은」이니 「나쁜」이니 하는 술어들도 적합하지 않다는 얘기가 된다. 이런 결론은 결의를 자신들의 체계의 최후의 보루로 삼고 있는 도덕가들을 좌절에 빠지게 할는지도 모른다.

따라서 요약하자면, 결의에 관한 이상의 교설은 「무엇이 신체적 운동을 자발적인 것이게끔 해주는가」라는 질문을 인과적 질문으로 잘못 파악한 데서 비롯된 하나의 인과적 가설이다. 이런 잘못된 파악은 사실 「마음과 관련된 개념들을 어떻게 인간행동에 적용할 수 있는가」라는 물음을 인간행동의 인과성에 대한 질문으로 잘못 파악하는 일반적 경향의 한 가지 특수한 경우일 뿐이다.

이 교설의 주창자들은 자신이나 그밖의 다른 지각 있는 모든 사람들이 행위의 은밀한 내적 유인(誘因)에 관한 가설을 전혀 몰랐더라도 행위의 자발성과 비자발성에 대하여, 그리고 행위자의 단호함과 우유부단함에 대하여 어떻게 결정을 내려야 할 것인가에 관해 알고 있었다는 사실을 간파했어야 함에도 불구하고 그러질 못했다. 그래서 그들은 이미 효력을 보이며 사용되고 있는 기준은 전혀 해명하지 못하면서 암암리에 그 기준의 타당성을 전제한 채로 그 기준을 준-기계론적 유형의 가설적인 발생사건들과 결부지으려고 헛된 노력을 하고 있다는 것을 깨달았어야만 했다. 그런데 이처럼 결부지으려는 시도는 한편으로는 과학적으로 결코 성공할 수 없는 것이었다. 왜냐하면 (이론상의 필요에 의해) 요청된 유인들은 과학적 관찰의 대상이 될 수 없었기 때문이다. 그리고 다른 한편으로 그것은 실제적 효용도 없고 이론적 효용도 없는 것이었다. 왜냐하면 그것은 사전에 전제된 칭찬의 타당성에 바탕을 두고 있는 고로, 행위에 대한 우리의 칭찬을 뒷받침해줄 수 없었기 때문이다. 또한 그 시도는 칭찬과 관련된 개념들의 논리를 해명해 주지도 못했다. 왜냐하면 이런 개념들의 예지적 사용은 이같은 인과적 가설의 창안에 선행하기 때문이다.

결의에 관한 교설을 끝맺기 전에 종종 결의와 잘못 동일시되곤 하는 친숙한 몇 가지 과정들을 고찰해보는 것이 여러모로 편리할 것이다.

사람들은 흔히 무엇을 할 것인가의 문제에 직면하여 회의에 빠지곤 한다. 그래서 그들은 여러 가지 선택가능한 행동양식들을 숙고한 다음 한 가지를 선택한다. 여러 가지 가능한 행동양식들 중에서 한 가지를 고르는 이 과정이 종종「결의」가 뜻하는 바라고 서술된다. 그러나 이런 견해는 올바른 것이 아니다. 왜냐하면 대부분의 자발적인 행위는 결정을 내리지 못한 상태에서 나오는 것이 아니고, 따라서 이런 상태에서 내린 하나의 결정이 초래한 결과일 수 없기 때문이다. 더욱이 어떤 사람이 한 가지를 선택하지만 의지가 약해서 실패한다고 말하는 것은 어불성설이다. 또한 선택을 한 연후에 그 선택된 행위의 실행을 가로막는 환경적 요인들이 발생하여 그 행위를 하지 못했다고 말하는 것도 말도 안 되는 소리다. 그러나 이 이론은 결의가 행동을 낳지 못하고, 더욱이 실행작용이 자발적인 행위가 수행된다는 사실을 설명하기 위하여 요청되어야 한다는 주장을 인정하지는 않는다. 그리고 끝으로 선택가능한 여러 가지 대안들에 대하여 심사숙고하고 그중에서 한 가지를 고르는 일은 앞서 말한 칭찬과 관련된 술어들로 서술될 수 있다. 그러나 예를 들어서 만일 선택이라는 행위가 자발적이라고 서술될 수 있다면, 다시 그것은 선택행위를 위한 사전의 선택, 그리고 선택을 위한 그 선택을 위한 또 하나의 선택 식으로 무한히 소급될 것이다.

이상에서 내가 전개한 반박들이 정당하다면, 결의를 결심이나 결단과 동일시해서는 안 되며, 또한 어떤 일을 하겠다고 신경을 쓰거나 각오를 다지는 일과 동일시해서도 안 된다. 나는 잠자리에서 일어나야겠다고 결심할 수도 있고 치과의사를 찾아가야겠다고 결심할 수도 있다. 또한 두 주먹을 불끈쥐고 이를 악물면서 각오를 다질 수도 있다. 그러면서도 나는 실제로는 뒷걸음질치고 있을 수 있다. 만일 그 행위가 수행되지 않는다면——이 교설에 따를 경우——그 행위를 하겠다는 결의는 아직 이루어지지 않은 것이 된다. 그리고 또 결심이나 신경을 쓰는 작용은 신뢰할 만한 행위나 신뢰할 수 없는 행위들과 같은 부류에 속한다. 따라서 이 교설에 따르면 이런 작용은 어떤 수행이 신뢰할 만한 것이거나 신뢰할 수 없는 것이 되는 공통된 조건을 구성하지는 못한다.

3. 「자발적」/「비자발적」의 구별

일반민중이나 관리, 부모, 교사들이「자발적」과「비자발적」이라는 말을 일반적으로 행위들에 적용하는 방식은 철학자들의 적용방식과 판이하게 다르다는 점을 우리는 주목해야 한다.

가장 일반적인 용법에 있어서「자발적」과「비자발적」이라는 말은, 몇 가지 예외를 제외하고는, 해서는 안 되는 행위들에 적용하는 형용사로 사용된다. 우리는 어떤 사람의 행위가 자발적인지의 여부에 대해 토의하고 있다. 그가 소란을 피운 혐의를 받고 있을 때, 그 행위가 자발적인 것이었다면 그는 유죄이다. 만일 그가 비자발적이었음을 우리에게 만족스럽게 설명한다면 그는 자신을 성공적으로 변호한 것이 된다. 이와 마찬가지로 일상생활에서 우리는 정당하든 그렇지 않든 어떤 사람이 규칙위반의 혐의를 받고 있을 때에만 책임을 둘러싼 문제들을 제기한다. 이런 맥락에서 한 소년이 유리창을 깨뜨린 데 대해 책임이 있는지의 여부를 묻는 것은 의미가 있다. 그러나 정해진 시간에 그가 숙제를 끝낸 것에 대해 책임이 있는지의 여부를 묻는 것은 의미가 없다. 우리는 그가 나눗셈을 올바르게 한 것이 그의 잘못인지 어떤지에 대해서는 묻지 않는다. 왜냐하면 나눗셈을 올바르게 하는 것은 잘못이 아니기 때문이다. 만일 그의 나눗셈이 틀렸다면, 그는 자신의 실패가 자기 잘못이 아니었다는 것을 우리에게 만족스럽게 설명해야 할 것이다. 왜냐하면 그는 아직 나눗셈을 하는 방식을 본 적이 없을 수 있기 때문이다.

따라서 이같은 일상적인 용법에서 만족스럽다거나 올바른 혹은 칭찬할만한 행위가 자발적인지 비자발적인지를 묻는 것은 불합리하다. 유죄나 무죄냐 하는 것은 문제의 초점이 아니다. 우리는 유죄를 인정할 수도 없고 정상을 참작할 수도 없다. 즉「유죄」를 선언할 수도 없고「무죄」를 선언할 수도 없다. 왜냐하면 우리가 피의자는 아니기 때문이다.

그러나 자발적 혹은 비자발적인 작용이 무엇인지를 토의함에 있어 철학자들은 비난받을 행위에 대해서 뿐만 아니라 칭찬할만한 일에 대해서, 그리고 잘못에 대해서 뿐만 아니라 장점에 대해서도「자발적」이라고 서술하는 경향이 있다. 그들이 일상적인 의미의 「자발적」, 「비자발적」, 「책임있는」 등을 확장하는 동기에 대해서는 뒤에 가서 고찰할 것이다. 현재로서는 이런 확장이 가져온 몇 가지 결과들에 대해서 먼저 살펴보는 것이 도움이 될 것이라 생각한다. 일상적인 용법에 있어 한 사람이 짓는 미소가 비자발적이라고 말하는 것은 곧 그 사람이 어쩔 수 없이 그렇게 했다는 말이고, 그가 박장대소하는 것이 자발적이라고 말하는 것은 그가 그렇게 하지 않을 수도 있었다는 말이다(그렇다고 해서 이처럼 박장대소하는 것이 의도적이라는 뜻은 아니다. 우리 중에 고의로 웃는 사람은 없다). 앞에서 언급했던 그 소년은 나눗셈을 할 줄 알면서도 틀릴 수가 있다. 그가 어떻게 해야 하는지 알면서도 잘못했을 때가 그 경우이다. 또 그가 옭매듭을 묶는 요령을 잘 알면서도 부지불식간에 선매듭을 해버리는 경우도 마찬가지다. 그의 실패나 착오는 그의 잘못이다. 그러나 「자발적」이란 단어를 철학적으로 확장해 올바른 행위나 올바르지 못한 행위 혹은 탄복할 만한 행위나 경멸스러운 행위 양자에 대해 「자발적」이라는 술어를 사용할 경우, 일상적 용법과의 유추(類推)에 의하여 실제로는 나눗셈을 제대로 한 소년에 대해 「제대로 못할 수도 있다」고 서술할 수 있는 가능성이 도출되어 나온다. 따라서 다음과 같은 질문들을 제기하는 것은 정당할 것이다 : 당신은 그 수수께끼를 풀지 않을 수 있었는가? 당신은 적절한 결론을 도출하지 않을 수 있었는가? 당신은 옭매듭을 제대로 묶지 않을 수 있었는가? 당신은 그 농담의 핵심을 간파하지 않을 수 있었는가? 당신은 지금과 같은 식의 소년이 되지 않을 수 있었는가? 그렇지만 사실상——그 사람은 잘못된 계산을 피할 수 있었을 텐데라고 말하는 것이 올바르다고 한다면——왜 그는 올바른 계산을 피할 수 있었을 텐데라고 말하는 것이 올바르지 못한지를 금방 알 수는 없겠지만, 어느 누구도 위에서 제기한 질문들에 대해 대답할 수는 없다.

  해결책은 간단하다. 그 사람은 오류나 착각을 저지르지 않을 수도 있었다, 혹은 그가 오류나 착각을 범한 것은 그의 잘못이었다 라고 말을 한다면, 이는 그가 올바르게 하는 것이 무엇인지를 알고 또 그렇게 할 능력이 있었으면서도 이런 앎이나 능력을 발휘하지 않았다는 뜻이다. 그는 충분하게 노력을 기울이지 않은 것이다. 그러나 한 사람이 제대로 했다면, 우리는 그가 잘못하는 요령을 알고 있었다든가 그는 잘못을 저지를 만한 능력을 갖고 있다는 식의 말을 할 수는 없다. 왜냐하면 잘못을 범한다는 것은 능력의 발휘라 할 수 없으며, 착오가「방식」에 대한 앎이 발휘된 것은 아니기 때문이다. 오히려 착오는「방식」에 대한 앎을 발휘하지 못한 데서 생긴 결과이다. 실제로는 정확하게 나눗셈을 한 사람도 잘못 계산할 가능성은 얼마든지 있다고 말하는 것은 타당하다. 즉 그도 얼마든지 부주의할 수 있다는 의미에서 그러하다. 그러나 다른 의미에서「당신도 잘못 계산을 할 수가 있었을까」라고 묻는다면, 이는 곧「당신은 잘못 계산을 할 만큼 충분히 예지적이고 치밀하며 집중적이었는가」라는 뜻이 되어, 이는 누군가의 이빨이 호두를 깨뜨림으로써 부숴질 만큼 강한가라고 묻는 것만큼이나 어리석은 질문이 되고 만다.

「의지의 자유」를 둘러싼 사이비 문제들은 부분적으로「자발적」이라는 단어를 이처럼 아무 생각 없이 확장해서 사용한 결과이다. 또한「할 수도 있었는데(could)」와「피할 수도 있었는데(could have helped)」간의 의미차이를 명확히 인식하지 못하고 오용(誤用)한 데서 생겨난 결과이다.

따라서 우리의 첫번째 과제는 일상적이고 왜곡되지 않은 상태에서「자발적인(voluntary)」,「비자발적인(involuntary)」,「책임이 있는(responsible)」,「피할 수 없었을 것이다(could not have helped)」,「그의 잘못(his fault)」등이 의미하는 바를 해명하는 일이다. 왜냐하면 이런 표현들은 유죄와 무죄 등을 둘러싼 구체적인 문제들을 결정하는 데 사용되고 있기 때문이다.

한 소년이 옭매듭 대신에 선매듭으로 묶었다고 한다면, 우리는 먼저 그가 옭매듭을 묶는 요령을 알고 있었음을 확인하고, 그 다음에 그의 손이 외부의 강제력에 의해 방해받지 않았고 또 그밖의 여러 제약요건들이 없었다는 것을 확인하게 됨으로써 그것은 그의 잘못이 된다. 우리는 그가 과거에 매듭 묶는 법을 배웠으며 실제로 올바르게 해왔다는 사실을 알아냄으로써, 혹은 다른 사람이 묶은 매듭이 제대로 된 것인지를 판별할 능력이 있다는 사실을 알아냄으로써, 혹은 자신이 잘못 묶은 것을 부끄러워하고 혼자서 고쳐 맬 수 있다는 사실을 알아냄으로써, 그는 옭매듭을 맬 줄 안다는 것을 확인한다. 그가 협박을 받는 상태라든가 광기(狂氣)나 열병을 앓는 상태에서 혹은 마비된 손가락으로 옭매듭을 맨 것이 아니라는 사실은 극히 예외적인 일들이 발생하지 않았음을 알 때와 마찬가지로 확인할 수 있다. 왜냐하면 이런 일들은 워낙 엄청난 일이기 때문에 그 소년이 말하지 않을 리가 없기 때문이다.

우리가 결정을 내려야만 했던 첫번째 문제는 그 소년의 의식의 흐름 속에서 어떤 알 수 없는 사건이 일어났는지의 여부와 아무런 관계도 없다. 문제는 과연 그 소년이 옭매듭을 매는 데 필요한 높은 수준의 능력을 갖고 있었느냐, 즉 옭매듭을 매는 법을 알고 있었느냐 하는 것이었다. 지금 이 단계에서 우리가 탐문해야 하는 것은 과연 그 소년이 특별한 공적(公的) 혹은 사적(私的) 작용을 행하였느냐 하지 않았느냐의 문제가 아니라 그가 일정한 예지적 능력을 갖고 있느냐 갖고 있지 못하느냐 하는 문제이다. 즉 우리가 추구하는 것은 어떤 은밀한 원인과 드러난 결과에 관한 명제의 진위에 대한 (획득할 수 없는) 앎이 아니라 복합적이고 부분적으로 일반적인 가설적 명제의 진위에 대한 (획득할 수 있는) 앎이다. 쉽게 말해서 우리의 목표는 그 소년이 막(幕) 뒤에서 그림자와 같은 옭매듭을 매었다는 사실을 아는 데 있는 것이 아니라 이 줄로 올바른 옭매듭을 맬 능력이 있었고, 그 경우에도 조금만 더 주의를 기울였더라면 올바르게 매었을 것이라는 점을 아는 데 있다. 그 착오는 그의 잘못이다. 왜냐하면 그는 매듭을 매는 법을 알고 있으면서도 올바르게 매지 않았기 때문이다.

이번에는 모든 사람들이 행위자의 잘못으로 간주하지 않는 행위의 경우를 고찰해보자. 한 소년이 학교에 늦게 도착한다. 조사 결과 그 소년은 보통 때와 같은 시각에 집을 나섰으며, 버스 정류장으로 가면서 장난을 치지도 않고 제시간에 버스를 잡았다. 그러나 차가 고장이 나는 바람에 도중에 멈추어 섰다. 그래서 소년은 거기서 하차하여 학교까지 죽어라고 뛰었지만 지각하고 말았던 것이다. 분명 그 소년이 취한 모든 조처들은 통상적으로 등교시에 취했던 것과 동일한 조처이거나 사고를 당하여 그 영향을 조금이라도 줄이기 위해 취할 수 있는 유일한 조처였다. 그가 따로 할 수 있었던 것이라곤 아무것도 없었으며, 선생님도 앞으로 이런 일이 또 일어날 경우 이렇게 하라고 권할수밖에 없다. 그가 늦게 도착한 이유는 그가 할 수 있었던 일을 방기(放棄)한 데서 비롯된 것이 아니다. 그는 자신의 힘으로는 어떻게 할 수 없는 상황에 의해 그렇게 된 것이다. 여기에서도 선생님은 그 소년의 능력과 기회를 준거로 삼아 판단하고 있다. 자신은 더 이상 어떻게 할 수 없었다는 그 소년의 변명을 선생님은 수긍한다. 이 소년의 지각을 초래한 비자발성을 둘러싼 모든 문제는 그 소년이 어떤 결의(決意)를 했는지의 여부와는 전혀 관계없이 결정되는 것이다.

한 행위자가 책임을 지는 행위들이 말없는 독백작용인지 아니면 언어적 혹은 비언어적 이미지들에 의한 작용인지의 여부는 아무런 문제거리도 되지 않는다. 암산을 할 때 일어난 착오는 필산(筆算)을 할 때의 착오와 마찬가지 이유에서 그 학생의 잘못이다. 그리고 마음의 눈으로 색상들을 결합하는 과정에서 저질러지는 잘못도 직물상이 작업대 위에서 색상들을 결합할 때 저지른 잘못과 마찬가지로 부주의했다는 비난을 면할 길이 없다. 만일 행위자가 실제로 행한 것보다 더 잘 할 수 있었다고 한다면 그는 지금만큼 나쁘게 하지 않을 수도 있었다는 말이 된다.

우리는「자발적이다」,「비자발적이다」,「책임이 있다」,「나의 잘못이다」,「더 잘 할 수 있었는데」,「도리가 없었다」등의 일상적인 의미를 고찰하는 일 외에도「의지의 노력」이니「의지의 힘」이니「우유부단」이니 하는 표현들의 일상적인 의미에도 관심을 기울여야 한다. 만일 어떤 사람이 자신에게 주어진 힘든 과제들을 처리함에 있어 노력을 그치지 않고 주의력을 한데 모아서 자신의 피로나 두려움에 대해 별로 생각지 않고 매진한다면 그는 결단력있게 행동하고 있다고 말할 수 있다. 그는 자기 책임이 주어진 일에 대해서는 기피하거나 소홀히 하지 않는다. 이에 반해 의지력이 약한 사람이란 쉽게 방심하고 상심하며 언젠가는 적절한 때가 올 것이라며 현재 주어진 일을 강력히 추진해 나가지 못하는 사람을 말한다. 하나의 결단이 실제로 이루어졌는지의 여부는 결단성 있는 사람과 우유부단한 사람을 가르는 중요한 잣대가 되지 못한다는 점에 주목하라. 결단성 있는 사람은 사전에 굳은 결심을 별도로 한 적이 없더라도 주어진 일을 포기하거나 연기하고픈 유혹들을 종국에 가서 뿌리치는 사람이다. 사실 이런 사람은 다른 사람들에게 또는 자기 자신에 대해 서약한 것들은 기필코 달성하려 한다. 따라서 우유부단한 사람은 종종 수없이 많은 결심들을 하지만 실행하지는 못한다. 왜냐하면 그는 불굴의 투지가 결여되어 있기 때문에 행위가 진행되는 과정에서 흐지부지해버리고 말 것이기 때문이다.

의지가 강하다고 하는 것은 주어진 과제들을 끈질기게 물고 늘어지는 기질을 갖고 있다는 말이다. 반면에 의지가 약하다고 하는 것은 이런 기질이 별로 없다는 말이다. 강한 의지가 들어 있는 행위는 지적이건 수공업적이건, 창조적인 일이건 행정처리 같은 일이건 관계없이 모든 행위에 다 해당된다. 강한 의지란 단 하나의 기질이나 성향이 아니며, 따라서 하나의 내밀한 정신적 기능이 발휘된 것이 아니다.

「의지의 노력」이란 불굴의 의지가 엄청난 장애나 유혹에 직면하였을 때 발휘된 특정한 것이다. 꼭 그런 것은 아니지만, 이런 노력에는 의례적 성격이나 자신을 일정수준까지 높이려는 특별한 과정들이 포함된다. 그러나 이 과정들은 결단성이 드러나는 방식이라기보다는 우유부단에 대한 두려움이 드러나는 방식이다.

자발성에 대한 논의를 끝맺기에 앞서 두 가지 요점을 지적하고 넘어가야겠다. (1) 아주 종종 우리는 자발적으로 행해진 일과 강압에 의해 이루어진 일을 대조적으로 생각한다. 어떤 군인들은 지원병이고 어떤 군인들은 모병(募兵)이다. 어떤 요트선수들은 자발적으로 항해를 하고, 어떤 선수들은 바람과 조류에 이끌려 항해를 한다. 여기서 유죄인지 무죄인지를 가리는 문제는 제기되지 않는다. 병사가 자원입대를 한 것인지 징병에 의한 것인지를 묻는다는 것은 바꾸어 말하면 그가 원해서 입대한 건지 「어쩔 수 없어서」 입대한 건지를 묻는 것이다. 여기서 「어쩔 수 없다」고 하는 말은 「그가 원하건 원하지 않건 상관이 없다」는 뜻을 함의하고 있다. 또 요트선수가 자기 뜻에 따라 항해를 한 건지 아니면 그렇게 할 수밖에 없었는지를 묻는다는 것은 곧 고의로 항해를 한 건지 아니면 그럴 생각이 전혀 없었음에도 불구하고 항해를 할 수밖에 없었던 것인지를 묻는 것이다. 모병의 경우 집에서 나쁜 소식이 왔다고 해서 입대를 피할 수 있었을까? 또한 바람이나 조류에 밀려다닌 사람의 경우, 해안경비대원이 경고를 한다고 해서 상황이 달라졌겠는가?

이러한 의미사용에서 볼 때 비자발적인 것을 하나의 행위라고 기술하는 것은 불가능하다. 깊은 바다로 떠밀려간 것이나 경비대원의 경고를 받은 일은 한 사람에게 일어난 일이긴 하지만 그가 행한 행위는 아니다. 이런 측면에서 보면, 여기에서 나타난 자발적 / 비자발적의 대립은 우리가 어떤 사람의 매듭묶기에 대해 말할 때의 자발적 / 비자발적의 대립과 전혀 다르다. 비자발적으로 얼굴을 찌푸린 사람은 요트선수가 깊은 바다로 떠밀려가듯이 비자발적인 것은 아니다. 또한 부주의한 소년이 매듭을 잘못 묶은 것과 징병을 당해 군에 입대하는 것도 그 비자발성의 성격에 있어 차이가 있다. 사실 인상을 찌푸린다는 그 자체는 그가 행한 행위이다. 즉 외부에서 그에게 가해진 무엇이 아니다. 그래서 종종 「자발적이냐 비자발적이냐?」의 문제는 「어떤 일을 그 사람이 했느냐 아니면 그 일이 그 사람에게 가해졌느냐」를 뜻하게 된다. 또 이 문제는 경우에 따라 「그가 자기가 하는 일이 무엇인지에 대해 염두에 두고 했는지 아니면 염두에 두지 않고 했는지」 혹은 「그가 의도적으로 그랬는지 아니면 어쩔 수 없이, 기계적으로, 혹은 본능적으로 했는지」를 뜻하기도 한다.

(2) 한 사람이 어떤 일을——그가 의도적으로 그 일을 한다는 의미에서——자발적으로 할 때, 그의 행위는 분명히 마음의 일정한 성질을 반영하고 있다. 왜냐하면 그는 일정정도로 자신이 하고 있는 바가 무엇인지를 이리저리 생각하고 있기 때문이다. 따라서 그가 언어적 훈련을 갖추기만 했다면 특별히 연구나 추측을 하지 않더라도 자신이 달성코자 하는 바가 무엇인지를 명확히 언표할 수 있다. 그러나 앞으로 제5장에서 말하겠지만, 자발성(voluntariness)이 갖는 이같은 함축적 의미들은 종종 사람들이 생각하는 두 가지 세계의 비유와는 관계없다. 예를 들면 의도적으로 인상을 찌푸린다는 것은 전면에서는 갑(甲)을 하고 제2의 비유적인 후면에서는 을(乙)을 한다는 뜻이 아니다. 또한 그것은 한편으로는 이마의 근육을 움직이고 다른 한편으로는 비육체적인 기관을 움직인다는 뜻도 아니다. 더욱이 그것은 일차적으로 비근육적인 은밀한 곳에서 원인이 될 만한 일이 일어나고, 그 다음에 결과로서 안면에서 근육운동이 일어난다는 뜻은 결코 아니다. 즉 「그가 의도적으로 인상을 찌푸렸다」는 진술은 두 세계에서 일어난 두 가지 사건에

대해 진술하고 있는 것이 아니다. 그것은 오직 한 세계에서 일어난 한 가지 사건만을 언급하고 있다. 다만 그 성격에 있어——비록 사진으로 보면 찌푸린 인상이나 기뻐할 때의 인상이나 비슷하겠지만——전혀 다른 사건일 뿐이다.

4. 의지의 자유

우리는 앞에서 일부 철학자들이 행위(行爲)의 자발성을 논의함에 있어 「자발적」이니 「비자발적」이니 「책임이 있는」이니 하는 말들을 명확한 실수나 착오들에 한정하여 사용하기보다는 탁월성이나 용납가능성 등과 같은 일정한 기준에 의해 이러저러하게 판단하는 일체의 수행들을 포괄하는 넓은 범위에서 사용되고 있다는 사실을 여러 번 지적한 바 있다. 이같은 맥락에서 보면, 한 사람이 자발적으로 옳은 일을 한다거나 자발적으로 그릇된 일을 하고 있다고 말할 수 있고, 때로는 처벌받아야 할 일에 대해서는 물론이고 명예스러운 일에 대해서도 책임을 져야 한다고 말해야 하는 경우도 생긴다. 다시 말해서 「자발적(自發的, voluntary)」이라는 말이 「의도적(意圖的, intentional)」이라는 말과 동의어로 사용되고 있는 것이다.

그래서 이같은 넓은 의미를 선호하는 철학자들은 이에 대해 강한 지적 동기를 갖고 있다. 그들은 찬사나 비난의 대상이 되는 일과 사건을, 전혀 그렇지 못한 일이나 사건과 구별할 수 있는 용어체계를 필요로 하였다. 그들 생각에는 이런 용어체계가 없이 「정신」의 영역에 속하는 것을 서술하는 일은 불가능했기 때문이다. 그리고 정신의 영역이 전혀 없다고 주장하는 것은 순전한 자연의 영역에 떨어지고 마는 것이라고 보았던 것이다.

「정신」이 존재하면 그에 고유한 요소가 존재하고, 정신이 없으면 그에 따른 고유한 요소도 없다는 생각을 하게 된 주된 이유는 기계론의 망령에 대한 경계심 때문이었다. 사실 과거에 많은 사람들은, 자연과학들은 이미 확립되었거나 확립되는 중에 있기 때문에, 외부세계의 사물과 사건들은 발견 가능한 법칙, 즉 칭찬이나 비난과는 전혀 무관한 법칙들에 의해 엄격하게 지배된다고 생각하였다. 또한 모든 외적 사건들은 기계론적 인과법칙의 철칙(鐵則) 내에서 일어난다고 믿었다. 이런 사건들의 발생이나 속성 혹은 경과는 계측가능한, 따라서 의도나 목적과는 전혀 무관한 힘들에 입각하여 모두 설명될 수 있다고 보았던 것이다.

그들은 칭찬이나 비난의 성격을 가진 개념들을 사용할 수 있는 우리의 정당한 권리를 되찾으려면, 무엇보다도 이런 개념들만을 고유하게 적용할 수 있는 분야가 이같은 외부세계와는 전혀 다른 영역에 속하는 것임이 입증돼야 한다고 생각했다. 그리고 계측할 수는 없지만, 합목적적인 힘들의 지배를 받는 내면세계는 속임수에 불과하다고 생각하였다. 「결의」는 이미 내적 힘들의 필연적 결과로 간주되었기 때문에, 결의의 표출로 정의(定義)된 자발성이 정신적 요소의 공통된 성격으로 여겨지는 것은 당연한 것이었다. 따라서 과학적인 명제와 칭찬이나 비난을 내포하는 명제는 각기 외부세계에서 일어난 사건과 내부세계에서 일어난 사건——적어도 심리학자들이 자신들의 언명은 내면세계에서 일어난 사건에 관한 과학적 기술(旣述)이라고 주장했을 때까지는——에 관한 기술이라 하여 서로 구별되었다.

따라서 어떤 사람이 칭찬이나 비난의 대상이 될 수 있는가 하는 문제는 결의가 그 결과인가 하는 문제와 동일시되었다.

5. 기계론의 망령

새로운 학문 혹은 과학이 최초로 중대한 성공을 거두게 될 때에 열렬한 추종자들은 언제나 문제를 푸는 새로운 방법을 확장하기만 하면 모든 문제를 해결할 수 있으리라는 환상을 품곤 한다. 시대에 따라 어떤 이론가들은 전체 세계가 기하학적 도형의 복합체에 지나지 않는다고 생각했고, 또 어떤 이론가들은 순전히 수리(數理)적인 명제들만으로 전체세계를 기술하고 설명할 수 있다고 믿었다. 화학적 세계관, 전기적 세계관, 다윈의 진화론적 세계관, 프로이트적 세계관 등도 영광을 누렸지만 단기간에 그치고 말았다. 그러면서도 과학 열광주의자들은 「결국에는 모든 문제들을 과학적으로 해결할 수 있으며, 적어도 실마리는 잡을 수 있다」고 말한다.

코페르니쿠스, 갈릴레오, 뉴턴, 보일 등이 정립한 근대 자연과학은 전례가 없을 정도로 확고하게, 그리고 오랫동안 세계관을 세우고자 하는 사람들의 마음을 사로잡았다. 사람들은 지금도 역학(力學)의 법칙들은 과학법칙의 이상적인 유형일 뿐만 아니라, 심지어는 자연의 궁극적인 법칙이라고 간주해버리려는 경향이 있다. 어떤 방식으로 이루어질지에 대해서는 확실한 견해를 갖고 있지는 않지만, 많은 사람들은 생물학, 심리학, 사회학의 법칙들은 언젠가 그같은 역학의 법칙들에 「환원」되고 말 것이라고 기대한다.

나는 기계론(mechanism)을 망령이라고 말했다. 만물이 기계론적 법칙들에 의해 낱낱이 설명되지 않을 때, 이론적 성향이 강한 사람들이 느끼는 두려움은 아무런 근거도 없는 것이다. 여기서 근거가 없는 이유는 그들이 두려워하는 우발적 사건이 곧 일어나지 않을 것이기 때문이 아니라 이런 우발적 사건 자체에 대해 언급하는 일이 무의미하기 때문이다. 장차 물리학자들은 모든 물리학적 문제들에 대해 답을 하는 시기가 올지도 모른다. 그렇지만 모든 문제가 물리학적인 것은 아니다. 그들이 발견한, 혹은 발견하게 될 법칙은——비유적인 의미로 말하자면——발생하는 모든 일을 규제할 수는 있는지 모르지만 지배하지는 못한다. 사실 이런 법칙들은 아무것도 지배하지 못한다. 왜냐하면 자연법칙은 명령이 아니기 때문이다. 단적인 사례를 통해 이 점을 좀더 명확하게 살펴보자. 장기놀이는 전혀 모르지만 과학적으로 훈련이 되어 있는 관찰자에게 말을 움직이는 동안 장기판을 보도록 한다. 그렇지만 이 사람은 장기두는 사람이 말을 움직이는 것을 아직 보지는 못한다. 그러나 시간이 조금 지나면 그는 약간의 규칙들을 알아차리기 시작한다. 마(馬)는 두 칸을 대각선으로 이동하며, 포(包)는 다른 말을 뛰어넘어 직선방향으로만 이동한다. 왕은 궁을 벗어나지 못하고 한 칸씩 밖에 가지 못한다. 그밖의 것도 마찬가지다. 시간이 더 지나면 결국 그 관찰자는 장기놀이의 모든 규칙들을 알게 된다. 이렇게 된 연후에야 그는 말의 이동은 「장기를 두는 사람」에 의해 이루어지고 있음을 알게 된다. 이 사람은 놀이자들이 구속에 얽매어 있는 데 대해 불쌍하게 생각한다. 그래서 이 관찰자는 놀이자들에 대해 다음과 같이 말한다.

당신들의 모든 행마는 철칙에 의해 지배되고 있다. 여러분들 중의 한 사람이 마(馬)에 손을 대는 순간, 이미 어떻게 갈 것이라는 것을 예측할 수 있다. 여러분들이 장기에서 취할 수 있는 모든 행위는 비극적이게도 이미 가차없이 규정되어 있다. 즉 철칙과도 같은 놀이의 규칙에 지배되지 않는 일은 어느 것도 일어나지 않는다. 무자비한 필연성이 장기를 지배하고 있기 때문에 예지나 의도가 끼어들 여지가 전혀 없다. 사실 나는 내가 본 모든 행마를 지금까지 알아낸 규칙들만으로 다 설명할 수 있을 만큼 명민하지 못하다. 그렇다고 해서 도저히 설명할 수 없는 행마가 있을 수 있다고 상정하는 것은 비과학적이다. 따라서 지금은 잘 모르지만 언젠가는 지금은 이해하지 못하는 행마를 낱낱이 설명해줄 세세한 규칙들을 알아내게 될 것이다.

물론 놀이자들은 관찰자에게 설사 모든 행마가 규칙의 지배를 받고 있다고 하더라도 그들 자신이 명령을 받고 있는 것은 아니라고 해명할 것이다. 사실, 내 마(馬)나 상(象)을 들면, 어디로 움직일 것인지를 예측할 수 있다. 그러나 그런 상황 혹은 저런 상황에서 어떤 행마를 할 것인지를 그 규칙들로부터 연역해낼 수는 없다. 즉 우리가 예지를 발휘할 수 있는 여지는 얼마든지 있다는 것이다. 설사 규칙에서 어긋나는 일이 전혀 일어나지 않는다 하더라도, 탁월함이나 우둔함을 보여주는 일들은 얼마든지 일어날 수 있다. 다시 말해서 놀이의 규칙들은 절대불변이지만, 놀이 자체는 획일적이지 않다. 규칙들은 놀이자가 해서는 안 되는 일이 무엇인지를 규정할 뿐, 거기에 해당되지 않는 모든 것은 용인한다. 물론 용인된 행마들 중에서 대부분은 저차원의 전술에 속할 것이다.

여러분이 찾아낼 수 있는 놀이의 세부적인 규칙들은 더 이상 없다. 그리고 물론 우리가 취하게 될 특정한 행마를 이해하게 해줄 「설명들」을 알아내는 것은 가능하다. 그러나 이 설명들은 규칙들에 따른 설명이 아니라 전술의 원칙들을 놀이자가 채용하고 적용하는 방식 등과 같은, 즉 규칙들과는 전혀 다른 것에 의한 설명이다. 설명에 대한 여러분의 개념은 지나치게 협소한 것이었다. 하나의 규칙에 따라 이루어진 행마를 그 규칙이 「설명」한다는 의미는 전술적 원칙이 그 행마를 설명한다는 의미와 구별된다. 왜냐하면 전술적 원칙을 따르고 있는 행마일지라도 놀이의 규칙을 따르지 않을 수 없기 때문이다. 전술적 원칙들을 적용할 줄 안다는 말 속에는 놀이의 규칙들을 안다는 말이 포함된다. 그렇지만 이런 원칙들을 놀이의 규칙에「환원」시킬 수 없음은 말할 필요도 없다.

물리학의 법칙이 장기의 규칙과 유사하다는 것을 말하기 위해 이런 예를 든 것은 아니다. 왜냐하면「자연(自然)」의 과정은 놀이가 아니며, 자연법칙은 인간의 창안물이나 약정(約定)이 아니기 때문이다. 내가 이 예를 든 이유는 마나 상을 움직이는 하나의 동일한 행위가 서로 전혀 다른 두 영역에 속할 수 있으며, 양자는——물론 어느 하나가 다른 것을 전제하기는 하지만——결코 서로「환원」될 수 없다는 점을 보이기 위함이다.

이리하여 행마(行馬)를 설명하는 데는 전혀 다른 유형의「설명」들이 있을 수 있게 된다. 그리고 이 두 유형의 설명들은 서로 양립할 수 있다. 실제로 전술적 규준들에 입각한 설명은 놀이의 규칙들에 따른 설명을 전제하고 있다. 그렇다고 해서 전자의 설명을 후자의 설명으로부터 연역해낼 수는 없는 일이다. 이 점은 또 다른 방식으로 살펴볼 수 있다. 관찰자는 일정한 의미에서의「왜(why)」라는 말을 사용하여, 마(馬)는「왜」그런 방식으로만 이용하는가 라고 물을 수 있다. 이런 질문에 대하여 그는 장기판의 모양을 포함한, 장기의 규칙들 때문에 그렇다는 대답을 듣게 될 것이다. 그리고 또 그는 이와는 다른 의미에서의「왜(why)」라는 말을 사용하여,「왜」놀이자는 일정한 단계에서 이쪽이 아니라 저쪽 방향으로 마(馬)를 이동시켰는가 라고 물어볼 수 있다. 이에 대해 그는 상대방 포(包)의 이동을 사전에 막기 위해서 그랬다는 등의 대답을 들을 수 있을 것이다.

「설명(explanation)」,「법칙(law)」,「규칙(rule)」,「원리(principle)」,「왜(why)」,「때문에(because)」,「원인(cause)」,「이유(reason)」,「지배하다(govern)」,「필연적이게끔 하다(necessitate)」등과 같은 용어는 유형면에서 서로 다른 의미를 갖는 범위를 지닌다. 기계론은 하나의 협박처럼 보였다. 왜냐하면 이들 용어는 오직 기계론적 이론들 내에서만 사용되어야 한다고 주장했기 때문이다. 예를 들면,「왜」와 관련된 일체의 질문은 운동의 법칙에 의거해서만 대답되어야 했다. 사실 한 유형에 속하는「왜」와 관련된 일체의 질문은 기계론적으로 대답될 수 있을지도 모른다. 그러나 다른 유형에 속하는 「왜」와 관련된 질문들은 기계론에 의해서만 대답한다는 것이 불가능하다.

기번(Gibbon)은 그의 저서 《로마제국흥망사》 전체를 통해 단 한 번도 영문법의 규칙들을 위반하지 않았다고 하자. 이 경우 문법적 규칙들은 그의 저작행위 전체를 지배하고 있기는 하지만, 그가 무엇을 써야할 것인지 혹은 어떤 문체로 쓸 것인지에 대해 명령을 가하는 것은 아니다. 이 규칙들은 다만 이러저러한 단어들의 결합을 금할 뿐이다. 이런 문법적 규칙들을 알고 있고, 또한 기번이 이 규칙들을 준수한다고 알고 있는 독자라면 특정한 문장에서 복수명사가 나왔을 때 이에 맞는 복수형 동사가 사용되리라는 사실을 쉽게 예측할 수 있다. 그의 예측은 거의 틀림이 없을 것이다. 우리는 기번이 일부러 잘못을 저지르지나 않을까 하여 걱정할 필요는 없다. 문법이 이 독자에게 말하는 것은 동사가 복수형이어야 한다는 것이지 어느 동사여야 한다는 것은 아니기 때문이다.

《로마제국흥망사》에 있는 한 구절을 골라, 단어배열상 준수하지 않으면 안 되는 문법적 규칙, 문체상의 규준, 논리적 규칙 등을 점검해보는 것은 가능한 일이다. 이처럼 서로 다른 유형의 원리들 간에는 아무런 모순이나 상충이 없다. 모두 다 동일한 자료에 적용되는 것이며, 정확한 예측을 할 수 있도록 해주는 보증서의 역할을 한다. 또한 이 세 가지 원리들은 모두 「왜 기번은 다른 동사가 아니라 이 동사를 썼는가」라는 질문에 대한 대답을 하는 기초가 될 수 있다. 자연과학의 제반성과가 세계인식에서의 생명이나 감상적 기분 혹은 예지적 성격 등을 사상(捨象)시켜 버렸듯이, 문법의 규칙들은 산문에서 문체나 논리성을 배제한다. 물론 자연과학은 생명이나 감상 혹은 의도성 등에 대해 전혀 언급치 않지만, 문법의 규칙들도 문체나 논리성에 대해 아무런 얘기를 해주지 않는다. 왜냐하면 자연과학의 법칙들이 무생물이나 생물, 혹은 바보나 천재 모두에게 무차별적으로 적용되듯이, 문법적 규칙들도 흄의 논리적 추리나 일반인의 언급, 혹은 휘터커의 《달력》이나 《로마제국흥망사》 모두에게 무차별적으로 적용되기 때문이다.

기계론적 세계관에 어울리는 모델은 당구의 경우에 잘 나타난다. 하지만 당구경기는 기계론적 용어들이 필요조건이긴 하지만 충분조건은 아니라는 사실을 단적으로 보여주는 사례이다. 당구공의 무게, 형태, 탄력성 등을 숙지하고 있다면, 우리는 알고 있는 법칙들을 통해 현재의 공의 상태가 차후에 어떻게 바뀔 것인가를 예측할 수 있다. 그러나 이 때문에 당구경기가 어떻게 진행되어 갈 것인지를 이런 법칙들만으로 예측한다는 것은 불가능하다. 당구의 규칙이나 전술을 전혀 모르고, 또한 당구경기자의 기술이나 속마음에 전혀 무지한 과학적 예측자는 단 한 번의 타격을 통해 다음 공들이 어떤 위치에 가게 될 것인지를 예측해낼 수 있을 것이다. 그러나 이 사람은 경기와 관련한 더 이상을 예측할 수는 없다. 그렇지만 놀이자 자신은 이에 대하여 어느 정도 예측을 할 수 있다. 왜냐하면 그는 이런저런 상황에서 어떤 전술을 적용하는 것이 최선인지를 잘 알고 있기 때문이며, 또한 바로 자기 자신의 기술이나 인내심 혹은 예리함이나 의도 등을 잘 알고 있기 때문이다.

여기서 주목하지 않을 수 없는 것은, 놀이자가 당구공을 자기가 원하는 위치로 보낼 수 있는 능력을 갖고 있는 한에 있어, 그는 공의 가속이나 감속을 지배하는 기계적인 원리들에 대해서는 당연히 사전에 알고 있을 것이라는 점이다. 자신이 마음속에 품은 의도를 실행에 옮기는 능력이 있다는 것은 단순히 그가 당구와 관련된 기계적인 법칙들을 갖고 있다는 말과 다르다. 전자(前者)와 관련된 앎은 후자(後者)의 앎에 의존할 뿐이다. 칭찬이나 비난과 관련된 개념들을 그의 경기활동에 적용할 경우에는 그가 당구공에 가하는 운동이 기계적인 법칙들의 지배를 받는다고 해서 문제될 일이 전혀 없다. 왜냐하면 경기의 도구들이 아무런 법칙의 지배도 받지 않고 마구 움직인다면 뛰어난 경기를 한다는 것 자체가 불가능하기 때문이다. 자연법칙을 필연적 사실들에 대한 진술이라기보다는 가능성, 그것도 아주 오랜 가능성에 대한 진술로서 이해하는 현대적 견해는 종종 「자연」의 비엄밀성이라고 하는 바람직한 요소를 제공한다는 이유로 찬사를 받고 있다. 따라서 우리는 때때로 칭찬이나 비난과 관련된 개념들을 적용할 수 있는 일부 사건들을 유보하는 한에서 과학적일 수 있다는 것이다. 말도 안 되는 이런 견해는 하나의 행위(行爲)가 과학적 일반화의 예외가 아니라면 우호적이거나 비우호적인 비판의 대상이 될 수 없다고 전제하고 있다. 그러나 당구경기자는 당구의 법칙에서와 마찬가지로 자연법칙에서도 면제되지 않는다. 왜 그렇겠는가? 그렇다고 이런 법칙들이 경기자의 손에 강제력을 가하는 것은 아니다. 자연과학의 발전은 도덕분야를 약화시킬 것이라고 생각하는 일부 도덕철학자들의 우려는 하나의 사건이 기계적 법칙과 도덕원리 양자에 의해 지배된다는 사실을 인정치 않으려는 견해에 바탕을 두고 있다. 그러나 이런 견해는 골프선수가 탄도법칙과 골프규칙을 동시에 따를 수 없다고 말하는 것만큼이나 어리석은 것이다. 모든 것이 기계적 법칙의 지배를 받고 있는 경우에도 목적이나 의도가 개입할 여지는 얼마든지 있다. 오히려 사물들이 기계적 법칙의 지배를 받지 않으면, 의도나 목적은 어디에도 끼어들지 못한다. 예측가능성은 의도나 계획을 품기 위한 필요조건인 것이다.

따라서 기계론(mechanism)은 단순한 망령이며, 생물학, 인류학, 사회학, 윤리학, 논리학, 미학(美學), 정치학, 경제학, 역사학 등의 전문개념들에는 보다 상세한 해명을 요하는 것들이 많지만, 굳이 일상세계로부터 나온 그 개념들을 요청된 또 하나의 세계에 적용하려 한다든가 자연에 존재하는 것과 자연이 아닌 곳에 존재하는 것을 구별하려 해서는 안 된다. 따라서 행위자의 겉으로 드러난 행위를 설명하기 위하여「숨겨진」세계에서 동인(動因)을 찾는 따위의 일은 할 필요가 없는 것이다.

사람은 기계가 아니며, 더욱이 유령을 간직한 기계는 결코 아니다. 사람은 그냥 사람이다. 이 동어반복은 충분히 기억해둘 만한 가치가 있다. 사람들은 가끔「일정한 움직임을 하기 위해 나의 마음은 나의 손에 어떤 작용을 가하는가?」, 혹은「내 마음이 명한 바를 내 손이 수행하게끔 하는 것은 과연 무엇일까?」하는 식의 질문들을 던지곤 한다. 이런 식의 질문들은 대개 연쇄적인 질문작용을 한다.「탄환이 총구에서 나갈 수 있게 하는 것은 무엇인가?」라는 질문에 대해서는「탄통에서의 가스폭발 때문이다」라고 답하는 것이 적절한 대답이다. 또한「무엇이 탄통에서의 폭발을 일으켰는가?」라는 질문에 대해서는「뇌관의 충격 때문이다」라고 대답해야 하고,「내가 방아쇠를 당긴 작용이 어떻게 핀으로 하여금 뇌관에 충격을 주게 하였는가?」라는 질문에 대해서는 방아쇠와 핀 사이에 있는 스프링, 레버, 고리 등의 기계적 장치들 때문이라고 답할 수 있다. 그래서「어떻게 해서 나의 마음은 내 손가락으로 하여금 방아쇠를 당기는가?」라는 질문을 받게 될 경우, 이런 식의 질문은――비록 마음의 단계에서이긴 하지만――긴장이나 이완 등의 연쇄적 과정들을 전제하고 있다. 그러나 이처럼 요청된 연쇄과정의 첫 단계가 어떤 작용이건 간에, 그 작용은 우리가 일상생활에서 사격수가 방아쇠를 당기는 작용을 기술(記述)할 때와 동일한 방식으로 기술되어야 한다. 다시 말해서 우리는 그냥 「그는 그랬다」 혹은 「그는 그렇게 하게끔 만든 일을 겪었다」고 말한다.

결론적으로 흔히 저지르기 쉬운 한 가지 오류에 대해 지적하고 넘어가는 것도 유익하리란 생각이 든다. 자연계의 만물은 기계적 법칙에 종속되어 있다는 통념이 만연됨으로써 사람들은 흔히 자연(自然)을 하나의 거대한 기계, 혹은 여러 기계들의 결합물로 보려는 경향이 강하다. 그러나 사실 자연에는 기계라 할 만한 것이 극소수에 불과하다고 해도 과언이 아니다. 우리가 자연에서 볼 수 있는 기계라고는 인간이 만든 시계나 풍차 혹은 터빈엔진 등이다. 물론 태양계처럼 기계와 유사한 자연체계들은 상당수 있다. 이것들은 그 자체로서 작동하고, 똑같은 일련의 운동을 무한히 반복한다. 즉 「시계처럼」 돌아가는 것이다. 사실 우리는 기계를 만들려면 역학(力學)을 알아야 하고 적용할 줄도 알아야 한다. 그러나 기계를 만드는 일은 생명없는 자연에서 보게 되는 사물들을 복제하는 일과 다르다.

오히려 우리는 역설적으로 보일는지 모르지만 자기보존능력을 가진 자연계에서 살아 있는 유기체를 모범으로 삼아야 한다. 천체의 운동은 일종의 「시계」를 보여주는 것이다. 인간의 맥박도 마찬가지다. 소박한 어린아이들이 엔진을 강철로 된 말이라고 간주하는 것은 단순히 미개한 정령숭배가 아니다. 자연에서 이만큼 가깝게 느껴지는 것이 없기 때문이다. 눈사태나 당구는 모두 기계적 법칙들을 따른다. 그렇다고 해서 이것들이 기계의 작용이라고 할 수는 없다.

4
정 서

1. 들어가는 말

  이 장에서는 정서(情緒, emotion)와 감정(感情, feeling)*의 개념들에 대해 논의해보겠다.

  이러한 탐구를 해야 하는 필요한 까닭은 기계 속의 유령에 관한 교설을 지지하는 사람들이 대다수의 철학자와 심리학자들을 설득하여 정서란 내적인 혹은 사적인 체험이라는 견해를 지지하게끔 하는 것을 막기 위함이다. 통상 정서라 하면 의식의 흐름에서 일어나는 움직임을 말한다. 따라서 관찰자가 볼 때는 어쩔 수 없이 정서는 은밀한 것이 되고 만다. 정서는 공적이고 물리적인 세계에서 일어나는 발생사건(occurrences)이 아니라 너 혹은 나만의 은밀한 정신적 세계에서 일어나는 발생사건이라는 것이다.

  내가 밝히고자 하는 바는 정서(emotion)라는 단어가 적어도 서너 가지 의미를 갖는다는 사실이다:「경향성(혹은 동기)」,「기분」,「(심적) 동요(動搖)」,「감정」등이 그것이다. 동요(agitations 혹은 commotions)를 포함해 경향성(inclinations)과 기분(moods)은 발생사건이 아니기 때문에 공적으로건 사적으로건 도대체 발생하지 않는다. 즉 이것들은 행위나 상태가 아니라 타고난 기질이다. 그러나 이것들은 서로 다른 유형의 기질이며, 그 차이는 대

---

* 여기서 feeling은 편의상 감정이라고 옮겼지만 엄격하게 따져보면 이보다는 훨씬 넓은 함의를 갖는다. 이에 관해서는 2절 앞부분에 설명이 자세하게 나온다.

단히 중요하다. 이에 반해 감정은 발생사건(occurrence)이다. 그렇지만 인간 행동을 서술함에 있어 감정에 관한 언급이 차지하는 위치는 통상적인 이론들이 인간행동과 관련하여 차지하는 위치와 판이하다. 기분 혹은 마음상태(frames of mind)는 동기(動機)와는 달리, 그러면서도 질병이나 기후상태와 유사하고 일정하게 사건들이 「결합」된 일시적 상태이며, 그 자체가 발생사건 외부에 있는 것은 결코 아니다.

2. 감정과 경향성의 상호대비

여기서 「감정(feelings)」이란 말이 의미하는 바는 사람들이 종종 말하는 전율감, 아픔, 고통, 흥분, 쓰라림, 갈망, 쑤심, 오한, 충만감, 메스꺼움, 열망, 오싹함, 허탈함, 긴장, 가책, 충격 등을 일체 포함한다.* 보통 사람들이 자신에게서 일어난 감정을 표현할 때면, 「연민의 정」이니 「놀라운 충격」이니 「기대감」이니 하는 말들을 사용한다. 「갈망」이나 「메스꺼움」 혹은 「고통」 등과 같은 특정한 감정들에 대한 이런 명칭들이 신체의 특정감각의 이름으로도 사용된다는 것은 매우 중요한 언어적 사실이다. 만일 어떤 사람이 자신은 지금 막 아픔을 느꼈다고 말한다면, ──비록 「아픔(twinge)」이라는 말이 반드시 다른 맥락에서도 동일하게 사용되어야 하는 것은 아니지만── 그 아픔이 후회에 따른 것인지 아니면 신경통 때문인지를 묻는 것이 올바른 질문이다.

보다 구체적인 여러 가지 측면에서, 우리가 불안에 따른 메스꺼움을 이야기하는 방식들은 뱃멀미에 따른 메스꺼움을 이야기하는 방식들에 비유될 수 있다. 우리는 둘 중의 어느 것에 대해서도 강렬하다든지 혹은 희미하다든지, 또는 갑자기 그렇다든지 서서히 그렇다든지, 또는 간헐적으로 그렇다든지 아니면 꾸준히 그렇다든지 하는 말들을 사용할 수 있다. 우리는 양심의 가책 때문에 움추러드는 경우도 있고, 손가락의 쑤심 때문에 움추러드는 경

* 이런 경우 느낌이라고 해야 보다 정확하겠지만 용어사용의 혼란을 막기 위해 그냥 「감정」이라고 옮겼음을 밝혀두겠다.

우도 있다. 게다가 우리는 경우에 따라서 몸 내부에서 절망에 따른 허탈감을 느끼기도 하고 아래턱이나 주먹의 근육에서 분노에 따른 긴장감을 느끼기도 한다. 자신감에 따른 충족감처럼 특별한 신체부위에 귀속시키기 어려운 여타의 감정들은 따스함에 젖어들 때처럼 전신을 지배하는 것 같기도 하다.

미국의 프래그머티즘 철학자 윌리엄 제임스는 과감하게 감정을 신체적 감각과 동일시하였다. 그러나 현재 우리가 다루고 있는 논의의 맥락에서는──물론 비유적인 의미에서 사용된다면 충분히 가능하겠지만──신체적 감각에 대해 말할 때와 거의 유사한 방식으로 감정들에 대해서도 말하고 있다는 것을 보여주는 것만으로 충분하다.

다른 한편으로, 우리가 감정들에 대해 「알고 싶은 열망」이나 「자신감에 따른 충족감」 등의 어휘들을 사용해서 서술하고 있다는 중차대한 사실에 대하여 정당한 평가를 내릴 필요가 있다. 다시 말해서 우리는 따스함에 따른 충족감을 자신감에 따른 충족감과 구별하고 있으며, 따라서 나는 이런 구별들이 갖는 힘이 무엇인지를 밝히지 않을 수 없는 것이다. 내가 보여주고자 하는 것은, 어떤 사람에 대해 그가 동정의 떨림(혹은 전율)을 느끼고 있다고 서술하는 것은 온당하지만, 그렇다고 동정이 무슨 떨림현상과 같은 것일 수는 없다는 사실이다. 따라서 떨림이나 고통이 신체적 감각이라고 해서 자동적으로 정신적 결과가 도출되는 것은 아니다.

따라서 감정도 어떤 의미에서는 정서에 포함시킬 수 있다. 그러나 전문가들이 「정서(emotions)」라고 할 때는 보다 고차원적인 인간행동과 결부시켜 말한다. 예를 들어 한 사람이 허황되다, 신중하다, 탐욕스럽다, 애국심이 강하다, 게으르다고 말할 때, 여기에는 고차원적 「정서」개념인 허황됨, 신중, 탐욕, 애국심, 게으름 등과 같은 기준에 따라 그가 행동하고 느끼고 생각한 이유에 대한 설명이 담겨 있다.

그러나 여기에는 엄청난 논리적 혼란과 결부되어 언어상의 혼돈이 나타나고 있다. 어떤 사람이 허황되다든가 게으르다고 말할 때부터, 「허황되다」나 「게으르다」는 말은 그의 성격에 다소 지속적으로 나타나는 특질들을 지칭하기 위해 사용되고 있다. 이런 맥락에서는 그가 어릴 때부터 허황되었다든지 하루종일 게으름을 피우고 있다는 뜻일 수 있다. 이 사람의 허황됨이나 게으름은 성향적인 속성들, 쉽게 말해서 「그는 이런저런 상황이 닥치면 늘상 자기를 뽐내려 한다」든가 「어려운 일을 할 것인지 말아야 할 것인지의 선택에 직면할 때마다 그는 언제나 어려운 쪽을 회피한다」는 것을 말한다. 「언제든지」나 「……할 때마다」가 들어 있는 문장은 결코 단일한 사건에 대한 보고가 아니다. 이런 식으로 사용된 동기어(motive words)*는 경향 (tendencies)이나 기질(propensities)들을 가리키기 때문에 감정이나 느낌의 일시적 발생을 서술하는 데 부적합하다. 동기어는 일반적인 가설적 명제들에 적합한 것이지 일회적 사건에 대한 범주적 서술에는 적절치 못하다.

그러나 다음과 같은 반론이 있을 수 있다. 동기어가 이런 식으로 성향만을 나타내는 용법으로 사용될 수 있다면 이에 상응하는 행위적 용법도 있어야 한다는 것이다. 어떤 사람이 동기를 나타내는 형용사의 성향적 의미에 정통하기 위해서는 개별적인 상황들에 대해 정통해야 한다. 그런데 어떤 개별적인 상황에 정통하다고 할 때, 이 「정통하다(punctual)」는 형용사는 성향적 의미가 아니라 행위적 의미에서 사용되고 있다. 「그는 정각에(on time) 약속장소에 나타나는 경향이 있다」는 말은 하나의 일반적인 가설적 명제를 표현하고 있다. 이 명제가 참(眞理)이 되려면 「그는 오늘도 정각에 약속을 지켰다」는 식의 대응하는 참인 범주적 명제들이 있어야 한다. 그래서 어떤 사람이 허황되다거나 나태하다고 말하기 위해서는 특정한 시점들에서 일어나는 특정한 허황된 짓이나 나태한 행동이 있어야 한다. 그래야 이것들은 실제적인 정서나 감정이 될 수 있다.

이러한 주장이 우리에게 뭔가를 제시해주고 있는 것은 사실이지만 그렇다고 결정적인 단서를 제공해주지는 않는다. 어떤 사람에 대해 「허황되다」고 기술(記述)하는 것은 사실상 그가 일정한 경향에 복속되어 있다고 말하는 바와 크게 다를 바 없다. 하지만 이런 경향이 구체적으로 나타난 사례들은 특정한 흥분감이나 후회감은 아니다. 오히려 우리는 어떤 사람이 허황되다는 말을 들을 때 우선적으로 그 사람이 일정한 방식으로, 즉 자신에 대한

---

* 동기(motive)를 표현한 말.

과장된 이야기를 많이 한다거나 상류사회를 동경하거나 비판을 거부하고 각광받기를 좋아하며 다른 사람들의 장점을 좀처럼 인정하려 들지 않는 등의 방식으로 행동하리라 예상한다. 또한 자신의 미래에 대한 장미빛 공상에 빠져 있으며, 과거의 실패를 돌아볼 줄 모르고, 앞으로의 일에 대해 턱없는 계획을 세울 것으로 기대한다. 허황되다고 하는 것은 이것말고도 이와 유사한 수없이 많은 방식으로 행동한다는 것이다. 물론 우리는 허황된 사람도 일정한 상황에 처하게 되면 고통이나 번민을 느끼게 될 것이라고 생각한다. 또 유명한 사람이 자기 이름을 챙겨주지 않을 때는 심한 좌절감을 느끼게 될 것임도 안다. 그리고 경쟁자가 불행한 일을 당했다는 소식을 들으면 뛸 듯이 기쁜 감정이 생긴다는 점도 인정한다. 그러나 불쾌감이나 기쁜 감정이 곧바로 허영심이라고 할 수는 없다. 이 점은 공공연하게 뽐내는 행위나 혼자서 공상을 하는 행위가 곧 허영심이라고 할 수 없는 것과 마찬가지다. 이런 것들이 곧바로 허영심과 연결되지 못하는 이유들에 대해서는 앞으로 살펴볼 것이다.

  몇몇 이론가들은 뽐내는 행위를 허영심의 직접적인 표출로 간주하는 것은 이 상황에서 가장 핵심적인 요인을 간과한 것이라는 견해에 반대할 것이다. 어떤 사람이 왜 뽐내는가에 대한 질문에 그 사람이 허황되기 때문이라고 대답한다면, 성향(disposition)은 실제 일어난 사건(event)이 아니며 따라서 어떤 것의 원인(原因)이 될 수 없다는 사실을 망각하고 있는 것이다. 그가 뽐내는 원인은 그가 뽐내기 전에 일어난 어떤 사건이어야 한다. 어떤 실제적인 충동, 즉 허영심의 충동에 의해 그는 뽐내게 된 것이다. 따라서 허영심을 일으킨 직접적인 원인은 개별적인 허영심의 충동이며, 이는 감정에 속한다. 허황된 사람은 개별적인 허황된 감정들을 나타내는 경향이 있는 사람들이다. 바로 이런 감정이 그로 하여금 뽐내게 한 것이다. 뽐내고 싶은 욕심도 마찬가지로 이런 감정을 원인으로해서 생긴 것이다. 그밖에 우리가 허영심에서 비롯되었다고 말하는 다른 모든 것들도 다 이런 감정들 때문에 생겨난 것이다.

  여기서 우리가 주목해야 할 것은 이 주장에서는 행위를 이러한 동기──이 경우에는 허영심이라는 동기──에서 나온 것으로 설명하는 것을 인과적 설명이라고 당연시하고 있다는 사실이다. 이는 마음——이 경우에는 뽐내는 사람의 마음——을 특수한 원인들의 영역으로 전제하고 있다는 뜻이다. 왜냐하면 허영심이라는 감정은 겉으로 드러난 과시행위의 내적인 원인으로 간주되고 있기 때문이다. 미리 결론을 내리자면, 내가 말하고 싶은 것은 하나의 행위가 일정한 동기에서 행해진 것이라고 설명하는 것은 돌이 와서 쳤기 때문에 유리잔이 깨졌다고 설명하는 것과는 범주적으로 다르다는 것이다. 오히려 돌이 쳤을 때 유리잔이 깨진 것은 잔이 약했기 때문이라고 설명하는 것에 가깝다. 돌에 맞았을 때 파편이 되어 산산조각이 나는 것 이외에는 잔의 약함이 순간적으로 나타날 수 있는 경우가 없듯이, 고질적인 허영심도 뽐내고 승리를 꿈꾸고 남의 장점에 대한 이야기를 꺼리는 것 이외에는 표출될 길이 없다.

   그러나 이런 주장을 확대하기에 앞서 내가 보여주고 싶은 것이 있다. 허황된 사람이 허황되게 행동할 때마다 그 사람은 허영심의 특정한 울림을 경험한다는 견해가 근본적으로 얼마나 잘못된 것인가 하는 점이다. 이를 교조적으로 표현할 것 같으면 허황된 사람은 결코 허영심을 느끼지 못한다. 물론 이런 사람도 방해를 받으면 심한 분노를 느끼고, 예상치 못한 성공을 거두면 자랑스러움을 느낀다. 그러나 여기에는 우리가「허영의 감정」이라 부르는 특별한 스릴이나 번민은 없다. 만일 이와같이 인지가능한 특별한 감정이 있다면, 그리고 허황된 사람이 계속해서 이런 감정을 체험한다면, 그는 자신이 얼마나 허황된지를 모르는 것이 아니라 가장 먼저 아는 사람일 것이다.

   또 다른 예를 들어보자. 어떤 사람이 기호논리학에 관심을 갖고 있다고 하자. 그는 기호논리학에 관한 책과 논문을 정기적으로 읽고, 그것에 대해 토의하여 그와 관련된 문제들과 씨름하면서도 그밖의 주제들에 대해서는 무관심하다고 하자. 위에 나온 견해에 따를 것 같으면 이 사람은 결국 특이한 종류의 충동, 즉 기호논리학에 대한 관심이라고 하는 감정들을 지속적으로 체험해야 한다. 그리고 이 관심이 매우 강한 경우, 이런 감정은 매우 심하고 빈번해야 한다. 따라서 그는 이런 감정이 양심의 가책처럼 순간적인 것인지 아니면 신체의 통증처럼 지속적인 것인지를 우리에게 말할 수 있어야 한다. 또한 그런 감정이 1분에 여러 번씩 생기는지 아니면 한 시간에 몇 번씩 생기는지를 말할 수 있어야 하고, 또 이런 감정을 등허리부분에서 느끼는지 이마부분에서 느끼는지를 말할 수 있어야 한다. 그러나 분명한 것은 이런 특수한 질문들에 대해 그가 할 수 있는 유일한 대답은 그가 취미를 즐기고 있는 동안에도 특별한 감흥이나 불만감을 느끼지 못한다는 것이다. 물론 그는 연구가 방해를 받을 때 느끼는 분노감에 대해 이야기 할 수 있고, 또 고민들이 사라졌을 때 해방감을 느낄 수는 있다. 그러나 기호논리학 자체에는 그가 이야기할 만한 아무런 흥미로운 감정들도 존재하지 않는다. 아무런 방해를 받지 않고 자기 일에 열중할 경우 그는 아무런 혼란도 느끼지 않는다. 그러나 2분마다 혹은 20분마다 이런 감정들이 불쑥불쑥 생긴다고 가정해보자. 그렇더라도 우리는 여전히 그가 이런 감정이 생기지 않는 시간에도 기호논리학을 토의하고 공부할 수 있음을 안다. 또 우리는 그가 이 분야에 대한 관심 때문에 계속해서 기호논리학을 토의하고 공부하고 있었다고 올바르게 말할 수 있다. 이 말은 곧 하나의 동기에서 어떤 일을 한다는 것은 그것을 하는 동안 생겨나는 그 어떤 개별적 감정들과도 독립되어 있다는 사실과 양립할 수 있다는 결론을 가져다준다.

  물론 동기에 관한 표준적인 이론들은 가책, 번민, 동요 등에 대해 이런 식으로 단순하게 이야기하지는 않는다. 또 욕망, 충동, 내적 자극 등에 대해 보다 객관적으로 말하고 있다. 이번에는 바람(wantings)과 관련된 감정들, 예를 들면「동경」「갈망」「열망」등을 살펴보자. 우리의 문제를 이런 식으로 제기해볼까 한다 : 개개의 동경이나 고민 혹은 갈망을 느끼게끔 해주는 것이 기호논리학에 관심을 갖는다는 것과 같은 것인가? 그리고 기호논리학에 대한 관심에서 비롯된 이 학문과의 씨름은 매번 이런 씨름을 하기 전마다 이 학문에 대한 열망을 느껴야 하는가? 이에 대해「그렇다」고 답변을 하게 될 경우,「그 학생은 열망을 느끼지 않는 시간에는 어떤 동기에서 이 학문과 씨름하는가」라는 질문에 대해 대답할 수 없게 된다. 그리고 만일 그의 관심이 강했다고 말하는 것이 그와 관련된 감정이 자주 나타났고 강렬했다는 뜻이라면, 어떤 사람이 이 학문에 관심을 강하게 가질수록 그의 흥미는 그 학문에서 더 멀어진다고 하는 불합리한 결론에 이르게 된다. 어떤 감정이나 감각을 「강렬하다(acute)」고 말하는 것은 그런 감정이나 감각에 주목하는 것이 어렵지 않다고 말하는 것이며, 어떤 감정에 주목한다는 것은 기호논리학의 어떤 문제에 주목한다는 말과 같은 것이 아니다.

따라서 우리는 동기어들이 감정이나, 감정을 갖게끔 해주는 경향들의 이름이라고 하는 결론을 거부해야만 한다. 그렇다면 이런 결론을 도출해낸 논증과정에는 어떤 문제점이 있었는가?

어떤 일을 「설명(說明)」한다고 말할 때 여기에는 전혀 다른 두 가지 의미가 있다. 이에 상응하여 「왜(why)」 그 일이 일어났는가라고 물을 때도 전혀 다른 두 가지 의미가 있고, 또 이런저런 것이 사실이기 「때문에(because)」 그 일이 일어났다고 말할 때에도 전혀 다른 두 가지 의미가 있다. 첫째는 인과적(因果的) 의미다. 유리잔이 왜 깨졌느냐고 묻는 것은 잔을 깬 원인은 무엇인가를 묻는 것이며, 돌이 와서 쳤다고 말할 때 우리는 이런 의미에서 유리잔의 파손을 설명하는 것이다. 이 설명에서 「때문에」 부분은 결과를 일으킨 원인으로서의 유리잔의 파손을 의미하는 사건을 말한다. 그러나 우리는 종종 전혀 다른 의미에서 「설명」이란 말을 사용한다. 돌에 맞았을 때 유리잔은 왜 깨졌는가라는 질문에 대해 그 잔은 깨지기 쉬운 것이었기 「때문」이었다고 답한다. 여기서 「깨지기 쉽다」는 말은 성향을 나타내는 형용사이다. 즉 유리잔은 깨지기 쉽다고 기술(記述)하는 것은 유리잔에 대한 일반적이고 가설적인 명제를 내세우는 것이다. 그래서 유리잔이 깨지기 쉽기 때문에 그것이 돌에 맞았을 때 파손되었다고 말하면, 「유리잔이 깨지기 쉽기 때문에」라는 부분은 실제로 일어난 사건이나 원인을 말하는 것은 아니다. 다만 유사법칙적인 명제일 뿐이다. 사람들은 통상 이 두번째 의미의 설명 개념을 즐겨 사용하기 때문에 그들은 유리잔이 돌에 맞아서 깨지게 된——「원인」이 아니라——이유(reason)를 댄다.

이처럼 유사법칙이고 일반적이며 가설적인 명제는 어떻게 작용하는가? 이 명제를 대충 문장으로 만들어보면 이렇게 된다 ; 「만일(if)」 유리잔이 심한 타격을 받거나 뒤틀림을 당하면, 용해되거나 늘어나거나 증발하지 않고, 산산조각이 날 것이다. 일정한 시점에서 잔이 돌에 맞아 산산조각이 났다고 하는 사실을 이런 의미에서 「설명」하려면 첫번째 사건, 즉 돌의 충격이 일반적인 가설적 명제의 전제(前提)를 충족시키고 유리잔의 파손이라고 하는 두번째 사건은 귀결절을 충족시켜야 한다.

이런 의미의 설명개념을 이번에는 특정한 동기들에서 나온 행위들을 설명하는 데 응용해보자. 우리가 「저 사람은 왜 그런 식으로 행동했는가」라고 물을 때, 이 질문은 말 자체만으로 본다면 그런 식으로 행동하게 된 원인에 대한 탐문일 수도 있고, 그가 그런 상황에서 그런 식으로 행동했던 것을 설명해줄 행위자의 성격에 대한 탐문일 수도 있다. 내가 생각할 때 동기에 의한 설명은 두번째 의미의 설명이지 첫번째 의미의 설명은 아니다. 이 점은 내가 증명해 보이겠다. 어떤 행동을 하게 된 동기를 이야기하는 사람은 일반적으로 봐서 그 행위에 대한 「이유(reason)」를 이야기하고 있는 것이라는 사실은 단순히 언어적 차원에만 머무는 것이 아니다. 또한 인간행동에 대한 이런 식의 설명에는 수없이 많은 종류가 있음을 염두에 두어야 한다. 화들짝 놀라는 행위는 반사작용으로 설명되고, 파이프에 담배를 가득 채우는 행위는 우유부단한 습관으로 설명되고, 답장쓰기는 동기에 의해 설명된다. 반사작용, 습관, 동기 간의 차이점에 대해서는 뒤에 가서 살펴볼 것이다.

현재의 문제는 이것이다. 「그는 허영심에서 뽐냈다」는 문장은 「그는 뽐냈고, 뽐낸 원인은 그의 마음속에서 허영심이라고 하는 감정 혹은 충동이 발생했기 때문이다」라는 뜻으로 이해하는 견해가 있을 수 있다. 또 같은 문장을 「그는 낯선 사람과 만난 자리에서 뽐냈다. 그가 뽐낸 것은 그가 다른 사람의 칭찬이나 부러움을 받고 싶어할 때는 언제나 자기가 생각하기에 칭찬이나 부러움을 살 수 있는 어떤 일이든지 한다고 하는 유사법칙적인 명제를 충족하고 있다」고 보는 견해도 있다.

후자의 해석방식을 옹호하는 차원에서 나는 먼저 다른 사람이 보여준 행동의 원인을 그의 마음속에서 일어난 감정작용이라고 말하거나 추측할 수 있는 사람은 아무도 없다는 점을 밝히고 싶다. 이런 일이 있을 수는 없겠지만, 설사 행위자가 자신을 뽐내는 행위를 하기 직전에 마음속에서 허영심이 생기는 것을 경험했다고 말하더라도, 이 허영심이 행위의 원인이라고 말하기에는 근거가 너무나 빈약하다. 왜냐하면 이 원인이라는 것은 같은 시간에 일어난 수천 가지 사건 중의 하나일 뿐이기 때문이다. 이 견해에 따르면 동기(動機)들에 대한 비난은 그 어떤 직접적인 검증도 할 수 없으며, 그 어떤 이성적인 사람도 이런 비난에 의존하지 않을 것이다. 이는 마치 우물파기가 금지된 곳에서 수맥(水脈)을 찾는 것과 같다.

그러나 실제로 우리는 다른 사람들의 동기를 찾아낸다. 이런 동기를 찾아내는 과정에서 오류가 생기지 말란 법은 없지만, 그 오류를 바로 잡을 수 없는 것도 아니다. 이는 귀납적 과정이라 할 수 있다. 그래서 유사법칙적 명제들이 성립되고, 이 명제들을 개별적인 행위들의 이유로 적용하게 된다. 각각의 경우에서 성립되는 명제는 일정한 유형의 일반적이고 가설적인 명제이거나, 이런 명제를 포함한다. 동기를 들어 어떤 개별적 행위를 비난하는 것은 목격하지 않은 사건에 대한 인과적 추론이 아니라 사건을 진술하고 있는 개별명제를 유사법칙적인 명제에 포섭하는 것이다. 따라서 이는 반사작용이나 습관을 가지고 반응과 행위를 설명하거나 깨지기 쉬운 성질로 유리잔의 파손을 설명하는 것과 비슷하다.

어떤 사람이 자신의 장기적(長期的)인 동기들을 찾아내는 방법은 그 사람이 다른 사람들의 동기를 찾아내는 방법과 동일하다. 그가 접근할 수 있는 정보의 양과 질은 양자가 다르겠지만, 사항 자체는 일반적으로 같은 것이다. 사실 그는 자신의 과거 행동이나 사고, 혹은 공상이나 감정에 대한 한 다발의 회상을 갖고 있다. 그리고 실제로는 일어난 적이 없는 과제나 기회를 머리 속에 그려보는 실험을 할 수 있다. 이리하여 그는 자신의 지속적인 경향성들에 대한 자기인식을, 다른 사람들의 경향성들을 인식할 때에는 얻기 어려운 자료들을 기초로 세울 수 있다. 다른 한편으로 자신의 경향성들에 대한 자기인식은 편견에서 완전히 자유로울 수 없으며, 자신의 행위나 반응을 다른 사람들의 행위나 반응과 비교하는 데 있어 유리한 입장에 있지도 않다. 우리는 일반적으로 불편부당(不偏不黨)하고 분별력 있는 제3자가 어떤 사람의 습관, 능력, 약점은 물론이고 동기를 살피는 데 있어 본인보다 더 뛰어난 심판관이라고 생각한다. 이런 견해는 행위자야말로 자기행위의 소위 말하는 원천들을 파악하는 데 있어 「특별한 접근권(接近權)」을 갖고 있으며, 이러한 권한 때문에 특별한 추론이나 탐구를 하지 않더라도 자신이 일반적으로 취하게 되는 행동경향이 어떤 동기에서 비롯되는지, 그리고 특정한 경우에 그가 어떤 동기에서 그렇게 행동을 했는지를 찾아낼 수 있고, 또 그래야 한다는 견해와 직접적으로 배치된다.

우리는 뒤에 제5장에 가서 자신이 하고 있는 일에 주의를 기울이면서 그 일을 하는 사람은 공통적으로 특별한 추론이나 연구를 하지 않더라도 그 일에 대한 물음에 대답할 수 있다는 사실을 보게 될 것이다. 그러나 그에게 이처럼 미리 준비된 해답을 주는 것은 그의 동료들에게도 마찬가지로 미리 준비된 해답을 줄 수 있고, 실제로 종종 그렇게 된다. 그는 탐정이 될 필요가 없으며, 그의 동료들도 마찬가지다.

이런 견해를 지지해주는 또 하나의 논증이 있다. 어떤 질문에 대답을 하고 있는 사람은 자신이 어떤 곤충의 애벌레를 찾기 위하여 도랑을 파고 있다고 말할는지 모른다. 또 애벌레들이 어떤 동물군(群)이나 식물군(群)에 기생하고 있는지를 알아내기 위하여 도랑을 파고 있다고 말할 수도 있다. 또한 하나의 생태학적 가설을 검증하기 위하여 그 애벌레들이 무엇에 기생하고 있는지를 찾으려고 노력하고 있다고 말할 수도 있고, 「자연도태설」을 검증하기 위하여 이것을 시험해보려 한다고 말할 수도 있다. 각 단계마다 그는 일정한 탐구를 해나가는 동기와 이유를 천명한다. 그리고 그가 대답하는 매단계마다 연속되는 이유는 선행단계에 대한 이유에 비해 높은 수준의 일반성을 갖는다. 그는 보다 특수한 법칙이 보다 일반적인 법칙에 포섭되듯이, 하나의 관심을 다른 관심에 포섭시켜 나간다. 그는 시간적 순서에 따라 단계를 세워가는 것은 아니다. 물론 「이 문제 혹은 저 문제에 대한 당신의 관심은 처음에는 무엇이었는가」라고 전혀 다른 성격의 질문을 받는다면 시간적 순서를 쫓아야 할 것이다.

그 자체만으로 볼 때 「어떤 동기에서 그 행동을 하였는가」라는 질문이 지극히 당연시되는 일체의 행동에 있어서, 그 행동이 동기가 아니라 습관의 힘에 의해 행해졌을 가능성은 언제나 존재한다. 내가 무슨 행동이나 말을 하든지 간에, ──물론 거의 항상 틀리겠지만── 완전히 정신이 나간 상태에서 그것을 했다든지 말했다는 것은 언제나 생각해볼 수 있다. 어떤 동기를 갖고 행위를 수행하는 것과 습관에 따른 행위는 그 성격에서 차이가 난다. 그러나 동기에 따른 행위는 또한 습관에 따른 행위에 속한다. 그래서 어떤 행위를 습관의 힘 때문에 했다고 말하는 것은 분명히 일정한 성향이 그 행위를 설명해준다고 말하는 것과 같다. 나는 어느 누구도 「습관(habit)」이 특수한 내면적 사건, 혹은 사건들의 집합에 대한 명칭이라고 생각지 않음을 확신한다. 따라서 하나의 행위가 습관의 힘에서 나온 것인지 친절한 마음씨에서 나온 것인지를 묻는 것은 곧 두 가지 특수한 성향 중에서 어느 것이 그 행위를 설명해주는지를 묻는 것과 동일하다.

마지막으로 우리는 한 사람이 어떤 행위를 하게 된 동기가 무엇인지를 둘러싼 논쟁에서 어떤 테스트를 통해 가릴 것인지를 고찰해야 한다. 예를 들어 어떤 사람이 보수가 좋은 직장을 버리고 보잘것없는 하급공무원이 되었다고 할 때 그것은 애국심에서인가 아니면 병역을 면제받으려는 욕심 때문인가? 아마도 우리는 우선적으로 그에게 직접 물어보아야 할 것이다. 그러나 이런 종류의 문제에 있어서는 우리에 대해서건 아니면 스스로에게건 간에 그의 말은 솔직하지 않을 가능성이 훨씬 높다. 그 다음에 우리는 반드시 성공하는 것은 아니지만 구체적인 상황에서 그가 보여주는 말이나 행동 혹은 당황해하는 태도 등이 그는 신체적으로 겁이 많고 조직생활을 극히 싫어한다는 가설과 일치하는지, 아니면 그는 다른 사람들에 비해 돈에 무관심하고 전쟁의 승리를 위해서라면 어떤 희생이든 할 사람이라는 가설과 일치하는지를 고찰해봄으로써 이 논쟁을 해결하려 할 것이다. 다시 말해서 우리는 귀납법을 통해 그의 성격에 담겨 있는 중요한 특질들을 규정지으려 한다. 이리하여 귀납의 결과들을 그의 개인적인 결정에 적용하는 데 있어, 다시 말해 왜 그가 그렇게 했는지를 설명하는 데 있어, 우리는 그가 그런 결정을 내리는 과정에서 겪었던 갈망이나 고민 혹은 고통을 말하도록 강요할 필요가 없다. 또한 우리는 아마도 그런 것들을 추론해낼 필요도 없을 것이다. 그리고 탐구의 대상이 되는 동기를 가진 사람이 느꼈던 감정들이 무엇인지에 대해 관심을 별로 기울이지 않아도 되는 특별한 이유가 한 가지 있다. 다름아닌 우리는 생생하고 빈번하게 감정을 느끼는 감상주의자들의 적극적인 행동들은 거의 틀림없이 그들의 애국심이 사실은 자아도취적인 가식에 지나지 않음을 잘 알고 있기 때문이다. 그들의 열정은 자기나라가 절망적인 곤경에 빠져 있다는 소식을 듣는 순간 곧바로 식어버리지만, 욕망은 전혀 영향을 받지 않고 일상적인 생활은 그대로 유지된다. 그들의 가슴은 군대의 분열식 장면을 볼 때는 한껏 부풀어 오르면서도 자신이 직접 행진을 하는 것은 꺼린다. 그들은 연극관람객이나 소설독자와 같은 입장이면서도 진짜를 능가하는 고통, 환희, 당혹감, 절망감, 분노, 상쾌함, 혐오감 등을 느낀다. 이런 점에서 자신들의 가식성을 깨닫고 있는 실제의 연극관람객이나 소설독자들과 구별된다.

따라서 어떤 동기가 한 사람의 성격에 들어 있는 특질이라고 말하는 것은 일정한 유형의 일을 한다거나 일정한 종류의 계획을 세운다거나 일정한 방향의 공상을 품고, 또 일정한 상황에서는 일정한 감정들을 느끼는 경향이 있다고 말하는 것과 같다. 이 사람이 어떤 일을 그 동기에서 했다고 하는 말은 구체적인 상황이나 환경에서 행해진 이 행위가 바로 그런 경향성이 있던 유형의 일이었다고 말하는 것과 같은 것이다. 즉 그것은 「그는 그 일을 '하려고(would)' 할 것이다」고 말하는 것과 동일한 것이다.

3. 경향성과 동요의 상호대비

마음상태나 기분은 경향성과 전혀 다르다. 어떤 기분에 젖어 있는 사람들을 표현할 때는 「동요(動搖)하고 있다」, 「불안하다」, 「산란하다」, 「당황하다」 등의 어휘를 사용한다. 「걱정스럽다」, 「놀라다」, 「충격적이다」, 「흥분하다」, 「발작적이다」, 「경악스럽다」, 「긴장하다」, 「흔들리다」, 「초조하다」 등은 동요와 유사한 부류이다. 이것들은 동요와 관련된 것들이기 때문에 통상 그 정도는 위협의 강도에 의해 특징지어진다. 이들 각각에 대하여 사람은 너무 불안하면 일관되게 사고하거나 행동하지 못한다든지, 너무 놀라면 한 마디도 하지 못한다든지, 너무 흥분하면 제대로 집중하지 못한다고 말하는 것은 의미가 있다. 사람들이 놀라서 말을 못한다든가 공포 때문에 온몸이 마비된다는 말을 들을 때, 이는 결과적으로 특별한 동요가 극단적으로 위협적이라는 뜻이다.

이 점은 이미 경향성과 동요의 차이 중 일부를 시사하고 있다. 기호논리학에 대한 어떤 사람의 관심이 너무나 위협적이어서 그는 기호논리학에 집중할 수 없다고 말하는 것은 어불성설이다. 또 어떤 사람은 애국심이 너무 강해서 자기나라를 위해 일을 할 수 없다고 말하는 것도 부조리하다. 경향성은 불안한 것과 전혀 별개이기 때문에, 위협적인 경향성이니 온화한 경향성이니 하는 것이 있을 수 없다. 지배적인 동기가 박애심(博愛心)이나 허영심인 사람을 박애심이나 허영심으로 불안해하고 있다든지 당황해하고 있다는 식의 말을 해서는 안 된다. 왜냐하면 그는 결코 불안해하거나 당황해하는 것이 아니기 때문이다. 그는 전적으로 편안한 마음상태에 있다. 박애심이나 허영심은 취향이나 격정이 아니기 때문이다.

「불안」이니 「동요」니 하는 말 자체가 암시하듯이, 이런 상태에 있는 사람들은 좀 과감한 비유를 들어 말하자면, 서로 갈등하는 힘들에 사로잡혀 있는 것이다. 이런 갈등의 두 가지 극단적인 유형은 이렇다. 하나는 어떤 경향성이 다른 경향성과 부딪칠 때 생기고, 또 하나는 어떤 경향성이 외부세계의 힘겨운 사실들에 의해 방해받을 때 생긴다. 자기나라의 존속을 원하면서 동시에 자기마을에서 계속 살고 싶어하는 사람은 전자의 경우에 속하고, 살고 싶으면서도 현재 죽어가고 있는 사람은 외부세계의 사실들에 의해 자신이 원하는 것을 하지 못하는 경우다. 이 두 가지 경우는 동요의 중요한 한 가지 측면을 보여준다. 즉 실제로 드러나는 동요하는 행위들은 동요와는 구별되는 경향성들의 존재를 전제하고 있다는 사실이다. 이는 마치 소용돌이가 그 자체는 소용돌이가 아닌 조류(潮流)를 전제하고 있는 것과 유사하다. 소용돌이는 두 가지 조류, 혹은 하나의 조류와 하나의 바위가 있어야 생긴다. 마찬가지로 동요가 생기려면 두 가지 경향성이 대립하거나 혹은 한 가지 경향성과 다른 사실적인 방해물이 있어야 한다. 예를 들어 슬픔은 죽음에 의해 방해를 받은 감정이며, 긴장이란 공포에 의해 방해받은 희망이다. 애국심과 야심에 의해 고통을 받기 위해서 그 사람은 (먼저 경향성의 차원에서) 애국적임과 동시에 야심적이어야 한다.

흄은 허치슨을 따라, 어떤 「열정들(passions)」은 본질적으로 조용하고 또 어떤 「열정들」은 위협적이라는 것에 주목하면서 경향성과 동요 간의 이같은 구별을 부분적으로나마 사용하였다. 또한 그는 조용한 열정이 위협적인 열정을 「누를」 수도 있다고 말했다. 그러나 「조용한」과 「위협적인」의 이분법은 동일한 종류의 두 가지 것들 간의 단순한 정도차이를 보여줄 뿐이다. 사실 경향성과 동요는 전혀 다른 종류의 것이다. 동요는 위협적이거나 부드러울 수 있지만, 경향성은 그럴 수 없다. 경향성은 상대적으로 강하거나 약할 수는 있지만, 그렇다고 이것이 당황함의 정도차이는 아니다. 이는 작용강도의 차이이지, 동요의 차이는 아닌 것이다. 흄이 말하는 「열정」은 적어도 두 가지 서로 다른 유형의 사건들을 혼동하여 가리키고 있다.

  어떤 사람에 대해 그는 매우 욕심이 많고 또 정원손질하기를 좋아한다고 서술했을 때, 이 말 속에는 내적, 외적 행동 모두 원예에 정향(定向)되어 있다기보다는 자기발전에 정향되어 있다는 의미에서 후자보다는 전자가 더 강하다는 내용이 포함될 수 있다. 게다가 정원을 크게 손봐야 할 필요성 때문에 약간의 경제적 손실이 수반되어야 하는 상황이 발생하면, 그는 난초를 포기하는 한이 있어도 돈은 쓰지 않으려 할 것이다. 그러나 아까 그 말 속에는 이보다 훨씬 많은 것들이 내포되어 있다. 어떤 사람이 매우 탐욕적이라고 말할 수 있으려면, 이런 성질이 거의 모든 다른 경향성들보다 지배적이어야 한다. 정원손질을 좋아한다고 말하는 것조차도 이 동기가 여타의 수많은 경향성들을 지배하고 있다는 뜻을 포함한다. 동기(動機)들의 강도(强度)는 여타의 모든, 적어도 대부분의 동기들에 「비해」 강하다는 것이다. 그 동기들은 부분적으로 행위자가 내면 행동과 외적 활동을 배분하는 방식에 의해 결정되고, 특수한 경우이긴 하지만 행위자가 하고 싶은 경향성을 느끼는 두 가지 일을 모두 할 수 없는 상황에서 두 경향성 간의 경합이 불가피할 때에는 이 경합의 결과에 의해 결정되기도 한다. 사실 그의 동기들은 이런저런 힘을 갖고 있다고 말하는 것은 곧 그가 이런저런 방식으로 자신의 행동이나 활동을 배분하는 경향이 있다는 말과 다를 바 없다.

  때로는 어떤 특정한 동기가 매우 강력하여 그 동기가 항상, 혹은 거의 언제나 다른 모든 동기들을 지배하기도 한다. 구두쇠나 성인(聖人)은 자기가 가치를 두고 있는 것을 잃기보다는 그것을 지키기 위해 생명을 포함한 모든 것을 희생하려 할 것이다. 이런 사람은 세계가 그대로 내버려 둘 만큼 친절하다면 결코 심각하게 동요에 사로잡히거나 불안해할 일이 없다. 왜냐하면 그 어떤 다른 경향성들도 그의 마음속에 있는 욕망과 경합하거나 갈등을 일으킬 만큼 강하지 못하기 때문이다. 즉 그 자신과는 충돌해야 할 일이 전혀 없다. 다만 자신을 제외한 세계는 실제로 그렇게 친절하지 않다는 것이 문제다.

「정서」, 「정서의(혹은 정서적인)」, 「감동적인」 등의 용어를 가장 폭넓게 사용하는 경우는 사람들이 종종 그렇게 되는, 혹은 그런 경향이 있는 동요나 기분을 묘사할 때이다. 「매우 정서적인 사람(highly emotional man)」*이라는 말은 흔히 아주 빈번하게 그리고 격렬하게 발광하든지 공포에 떨든지 혼란에 빠지는 사람을 뜻한다. 만일 어떤 이유에서건 이것을 「정서」의 표준적인, 혹은 적절한 의미라고 간주한다면, 앞서 말한 동기나 경향성들은 결코 정서의 범주에 들지 않는다. 그래서 억울해하는 것은 정서라고 할 수 있지만, 허영심은 정서가 될 수 없다. 다른 과목들을 지루해하는 것은 정서지만, 기호논리학에 관심을 갖는 것은 정서라 할 수 없다. 그러나 「정서」란 단어의 애매성을 제거하려는 시도는 소용없는 것이다. 동요를 감정이라고 보는 의미에서는 아니지만, 원한다면 오히려 동기들을 정서라고 말하는 것이 더 낫다.

우리는 「걱정하다」, 「흥분되다」, 「당황하다」 등의 단어를 사용하는 두 가지 서로 다른 방식들을 구별해야 한다. 우리는 종종 어떤 사람이 몇 분 동안 당황했다라든지 한 시간 동안 걱정했다고 말할 때처럼, 일시적인 기분을 나타내기 위해 이 단어들을 사용한다. 또 어떤 경우에는 어떤 사람이 조금만 칭찬해도 당황해한다거나 칭찬을 받을 때면 어김없이 당황해한다고 말할 때처럼 분위기에 민감하다고 말할 때 이것들을 사용한다. 마찬가지로 「류머티즘이 있는」이란 말도 「현재 류머티즘의 통증이 있다」고 말할 때도 쓰지만, 「수시로 류머티즘 통증이 있다」고 말할 때도 쓴다. 그리고 「아일랜드는

---

* 이때 emotional이란 말은 감정적이라고 옮기는 것이 가장 적절하지만 이 책에서는 라일이 emotion과 feeling을 구분해서 쓰고 있고, 우리는 후자를 「감정」이라고 번역했기 때문에 번역의 통일성을 기하기 위하여 약간은 어색하지만 그냥 「정서적」이라고 옮겼다. 이는 우리말과 영어의 뉘앙스차이에서 나오는 문제이기 때문에 다소 불가피하다고 할 수 있을 것이다.

날씨가 흐리다」고 하는 말도 현재 구름이 잔뜩 끼어 있다는 말도 되고, 통상 구름이 많이 낀다는 말도 된다. 어떤 특정한 동요들에 대해 민감하다는 것은 경향성들에 대해서도 그대로 적용된다. 즉 둘 다 일반적 기질들을 말하는 것이지 실제로 일어난 발생사건들은 아니라는 것이다. 전쟁발발에 대한 불안이나 친구의 죽음에 따른 슬픔이 수개월 아니 수년 동안 한 사람을 특징지울 수 있다. 그는 계속 불안에 빠져 있거나 슬픔에 젖어 있는 것이다.

그러나 어떤 사람이 자기에 대한 비난 때문에 몇 일 혹은 몇 주일 동안 화를 삭이지 못하고 있다고 말한다고 해서 그가 그 기간동안 한순간도 빠짐없이 화나고 분개하는, 즉 분노의 감정이 생기는 기분에 젖어 있었다는 뜻은 아니다. 왜냐하면 그는 동시에 음식을 먹거나 자기 일을 하거나 게임을 하고 싶은 기분에 젖기도 하기 때문이다. 이는 곧 그가 이런 기분에 젖어드는 경향이 있음을 의미한다. 말하자면 그는 자신을 괴롭히는 불의(不義)에 대해 계속 분노하고, 또 자기변명과 복수를 간헐적으로 공상하며, 심지어 신뢰할 수 있는 동기들을 자신의 비판탓으로 돌린다든가 자신의 비판 속에서 참된 실체를 찾아내려는 진지한 노력을 할 수 없는 정신구조 속에 계속 몰입하고 있는 것이다. 그리고 그 사람이 이런 기분에 계속 빠져들고 있다고 말하는 것은 그를 성향적 용어들(dispositional terms)로 기술하는 것이다. 어떤 특정한 기분에 민감하게 반응하는 것이 계속되면, 그것은 성격(性格)의 특질(特質)들이 된다.

그러나 우리가 어떤 사람에 대하여 특정한 시간에 짧은 기간 동안 혹은 오랜 기간 동안 하나의 특정한 기분에 있다고 말할 때, 우리는 어떤 종류의 기술(記述)을 하고 있는 것인가? 이 질문에 대한 대답의 일부는 본장의 제4절에서 주어질 것이다. 여기에서는 기분들이 질병이나 날씨와 마찬가지로 비교적 단기간의 상태이며, 또한 비록 결정적인 사건들에서 생겨나는 것이지만 기분 자체는 결정적인 사건이 아니라는 점을 보여주는 것만으로 족하다.

어떤 사람이 한 시간 동안 소화불량에 시달리고 있었다는 사실로부터 그 사람이 그 시간 동안 한순간도 쉬지 않고 계속 통증을 느꼈다는 결론이 절로 도출되는 것은 아니다. 경우에 따라선 통증이 싹 가신 적도 있었을 것이다. 또한 그가 병이 들었다고 느꼈든지 아파서 발버둥치고 얼굴이 창백해졌다는 결론을 끌어내지도 못한다. 이런 결론을 끌어내기 위해서는 또 다른 적당한 발생사건들이 더 일어났어야 한다. 소화불량이라고 판단하는 데 필요조건이나 충분조건이 될 수 있는 단 하나의 사건이란 없다. 따라서「소화불량」이란 말은 이같은 단 하나의 사건(episode)을 표현해주지 못한다. 이와 꼭 마찬가지로 화난 사람이건 좋아서 들뜬 사람이건 어떤 일에 대해 일정한 목소리로 말을 할 수도 있고 안 할 수도 있으며, 일정한 방식으로 인상을 찌푸리든지 흥분한 모습을 나타낼 수 있으며, 몽상을 품을 수도 있고 아니면 일정한 감정에 젖을 수도 있다. 화가 나 있다든가 들떠 있다는 말이 성립하려면 이밖에도 더 많은 그에 해당하는 행위와 반응들이 있어야 하지만, 그것들 중에서 어느 하나도 독자적으로는 화가 나 있다든가 들떠 있다는 기분의 필요조건이나 충분조건이 될 수 없다. 따라서「화남」이나「들뜸」은 그 어떤 하나의 행위나 반응을 뜻하지 않는다.

  화가 나 있다는 것은―인식하기는 쉬워도―몇 가지 조건들이 서로 합치되면 말로 표현하기는 매우 어려운 이런저런 방식으로 행동하거나 반응하는 기분 속에 젖어 있다는 뜻이다. 이는 곧「괴롭다」든가「고향이 그립다」든가 하는 동요를 나타내는 말과 더불어「평온하다」든가「유쾌하다」등과 같은 기분을 나타내는 말들이「그럴 수 있는 일들(liabilities)」을 뜻하고 있음을 보여준다. 잠시 동안 쾌씸하다는 생각에 젖는다든지 낭패감에 빠지는 것조차 바로 그 순간에 몸이 뻣뻣해지는 일이나 소리를 지르고 싶은 일을 할 수 있다는 뜻일 수도 있고, 자신의 말을 제대로 끝맺을 수 없다든가 비상구가 어디에 있는지 기억해낼 수 없다는 뜻일 수 있다.

  물론 그에 해당하는 충분한 횟수의 사건들이 실제로 일어나지 않는 한, 어떤 사람이 어떤 한 가지 기분에 젖어 있다고 말해서는 안 된다.「그는 신경질적이다」와 마찬가지로「그는 냉소적인 기분에 빠져 있다」는 것은 단순히「그가 어떤 일을 하려고 한다」든가「그가 어떤 일을 할 수 없다」고 말하는 것이 아니다. 그것은「그럴 수 있는 일들(즉 개연성)」에 대한 언급임과 동시에 실제 일어난 행동을 시사한다. 양자(兩者)가 합쳐졌을 때 우리는 무엇이 실제로 일어나고 있는가를 설명할 수 있고, 또 이러저러한 조건이 충족되면 무엇이 일어날 것이라던지 혹은 이랬더라면 무엇이 일어났을 것이라는 예측이나 추정을 할 수 있다. 이는 오히려 그「유리잔은 돌에 맞으면 쉽게 깨질 만큼 약하다」고 말할 때와 비슷하다.

그러나 동요하는 행위들은 비록 여타의 기분들과 마찬가지로 개연성의 조건이긴 하지만, 의도적으로 일정하게 행동하게끔 하는 속성은 아니다. 번민에 빠진 여인이 자신의 손을 딱 쥐었다고 하자. 그렇다고 그녀가 손을 꽉 쥐는 동기가 번민이라고 말할 수는 없다. 마찬가지로 우리는 당황한 사람이 어떤 동기 때문에 얼굴이 붉어지는지 아니면 말을 더듬거리는지 혹은 어색해하는지 그리고 안절부절 못하는지를 탐구할 수 없다. 걷기에 열심인 보행자(步行者)는 자신이 걷고 싶어서 걷는다. 그러나 당황한 사람은——물론 행위자나 위선자는 자신이 당황한 것처럼 보이기 위하여 일부러 이맛살을 찌푸릴 수 있겠지만——일반적으로 자신이 이마를 찌푸리고 싶어서 그러는 것은 아니다. 이런 차이점들의 이유는 간단하다. 마음이 산란하다는 것은 마실 물이 있는 상태에서 갈증을 느끼는 것에 비유될 수 없다. 오히려 물이 없다거나 썩은 물밖에 없는 상태에서 갈증이 나는 것과 비슷하다. 즉 마음이 산란하다는 것은 어떤 일을 할 수 없는 상황에서 그것이 하고 싶다든지, 혹은 어떤 일을 하고 싶으면서 동시에 그것을 하고 싶지 않은 상태를 말한다. 그것은 일정한 방식으로 행동하는 경향성과 그런 식으로 행동하는 것을 금지하는 것의 결합이다. 동요하는 사람은 무엇을 할 것인지 혹은 무슨 생각을 해야 할지 도무지 갈피를 잡을 수 없다. 행동이 마비되는 것과 마찬가지로 아무런 목적도 없이 머뭇거리는 행동은——농담을 하는 것은 유머감각의 증후가 아니라 실제로 유머가 발휘된 것이라고 할 때——동요의 증후들이다.

따라서 동기들은 동요가 아니며, 심지어 부드러운 동요가 아니며, 역으로 동요들도 동기가 아니다. 그러나 동요들은 동기들을 전제한다. 아니 동요들은 오히려 그 동기들에 대해 우리가 가장 큰 관심을 갖는 그런 행동경향들을 전제한다. 습관들끼리의 갈등, 습관과 불쾌한 사실, 혹은 습관과 동기와의 갈등도 심적 동요의 조건이 된다. 고질적인 흡연가는 행진중이라든가 성냥이 하나도 없을 때 혹은 사순절이 되면 이런 곤경에 빠진다. 그러나 여기에는 일정한 혼란의 원천인 언어상의 문제가 있다. 왜냐하면 경향성과 동요를 동시에 나타내는 단어들이 있기 때문이다. 또한 동요만을 나타내는 단어도 있고, 경향성만을 나타내는 단어도 있다. 「불안하다」, 「근심스럽다」, 「우울하다」, 「흥미롭다」, 「놀랍다」 등의 말은 항상 동요를 나타낸다. 「낚시를 좋아하다」, 「정원가꾸기에 열심이다」, 「주교가 되려하다」 등의 말은 결코 동요를 나타내지 않는다. 그러나 「사랑」, 「소망」, 「욕망」, 「자랑스럽다」, 「열망하다」 등을 비롯한 많은 단어들은 때로는 단순한 경향성들을 나타내기도 하고 또 때에 따라서는 이런 경향성 및 그 경향성이 발휘되는 것을 차단하는 데서 생기는 동요들을 나타내기도 한다. 그래서 「심한 식욕을 느끼고 있다」는 의미에서의 「배고프다」는 말은 대략적으로 「열심히 먹고 있다는 말도 되고, 또 열심히 먹으려 하는데 소스가 없다는 말도 된다.」 그러나 이는 「어떤 사람이 너무 배가 고파 자기 일에 집중하지 못한다」고 할 때의 「배고프다」는 의미와는 다르다. 두번째 의미에서 「배고프다」는 말은 곤궁을 뜻하기 때문에, 이를 위해서는 먹을 능력이 없다는 것과 식욕이 결합되어야 한다. 마찬가지로 한 소년이 자기가 다니는 학교를 자랑스러워 한다는 의미는 학교운동부에서 생각지 않은 자리를 배정받고 자랑스러워서 말을 잊는다는 의미와 다르다.

 있을 수 있는 오해를 막기 위해서는 모든 동요들이 언제나 불쾌한 것은 아니라는 사실을 지적해둘 필요가 있다. 사람들은 낚시, 보트놀이, 여행, 낱말찾기, 바위타기, 농담 등을 하면서 일부러 긴장하고 피로하게 되고 불안해하고 혼란에 빠지고 두려움을 느끼고 놀라기까지 한다. 스릴, 분노, 경악, 즐거움, 안심 등이 동요에 속한다는 것은 우리가 어떤 사람이 일관되게 행동하거나 생각하고 말할 때 스릴을 느끼거나 즐거워하고 안도의 숨을 쉰다고 말할 수 있다는 사실을 통해 입증된다. 따라서 우리는 그 사람은 「마음이 설레이다」는 의미에서 행동하고 있다고 서술하는 것이지, 「어떤 일을 하거나 얻기에 열심이다」라는 의미에서 동기를 부여받았다고 서술하는 것은 아니다.

4. 기분

우리는 흔히 사람들은 특정한 시점에 단기간 혹은 장기간 동안 일정한 기분 속에 빠져 있다고 서술한다. 예를 들면 우리는 한 사람이 몇 분 동안 혹은 몇 일 동안 우울하다든가 행복하다든가 말이 없다든가 안절부절 못하고 있다고 말한다. 어떤 기분(氣分)이 지속적일 때에만, 우리는 그런 성격을 묘사하기 위하여 기분어*를 사용한다. 비록 음울한 성격의 사람이 아니더라도 어느 하루 동안 음울한 기분에 빠져 있을 수도 있기 때문이다.

그가 어떤 기분에 젖어 있다고 말할 때, 우리는 지극히 일반적인 것을 말하고 있는 것이다. 무슨 말인가 하면 그가 줄곧 혹은 빈번하게 어떤 독특한 일을 한다거나 독특한 감정을 갖는다는 것이 아니라 그는 매우 느슨하게 연결된 여러 가지 다양한 일들을 말하고 행동하고 느끼고 하는 마음의 틀 속에 있다는 것이다. 경솔한 기분에 젖어 있는 사람은 평상시보다 더 많은 농담을 하고 다른 사람의 농담에 대해서도 평상시보다 더 킬킬거리며 중요한 사안들을 진지한 검토없이 쉽게 처리해버리고 유치한 놀이에 열과 성을 다하는 식의 기분에 빠져 있는 것이다. 이런 예는 수없이 많다.

어떤 사람의 일시적인 기분은 그의 행동을 유발하는 동기와는 근본적으로 성격을 달리한다. 우리는 한 사람에 대하여, 그는 야심이 있고, 소속집단에 충실하고 또 인도주의적이기도 하며 곤충학에 관심을 갖고 있다고 말하거나 혹은 동시에 어떤 의미에서는 이 모든 것들을 한꺼번에 갖고 있다고 말할 수 있다. 그렇다고 이런 경향성들이 동시적인 상태라고 말할 수는 없다. 왜냐하면 그것들은 상태나 일어난 사건들이 아니기 때문이다. 그렇지만 만일 그가 자신의 입지(立地)도 높이고 소속집단에 충성도 할 수 있는 상황이 생기면, 그는 양자택일보다는 둘 다 하려고 할 것이다.

이에 반해서 기분은 독점한다. 그가 한 기분에 젖어 있다는 말은, 다른 기분들은 전혀 없이, 즉 그밖의 다른 어떤 기분에 젖어 있지 않다는 말이

---

* 기분을 나타내는 말.

다. 또한 일정한 방식으로 행동하거나 반응하려는 기분에 젖어 있다는 것은 그밖의 수많은 다른 방식으로 행동하거나 반응하려는 기분이 아니라는 뜻이다. 대화를 나누고 싶은 기분이라는 것은 독서나 저술 혹은 잔디손질을 하고 싶은 기분이 아니라는 뜻이다. 우리는 흔히 날씨를 표현할 때 쓰는 말들을 가지고 기분을 표현하며, 역으로 기분을 표현하는 말을 가지고 날씨를 표현하기도 한다. 이런 식으로 서로 교체가 불가능하다면 우리는 기분이나 날씨를 언급하지 않는다. 예를 들어 여기에서 오늘 날씨가 비가 올 듯이 찌뿌둥하다면, 오늘 여기에서 이슬비가 계속 오지 않는다는 말이다. 존 도씨가 어제 저녁에 시무룩했다면, 그는 바로 그 시간에 명랑하지도, 슬프지도, 차분하지도, 친구를 만나고 싶은 기분도 아니었다는 뜻이다. 게다가 일정지역의 아침 날씨가 인근지역의 날씨와 전혀 다를 수 있듯이, 일정시점에서 한 사람의 기분은 그런 기분에 젖어 있는 동안 그 사람의 행동이나 반응을 모두 혹은 거의 대부분 지배한다. 그의 일과 놀이, 말과 표정, 욕구와 몽상 등은 모두 그의 민감함, 유쾌함, 우울함 중에서 어느 한 가지 기분을 반영한다. 이것들 중의 그 어느 하나도 다른 기분들을 재는 척도가 될 수 있다.

기분어들은 단기간(短期間)의 경향성에 대한 말이지만 동기어와는 두 가지 점에서 구별된다. 첫째는 그 시간이 짧다는 점이고, 둘째는 그 시간 동안 일어난 한 사람의 전체행동을 특징지우는 방식에서 다르다. 배 전체에 대해 남풍쪽으로 순항하고 있다든지 흔들림이 심하다는 식으로 말하듯이, 그 사람 전체가 신경질적이라든가 차분하다든가 침울하다고 말한다. 이에 대응하는 경향성은 전체세계를 위협적이다, 쾌적하다, 침침하다고 서술할 것이다. 만일 그가 명랑한 기분을 느낀다면 모든 것이 평상시보다 명랑하게 보인다. 그리고 그가 편안치 않은 마음상태이면 사장의 목소리나 자기 신의 신발끈이 뭔가 편안치 않을 뿐만 아니라 모든 것이 그에게는 마땅치 않게 보인다.

기분어들은 흔히 감정(feelings)의 이름으로 분류된다. 그러나 감정이란 말을 엄격하게 사용할 경우, 이런 분류는 완전히 잘못된 것이다. 한 사람이 행복하다든가 불만에 차 있다고 말하는 것은 단순히 그가 수시로 혹은 계속해서 설렘이나 가책을 갖고 있다는 것이 아니다. 어떤 면에서는 이 말과는 전혀 상관이 없다. 왜냐하면 우리는 설사 그 사람이 이런 감정들을 가진 적이 없다고 말하더라도 우리가 한 말은 그대로 유효할 수 있기 때문이다. 또 우리는 그가 이런 감정들을 빈번히 그리고 심하게 느낀다는 점을 인정했다는 이유만으로 그가 행복하다든가 불만에 가득 차 있다고 볼 수 없기 때문이다. 그것들은 도취나 소화불량에서 온 것일 수도 있는 것이다.

엄격한 의미에서 감정들은 단 몇 초 동안 생겼다가 사라지거나 강해졌다가 사그러드는 그런 것들이다. 그것은 마치 바늘에 찔린 것과 같다. 그는 자신이 행복하다든가 불만스럽다고 느낀다고 말하지, 계속적으로 혹은 꾸준히 행복감이나 불만감을 느낀다고 말하지는 않는다. 어떤 사람이 너무 즐거운 나머지 좌절 따위에 대해 전혀 생각할 수 없다고 할 때, 그는 다른 어느 것도 생각할 수 없을 만큼——따라서 좌절에 대해 전혀 생각조차 할 수 없을 정도로——맹렬한 감정을 느끼고 있는 것은 아니다. 오히려 그 반대로 그는 좌절에 대한 생각을 포함해서 자신이 하는 모든 생각, 자신이 하는 모든 일들을 평소보다 훨씬 강하게 즐기고 있는 것이다. 그는 보통 때만큼 생각하기를 꺼려서 그런 것이 아니다.

기분을 감정으로 분류하는 주요 동기는 이중적인 것 같다. (1) 이론가들은 기분을 사고・의지・감정이라는 기존의 세 가지 틀 중의 어느 하나에 편입시켜야 한다는 중압감에 시달려왔다. 그래서 기분이 사고나 의지에 속하지 않는 것은 분명하기 때문에, 귀속될 것이라곤 감정밖에 없다는 것이다. 우리는 이런 동기에 대해 이야기하느라 시간을 보낼 필요는 없다. (2) 나른한 기분이나 경박스러운 기분 혹은 침울한 기분에 젖어 있는 사람은 문자 그대로「나는 나른함을 느낀다」,「나는 경박스러운 느낌을 갖기 시작했다」,「나는 계속 침울하게 느낀다」고 말함으로써 자신의 마음상태를 나타낸다. 만일 그들이 마음속에서 일어나는 감정들을 말로 표현하지 않는다면 그런 표현들은 과연 어떻게 말 그대로 정확할 수 있을까? 만일「나는 얼얼한 느낌이 든다」는 말이 얼얼한 감정을 표현하는 것이라면,「나는 정력적으로 느낀다」는 말이 어떻게 정력을 느낀다는 뜻이 되지 않을 수 있는가?

그러나 이렇게 되면 원래의 주장이 이상해진다. 정력이란 누가 봐도 감정이 아니기 때문이다. 이와 마찬가지로 어떤 환자가「나는 통증을 느낀다」든가 「더 나아진 느낌이다」고 말한다고 해서 통증이나 회복감을 감정으로 분류할 수는 없는 노릇이다. 「그는 멍청해짐을 느꼈다」든가 「나무에 올라갈 수 있을 것 같은 느낌이 들었다」 혹은 「속이려는 느낌이 들었다」고 할 때 동사 「느끼다」는 전혀 다른 용법이다. 왜냐하면 동사의 목적어가 감정의 이름이 아니기 때문이다.

「느끼다」를 기분의 범주와 연결짓는 문제로 되돌아가기 전에 「나는 간지럼을 느낀다」와 「나는 병이 든 느낌이다」는 표현 간의 몇 가지 차이점들을 고찰해보자. 어떤 사람이 간지럼을 느낀다면 그는 실제로 간지럼을 가진 것이고, 역으로 실제 간지럼이 있다면, 그는 간지럼을 느낄 것이다. 그러나 그에게 병든 느낌이 들어도 실제로는 병이 없을 수 있으며, 역으로 병이 들어도 병든 느낌이 안 들 수 있다. 물론 한 사람이 병든 느낌을 갖고 있다는 것은 실제로 그가 병든 데 대한 일부 증거일 수 있다. 그러나 간지럼을 느끼는 것은 실제로 간지럼을 갖고 있다는 데 대한 증거가 될 수 없다. 이는 타격을 가하는 것이 타격을 가하는 일의 발생에 대한 증거가 될 수 없는 것과 마찬가지다. 「간지럼을 느끼다(feel a tickle)」와 「타격을 가하다(strike a blow)」에서 「간지럼」과 「타격」은 같은 성질의 목적어이다. 이때의 동사와 목적어는 「나는 꿈을 꾸었다(I dreamt a dream)」이나 「나는 질문을 물었다(I asked a question)」의 경우처럼 똑같은 것에 대한 두 가지 표현일 뿐이다.

그러나 「아프다(ill)」와 「나무에 올라갈 수 있다」는 「느끼다(feel)」라는 동사에 대해 서로 다른 성질의 관계를 갖는다. 그래서 문법적으로 「간지럼」은 감정을 뜻하지만, 이 두 가지는 문법적으로 감정을 뜻할 수 없다. 이 점은 또 다른 문법적 고찰을 해봐도 알 수 있다. 「나는 간지럼을 느낀다(I feel a tickle)」와 「나는 간지럼을 갖고 있다(I have a tickle)」 간에는 아무런 차이도 없다. 그런데 「나는 ……을 갖고 있다(I have……)」에 「아프다(ill)」나 「나무에 오를 수 있다(capable of climbing the tree)」, 「행복하다(happy)」, 「불만스럽다(discontented)」는 말을 붙이면 영어문법에서 말이 안 된다. 만일 우리가 적당한 추상명사들을 끌어들여 동사의 평행관계를 회복시키려 한다면, 더 심한 모순에 봉착할 것이다. 즉 「나는 행복함을 느낀다(I feel happiness)」, 「나는 병이 들었음을 느낀다(I feel illness)」, 「나는 나무를 오를 수 있는 능력을 느낀다」 등은 설사 나름대로 말이 된다 할지라도 원래 「나는 행복하다, 아프다, 나무에 오를 수 있는 느낌이 든다」는 말이 의미하는 바를 결코 의미할 수 없다.

 다른 한편, 「나는 …… 느낀다(I feel ……)」의 서로 다른 용법들 간에는 이상에서 말한 차이점도 있지만 중요한 유사성도 여러 가지가 있다. 어떤 사람이 간지럼을 갖고 있다고 말할 경우, 우리는 그 증거나 확인을 요구하지 않는다. 간지럽다고 말하는 것은 어떤 연구를 한 결과들을 발표하는 것과 다르다. 간지럼이란 주의깊은 관찰에 의해 얻어지는 것도 아니고 몇 가지 단서에서 추출해낼 수 있는 것도 아니다. 또한 우리는 자신이 간지럼을 느낀다거나 뒤틀림 혹은 동요를 느낀다고 말하는 사람에 대해 그의 관찰능력이나 추리력이 뛰어나다고 하는 일이 없다. 바로 이런 얘기는 기분을 나타내는 말들에 대해서도 그대로 타당하다. 만일 어떤 사람이 「나는 지루하다(I feel bored)」든가 「나는 침울하다(I feel depressed)」고 말했을 때, 우리는 그 증거나 확인을 요구하지 못한다. 우리는 그 사람에 대해 우리나 그 자신을 모독한다고 비난할 수는 있겠지만, 관찰이 부주의했다든가 추론(推論)에 문제가 있었다는 식으로 공박할 수는 없다. 왜냐하면 우리는 그가 하는 말이 관찰결과를 전하는 것이거나 논리적 추론에 따른 결론이라고 생각지 않기 때문이다. 그는 뛰어난 관찰자도 아니고 못난 관찰자도 아니다. 도대체가 그는 관찰자의 입장이 아니었다. 탐정이나 현미경관찰자 혹은 진단자가 분별력있고 경각심을 불러일으키는 목소리로 「나는 침울하다고 느낀다」는 말을 하는 것을 듣는 것만큼 놀라운 일은 없을 것이다. 비록 이 목소리가 「나는 침울한 느낌'이었다'」와 「'그는' 침울하다고 느낀다」와 완전히 합치되는 톤이겠지만 말이다. 이 말을 제대로 하려면 침울한 톤으로 해야 한다. 즉 이런 말은 공감을 느낄 만한 사람에게 은연중에 내뱉듯이 해야지 조사연구원에게 보고하듯이 해서는 안 된다. 「나는 침울하다고 느낀다」고 말하는 것은 대화를 하는 가운데 생긴 기분들 중의 하나를 이야기한 것이다. 즉 그 말은 과학적 전제를 제시하는 것이 아니라 대화중에 생긴 울적함을 표현한 것이다. 바로 이 때문에 우리는 설사 이런 말을 듣고 의구심이 생기더라도 「참이냐 거짓이냐」, 「사실이냐 허구냐」, 「믿을 수 있느냐 없느냐」는 식의 질문을 던지지 못하고 다만 「진지하게 그러는지 장난으로 그러는지」를 묻는다. 대화상의 기분에 대한 표현은 날카로운 관찰이 아니라 개방성을 요구한다. 그것은 머리에서 오는 것이 아니라 마음에서 온다. 그것은 발견하는 것이 아니라 자발적인 드러남(non-concealment)이다.

물론 사람들은 이런 표현들을 적절하게 사용하는 법을 배워야 한다. 그러나 그들은 이런 교훈들을 제대로 배우지 못할지도 모른다. 사람들은 다른 사람들의 갖가지 기분에 대한 일상적인 논의나, 소설과 연극 같은 보다 풍부한 자료들을 통해 교훈을 얻을 수 있다. 또 사람들은 이러한 자료들을 가지고 짐짓 목소리의 톤을 꾸미거나 적절한 연극적 행동이나 제스처를 통해 그 말에 맞는 분위기를 자아냄으로써 다른 사람은 물론이고 자신들까지 속일 수 있는 법을 배운다.

만일 여기에서 우리가 「한 사람이 자신은 어떤 기분 속에 있는가를 어떻게 알아내는가」라고 하는 인식론자 같은 질문을 제기할 경우, 이에 대해 우리는 만일 그가 어떻게든 그것을 알아낸다면 그는 우리가 알아내는 것과 거의 유사하게 그것을 알아낸 것이라고 대답할 수 있다. 앞에서 보았듯이, 그는 자신이 지루하다는 사실을 알아냈기 때문에 「나는 지루하다고 느낀다」고 신음하듯 내뱉지 않는다. 이는 졸음이 오는 사람이 자신이 졸리다는 사실을 알아냈기 때문에 하품을 하는 것이 아닌 것과 같다. 오히려 졸린 사람은 다른 무엇보다도 그가 자꾸 하품을 한다는 사실을 알고서 자신이 졸리다는 사실을 알아내듯이, 지루한 사람도 ──만일 알아내기만 한다면── 다른 무엇보다도 그가 다른 사람들에게 심지어 자신에게까지 무뚝뚝하게 말하고 있다는 사실을 알아차림으로써 그가 지루하다는 사실을 알아낸다. 이렇게 해서 내뱉다시피 하는 말은 다른 사람들에게는 단순히 신뢰할 만한 지표일 뿐만 아니라 최초의, 그리고 최선의 지표이다. 왜냐하면 그 말은 자발적으로 나온 것이기 때문에 상대방이 저절로 듣게 되고 또 이해하게 되기 때문이다. 이 말은 더 이상의 상세한 탐구나 추적작업을 요하지 않는다.

「나는 쾌활하다고 느낀다」처럼 기분을 나타내는 문장은 여러 측면에서 「나는 나아진 느낌이다」라든가 「나는 나무에 오를 수 있다고 느낀다」와 같은 유형보다는 「나는 간지럼을 느낀다」처럼 감각을 표현하는 문장과 훨씬 더 비슷하다. 「나는 간지럼을 느끼지만 실제로는 간지럼이 없을지도 모른다」고 말하는 것이 불합리한 것과 마찬가지로, 일상적인 경우들에 있어 「나는 쾌활한 느낌이지만 실제로는 그렇지 않다」고 말하는 것은 불합리하다. 그러나 「나는 더 나아진 느낌이지만 실은 악화되고 있다」든가 「나는 나무에 올라갈 수 있을 것같은 느낌이 들지만 실제로는 올라갈 수 없다」고 말하는 것에는 아무런 부조리도 없다.

이런 차이는 다른 식으로 나타낼 수도 있다. 경우에 따라 「나는 말 한 마리를 통째 먹을 수 있을 것같은 느낌이 든다」나 「나는 내 기분이 정상으로 돌아온 것같은 느낌이 든다」고 말하는 것은 자연스럽다. 그러나 「나는 늪에 빠져 있는 듯한 것을 느낀다(I feel as if I were in the dumps)」나 「나는 마치 지루한 듯한 것을 느낀다(I feel as if I were bored)」고 말하는 것은 도대체가 자연스럽지 못하다. 이는 「나는 내가 하나의 고통을 겪고 있는 듯한 것을 느낀다(I feel as if I had a pain)」고 말하는 것이 자연스럽지 못한 것과 같은 이치다. 영어동사 「느끼다(to feel)」를 왜 이처럼 여러 가지 다른 방식들로 사용하는지를 상세하게 논의해보아야 별로 얻을 것이 없다. 그 동사가 사용되는 또 다른 방식들도 수없이 많기 때문이다. 몇 가지 생각나는 것만 예를 들어보자. 「나는 그 매트에 뭔가 불쑥 나와 있는 것을 느꼈다」, 「나는 춥다고 느꼈다」, 「나는 이상야릇하다고 느꼈다」, 「나는 턱의 근육이 뻣뻣해지는 것을 느꼈다」, 「나는 배 속에서 뭔가가 올라오는 것을 느꼈다」, 「나는 내 엄지손가락이 턱에 와 닿는 것을 느꼈다」, 「나는 레버가 헛돌고 있는 것을 느꼈다」, 「나는 뭔가 중요한 일이 일어날 것만 같은 것을 느꼈다」, 「나는 그 논증 어딘가에 허점이 있는 것을 느꼈다」, 「나는 아주 편안하다고 느꼈다」, 「나는 그가 화가 났다고 느꼈다.」 이상에서 말한 것들에 대부분 공통되는 한 가지 측면은 말하는 사람이 더 이상의 구체적인 질문들이 제기되는 것을 원치 않고 있다는 사실이다. 그런 질문들은 대답을 할 수 없는 것이든지, 아니면 애당초 물어볼 수도 없는 것들이다. 다시 말해서 그는 자기가 한 말이면 웬만한 논란들은 충분히 해결된 것이라고 느꼈고, 또 그는 이런 논란은 애당초 시작되어서는 안 되는 것이라는 사실을 자기가 한 말이 충분히 보여준다고 단순히 느꼈다.

따라서 기분들을 표시하는 말은 감정들을 나타내는 말과 같지 않다. 그러나 어떤 특정한 기분에 젖어 있다는 것은 여러 가지 중에서도 어떤 일정한 상황 속에서 일정한 유형의 감정들을 느끼는 기분에 빠져 있다는 뜻이다. 예를 들어 나태한 기분에 빠져 있다는 것은 여러 가지 중에서도 일을 해야 하는 상황에서 사지(四肢)에 권태감이 든다거나 접철식 의자를 다시 펴야하는 순간에 편하게 쉬고 싶은 감정이 생기는 것 등이다. 이는 경기가 시작될 때 온몸에 짜릿한 전기가 오는 것과는 다르다. 그러나 우리는 우리가 나른하다고 느낀다고 말할 때 일차적으로 이런 느낌들에 대해 생각지 않는다. 사실 우리는 비정상적으로 예민해졌을 경우를 제외하고는 이런 식의 감각들에 대해 주의를 기울이는 경우는 거의 없다.

그러면 기분을 나타내는 용어들은 정서를 나타내는 용어의 일종인가? 굳이 그렇다고 할 수 있는 단 한 가지 경우는 어떤 사람이 특정한 시점에 「기분」대신 「정서」라는 말을 사용할 때이다. 그러나 이 경우에도 우리는 반드시 이런 의미에서의 정서가 사고, 몽상, 자발적으로 뭔가를 하는 것, 얼굴을 찌푸리는 것, 혹은 양심의 가책이나 가려움을 느끼는 것 등과 구별될 수 있는 것이 아니란 점을 첨언해야 한다. 이런 의미에서 우리가 통상 「지루하다」고 말하는 정서들을 갖는 것은 어떤 일정한 종류의 생각들만 하고 다른 생각들은 하기 싫고, 또 하품은 자꾸 나고 재미있게 보이는 것은 없는, 겉으로는 공손한 척 이야기를 나누지만 진심에서 우러나와서 대화를 나누고 싶지는 않은, 무기력감에 빠져 왕성한 활력이 느껴지지 않는 그런 기분에 젖어 있다는 것이다. 지루함이란 그것을 느끼는 사람이 행하는 모든 것을 유일무이하게 특징지어주는 구성요소나 모습 혹은 측면이 아니다. 오히려 그것은 이런 모든 사항들이 일순간 복합적으로 나타난 것이다. 그것은 돌풍이나 태양빛 혹은 비나 기온과 같은 것이 아니라 한 날 아침의 기후와 같은 것이다.

5. 동요와 감정

이 장의 앞부분에서 나는 예를 들어 어떤 불빛을 자만의 불빛, 혹은 어떤 거리낌을 불안의 거리낌이라고 묘사하는 것이 무슨 의미인가를 보여주려고 시도했다. 이 절을 시작하면서 「……의 가책(pang of ……)」, 「……의 냉기 (chill of……)」의 빈자리를 채우는 말들은 거의 대부분 동요(agitation)와 관련된 용어들이라는 사실을 주목해두는 것은 여러모로 유익하다. 이 절에서 다루게 될 내용은 감정들은 본질적으로 심적 동요들과 연결되며, 경향성들이 심적 동요의 요인일 경우를 제외한다면 결코 경향성들과 본질적인 연관성을 가질 수 없다는 것이다. 그러나 지금 나는 난데없이 새로운 심리학적 가설을 세우려는 것은 아니다. 내가 보여주고자 하는 바는 감정은 심적 동요의 표시(sign)이며 경향성들의 발현(發現)이 아니라는 사실은 우리가 감정을 묘사하는 논리의 한 부분이라는 사실이다.

우리는 앞에서 감정들을 나타내기 위해 사용되는 단어들 중 상당수가 어떤 식으로건 신체의 감각을 표현하는 데도 사용된다는 것을 보았다. 떨림 (flutter)은 기대감으로 떨릴 수도 있고 육체적으로 지친 나머지 떨릴 수도 있다. 또 당황해서 몸부림칠 수 있고, 복통(腹痛) 때문에 몸부림칠 수도 있다. 어린아이들은 종종 목이 메는 듯한 느낌이 들 때 그것이 불행의 표시인지 아니면 뭔가 병이 들려는 조짐인지를 분간하지 못한다.

「어떤 감정이 '경악'의 감정인지 '혐오'의 감정인지를 가릴 수 있는 기준은 무엇인가」라는 우리의 특별한 과제를 고찰하기 전에 그보다 조금 선행하는 문제를 먼저 살펴보자. 「우리가 어떤 신체상의 감각을 예를 들어 치통에서 생기는 고통이나 배멀미의 고통으로 분류하게 되는 기준은 무엇인가?」 실제로 우리는 어떤 기준에 의해 감각들이 오른쪽 무릎에서 생기는지 혹은 명치끝이 아프다고 그 위치를 지정 —— 물론 잘못 지정할 수도 있지만 —— 하는가? 대답은 이렇다. 우리는 흔히 다른 사람들을 통해 배운 교훈들을 더욱 발전시킨 주먹구구식 실험과정을 통해 감각의 위치를 찾아낸 다음 조잡스럽게나마 생리학적인 진단을 내리게 된다는 것이다. 눈에 보이는 가시가 들어 있는 손에 통증이 있다고 하자. 그것을 빨아냄으로써 통증은 사그러들 것이다. 마찬가지로 내가 위(胃)에서 느끼는 거북함은 소화불량의 표시로 인식된다. 왜냐하면 그것은 식욕상실, 구토가 날 것 같은 상태, 약을 먹고 배를 따뜻하게 해주면 나아지는 상태 등과 연관되어 있기 때문이다. 「치통의 아픔」 등의 표현은 이미 인과적 가설들을 전제하고 있는데, 이런 가설들은 때때로 틀린 것이다. 부상당한 병사가 자신은 오른쪽 다리가 잘려 없고, 「류머티즘」이 자기가 느낀 고통에 대한 잘못된 진단일 경우 그는 오른쪽 다리에 류머티즘의 통증을 느낀다고 말할는지 모른다.

이와 마찬가지로 어떤 사람이 불안의 냉기나 연민의 정에 대해 말하고 있다면 그는 감정에 대해서만 이야기하는 것이 아니라 그 감정에 대한 자신의 진단까지 함께 말하고 있는 것이다. 그러나 이 진단은 생리학적 장애라는 관점에서 본 진단이 아니다. 어떤 경우에는 이런 진단이 잘못된 것일 수도 있다. 예를 들어 실제로는 공포의 고통(twinge)을 양심의 가책(twinge)으로 진단할 수 있고, 또 자신은 지루함에서 착 가라앉는 느낌이라고 진단한 것이 실은 열등감에서 생긴 착 가라앉는 느낌일 수도 있다. 심지어 그는 실제로는 불안의 표시인 감정을 소화불량으로 진단할 수도 있고, 지나친 흡연에서 생긴 울렁거리는 감각을 흥분 때문이라고 진단할 수도 있는 것이다. 말할 것도 없이 이런 오진(誤診)은 어른보다는 어린아이에게서, 그리고 일상적으로 흔한 삶을 살고 있는 사람보다는 경험해보지 못한 상황에 처한 사람에게서 보다 흔히 나타난다. 그러나 여기에서 말하고 있는 중요한 논점은 우리가 어떤 감각을 생리적 상태로 보고 감정을 정서적 상태로 보건 관계없이 우리는 양자 모두에서 인과적 가설을 사용하고 있다는 사실이다. 고통은 이미 확실하게 검증된 「류머티스의 통증」에 이르는 것도 아니고 「마음의 고동소리」가 이미 보증된 「연민의 고동소리」에 이르는 것도 아니다.

그리고 어떤 사람이 의도적으로 혹은 의식해서 어떤 감각이나 감정을 갖는다는 식으로 말하는 것은 불합리할 것이다. 또 어떤 사람에 대해 무엇을 「위해서(for)」 고통을 갖고 있냐고 묻는 것도 말이 안 된다. 오히려 어떤 감각이나 감정이 일어났을 때 그것을 설명하려면, 예를 들어 그 전류가 나에게 찌릿하는 감각을 주었다든지 저 사이렌소리가 나에게 뱃속이 꿈틀하는 느낌을 주었다는 식으로 말해야 할 것이다. 물론 이 경우 어느 누구도 이런 찌릿하는 느낌, 꿈틀하는 느낌에 대한 동기를 부여하지 않는다는 전제가 있어야 하겠지만, 바꾸어 말해 감정이란 「무슨 동기에서 나온 것이냐」는 식의 질문으로 대답될 수 있는 것들의 부류에 속하지 않는다. 마찬가지 이유들 때문에 이 말은 그대로 심적 동요의 표시들에 대해서도 타당하다. 나의 고통과 나의 위축, 나의 꿈틀하는 느낌, 나의 신체상의 꿈틀거림, 나의 안도감과 나의 안도의 숨 등은 모두 내가 어떤 이유를 「위해서(for)」 하는 것이 아니다. 따라서 현명하게 혹은 어리석게 했다고 내가 말할 수 있는 것들, 또는 성공적으로 했다든가 서툴게 했다고 말할 수 있는 것들, 그리고 주의 깊게 혹은 부주의하게 했다고 말할 수 있는 것들, 어떻게든 했다고 말할 수 있는 것들에 대해 「무엇을 위해서」라고 묻는 것도 있을 수 없다. 그것들에 대해서는 뛰어나게 행해졌다든지 졸속하게 행해졌다는 식의 말을 할 수 없다. 또 어떻게든 행해졌다고 말해서도 안 된다. 배우의 위축이나 위선자의 탄식은 뛰어나게 혹은 졸속하게 행해졌다고 말할 수 있을 테지만, 어떤 사람이 심한 고통을 유발하려 한다고 말하는 것은 무의미하지 않을지 모르지만, 그 사람이 심한 고통을 소유하려고 노력한다고 말한다면 이는 무의미할 것이다.

이 점은 우리가 위에서 감정들은 단순한 경향성들에 직접 속하지 않는지를 보여준 것이 왜 정확했는지를 잘 보여준다. 경향성이란 의도적으로 일정한 일들을 하려는 경향이나 마음자세를 말한다. 따라서 이런 일들은 동기에서 비롯된 것이라고 서술할 수가 있다. 왜냐하면 그것들은 우리가 「동기(motive)」라 부르는 성향이 발휘되어 나타난 것이기 때문이다. 감정들은 동기에 의해 설명되지 않기 때문에 그러한 경향들이 발휘되어 나타날 수 있는 것들이 아니다. 따라서 허영심이나 애정과 같은 동기는 일차적으로 어떤 특수한 감정들을 경험하는 성향이라고 하는 널리 유포되어 있는 이론은 불합리한 것이다. 물론 감정을 수반하는 경향들이 있다. 현기증이 난다든가 류머티즘이 있다는 것이 바로 그런 경향들이다. 그러나 우리는 설교를 늘어놓아 이런 유형의 경향들을 변형시키려고 시도하지는 않겠다.

감정들이 인과관계를 갖고 속해 있는 것은 심적 동요이다. 위통이 소화불량의 표시인 것과 똑같은 방식으로 감정은 심적 동요의 표시이다. 쉽게 말해서 우리는 현재 만연되어 있는 이론에서 주장하듯이 우리가 감정들을 경험하기 때문에 고의적으로 행동하는 것은 아니다. 우리가 위축된다거나 몸서리칠 때 감정을 체험하게 되는 이유는 우리가 의도적으로 행동하는 것이 금지되어 있기 때문이다.

본절의 주제를 끝내기에 앞서 다음과 같은 점에 주목해둘 필요가 있다. 그것은 우리가 심적 동요를 불러일으키는 상황 속에 우리가 빠져 있다고 생각하는 것만으로 자신 속에서 실제로 심각한 감정들을 유발해낼 수 있다는 것이다. 소설독자나 연극관람객들은 현실 속에서 눈물을 흘리거나 인상을 찌푸릴 때와 마찬가지로 마음속에서 진정한 괴로움이나 진정으로 고양되는 느낌을 갖는다. 그러나 그들이 느끼는 울적함이나 분개감은 실은 허위다. 왜냐하면 그런 감정들은 그 감정을 느끼는 사람의 초콜릿에 대한 식욕에 전혀 영향을 주지 못하며, 또한 그들이 나누는 대화의 목소리톤을 전혀 바꾸어 놓지 못하기 때문이다. 결국 감상적인 사람이란 자신들의 동요의 진위여부와 관계없이 고의로 유발된 감정들에게로 쉽게 빠져드는 사람을 말하는 것이다.

6. 향유하는 것과 소망하는 것

「쾌락(pleasure)」이나 「욕망(desire)」이란 말은 도덕철학자나 심리학의 일부학파의 술어로서 중요한 역할을 한다. 그 말들을 사용할 때 흔히 상정하게 되는 논리와 실제의 논리 사이에는 여러 가지 차이점들이 있다는 점을 간단히 지적하고 넘어가는 것이 우리의 논의에 도움이 될 것이다.

첫째, 일반적으로 「쾌락」과 「욕망」은 언제나 감정들을 표시하는 것으로 생각하는 것 같다. 그리고 실제로 쾌락의 감정이니 욕망의 감정이니 하고 서술될 수 있는 몇 가지 감정들이 있는 것도 사실이다. 말하자면 일정한 종류의 떨림(thrill), 충격(shock), 희열(glow), 근질근질함(tickling) 등은 유쾌함, 놀람, 안도, 기쁨의 감정들이고, 절망(hankering), 갈망(itching), 고

뇌(gnawings), 열망(yearning) 등은 어떤 것을 바라고 그리워한다는 표시이다. 그러나 황홀(transports)의 표시, 놀람의 표시, 안도의 표시, 우울함의 표시 등으로 진단되거나 오진되는 황홀, 놀람, 안도, 우울함 등은 그 자체가 감정은 아니다. 오히려 어린아이들이 뜀뛰기를 하거나 눈물을 흘릴 때 갖게 되는 황홀감이나 울적함과 마찬가지로 이것들도 동요나 기분이다. 향수(鄕愁)도 동요의 일종이며, 어떤 의미에서는 「욕망」이라고 할 수 있는 것이다. 그러나 결코 하나의 감정 혹은 감정의 연속이 아니다. 향수병에 걸린 사람은 이런 감정들을 체험하는 것 말고도 고향을 떠나 있는 기간을 연장해야 한다는 제안을 거부하고 그가 평소에 좋아하는 기분전환놀이들에 별로 마음이 가지 않으면서 집을 생각하고 꿈에서 집을 보는 등의 행위를 하지 않을 수 없는 것이다. 만일 이런 경향들, 그리고 이와 유사한 경향들이 그에게 나타나지 않는다면 그가 어떤 감정을 갖고 있다고 말하더라도 그에게 향수병(鄕愁病)에 걸렸다고 말할 수는 없다.

그래서 「쾌락」은 종종 의기양양함, 즐거움, 기쁨 등과 같은 특수한 종류의 기분을 가리키기 위하여 사용된다. 따라서 두근거림, 희열감, 스릴 등과 같은 감정들에 대한 묘사를 위해 사용된다. 그러나 또 다른 의미에서 우리는 어떤 사람이 골프나 논쟁과 같은 활동에 몰두하여 그것을 중단하기를 꺼린다든가 심지어 그것 이외에는 다른 어떤 것도 싫어 한다면 그는 자신이 하고 있는 일을 「향유한다」거나 그 일에서 「쾌락을 찾는다」고 말할 수 있다. 그러나 이런 경우 그는 결코 번민에 사로잡힌다거나 자신을 망각할 정도는 아니며 따라서 어떤 특수한 종류의 감정도 갖지 못한다.

골프에 몰두해 있는 골퍼는 틀림없이 게임을 하는 도중에 환희, 흥분, 자화자찬 등과 같은 두근거림과 희열감을 수없이 맛본다. 그러나 그런 감정 하나가 생기고 그 다음 감정이 생길 때까지의 사이에도 골프를 향유했는가 그렇지 못했는가를 물어본다면 그는 분명히 자신은 향유했다고 말할 것이다. 왜냐하면 그는 게임 전체를 향유했기 때문이다. 그는 게임이 진행되고 있는 그 어떤 순간에도 방해받는 것을 싫어할 것이다. 즉 그는 게임상황을 벗어나서 다른 문제들에로 사고나 대화를 바꾸려하지 않을 것이다. 그는 일부러 게임에 집중하려고 노력할 필요가 없었다. 그는 자신에게 설교하거나 명령하지 않고서 게임에 집중했다. 오히려 다른 문제들에 집중하려 했다면 별도의 노력이 있어야 했을 것이다.

이런 의미에서 「어떤 일을 하는 것을 향유한다(to enjoy doing something)」, 「어떤 일을 하고 싶어하다(to want to do something)」, 「그밖의 어떤 다른 일도 하고 싶어하지 않는다(not to want to do anything else)」 등은 동일한 것을 서로 다르게 말하는 것에 지나지 않는다. 그리고 바로 이러한 언어적 사실은 중요한 논점 한 가지를 보여준다. 절망은 두근거림이나 희열감과 같은 것이 아니며, 사실은 비슷하지도 않다. 그러나 어떤 사람이 현재 그가 하고 있는 일을 하고 싶어하는 경향을 갖고 있는 것과 그것을 하지 않으려는 경향을 갖고 있지 않은 것은 사실 「그는 그것을 하는 것을 향유한다」와 「그는 자신이 하고 싶어하는 일을 하고 있다」 그리고 「그는 그 일을 중단하고 싶지 않다」라는 문장에 의하여 아무런 차이 없이 표현될 수 있다. 이것들이 주의를 집중해서 이루어진 행위이거나 반응일 경우, 그 행위나 반응은 경향이 모두 발현(發現)된 것이다.

그래서 이제 우리는 쾌락이 적어도 전혀 다른 두 가지 사항들을 표현하는 데 사용될 수 있다는 것을 알게 되었다.

(1) 한 가지 의미에서 「쾌락」은 흔히 「향유하다(enjoy)」나 「좋아하다(like)」라는 동사에 의해 자리바꿈을 할 수 있다. 어떤 사람이 땅파기를 향유해왔다고 말하는 것은 그가 땅을 파면서 동시에 그밖의 다른 일들을, 땅파기의 결과이거나 그것과 동시에 발생하는 것으로 경험해왔다고 말하는 것이 아니다. 오히려 그것은 그가 자기 일에 전심전력을 다해 땅을 파고 있다는 사실을 말하는 것이며, 다시 말해서 그는 땅파기를 원해서 그리고 그밖의 다른 일은 하고 싶지 않아서 땅을 팠다고 말하는 것이다. 그의 땅파기행위는 경향의 발현이었다. 땅파기는 그가 쾌락을 얻는 수단이나 매개물이 아니라 그 자체가 쾌락이었던 것이다.

(2) 다른 의미에서 「쾌락」은 종종 「유쾌함(delight)」, 「황홀(transports)」, 「환희(rapture)」, 「광희(狂喜, exultation)」,* 「기쁨(joy)」 등과 자리바꿈을

---

* 기뻐 날뜀.

한다. 이것들은 동요를 나타내는 기분들에 대한 명칭이다. 「너무 유쾌해서 조리있게 말을 하지 못하다(Too delighted to talk coherently)」라든가 「즐거워서 미칠 지경이다(crazy with joy)」 등은 타당한 표현이다. 이런 기분들과 관련에서 흔히 「쾌락의 전율(thrills of pleasure)」이나 「쾌락의 희열(glows of pleasure)」 등으로 묘사되는 몇몇 감정들이 있다. 우리가 주목해야 하는 것은, 비록 우리가 우리 몸 속을 지나가는 쾌락의 전율이나 우리의 마음속을 후끈하게 하는 쾌락의 전율에 대해 말하기는 하지만 일반적으로는 우리 몸 속을 지나가는 혹은 마음을 후끈하게 하는 쾌락이나 쾌락들에 대해서는 말하지 않는다는 사실이다. 유쾌함이나 향유함을 감정으로 분류하는 턱없는 잘못은 전문이론가들만이 범한다. 이런 분류가 잘못된 것이라는 사실은 다음 두 가지 사항을 통해 쉽게 알 수 있다. 첫째, 땅파기를 향유한다는 것은 땅파기와 (즐거운) 감정갖기를 동시에 하는 것이 아니다. 둘째, 유쾌함, 기쁨 등은 기분에 속하며, 기분은 감정이 아니다. 이런 두 가지 사항 이외에도 아래와 같은 고찰들은 왜 그런 분류가 잘못된 것인가를 자세하게 보여준다. 감각이나 감정을 말하면서 그런 감각이나 감정의 소유자가 그것을 갖는 것을 향유했는지, 아니면 혐오했는지 혹은 그것에 대해 이런 식으로 혹은 저런 식으로 관심을 두지 않았는지를 물어보는 것은 항상 말이 된다. 대부분의 감각이나 감정들은 향유나 혐오의 대상이 아니다. 다만 그것들에 주목하는 것은 예외다. 이제 이를 울렁거림(tingle)에 대해서와 똑같이 전율, 두근거림, 희열감 등에 적용해보자. 그래서 비록 어떤 사람이 이미 느낀 것은 쾌락의 전율이라든가 아니면 보다 구체적으로 기쁨의 간지럼(tickle)으로 묘사하는 것은 타당하겠지만, 그가 농담뿐만 아니라 이에 따라 그에게 생기는 간지러운 느낌도 향유하는지 어떤지를 묻는 것도 마찬가지로 타당한 질문이다. 우리는 그 사람이 자신을 그 농담이 너무나 즐거워서 「간지러운」 느낌이 불편할 지경이었다고 대답하더라도 놀랄 필요가 없다. 또한 슬픈 일로 울고 있던 사람이 운다는 것 자체가 조금은 유쾌한 것이었다고 인정하는 말을 하더라도 마찬가지로 놀랄 일이 아니다. 나는 본장의 4절에서 기분을 감정으로 잘못 분류하게 되는 두 가지 주요 이유에 대해 논의했다. 「향유하다(enjoy)」를 감정을 나타내는 말로 분류한다면 그것도——비록 동일한 것은 아니지만——마찬가지의 잘못을 저지르는 것이다. 왜냐하면 향유하는 것은 기분이 아니기 때문이다. 우리는 어떤 것을 향유하기 위해서 기분에 젖어 있을 수도 있고 그렇지 않을 수도 있다.

상세하게 해명할 필요는 없지만, 유사한 고찰들은 「싫어하다(dislike)」, 「원하다(want)」, 「욕망하다(desire)」는 표현이 고통이나 간지럼 혹은 희열감을 함축하지 않는다는 사실을 보여준다(여기서 언급하고 넘어가야 할 사실은 내가 배에 통증을 갖고 있다고 말할 때의 「통증(pain)」이란 「쾌락」과 반대되는 것이 아니라는 것이다. 이런 의미에서의 통증은 우리가 일상적으로 갖고 싶어 하지 않는 특수한 종류의 감각이다).

따라서 좋아함(liking)과 싫어함(disliking), 기쁨(joy)과 슬픔(grief), 욕망(desire)과 기피(aversion) 등은 그 소유자는 목격할 수 있지만 다른 동료들은 목격할 수 없는 그런 「내적인」 사건이 아니다. 사실 이것들은 사건도 아니며 따라서 목격을 하고 못하고 하는 그런 유형의 것들이 아니다. 물론 사람들은 늘 그런 것은 아니더라도 흔히 자신이 어떤 것을 향유하고 있는지 아닌지의 문제나 그의 현재 기분이 무엇인지의 문제를 제대로 조사하지 않고 그냥 말을 한다. 그러나 우리들이 솔직하게 대화를 나누고 가면을 쓰지 않는다면 마찬가지로 다른 사람들도 그것을 모를 것이다. 만일 어떤 사람이 다른 사람에 대해서는 물론이고 자기 자신에 대해서도 솔직하게 대화하지 않는다면 타인이나 자신 모두 이런 것들을 찾아내기 위해서는 조사해야 할 것이며, 이렇게 되면 그 자신보다는 다른 사람들이 성공할 가능성이 훨씬 높다.

7. 동기들의 기준

지금까지 우리는 하나의 행위를 어떤 동기(動機)에서 나온 것이라고 설명하는 것은, 그것을 숨어 있는 원인과 결부시키는 것이 아니라 어떤 기질이나 행동경향하에 포섭시키는 것이라고 말해왔다. 하나의 행위를 습관 때문이라든가 본능 혹은 반사작용 때문이라고 설명하는 것은 위에서 말한 공식에 부합되는 것이다. 그러나 우리는 허영심이나 애정에서 나온 행위를 이와는 다른 방식으로 기계적으로 행해진 행위와는 구별한다. 앞으로 우리가 일상적으로 행위자가 습관의 힘 때문이 아니라 특수한 동기 때문에 어떤 행위를 했다고 판단할 수 있는 기준 몇 가지를 찾아내는 일에 나의 논의 범위를 한정할 것이다. 그러나 이 두 가지 부류가 적도부근에서 낮과 밤이 확연히 구분되듯이 그렇게 서로 구별된다고 생각해서는 안 된다. 오히려 그것들은 영국의 낮과 밤이 서서히 찾아오듯이 서로를 향해 이행해간다. 예를 들면 친절함은 사려깊음이라는 여명(黎明)을 거쳐 공손함으로 이행해가고, 공손함은 예절이라는 석양(夕陽)을 거쳐 행위로 이행해간다. 예민한 병사의 행위는 단순히 순종적인 병사의 행위와는 전혀 다른 것이다.

어떤 사람이 단순한 습관의 힘 때문에 일정한 방식으로 행동하고 있다고 말할 때, 우리가 염두에 두는 것은 이런 것들이다. 첫째, 비슷한 상황이 다시 발생하면 언제나 지금과 같이 행동할 것이다. 둘째, 그가 무엇을 하고 있는지에 대해 의식을 하건 안 하건 지금처럼 행동할 것이다. 셋째, 그는 자신의 행동을 바로 잡거나 개선하기 위해 아무런 주의나 노력도 기울이지 않을 것이다. 넷째, 그는 그 행동이 끝나고 나면 자신이 그것을 했다는 사실을 전혀 의식하지 않을 것이다. 그밖에도 여러 가지가 많다. 이런 행위들에 대해 우리는 종종 비유적으로 「자동적(automatic)」이라는 명칭을 붙여준다. 자동적인 습관들은 종종 단순한 반복에 의해 적절하게 주입된다. 그리고 일단 형성된 습관을 없애려면 습관에 반대되는 행동을 반복하는 수밖에 없다.

그러나 우리가 어떤 사람들이 야망이나 정의감에서 일정한 방식으로 행위하고 있다고 말할 때, 우리는 암묵적으로 그 행위가 단순히 자동적이라는 것을 부정하고 있다. 특히 우리는 그 행위자가 자신이 하고 있는 것이 무엇인지에 대해 어떤 식으로건 주의를 기울여 생각하고 있으며, 만일 그가 하고 있는 것에 대해 생각을 하지 않고 있었다면 그런 식으로 행동하지 않았을 것이라고 생각한다. 그러나 「자신이 하고 있는 것에 대해 생각하고 있다」는 표현이 갖는 의미를 정확하게 이해하는 일은 쉽지가 않다. 예를 들어 나는 습관의 힘 때문에 일정한 시점에 2층으로 뛰어올라 가면서 동시에 내가 그렇게 하고 있다는 사실에 주목하고 심지어는 그 행위가 어떻게 행해지는가를 숙고하는 일이 얼마든지 있을 수 있다. 나는 습관적 행위나 반사적 행위가 계속 자동적으로 행해지더라도 그것에 대해 거리를 두고 지켜보는 방관자의 입장이 될 수 있고, 심지어는 진단자의 입장이 될 수도 있다. 그런데 이렇게 주목하는 순간 자동적으로 행해지던 것이 종종 중단된다는 것은 주지의 사실이다.

이에 반해 동기들에서 비롯되는 행위들은 그 행위자가 자신이 무엇을 하고 있는지 혹은 왜 그것을 하고 있는지를 스스로에게나 동료들에게 말하는 부차적인 작용을 자기 행위와 연결시키지 않는다는——아마도 연결시킬 수도 없을 것이다——의미에서 여전히 소박하다고 말할 수 있다. 사실 어떤 사람이 자신이 하고 있는 행위에 대해 속으로 혹은 겉으로 드러내어 주석을 단다고 하더라도, 이 부차적인 주석은 통상적으로 소박한 것이다. 또한 그 행위자는 소박한 것이다. 또한 그 행위자는 자기의 주석에 대해 또 주석을 달고 하는 식으로 「무한소급」을 해갈 수는 없는 노릇이다. 어떤 사람의 행동이 자동적인 것이 아니라 하나의 동기에서 나온 것으로 분류될 때 그 사람이 자신이 무엇을 하고 있는지를 생각하고 있다고 할 때의 의미는 그가 다소 주의깊게, 비판적으로, 일관성있게, 목적을 갖고서 행위하고 있다는 것이다. 그렇다고 여기에서 말한 주의깊게(carefully), 비판적으로(critically), 일관성있게(coherently), 목적을 갖고서(purposefully) 등은 「결심하다」, 「계획하다」, 「숙고하다」 등과 같은 또 다른 작용들이 사전에 혹은 동시에 일어난다는 뜻은 아니다. 다만 행해진 행위가 넋나간 상태에서 이루어진 것이 아니고 적극적인 마음자세에서 이루어졌다는 것을 말한다. 이런 마음자세를 묘사하려면 이 행위 자체 외에 다른 사건들을 언급할 필요가 없다. 다만 행위 자체에 대해 언급한다 하더라도 그것만으로는 충분치 못하다는 것만 지적해두고 넘어가겠다.

간단히 말해서 동기들에서 비롯된 행위들은 예지적이라든지 예지적이지 못하다고 묘사할 수 있는 행위들과 다르지 않다. 어떤 동기에서 비롯된 행위는 비교적 현명하다든지 아둔하다고 말할 수 있는 것이다. 그 역(逆)도 마찬가지다. 단순히 습관의 힘 때문에 행한 행동들에 대해서는——물론 행위자가 그 습관을 형성하거나 버리지 않고 유지하는 과정에서 사려분별이 있고 없음을 보일 수도 있지만——분별력이 있다든가 없다는 말은 할 수 없다.

그러나 이는 새로운 문제점을 낳는다. 동일한 동기에서 비롯된 두 가지 행위는 능력의 정도차이를 보여줄 수 있고, 또 같은 정도의 능력을 보여주는 두 개의 비슷한 행위가 서로 다른 동기에서 나올 수 있는 것이다. 예를 들어 노젓기를 좋아한다고 하는 말에는 노를 잘 젓는다든가 빨리 젓는다는 의미가 들어 있지 않다. 배를 잘 젓는다는 면에서는 전혀 차이가 없는 두 사람이 있다고 할 경우, 한 명은 스포츠를 위해 노를 저을 수 있고, 다른 한 사람은 건강증진이나 즐거움을 위해 노를 저을 수도 있다. 다시 말해서 어떤 일이 수행되는 능력은 그 일이 수행되게 된 이유인 동기나 경향성에서 나온 서로 다른 개인적 특징인 것이다. 그리고 우리는 습관의 힘 때문에 하게 된 행위와 비자율적인 행위를 구별하는데, 그 기준은 비자율적 행위란 능력과 동기가 동시에 발휘되어 나타난 것이기 때문이다. 완전히 넋이 나간 상태에서 행해진 일은——비록 경우에 따라서는 효과적일 수도 있고 복잡한 절차가 있을 수도 있겠지만——어떤 방법이나 이유를 고려하면서 이루어진 것이 아니다.

어떤 사람이 특정한 동기 때문에 그랬다고 말하는 경우, 우리는 그가 행동하거나 야기하려고 노력하는 경향이 있는 일들을 묘사하고 있는 것이다. 반면에 어떤 사람이 특정한 능력이 있어서 그랬다고 말하는 경우 이는 그 사람이 행하면서 사용한 방법과 그 방법의 효율성을 묘사하고 있는 것이다. 이는 목표(aims)와 기법(techniques)을 구분하는 것이다. 이보다 흔히 사용되는 「목적과 수단」이라는 말은 종종 오해를 불러일으킨다. 만일 어떤 사람이 빈정거리는 농담을 던질 경우, 그 행위를 수단과 목적으로 나눌 수는 없다. 그러나 그 행위가 증오에서 나온 것이라는 판단(목표에 대한 판단)은 그것이 교묘하게 행해졌다는 판단(기법에 대한 판단)과 여전히 구별할 수 있는 것이다.

아리스토텔레스는 우리가 동기에 대해 이야기할 때 능력과는 구별되는, 일정한 종류의 성향에 대해 이야기하는 것이라는 점을 간파했다. 동시에 그는 동기는 능력과 달리, 경향의 일종이라는 것도 파악했다. 이런 경향 때문에 우리가 어떤 사람이 인생을 살아나가는 시점에서 그 동기가 너무 강하다, 너무 약하다 혹은 너무 강하지 않다, 너무 약하지 않다고 말하는 것이 의미를 갖게 된다. 그는 우리가 행위의 도덕적 시비(是非)──기술상의 장점이나 단점과는 구별된다──를 평가함에 있어 그 행위를 나타나게 해준 경향성의 강도가 지나치다든가, 적절하다든가 적절치 못하다는 식으로 논평한다는 것을 시사하는 것 같다. 지금 우리는 여기에서 윤리적인 문제, 좀더 구체적으로 말하면 윤리적 문제의 본성(本性)에 관한 문제를 다루고 있는 것이 아니다. 우리의 탐구주제와 관련하여 중요한 사실은, 아리스토텔레스도 그 중요성을 인식하고 있었던 바와 같이 경향성의 상대적 강도(强度)는 가변적이라는 것이다. 환경, 교류관계, 건강, 연령, 외부의 비판, 모범사례 등의 변화로 인해 어떤 사람의 성격의 한 측면을 구성하고 있는 갖가지 경향성들 간의 힘의 균형이 언제든지 바뀔 수 있기 때문이다. 그러나 이런 균형에 대한 그 자신의 관심도 이런 균형에 영향을 줄 수 있다. 한 사람은 자신이 가십을 너무 좋아한다든지 다른 사람의 편안함에 별로 주의를 기울이지 않는다는 것을 알 수 있다. 그리고 경우에 따라 자신의 경향 중에서 약한 것은 강화시키고 강한 것은 약화시키는 이차적인 경향성을 늘여갈 수도 있다. 물론 반드시 그래야 하는 것은 아니다. 또 그는 학문적인 안목에서 비판적이면서 동시에 자기성격을 고쳐나가려고 시도할 수도 있다. 물론 일차적인 동기를 훈련하기 위한 그의 새로운 이차적 동기는 신중한 것일 수도 있고 경제적 동기일 수도 있다. 야심적인 호텔소유자는 오로지 자기 수입을 올려야겠다는 욕심 때문에 공정하고 사려깊고 성실한 인간이 되려고 노력하고 훈련할 수도 있다. 이 경우 자기단련의 기법이 고상한 이상(理想)을 가진 사람이 그 이상을 달성하기 위해 사용하는 기법보다 훨씬 효과적일 수도 있는 것이다. 그러나 호텔소유자의 경우, 다른 경향성들과 비교할 때 전혀 남으로부터 비판이나 규제를 받지않는 하나의 경향성이 있는데 그것은 바로 부유하게 되겠다는 그의 욕망이다. 이 동기는 반드시 그래야할 필요는 없지만 어쨌든 그에게는 너무 강한 것일 수 있다. 만일 이런 경우라면 우리는 그를 「빈틈없이 약은(shrewd)」 사람이라고 말할 수는 있어도 「현명한

(wise)」사람이라고 불러서는 안 된다. 이 점을 일반화시켜보면 다음과 같다. 경향성과 관련하여 어떤 행위자에게 하나의 특정한 경향성이 너무 강하다고 말하는 것의 의미에는 그 행위자가, 설사 다른 경우에는 신중하게 행동하여 그 경향성을 약화시키려고 노력할 수 있는 경우에조차 바로 그 경향성 때문에 행동하게 되는 경향이 있다는 뜻이 들어 있다. 예를 들어 그가 동기──흡연이나 충성심──의 힘을 억누를 수 있는 유일한 방법인 중요한 단계들을 충분히 고려하는 능력이 없다면 아무리 그가 그것을 억누를 수 있는 이차적인 동기를 갖고 있다고 하더라도 흡연의 노예이거나 정당(政黨)에 대한 충성심의 노예일 수밖에 없다. 여기서 말하고 있는 것은 우리가 흔히 「자기억제(self-control)」라 부르는 것의 일부이다. 그리고 흔히 「충동(impulse)」이라고 잘못 이름붙여진 이것이 저항할 수 없고 그래서 억제할 수 없을 경우 그것이 너무 강하다고 말하는 것은 동어반복에 지나지 않는다.

8. 행위의 이유와 원인

나는 어떤 행위가 특정한 동기나 경향성에서 비롯된 것이라고 설명하는 것은 그 행위를 특정한 원인이 빚어낸 결과라고 말하는 것과 전혀 다른 것임을 주장한 바 있다. 동기들은 발생사건이 아니며 따라서 원인이라고 부르기에 적합한 성격을 전혀 갖고 있지 않다. 그래서 동기를 나타내는 표현을 부연설명하는 것은 법칙을 나타내는 문장과 유사하지, 어떤 발생사건에 대한 보고는 될 수 없다.

그러나 어떤 사람이 이런저런 상황에서는 이러저러한 방식으로 행동하는 성향을 갖고 있다고 하는 일반적인 사실 그 자체는 왜 그가 특정한 시점에서 특정한 행동을 했는지에 대해 아무런 설명도 되지 못한다. 유리잔은 깨지기 쉬운 성질을 갖고 있다는 사실이 오후 10시에 그 유리잔이 박살났다는 것에 대해 아무런 설명도 해주지 못하는 것과 같다. 오후 10시에 일어난 돌의 충격이 유리잔을 파괴시킨 원인이듯이, 그 전에 일어난 어떤 행위가 행위자로 하여금 일정한 시점과 장소에서 하나의 행위를 유발시키는 원인이다. 예를 들면 한 사람이 예절바름 때문에 이웃사람에게 소금을 빌려준다고 하자. 그러나 이런 예절바름은 이와 동일한 종류의 수천 가지 예절바른 행위들을 할 때처럼 그것이 필요할 때 소금을 빌려주는 그의 경향성일 뿐이다. 그래서 「무슨 이유 때문에 그가 소금을 빌려 주었는가」라는 문제 이외에 「무엇이 그로 하여금 그 이웃사람에게 그 시점에서 소금을 빌려주게 한 원인인가」라는 전혀 다른 종류의 물음이 존재할 수 있게 된다. 이런 질문에 대해서는 「그의 이웃이 소금을 필요로 한다는 것을 그가 들었다」든가 「그의 이웃사람이 탁자 위에서 뭔가를 찾고 있는 것을 그가 알아 차렸다」는 식으로 대답할 수 있을 것이다.

  우리는 사람들에게 어떤 일을 하게끔 유발시키는 유형의 사건들에 대해 너무나 잘 알고 있다. 만일 우리가 잘 모른다면 그들이 우리가 원하는 바를 하도록 할 수 없으며, 사람들끼리의 일상적인 교섭도 불가능해질 것이다. 손님들은 물건을 살 수 없게 되고, 장교들은 명령을 할 수 없으며, 친구들은 대화를 나누지 못하고 어린아이들은 놀지 못할 것이다. 그들이 특정한 시점과 장소에서 다른 사람들은 물론이고 자기 자신에 대해서까지 어떤 일을 하게끔 만드는 방법을 모른다면 말이다.

  이처럼 평범하면서도 대단히 중요한 사실을 언급하는 목적은 두 가지다. 첫째, 어떤 행위에 원인이 있다고 말하는 것은 그 행위에 동기가 있다는 말과 모순되지 않으며 이미 그 동기를 진술하는 가설적 명제의 조건절 안에 규정되어 있다는 것을 보여주기 위함이다. 둘째, 은밀하게 숨어 있는 혹은 유령과도 같은 행위의 원인에 대해 알고자 하는 바람으로부터 우리는 이미 어떤 종류의 친숙하고 종종 공적(公的)인 사건들이 사람들로 하여금 일정한 시간에 일정한 방식으로 행위하도록 만든 원인인가를 알고 있다는 것을 보여주기 위함이다.

  만일 「기계 속의 유령」이라는 교설이 참이라면, 더욱이 사람들은 서로에 대해 절대적 신비체라면, 그들은 완전히 제어할 수 없는 존재가 된다. 그러나 실제로는 그들은 상당한 정도까지 서로를 제어할 수 있으며 비교적 쉽게 서로를 이해할 수도 있다.

9. 맺음말

우리가 정서를 가지고 사람들의 행동을 설명할 때, 그 정서개념에는 전혀 다른 두 가지 의미가 있다. 첫번째 의미는 예지적이거나 또 예지적인 행동을 낳는 동기나 경향성이다. 두번째 의미는 아무런 목적도 없는 움직임으로 나타나는 동요를 포함하여 기분을 뜻한다. 이 두 가지 의미에서는 결코 우리가 겉으로 드러난 행동이 그 행위자의 의식흐름 속에서 지각된 정신적 혼란의 결과라는 주장을 할 수 없고 그런 시사(示唆)도 할 수 없다. 세번째 의미의 「정서」에서 고통이나 가책은 감정이나 정서이긴 하지만, 우연히 관여하게 되는 경우를 제외한다면 우리가 행동을 설명할 때 끌어들이는 그런 종류의 것이 아니다. 그것은 행동을 진단하는 데 필요한 것이 아니라 그 자체가 진단되어야 할 것이다. 행위를 하게끔 몰아가는 감정으로 묘사되는 충동은 유사기계론의 신화에 지나지 않는다. 여기서 말하려는 것은 사람들이 그 시점의 충동에 따라 결코 행동하지 않는다는 것이 아니라 우리가 숙고를 거친 행위나 충동적 행위에는 어떤 숨겨진 사건들이 있다고 하는 전통적인 오류에 빠지지 말아야 한다는 것이다.

따라서 사람들의 보다 차원높은 행동을 묘사하려면 분명 앞의 두 가지 의미에서의 정서를 언급하는 일이 불가피하겠지만, 이런 언급은 숨겨져 있는 내면의 상태나 과정으로 추론에 올라가야 한다는 뜻은 아니다. 내가 너의 동기나 기분을 알아내는 것은 점검이 불가능한 수맥탐사와 비유할 성질의 것이 아니다. 그러나 그것은 부분적으로 내가 너의 습관, 본능, 반사작용을 귀납적으로 아는 것에 비유될 수 있고, 또 부분적으로는 너의 질병이나 취기를 추론하는 것과 유사하다. 그러나 유리한 상황에서는 이보다 훨씬 직접적으로 너의 경향성이나 기분을 알아낼 수 있다. 나는 네가 대화중에 사용하는 말, 감탄의 소리와 어조(語調) 등을 듣고 이해하며 너의 동작이나 표정을 보고 이해한다. 여기서 「이해한다」는 말은 결코 은유적으로 쓰고 있는 것이 아니다. 왜냐하면 감탄, 어조, 동작, 찡그림 등도 의사소통의 양식이기 때문이다. 우리는 이런 양식들을 학교에서 배워서 하는 것이 아니라 모방을 통해 한다. 우리는 이런 양식들을 이용해 어떻게 남을 기만할 수 있는지를 알고 있으며, 또 가면을 쓰고 있다고 생각함으로써 자신의 정체를 숨기는 법도 어느 정도는 알고 있다. 처음 보는 사람들이 나를 이해하기 어렵게 만드는 방법에는 말만 있는 것이 아니다. 그런데 내 자신의 동기와 기분을 알아내는 일은, 비록 내 자신의 표정을 보거나 자신의 어조를 듣기에는 불리한 처지에 놓여 있지만, 근본적으로 다른 것이 아니다. 동기와 기분은 의식에 의하여 직접적으로 알 수 있는 것도 아니고 내관(內觀, introspect)을 통해 알 수 있는 것도 아니다. 그런데 흔히 사람들은 동기나 기분에 대해 「특별한 접근권」이라는 사실무근의 형태를 갖고 있는 것인 양 말한다. 습관이나 질병이 「경험」이 아닌 것과 같은 이유에서 동기나 기분도 「경험」이 아니다.

5
성향과 발생사건

1. 들어가는 말

나는 이미 앞에서 우리가 사람들의 행동을 묘사하고 설명하기 위해 통상적으로 사용하는 단어들의 다수는 성향을 표시하는 것이지 일어난 사건을 표시하는 것이 아니라는 것을 논한 바 있다. 한 사람이 어떤 것을 알고 있다, 혹은 뭔가가 되고 싶어한다고 말하는 것은 그가 특정한 시점에서 어떤 일을 하는 중이라는 뜻이 아니다. 오히려 그 말은 필요할 경우 언제든지 그가 어떤 일들을 할 수 있다, 혹은 어떤 상황이 닥치면 어떤 일을 하거나 일정한 느낌을 갖는 경향이 있다는 뜻이다.

그러나 이것 자체는 평범한 문법의 범주를 벗어난 것이 아니다. 「알다(know)」, 「소유하다(possess)」, 「뭐가 되고 싶어하다(aspire)」 등의 동사는 「달리다(run)」, 「잠에서 깨다(wake up)」, 「따끔따끔 아프다(tingle)」 등의 동사처럼 행동하는 것이 아니다. 그래서 「그는 2분 동안 이러저러하게 알았다(knew)가 잠시동안 중단했다가 다시 알기 시작했다」, 「그는 서서히 주교가 되고 싶어 했다(aspired)」, 「그는 지금 자전거를 소유하는 일(possessing)에 전념하고 있다」는 등의 문장은 문법적으로 성립하지 않는다. 또한 그 대상들을 성향을 나타내는 용어(이하에서는 성향어라고 줄여서 부르겠다)로 묘사하는 것은 인간에게만 한정되지 않는다. 우리는 동물, 곤충, 수정, 원자 등을 묘사할 때에도 성향어(性向語)를 사용한다. 그리고 우리는 현실에서 일어나고 있는 일들에 대해서 뿐만 아니라 그 사건을 일어나게 한 것이 무엇인지에 대해서도 언제나 말하고 싶어한다. 또 우리는 사건들을 있는 그대로 보고(報告)하고 싶어하는 것은 물론이고 그 사건들에 대해 설명하고 싶어한다. 또한 우리는 현재 사물들에 무엇이 일어나고 있는지에 대해서 뿐만 아니라 그것들을 어떻게 다루어나갈 수 있을지에 대해서도 언제나 말하고 싶어한다. 게다가 어떤 말을 성향을 나타내는 말로 분류하는 것은 그 말이 발생사건을 묘사하는 데 사용되지 않는다는 것 이상의 그 어떤 것도 말해주는 것이 없다. 사실 성향어들(dispositional words)에는 수많은 종류가 있다. 취미는 습관과 같은 종류의 성향어가 아니며, 또 이 두 성향어는 기량(skill), 매너리즘, 양식(fashions), 공포증(phobias), 상습벽(常習癖, trades) 등과 구별된다. 「둥지를 짓는다」는 말은 「깃털이 있다」는 말과 그 성질면에서 다른 것이고, 또 「전도체(傳導體)이다」는 말은 「탄력적이다」는 말과 성질면에서 구별된다.

그런데 우리가 특별히 인간의 행동을 묘사할 때 사용하는 중요개념들의 다수가 성향어라는 사실에 주목하는 것은 대단히 유익하다. 왜냐하면 많은 사람들은 널리 만연하고 있는 유사기계론적 전설의 영향 때문에 이 개념들이 실제로 사용되어야 할 올바른 방식을 무시하고 오히려 그것들을 숨겨진 원인과 결과를 묘사할 때 사용되는 기본개념과 혼동한다. 그래서 이런 성향어들이 들어 있는 문장들은 검증가능하고 개방되어 있는 가언적(假言的) 언명――나는 이를 「준-가언적(semi-hypothetical)」 언명(言明)이라고 부르겠다――이 아니라 특수하고 목격할 수 없는 사실들에 대한 정언적(定言的, categorical) 보고로 지금까지 해석되어왔다. 「힘」이란 용어를 은밀하게 힘을 일으키는 작용인(作用因)으로 다루어 온 낡은 오류는 물리학에서 사라졌다. 그러나 그와 관련된 많은 개념들은 많은 정신이론들에서 오늘날까지도 살아 있으며, 생물학에 있어서만 사라지기 일보직전의 상태에 있을 뿐이다.

그러나 이런 논점의 전망이 지나치게 과장되어서는 곤란하다. 특별히 인간의 행동만을 묘사하기 위해 사용하는 어휘는 성향어들만으로 구성되지 않는다. 판사, 교사, 소설가, 심리학자 심지어 길거리의 일반인들도 사람들이 어떻게 행동하는지, 어떻게 행동하고 반응해야 하는지에 대해 이야기할 때

엄청나게 많은 사건어(事件語)를 사용하지 않을 수 없다. 사건어도 성향어 못지않게 많은 유형들이 있다. 그래서 우리는 이런 유형들 간의 차이를 간과하는 바람에 정신적인 것을 기계 속의 유령과 같은 것으로 보는 오류를 조장했고, 동시에 역으로 이런 오류가 그 차이를 간과하도록 조장했다는 사실을 살펴볼 것이다. 이 장의 후반부에 가서 나는 정신적 사건어의 두 가지 주요유형에 대한 논의를 할 것이다. 물론 그렇다고 다른 유형들이 존재하지 않는다고 생각하는 것은 아니다.

2. 성향진술들의 논리

「소는 되새김(反芻) 동물이다」혹은 「그 사람은 애연가다」라고 말할 때, 이것은 어떤 소가 지금 되새김질을 하고 있다거나 그가 지금 담배를 피고 있다는 (사건을 나타내는) 말이 아니다. 「되새김 동물이다」라고 하는 것은 때때로 되새김을 하는 성향이 있다는 것이고, 「애연가다」라고 말하는 것은 그가 담배를 피는 습관이 있다는 것이다.

만일 실제로 되새김을 하거나 담배를 피는 과정이나 사건이 없다면 되새김하는 성향이나 흡연습관은 도대체 존재할 수가 없다. 「그는 지금 담배를 피우고 있다」는 말과 「그는 애연가다」라는 말은 같은 사태를 말하는 것이 아니다. 그러나 만일 전자(前者)와 같은 언명이 종종 참이 아니라면, 즉 실제로 일어나지 않는다면, 후자와 같은 언명은 결코 참일 수 없다. 「담배를 피다(smoke a cigarette)」는 구절은 일어난 사건을 나타내는 용법으로 쓰지만 이 용법에서 파생하여 성향을 서술하는 용법으로도 쓰인다. 그러나 항상 이런 것은 아니다. 성향을 나타내는 표현이나 능력을 나타내는 표현 중의 상당수는 사건을 보고하는 경우에는 사용되지 못한다. 우리는 「이것이 탄력적이다」라고 말할 수 있다. 그러나 이런 잠재력이 현실의 어떤 사건에서 일어나고 있는가를 말하고자 할 경우, 우리는 「탄력적이다」라는 말을 써서는 안 되며 「그것은 늘어난 후에는 다시 복원되었다」, 「압축된 후에 다시 팽창했다」, 「갑작스런 충격을 받고 지금 튀어올랐다」는 식의 다른 말로 표현할 수밖에 없다. 가령 「되새김 동물이다」에는 「되새김질하다」는 능동적 동사가 대응하지만 「탄력적이다」는 이에 대응하는 능동적 동사가 없다. 또한 이런 병행관계를 무너뜨리는 이유를 찾는 일도 그토록 어렵지 않다. 탄력성을 가진 물체에 대해 우리가 기대하는 작용은 여러 가지 다른 것들이 있다. 반면에 되새김 동물로 묘사된 생물체에 대하여 우리가 기대하는 행동은 오직 한 가지밖에 없다. 이와 마찬가지로 어떤 사람을 「탐욕적(greedy)」이라고 묘사했을 경우에는 한없이 많은 종류의 행위와 반응들을 예상할 수 있지만, 어떤 사람이 「애연가」라고 했을 때는 단 한 종류의 행동밖에 기대할 것이 없다. 간단히 말해서 일부 성향어들은 지극히 일반적이거나 앞으로 확정해야 하는 것인 데 반해 다른 일부 성향어들은 지극히 특수하거나 이미 확정적이다. 일반적인 성벽(性癖), 능력, 그리고 자질(資質) 등의 다양한 발현(發現)들을 보고할 때 우리가 사용하는 동사들은 그 경향성들을 나타낼 때 사용하는 동사들과 다른 것이 많지만, 지극히 특수한 경향성을 나타내는 동사에 대응하는 사건을 나타내는 동사는 그 경향성들을 나타내는 동사와 동일하다. 빵굽는 사람은 지금 「빵을 구울 수 있지만」 잡화상이 「잡화하고 있다」는 말은 안 된다. 다만 이를 말하고 싶으면 지금 설탕을 팔고 있다, 차(茶)의 무게를 달고 있다, 버터를 바르고 있다 등으로만 나타낼 수 있다. 그런데 이쪽도 저쪽도 아닌 중간적인 경우들도 있다. 이런 주장이 과연 올바른 것인지에 대해 불만이 없지는 않지만, 우리는 의사(doctor)가 어떤 사람을 진찰하고 있다(doctoring)고 서술할 수는 있다. 그러나 사무변호사(solicitor)*에 대해서는 「사무변호를 하고 있다(solicitoring)」라고 서술하지는 않는다. 굳이 말하려면 그는 지금 유언장을 작성중이다, 혹은 지금 의뢰인의 변호를 하고 있다는 식으로 서술할 수 있을 것이다.

「알다」, 「믿다」, 「무엇이 되고 싶어 한다」, 「현명한」, 「유머가 있는」 등의 성향어는 확정가능한 성향어들이다. 이것들은 유일무이한 종류의 일들이 아니라 수없이 다양한 종류의 일들을 할 수 있는 능력, 성벽, 경향(pronenesses) 등을 나타낸다. 「알다」와 「믿다」가 흔히 성향을 나타내는 동

---

* 영국에서는 재판을 주로 하는 법정변호사와, 법률의뢰인과 법정변호사 간의 사무처리를 주로 하는 사무변호사로 나뉜다.

사로 사용된다는 것을 인정하는 전문이론가들도 이 점을 간파하지 못하고 알다, 이해하다에 상응하는 행위나 믿다에 상응하는 마음상태가 존재해야 한다고 가정한다. 설상가상으로 그들은 이 잘못 가정된 행위나 상태를 발현하는 사람을 다른 사람이 알 수 없다는 사실을 설명하기 위하여 이런 행위나 상태가 행위자의 은밀한 마음속 동굴에 있다고 둘러댄다.

이와 유사한 가정을 통해 다음과 같은 결론이 나올 수도 있다. 「사무변호사이다」라는 것은 하나의 전문직업이기 때문에 「사무변호하다」에 대응하는 전문직업적 활동들이 일어나야 한다는 것이고, 또 우리는 사무변호사가 그런 유일무이한 일을 하는 것은 보지 못하고 다만 유언서작성이나 고객변호 혹은 서명시 입회와 같은 수많은 다른 일들을 하는 것만을 보기 때문에 「사무변호하다」라고 하는 유일무이한 전문직업적 활동은 잠겨 있는 문 뒤에서 그가 수행하는 것이어야 한다는 것이다. 성향어를 사건어로 이해하고 싶은 유혹, 그리고 성향을 나타내는 모든 동사는 반드시 그것에 상응하는 사건을 나타내는 말로도 사용되어야 한다고 상정하고 싶은 유혹은 하나이며 동일한 신화(神話)의 양대원천이다.

이제 능력, 경향, 성벽, 경향성 등에 관하여 이야기하는 전체적인 계획에 대해 종종 제기되는 일반적인 반론(反論)을 간략하게 논의해볼 필요가 있다. 흔히들 잠재능력들은 실제로 활동중인 것이 아니라고 말한다. 이 세계에는 현재 존재하고 일어난 것만 포함되지 「있으려 하는 것들(would-be things)」이나 「있을 수 있는 사건들(could-be happenings)」은 포함되지 않는다는 것이다. 그래서 잠자고 있는 사람에 대하여 그는 프랑스어를 읽을 수 있다고 말한다지 한 조각 건조한 설탕에 대하여 그것은 물에 녹을 수 있다고 말하는 것은 대상에 대해 속성(屬性, attribute)을 부여하면서 동시에 그 속성을 냉장고 속에 집어넣어 버리는 것처럼 보인다. 그러나 속성은 어떤 것의 특징을 부여하든지 하지 않든지 어느 한 쪽이다. 그것은 단순히 예금 구좌와 같은 것이 아니다. 이를 다르게 표현하자면, 의미 있는 긍정서술문은 참이든지 거짓이어야 한다는 것이다. 만일 참이면 그 문장은 어떤 사물 혹은 사물들이 거기에 맞는 성질을 갖고 있다는 것이 되고, 거짓이라면 그 문장의 주어인 사물은 그 성질을 결여하고 있는 것이다. 그러나 참인 언명과 거짓인 언명 사이에는 중간적인 경우란 없다. 마찬가지로 어떤 언명에 의해 묘사된 주어(즉 대상)는 그 성질의 소유나 결여를 막연히 그럴 수 있다거나 그러려고 한다는 상태만으로는 결코 양자택일적인 상황을 벗어날 수 없다. 예를 들면 시계는 현재 몇 시라든지 몇 시가 아니라는 것을 알려줄 수 있지만, 정확한 것도 아니고 부정확한 것도 아닌 그러면서도 정확한 것일 수도 있는 그런 시간을 알려줄 수는 없는 것이다.

　이런 논의는 설탕이 녹을 수 있다든지 잠자는 사람이 프랑스어를 읽을 수 있다는 식의 언명들에 대한 어떤 종류의 설명, 즉 이런 언명들을 외부세계에 있는 사실들을 주장하는 것으로 보려는 설명에 대해 타당한 반론이다. 사실 이런 설명은 성향어를, 은밀하게 숨어 있는 작용인(作用因)이나 원인, 즉 지옥도 천국도 아닌 연옥에 존재하고 있는 사물이나 발생하고 있는 과정으로 간주했던 낡은 정신이론들의 오류였다. 그러나 「~일지 모른다(might)」, 「할 수 있었을 것이다(could)」, 「만일 …… 한다면 …… 할 것이다(would …… if)」 등의 말들이 포함된 문장이 중간세계인 연옥의 사건이나 사실들에 대해 아무런 보고도 하는 것이 없다고 해서 그 문장들이 나름대로 수행해야 할 고유한 일이 없다고 결론내려서는 안 된다. 사실을 보고하는 일은 문장이 하는 광범위한 일 중에서 단 한 가지일 뿐이다.

　의문문, 명령문, 기원문 등은 사물들의 존재나 발생을 전해주는 목적보다는 그밖의 여러 가지 다른 목적들을 위해 사용된다는 점을 보이기 위해 새로운 논의를 할 필요는 없다. 그러나 유감스럽지만, 사실을 보고하는 기능 이외에 여러 가지 기능들을 갖는 의미 있는(긍정 혹은 부정) 서술문들이 무수히 많다는 점을 보여주기 위해서는 약간의 논의가 필요하다. 참이거나 거짓인 모든 언명은 언급된 대상 혹은 대상들의 집합이 특정한 속성을 갖고 있다는 것을 긍정하거나 부정하는 것이라고 보는 불합리한 가정이 아직도 남아 있다. 실제로 이런 문장들이 일부 있기는 하지만 대부분은 그렇지 않다. 산술(算術), 대수(代數), 기하학, 법률학, 철학, 형식논리학, 경제이론 등에 관한 책에는 사물에 대한 사실언명(事實言明)이 거의 담겨 있지 않다. 우리가 이런 주제들을 「추상적」이라 부르는 것도 바로 이 때문이다. 물리학, 기상학, 세균학, 비교언어학 등에 관한 책들은, 비록 그것들이 우리에게 사실언명들을 어디에서 찾을 수 있는가에 대해서는 일러주고 있지만, 책 자체에는 그런 언명들이 극히 드물다. 기술교본, 평론작품, 설교, 정치연설 심지어 철도안내서와 같은 것들도 다소 계도적이며, 또한 다양한 방식으로 계도적이지만, 단수(單數)의 진리나 정언적, 속성적 혹은 관계적 진리를 가르쳐 주는 것은 없다고 해도 무방하다.

사실을 보고하는 기능 외에 다른 기능들을 가진 문장유형들에 대해서는 일단 접어두고 여기서는 직접 「법칙(law)」에 관해 고찰해보자. 왜냐하면 언급된 개인들이 능력, 성벽, 경향 등을 갖고 있다는 주장 자체는 법칙언명(法則言明, statements of law)이 아니지만, 이 언명의 일부 특이성을 논의하면 분명히 밝혀질 여러 가지 특징들을 그 주장들은 갖고 있기 때문이다.

법칙들은 흔히 문법상 복문이 아닌 평서문의 형태로 진술된다. 그러나 「이러저러한 것은 무엇이든지 이렇게저렇게 된다」든지 「만일 어떤 물체를 지탱하지 않으면, 그 물체는 이런저런 가속도로 낙하한다」는 식의 가언적 문장(假言的文章)으로 진술될 수도 있다. 물론 그밖에도 여러 가지 문형들이 있을 수 있다. 만일 가언적 문장이 「가변적」이고 「개방적」인 가언적 언명이 아닐 경우, 다시 말해 그 언명의 조건절에 「어떠한 것도(any)」라는 표현이나 「언제든지(whenever)」라는 표현이 전혀 들어가 있지 않다면 「법칙」이라고 부르지 않는다. 법칙이 개별적인 경우에 적용될 수 있는 것은——비록 그 법칙언명에 개별적인 경우들이 포함되어 있지 않더라도——바로 이런 특징 때문이다. 예를 들어 그 어떤 다른 추보다 긴 추는 어떤 것이든지 그 짧은 추보다 초과길이에 비례하여 느리게 흔들거릴 것이라는 사실을 내가 안다면, 다른 특정한 추보다 3센티미터가 긴 또 하나의 특정한 추를 보았을 때 나는 그것이 얼마나 더 느리게 흔들릴 것인가를 추론해낼 수 있다. 이 법칙을 안다는 말 속에는 구체적으로 이 두 개의 추의 존재를 이미 알고 있었다는 뜻이 전혀 포함되어 있지 않다. 왜냐하면 법칙언명은 개별적인 추의 존재에 관해 보고해주는 것이 아무것도 없기 때문이다. 다른 한편 어떤 법칙을 내가 안다는 것, 혹은 이해한다는 말 속에는 이 법칙의 조건절을 충족시켜주고 그래서 귀결절도 충족시켜주는 구체적인 사상(事象)이 존재할 수 있다는 것을 내가 안다는 것이 포함되어 있다. 우리는 개별적인 사상들에 적용되거나 될 수 있는 법칙언명들의 사용법을 배우기 전에 개별적인 사상들에 관한 언명을 사용하는 법부터 배워야 한다. 법칙언명은 그것을 충족시켜주는 사실언명과는 전혀 다른 차원의 세련된 논의수준에 속한다. 마찬가지로 대수언명은 이를 충족시키는 산술언명과는 논의수준이 다르다.

  법칙언명은 참이거나 거짓이거나 둘 중 하나다. 그러나 법칙언명이 적용되는 혹은 적용된다고 생각하는 사실언명에 의해 주장되는 참·거짓과는 유형이 같지 않다. 양자는 서로 다른 유형, 서로 다른 종류의 작업을 하고 있다. 그 결정적인 차이를 다음과 같이 얘기할 수 있다. 법칙을 확립하기 위해 노력하는 이유나 목적 중에 적어도 다음과 같은 것들이 있다. 특정한 사상들에서 다른 사상들로 어떻게 추론해갈 것인가, 특정한 사상들을 다른 사상들에 의거하여 어떻게 설명할 것인가, 그리고 어떻게 특정한 사태(事態)를 얘기하든가 방해할 것인가 등이 그것이다. 말하자면 법칙은 정기회원이용권처럼 추론을 위한 티켓이어서, 이것을 가진 사람만이 최초의 어떤 사실언명에서 다른 사실언명의 주장으로 이행해갈 수 있는 권리를 누린다. 또한 이 티켓의 소유자는 주어진 사실들에 대해 설명도 할 수 있고, 존재하는 것이나 일어난 일을 조작(操作)하여 자기가 원하는 사태를 야기할 수 있는 권리도 갖는다. 사실 어떤 학생이 무조건 법칙을 암송만 하고 있다면 우리는 그가 법칙을 배웠다고 말할 수 없다. 문법, 곱셈, 체스, 예절 등의 규칙을 알고 있는 학생이라야 이런 규칙들을 구체적인 상황에 적용할 수 있듯이, 법칙을 안다는 소리를 듣기 위해서는 구체적인 추론, 설명 및 조작 면에서 자유자재로 그 법칙을 적용할 수 있어야 한다. 법칙을 가르친다는 것은 적어도 특정한 사실에 의하여 이론적이건 실천적이건 새로운 일을 하는 법을 가르치는 것이다.

  예를 들어 어떤 종류의 질병으로부터 어떤 종류의 박테리아의 존재를 추론할 수 있도록 해주는 법칙을 발견하기만 한다면 우리는 이런 박테리아와 이런 질병 간의 인과관계라고 하는 새로운 존재를 발견하는 것이 될 것이라는 사고방식이 있다. 그래서 과거에는 우리가 몰랐던 것, 즉 병에 걸린 사람과 박테리아만 있는 것이 아니라 양자 간의 볼 수 없고 만질 수도 없는 연관이 있다는 것을 알게된다고 주장한다. 레일이 없다면 기차가 달릴 수 없듯이, 세균학자는 환자에 대한 임상관찰로부터 현미경에 의한 세균관찰을 예측하기 위해서는 이런 관찰들의 대상들 사이에 실제적인 결합――비록 이 결합 자체는 관찰불가능한 것이더라도――이 존재해야 한다는 것이 이런 주장을 하는 사람들의 생각이다.

여기에서 나는「인과적 연관(causal connection)」이라는 친숙한 어구(語句)를 사용하는 것에 반대하는 것은 아니다. 세균학자들은 박테리아와 질병 간의 인과적 연관을 발견한다. 왜냐하면 이 말은 그들이 법칙을 확립하려고 노력하고, 또 질병에서 박테리아로 추론하고 박테리아에 관한 이론으로 박테리아들을 설명하고 그리고 박테리아를 제거해 질병을 예방하거나 치료할 수 있도록 해주는 추론티켓을 스스로 마련하고 있다는 것을 달리 표현한 것에 지나지 않기 때문이다. 그러나 법칙의 발견이 마치 제3의 관찰불가능한 존재의 발견인 양 생각하게 되면 곧바로 개방적인 가언적 언명을 개별적인 정언적 언명과 동일시하던 낡은 관행으로 되돌아가고 만다. 이는 마치 문법의 규칙은 말해지지는 않은 새로운 종류의 명사나 동사이다 라든지 체스의 규칙은 보이지는 않은 새로운 체스두는 사람이라고 말하는 것과 같다. 결국 이렇게 되면 모든 종류의 문장은 같은 종류의 일, 언급된 주어에 술어를 귀속시키는 일을 한다고 가정했던 낡은 관행으로 거슬러 올라가는 꼴이 된다.

즐겨 쓰는 비유인「추론의 레일」은 바로 이런 식의 오해를 불러일으킨다. 철도길은 기차가 존재한다는 것과 완전히 같은 의미에서 존재한다. 그리고 우리는 기차가 존재하는 것을 발견할 때와 같은 방식으로 레일이 존재한다는 것을 발견한다. 기차가 한 곳에서 다른 곳으로 달린다는 주장은 두 장소 사이에 관찰가능한 일련의 레일들이 있다는 것을 함축한다. 그래서「추론의 레일」이라고 말하는 것은 암암리에 질병에서 박테리아로 추론해가는 것이 사실은 추론이 아니라 제3의 실재(實在)에 대한 묘사임을 시사한다. 즉「이러저러하기 때문에 이렇고저렇다」를 논증하는 것이 아니라「관찰된 이런저런 것과 관찰된 이렇고저런 것 사이에 관찰되지 않는 결합이 있다」는 것을 보고하는 것이라는 뜻이다. 그러나 만일 우리가「이 제3의 관찰되지 않는 실재는 무엇을 위하여 요청된 것인가」라고 묻는다면「질병에서 박테리아로 추론하는 것을 보증해주기 위해서」라고 밖에 대답할 수 없다. 이렇게 되면 추론의 정당성은 시종일관 가정될 뿐이다. 문제의 핵심은 「그러므로(therefore)」를 포함한 문장이나 「만일 어떤 것이든(if any)」이 포함된 문장이 「여기에······가 있다(here is a ······)」는 식의 문장으로 환원되는 듯한 이야기가 불필요하게 들어 있다는 것이다. 「여기에······가 있다」는 식의 문장은 논증(혹은 주장)과 서술 간의 기능적 차이를 없애버린다. 그러나 기차표가 그것에 의해 가능해진 철도여행이라는 기묘한 대응물로 「환원」될 수 없고, 철도여행은 그 여행을 떠나고 도착하는 기차역이라는 기묘한 대응물로 「환원」될 수 없는 것과 꼭 마찬가지로 법칙언명도 그것이 보장해주는 추론이나 설명으로 「환원」될 수 없고 또 추론이나 설명도 그 종착지인 사실언명으로 환원될 수 없다. 사실을 언명하는 문장기능은 사실언명에서 사실언명에로의 논증을 언명하는 문장기능과 다르며, 이 둘은 또 논증을 보장해주는 문장기능과 다르다. 우리가 두번째 기능을 알기 위해서는 첫번째 기능을 먼저 배워야 하고, 세번째 기능을 위해서는 처음과 두번째 기능을 모두 배워야 한다. 물론 이밖에도 문장의 기능은 수없이 많지만 우리의 주제와 무관하기 때문에 여기서는 더 이상 이야기하지 않겠다. 단적인 경우로 이 절에 나와 있는 문장들은 그것들이 묘사하고 있는 기능 중 그 어느 것에도 해당되지 않는다.

이제 우리는 성향을 포함한 언명들, 즉 언급된 사물, 동물 혹은 인간이 일정한 능력, 경향, 혹은 기질을 갖는다든지 어떤 성벽을 갖고 있다는 취지의 언명들을 고찰하는 문제로 돌아가보자. 이런 언명들이 법칙이 아닌 것은 두 말할 필요도 없다. 왜냐하면 이 언명들은 개별적인 사물이나 사람을 언급하고 있기 때문이다. 그러면서도 성향-언명은 부분적으로 「가변적」이거나 「개방적」이라는 점에서 법칙과 유사하다. 이 설탕이 녹을 수 있다고 말하는 것은 그것이 어딘가에서 어느 시점에 물 속에 들어가면 녹을 것이라는 말이다. 또 자고 있는 이 사람은 프랑스어를 안다고 하는 말은 만일 예를 들어 그가 프랑스어로 하는 얘기를 듣는다든지 그 어떤 프랑스어신문을 보게 된다면 그는 유창하게 프랑스어로 이야기하기 적절하게 행동하며 자기나라 말로 올바르게 번역할 수 있다는 말이다. 물론 이것은 너무 딱들어 맞는 경우이다. 예를 들어 그가 자고 있다든지 멍한 상태에서 혹은 술에 취했거나 공포상태에서 적절하게 반응하지 못하는 것을 보았다고 해서 그는 프랑스어를 안다고 한 우리의 언명을 철회해서는 안 된다. 또 고도로 전문적인 학술논문을 정확하게 옮기지 못했을 경우에도 마찬가지다. 우리가 기대하는 것은 그가 프랑스어를 사용하거나 프랑스어에 대한 이해를 필요로 하는 작업의 대부분을 통상적으로 잘 처리하는 것이다. 「프랑스어를 안다」는 것은 애매모호한 표현이지만, 그럼에도 불구하고 바로 이런 애매모호함 때문에 유용한 것이다.

나는 앞에서 주어로 나온 개체들에 대한 성향-언명은 그 자체가 법칙은 아니지만 법칙에서 연역하여 얻은 것이고 그래서 이런 성향-언명을 할 수 있기 위해서는 조야하고 모호하게라도 약간의 법칙은 알고 있어야 한다는 시사를 한 바 있다. 그러나 일반적으로 이런 학습과정은 역방향으로 이루어진다. 우리는 성향-언명들 간의 일반적 상관관계를 진술하고 있는 법칙들을 배우기 전에 개체들에 대한 수많은 성향-언명들을 하게 된다. 우리는 깃털이 있는 어떤 개체든지 그것은 난생(卵生)이라는 것을 배우기 전에 일부 개체들이 깃털이 있으면서 난생이라는 것을 먼저 배운다.

또한 개개의 사물이나 사람에 대한 성향-언명은 우리가 사용하는 방법이 유사하다는 점에서 법칙과 비슷하다. 성향-언명은 개별적인 행위나 반응 혹은 대상의 상태에 적용되고, 또 그것들에 의해 충족된다. 즉 성향-언명은 우리로 하여금 이런 행위, 반응, 상태 등을 예측하고 소급적으로 추측하고 설명하고 변경할 수 있게 해주는 추론의 티켓인 것이다.

물론, 참인 평서문은 모든 존재자를 묘사하든지 모든 발생사건을 보고한다는 미신추종자들의 생각대로 할 것 같으면 「이 줄은 전기가 통한다」나 「존 도씨는 프랑스어를 안다」와 같은 문장은 「이 줄은 지금 전기가 통하고 있다」나 「존 도씨는 지금 프랑스어를 하고 있다」는 문장이 전달하는 것과 같은 유형의 사실정보를 전해주는 것으로 생각해야 한다. 불행히 무대 뒤에서 일어나고 있는 것이라 할지라도 현재 어떤 일이 진행중이지 않다면 성향-언명은 어떻게 참일 수 있는가라고 그들은 묻는다. 하지만 우리는 통상 그 어떤 발견할 수 없는 진행과정을 보지 않더라도 이 선은 전기가 통하고 저 사람은 프랑스어를 안다는 사실을 알고 있다는 점을 그들은 인정해야 한다. 또한 그들은 이런 숨겨진 진행과정을 발견하는 일의 이론적 효용은 오직 그것이 우리에게 예측, 설명, 변경 등을 할 수 있게 해준다는 점에 있을 뿐임을 수긍해야 하며, 게다가 우리는 이미 예측, 설명, 변경 등의 활동을 하고 있으며 우리에게 이런 소질이 부여되어 있다는 것을 알고 있다는 것도 인정해야 한다. 끝으로 그들은 이 요청된 과정들은 그 자체가 개체들의 관찰가능한 행위나 반응을 우리가 예측, 설명, 변경시킬 수 있다는 사실에서 추론을 통해 그 존재를 알아낸 것이라는 점을 받아들여야 할 것이다. 그러나 만일 그들이 일반적인 추론들이 이루어지는 실제의 레일을 요구한다면, 그들은 일반적인 추론의 정당성에서 그들이 요청한 「레일」에로의 특수한 추론을 정당화하기 위해 또 하나의 실제적인 「레일」을 제시해야 한다. 처음에 이런 주장에 흥미를 가졌던 사람들도 한없이 새로운 「레일」을 요청해야 하는 상황에 직면하고서는 질려버릴 것이다.

성향-언명은 관찰되거나 관찰가능한 사태(事態)에 대한 보고도 아니고 관찰되지 않았거나 관찰될 수 없는 사태에 대한 보고도 아니다. 성향-언명은 실제 일어난 사건에 대해서는 아무것도 서술해주지 않는다. 그렇지만 그 기능은 사건들을 서술하는 일과 아주 밀접하다. 왜냐하면 그 언명이 참일 경우, 서술된 사건들에 의해 충족되기 때문이다. 「이제 막 존 도씨가 프랑스어로 전화를 했다」는 사실 서술은 「존 도씨는 프랑스어를 안다」는 성향-언명을 충족시켜준다. 그리고 존 도씨가 프랑스어를 안다는 것을 본 사람은 더 이상 프랑스어로 된 전보를 읽는 것에서 그가 그것의 의미를 이해한다는 것으로 추론해갈 수 있게 해주는 티켓이 필요 없다. 존 도씨가 프랑스어를 알고 있다는 것을 아는 것은 그 티켓을 갖고 있다는 것이고 그가 이 전보를 이해할 것으로 기대하는 것은 그가 그것을 가지고 여행한다는 것이다.

한편 우리는 성향-언명은 아무런 사건도 서술하지 않는다고 말하는 것과 성향-언명은 시제(時制)를 갖는다는 명백한 사실을 인정하는 것 간에는 아무런 모순도 없다는 것에 주의해야 한다. 「그는 1년 동안 애연가였다」와 「그 고무가 작년 여름부터 탄력성을 잃기 시작했다」는 과거시제의 성향-언명은 완전히 정당한 성향-언명이다. 그리고 만약에 한 개인이 지식을 얻게 될 가능성을 갖고 있다는 것이 전혀 참이 아니라면, 교육이라는 직업은 있을 수 없다. 추론의 티켓에는 단기, 장기, 무기한 등이 있다. 크리켓의 규칙은 경기를 하는 동안만 유효할 수 있고, 대륙의 기후조차 시대가 변함에 따라 얼마든지 바뀔 수 있는 것이다.

3. 정신능력과 경향

우리는 무한히 넓은 범위의 성향어들을 자유자재로 사용해서 사물, 생물, 사람 등에 대해 이야기할 수 있다. 성향어 중의 일부는 모든 종류의 사물에 대해 무차별적으로 적용될 수 있다. 예를 들면 금속조각, 물고기, 사람 중의 어떤 것은 모두 140파운드의 중량이 나가고 탄력성이 있고 가연성(可燃性)이 있으며, 밑에서 지탱해주는 것이 없으면 같은 가속도로 낙하한다고 말할 수 있는 것이다. 이에 반해 어떤 성향어들은 일부 한정된 것에만 적용될 수 있다. 예를 들어 「동면(冬眠)하다」는 동물에 대해 사용될 경우에만 참이거나 거짓일 수 있으며, 「보수주의자다」라는 말은 백치나 어린아이 혹은 미개인이 아닌 사람에 대해 사용될 경우에만 참이나 거짓일 수 있다. 우리의 관심은 한정된 부류의 성향어, 즉 인간의 성격을 묘사하는 데에만 사용되는 성향어이다. 사실 우리가 관심을 갖는 범위는 이보다도 훨씬 좁다. 왜냐하면 여기에서는 지성이나 성격의 특성을 나타내는 인간행동의 범위를 규정하는 특징을 나타내는 것에 적합한 성향어만을 문제삼고 있기 때문이다. 예를 들어 우리는 인간에게만 고유한 것일 수도 있는 단순반사작용이나 인간의 해부학적 구조에만 고유한 것일 수도 있는 생리적 기관들에 대해서는 관심을 두지 않는다.

물론 이런 제한이나 한정의 경계선이 분명한 것은 아니다. 어린아이들 뿐만 아니라 개들도 반복훈련을 시키면 명령이나 지적을 받았을 때 혹은 저녁 식사 시간을 알리는 벨소리를 들었을 때 이에 대해 적절히 반응하게 된다. 또 원숭이들은 도구를 사용하고 경우에 따라서는 도구를 만들 줄도 안다. 새끼고양이도 노는 것을 좋아하고, 앵무새는 흉내를 낸다. 비록 우리가 중요한 차이 혹은 차이군(群)에 주목하면서도 동물의 행동은 본능적인 반면 인간행동의 일부는 이성적이라고 서술하려 한다면 그 경계는 애매모호해진다. 예를 들어 어린아이의 본능적인 모방이 이성적인 단계로 발전하는 것은 정확히 언제인가? 또 그 아이가 저녁식사 벨이 울리면 개처럼 반응하지 않고 언제나 천사처럼 행동하게 되는 것은 몇 번째 생일부터인가? 교외와 시골의 경계선은 정확히 어디인가?

전체적으로 봐서 이 책은 우리가 마음에 대해 이야기할 때 사용하는 몇 가지 중요한 용어──그것이 성향어인지 발생사건어인지는 문제가 안 된다──의 논리적 행태를 다루는 것이기 때문에, 이 절에서 무엇보다 중요한 과제는 우리가 선택한 몇 가지 성향어들의 용법상의 일반적 차이를 지적하는 일이다. 사실 성향어를 모두 다룬다든지, 심지어 그 종류만이라도 알아보려는 일은 이 책의 취지와 거리가 멀기 때문에 시도하지 않았다.

다수의 성향-언명들은──비록 꼭 필요한 것은 아니고 또 일상적으로는 그런 일이 없지만──「할 수 있다(can)」, 「할 수 있을 것이다(could)」, 「능력이 있다(able)」 등과 같은 단어의 도움을 빌려 표현될 수 있을 것이다. 「He is a swimmer」라는 말은 그가 수영선수라는 뜻이 아닐 경우에는 그냥 「그는 수영할 수 있다(He can swim)」는 뜻일 뿐이다. 그러나 「할 수 있다」나 「능력이 있다」는 말은 다음 사례들에서 보듯이 수없이 다양한 방식으로 사용된다. 「돌도 뜰 수 있다(stones can 'float)」. 왜냐하면 경석(輕石)은 뜨기 때문이다」, 「그 물고기는 헤엄칠 수 있다(that fish can swim)」. 왜냐하면 지금은 진흙탕에 빠져 꼼짝 못하지만 그렇다고 수영능력이 없어진 것은 아니기 때문이다」, 「존 도씨는 수영할 수 있다(John Doe can swim)」. 왜냐하면 그는 수영하는 법을 배웠고 잊어버리지 않았기 때문이다」, 「리처드 로씨는 수영을 할 수 있다(Richard Roe can swim)」. 만일 배울 의지만 있다면」, 「너는 수영을 할 수 있다(you can swim)」. 네가 배우려고 열심히 노력할 때」, 「그녀는 수영을 할 수 있다(she can swim)」. 왜냐하면 주치의가 허락했기 때문이다」 이런 예는 한없이 많다. 첫번째 예는 이것이 돌이기 때문에 뜨지 않을 거라는 추론을 할 수 있는 허가증(license)이 없다는 것을 보여준다. 두번째 것은 물리적 장애의 존재를 보여주고 있다. 마지막은 병원 규율상의 장애가 제거되었음을 말하고 있다. 세번째, 네번째, 다섯번째 것

성향과 발생사건   161

은 사람의 개인적 특성에 대해 정보를 전해주지만 모두 서로 다른 종류의 정보들이다.

「할 수 있다(can)」와 「능력이 있다(able)」의 서로 다른 용법이 갖는 서로 다른 힘을 밝히기 위해서는 「할 수 있다(can)」, 「해야 한다(must)」, 「일지 모른다(may)」, 「반드시……이다(is necessarily)」, 「반드시……인 것은 아니다(is not necessarily)」, 「반드시……가 아닌 것은 아니다(is not necessarily not)」와 같은, 우리가 흔히 「양상어(modal words)」라고 부르는 것의 논리에 대해 간략히 검토해보는 것이 여러모로 도움을 준다. 어떤 것이 사실이어야 한다, 혹은 사실일 필요가 없다는 취지의 언명은 앞에서 내가 「추론을 위한 티켓」이라고 불렀던 것의 기능을 한다. 왜냐하면 그 언명은 거기에 구체화되어 있는 것도 있지만 그렇지 않을 수도 있는 어떤 것으로부터 하나의 사항이 사실이라고 추론하는 것을 보증해주기 때문이다. 이 언명의 취지가 어떤 것은 반드시 사실일 필요가 없다거나 사실이어서는 안 된다는 것이라면, 그것은 사실이 아니라는 것을 보증해주는 허가증의 기능을 한다. 또한 경우에 따라 어떤 것이 사실이 아니라는 것을 추론하기 위한 허가증이 존재한다는 것을 거부하는 것이 필요할 때도 있다. 그리고 우리는 이런 경우 통상 그것은 사실일 수도 있다든지 그것은 아마 사실일 것이다 라고 말함으로써 이런 거부를 표현한다. 어떤 것이 사실일 수 있다는 말에는 그것이 사실이다, 사실이 아니다는 뜻은 물론 들어 있지 않고 또 사실이다와 사실이 아니다 간의 긴장관계에 있다는 뜻도 함의되어 있지 않다. 그 말에는 단지 특정한 것이건 특정하지 않은 것이건 어떤 다른 것으로부터 하나의 사항이 사실이 아니라는 것을 추론해낼 허가증이란 전혀 없다는 것만을 의미할 뿐이다.

이런 일반적인 설명은 대부분의 「만일……라면(if-then)」 문장에도 타당하게 적용된다. 「만일……라면」 문장은 거의 언제나 양상표현(樣相表現, modal expression)이 담긴 문장으로 의역될 수 있고, 그 역도 성립한다. 양상문(樣相文)과 가언문(假言文)은 동일한 힘을 갖는다. 「만일 내가 그 사다리 밑을 지나가면 하루종일 재수가 없을 것이다」라는 식의 일상적인 「만일……라면」 문장을 가지고 그 부정을 구어체로 어떻게 표현해야 하는지를 고찰해보자. 이 경우 부정어 「not」을 조건절의 동사와 귀결절의 동사에 붙이든지 그 양자에 동시에 붙이든지 할 경우에도 우리는 목적을 이루지 못한다. 왜냐하면 이 세 가지 조작 모두 미신적인 언명일 것이기 때문이다. 「아니야, 내가 사다리 밑을 지나간다고 재수가 없다는 것은 사실이 아니야」라는 말은 우리의 목적을 달성하기는 하겠지만 편리한 대답도 아니고 구어적인 것도 아니다. 일상생활에서 우리는 「아니야, 나는 그 사다리 밑을 지났어도 재수가 없지 않았어」라든지 「나는 아무런 재앙도 당하지 않고 그 밑을 지나갈 수 있었다」고 말하든지 혹은 그 부정을 일반화하여 「사다리 밑을 지나간 사람에게 반드시 재수없는 일이 닥치지는 않는다」는 말로써 미신을 거부해야 한다. 역으로 최초의 미신적인 언명은 「나는 그날 중에 재수 없는 일을 당하지 않고 지나갈 수 없었을 거야」라고 표현하는 것도 가능했을 것이다. 결국 「만일······라면」 어구와 양상 어구 간에는 문체상의 차이만이 있을 뿐이다.

그러나 이러한 등가관계가 성립되지 않을 경우에는 「만일(if)」, 「해야 한다(must)」, 「할 수 있다(can)」에 다른 용법들이 있다는 점을 잊어서는 안 된다. 영어 「if」는 종종 「비록 ······ 일지라도(even though)」의 뜻을 갖는다. 또 어떤 경우에는 조건부의 수행, 위협, 내기 등을 할 때도 사용된다. 영어 「can」과 「must」는 비이론적인, 즉 일상적인 허가, 명령, 금지 등의 전달수단으로도 사용된다. 사실 추론의 허가증을 주든지 거절하는 것과 어떤 다른 일을 할 수 있는 허가증을 주든지 거절하는 것 간에는 유사성도 있지만 차이점도 크다. 예를 들어 우리는 「저 환자는 침대에 누워 있어야 하고 편지를 구술(口述)하는 것은 가능하지만 담배를 피면 안 된다(the patient 「must」 stay in bed, 「can」 dictate letters, but 「must」 not smoke)」는 의사의 지시에 대해 참이니 거짓이니 하는 말을 당연히 하지 않는다. 반면에 「3단논법은 두 개의 보편적인 전제를 가질 수 있다(a syllogism 「can」 have two universal premisses)」, 「고래는 가끔 수면에 올라오지 않으면 살 수 없다(whales 「cannot」 live without surfacing from time to time)」, 「자유낙하하는 물체는 가속(加速)을 받아야 한다(a freely falling body 「must」 be accelerating)」, 「사다리 밑을 지나가는 사람이 그날 중에 재수 없는 일을 당할 필요가 없다

(people who walk under ladders 「need」 not come to disaster during the day)」 등의 문장들에 대해 참이나 거짓을 말하는 것은 지극히 당연하다. 「해야 한다(must)」, 「해도 좋다(may)」, 「하지 않는 것이 좋다(may not)」 등의 윤리적 용법은 양자 모두와 유사성이 있다. 우리는 이런 어휘로 구성된 윤리적 언명들에 대해 참·거짓을 얼마든지 얘기할 수 있지만, 이런 언명을 하는 근본취지는 사람들의 행위, 특히 추론행위와는 다른 부분들을 규제하기 위함이다. 윤리적 언명은 두 가지 특징을 겸비하고 있다는 점에서 의사가 환자에게 주는 식이요법 지시보다는 의학교과서가 의사에게 주는 치료상의 권고와 더 비슷하다. 윤리적 언명들은 개개인들에게 가해지는 특정한 비난이나 명령과는 달리 잠재적으로 그런 비난이나 명령을 할 입장에 있는 사람에게 주어진 보증이지 명령이나 비난을 실제로 하고 있는 사람에게 주어진 보증으로 간주해서는 안 된다. 다시 말해서 윤리적 언명은 비개인적인 명령을 위한 티켓으로 간주되어야지 개인적인 행위를 위한 티켓으로 간주되어서는 안 된다는 것이다. 윤리적 언명은 명령이나 처벌과 같은 것들만이 충족시켜 줄 수 있는 「법칙들」이지 구체적인 명령이나 처벌은 아니다. 요약하자면 성문법(成文法)과 마찬가지로 윤리적 언명은 명령들로 구성되는 것이 아니라 이런 명령들을 할 수 있고 집행할 수 있는 허가증으로 생각해야 한다.

이제 양상문(樣相文)이 수행하는 기능에 관한 이상의 일반적인 논의를 끝내고 개인적 특성을 묘사하는 데 사용되는 몇 가지 「할 수 있다(can)」 문장을 골라 그것들 간의 특수한 차이를 고찰해보자. 「존 도씨는 수영을 할 수 있다」고 말하는 것과 「저 강아지는 수영을 할 수 있다」고 말하는 것은 그 「할 수 있다(can)」의 의미가 다르다. 왜냐하면 「저 강아지는 수영을 할 수 있다」는 말은 「저 강아지는 수영을 배운 적도 없고 연습한 적도 없다」는 말과 얼마든지 양립할 수 있는 데 반해, 어떤 사람이 수영을 할 수 있다는 말에는 그가 수영하는 법을 배웠고 아직 잊어버리지 않았다는 뜻이 함축되어 있기 때문이다. 예를 들어 가르침에 의해 어떤 기량을 획득하는 능력은 반드시 인간에게만 있는 것이라고 말할 수 없다. 강아지도 가르치거나 반복훈련을 시키면 어린아이들이 가르침에 의해 걷고 수저를 사용할 수 있는 것처럼 구걸을 할 수 있다. 그러나 대부분의 사람들이 수영을 배우는 방식과 같은 일부 가르침에는 말에 의한 지시나 실연(實演)을 보고 그것을 이해하고 적용하는 과정이 포함된다. 그리고 이와 같은 방식으로 사물을 배우는 생물체는 말할 것도 없이 마음을 가지고 있어야 한다고 생각한다. 그런데 개나 어린아이가 이런 증명서를 받기에 충분한 자격을 갖고 있는지에 대해서는 그것들의 피교육능력을 고려할 때 부정적일 수밖에 없다.

수영을 배울 수 있기 때문에 리처드 로씨는 수영을 할 수 있다고 말하는 것은——이런 지시나 실연을 설사 아직 시작하지는 않았을지라도——그가 수영코치의 말을 따르고 실제로 적용할 능력이 있다는 말이다. 따라서 그가 지금 물에서 남의 도움 없이 헤엄을 치고 있기 때문에 앞으로도 가르침을 받은 직후에야 남의 도움 없이 헤엄을 칠 수 있을 것이라고 말하는 것은 그 사람이 백치라면 모르되 정상인이라면 잘못된 얘기다. (만일 노력하면) 너는 수영을 할 수 있다고 하는 말은 「할 수 있다(can)」라는 말의 아주 흥미 있는 중간적 용법을 사용하고 있다. 존 도씨는 지금 수영을 하려고 애쓸 필요가 없고, 리처드 로씨는 아무리 노력해도 수영을 할 수 없지만, 너는 수영 배우는 일에 온 마음(mind)을 쏟을 때 무엇을 해야 하는지를 알지만 아는 것에 그칠 뿐이다. 너는 지시와 실연을 보고서 이해했다면 이제 그것들을 적용하기 위해 연습해야 한다. 아주 신중하고 때로는 힘들며 대단히 많은 훈련에 의해 지시받은 것을 적용할 줄 아는 능력이야말로 우리가 마음(혹은 정신)을 가진 생물체에게만 고유한 것이라고 간주하는 그런 것이다. 그것은 성격의 특징들을 보여준다. 왜냐하면 초심자는 자신의 능력을 향상시킬 의도로 힘들고 대단한 일을 하고 있기 때문이다. 다만 여기에서의 특징들은 강아지가 보여주는 특징과는 구별된다. 강아지는 놀고 있을 때에도 끈기와 용기를 보여주기까지 한다. 따라서 만일 노력하면 그는 수영을 할 수 있다고 말하는 것은 그가 지시나 실연을 이해할 수 있다는 말임과 동시에 그것들을 적용하는 과정에서 의도적으로(intentionally) 자기훈련을 할 수 있다는 말이다.

「할 수 있다(can)」와 「능력이 있다(able)」라는 말이 갖는 이밖의 많은 다른 용법들에 대해 생각하는 것은 어렵지 않다. 예를 들면 「존 도씨는 어렸을 때부터 수영능력이 있었다. 그러나 지금은 새로운 영법(泳法)을 고안해낼 수 있다(John Doe has been able to swim since he was a boy, but now he can invent new strokes)」라는 문장이 있다. 여기서 「고안해낼 수 있다(can invent)」는 구절은 「수영을 할 수 있다(can swim)」처럼 「고안하는 법을 배웠고 지금도 잊지 않고 있다」는 말이 아니다. 그렇다고 「재채기를 할 수 있다(can sneeze)」에서의 「할 수 있다(can)」와도 거리가 멀다. 또 「선수급 수영자들을 빼고는 모두 이길 수 있다(can defeat all but champion swimmers)」에서의 「할 수 있다(can)」는 「수영을 할 수 있다」나 「고안할 수 있다」에서의 「할 수 있다」와 동일한 힘을 갖지 못한다. 오히려 그것은 경주마에 적용되는 「할 수 있다(can)」이다.

「할 수 있다(can)」는 말에는 우리의 중심테마와 관련하여 또 하나의 특징이 있다. 우리는 종종 사람에 대해서나 뭔가를 수행하고 있는 동물에 대해 그가 그 일을 정확하게 혹은 뛰어나게 해낼 수 있다는 의미에서 「그는 그 일을 할 수 있다(he can do something)」는 말을 한다. 한 아이가 어떤 단어의 철자를 쓸 수 있다고 말하는 것은 그가 문자들을 이러저러하게 주워모을 수 있다는 뜻 뿐만 아니라 올바른 순서대로 정확하게 주워모은다는 뜻을 포함한다. 그가 옭매듭을 맬 수 있다는 말에는 그가 줄을 가지고 놀면서 어떤 때는 옭매듭을 매고 또 어떤 때는 선매듭을 맨다는 뜻은 물론이고 옭매듭이 필요할 경우에는 언제든지, 반드시 그런 것은 아니지만 거의 언제든지 그 매듭을 맬 수 있다는 뜻이 포함된다. 즉 옭매듭이 필요하고 어린아이가 매려고 노력하면 거의 언제나 그 매듭을 맬 수 있다는 뜻이 포함되어 있는 것이다. 종종 그렇듯이 우리가 「알다(know)」의 의역으로 「말해줄 수 있다(can tell)」는 말을 쓸 경우, 이때의 「말해주다(tell)」는 「정확하게 말해주다(tell correctly)」의 뜻이다. 어린아이가 시각(時刻)에 관하여 마구잡이식 언명을 해댈 뿐이라면 그 아이가 시각을 말해줄 수 있다고 해서는 안 된다. 오직 그 아이가 시계바늘의 위치나 태양의 위치가 어디에 있건 간에 그 위치에 대응하여 시각을 규칙적으로 보고하는 경우에만 우리는 그 아이가 시각을 말해줄 수 있다고 말할 수 있다.

우리가 인간이나 동물——때때로 동물에 대해서는 우려되는 바가 있기도 하지만——을 묘사할 때 사용하는 수행동사(遂行動詞, performance-verbs)의 다수는 행위의 발생을 나타낼 뿐만 아니라 적절한 행위 혹은 정확한 행위의 발생을 나타낸다. 「철자(綴字)를 쓰다(spell)」, 「잡다(catch)」, 「해결하다(solve)」, 「발견하다(find)」, 「이기다(win)」, 「치료하다(cure)」, 「득점하다(score)」, 「기만하다(deceive)」, 「설득하다(persuade)」, 「도착하다(arrive)」 등 수없이 많은 동사들은 단순히 어떤 수행이 이루어졌다는 것도 표시하지만 동시에 그것을 수행하는 행위자에 의해 어떤 일이 성취되었다는 것도 나타낸다. 결국 이것들은 성공을 나타내는 동사이다. 그런데 성공은 행운에 의한 것도 있다. 예를 들어 크리켓 경기자는 부주의하게 일타(一打)를 가했는데 득점할 수도 있는 것이다. 그러나 우리가 어떤 사람에 대해 그는 철자 바꾸기 놀이나 허리디스크 치료와 같은 종류의 일을 성취해낼 수 있다고 말한다면, 이는 곧 그가 종종 행운의 도움이 없는 경우에조차 성공할 것을 기대한다는 뜻이다. 그는 정상적인 상황에서는 그 일을 어떻게 수행해서 끝내야 하는지를 알고 있기 때문이다.

이에 대응하여 우리는 또 「놓치다(miss)」, 「철자를 잘못 쓰다(misspell)」, 「떨어지다(drop)」, 「잃다(lose)」, 「잘못 치다(foozle)」, 「계산착오하다(miscalculate)」 등과 같은 실패의 동사도 사용한다. 만일 어떤 사람이 철자를 쓸 수 있거나 계산을 할 수 있다면 동시에 그는 철자를 잘못 쓰거나 계산착오를 일으킬 수도 있다는 사실은 대단히 중요하다. 그러나 「철자를 쓸 수 있다(can spell)」와 「계산할 수 있다(can calculate)」에서 「할 수 있다(can)」의 의미는 「철자를 잘못 쓸 수 있다(can misspell)」이나 「계산착오를 할 수 있다(can miscalculate)」에서의 「할 수 있다」의 의미와 판이하게 다르다. 전자는 능력을 표시하는 것인 데 반해 후자는 또 다른 능력이 아니라 그럴 수도 있는 가능성을 표시한다. 또한 「할 수 있다」라는 말의 이 두 가지 의미와 제3의 의미 간의 차이에 주목해야 할 경우도 있다. 이 제3의 의미에서는 철자바꾸기 놀이를 부정확하게 「풀 수 없다(cannot solve)」, 비성공적으로 레이스를 「이길 수 없다(cannot win)」, 헛수고하여 보물을 「찾아낼 수 없다(cannot find)」, 타당성없이 정리(定理)를 「증명할 수 없다」고 하는 것이 참이 되는 경우에서의 「할 수 있다(can)」의 의미를 말한다. 왜냐하면 이 「cannot」은 논리적인 의미의 「cannot」이다. 이것은 인간의 능력이나 한계에 대해 아무것도 말해주는 바가 없고, 다만 예를 들어 「부정확하게 풀다(solve incorrectly)」는 말이 자기 모순적 표현임을 말해줄 뿐이다. 우리는 뒤에 가서 인식론자가 어떤 종류의 정정불가능한(incorrigible) 관찰의 존재를 주장하고 싶어하는 것은 부분적으로 「관찰하다(observe)」라는 말이 그 한 가지 의미에서 성공의 동사이기 때문에 「잘못된 관찰(mistaken observation)」이란 말은 「타당성없는 증명」이나 「성공하지 못한 치유(治癒)」 못지않게 자기모순적인 표현이란 점을 간파하지 못했기 때문이다. 그러나 「타당성 없는 주장」이나 「성공하지 못한 치료조치」 등이 논리적으로 허용될 수 있는 표현이듯이 「효율성이 없는 관찰」이나 「무익한 관찰」이란 표현도 「관찰하다(observe)」란 말이 「발견하다(find)」 유형의 동사가 아니라 「사냥하다(hunt)」 유형의 동사라면 허용될 수 있는 표현이다.

지금까지 우리는 「할 수 있다(can)」가 들어간 말에 다양한 유형들이 있으며 또 그중에는 여러 가지 유형의 능력을 나타내는 표현과 그럴 수 있는 가능성(liability)을 나타내는 표현이 있다는 것을 충분히 살펴보았다. 이러한 능력표현과 가능성-표현 중의 일부만이 인간을 묘사할 때에 고유하게 사용되는 것이며, 이것들 간에도 또 여러 가지 유형들이 있다.

경향(傾向, tendencies)은 능력(capacities) 및 성벽(性癖, liabilities)과는 다르다. 예를 들면 「만일 …… 라면 …… 일텐데(would if ……)」이란 경향을 표시하는 말은 「할 수 있을텐데(could)」와 다르다. 그리고 「…… 할 때에는 통상 …… 를 한다(regularly does …… when ……)」는 「할 수 있다(can)」와 다르다. 총괄해서 말한다면 「할 수 있다(can)」라고 서술하는 것은 어떤 것이 사실이 아닐 것이라는 데 확신을 갖지 못한다는 것을 말하는 것인 반면, 「…… 경향이 있다(tends)」, 「계속 …… 하다(keeps on)」, 「…… 경향성이 있다(is prone)」라고 서술하는 것은 어떤 것이 사실일거라든지 사실이었다는 추측이 적절하다는 것을 말하는 것이다. 그래서 「경향이 있다」는 말은 「…… 일 수 있다(can)」는 말을 포함하지만 그 역은 성립하지 않는다. 「그 개는 달빛이 비칠 때 짖는 경향이 있다(Fido tends to howl when the moon shines)」는 말은 「만일 달빛이 비치는데 그 강아지가 가만히 있는 것은 참이 아니다」는 것 이상의 뜻을 갖고 있다. 즉 그 말은 듣는 사람이 강아지의 침묵을 기대하지 않는 것을 보증해줄 뿐만 아니라 강아지가 짖는 것을 기대하도록 보증해준다.

그러나 경향에도 수많은 유형들이 있다. (특별히 음식을 주의하지 않는 한) 그 강아지는 여름이 되면 옴에 걸리는 경향이 있다는 것은 (그 주인이 화를 내지 않는 한) 그 개는 달빛이 비칠 때 짖는 경향이 있다는 것과 같은 유형이 아니다. 어떤 사람이 매우 규칙적인 간격으로 눈을 깜박거리는 경향은 그가 당황했을 때 눈꺼풀을 깜박거리는 경향과는 다른 유형의 것이다. 이때 우리는 후자에 대해서는 「타성(mannerism)」이라고 말할 수 있겠지만, 전자에 대해서 그렇게 말해서는 안 된다.

우리는 행동경향(行動傾向, behavior tendencies)을 세분하여 그중 일부는 「순수한 습관(pure habits)」이라 부르고 다른 것들은 「취향(tastes)」, 「관심(interests)」, 「경도(傾倒, bents)」, 「취미(hobbies)」라 부르고 그밖의 또 다른 것에 대해서는 「직무(jobs)」나 「직업(occupations)」이라고 부른다. 예를 들면 양말을 신을 때 늘상 왼쪽보다 오른쪽을 먼저 신는 것은 순수한 습관이라 할 수 있고, 일이 없고 날씨가 허락하면 낚시를 가는 것은 취미이며, 트럭을 운전하는 것은 직무라고 할 수 있을 것이다. 물론 규칙적인 행동 중에는 그 경계를 확실하게 나누기 어려운 것들이 많기 때문에, 이것들에 대해 생각하는 일은 그렇게 어렵지 않다. 예를 들어 어떤 사람은 자신의 직무가 곧 취미이기도 하며, 또 어떤 사람은 자신의 직무와 취미가 순전히 습관이기도 하다. 그렇지만 우리는 이런 개념들 자체의 구별은 명확히 해야 한다. 순전한 습관에서 나온 행동은 의도적으로 이루어진 것이 아니며, 또 그 행위를 한 직후에 바로 그것을 했다는 것을 행위자가 보고할 수 있어야만 하는 그런 종류의 행위는 아니다. 즉 그 행위를 수행하면서 마음은 다른 데 가 있어도 되는 것이다. 어떤 사람의 직무의 일부로서 수행된 행위는 순수한 습관에 의한 것일 수도 있다. 그러나 그가 직무에 종사하지 않으면 그런 행위를 수행하지 않는다. 가령 병사는 행진을 해야 하는 상황이라는 것을 알 때에만 행진하는 것이지 휴가중에도 행진을 하는 것은 아니다. 그는 제복을 입자마자 그 습관을 재개하고, 제복을 벗는 순간 그 습관을 버린다.

취미, 관심, 취향 등의 발현은——우리가 말한 대로 하자면——「쾌락을 위하여(for pleasure)」수행된다. 그러나 이 말은 오해를 불러일으키기 쉽상이다. 왜냐하면 그 말은 이런 발현이 이익을 기대한 일종의 투자행위로서 수행된 것이라는 암시를 주기 때문이다. 실제는 그와 정반대다. 즉 우리가 이런 것들을 행하는 이유는 그것들을 하는 것이 좋다든지 그것들을 하고 싶어 하기 때문이지 거기에 부수된 어떤 것을 좋아하거나 원해서 그런 것은 아니기 때문이다. 우리는 지출할 가치가 충분한 이익을 바라고서 설사 내키지 않더라도 자본투자를 하는 것이며, 만일 자본을 투자하지 않고서도 이익을 올릴 기회가 있다면 결코 지출을 하지 않는다. 그러나 낚시꾼은 낚시하는 활동 없이 그 즐거움을 주겠다고 한다면 받아들이지 않거나 무슨 말인지 이해조차 못할 것이다. 그가 즐기는 것은 낚시가 부가적으로 가져다주는 다른 어떤 것이 아니라 낚시하는 행위 그 자체다.

어떤 사람이 지금 뭔가를 즐긴다든지 혐오하고 있다고 말하는 것은 그가 그 일에 대해 마음을 쏟고 있다는 뜻이다. 어떤 사람이 귀에 들리는 것에 전혀 마음을 쏟고 있지 않는 상황에서 음악이 그에게 즐거움을 준다고 말하는 것은 모순이다. 물론 그는 음악에 귀를 기울이고 있었지만 그것을 즐기지도 혐오하지도 않았다고 하는 말은 모순이 아니다. 따라서 어떤 사람이 낚시를 좋아한다거나 꿈속에서도 하고 싶어한다고 말하는 것은 낚시를 하지 못하도록 강제(強制)되지 않던지 의무가 주어지지 않는 한 그는 강가에서 낚싯대를 드리우는 경향이 있다는 뜻을 내포하는 것은 물론이고 거기에 온 마음을 쏟아 낚시하는 경향이 있으며 낮잠을 자면서도 낚시하는 꿈을 꾸는 경향이 있고 수시로 낚시생각이 나며 낚시에 관한 대화와 책에 몰두하는 경향이 있다는 뜻을 내포한다. 그러나 이것만으로 설명이 끝나는 것은 아니다. 예를 들면 양심적인 기자는 의무가 아니라면 그가 일반인들의 말에 귀를 기울이려 하지 않더라도 직무상 귀를 기울이는 경향이 있다. 그러나 비번(非番)일 때에는 그렇게까지 하지 않는다. 어쩌면 이런 때에는 낚시에 전념하고 싶어할지도 모른다. 이 기자는 직무상 사람들의 말에 주의를 기울여야 하듯이 낚시에 전념해야 할 필요는 없다. 그는 의식적으로 노력하지 않더라도 낚시에 전념하게 된다. 이는「꿈속에서도……하다(keen on)」가 의미하는 바의 주요부분이다.

　순수한 습관, 직무, 관심 이외에도 수많은 다른 유형의 고차적인 경향들이 있다. 행위규칙성이라는 경향에는 행위자가 자신에게 부과한 결심이나 방침을 고수하는 것이 포함될 수 있고, 다른 사람들이 자신에게 주입한 규약이나 종교에 대한 집착도 포함될 수 있다. 그밖에도 탐닉(耽溺, addictions), 야심(ambitions), 사명(missions), 충성심(loyalties), 헌신(devotions), 고질적인 게으름(chronic negligences) 등도 모두 행동경향들이지만 그 유형이나 종류에 있어 각기 다르다.

　두 가지 예를 통해서 능력과 경향의 차이, 혹은 능력과 경향성(pronenesses)의 차이를 몇 가지 살펴보자. (1) 기량(skills)이나 성향(inclinations)은 어느 것이건 흉내낼 수 있다. 그러나 우리는 무엇인가를 완수할 수 있는 양 하는 사기꾼에 대해 「허풍선이(charlatan)」와 「협잡꾼(quack)」이라는 멸시하는 용어를 쓰는 반면에 동기나 습관을 모방한 사기꾼에 대해서는 「위선자(hypocrite)」라는 멸시하는 용어를 쓴다. (2) 인식론자들은 지식과 신념의 차이를 논하면서 자신들은 물론이고 독자들까지 혼란에 빠뜨리는 느낌이다. 어떤 이들은 이 차이가 정도의 차이라고 설명하기도 하고, 어떤 이들은 신념에는 없고 지식에만 있는, 혹은 지식에는 없고 신념에만 있는 내관적 요소(內觀的 要素)들의 존재여부를 통해 설명하기도 한다. 이같은 곤란은 부분적으로 「알다(know)」와 「믿다(believe)」를 발생사건을 나타내는 것으로 상정한 데서 기인하며, 설사 이 두 가지를 성향동사로 간주했다 하더라도 전혀 다른 유형의 성향동사로 상정한 데 따른 것이다. 「알다(know)」는 능력표시동사이며, 그것도 주어로 서술된 사람이 어떤 것을 완수한다든지 올바르게 파악한다는 것을 나타낼 때 사용되는 유형의 능력표시동사이다. 이에 반해 「믿다(believe)」는 경향표시동사이며, 그것도 어떤 것이 완수된다든지 올바르게 이해된다는 뜻을 전혀 함의하지 않는 동사이다. 「신념(belief)」이란 말은 「완고하다(obstinate)」, 「동요하다(wavering)」, 「확고하다(unswerving)」, 「난공불락이다(unconquerable)」, 「우매하다(stupid)」, 「광적이다(fanatical)」, 「일편단심이다(whole-hearted)」, 「간헐적이다(intermittent)」, 「정열적이다(passionate)」, 「순진무구하다(childlike)」 등과 같은 영어형용사에 의해 수식될 수 있지만, 이 형용사들 중의 일부 혹은 전부는 「신뢰(trust)」, 「충성심(loyalty)」, 「경도(傾倒, bent)」, 「혐오감(aversion)」, 「희망(hope)」, 「습관(habit)」, 「열성(zeal)」, 「탐닉(addiction)」 등의 명사에 대한 수식어로도 적합하다. 습관과 마찬가지로 신념은 상습적일 수 있고, 몸에 배게 할 수도 있으며 내버릴 수도 있다. 또 신념은 당파심, 헌신, 희망 등과 마찬가지로 맹목적일 수도 있고 거기에 매달려 시달릴 수도 있다. 또 혐오감이나 공포증처럼 용인되지 않을 수도 있으며, 유행이나 취향처럼 전염성을 가질 수도 있다. 그리고 충성심이나 적대감처럼 속임수에 의해 유발될 수도 있다. 우리는 어떤 것을 믿지 않도록 다른 사람을 설복시키거나 그에게 간청할 수 있으며, 또 성공여부와는 관계없이 믿는 것을 중단시키려고 노력할 수도 있다. 종종 우리는 어떤 사람이 진심으로 「나는 이러저러하게 믿지 않을 수 없다」고 말하는 것을 듣는다. 그러나 이상에서 나온 용어들이나 그 부정어들은 결코 「앎(knowing)」이란 말에는 적용될 수 없다. 왜냐하면 안다(to know)는 것은 어떤 것을 정확하게 파악하는 능력을 몸에 감추고 있는 것이며, 이런저런 방식으로 행위하거나 반응하는 것을 피하는 능력을 몸에 갖추고 있다는 뜻이기 때문이다.

대체적으로 말해서 「믿다(believe)」는 말은 동기어(motive words)와 같은 부류에 속하는 데 반해, 「알다(know)」는 기량어(skill words)와 같은 부류에 속한다. 예를 들면 우리는 그 사람이 어떤 식으로(how) 클로버꽃시계 매듭을 묶느냐를 묻고 싶어하며 왜 그는 항상 선매듭을 묶는가 라고 묻는다. 이와 마찬가지로 그는 이것을 어떻게(how) 아느냐를 묻고 왜(why) 그것을 믿느냐고 묻는다. 기량에서 문제가 되는 것은 방법(methods)인 반면, 습관과 성향(inclination)에서는 그 기원이 문제다. 마찬가지로 우리는 사람들이 왜(why) 어떤 것을 믿느냐 혹은 두려워하느냐 라고 묻지만, 왜 사람들이 어떤 것을 안다든지 달성하느냐 라고 묻지는 않는다.

물론 개략적으로 말한다면 신념과 지식(그 지식이 「사실」의 지식일 경우)은 같은 영역에 있다고 할 수 있다. 이미 알고 있다(known) 혹은 아직 모르고 있다(unknown)고 묘사될 수 있는 종류의 사물은 믿고 있다 혹은 아직 안 믿고 있다고 묘사될 수도 있다. 이는 마치 제조될 수 있는 종류의 물건은 수출도 될 수 있다고 말하는 것과 비슷하다. 얼음이 위험할 정도로 얇게 얼었다고 믿는 사람은 남에게 경고도 하고 스케이트를 타더라도 조심하며 또한 이와 관련된 제반물음에 대해서는 얼음이 위험할 정도로 얇다는 것을 알고 있는 사람과 똑같이 대답한다. 그리고 사실이라는 것을 알고 있는가 라는 질문을 받으면——어떻게 그것을 알았는가 라는 질문을 받으면 곤란해지겠지만, 하여튼 그전까지는——조금도 망설이지 않고 알고 있다고 대답할 것이다.

신념은 「명제형식을 갖고 있다」는 점에서 지식과 유사하지만 타인에 대한 신뢰, 원인을 캐물어가는 열성, 흡연벽과는 다르다는 주장도 있을 수 있다. 그런데 이런 주장은 완전히 틀렸다고 하긴 어렵지만, 그 시야가 너무나 좁다. 물론 얼음이 위험한 정도로 얇게 결빙되어 있다고 믿는 사람은 자신은 물론이고 다른 사람에 대해 그것이 얇다고 말한다는 점에서, 같은 취지로 다른 사람이 주장하면 조용히 따른다는 점에서, 또 이와 반대되는 주장에 대해서는 반박을 한다는 점에서, 그리고 얼음이 위험한 정도로 얇게 얼었다는 명제에서 제반결론을 도출해낸다는 점에서 전혀 주저함이 없다. 이와 유사한 갖가지 문제들에 대해서도 마찬가지다. 그러나 동시에 조심스럽게 스케이트를 타고, 불안에 떨고, 일어날지도 모를 불상사를 상상하고 스케이트를 타는 다른 사람들에게 경고하는 등의 경향도 있다. 이론상의 움직임 뿐만 아니라 실제상의 움직임이나 상상 속의 움직임도 어떤 감정을 갖는 것과 마찬가지로 하나의 경향이다. 그렇지만 이것들의 경향은 모두 명제형식을 갖는다는 공통점이 있다. 「얇은 얼음(thin ice)」이라는 말은 불안에 떪, 경고, 조심스런 스케이팅, 의견표명, 추론, 묵종(默從), 반론 등의 묘사에서 비슷하게 등장한다.

물론 얼음이 얇다는 것을 알고 있는 사람은 물론이고, 그것이 얇은지 두꺼운지 걱정하는 사람도 이와 동일한 방식으로 행위하고 반응하는 경향이 있다. 그러나 그는 얼음이 얇다는 것을 알고 있기「때문에(because)」계속 강변에서만 논다고 말한다면, 이 경우는「때문에」란 말을 전혀 다른 의미에서 사용한 것이던지 그는 얼음이 얇다고 믿기 때문에 계속 강변에서만 논다고 할 때의 설명과는 전혀 다른 종류의「설명(explanation)」을 하고 있는 것이다.

4. 정신적 발생사건들

그는 지금 이것에 몰두하고 있다, 그는 수시로 그것을 겪고 있다, 그는 어떤 활동에 몇 분을 들였다, 그는 어떤 결과를 달성하는 데 신속하기도 하고 느리기도 하다 등과 같이 우리는 수없이 많은 방식으로 사람들의 모습을 묘사한다. 그런데 이와같은 발생사건들(occurrences)의 하위그룹 중에서 중요한 것은 성격(character)과 지성(intellect)의 특성을 보여주는 것들이다. 논의를 시작하기에 앞서 다음과 같은 사실에 주목해야 한다. 사람들의 어떤 행위와 반응은 성격과 지성이라는 특징을 보여준다고 말하는 것은 정신작용이나 정신적 발생사건이 존재한다고 말하는 것과 전혀 별개의 것이라는 사실이다. 그런데도 후자와 같은 말을 하게 되는 것은 우리의 언어가 가진 불행한 표현양식에서 비롯된다. 특히 이 후자의 표현은 전통적으로「두 개의 세계가 있다」는 두 세계 이론에 바탕을 두고 있다. 이 이론에 따르면 어떤 것들은「물리적 세계」에 존재하거나 거기에서 발생하고, 반면에 다른 어떤 것들은 이 세계가 아닌 또 다른 비유적 장소에서 존재하거나 발생한다는 것이다. 그러나 이런 두 세계 이론을 거부하더라도 실없는 소리와 내용있는 소리 간의 흔히 아는 차이 혹은 의사전달을 분명히 하지 않고 쭈뼛거리는 것(twitching)과 명확한 신호를 보내는 것(signalling) 간의 차이를 우리는 얼마든지 견지할 수 있다. 또 세계이원론을 수용한다고 해서 이런 구별을 그보다 더 분명히 한다든지 확고히 할 수 있는 것도 아니다.

나는「마음에 걸리다(minding)」라고 하는 애매하지만 바로 이 애매성 때문에 유용한 표현으로 포괄할 수 있는 일군(一群)의 개념들을 고찰하는 데서 시작하겠다. 이 개념들은 아마「유의(留意, heed)」개념이라 부를 수 있을 것이다. 이 개념들을 통해 내가 말하려는 것들은 주목하는 것(noticing), 조심하는 것(taking care), 주의하는 것(attending), 마음을 쓰는 것(applying one's mind), 집중하는 것(concentrating), 어떤 것에 열중하는 것(putting one's heart into something), 자신이 무엇을 하고 있는지를 생각하는 것 (thinking what one is doing), 방심하지 않는 것(alertness), 관심을 갖는 것 (interest), 열성적인 것(intentness), 공부하는 것(studying), 시도하는 것 (trying) 등이다. 「정신나간 상태(absence of mind)」란 말은 종종 사람들이 자신들이 무엇을 하고 있는지에 유의하지 않고 행동하거나 반응할 때, 혹은 무슨 일이 진행되고 있는지를 전혀 신경쓰지 않고 행동하거나 반응할 때 사용된다. 또 「마음에 걸리다」라는 영어 「minding」에는 보다 특수한 의미가 들어 있다. 예를 들어 「자기가 먹고 있는 것을 마음에 걸려한다(a person minds what he eats)」란 말은 그 사람이 자기가 먹고 있는 것에 주목한다는 뜻도 포함되지만 더 중요한 것은 그가 먹고 있는 것에 조심한다는 뜻도 포함한다. 즐기는 것(enjoying)과 혐오하는 것(disliking)은 유의하다(heed)는 뜻을 내포하지만, 그 역은 성립하지 않는다. 왜냐하면 「즐기는 것」과 「혐오하는 것」은 이미 「유의하는 것」을 함축하고 있는 훨씬 넓은 동사군(群)에 속하기 때문이다. 우리가 정신나간 채로 숙고하고 있다, 정신나간 채로 탐색하고 있다, 정신나간 채로 테니스를 하고 있다, 정신나간 채로 토론하고 있다, 정신나간 채로 계획을 세우고 있다, 정신나간 채로 귀를 기울이고 있다, 정신나간 채로 음미하고 있다는 등의 말을 한다면 이는 불합리한 것이다. 우리는 정신나간 채 중얼거리거나 안절부절 할 수는 있어도, 만일 계산을 한다든지 정밀하게 조사를 하고 있다면, 그가 자신이 하고 있는 일에 약간의 주의를 기울이고 있다고 말하는 것은 쓸데없는 군더더기에 불과하다.

「마음에 걸린다(minding)」는 말은 정도에 따라 한없이 다양할 수 있다. 운전자는 크게 조심하며, 상당히 조심하며 혹은 약간 조심하며 차를 몰 수 있다. 학생은 열심히 공부에 집중할 수도 있고 별로 성의를 다하지 않고 공부에 집중할 수도 있다. 또 우리는 자신이 종사해오고 있는 일에 온 정신을 쏟았는지 아니면 그 일부만을 쏟았는지를 언제나 말할 수 있는 것은 아니다. 시(詩) 한 수를 외우려고 애쓰는 아이는 자신이 그 시가 있는 책의 페이지를 뚫어지게 보면서 시구(詩句)들을 중얼거리고 인상을 찌푸려가면서 아무 소리도 들리지 않을 정도로 노력했기 때문에 열심히 그 시에 주의를 기울였다고 생각할는지 모른다. 그러나 주의를 산만하게 하거나 방해하는 것이 하나도 없는 데도 그 시를 암송할 수 없다면, 혹은 그 시가 어떠한지에 대해 아무말도 못하고 또 동료들이 외울 때 잘못된 부분을 찾아내지 못한다면, 그가 아무리 시를 외울 수 있다고 말하더라도 선생님은 인정하지 않을 것이며, 심지어 자기 스스로 그런 주장을 철회해야 할 것이다.

의식(意識)에 관한 일부 전통적인 설명들은 적어도 부분적으로, 통상「유의(留意, heed)」와 관련된 모든 개념들의 독특한 공통요소를 뽑아낼 수 있다는 주장에 의해 유의개념들을 해명하려고 시도해왔다. 이 공통요소는「명상(contemplation)」이나「감찰(inspection)」이라는 표현에 의해 묘사되는 것이 상례였다. 그래서 간질간질한 감각을 갖고 있다는 것과 그 감각에 주목한다는 것 간의 차이, 혹은 어떤 문단(文段)을 읽는 것과 그것을 공부하는 것 간의 차이는 간질간질한 감각을 갖는 것과 패러그래프를 읽는 것이 비유적인 의미에 있어서 당사자의 눈앞에서 충분한 조명을 받으며 발생하고 있다는 사실에서 찾을 수 있다고 말할 수 있는 것이다. 그러나 유의하는 것(heeding)은 감찰하는 것(inspecting)이나 감시하는 것(monitoring)의 일종이 아니므로 감찰과 감시 자체는 유의의 특수한 발현(發現)이다. 왜냐하면 어떤 사람이 문자 그대로 혹은 비유적인 의미에서 관찰자로 묘사되는 것과 관계없이, 그가 주의깊은 관찰자인지 부주의한 관찰자인지 혹은 조심스러운 관찰자인지 졸고 있는 관찰자인지를 묻는 것은 언제나 중요한 일이기 때문이다. 어떤 사람이 잔디에 앉은 참새를 주의깊게 지켜보고 있었다는 말에는 그가 지켜보고 있는 것을 다시 비유적인 의미에서「지켜보고」있었다는 뜻이 포함되지 않는다. 또 그가 그리고 있던 만화에 마음을 쓰고 있다는 말에는 작업중인 자기 손가락을 지켜 보았다는 뜻도 들어 있지 않고 작업중인 그밖의 다른 어떤 것을 지켜 보았다는 뜻도 들어 있지 않다. 유의해서 어떤 일을 한다는 것은 어떤 것에 대한 이론화, 조사, 음미,「인지(認知, cognizing)」등을 실제행위와 결부시킨다는 뜻이 아니다. 오히려 유의해서 어떤 것인가를 한다는 말은 유의해서 무한히 많은 수의 일을 하는 것이다.

유의(留意)를 명상을 표시하는 어구로 잘못 묘사하게 되는 동기는 부분적으로 일반적인 주지주의적 전통에서 나온다. 이런 전통에 따르면 이론화(理論化) 혹은 이론구성은 정신(혹은 마음)의 본질적인 기능이며, 비유적인 명상은 이론화의 핵(核)이라는 것이다. 그러나 이것말고도 더 중요한 동기가 있다. 우리가 어떤 것을 하고 있든지 체험하고 있으면서 동시에 자신이 하고 있든지 체험하는 것이 무엇인가에 대해 유의해왔다면, 그는 자신이 무엇을 했는지 혹은 무엇을 체험했는지를(그가 말하는 기술을 배웠다면) 남에게 이야기할 수 있다는 것은 의심할 수 없는 사실이다. 그리고 그는 따로 증거를 댄다거나 추론을 한다거나 심지어는 잠시동안 자신이 말해야 할 것이 무엇인지에 대해 망설이지 않고서도 그것을 이야기할 수 있다. 이미 그 이야기는 입 속에 빙빙 돌고 있으며, 마치 익히 알고 있던 것이나 명백한 것을 얘기할 때처럼 조금도 망설이거나 조사하지 않고서도 그 얘기를 할 수 있는 것이다. 그리고 우리는 명백함의 표준적인 모델을 충분한 조명을 받으며 관찰하기에 유리한 관점에서 본 익히 아는 사물들의 분야에서 구한다. 따라서 당연히 우리는 별다른 노력이나 망설임 없이 어떤 것을 서술하는 것이 가능하다고 하는 능력은 모두 「보는 것(seeing)」과 같은 것에서 유래한다고 서술하고 싶은 것이다. 영어에서 「'Seeing' implications(함축된 의미를 이해하다)」나 「'Seeing' jokes(농담을 이해하다)」는 말이 즐겨 사용되는 것도 이 때문이다. 그러나 상황에 따라서는 친숙한 것들을 보다(seeing)라는 비유가 많은 도움을 주기는 하지만, 그렇다고 해서 친숙함(familiarity)의 개념과 명백함(obviousness)의 개념이 해명되는 것은 아니다.

자신의 행동과 반응이 어떠했는지에 대해 말할 자세가 되어 있다는 것이 어떻게 해서 그 행동과 반응에 유의하다는 말에 포함되는지의 문제는 뒤에 가서 고찰해야 할 것이다. 일단 여기서는 자신의 행동과 반응에 관한 질문들에 대해 대답할 자세가 되어 있다고 해서 우리가 거기에 기울인 유의(留意)가 모두 설명되는 것은 아니란 점을 지적해둘 필요가 있다. 예를 들면 운전자가 주의깊게 자동차를 운전한다 라는 것은 자신의 운전조작에 관한 질문에 답할 수 있다는 것임과 동시에 사고의 위험을 줄인다. 우리가 어떤 일에 온 정신을 쏟는다고 해서 자동적으로 그것에 대한 진실한 보고를 할 수 있다는 자격이 주어지는 것은 아니다. 그리고 정신이 나갔다(absence of mind)는 것은 증인석에서 단순히 어찌할 바를 모르고 있다는 것만으로 알 수 있는 것이 아니다. 유의개념과 인지개념은 우연적인 경우를 제외한다면 일치하는 것이 아니다(양자는 다른 종류의 개념인 것이다). 탐구는 우리가 정신을 쏟는 유일한 작업이 아니다.

이제 우리는 유의개념의 논리적 행태에서의 새로운 특징을 살펴보자. 어떤 사람이 길을 걸으면서 콧노래를 부를 때, 그는 두 가지 일을 동시에 하고 있기 때문에 보행과 콧노래 중 어느 하나를 중단하지 않고서도 다른 한 가지를 중단할 수 있다. 그러나 어떤 사람이 자신이 말하고 있는 내용이나 휘파람 노래에 마음을 두고 있다고 말할 경우 이 말은 그가 말하거나 노래도 하면서 뭔가를 마음에 두고 있다(mind)는 식으로 두 가지 일을 동시에 하고 있다고 말하는 것이 아니다. 또 그는 자신의 독서행위에 계속 주목을 하되 독서를 멈추는 것은 불가능하고, 운전에 조심하면서 운전하는 것을 그만둘 수는 없다. 물론 역으로 주목하는 것을 중단하고 책만 본다든지 조심하는 것을 중단하고 운전만 하는 것은 가능하다. 이처럼 「독서하다」와 「주목하다」, 혹은 「운전하다」와 「조심하다」와 같은 짝을 이룬 능동동사들을 사용함으로써 각각의 짝이 의미가 통하도록 사용되었을 때는 언제나 두 가지 과정이 동시발생해야 한다는 것을 시사할 수도 있다. 그래서 우리는 유의동사를 유의형용사로 바꾸는 일은 순전히 어구상의 문제일 뿐이라는 점을 기억해두는 것이 여러모로 유익할 것이다. 우리는 흔히 「주의를 기울여 독서하다」, 「조심해서 운전하다」, 「열심히 정독(精讀)하다」 등으로 이야기한다. 이런 용법이 갖는 장점은 묘사되고 있는 것이 특수한 성격을 가진 하나의 작업이지, 특별한 케이블로 연결되어 있고 서로 다른 「장소」에서 실행되는 두 가지 작업은 아니라는 것을 시사해준다는 점이다.

그렇다면 이 특수한 성격이란 무엇인가? 이 질문은 상당히 곤혹스러운 것이다. 왜냐하면 유의부사가 붙어 있는 능동동사를 그 부사가 수식하는 방식은 다른 부사들이 능동동사를 수식하는 방식과는 전혀 다른 것같기 때문이다. 예를 들면 우리는 말에 대해서 「빨리 달리고 있다」와 「천천히 달리고 있다」, 「거침없이 달리고 있다」와 「삐걱거리며 달리고 있다」, 「곧바로 달리고 있다」와 「돌면서 달리고 있다」 등으로 묘사할 수 있을 것이다. 그리고 실제로 그 말이 어떻게 달리고 있는지를 결정하려면 단순한 관찰만으로 가능하며, 경우에 따라서는 영화필름의 도움을 빌릴 수도 있다. 그러나 어떤 사람에 대해 「조심해서 운전한다」, 「집중해서 휘파람을 불고 있다」, 「정신 나간 채 먹고 있다」고 묘사할 때, 그 사람의 활동이 지닌 특수한 성격은 관찰자, 카메라, 녹음기 등에 의해 포착될 수 없을 것이다. 찌푸린 이맛살, 조용함, 응시(凝視)하고 있는 것 등은 열성(熱誠, intentness)의 증거일 수 있다. 그러나 그것들은 사람들이 겉으로만 모방한 것일 수도 있고 단순한 습관에 불과할 수도 있다. 하여튼 어떤 사람이 자기가 하는 일에 온 마음을 쏟고 있다고 묘사할 때, 이 말은 그가 일하는 동안 어떻게 보이고 어떤 소리를 내는가 하는 데 대한 것이 아니다. 말하자면 그의 표정과 동작이 전혀 없었다는 말을 들었다고 해서 우리는 그가 정신을 집중하고 있었다는 취지의 문장을 철회해야 하는 것은 아니다.

그러나 이 특수한 성격이 목격불가능한 것이라면, 그것은 그 성격이 부여된 어떤 작용의 숨겨진 수반물(隨伴物)이든지 아니면 행위자의 성향적 성질(dispositional property)이라고 말할 수밖에 없을 것이다. 예를 들어 정신을 집중해서 휘파람을 부는 것은 서로 다른 「장소」에서 발생한 두 가지의 발생사건이든지, 아니면 휘파람에 대해 「정신을 집중해서 불었다」고 묘사하는 것은 단 한 가지의 겉으로 드러난 발생사건을 언급함과 동시에 행위자에 관한 개방적 가언언명을 하는 것이다. 전자를 따를 경우 우리는 세계이원론에 빠지게 될 것이다. 게다가 전자를 택할 경우 우리는 다음과 같은 특수한 곤란에 빠지게 된다. 즉 마음에 걸리다(minding)라는 말은 마음에 걸려 있다고 서술되는 외적으로 드러난 활동과는 다른 활동일 수 있기 때문에 왜 그같은 「마음에 걸리는」 행위가 마치 콧노래가 걷지 않을 때에도 나올 수 있는 것처럼 독자적으로 행해질 수 없는가를 설명하는 것이 불가능하다는 것이다. 이와 달리 성향으로 설명하는 후자를 취할 경우, 우리는 설사 어떤 사람이 지금 휘파람을 불고 있다고 제대로 묘사된다 하더라도 그는 지금 정신을 집중하고 있다든지 조심하고 있다고 묘사하는 것을 불가능하다고 분명히 말할 수 있다. 게다가 우리는 이런 묘사가 정당하다는 것을 명확하게 알고 있다. 그러나 이 점은 보다 상세한 해명을 해야 한다.

어떤 사람이 자신이 읽고 있는 것에 주목해왔는지의 여부를 알고 싶어 한다면, 우리는 일반적으로 그가 독서를 끝마친 직후에 그에게 탐문해보면 충분하다. 만일 그가 그 장(章)의 요지나 용어에 대해 말해줄 수 없다면, 최초의 장(章)과 모순되는 문장을 읽으면서 전혀 모순이라는 것을 찾아내지 못한다면, 앞에서 언급했던 내용이 또 나왔는데 마치 처음 본 듯이 놀라움을 표시한다면, 그리고 또 그 사이에 뇌진탕을 당하든지 현재 너무 흥분하거나 졸리지 않는다면, 우리는 충분히 그가 자신이 읽은 것에 대해 주목하지 않았다고 말할 수 있다. 마찬가지로 우리는 사고, 혹은 사고에 가까운 어떤 일이 발생했다면, 그 운전자는 (운전을 하면서) 조심하지 않았다고 얼마든지 말할 수 있다. 왜냐하면 「조심하다」라는 말은 이런 류의 긴급사태에 대해 대비한다는 뜻을 함축하고 있기 때문이다.

그러나 이것이 전부가 아니다. 오히려 문제는 지금부터다. 한편으로, 유의동사로 분류될 수는 없지만 유사한 성향적 성질을 나타내는 진행동사(process verbs)들이 수없이 존재한다는 사실이다. 「그는 지금 죽어간다(He is now dying)」, 「……오고 있다(coming to)」 「쇠약해지고 있다(weakening)」, 「그는 지금 최면술에 걸리는 중이다(he is now being hypnotized)」, 「마비되는 중이다(anaesthetized)」, 「면역되는 중이다(immunized)」 등은 모두 발생사건에 대한 보고이며, 그것이 참이 되기 위해서는 그것의 미래에 관한 검증가능한 가언적 언명들이 참이어야 한다. 다른 한편, 어떤 사람에 대해 「그는 지금 자신이 말하고 있는 내용에 대해 생각하고 있다」, 「자기가 앉은 의자가 딱딱하다는 것에 간헐적으로 주목한다」, 「정신집중을 했다가 안 했다가 한다」고 얼마든지 말할 수 있을 뿐만 아니라 그에게 온 정신을 다 쏟으라고 명령하거나 요구하는 것은 타당하다. 그러나 어떤 일을 하는 것이 가능하다(able to)든지 할 수 있을 것이다(likely to)라고 명령하거나 요구하는 것은 있을 수 없다. 또한 우리는 주의깊게 책을 읽는 것이 그렇지 않은 것보다 훨씬 피곤할 것이라는 사실을 알고 있다. 그래서 우리는 어떤 사람에게 그같은 유의개념을 사용할 때 성향적인 일을 말하고 있지만, 동시에 발생사건적인 일에 대해서도 이야기하는 것이다. 말하자면 우리는 그가 자신의 행위를 어떤 특정한 마음구조(frame of mind)에 따라 했다고 말하고 있는 것이다. 그 구조가 어떤 것인가를 분명하게 규정하기 위해서는 그가 행동과 반응을 할 수 있었고 할 준비가 되어 있었고 하려고 했던 방식들에 대해 언급해야 하는 반면, 일정한 마음구조에 따라 행해진 그의 행위 자체는 시계를 보고 시간을 알듯이 겉으로 드러난 발생사건이었다.

이 문제를 다음과 같이 설명할 수도 있다. 물론 흔한 일은 아니겠지만, 전혀 다른 마음구조에서 나온 두 가지 이상의 겉으로 드러난 행동들이 사진으로 찍거나 녹음을 할 경우에——여러분이 원하기만 한다면 그만큼——유사하게 보이도록 하는 것은 충분히 가능한 일이다. 어떤 사람이 피아노연주를 하고 있다고 치자. 이 경우 그 사람은 자신의 즐거움을 위해서, 청중을 즐겁게 하려고, 연습 삼아, 다른 사람을 가르치려고, 협박을 받고 있어서, 다른 연주자를 풍자적으로 흉내내기 위해서, 아무 생각 없이, 그냥 기계적으로 등 여러 가지 이유에서 피아노를 칠 수 있다. 그런데 이런 것들 간의 차이가 항상 사진이나 녹음에 의해 확인될 수 있는 것은 아니기 때문에 우리는 이렇게 말하고 싶은 유혹을 느낀다. 즉 그것들은 내적인 행위와 반응에 수반되는 발생사건이든지 겉으로 나타난 실행에 의해 서로 다른 개방적 가언언명들의 충족으로 보려는 것이다. 달리 말해서 그 연주자는 「즐거운 우리집(Home Sweet Home)」을 연주하고 있다는 것을 보여주기 위하여 지금 연주하고 있다고 묘사하는 것은 내적으로 복잡한 구조를 갖고 있고 그리고 그 묘사는 목격되는 요소와 관련하여 「즐거운 우리집」을 다른 연주자의 패러디로서 연주한다는 묘사와 유사하지만, 그 이외의 면에서는 후자의 묘사와는 다르다고 서술하고 싶은 유혹을 느낀다는 것이다. 이처럼 외면적으로 유사한 발생사건들에 대한 복잡한 묘사는 겉으로 유사한 발생사건과 내적으로 전혀 다른 발생사건의 결합을 묘사한 것으로 해석해야 하는가 아니면 양자 간의 차이를 이와는 다른 방식으로 해석해야 하는가? 그러한 묘사는 이중적인 사실을 내세우고 있는가 아니면 서로 다른 추론보증서를 가진 단일한 사실을 내세우는 것인가?

후자의 경우 우리 문제에 대한 대답의 필수불가결한 부분을 이루기는 하지만, 사실 두 가지 모두 부적절하다고 생각된다. 대부분의 이분법(二分法)이 그러하듯이 「정언적인가 가언적인가」라는 논리학자들의 이분법에도 다소 과장이 들어 있음을 고려할 필요가 있다. 여기에서 우리는 양자 간의 간격을 메울 수 있는 몇 가지 언명들의 집합을 살펴보아야 한다. 실제로 어떤 언명은 몇 가지 측면에서 조야(粗野)한 사실에 대한 언명과 비슷하고 또 다른 몇 가지 측면에서는 추론허가증과 유사하다는 견해, 혹은 어떤 언명은 상호분리가능한 부분언명의 연결사(連結詞) 없이 서술적, 설명적임과 동시에 조건부로 예측적이라고 하는 견해는 앞서 말한 바와 같은 이분법적 사고에 속박되어 있는 사람만 제외한다면 누구에게나 지극히 당연한 것이다. A 이외의 다른 것이 사실이기 때문에 A도 사실이라는 취지의 모든 언명은 그것이 참이 되기 위해서는 이에 적합한 사실들이 있어야 하지만 동시에 하나의 사실로부터 다른 사실에로의 추론을 보증해줄 허가서가 있어야 한다. 이런 언명은, 그 일부는 참이고 나머지는 거짓이라고 말한다고 해서 반박될 수 있는 그런 언명이 아니다.

영어에서 「You 'would' miss the last train(너는 마지막 열차를 놓칠거야, 지금도 이미 늦었어)」라고 하면 일상회화에서 책임을 지우는 말이다. 이 말은 기차를 놓치게 된 데 대해 그 사람을 나무라는 것임과 동시에 말하는 사람이 이미 놓칠 걸로 예상하고 있었다는 뜻이다. 그가 현실적으로 저지른 잘못은 예상됐던 일 중의 하나일 뿐이다. 즉 그가 그와 같은 행동을 했다는 것은 바로 그와 같은 것이다. 결국 책임을 지운 그 말은 부분적으로 충족된 개방적 가언언명을 포함하고 있다.

그 개방적 가언언명은 완전하게 충족되어 있지 않을 뿐더러 완전하게 충족될 수도 없다. 왜냐하면 설사 그가 전화박스에 갔더라 해도 (실제로는 가지 않았을 가능성이 더 높다) 그는 잔돈을 갖고 있지 않았을 것이고, 또 그가 편지를 우체통에 넣으려 했다 하더라도 (실제로는 넣지 않았을 가능성이 더 높다) 마지막 우편함 수거시간을 놓쳤을 거라고 예측할 수도 있기 때문이다. 나는 「You 'would' do the thing you did(너는 방금 네가 실제로 했던 그 행위를 잘 해냈다)」와 같은 문장을 「잡종적 정언언명(雜種的 定言言明, mongrel categorical statements)」이라고 부를 것이다. 정언언명이라 해서 흔히 드는 예들은 대부분 잡종적 정언언명들이다.

이와 마찬가지로 어떤 사람이 자기가 무엇을 하고 있는지에 대해 유의하면서 뭔가를 하고 있다고 말하는 것은 그가, 예를 들어 그 행위와 연관된 다양한 과제와 테스트──현실적으로는 나타난 적이 없지만 나타날 가능성이 있었던 과제와 테스트——일체에 대하여 준비를 갖추고 있다는 말임과 동시에 그는 자신이 실제로 처리한 과제에 대해 준비를 할 수 있었다는 말이기도 하다. 그는 필요하다면 실제로 필요치 않았을 수도 있는 수많은 일들도 해낼 기분, 혹은 마음상태였던 것이다. 그리고 바로 이 「사실에 따라」 그는 최소한 실제로 필요했던 이 한 가지만을 해야겠다는 기분 혹은 마음상태였다고 말할 수 있다. 이런 마음상태였기 때문에 그는 현실적으로 자신이 했던 일을 해냈던 것이고, 또한 했다고 말하지는 않은 다른 수많은 일들도 필요하다면 해낼 수 있었던 것이다. 이런 사람에 대해 「그는 자신이 하고 있던 일에 마음을 쓰고 있었다(minding what he was doing)」고 묘사하는 것은 장차 일어날지도 모를 발생사건에 대한 조건부 예측임과 동시에 실제로 일어난 발생사건에 대한 설명적인 보고이기도 하다.

이런 유형의 언명은 인간의 고차적인 행동과 반응을 묘사하는 데만 특유하게 사용되는 것은 아니다. 설탕덩어리가 용해(溶解)되고 있다(dissolving)고 서술되는 경우에는 그것이 가용적(可溶的, soluble)이라고 묘사할 때보다 더 많은 발생사건적 요소가 이야기되고 있는 것이다. 그렇지만 설탕덩어리가 축축하다고 묘사하는 경우와 비교하면 성향의 요소가 더 많이 언급되고 있다. 마찬가지로 어떤 새가 이동하고 있다고 묘사할 경우, 그 새가 이동성 조류라고 묘사할 때에 비해 더 많은 발생사건적 요소가 언급되는 것이지만, 그 새가 아프리카 방향으로 날고 있다는 묘사에 비하면 성향의 요소가 더 많다. 그 설탕덩어리나 그 새는 주어진 조건에서 그것들이 실제로 행한 것을 해냈을 뿐만 아니라 실제로 성립되진 않았지만, 만일 조정가능한 조건들이 성립한다면 다른 수많은 규정가능한 일들도 해낼 것이다.

새가 이동하고 있다는 묘사는 그것이 아프리카 방향으로 날고 있다는 묘사보다 훨씬 복잡하다. 그러나 이렇게 복잡한 이유는 많은 수의 사건들을 서술하기 때문이 아니다. 오직 한 가지, 즉 그 새가 특정한 시점에 남쪽으로 날아가고 있다는 것만 일어나고 있으면 그것으로 충분하다. 말하자면 「그 새가 이동하고 있다(It is migrating)」는 문장은 「그것은 남쪽으로 날아가고 있다(It is flying south)」는 문장이 말해주는 것보다 더 많은 이야기들(story)을 말해주는 것이 아니라 많은 것을 함축하고 있는 하나의 이야기(a more pregnant story)를 말해준다. 그래서 그 문장은 보다 많은 방식으로 잘못 이해될 수 있고, 또 우리에게 보다 많은 가르침을 줄 수도 있다.

이런 점은 「때문에(because)」라는 말의 매우 일반적인 용법과 관련되어 있다. 그러나 이 용법은 과거에 사용되는 「때문에」의 모든 용법과는 구별된다. 「그 새는 남쪽으로 날고 있다」와 「그 새는 이동하고 있다」는 두 문장은 모두 사건에 대한 보고(報告)다. 그런데 「왜 그 새가 남쪽으로 날아가고 있는가」라고 물었을 때 「그것이 이동하고 있기 때문(Because it is migrating)」이라고 대답하는 것은 매우 적절하다. 그러나 「이동하고 있다」는 과정과 「남쪽으로 날아가고 있다」는 과정은 서로 다른 과정이다. 따라서 「그 새가 이동하고 있다」는 것은 그 새가 남쪽으로 날아가는 것의 원인(原因, cause)이 아니다. 또 그것은 발생사건을 보고하는 것이기 때문에 「그 새는 이동중이기 때문」이라는 문장은 「그 새는 이동성이기 때문」이라는 문장이 말하는 것과 같은 종류의 것을 말하는 것이 아니다. 그래서 「그 새는 이동중이다」라는 문장은 부분적으로 발생사건적이며, 또한 부분적으로 예측적이면서 설명적인 용어들을 가지고 새가 날고 있는 과정을 묘사하고 있다고 말해야 적절한 것이다. 즉 그 문장은 어떤 법칙을 이야기하는 것이 아니라 법칙을 주입시킨(law-impregnated) 용어로 하나의 사건을 묘사하는 것이다. 「이동하다(migrate)」는 동사는 생물학적 메시지를 전해준다. 이는 「용해하다(dissolve)」는 동사가 화학의 메시지를 전해주는 것과 같다. 그래서 「그것은 용해된다」는 문장이 「그것은 가용적이다」는 문장을 추론할 수 있도록 그 타당성을 보증해주듯이, 「그것은 이동하고 있다」는 문장은 「그것은 철새다」라는 문장의 추론을 보증해준다.

그래서 왜 저 사람은 하필이면 그 책을 읽고 있는가 라는 물음에 대해서도 「그는 지금 그가 읽고 있는 것에 관심이 있기 때문이다」라는 대답이 종종 정확할 것일 때가 있다. 그러나 「그 책을 읽는 데 관심이 있다」는 말은 관심이 그 독서행위의 원인이라는 식으로 해서 두 가지 일을 동시에 하고 있다는 것은 아니다. 물론 「이주하고 있는 것」이 남쪽으로 날고 있다를 설명해주는 것과 똑같이 특수한 방식으로는 아니지만, 관심은 그 독서행위를 마찬가지의 일반적인 방식으로 설명해준다.

나는 유의개념과 관련하여 다음과 같은 사실을 지적한 바 있다. 즉 누군가에게 유의하라, 조심하라, 주목하라, 열심히 공부하라 등을 명령하거나 요구하는 것은 매우 정당하다는 사실이다. 마찬가지로 이런 것들을 자기 자신에게 말하는 것도 정당하다. 그러나 아무 것도 없이 그냥 유의하라, 주목하라고 명령할 수 없다는 것은 명백하다. 어떤 명령이 준수되거나 거부되기 위해서는 유의해서 하고 있는 그 일이 무엇인가가 구체적으로 규정되어 있어야 한다. 예를 들면, 학생과 교정하는 사람 그리고 안과환자 등은 모두 어떤 패러그래프를 주의깊게 읽고 있다고 하자. 이때 학생이 그 주장내용에는 주목하지 않고 오자(誤字)를 찾아내는 데만 주의를 기울인다면, 그는 자기본분을 다하는 것이 아니다. 또 교정자(校正者)가 오자나 탈자를 찾는 일보다 내용에 더 신경을 쓴다면 자신의 본분을 다하는 것이 아니다. 그리고 안과환자는 내용이나 오·탈자가 아니라 인쇄된 글자가 흐린지 명확한지, 검은지 회색인지, 비스듬한지 곧바른지에 대해서만 주목해야 한다. 이상에서 말한 것은 유의하는 행위에 대해 일반적으로 타당하다. 어떤 사람에 대해 단순히「그는 관심을 갖고 있다」,「그는 몰두하고 있다」,「그는 시도하고 있다」고 묘사하는 것은 불가능하다. 예를 들면 관심을 갖고 주요 논문을 읽든지, 몰두해서 낚시를 하든지, 나무에 오르려고 시도하든지 해야 하는 것이다.「즐기다(enjoy)」와「혐오하다(dislike)」도 마찬가지로「수영하다」,「바흐음악을 듣다」,「아무것도 하지 않다」와 같은 구체적인 능동동사를 연결해서 보충해야만 제대로 의미가 살아난다.

한 사람이 구체적으로 말할 수 있는 행위나 반응에 마음을 쏟고 있다고 묘사할 경우 마음을 쏟는다는 동사는 어떤 의미에서 보면 그가 하고 있거나 경험하거나「마음을 쏟고 있는」그 일을「생각하고」있거나「유의하고」있다는 것을 말하는 것이라고 보는 것은 정당하다. 그렇다고 해서 이것이 그가 자신이 하고 있거나 경험하는 일에 대하여 반드시 자기 자신과 대화를 나누고 있다, 즉 내성(內省)을 하고 있다는 뜻은 아니다. 그는 자기 자신에 대하여 논평, 비난, 지시, 격려, 진단 등의 말에 대해——물론 그럴 수 없는 것은 아니지만——반드시 중얼거릴 필요는 없는 것이다. 물론 그가 이렇게 한다면, 그가 중얼거리는 바에 대해 그는 생각하고 있는가 라는 물음을 다시 던지는 것은 당연하다. 햄릿처럼 대화벽(對話癖, addict of discourse)을 가진 사람들은 종종 주어진 일에 온 마음을 쏟기 어렵다는 소리를 듣는다. 왜냐하면 이런 사람은 자신의 일차적인 과제에 대하여 자기 자신과 대화를 나누는 이차적인 과제에 자신의 온 신경을 쓰기 때문이다. 그리고 프랑스어로 회화를 해야 하는 사람들은 어떻게 프랑스어로 나타낼 것인가에 대해 영어로 자신과 대화를 나눔으로써 실제로는 본래의 과제에서 일탈하는 경우가 종종 있다. 자신이 무엇을 하고 있는지를 생각하거나 유의하는 것에는 예지적인 산문처리작용*을 언제나 혹은 그때마다 반복해서 한다는 뜻이 포함되어 있지 않다. 오히려 반대로 예지적인 산문처리작용은 자신이 무엇을 하고 있는지를 생각하거나 유의하는 것의 단지 한 가지 사례일 뿐이라는 것이다. 왜냐하면 그것은 말하고 있는 것에 대해 생각하면서 뭔가를 말하는 것이기 때문이다. 즉 그것은 유의해서 행동하는 것의 한 가지 종류일 뿐이지 그런 행동의 인과적 조건은 아니다. 그러나 예를 들어 교훈적으로 뭔가를 이야기하는 것은 그 교훈이 예지적으로 주어지고 또 예지적으로 받아들여지는 한 종종 행위를 실제로 수행하는 데 필수불가결한 지침이 되는 것은 분명하다. 만일 우리가 적절하고 시의(時宜)에 맞는 지시에 유의하지 않는다면——설사 우리 자신이 그 지시를 한 장본인이어야 하는 경우에조차——우리는 제대로 하지 못하거나 아예 할 수 없는 것들이 많이 있다. 이런 경우들에 있어 그런 것을 하려고 시도한다는 것은 적기(適期)에 적절한 지시를 자신에게 주려고 하는 것은 물론이고 그 지시를 따르려고 시도한다는 뜻이다.

본능적 행위와 순전히 습관적이거나 반사적인 행위는 유의(留意)를 포함하지 않는다. 이와 달리 완전히 창조적인 것은 아니지만 어느 정도의 유의를 포함하는 유형의 행위가 있다. 이제 이런 유형의 행위를 고찰해보자. 명령에 복종하여 총에 칼을 꽂는 병사는 그밖의 다른 목적으로 총에 칼을 꽂는 병사와 (겉으로 봐서) 똑같은 동작을 한다고 할 수 있다. 「복종하여(obediently)」라는 말은 총과 칼을 조작할 때 생기는 근육의 독특한 움직임

---

* 머리 속에서 일어나는 것을 명확한 문장의 형태로 바꾸는 것.

을 나타내는 것이 아니다. 또한 자기 자신과의 대화나 자신에 대한 지시를 의미하거나 함축하지도 않는다. 왜냐하면 이렇게 하라는 명령은 받은 적이 없기 때문이다. 그리고 그가 그렇게 한다고 해서 그것들이 총에 칼을 꽂는 행위를 설명해주는 것은 아니다. 왜냐하면 자기지시를 따르는 것은 복종하여 행동하는 것과 별개의 것이기 때문이다. 그러나 명령에 복종하여 총에 칼을 꽂는 행위는 어떤 의미에서 보면 이 일은 자신이 그렇게 하라고 명령받은 일이라고 생각하면서 그 행위를 하고 있는 것이 틀림없다. 만일 다른 명령이 내려졌거나 혹은 그가 명령을 잘못 들었다면 이런 행위는 하지 않았을 것이다. 그리고 왜 그것을 했냐는 질문을 받았을 때 그는 주저하지 않고 명령이 있어서 그랬다고 대답할 것이다.

이동중인 새가 남쪽으로 날면서 동시에 이와는 다른 어떤 일을 행하거나 체험하는 것이 아니듯이, 이 사람도 동시에 총검도 세우고 명령에도 복종하는 두 가지 일을 함께 하고 있는 것이 아니다. 「그가 명령에 유의했는가?」라는 질문에 대해서는 「그렇다. 명령을 받자마자 총에 칼을 꽂았다」고 대답하면 충분하다. 물론 그는 사실 그 명령을 듣지 않았는데 그 명령이 내려진 바로 그 시점에 장난삼아 총에 칼을 꽂았을 수도 있다. 이런 경우 그가 명령에 복종해서 그랬다고 말하는 것은 잘못된 것이라 할 수 있다.

그의 일차적인 목적은 하사관이 내린 명령에 대하여 그것이 어떤 것이건 간에 따르는 것이다. 만일 우리가 「그는 무엇에 자기 마음을 쏟았는가?」라고 묻는다면 그 대답은 「명령」이다. 총에 칼을 꽂는 것이 실제로 하사관이 그에게 내린 명령이라 한다면, 그는 그 명령이 내려졌을 때 총에 칼을 꽂는 식으로 조정(調整)되었을 뿐이다. 우리는 그의 마음구조에 대해 묘사할 때 명령에 대해서는 직접적으로 언급하지만 총에 칼을 꽂는 행위에 대해서는 조건부이기 때문에 완곡하게 언급할 수밖에 없다. 말하자면 그가 총에 칼을 꽂는 행위는 인용부호를 붙이는 식으로 수행된 것이다. 즉 그는 실제로 명령된 특정한 사항을 하듯이 그 행위를 한다. 만일 다른 명령이 내려졌다면 거기에 맞는 다른 행위를 했을 것이다. 총괄하자면 그는 총에 칼을 꽂는 것은 물론이고 어떤 일이건 명령만 주어지면 할 수 있는 마음구조를 갖고 있는 것이다. 그가 총에 칼을 꽂는 행위는 조건적으로 소급해서 예측할 수 있는 것이며, 가변적 조건의 가치는 충족된다.

　마찬가지로 성대모사나 흉내에 능한 사람은 단순히 몇 마디를 던지고 약간의 동작을 취할 뿐이지만, 그는 이런 말이나 동작을 그가 흉내내려는 사람이 원래 했던 말이나 동작을 그대로 재현하는 것일 뿐이다. 원래의 행위자가 다르게 말하거나 행동하면, 그도 이에 따라 다르게 말하고 행동한다. 이때 그는 자기가 보여주는 동작이나 말이 원래 행위자의 말과 행동을 본뜬 것이라는 사실을 자신이나 다른 동료들에게 설명해야 할 필요는 없다. 그의 음색(音色)으로 말하고 그를 흉내내 어깨를 들썩이기 전에 혹은 추가적으로 서술적인 주석을 달 필요는 없다. 하지만 종종 성대모사기술은 연기에 의한 표현기술보다 떨어지기 때문에 서설이나 추가설명으로 서술적인 주석이 들어가기도 한다. 흉내내는 사람은 흉내의 대상이 된 사람의 말과 동작에 대한 모사(模寫)「로서(as)」 자신의 말과 동작을 행한다. 그러나 그럴 때마다 자신의 말과 행동이 모사라고 밝혀야 할 필요는 없다.

　그러나 어떤 행위자가 명령받은 행동「으로서(as)」, 모사「로서」, 연습「으로서」, 목적을 달성하기 위한 수단「으로서」, 놀이「로서」, 보다 일반화시켜 어떤 특정한 계획의 실행(實行)「으로서」 뭔가를 한다고 할 때 이「로서(as)」란 말이 갖는 힘은 무엇인가? 일정한 동작들은 단순히 기계적으로 하는 것과 겉으로는 이와 거의 비슷한 동작을 통해 특수한 목표를 달성하려고「시도」하는 것 간에는 무슨 차이가 있는가? 또는 명령에 순응하여 착검하는 행위와 전투를 위해 착검하는 행위는 어떻게 다른가?

　병사가 고의로, 즉 자신이 받은 명령을 수행하기 위해서 혹은 자신을 보호하기 위해서 착검을 한다고 말하는 것은 틀린 말이라고는 할 수 없지만 이것만으로는 불충분하다. 왜냐하면 현재 우리가 직면한 문제는 이런 것이기 때문이다 :「그 새는 이동중이다」와 「그 병사는 명령에 따라 착검중이다」라는 문장이 둘 다 잡종적 정언언명이라고 할 경우 병사는 온 정신을 쏟는다든지 고의로 행동하는 반면에 새는 그렇지 못하다는 말에서 나타나는 양자 간의 차이는 무엇인가?

　최소한 그 대답의 일부로서 이렇게 말할 수는 있다 : 설탕덩어리가 용해되고 있다, 새가 이동중이다, 어떤 사람이 눈을 깜박이고 있다는 등의 말은 설탕이 액체로 되는 법을 배웠다, 새가 가을에 남쪽으로 날아가는 것을 배웠다, 혹은 그 사람이 놀랐을 때 눈을 깜박거리는 것을 배웠다는 뜻은 아니다. 이에 반해 한 병사가 명령에 복종하여 착검했다, 혹은 자기방어를 위해 착검을 했다는 말은 그가 뭔가 교훈을 배웠고 아직 잊어버리지 않았다는 뜻이다. 신병은 착검명령을 듣거나 적병사가 다가오는 것을 볼 때 대검을 가지고 무엇을 하는지, 어떻게 해야 할지, 그리고 언제는 사용하고 언제는 사용해서 안 되는지를 모른다. 심지어 그는 명령을 어떻게 이해해야 하는지 혹은 어떻게 그것을 실행해야 하는지조차 모를 수도 있다. 모든 후천적인 능력이나 경향은 마음의 특성으로 분류되어서는 안 된다. 오른쪽으로 누워서 자는 습관은 지성의 특성도 아니고 성격의 특성도 아니다. 또 「Tweedledum」이란 말을 들으면 「Tweedledee」를 입 밖으로 혹은 머리 속에서 말하게 되는 습관은 우리가 의도적으로 배운 것은 아니지만 어쨌든 후천적으로 생겨난 착각이다. 이 습관은 몸에 배인 것이긴 하지만 일부러 그렇게 하기 위해 시도했던 것은 아니다. 또한 우리는 그 습관을 일상적으로 사용하거나 적용하지도 않는다. 일부러 노력하지 않았는데 기계적으로 몸에 밴다는 것은 학습의 소실점이다. 비록 원시적인 형태의 학습이긴 하지만 시를 암기하는 것도 응용하기만 하면 그 시를 낭송할 수 있는 평범한 능력은 물론이고 모든 종류의 시를 암기할 수 있는 보다 가치 있는 능력과 심지어는 공부를 통해 모든 종류의 능력을 생성시킬 수 있는 훨씬 가치 있는 능력까지도 생겨난다. 말하자면 일부러 노력하지 않았는데 몸에 밴다는 것은 「일반적인」 교수능력(敎授能力)을 몸에 익히기 위한 원시적인 훈련이다.

　어린아이, 읽고 쓰기가 제대로 안 되는 사람, 낡은 방식을 못버린 군인, 그리고 일부 교육자들은 교육과 훈련의 본질은 가르쳐 준 것을 단순히 그대로 따라하는 데 있다고 생각한다. 그러나 이것은 분명한 잘못이다. 예를 들면 어린아이가 할 수 있는 것이라곤 구구단을 처음부터 끝까지 정확하게 외우는 것뿐일 때, 그 아이는 구구단을 배우기 시작했다고 말해야지 그 이상의 어떤 것도 했다고 말해서는 안 된다. 만일 그 아이가 12×13처럼 간단한 곱셈문제를 냈을 때 곧장 정답을 말할 수 없다면, 그리고 6명이 있는 방에 발가락은 몇 개냐와 같은 손쉬운 문제에 구구단을 응용할 수 없다면 그가 구구단을 제대로 배웠다고 할 수 없다. 그리고 처음에 배웠던 초보자용 코스만을, 배울 당시와 같은 조건에서 당시의 동작 그대로 계속 암벽등반을 한다면 그는 노련한 암벽등반가라고 할 수 없다. 학습이란 일반적인 종류의 「그 어떤」 상황에서도 올바른, 혹은 적절한 대처를 할 수 있게 된다는 뜻이다. 즉 학습이란 일정한 범위 내에서 「얼마든지 변할 수 있는」 요구에 대해 준비할 수 있는 상태가 되는 것을 말한다.

그렇지만 어떤 사람이 지금 어떤 종류의 유의(留意)를 일정한 정도 들여가면서 어떤 일을 하고 있다고 말하는 것은 그가 사전에 어느 정도 준비가 된 상태였다는 뜻임과 동시에 그는 구체적인 요구에 실제로 응하고 있으며 더욱이 과거나 미래에 있어서 생겨났거나 생겨날지도 모를 일체의 다른 요구에 대해서도 응할 수 있었고 또 응할 것이라는 뜻이다. 그는 「준비된(ready)」 마음상태에 있다. 왜냐하면 그는 지금 이 상황에서 일어난 이 일을 하겠다는 마음자세(readiness)를 가지고 현재 하고 있는 것을 행하고 있으며, 동시에 자신에게 제기될지도 모를 그 어떤 요구에 대해서도 해내겠다는 마음자세이기 때문이다. 「저 운전자가 조심하고 있다」는 서술에는 길에서 당나귀가 돌발적으로 튀어나온다는 사실이 포함되어 있지 않다. 사실 그는 돌발사태를 사전에 예상하지 않더라도 그런 사태에 대비하는 마음자세를 가질 수 있다. 실제로 그와 같은 돌발사건에 대한 마음의 준비를 갖추지 않고서도 그런 것들을 예상하는 것은 있을 수 있다.

이 장의 앞부분에서 나는 어떤 일에 마음을 쏟다(applying one's mind)라는 것은 그 일을 수행하면서 동시에 관찰이나 조사를 한다는 점에 있는 것은 아니지만, 우리는 뭔가에 마음을 쏟고 있는 사람에 대해 그가 실제로 종사하고 있는 일이 어떤 것인지에 대해 별다른 조사를 하지 않고서도 말해 줄 수 있을 것으로 기대하는 이유는 무엇인가를 설명하려고 한 바 있다. 유의행위(heeding)는 이론구성(theorizing)의 이차적인 과업이 아니지만 자신의 일차적인 과업에 대한 이론적인 질문들에 대해 대답할 용의가 있다는 뜻을 포함하고 있는 것같다. 만일 적어도 어떤 일에 마음을 쓰면서 그것을 하거나 느끼는 것이 내가 실제로 무엇을 하고 있으며 무엇을 느끼는가에 대한 고찰을 포함하지 않는다면, 내가 정신나가지 않은 상태에서 행동하거나 감정을 느끼고 있다는 것을 나는 어떻게 알 수 있는가? 내가 그 전에 관찰하지 않았던 것을 이제 와서 어떻게 서술할 수 있겠는가?

이 문제에 대해 부분적으로나마 대답해보자. 무언가를 말하는 행위의 본질은 모두 일반적인 지식의 내용들을 다른 사람들과 나누어 갖는 데 있는 것은 아니다. 특히 가장 기본적인 발화(發話)의 경우는 분명히 그렇지 않다. 예를 들면 우리는 어린아이를 교육시킬 경우 아이가 그 순간에 관심을 갖고 있지 않는 사물의 이름을 가르치면서 시작하지 않는다. 우리는 그 순간에 아이가 관심을 갖고 있는 사물들의 이름을 들면서 시작한다. 이와 같이 사물들의 이름을 사용하는 것은 그 사물들에 대한 관심 속에 들어간다. 이와 부분적이나마 비슷한 방식으로 우리는 어린아이가 실제로 시도하고 있는 것에 대하여 지시와 조언을 주기도 하고 실연(實演)을 해보이기도 하며 혹은 비난과 격려를 하기도 한다. 그리고 사물들이 어떤 것인가를 아이에게 가르칠 경우, 우리는 그가 한가해질 때까지 기다리지 않는다. 또한 행위의 수행과 그것에 대한 지도(指導)가 동시에 일어난다고 해서 그 행위에 대한 주의가 산만해지는 것도 아니다. 가르침에 순응하려는 노력은 그 일을 하려는 노력의 일부이며, 그 아이가 그 일을 하는 것을 배워가면서 그는 그것을 하는 데 있어서의 교훈들을 더 잘 이해하고 더 잘 응용할 수 있게 된다. 이리하여 그 아이는 교사와 학생의 이중적인 역할을 하게 되는 것이다. 이제 자기 자신을 지도하고 자신의 지도행위에 유의하는 법도 배운다. 즉 자신의 행동을 자신의 말에 적응시킬 줄 알게 되는 것이다.

우수한 심판은 경기중에 매번 호각을 불지 않는다. 또한 노련한 선수는 심판의 호각에 주의를 기울일 때마다 경기에 마음을 쏟고 있던 것을 중단하지 않는다. 오히려 그는 호각에 주의를 기울이지 않으면 경기에 마음을 쏟고 있지 않은 것이라는 점을 보여준다. 우리는 모두 일정한 정도까지는 자신에 대한 심판이 될 수 있도록 훈련되어 있다. 그리고 우리는 항상 호각을 불지는 않지만, 상황이 요구하면 호각을 불고, 또 호각을 불었을 때는 거기에 따를 마음자세를 거의 언제나 갖추고 있다. 경기에서 심판이 간섭하는 것은 통상적으로 뭔가를 묘사하거나 어떤 정보를 주는 것이라기보다는 명령을 내리는 것이다. 즉 그는 경기진행을 취재하는 스포츠기자의 입장이 아니라 경기가 진행되도록 도와주기 위해서 거기에 있다. 그는 보고를 하는 것이 아니라 판정을 내리고 경고를 하는 것이다. 그러나 경기상황에 따라 적절한 판정을 내릴 마음자세를 갖추기 위해서는 기자가 그 판정에 대해 항의를 해올 때 경기내용에 대한 보고를 할 수 있는 마음자세도 갖추고 있어야 한다. 그는 어떤 명령을 내려야 하는지 알고 있으며, 그래서 무슨 사실을 보고해야 하는지도 아는 것이다. 그러나 사실들을 수집하기 위하여 자신의 명령을 음미해야 할 필요는 없다. 일반적으로 말해서 그는 다만 목소리의 강약만 잘 조절하면 된다. 즉 명령대로 하지 않으면 화를 내겠다거나 단호하게 명령을 내리겠다고 생각한 것을 평범한 어투로 이야기하면 된다. 직설법으로 뭔가를 이야기하는 것은 다름아닌 지극히 냉정한, 그래서 매우 세련된 방식으로 이야기하는 것이다.

마찬가지로 우리는 적당한 훈련을 받았을 경우 우리가 어떤 일에 종사하고 있건 그 순간에 종사하고 있는 일에 다소 관련 있고 도움이 되는 명령, 제안, 판단 등에 자신을 내맡길 수 있다. 그래서 우리 자신에게 적절한 권고나 어떤 판결을 내리는 단계에서 질문자에게——이때의 질문자도 우리 자신일 수 있다——정확한 묘사를 전해주는 단계로 옮겨갈 때, 우리는 조사(調査)가 아니라 말을 바꾸는 일(re-wording)을 해야 한다. 또한 어떤 요구에 관하여 무엇을 얘기해야 하는지를 안다는 것은 다른 요구들에 관하여 무엇을 얘기해야 하는지를 안다는 것과 같다. 농담을 지어낸다든지 사람들의 성격을 읽는다든지 서정시를 지을 때처럼, 지도자나 심판관으로서의 자기 자신에 대해 많은 얘기를 할 수 없을 경우, 우리는 우리가 하고 있는 바가 무엇인지에 대해서도 제대로 이야기 할 수 없다. 이런 경우 우리는 「영감(inspiration)」이니 「직관(intuition)」이니 하는 말을 하게 되는데, 이렇게 되면 반드시 답을 해야 하는 의무는 벗는 셈이다.

5. 성취

우리의 목적과 관련하여 특별한 주목을 끄는 또 다른 부류의 사건어들이 있다. 즉 내가 「실패어」와 대비해서 「성취어」, 「성공어」 등이라고 부른 바 있는 사건어들이다. 이것들은 진정한 의미에서 사건어들이다. 왜냐하면 어떤 사람에 대해 그는 수수께끼를 잽싸게 풀었다든지 골무를 찾아냈다 혹은 농담을 빨리 이해한다고 말하는 것은 지극히 정당하기 때문이다. 이런 유형의 어휘 중에는 다소 갑작스런 클라이맥스나 대단원을 나타내는 말도 있고, 다소 끄는 진행을 나타내는 말도 있다. 예를 들면 골무가 발견되다, 경주를 이기다 등은 구체적으로 언제라고 지정할 수 있는 시점에 일어나는 것들이지만, 비밀이 유지되다, 적이 궁지에 몰리다, 승세(勝勢)가 유지되다 등은 장시간에 걸쳐 일어나는 것이다. 매를 찾아냈다고 할 때의 성공과 매를 계속 지켜보았다고 할 때의 성공의 차이도 바로 이런 것이다.

이와 같은 획득과 유지를 일상적으로 표현하기 위해 우리가 사용하는 동사는 「이기다(win)」, 「발굴하다(unearth)」, 「찾아내다(find)」, 「고치다(cure)」, 「확신시키다(convince)」, 「입증하다(prove)」, 「속이다(cheat)」, 「털어놓다(unlock)」, 「보호하다(safeguard)」, 「숨기다(conceal)」 등과 같은 능동동사이다. 그리고 이런 문법적 사실로 말미암아——아리스토텔레스는 예외지만——많은 사람들은 이 유형에 속하는 동사와 다른 행위나 과정의 동사 간의 논리적 행태차이를 명확히 하려고 했던 것이다. 예를 들면 발로 차다(kicking)와 득점하다(scoring), 치료하다(treating)와 치유하다(healing), 사냥하다(hunting)와 찾아내다(finding), 붙잡다(clutching)와 꽉 움켜쥐다(holding fast), 들으려 하다(listening)와 듣다(hearing), 주시하다(looking)와 보다(seeing), 여행하다(travelling)와 도착하다(arriving) 등의 차이는 어떤 식으로건 차이를 보려고만 했다면, 동격의 행위나 과정에 있어서 종류의 차이로 해석되어 왔다. 그러나 실제로는 이런 차이는 종류 간의 차이는 아니다. 우리는 종종 성취동사를 차용하여 그 성취에 상응하는 작업활동——그 성공을 기대하는 것은 자연스러운 일이다——의 수행을 표시하기 위하여 그 차이가 너무나 안이하게 간과되어 왔다. 예를 들면 달리기를 하는 사람은 그가 결국은 경주에서 이기지 못할 가능성이 있음에도 불구하고 처음부터 경주에 이길 것으로 묘사되는 경우가 있을 수 있다. 또한 의사는 실제로는 자신의 치료행위가 예상했던 회복을 가져오지 못할 때에도 환자의 폐렴을 고치고 있는 중이라고 자랑할는지 모른다. 「듣다(hear)」는 때때로 「들으려 하다(listen)」와 동의어로 사용되고 「수리하다(mend)」는 「수리하려고 하다(try to mend)」와 동의어로 사용된다.

과제동사(task verb)의 논리적 힘과 그에 대응하는 성취동사의 논리적 힘 사이에는 하나의 큰 차이가 있다. 성취동사를 사용할 경우 우리는 어떤 사태가 무엇보다도 부수적인 과제활동의 수행 그 자체인 사태를 주장하고 있는 것이다. 예를 들면 달리기하는 사람이 경주에서 이기려면 달려야 하는 것은 물론이고 경쟁자들이 그보다 늦게 들어와야 한다. 또 의사가 병을 고치는 데 성공하려면 환자가 치료를 받으면서 동시에 건강을 다시 찾아야 한다. 어떤 사람이 골무를 찾아내기 위해서는 그가 손을 가리켰을 때 그 가리킨 장소에 골무가 있어야 한다. 수학자가 정리(定理, theorem)를 증명해보이려면 그 정리가 참임과 동시에 그가 시도한 연역의 전제로부터 그것이 실제로 도출되어야 한다. 행위자의 노력과 감정에 대한 자서전적 설명만으로는 그가 이루려고 노력했던 것이 실제로 이루어졌는지 어떤지를 분명하게 할 수 없다. 그는 예상된 성공을 성급하게 내세울 수 있지만, 만일 그가 최선을 다했음에도 불구하고 여전히 잘못된 것이 있다는 것을 보게 됐을 때 자신의 주장을 철회해야 할 것이기 때문이다. 또 오자나 탈자가 없다는 것을 알게 됐을 때 혹은 어떤 유권자가 나의 상대편에게 투표했다는 것을 알았을 때, 나는 오·탈자를 본 적이 있다는 주장이나 그 유권자를 확신시켰다는 주장은 철회해야 한다.

성공이 부분적으로 혹은 전적으로 행운 때문이라고 말하는 것이 ——물론 언제나 참은 아니겠지만—— 중요한 의미를 갖게 되는 것은 바로 이상에서 논의한 일반적인 논점이 가져다주는 한 가지 귀결이다. 예를 들어 고장난 시계에 마구 충격을 주었더니 고쳐졌다든지 첫삽질로 보물을 캐내는 것 등이 그런 예다.

또한 앞서의 논점으로부터 그 어떤 작업수행도 선행되지 않은 성취들이 있을 수 있다는 추론을 이끌어낼 수 있다. 예를 들면 일부러 탐색작업을 하지 않고서도 물건을 찾아낸다든가, 지원을 하지 않았는데 지명을 받는다든가, 증거를 숙고하지 않고서도 결론에 이르는 일이 종종 있다. 이처럼 작업이나 과제가 수행되지 않은 일에 대해 「주어졌다(given)」는 표현을 쓴다. 쉽게 획득한 것은 「거저 생겼다(given)」고 하고 그보다 조금 힘들게 획득한 것은 「제공받았다(offered)」고 하고 매우 힘들게 획득한 것은 「만들어냈다(made)」고 한다.

어떤 사람이 싸워 이겼다고 서술할 때 혹은 여행을 하고 도착했다고 서술할 때, 그는 두 가지 일을 동시에 했다는 말이 아니라 한 가지 일을 하고서 결말(結末)을 보았다는 것이다. 마찬가지로 뭔가를 목표로 했다가 망쳐버린 사람은 한 가지 일을 끝내고 다음 일을 한 것이 아니다. 그는 한 가지 일을 했는데 그것이 실패였다는 말이다. 이 때문에 우리는 어떤 일을 성취하려고 노력하고 있는 사람이 자신이 관여하고 있는 것에 대해 따로 조사 같은 것을 하지 않더라도 말해줄 수 있을 것으로 기대하는 데 반해 그가 성공할 수 있을지 없을지에 대해 조사하지 않고도 반드시 말해줄 수 있을 것이라고 기대하지 않는 것이다. 요약하자면 성취와 실패는 「즉각적인 앎(immediate awareness)」——이 말은 오해를 불러일으키기 쉽상이지만——이라 불리는 것의 대상이 되는 그런 발생사건은 아니다. 성취와 실패는 행동이나 노력, 작용, 수행이 아니며, ——순전히 행운에 의한 성취를 일단 제외한다면 —— 행위, 작용, 노력, 수행 등이 일정한 결과들을 갖고 있다는 사실을 나타내는 것이다.

우리가 어떤 사람에 대해 그는 노력했지만 실패했다(has aimed in vain)든지 노력해서 성공했다(has aimed successfully)고 말하면서도 그는 표적을 맞췄지만 실패했다(hit the target in vain)든지 표적을 맞춰 성공했다(hit the target successfully)고 말할 수 없는 것도 이런 이유 때문이다. 마찬가지로 환자를 열심히 치료했다(treat)든지 무성의하게 치료했다는 것은 말이 되지만 열심히 혹은 무성의하게 치유했다(cure)고 말하는 것은 의미가 통하지 않는다. 또 그는 관목울타리를 천천히 혹은 빨리, 그리고 꼼꼼하게 혹은 마구잡이로 음미했다고 말하는 것은 의미가 통하지만, 그가 천천히 혹은 빨리, 그리고 꼼꼼하게 혹은 마구잡이로 둥지를 보았다고 말하는 것은 의미가 통하지 않는다. 결국 과제동사에 적합한 부사는 일반적으로 성취동사에 적합치 않다. 특히 「주의깊게(carefully)」, 「열심히(attentively)」, 「신중하게

(studiously)」,「조심하여 (vigilantly)」,「양심적으로(conscientiously)」,「수리하다(repair)」,「사다(buy)」,「정복하다(conquer)」 등의 동사를 수식할 수 없듯이「발견하다(discover)」,「입증하다(prove)」,「풀다(solve)」,「탐지하다(detect)」,「보다(see)」 등과 같은 인지(認知, cognition)를 나타내는 동사들을 수식하는 데 사용될 수 없다.

인간의 생활 속에서 뭔가를 탐구하는 부분을 묘사하는 데 사용되는 사건동사들이 많다. 그런데 이런 동사 중에 일부는 성취동사이고 다른 일부는 과제동사라는 사실을 간과하는 바람에 근거도 없는 난제(難題)들이 생겨났고, 그 결과 신비에 사로잡힌 이론들까지 성립하였다.「발로 차다(kick)」,「달리다(run)」,「주시하다(look)」,「들으려 하다(listen)」,「말다툼하다(wrangle)」,「말해주다(tell)」 등의 동사에 대응하여 우리에게 친숙한 종류의 행위와 작용이 존재하듯이「보다(see)」,「듣다(hear)」,「맛보다(taste)」,「연역하다(deduce)」,「회상하다」 등의 동사에 대응하여 특수한 인지행위와 작용이 존재한다고 상정해왔다. 예를 들면 어떤 사람이 뭔가를 주시하면서 보고 있다고 하는 서술은 어떤 사람이 낚시를 하면서 고기를 잡아 올리고 있다든가 탐색을 하면서 뭔가를 찾아낸다는 식의 서술이 아니라 걸으면서 콧노래를 한다는 서술에 가깝다. 그러나 지각동사(perception verbs)는 탐색동사처럼「성공적으로(successfully)」,「헛되이(in vain)」,「치밀하게(methodically)」,「비효율적으로(inefficiently)」,「열심히(laboriously)」,「게으르게(lazily)」,「신속하게(rapidly)」,「주의깊게(carefully)」,「마지못해(reluctantly)」,「열광적으로(zealously)」,「순종적으로(obediently)」,「신중하게(deliberately)」,「자신감있게(confidently)」 등의 부사로 수식할 수 없다. 왜냐하면 지각동사는 수행과정이나 작업에 종사하고 있는 모습을 나타내지 않기 때문이다. 또한 은밀하게 이루어지는 수행과정이나 비밀리에 작업에 종사하고 있는 모습도 나타내지 않는다. 개략해서 말하자면 지각동사는 선수의 어휘가 아니라 심판의 어휘에 속한다. 즉 지각동사는 어떤 시도행위를 나타내는 것이 아니라 시도에 의해서건 행운에 의해서건 일단 획득된 것을 나타낸다.

종래의 인식론자들은 종종「보다」,「듣다」,「추론하다」 등과 같은 인지활동은 기묘하게도 포착되지 않는다고 생각했다. 예를 들어 내가 보았을 때,

나는 매를 발견한 것이지 내가 매를 보고 있다는 것을 발견한 것은 아니라는 것이다. 그래서 내가 매를 본다고 하는 말을 기이하게 투명한 종류의 과정인 것처럼 보인다. 다시 말해서 그 과정은 매를 발견할 수는 있지만「매를 보다」라는 표현에서「보다」라는 동사에 대응해야 하는 과정은 발견할 수 없다는 의미에서 투명하다는 것이다. 그러나 이런 미스테리는「보다」,「식별하다」,「찾아내다」등이 과정동사나 경험동사 혹은 활동동사가 아니라는 사실을 깨닫는 순간 풀린다.「이기다(win)」는 말이 달리는 과정에 신비스럽게 숨어 있는 부분을 나타내는 것이 아니듯이, 그리고「열다(unlock)」가 열쇠를 돌리는 과정에 신비스럽게 숨어 있는 부분을 나타내는 것이 아니듯이, 「보다」,「식별하다」,「찾아내다」 등도 어딘가에 신비스럽게 숨어 있는 부분을 나타내는 것이 아니다. 내가 뭔가를 본다든지 연역하는 것을 스스로 포착할 수 없는 이유는 그 동사들이「…… 하는 것을 스스로 포착하다(catch myself……)」에서「…… 부분을 메우는 데」있어 이런 동사들은 전혀 적절치 못하기 때문이다.「당신은 무엇을 하고 있습니까」와「그는 무엇을 겪었습니까」라는 물음에 대해「보고 있었다(seeing)」,「결론내리고 있었다(concluding)」,「외통으로 몰아넣고 있었다(checkmating)」등의 동사를 사용해 대답할 수 없다.

과제동사를 성취동사——혹은「시도하다」동사나「해냈다」동사——와 구별하게 되면 우리는 또 하나의 이론적 난점에서 벗어나게 된다.「알다」, 「발견하다」,「풀다」,「입증하다」,「지각(知覺)하다」,「보다」,「관찰하다」(여기에서는 적어도 표준적인 의미에서 observe를 말한다) 등의 동사들은 중요한 면에 있어서「그릇되게(erroneously)」나「부정확하게(incorrectly)」등의 부사에 의해 수식하는 것이 불가능하다는 사실은 오래 전부터 인식되어 왔다. 그런데 이들 동사 및 이와 유사한 동사는 특수한 종류의 작업이나 경험을 나타내는 것으로 해석했던 인식론자가 적지 않았다. 그 결과 이들은 사람들이 어떤 특수한 종류의 탐구절차를 갖고 있으며, 그것에 따라 사람들은 오류를 범할 위험에서 벗어난다고 상정할 수밖에 없다고 느끼고 있었다. 그러나 우리는 그런 절차를 주의깊게 실행할 필요가 없다. 사실 그 같은 것은 불가능하다. 왜냐하면 그런 종류의 동사는 주의를 나타내는 부사에 의해 수식될 수 있는 동사가 아니기 때문이다. 「발견이 결실을 맺지 못한다」거나 「입증이 타당하지 못하다」는 말은 논리적으로 성립될 수 없다고 하는 사실은 다음과 같이 잘못 해석되었다. 무슨 말인가 하면 뭔가를 발견하든지 입증하는 경우에 (길을 잃고) 헤매다(going astray)라는 말은 유사인과적으로 불가능하다는 것이다. 이런 잘못된 해석을 따르지 않고 오직 올바른 길을 따라간다면, 혹은 적절한 정신능력을 발휘한다면, 수정불가능한 관찰이나 자명한 직관이 얻어질 것이란 결론은 불가피하다. 사람들이 오류를 범하지 않을 수 있는 것도 이 때문이다. 이처럼 「명중시키다」라는 것이 특수한 종류의 조준행위(照準行爲, aiming)로 해석되고, 「치유하다」는 것이 특수한 종류의 치료행위(treatment)로 해석된다면, 그 어느 것이나 논리상 실패라는 것이 있을 수 없기 때문에 실패방지장치가 있는 특수한 조준방식이나 특수한 치료방법이 존재한다는 결론이 나올 것이다. 또한 일시적으로나마 절대로 오류나 잘못을 범하지 않는 사격선수나 의사도 존재하게 될 것이다.

 이에 반해 일시적인 경우에조차 인간에게 불가류성(不可謬性, infallibility)을 귀속시키는 것을 거부하는 온당한 견해를 가졌던 다른 인식론자들도 있었다. 그렇지만 이들은 마찬가지로 성립할 수 없는 견해를 갖고 있었다. 다시 말해서 그들은 성취동사를, 특수한 종류의 작용이나 경험을 나타내는 것으로 기계적인 해석을 하면서 다른 한편으로는 그 동사들이 나타내는 작용이나 경험은 결국 실패방지장치를 갖지 못한다고 주장하였다. 우리는 사실에 반(反)하는 것을 알 수도 있고, 어떤 것을 잘못 입증할 수도 있으며 문제를 그릇되게 풀 수도 있고, 볼 수 없는 것을 (잘못해서) 볼 수도 있다는 것이다. 그러나 이는 마치 이와 같은 것은 「다른 데서 날아온 탄환」이 명중시킬 수 있다든지 병을 악화시켜서 환자를 치유한다든지, 첫번째로 골인하지 않고서 이길 수 있다고 말하는 것과 다를 바 없다. 물론 경기에 지고서 이겼다고 주장할 수 있으며, 병을 악화시켜 놓고도 치유했다고 자만할 수 있다. 「나는 매를 보고 있다(I see a hawk)」는 말을 했을 때——비록 이 말이 사실일 경우에는 저기에 매가 있다는 말이 포함되겠지만——단지 이 말만 가지고서는 저기에 매가 있다는 사실을 이끌어낼 수 없다.

 그러나 소위 인지동사를 성취동사라는 일반적인 집합에 이와같이 동화시킨다고 해서 만사가 해명되리라고 생각해서는 안 된다. 「연역하다(deduce)」의 논리적 행태가 몇 가지 측면에서 「득점하다」, 「외통을 치다」, 「열다」 등과 비슷하다고 해서 모두 그렇다는 결론이 나오는 것은 아니다. 또한 어떤 결론에 도달한다는 것이 런던에 도착한다는 것과 모든 면에서 비슷할 수는 없다. 나의 의도는 전기적(傳記的) 사건어에 상응하여 신비스러운 행동과 반응이 존재한다고 상정하는 것이 왜 틀린 것인가, 그리고 왜 그처럼 상정하려는 유혹에 빠져들게 되는가 하는 이유를 보여주려는 매우 부정적인 혹은 소극적인 논점이었다.

6
자기인식

1. 들어가는 말

　마음은「물리적 세계」와는 다른 세계를 구성한다는 이론에는 당연히, 물리적 세계의 내용을 발견하는 방식과 함께 이 다른 세계의 내용을 발견하는 방식도 존재한다는 견해가 따르게 된다. 이 견해에 따르면 우리는 감각을 이용한 지각(知覺, perception)에 의하여 공간에서 무엇이 존재하고 무엇이 일어나는지를 확인하는 것과 마찬가지로, 마음에서 무엇이 존재하고 무엇이 일어나는지도 지각에 의해 확인할 수 있다. 단 후자의 지각은 물체로서의 신체적 기관의 기능을 필요로 하는 것이 아니고, 이와는 전혀 다른 세련된 종류의 지각이라는 것이다.
　그리고 마음은 그 자체의 상태나 작용들을 이해하는 능력을 갖고 있고, 게다가 그 정신능력은 외부세계의 사실을 파악하는 정신능력보다 뛰어나다는 것을 입증해보일 필요가 있다고 생각해왔다. 다시 말해 나의 외부에 있는 사물들이나 발생사건들에 대하여 알고, 믿고, 상상하고, 추측하고, 심지어는 의심하기를 원한다면, 나는 이러한 인지작용 자체에 대한 지속적이면서도 잘못을 저지르지 않는 파악활동을 해야 한다고 생각했던 것이다.
　그래서 종종 마음과 관련해서 이런 두 가지 주장이 제기된다. (1) 마음은 자신의 사적(私的)이고 은밀한 무대에 등장한다고 생각되는 모든 것들에 대해 항상 숙지(熟知)*하고 있다. 또한 (2) 마음은 어떤 종류의 비감각적 지각을 사용해 자신의 상태와 작용들 중 적어도 몇 가지는 세밀하게 음미할 수 있다. 게다가 이 지속적인 숙지(일반적으로 이를 「의식(consciousness)」이라 부른다)와 비감각적인 내적 지각(일반적으로 「내관(內觀, introspection)」이라 부른다)은 모두 오류를 범하지 않는다고 상정되었다. 마음은 자신의 활동을 이해하는 데 있어 두 가지 「특별한 접근권」을 갖는다. 자기인식이 다른 사물들에 대한 인식에 비해 질적인 면에서 뛰어나고 발생순서면에서 선행하는 것도 이 때문이다. 나는 나의 감각이 주는 증거는 의심할지 모르지만 의식과 내관이 나에게 가져다주는 것은 의심할 수 없다고 생각하는 것이다.

그러나 마음의 상태와 작용들을 알아내는 마음의 능력에는 한 가지 한계가 있다는 사실이 인정되어왔다. 즉 나는 내 자신의 마음상태와 작용은 직접적으로 알 수 있지만 다른 사람의 것에 대해서는 직접적으로 알 수 없다는 것이다. 나는 내 자신의 모든 감정, 의지, 정서, 사고 등을 의식하고 있으며, 그중 일부에 대해서는 내관에 의해 음미한다. 그러나 나는 다른 사람의 마음작용에 대해서는 내관에 의해 관찰하는 것이 불가능할 뿐만 아니라 의식조차 할 수 없다. 나는 타인의 신체적 움직임에서 복잡하고 근거가 약한 추론에 의해 타인이 마음을 갖고 있다는 사실을 확인하는 것으로 만족한다.

마음은 이중의 「특별한 접근권」을 갖고 있다는 이 이론은 철학자, 심리학자, 그리고 다수의 일반인들의 사고에 강력한 지배력을 행사해왔기 때문에 오늘날에는 마음은 「제2의 극장」이라는 도그마를 신뢰하여 의식과 내관은 이 극장에서 상영되는 장면들을 찾아낼 수 있다는 주장까지 대두되었다. 그러나 내가 이 책에서 옹호하고 있는 견해에 따르면 의식과 내관은 공식교설이 서술하는 것과 같은 그런 것이 아니다. 왜냐하면 그 대상으로 상정된 것은 일종의 신화적 존재들이기 때문이다. 그런데도 「기계 속의 유령」 도그마의 신봉자들은 「의식과 내관의 대상으로 상정된 것들은 신화적 존재가 아니다. 왜냐하면 우리는 그것들을 의식하고 있고, 또한 내관에 의해 관찰할

---

* be aware of

수 있기 때문」이라고 주장하기를 좋아한다. 이들 대상의 실재성(實在性)은 그것을 찾아내는 방법으로 상정된 전술(前述)한 방법의 엄숙한 신임장(信任狀)에 의해 보증된다는 것이다.

따라서 나는 이 장에서 공식교설에 따른 의식론과 내관론이 논리적 혼란에 빠져 있음을 보여주려고 시도할 것이다. 물론 그렇다고 해서 내가 자기자신에 대하여 알게되는 뭔가가 있다는 것을 우리는 알지 못한다든가 알 수 없다는 것을 입증하려는 것은 아니다. 오히려 그 반대로 나는 우리가 이런 지식을 어떻게 획득하는지를 보여주려 할 것이다. 다만 이 시도는 이런 종류의 지식이「특별한 접근권」으로 통상 묘사되는 의식과 내관에 의해 획득될 수 없다는 것을 입증한 후라야 가능할 것이다. 독자들이 자신의 내면적 자아에 대한 두 가지 특별한 접근법이 상실될지 모른다는 생각에 낙담하는 것을 막기 위해서 나는 다음과 같은 시도를 통해 독자들을 위로하고자 한다. 즉 그것은 자기인식(自己認識)에 관한 이하의 설명에 따르면 타인(他人)에 대하여 알려지는 사항에 관한 지식은 자신 자신에 관한 지식과 유사한 대칭성을 갖는다고 보는 것이다. 내가 내 자신에 관해 찾아낼 수 있는 종류의 지식은 내가 다른 사람들에 관해 찾아낼 수 있는 종류의 지식과 같으며, 그 찾아내는 방법도 거의 같다고 보는 것이다. 내가 내 자신에 대해 알 수 있는 것과 타인에 대해 알 수 있는 것 간의 차이는 제공되는 자료상의 부수적인 차이에 기인하며, 이런 차이는 타자에 대한 인식보다 자기인식이 더 우수하다는 것을 보여주는 근거는 되지 못한다. 몇 가지 중요한 측면에서는 나 자신에 관해 알고 싶은(want to know) 것을 찾아내는 것보다는 타인에 관해 그런 것을 찾아내는 것이 나의 입장에서는 훨씬 용이하다. 또 다른 면에서는 더 어렵기도 하다. 그러나 이같은 다양한 실제상의 차이를 도외시할 때 원칙적으로 존 도씨가 존 도씨를 찾아내는 방식은 존 도씨가 리처드 로씨를 찾아내는 방식과 동일하다.「특별한 접근권」을 버리는 것은 동시에 인식론적 고립주의의 공포에서 벗어나는 길이다. 우리는 유아론(唯我論, solipsism)의 달콤함과 함께 씁쓸함도 버리는 것이다.

2. 의식

철학자가 사용하는 의식개념, 혹은 의식에 관한 제반개념들을 본격적으로 논의하기에 앞서「의식하는(conscious)」과「의식(consciousness)」이란 말이 특별한 이론과 관계없이 일상생활 속에서 사용되는 몇 가지 방식들을 살펴보는 것은 우리에게 큰 도움이 될 것이다.

(1) 사람들은 종종「나는 가구배치가 바뀐 것을 알았다(I was conscious that the furniture had been rearranged)」나「나는 그가 평상시보다 덜 우호적이라는 것을 알았다(I was conscious that he was less friendly than usual)」는 식으로 말한다. 이런 맥락에서「의식하는(conscious)」이란 말은 상당히 애매하고 따라서 정확히 뭘 파악했는지를 정확히 꼬집어 말하기 어려운 경우「알아차렸다」,「깨달았다」,「발견했다」를 대신해서 사용된다. 가구들이 조금 다르게 배치된 듯이 보였지만, 그 관찰자는 정확히 전(前)과의 차이가 무엇인지를 말할 수 없었다. 또 상대방의 태도가 여러 가지 면에서 어색해보였지만, 화자(話者)는 정확히 그것을 지적해서 말할 수 없었다. 애매함의 표현불가능성을 둘러싸고 철학적으로 흥미 있는 문제들이 분명 있지만, 여기에서와 같은「의식하는」의 용법이 무슨 특별한 이해능력, 방법 혹은 채널의 존재를 의미하지는 않는다. 이런 의미에서 우리가 의식하는 대상은 물리적 사실이거나 다른 사람의 마음상태에 관한 사실일 것이다.

(2) 그리고 사람들은 자신의 성격이나 지성의 특성에 대하여 다른 사람이 말한 의견에 신경을 쓰는 사람, 특히 젊은 사람들이 보여주는 당혹감을 서술할 때「의식하는」과「자기의식적인(self-conscious)」이란 말을 사용하는 경우가 있다. 이런 의미에서 자기의식(좀더 정확하게는 자의식)이 흔히 드러나는 방식은 수줍음과 잘난 체하는 것이다.

(3)「자기의식적인」은 보다 일반적인 의미에서 자신에 대한 다른 사람들의 평가에 대해 곤혹을 느끼건 안 느끼건 관계없이 어떤 사람이 자신의 성격이나 지성의 특성에 주의를 기울이는 단계에 이르렀다는 사실을 표시하기 위하여 사용되기도 한다. 예를 들면 어떤 아이가 동료아이들에 비해 훨씬

산수를 좋아한다든지 향수(鄕愁)를 덜 느낀다는 것을 알아차리기 시작하면서, 그 아이는 넓은 의미에서 자기를 의식하기 시작하는 것이다.

물론 이 확대된 의미에서의 자기의식은 일상생활에서 일차적인 중요성을 갖기 때문에 윤리학(倫理學)에 있어 중요한 개념이다. 그러나 이 개념을 올바르게 사용하는 한, 거기에는 사람들이 자신의 성격이나 지성의 특성들을 어떻게 평가하고 제재를 가하는지, 혹은 이 특성들을 남들의 특성과 어떻게 비교하는지 등에 관한 특수한 교의가 포함되지 않는다.

「무의식(the Unconscious)」과 「잠재의식(the Subconscious)」이라는 프로이트의 용어는 이런 의미에서의 「의식」과 밀접하게 연결된다. 왜냐하면 질투심, 공포심, 성충동(性衝動)을 「무의식적인 것」이라고 묘사할 경우 그것이 의미하는 바의 일부는, 그런 충동을 가진 사람들은 자기 내부에 그 충동이 강하다는 것은 물론이고 그 존재까지도 인식하지 못할 뿐만 아니라 도대체가 그런 충동들을 인정하려 들지 않는다는 것이다. 그는 자신이 어떤 종류의 사람인가를 판단하는 일의 일부를 회피하든지 혹은 그러한 판단을 체계적으로 왜곡하는 것이다. 우리가 어떻게 자신의 성향들을 평가(혹은 잘못평가)하는지에 관한 인식론적 물음은 그런 평가를 회피하게 만든다든지 왜곡하는 경향의 원인파악, 진단, 처방, 치유 등에 관한 프로이트의 설명이 요구하는 것도 아니고 그럴 필요도 없다.

(4) 앞서 말했던 「의식적인」, 「자기의식적인」, 「무의식적인」 등과는 전혀 다른 용법이 있다. 감각이 죽거나 마비상태가 된 사람에 대해 발끝부터 무릎까지 의식이 없다고 말하는 용법이 그것이다. 이때의 「의식하는(conscious)」은 「민감한(sensitive)」이나 「감각이 살아 있는(sentient)」을 뜻하고, 「무의식의(unconscious)」는 마비가 되었다든지 무감각하다는 뜻이다. 그래서 우리는 어떤 사람이 균형감각, 소음, 바늘에 찔린 통증, 냄새 등을 맡지 못할 때 의식을 잃었다고 말한다.

(5) 네번째 용법과 밀접한 관련이 있긴 하지만 어쨌든 또 다른 용법이 하나 있다. 어떤 사람이 어떤 감각에 주의를 기울이지 않는 경우에 그는 그 감각을 의식하고 있지 않다고 말할 때의 용법이 그것이다. 열띤 논쟁을 하면서 걸어가고 있는 사람은 발꿈치의 물집 때문에 생기는 아픈 감각에 대해

──이런 의미에서──의식하지 못한다. 쉬운 예로 지금 이 책을 보는 독자들도 바로 위의 문장을 읽을 때 목 뒤나 왼쪽 무릎에 생긴 근육이나 피부의 감각을 의식하지 못했을 것이다. 또 우리는 자신이 인상을 찌푸리고 있다든지 음악에 따라 박자를 맞춘다든가 혼자 흥얼거리고 있다는 것을 의식하지 못하는 경우가 많다.

이런 의미에서 「의식하는」이란 말은 「유의하는」을 뜻한다. 그리고 어떤 감각이 상당히 예민할 때조차 제대로 간파되지 않는다고 말하는 것이 의미를 갖게 되는 것도 이 때문이다. 다시 말해서 그 감각을 갖고 있는 사람이 다른 어떤 것에 강하게 주의를 기울이고 있을 때에도 그같이 말하는 것이 가능하게 된다는 것이다. 역으로 사람들은 매우 희미한 감각에 대해서 충분한 주의를 기울일 수도 있다. 예를 들어 어떤 사람이 맹장염에 대해 겁을 먹고 있을 때, 그는 결코 심하지 않은 복통에 대해서도 예민하게 이런 의미에서 의식한다. 또한 이런 의미에서 사람들은 불안의 고통이나 의심의 고통과 같은 감정을 예리하게 의식하든지, 거의 의식하지 못하든지 전혀 무의식 상태에 있든지 하는 것이다.

그러나 우리가 각종 신체기관에서 생겨나는 감각이나 감정에 대해 유의한다는 사실은 그것들에 관하여 우리가 잘못 판단할 수 있는 가능성을 반드시 배제해주는 것은 아니다. 예를 들어 감각이나 감정의 원인들에 대해, 그리고 그것들이 일어난 신체부위가 어딘지에 대해 잘못 판단할 가능성은 얼마든지 있다. 게다가 그것들이 실재인지 상상의 산물인지를──우울증환자들이 그렇듯이──잘못 판단하는 경우도 있을 수 있다. 「유의하다」는 말은 인식의 확실성으로 통하는 특수한 통로가 아니다.

그런데 철학자들은 주로 데카르트 이래 지식이나 행위에 대한 이론에 있어서 위에서 말한 개념들의 그 어느 것과도 유사하지 않은 의식 개념을 가지고 탐구를 해왔다. 다시 말해서 수많은 사상가들이 마음은 신체와 다른 제2의 극장이고, 거기서 상연되는 사건들은 「정신적인 것 (the mental)」이라고 상정된 지위(地位)를 얻으며, 따라서 「물리적인 것 (the physical)」으로 상정된 지위를 갖고 있지 않다는 견해를 가지고 사색을 진행해왔다. 이 때문에 그 정신적 에피소드가 일어나는 경우에는 그것이 언제나 의식된다는 것이 그 에피소드의 중요하고 적극적인 성질이라고 그들은 주장할 수 있었던 것이다. 마음의 상태와 작용은 마음이 반드시——「알다(aware)」라는 말의 한 가지 의미에서—— 알고 있는 상태와 작용이며, 이런 앎은 결코 착각을 일으키지 않는다. 마음이 수행하거나 경험하는 사물은 자기고지적(自己告知的, self-intimating)이며, 그래서 이것은 그 행위와 감정들을 수시로가 아니라 항상 특징지우는 측면으로 생각된다.

그 행위와 감정의 발생에는 그것들이 자기고지적이라는 사실이 포함된다는 것은 그것들이 정신적이라는 규정의 한 부분을 이룬다. 만일 내가 생각하고, 희망하고, 기억하고, 의욕(意慾)하고, 후회하고, 소음을 듣고 고통을 느낀다면, 나는 「바로 이런 사실에 의해」 내가 그렇게 하고 있다는 것을 알아야 한다. 설사 내가 용을 보는 꿈을 꾸더라도 나는——비록 종종 인정되는 바와 같이 내가 꿈을 꾸고 있다는 것을 모를 수도 있겠지만——내가 용을 보았다는 것은 알고 있다.

만일 「제2의 극장」의 존재를 부정해버리면, 거기서 일어난 것으로 상정된 사건들을 자기고시적이라고 서술하는 것이 무슨 의미를 갖는지를 해명하는 일은 당연히 어렵게 된다. 그러나 몇 가지 사항은 충분히 밝혀진다. 예를 들면 내가 난문(難問)에 대한 대답이 무엇인가에 대해 숙고하고 있고 「바로 이 사실에 의해」 자신이 의식적으로 그렇게 하고 있을 때, 나는 동시에 두 가지 주의행위——하나는 난문에, 그리고 또 하나는 그 문제에 대한 나의 숙고에——를 하고 있다고 상정할 수 없다. 또한 이를 일반화하자면, 나의 숙고행위와 자기고지행위가 서로 분리할 수 없을 만큼 얽혀 있는 두 개의 서로 다른 행위 혹은 과정이라고 상정할 수도 없다. 오히려 굳이 비유를 하자면, 정신적 과정은 스스로 방출하는 빛에 의해 물을 볼 수 있게 해주는 적도부근의 해수와 같이 인광을 발산한다고 상정할 수 있다. 아니면 또 다른 비유를 사용해 말하는 사람이 자신이 내뱉는 말을 듣듯이 정신적 과정은 그 과정의 담당자인 마음이 「엿듣는다」고 할 수 있다.

인식론자들이 사용하는 의식 개념이 처음에 널리 알려졌을 때, 그것은 부분적으로 프로테스탄트교도의 양심개념을 변형하여 적용했던 것같다. 프로테스탄트교도는 인간은 고해성사를 하는 신부나 신학자의 도움이 없어도 자기영혼의 도덕상태와 신의 소망을 알 수 있다고 주장했다. 그래서 그들은 신이 부여한 개인적 양심(良心, conscience)에 대해 역설하였다. 갈릴레오와 데카르트에 의하여 기계론적 세계관이 제시되고 그에 따라 마음은 또 하나의 세계를 구성한다는 주장에 의해 기계론에서 벗어나야 할 필요성이 제기되었다. 그래서 이 유령의 세계를 학교교육이나 감각지각의 도움없이 어떻게 확인할 수 있는가를 설명하지 않으면 안 되게 되었다. 이때 「빛」의 비유는 매우 적절하다고 생각되었다. 왜냐하면 갈릴레이적 과학은 광학(光學)의 도움으로 발견된 세계를 광범위하게 다루었기 때문이다. 「의식」은 기계론적 세계에서 빛이 담당했던 역할을 정신적 세계에서 맡았다. 이러한 비유적 의미에서 정신적 세계의 내용은 자기발광적(自己發光的) 혹은 빛을 내는 것으로 생각되었다.

이 모델은 마음이 종종 자신의 상태와 과정에 대하여 열중할 수 있는 치밀한 관찰적 음미를 묘사하려 할 때 로크가 다시 사용하였다. 로크는 이렇게 상정된 내적 지각을 「반성(反省, reflection)」이라 불렀다. 그는 이 말을 얼굴이 거울에 반사 혹은 반영(reflection)되는 낯익은 광학현상에서 차용해 왔다. 마음은 자신이 방사(放射)한 「빛」 속에서 자신의 작용들을 「보거나 주시할」 수 있다. 의식의 신화는 일종의 유사광학이라고 말할 수 있다.

「엿듣다(over-hearing)」, 「인광」, 「자기발광」 등의 비유는 또 하나의 구별이 필요하다는 것을 암시한다. 예를 들면 우리가 어떤 일을 한다든지 느낀다든지 목격한다든지 할 때, 통상 우리는 자신이 하고 느끼고 목격한 것에 대하여 신속한 회고적 유의를 할 수 있고 또 빈번하게 그렇게 하고 있다고 분명히 말할 수 있다. 많은 경우 나는 나의 마음을 점령하고 있는 것이 무엇인가에 관한 일종의 일지(日誌)나 기록을 갖고 있기 때문에 나는 방금 내가 듣거나 상상했거나 말한 것이 무엇이었는가 라는 질문을 받으면 통상 정확한 답을 할 수 있다. 물론 실제에 있어서도 바로 직전의 과거로 항상 되돌아갈 수 있는 것은 아니다. 그렇지 않더라도 아침에 누군가의 방문을 받은 몇 초 사이에 나는 문에서 노크소리가 난다는 것을 들었다는 것을 내가 이제 막 회상했다는 것을 다시 내가 이제 막 회상했다는 것을……

이처럼 하나의 사건은 그것에 대한 회상에 대한 회상에 대한…… 식으로 끝없이 계속되고 결국은 그 사건 이후에 일어나는 사건에 대해 내가 유의할 시간적 여유는 전혀 없게 된다. 그러나 어떤 의미에서는 일반적으로 내가 눈치를 챘다 혹은 반쯤 눈치를 챘다고 하는 것이 무엇인가를 나는 알고 있다고 서술될 수도 있다. 즉 나는 일반적으로 그것에 관한 기억내용을——그렇게 해야 할 경우가 있다면——보고할 수 있다. 그러나 이런 사실은 내가 잘못 보고할 수 있는 가능성을 배제하지는 않는다. 왜냐하면 아무리 짧은 순간의 회상(혹은 기억)이라 하더라도 부주의나 왜곡을 저지를 가능성은 있기 때문이다.

우리는 일반적으로 자신의 알아차리는 정신작용에 대해서——필요하다면——보고할 수 있다고 하는 사실이 말하려고 하는 핵심은, 우리가 앞에서 다룬 의미에서의 의식은 한두 가지 중요한 점에서 이처럼 일지를 기록하는 것과는 다르다는 사실을 보여주려는 데 있다. 첫째 그 이론에 따르면, 정신적 과정은 우리가 「사건이 발생한 후에」 보고할 수 있다는 의미에서 의식적인 것이 아니라 그것들의 발생사건에 대한 고지(告知) 자체가 그 사건의 속성이지 뒤에 따라 오는 것이 아니라는 의미에서 의식적이다. 어떤 식으로건 말로 표현할 수 있다고 할 때 의식의 전달은 과거시제가 아닌 현재시제로 이루어질 수밖에 없다.

둘째, 나의 현재의 정신상태와 작용을 의식하는 데 있어 내가 무엇을 경험하고 행하고 있는지를 안다. 이때의 「알다(know)」란 비성향적(non-dispositional) 의미를 갖는다. 다시 말해 필요한 경우 나는 내가 무엇을 경험하고 행동하고 있는지를 나 자신이나 다른 사람에게 말할 수 있는 것은 사실이며, 더욱이 나는 적극적으로 그것을 인지한다고 말하는 것도 사실이다. 나의 시계가 멈추었다는 것을 알았을 때 비록 이중적인 주의작용이 일어나는 것은 아니지만, 나는 내 시계가 멈추었다는 것을 내가 발견하고 있다는 것을 동시에 발견하고 있는 것이다. 즉 내 손목시계에 대한 진실을 내가 확인함과 동시에 나 자신에 대한 진실이 나에게 비치는 것이다.

나는 이와 같이 서술된 의식은 신화적 존재에 지나지 않는다고 생각한다. 그러나 이 때문에 정신적 작용은 내가 종종 나 자신의 습관적 동작이나 반사행동에 대해 말할 수 없다는 의미에서 약간 굴욕적인 의미이긴 하지만 무의식적이라고 해석해서는 안 된다. 이런 잘못된 해석을 사전에 막는다는 차원에서 다음과 같은 점을 미리 간략하게 말해두고자 한다. 첫째, 우리는 자신이 무엇을 하고 있는지를 일반적으로 알고 있지만, 그것을 우리가 어떻게 알고 있는가를 설명하기 위하여 인광이론을 끌어들일 필요는 없다. 둘째, 우리가 무엇을 하고 있는지를 안다는 말은 자신의 행위나 감정을 우리가 실제로 간헐적으로 감시하고 조사한다는 뜻이 아니라 그와 같은 행위나 감정에 대하여 다른 사람에게 말하고 싶은 기분일 때에는 무엇보다도 그것들을 말하는 경향을 의미한다. 셋째, 우리가 무엇을 하고 있는지를 우리는 일반적으로 안다는 사실은 우리가 유령적인 지위를 가진 어떤 사건들과 만난다는 뜻이 아니다.

「정신적 사건들은 정의상(定義上) 의식적이기 때문에 혹은 비유적으로 말해서 자기발광적이기 때문에 마음은 자신이 무엇을 하고 있는지를 알아야 한다」는 이론에 대한 철저한 반론은 이렇다 ;「그와 같은 사건은 없다. 또 그와 같은 사건은 제2의 지위를 갖는 세계에서 일어나지 않는다. 왜냐하면 그와 같은 지위나 세계는 존재하지 않으며, 따라서 그와 같은 세계의 거주자와 알고 지내기 위한 특별한 방법도 필요없기 때문이다.」그러나 기계 속의 유령이라는 교설을 거부하지 않고 받아들일 수 있는 또 다른 반론들도 있다.

첫째, 다만 설득을 위한 논의로서 다음과 같은 반론이 있다. 철학적 이론에 사로잡히지 않은 사람은 「의식으로부터」,「의식의 직접적인 전달결과로서」혹은 「직접적인 앎에 의하여」알았다고 말함으로써 사실에 관한 주장을 입증하려고 하는 사람은 없다. 그는 사실에 관한 자기 주장의 일부를 뒷받침하기 위하여 자기 자신이 보고, 듣고, 느끼고, 냄새맡고, 맛을 보고 등등을 말할 것이다. 또한 그는 다소 가설적인 성격을 갖고 있지만 그 사실을 보고, 듣고, 느끼고, 냄새맡고, 맛을 본 것을 기억한다고 말함으로써 그와 같은 다른 주장들을 뒷받침할 것이다. 그러나 그가 진실로 뭔가를 알고, 믿고, 추론하고, 두려워하고, 기억하고, 냄새맡는지를 물어본다면, 그는 결코 「물론이지. 나는 그것을 의식하고 있고 심지어 그렇게 하고 있다는 것을 의식하고 있거든」이라고 답하지 못한다. 그런데 「기계 속의 유령」 도그마에 따르면 이런 대답은 그가 줄 수 있는 최종적인 답변이다.

둘째, 그 반론에 따르면 내가 나의 정신상태와 작용을 의식하고 있다는 말은 내가 그 상태와 작용을 알고 있다는 뜻이든지 혹은 내가 그렇게 하기 위한 필요충분조건이다. 그러나 이렇게 말하는 것은 「알다(to know)」라는 동사의 논리와 심지어 문법을 남용하는 것이다. 예를 들면 천둥소리, 통증, 색깔 있는 이 표면, 결론을 도출하는 행위, 농담을 이해하는 행위 등에 대하여 안다(혹은 알지 못한다)고 말하는 것은 난센스다. 왜냐하면 이러한 일련의 표현은 「알다(to know)」라는 동사 뒤에 오기에는 적절치 못한 목적어들이기 때문이다. 「알다」와 「모르다」는 예를 들어 「우르르 쾅쾅은 천둥소리이다」라든가 「저 노란색 표면은 치즈의 겉면이다」라는 사실을 「알다」 혹은 「모르다」이다.

그리고 이것은 빛의 이유가 전혀 도움을 주지 못하는 부분에 대해서도 적용된다. 조명이 밝으면 우리가 치즈의 겉면을 보는 데 도움이 된다. 그러나 이 때문에 「조명이 너무 안 좋아서 나는 치즈의 겉면을 알 수 없었다」고 말할 수는 없다. 왜냐하면 안다는 것과 본다는 것은 같은 종류의 행위가 아니며, 앎의 대상도 조명의 대상과 같은 종류가 아니기 때문이다. 사실 우리는 「어두워서 나는 무엇을 치즈의 겉면이라고 보았는지를 알 수 없다」고 말하는 것은 가능하지만, 내가 보고 있다는 것을 인식하는 일은 전혀 시각상의 수행은 아니다. 우리는 (어두운 데서) 뭔가를 보기 위해 횃불을 필요로 하지만 우리가 보고 있다는 것을 인식하기 위해 또 하나의 횃불을 필요로 하지는 않는다. 그래서 조명의 대상이 되는 사물과 의식의 대상이 되는 정신적 과정 사이에는 약간의 유추관계가 성립됨에도 불구하고 이런 유추 때문에 그 정신의 소유자가 그 과정이 진행되는 것에 대한 과정을 인식하게 된다고 결론내릴 수는 없다. 정신적 과정들이 어떻게 구별될 수 있는지에 대해서는 어떤 식으로건 설명할 수 있을 것이다. 그러나 그 과정에 대한 진리를 어떻게 확인하고, 또 그 과정에 대한 오류를 어떻게 회피하거나 바로 잡을 수 있는가에 대해서는 설명할 수 없을 것이다.

셋째, 우리는 자기 자신의 마음이 어떠한 것인지를 정확하게 인식하지 못하는 경우도 있다는 주장에는 아무런 모순도 없다. 실제로 그런 일이 늘상 일어난다는 사실은 잘 알고 있다. 우리는 실제로는 거짓인 것을 잘못하여 올바른 것으로 생각한다. 예를 들면 우리는 자신의 동기에 대하여 스스로 기만한다. 혹은 「알다(aware)」라는 말의 통상적인 의미에서 시계가 똑딱거렸다는 것을 전혀 알지 못한 채 시계의 똑딱소리가 멈춘 것을 알아차리고는 깜짝 놀란다. 또 우리는 꿈을 꾸고 있는 동안에는 우리가 꿈을 꾸고 있다는 사실을 알지 못하며, 종종 깨어있을 때에도 꿈을 꾸고 있지 않다는 사실을 알지 못한다. 또 우리는 이런저런 방식으로 당황하고 있을 경우 자신이 화가 난건지 흥분한 건지를 자신있게 확언할 수 없다. 만일 의식이 현재 서술되고 있는 것과 같은 것이라면 인식에 있어 그같은 실패나 오류가 발생한다는 것은 논리적으로 성립할 수 없을 것이다.

끝으로 설사 모든 정신적 상태나 과정에 내재해 있다고 주장되는 자기고지(自己告知)가 독자적인 주목행위를 필요로 한다거나 독자적인 인지행위의 한 부분이라고 서술되지 않는다 하더라도, 내가 추론과정에서 의식하고 있는 것은 그 추론에 의하여 내가 이해하려고 하는 것과 다르다. 나의 의식은 추론과정에 대한 의식이지만, 나의 추론은 기하학적 전제들에서 기하학적 결론을 도출해내는 추론이다. 「나의 추론」이란 것을 말로 표현하자면 「이것은 정삼각형이므로 각각의 내각은 60°이다」이지만, 내가 의식하고 있는 것을 말로 표현했을 경우 「여기에서 나는 이러저러한 전제에서 이렇고 저렇고 한 결론을 도출하고 있다」가 된다. 그러나 만일 이렇다고 한다면, 그 교설에 따라 나는 또한 추론에 대한 의식을 의식하고 있지 않은가, 즉 「지금 나는 여기에서 이러저러한 전제에서 이렇고 저렇고 한 결론을 도출하고 있다는 사실을 확인하고 있다」고 말할 수 있는 입장에 있지 않은가 라는 물음을 제기하는 것이 타당한 것처럼 보인다. 그런데 이 경우에는 그 물음이 끝없이 계속될 것이다. 무슨 말인가 하면 그 어떤 마음상태나 과정을 담고 있는 의식이 양파껍질처럼 중층적(重層的)으로 무한히 존재해야 한다는 것이다. 이런 결론을 받아들이지 않을 경우, 정신적 과정에 있는 일부 요소들은 그 자체로서 우리가 의식할 수 있는 것이 아니다, 즉 정신적 과정이 외부에서 자기고지되는 것으로 상정된 것을 구성하는 요소가 아니라는 주장을 용인하지 않을 수 없을 것이다. 그러나 이럴 경우 「의식하다」란 말은 더 이상 「정신적(mental)」이란 정의(定義)의 한 부분이 되지 못할 것이다. 그래서 의식이 뭔가를 전달하고 고지한다는 사실은 정신적 발생사건이 존재한다는 데 대한 직접적이고 논란의 여지가 없는 증거이기 때문에 정신적 발생사건들은 진정한 것이라는 주장은 폐기되어야 한다. 또한 정신적 발생사건은 내관(內觀)에 의해 찾아낼 수 있는 것이라는 부분적으로 유사한 주장도 폐기해야 할 것이다.

3. 내관

「내관(內觀, introspection)」은 전문용어이며, 일반인들이 자신에 대해 서술할 때에는 거의 사용되지 않는다. 이에 반해 형용사「내성적(內省的, introspective)」이라는 말은 보다 빈번하게 사용되는데, 통상 그 말은 자신의 성격, 능력, 결함, 기벽(奇癖) 등에 관한 이론적, 실천적 문제에 대하여 보통 이상으로 유의를 기울이고 있다는 밋밋한 의미로 사용되고 있다. 그리고 이 경우 그와 같은 것들에 대하여 비정상적으로 많은 신경을 쓰고 있다는 독특한 의미를 갖는 일이 많다.

「내관」이라는 전문용어는 지금까지 어떤 종류의 지각(知覺)으로 상정된 것을 나타내기 위하여 사용되어 왔다. 예를 들면 우리가 어떤 특정한 순간에 플루트에 귀를 기울이든지 와인의 맛을 보든지 혹은 폭포를 구경하고 있을 때와 마찬가지로 우리는 비광학적인 의미에서 그 순간순간마다 자신의 정신상태나 과정을「구경하고 있다」고 상정되었다. 마음상태나 과정은 세밀하고 주의깊게 음미되고 있으며, 이 때문에 우리의 관찰대상이 된다. 다른 한편 내관은 몇 가지 중요한 측면에서 감각관찰과 구별된다. 예를 들면 눈으로 보거나 귀로 듣는 사물은 적절한 장소에 있는 관찰자라면 누구에 의해서건 관찰될 수 있다.

반면에 정신상태나 과정은 그 소유자만이 내관에 의해 그것을 음미할 수 있다고 상정된다. 또 감각지각은 눈, 귀, 혀 등과 같은 신체기관을 포함하는 데 반해 내관은 비신체적 기관을 포함한다. 마지막으로 감각지각은 불분명하다든지 심지어 환각(幻覺)일 가능성이 있지만, 정신적 과정에 대한 관찰능력인 내관은 그 어떤 대담한 이론에 입각하더라도 언제나 완벽하다. 그는 이 능력을 어떻게 발휘할 것인지 혹은 발견한 것을 어떻게 분류하고 식별할 것인지를 학습에 의해 배우지는 않았을지 모르지만, 귀머거리, 난시, 색맹, 환각 혹은 비문증(飛蚊症) 등에 대응되는 장애는 일으키지 않는다. 결국 이 종래의 이론에 따르자면 내적 지각은 참된 지각이 모범이며, 감각 지각은 이런 특성을 결코 가질 수 없다.

그런데 일반적으로 내관에 의한 발견은——기존의 이론에 입각한——의식에 의한 고지와 적어도 한 가지 점에서 큰 차이를 보인다. 내관은 주의집중이 필요한 작용이며, 가끔 일어날 뿐이다. 그러나 의식은 모든 정신적 과정의 지속적 요소로 간주되며 그 과정 중 어느 하나를 밝히기 위하여 특별한 주목작용이 필요한 것은 아니다. 게다가 우리는 특정한 문제들에 대한 대답을 찾겠다는 의도로 내관을 하는 데 반해, 의식의 경우에는 우리가 원하건 원치 않건 항상 의식을 하고 있다. 즉 눈을 뜨고 있는 동안에는 우리는 항상 의식을 하고 있는 데 반해 마음속에서 일어나는 것에 관하여 가끔 관심을 갖는 사람들만이 내관을 한다.

물론 「내관작용」에 대해 이런저런 말을 할 수 있는 사람은 특별한 훈련을 받은 사람들이라야 할 것이다. 그러나 「그는 이러저러한 것을 어떻게 해야 할 것인지에 골몰하고 이런저런 일을 한다」는 구절에서 보듯이 일반 사람들도 일부이긴 하지만 내관을 하고 있다고 할 수 있다.

앞에서 말했던 바와 같이 철학자들이 요청(要請)한 유령적 지위를 갖는 사건들이 존재한다——물론 이 주장을 반박하는 것이 이 책의 소극적인 목적이긴 하지만——고 상정하더라도, 이런 사건들을 고유한 대상으로 할 수 있는 특정한 부류의 지각도 존재한다는 일견 그럴듯한 가정에 대해서도 여전히 반론을 제기할 수 있다. 우선 첫째로 그같은 내적지각이라는 작용이 실제로 발생하기 위해서는 관찰자가 두 가지 사물을 동시에 주목할 수 있어야 할 것이다. 예를 들면 관찰자는 일찍 일어나야겠다는 결심과 이런 결심 행위에 대한 관찰을 동시에 수행해야 한다. 혹은 아침 일찍 일어나야겠다는 계획에 주목하면서 동시에 계획을 향하고 있는 자기 자신의 주목작용에 지각적으로 주목해야 할 필요가 있다는 것이다. 어쩌면 이런 반론은 논리적인 면에서는 치명적인 것이 아닐 수도 있다. 왜냐하면 일부 사람은 연습을 마친 후 어떻게든 자동차운전에 대한 주목과 대화에 대한 주목을 결합시킬 수도 있을 것이기 때문이다. 혹은 이처럼 주목행위를 분할하는 것은 동시에 그것을 분배하는 것이라기보다는 주목행위를 신속하게 나누는 것이라고 말할 수도 있지만, 우리가 분할되지 않은 주목행위에 대해 이야기한다는 사실은 주목행위를 분할할 수 있는 가능성이 있다는 것을 시사한다. 그러나 많은 사람들은 자신들이——공식교의에서 말하는 의미의——내관을 하고 있다는 확신에서 출발하기 때문에, 이들은 만일 이를 위해서는 한꺼번에 두 가지를 주목해야 한다는 사실에 만족할 경우 자신들의 그같은 확신에 대해 회의를 품게 된다. 그들은 자신들이 내관을 하고 있다는 사실보다는 자신들이 한꺼번에 두 가지를 주목하고 있지 않다는 사실을 더 강하게 확신하는 것이다.

그러나 내관을 행하면서 동시에 두 가지 일에 주목하고 있다고 주장하는 경우에도, 우리는 동시에 행해질 수 있는 주목행위의 수(數)에 한계가 있다는 것을 인정할 수 있다. 따라서 내관으로는 파악불가능한 몇 가지 정신적 과정들이 있다는 결론을 이끌어 낼 수 있다. 즉 가능한 한 최대한이 동시에 행해지는 주목행위들을 포괄하는 내관들이 그런 경우다. 따라서 종래의 이론을 지지하는 사람들에게는 이런 주목행위들이 일어나고 있다는 것을 어떻게 알아낼 수 있는가 라는 문제가 제기될 것이다. 왜냐하면 만일 이런 지식이 내관에 의해 얻어지지 못한다면, 어떤 사람이 자신의 정신적 과정에 대해 아는 것을 항상 내관에 기초를 둘 수는 없기 때문이다. 그런데 그런 앎이 언제나 내관에 바탕을 두는 것이 아니라면, 도대체 그런 일이 일어날 수 있는지 없는지의 문제가 새롭게 제기된다. 그런데 다른 형태의 「특별한 접근권」을 끌어들여 이런 반론에 대응할 가능성도 있다. 말하자면 우리는 우리가 자기 자신의 내관을 내관함으로써가 아니라 의식의 직접적인 고지로부터 내관을 행한다. 비유컨데 카리브디스의 손님들에게는 스킬라가 더욱 편안한 안식처처럼 보이는 것이다. *

심리학자들이 요즘처럼 조심스럽지 않았던 시절에 그들은 내관을 정신작용에 대한 경험적 지식의 원천이라고 주장하였다. 그들은 한 심리학자의 보고사실과 다른 심리학자의 보고사실이 상충되더라도 전혀 당황하거나 이상하게 생각하지 않았다. 그들은 자신들이 미리 갖추고 있던 이론에 의해 찾아내게 될 것으로 예상했던 그런 정신적 현상에 대해서만 내관에 의해 찾아내고 있다고 공언하면서 서로를 비난하였는데, 이런 비난은 종종 정당한 것이기도 했다. 그리고 지금도 내면생활과 내적지각의 존재를 주장하는 그들의 이론들이 참이라고 한다면, 결국은 내관에 의해 해결될 수밖에 없는 논쟁들이 계속 일어나고 있다. 예를 들면 이론가들은 지성의 활동 및 터부에 대한 습관적 복종과 구별되는 의식활동이 있는지의 여부를 둘러싸고 논쟁을 벌이고 있다. 그들은 왜 보려고 하지 않는가? 혹은 그들이 보려고 한다 하더라도 왜 그들의 보고는 일치하지 않는가? 또 인간행동에 대한 이론적 연구를 하고 있는 사람들 중의 다수는 「결의들(volitions)」로 분류해도 좋을 과정이 그 과정 자체에서 일어나고 있다고 주장한다. 그러나 앞에서 나는 분명히 이런 과정이란 존재하지 않음을 보여준 바 있다. 이 문제는 식량창고에 있는 양파냄새가 있는가 없는가의 문제처럼 쉽게 결정할 수 있어야 하는 것인데 왜 우리는 그런 과정의 존재여부에 대해 논란을 벌이는 것일까?

끝으로 내관에 관한 주장들에 대하여 반론을 제기한 사람이 또 하나 있다. 바로 흄이다. 마음상태 중에 어떤 것을 차분하게 음미할 수 없는 것들이 있다. 왜냐하면 그런 마음상태일 때 차분할 수 없다든가 역으로 우리가 차분하면 그런 마음상태가 될 수 없는 경우가 있을 수 있기 때문이다. 예를 들면 공포상태나 격분상태를 내관에 의해 음미할 수 없다. 왜냐하면 과학적 관찰을 할 때의 냉정함은 말 그대로 「공포」나 「격분」에 사로잡혀 있는 사람의 마음상태에서는 전혀 찾아볼 수 없기 때문이다. 마찬가지로 기분이 들떠 있는 사람은 침착한 실험가의 마음상태가 아니기 때문에, 농담을 즐기는 상태 역시 내관가능한 사건이 아니다. 이와 같이 다소 격렬하게 동요하고 있는 마음상태는 일단 시간이 흐르고 난 후에 회상(retrospect)을 통해 음미할 수 있다. 그러나 내관에 대해 이런 제한을 가하더라도 불행한 결과가 생기

---

* 그리스 신화에서 카리브디스는 바다의 소용돌이를 상징하는 괴물로 「카리브디스의 손님」이란 소용돌이에 빠진 사람을 말한다. 스킬라는 괴물들이 살고 있는 바위다.

지는 않는다. 우리는 다른 마음상태 못지않게 공포상태나 즐거운 상태에 대해 정보를 적지 않게 갖고 있다. 만일 회상을 통해 우리가 우리 마음상태를 아는 데 필요한 자료를 얻을 수 있다면, 이렇게 해서는 안 될 이유가 없다. 그리고 영어표현 「to catch oneself doing so and so(자신이 이러저러한 것을 하고 있다는 것을 보다)」가 시사하는 것도 바로 이 점이라고 생각된다. 우리는 추격하고 따라잡고 할 때와 마찬가지로 이미 우리에게서 멀리 떨어져 달리고 있는 것을 잡는다. 예를 들면 내가 낮잠을 자면서 꿈을 꾸기 시작한 직후 산길을 걷고 있는 꿈을 보게 된다. 혹은 이미 몇 번 흥얼거리고 난 후라야 내가 특정한 곡을 콧노래로 부르고 있다는 것을 알아차린다. 즉각적인 회상이건 지연된 회상이건 일단 회상은 진정한 과정이며, 주의를 복수(複數)로 분산하는 것이 가능하다고 가정하는 것으로부터 발생하는 제반 난점에서 면제된 것이다. 또한 그 과정은 격렬한 동요가 그 동요가 일어날 때 동시에 발생하는 차분한 음미의 대상이 될 수 있다는 가정으로부터도 면제된다.

 이와 같이 우리가 내관에 대하여 일상적으로 이야기할 때, 실은 우리는 이 회상이라고 하는 진정한 과정에 대하여 언급하는 일이 많다. 그러나 회상의 대상에는 본질적으로 「기계 속의 유령」과 같은 것은 없다. 내가 꿈을 꾸고 있다는 것을 알아낼 수 있는 것과 꼭 마찬가지로 나는 내가 가려운 곳을 긁고 있다는 것을 알아낼 수 있다. 또 나는 자신이 무언(無言)의 독백에 침잠하고 있다는 것을 알아낼 수 있는 것과 마찬가지로 자신이 시끄럽게 뭔가를 말하고 있다는 것을 알아낼 수 있다.

 내가 회상하는 것은 언제나 「내 자신이 이러저러한 것을 하고 있다(myself doing so and so)」는 형태로 표현가능하다는 사실은 참이며 또한 매우 중요하다. 예를 들어 내가 회상하는 것은 천둥소리가 아니라 내가 천둥소리를 들었다는 것이다. 또 나는 내가 맹세하는 것을 알아차릴 수 있지만, 다른 사람이 맹세하는 것은 이런 의미에서 알아차린다고 할 수 없다. 내가 회상하는 대상은 자서전을 쓸 경우 한 항목이 된다. 그러나 그 대상들은 개인적인 것이긴 하지만 그 자서전의 사적인 혹은 무언의 항목일 필요는 없다. 물론 그런 항목이 될 수 있는 가능성마저 배제하는 것은 아니다. 나는 어떤 것을 상상한 것을 회상할 수 있듯이 어떤 것을 볼 것을 회상할 수 있다. 또 나의 감각에 대해서 뿐만 아니라 겉으로 드러난 나의 행동에 대해서도 회상할 수 있다. 나는 내가 머리 속으로 끝낸 계산을 보고할 수 있다. 마찬가지로 장부 위에다 할 계산도 보고할 수 있다.

이와 같이 회상은 내관이 짐꾼에게 부탁한 짐의 일부를 운반할 수 있다. 그러나 회상은 그 짐 전부를 배달하지는 않을 것이며, 특히 철학적으로 중요하지만 파손되기 쉬운 짐은 대부분 배달을 거부할 것이다. 가장 즉각적인 회상조차 어느 정도는 증발하거나 희석될 수밖에 없다는 사실을 제쳐두더라도, 나는 행위나 감정을 아무리 정확하게 회상한다 해도 그 행위나 감정의 본성은 여전히 이해하지 못할 수도 있다. 예를 들어 지금 회상하는 어제의 고통이 진정한 연민에서 나온 아픔인지 아니면 죄책감에서 나온 고통인지 하는 문제는 그 고통에 대한 나의 기억이 선명한 데 비례해서 그만큼 명백해야 할 필요는 없다. 이 점은 연대기(年代記)가 사건을 기록할 뿐이지 기록된 사건의 본질 등에 대해 아무런 설명을 해주지 못한다는 것을 생각해 보면 잘 알 수 있을 것이다.

회상이 자서전의 성격을 갖고 있다고 해서 회상이 특수한 지위의 사실들──즉 정신적 사실들──에 대해「특별한 접근권」을 부여해준다고 생각해서는 안 된다. 그렇지만 회상은 우리 자신의 행동과 마음의 특성을 파악하는 데 도움이 되는 엄청난 양의 자료를 제공해준다. 일기는 유령이 겪는 에피소드에 대한 연대기가 아니라 일기쓰는 사람의 성격, 재치, 경력 등에 대한 귀중한 정보원(情報源)이다.

4.「특별한 접근권」에 의하지 않은 자기인식

우리가 인간의 마음에 대해 이야기할 때, 우리는 특수한 지위를 갖는 사건들이 전개되는 제2의 극장에 대해 이야기하는 것이 아니라 그의 생애에서 일어나는 사건들이 질서를 부여받는 방식들에 대해 이야기하는 것이다. 이 점은 지금까지 여러 가지 각도에서 논의한 바 있다. 인간의 생애는 두 종류의 서로 다른 소재——물질과 정신——로 일어나는 이중계열의 사건들이 아니라 하나의 연쇄로 이루어진 사건들이며, 주로 그러한 사건들에 대하여 논리상 차이가 있는 유형의 법칙명제와 유사법칙명제가 적용 가능한지의 여부에 관하여 구별되는 두 종류의 사건이 있다는 것이다. 따라서 한 인간의 마음에 대한 주장은 그 사람에 대한 특수한 종류의 주장을 하는 것이다. 그래서 인간과 정신의 관계에 대한 물음은 인간신체와 정신의 관계에 대한 물음과 마찬가지로 부적절한 질문이다. 다시 말해서 이런 질문은 「영국하원과 영국정체(政體) 사이에 어떤 거래가 이루어지고 있는가」라는 물음만큼이나 적절치 못하다.

따라서 철학자들이 종종 얘기하듯 「어떤 사람의 마음이 이것을 알고 있다」 혹은 「어떤 사람의 마음이 저것을 선택한다」고 말하는 것은 논리상으로 볼 때 잘못된 것이다. 그 사람이 이것을 아는 것이고, 그 사람이 저것을 선택하는 것이다. 물론 그가 그렇게 할 수 있다는 사실은 그 사람에 대한 정신적 사실로 분류될 수는 있을 것이다. 이와 관련해서 보면——부분적인 의미에서이긴 하지만——「내 눈이 이것을 본다」나 「내 코가 저것을 냄새맡는다」고 하는 말도 마찬가지로 부적절하다. 오히려 나는 이것을 본다, 저것을 냄새맡는다 라고 해야 하며, 이런 주장은 동시에 내 눈과 코에 대한 몇 가지 사실을 전해준다.

그러나 이런 유추관계가 딱 들어맞는 것은 아니다. 왜냐하면 내 눈과 코는 감각기관인 반면, 「나의 마음(혹은 정신)」은 그 어떤 기관과도 관계없기 때문이다. 「나의 마음」이란 일정한 일을 할 수 있는 능력과 경향을 나타내는 것이지 그것이 없으면 아무것도 할 수 없고 또 실제로 할 의향이 생기지도 않는 그런 류의 장치가 아니다. 이와 마찬가지로 영국의 정체(政體)는 행정부, 사법부, 영국교회, 의회, 왕실 등과 병행해서 기능하는 또 하나의 영국제도가 아니다. 그렇다고 이런 제도들의 총합(總合)도 아니고 이 제도 사이의 연락관도 아니다. 우리는 영국이 선거에 돌입했다고 말할 수는 있지만 영국의 정체가 선거에 돌입했다고 말할 수는 없다. 물론 영국이 선거에 돌입했다는 사실은 영국에 관한 정체상의 한 가지 사실을 서술하는 것일 수는 있다.

사실 사용되고 있는 관용적 용법을 쓰지 않는 것이 언제나 편리한 것은 아니지만, 「마음(mind)」과 「마음들(minds)」이라는 명사를 사용하는 데 있어 상당한 논리상의 위험이 상존하고 있다. 예를 들면 관용적 표현의 경우 「나의 신체가 아니라 나의 마음에서 이러저러하게 발생했다(so and so took place not in my body but in my head)」, 「내 마음이 손으로 하여금 쓰게 했다(my mind made my hand write)」, 「사람의 몸과 마음은 상호작용한다(a person's body and mind interact upon each other)」 등과 같이 논리적으로 부적절한 연언(連言), 선언(選言), 인과명제 등을 너무나 쉽게 구성할 수 있도록 해준다. 그러나 논리적 정확성이 요구되는 경우, 누군가가 어떤 일을 하거나 체험하고 있다는 식으로만 이야기하는 소설가, 전기작가, 일기쓰는 사람이 보여주는 모범을 따라야 한다.

「인간은 자신의 정신작용에 대해 어떤 지식을 가질 수 있는가」 그리고 「어떻게 그것을 획득하는가」에 대한 질문은 그 말 자체가 성립될 수 없는 대답을 요구하고 있다. 왜냐하면 이런 질문은, 우리는 그 사람이 게으르다는 것과 그 사람이 주의깊게 덧셈을 했다 라는 것을 알기 위해서는 우리는 특수한 종류의 빛에 의해 밝혀져야 하고, 창문이 없고 본인만이 접근할 수 있는 집을 엿보아야 한다는 것을 시사하기 때문이다. 그리고 이런 질문이 그같은 방식으로 해석될 경우에는 「우리는 다른 사람의 마음작용에 대해 어떤 지식을 얻을 수 있는가」 그리고 「어떻게 그것을 얻을 수 있는가」라는 병행하는 질문도 말 자체에 의해 그 어떤 대답도 할 수 없는 것처럼 보인다. 왜냐하면 이 질문들은, 우리는 그가 게으르다는 것이나 그가 주의깊게 덧셈을 했다는 것을 본인 이외에는 접근할 수 없다고 가정된 또 하나의 비밀스러운 방을 그 제삼자가 엿보는 것에 의해 최초로 알 수 있었다는 것을 시사하고 있기 때문이다.

그러나 실제로 우리에게 문제가 되는 것은 이런 종류의 것이 아니다. 우리에게 중요한 문제는 사람들의 겉으로 드러난 행동과 숨겨진 행동에 대하여 일종의 유사법칙적인 명제들을 어떻게 확립하고 어떻게 적용할 것인가라고 하는 순전히 방법적인 문제들이다. 예를 들면 내가 어떤 장기두는 사람의 수와 전술을 알게 되는 것은 그와 다른 사람들이 장기를 두는 것을 주의깊게 살펴봄으로써 가능하다. 또 어떤 학생이 게으른지, 야심적인지, 재치가 있는지를 알기 위해서는 그가 하는 일을 살펴보고 그가 하는 변명을 들어보고, 또 그의 대화에 귀를 기울인다든가 그의 행동을 다른 사람의 행동과 비교해보아야 한다. 다른 한편으로 그의 행동을 다른 사람의 행동과 비교하는 나의 행위 자체는 이해하기가 더 어렵다. 왜냐하면 이런 경우에 탐구자 자신이 탐구의 대상이 되기 때문에 중립성을 유지하기가 어렵고 따라서 질문을 받았을 때 탐구자의 정신작용을 공정하게 다루기란 불가능하기 때문이다.

앞서의 논점을 다시 한 번 생각해보자. 우리에게 있어서 문제가 되는 것은 「너나 내가 마음을 갖고 있다는 것을 나는 어떻게 발견하는가」라는 밀폐된 문제가 아니라 「내가 너보다 더 희생적이라는 사실을 나는 어떻게 발견하는가」, 「나는 미분방정식은 잘 못하지만 장제법(長除法)은 잘 할 수 있다는 사실을 나는 어떻게 발견하는가」, 「너는 공포에 시달리고 있으며 일정한 종류의 현실에는 직면하기를 꺼린다는 사실을 나는 어떻게 발견하는가」, 「나는 보통 사람들보다 훨씬 쉽게 흥분하지만 공포나 현기증 혹은 병적으로 양심적인 상태에 잘 빠지지 않는다는 사실을 나는 어떻게 발견하는가」 등과 같은 특수한 종류의 물음이다.

이처럼 순전히 성향에 관한 물음 말고도 수행이나 발생사건에 관한 물음들도 있다. 「나는 농담을 알아들었고 너는 이해하지 못했다는 것을 나는 어떻게 알아내는가」, 「너의 행동이 나의 행동보다 더 용기 있는 것이었다는 사실을 나는 어떻게 알아내는가」, 「내가 너에게 한 봉사는 의무감에서 나온 것이지 명성(kudos)을 기대하고 그런 것이 아니라는 사실을 나는 어떻게 알아내는가」, 「그때 들은 말을 당시에는 다 이해하지 못했지만 뒤에 머리 속으로 생각하고서 다 이해했는데 너는 처음부터 다 이해했다는 사실을 나는 어떻게 알아내는가」 「내가 어제 향수를 느꼈다는 사실을 나는 어떻게 알아내는가」 등 이런 종류의 문제들은 하등 신비할 것도 없다.

왜냐하면 우리는 그것들에 대한 대답을 알아내기 위하여 어떻게 해야 하는지를 아주 잘 알고 있기 때문이다. 그리고 종종 우리는 그 물음들을 완전히 해결하지 못한 채 단순히 정답을 추측해보는 데 그치기도 하지만, 설사 그런 경우에도 우리는 우리에게 필요한 요구조건을 충족시켜주는 것이 어떤 종류의 정보인가에 대해 의심할 필요가 전혀 없다. 그리고 우리는 그러한 정보를 얻는다는 것이 무엇을 의미하는지에 대해서도 알고 있다. 예를 들면, 너는 어떤 논의를 경청한 후에 그것을 완전히 이해한다고 주장할 것이다.

그러나 이런 경우에도 너는 스스로를 기만할 수도 있고, 또 나를 기만하려고 애쓸 수도 있다. 이때 우리가 그 후 수일간 떨어져 있게 되면 나는 더 이상 너가 그것을 완전히 이해했는지의 여부를 가릴 수 없게 된다. 그럼에도 불구하고 나는 이를 가리기 위한 테스트는 어떠한 것인지를 여전히 알고 있다. 만일 그 논의를 직접 너의 입으로 말을 한다면, 혹은 그것을 프랑스어로 번역을 한다면, 만일 그 논의에 나오는 일반적 내용과 추상적인 내용의 구체적인 사례들을 적절하게 제시한다면, 반대질문에 대해서도 적절하게 대답한다면, 다른 단계의 논의에서 보다 진전된 결론들을 정확하게 이끌어낸다면, 그 논의의 본질로부터 논의하는 사람의 지성과 성격을 정확히 추론해내고 그 이후 그의 이론이 전개되어 나갈 방향을 정확하게 예측한다면, 우리는 네가 그것을 완전히 이해했다고 결론내릴 수 있을 것이다.

이 경우 유일한 차이는 나는 아마도 나의 연역, 예증 등의 표현을 소리내어 말할 수 없을지 모르지만, 무언의 독백으로도 나 자신에게 보다 기계적으로 그것들을 말할 수 있다는 것이다. 그리고 아마도 나는 너의 이해가 완전한 것인지를 납득하는 것이 훨씬 더 용이할 것이다. 간단히 말해서 너가 이러저러한 것을 할 수 있었고 또 사정이 이렇고 저랬다면 그것을 하려고 했을 것이라는 사실은 「너가 그것을 이해했다(you understood it)」의 「의미(meaning)」를 구성하는 일부분이다. 그리고 네가 그것을 이해했는지의 여부를 가리는 「검증(test)」은 보편가언언명의 귀결절을 만족시키는 일련의 수행들이다.

다른 한편으로 너가 그 논의를 이해했는지의 여부를 가려줄 수 있는 단일한 핵심수행(核心遂行)은——그것이 겉으로 드러난 수행이건 머리 속에서 일어난 수행이건 간에——존재하지 않는다는 사실을 명심해야 한다. 설사 네가 섬광처럼 스치는 이해(理解)를 경험했다고 주장하고, 또 실제로 그런 경험을 했다고 하더라도, 만일 그 이해를 다른 말로 표현하지 못하고, 또 구체적으로 예를 든다든가 더욱 확장한다든가 재구성을 하지 못한다면 여전히 너는 그 논의를 이해했다고 하는 주장을 철회해야 한다. 또 누군가 다른 사람이 그 논의에 관한 검증 전부에 대답할 수 있다면, 그가 섬광처럼 스치는 이해를 보고하지 않는 경우에도 너는 그가 그것을 이해했다고 인정할 수 있을 것이다.

다른 한편 어떤 사람이 논의를 완전히 이해했다는 것을 보증하기 위해서는 어떤 식의 세부검증(sub-tests)을 얼마나 많이 해야 하는가를 명확히 규정할 방도가 전혀 없다는 것도 명심해야 한다. 우리는 어떤 소년이 장제법 문제를 풀 수 있는지를 알기 위하여 서로 다른 장제법 문제를 백만 개씩, 혹은 천 개씩 아니 백 개라도 풀도록 그에게 요구할 필요가 없다. 물론 단 하나를 푸는 데 성공한 것만으로 판단을 내려서는 안 되지만 스무 개 정도를 풀면서 갖가지 다양한 문제들을 처음보는 것까지 제대로 푼다면 우리는 그가 장제법을 할 수 있다고 판정해도 무방하다. 그 아이의 정답과 오답을 기록하는 것은 물론이고 해답을 풀어가는 과정까지 유심히 살펴보는 훌륭한 교사라면 훨씬 빨리 판단을 내릴 것이다.

또한 만일 그 교사가 학생에게 자신이 수행한 작업절차를 서술하고 정당화해보라고 한다면, 훨씬 더 빨리 판정을 내릴 수 있을 것이다. 다만 많은 소년들은 장제법의 합(合)을 계산할 수는 있지만 그들이 행한 절차에 대해서는 제대로 말하지 못하고 정당화시키지도 못한다는 점은 사실이다. 나는 나의 능력이나 너의 능력을 발견하는 것과 완전히 같은 방식은 아니지만 거의 유사하게 나의 동기나 너의 동기를 발견한다. 이 두 가지 방식 간의 커다란 실제적 차이는 다음과 같다. 조사대상인 사람의 성향을 발견하고자 하는 경우 나는 그 대상을 시험할 수 없지만, 그의 능력을 발견하고자 하는 경우에는 그것이 가능하다.

예를 들면 당신이 얼마나 허영심이나 애국심이 강한지를 알기 위해서는 나는 계속 당신의 행위, 의견, 품행, 어투 등을 관찰해야 하지만, 한눈에 판정할 수 있는 그런 시험이나 실험을 당신에게 실시할 수는 없다. 왜냐하면 당신은 그런 실험에 대응하는 특정한 방식으로 반응하는 특수한 동기를 갖고 있을 수도 있기 때문이다. 단순한 허영심에서 당신은 표면에 나서려 하지 않을 수도 있고, 아니면 단순한 겸손함에서 허영스럽게 행동하려 할 수도 있다. 그럼에도 불구하고 일상적인 관찰은 통상 그와 같은 문제를 해결하는 데 신속한 기여를 한다. 허영심에 차 있다는 것은 자신의 장점을 자만한다든지 다른 사람의 결점을 우습게 알고 조소한다든지, 승리를 머리 속으로 생각하고 도취에 빠진다든지, 과거에 거둔 승리를 회상한다든지, 자기 체면에 손상을 주는 대화는 잽싸게 피한다든지, 저명한 사람들과의 교제를 자랑한다든지, 무명인사들과의 만남은 가능한 한 기피한다든지 하는 것이다.

어떤 사람이 허영심이 강한지를 검증할 수 있는 시금석은 위에서 말한 상황들에서 그가 보여주는 행동과 반응이다. 시험자와 피시험자가 동일인이 아니라면 통상 관찰자가 그 결정을 내리기 위해서는 상대방의 일화(逸話), 냉소, 아첨 등은 그다지 필요없다. 한 사람의 정신적 능력과 성향을 확인하는 것은 관찰된 행위와 반응에서 유사법칙적 명제로 추론해가는 귀납적 과정이다. 우리는 장기적으로 드러나는 이들 특성을 확인한 후에야 그 귀납의 결과를 새로운 사실에 적용하여 특정한 행위나 반응을 설명할 수 있다. 다만 그 어떤 조사도 하지 않고 고백을 통해 그 설명을 알게된 경우는 제외된다. 물론 이런 귀납법은 목동들의 기후에 관한 지식이나 특정환자의 체질에 대한 일반개업의(一般開業醫)의 이해와 마찬가지로 실험실의 조건 하에서 이루어진 것도 아니고 통계학적인 밑받침을 갖고 수행된 것도 아니다.

그렇지만 그 귀납법은 일상생활에서는 충분히 신뢰할 만하다. 일반적으로 상대방의 성격을 평가한다든지 그의 행위를 설명한다든지 할 때, 그 관찰자가 경험이 풍부하고 인간에 대해 강한 관심을 갖고 있고, 비판적이면서 공정하고 그러면서도 풍부한 인간미를 가진 사람일 경우, 그 평가나 판단은 신속하면서도 신뢰할 수 있는 것이 되는 경우가 많다. 이에 반해 보다 뒤떨어지는 판정자의 경우에는 그 판단은 지체되고 신뢰성도 떨어지는 것이 대부분이다. 이와 마찬가지로 충분한 훈련을 받고 성실한 시험관이 피시험자를 잘 알고 있고 상대방에 대하여 상당히 공감을 하고 있는 경우에는 정확한 판단을 내리지만, 열등한 시험관의 경우에는 핵심에서 매우 동떨어진 판단을 내리는 경우가 많다. 이 진부한 사실을 통해 얻을 수 있는 교훈은 비록 우리가 문제시 했던 표준적인 이론에 따르면 타인을 평가하고 그 사람의 행동을 설명하는 기법이란 것 자체가 있을 수 없지만, 그럼에도 불구하고 우리는 그런 기법들과 너무나도 친숙해 있다는 사실을 우리에게 상기시켜 주는 것이다.

그런데 어떤 부류의 사람들에 대해서는 우리는 그들의 마음의 특성이나 마음상태를 평가하려 할 경우 특히 곤란함을 느끼게 된다. 다시 말해 그들에게 결여된 특성이 자신에게 있는 듯이 가장 한다든지 자신이 가진 특성을 은폐하려는 부류의 사람들도 있는 것이다. 예를 들면 위선자, 허풍쟁이, 동기나 기분을 가식적으로 나타내는 사람, 능력을 가장하는 사람 등이 그런 예이다. 그러나 이것은 정도의 문제이다. 즉 우리들 대부분도 생활의 일부에 있어서는 이런 부류의 사람들이기도 하고, 또 일부의 사람들은 생활의 대부분에 있어서 이런 부류의 사람들이다. 자신이 실제로 가진 능력이나 동기 이외의 다른 능력이나 동기를 가진 것처럼 가식하는 것은 언제나 가능하다.

또한 동기의 강도(强度)나 능력의 수준에 대해서도 얼마든지 가식할 수 있다. 만일 이런 가식이 도대체 없다든지 효율적으로 이루어질 수 없다면 연극이란 존재할 수 없을 것이다. 그리고 연극행위에 의해 다른 사람들뿐만 아니라 자기 자신도 속일 수 있다(그러나 극장에 있는 관객들은 속지 않는다. 왜냐하면 그들은 자신들이 배우라고 공언한 사람들이 연기하는 것을 보기 위하여 돈을 지불했기 때문이다). 그래서 얼핏 생각하면 자신의 마음이나 다른 사람의 마음에 대해 지식을 가진 사람은 아무도 없는 것처럼 생각된다. 왜냐하면 우리가 「어느 누구도 그처럼 보이게 되는 것은 불가능할 것이다」라고 말할 수 있는 그런 식의 관찰가능한 행동이란 존재하지 않기 때문이다.

물론 우리가 일상생활에서 이런 가능성 때문에 실제로 곤혹을 느끼지는 않지만, 일부 사람들은 이론적인 당혹감을 느낀다. 왜냐하면 만일 어떤 특정한 행위나 반응이 위장된 것이라고 한다면, 모든 행위나 반응은 위장된 것이라고 할 수 있지 않은가? 또 다른 사람과 자기 자신의 행동에 대한 평가가 모두 하나같이 기만된 것은 아닌가? 사람들은 종종 감각지각에 대해 이와 유사한 당혹감을 느낀다. 왜냐하면 어떤 외관을 갖고 있는 것이 감각되는 경우, 그것이 환각일 수 있는 가능성을 차단해주는 것이 전혀 없으므로 그것들 모두가 환각일 수 있는 가능성을 막아주는 것도 없는 것처럼 생각되기 때문이다.

그러나 보편적인 위장의 가능성이 있다고 하는 위협은 공허한 위협에 불과하다.

첫째, 우리는 위장이 무엇인지를 안다. 위장한다는 것은 위장하지 않은 다른 사람들이 행동하는 방식을 의도적으로 본떠서 행동한다는 것이다. 후회를 하는 것처럼 가장한다는 말은 실제로 죄를 뉘우치는 사람들의 동작, 억양, 말씨 등을 행동으로 보이는 것이다. 따라서 위선자와 그에게 기만을 당하는 사람 둘다 어떤 사람이 진실로 후회하는 것이지 단순히 후회하는 것처럼 가장하는 것이 아니라는 사실이 어떠한 것인지를 알아야 한다. 예를 들어 만약에 우리가 실제로 후회하고 있는 사람에 대하여 「후회하고 있다」고 판단함에 있어 그 판단이 일반적으로 정확하지 못하다고 한다면 위선자가 진실로 후회하고 있다고 잘못 생각할 수 있는 위험에서 벗어날 수 없다.

둘째, 우리는 위선적인 것, 즉 자신의 실제 동기와는 다른 동기에 의해 행동하는 양 보이려고 애쓰는 태도가 어떠한 것인지도 안다. 우리는 위선자가 어떤 종류의 트릭을 사용할 것인지를 알고 있다. 항상 그런 것은 아니지만 우리는 이런 트릭이 사용되는지의 여부 그리고 그 트릭이 기막히게 사용되었는지 아니면 어설프게 사용되었는지의 여부를 가릴 수 있는 판별기준을 갖고 있다. 그래서 우리는 어떤 행동이 위선적인가를 가려낼 때도 있고 그렇지 못할 때도 있다. 그러나 이처럼 가려낼 수 없는 때에도 어떤 단서를 얻을 수만 있다면 위선자라는 것을 폭로할 수 있다는 것을 우리는 알고 있다.

예를 들면 어떤 사람이 「당신은 희생을 다 하겠다고 공언하지만 그것을 증명하려면 재산의 절반을 내놓든지 목숨을 바쳐야 한다」는 말을 듣고서 그 사람이 어떻게 행동하는지를 알려고 한다. 우리가 필요로 하는 것은——비록 못하는 경우도 있지만——「결정적 실험(experimentum crucis)」이다. 이는 의사들이 두 가지 진단을 놓고 어느 것이 정확한 것인가를 가리는 「결정적 실험」이 필요하지만 종종 그렇게 할 수 없는 것과 마찬가지다. 어떤 사람이 위선자나 허풍선이임을 확증하는 일은 귀납법적인 절차이다. 그런데 이 절차는 2차적인 귀납법이라는 점에서 동기나 능력을 평가할 때 사용되는 일상적인 귀납법과는 구별된다.

위장자를 찾아낸다는 것은 그 사람 자신을 포함한 우리 모두가 귀납에 의하여 위장자의 행동이 아니라고 판단하는 것을 모델로 하여 행동을 지어내고 있다는 것을 찾아내려고 시도하는 것이다. 우리는 물론이고 위선자 자신도 위선이 어떻게 드러나게 되는지를 알고 있을 경우에는 우리는 2차적인 위선자, 즉 일차적인 위선자와는 다른 식으로 행동하는 법을 알고 있는 이중적인 허세꾼을 상대해야 할지도 모른다. 교묘한 위장은 알아내기 어렵다는 말과 성공적인 위장은 탄로나지 않는다는 말은 동어반복(同語反復)이긴 하지만 「위장」 그 자체에는 그 어떤 신비적인 것도 없다.

지금까지 우리는 자기 자신과 타인에 관한 지식 중에서 주로 장기적인 경향이나 능력을 어느 정도 공정하게 평가하는 경우의 지식을 고찰하였고, 더불어서 특정한 에피소드를 설명하는 경우에 그러한 평가를 적용하는 문제에 대해서도 살펴보았다. 간단히 말해서 우리는 행위의 경과들(courses of conduct)을 어떻게 해석하고 이해하는가의 문제를 고찰해왔다. 그러나 「알다(know)」라는 말에는 또 한 가지의 의미가 남아 있다. 우리는 흔히 어떤 특정한 순간에 행하고, 생각하고, 느끼고 하는 것이 무엇인지를 「알고 있다」고 말한다. 이때 「알다」의 의미는 「의식인광이론(意識燐光理論, phosphorescence-theory of consciousness)」이 서술하려고 했지만 실패했던 바로 그것과 근접해 있다. 이런 의미에서의 「알다」라는 말이 갖는 힘을 명확하게 이해하려면 우선 어떤 사람이 행한 일이 기계적인 것이 아니라 예지적인 작업이라 하더라도 그 순간에 그가 자신이 무엇을 하고 있는지를 몰랐다는 것을 인정하는 그런 종류의 상황들을 고찰해보자.

크로스워드 퍼즐을 풀려고 하는 사람이 글자수수께끼에 직면했다고 가정해보자. 얼마간 시간이 지나고 나서 그가 정답을 찾아냈다고 하더라도 그는 자신이 이를 위해 어떤 절차를 따랐는지 혹은 어떤 방법을 사용했는지를 명확하게 알고 있었다는 사실을 부정할 것이다. 물론 경우에 따라서 그는 그

퍼즐의 일부에 대해 생각하고 있었고, 또한 자신이 그런 생각을 하고 있다는 사실을 알고 있었다고 말할는지 모른다. 또 그는 자신이 글자수수께끼의 답을 알아냈다는 사실을 발견하고서 어느정도 놀랄지도 모른다. 왜냐하면 그는 자신이 문자를 배열 혹은 재배열하고 있다는 사실을 전혀 의식하지 못했거나 문자 재배열에 실패할 것이라고 생각한다는 것을 의식하지 못했기 때문이다. 그러나 그의 답은 정확한 것이고, 그는 퍼즐 전체를 푸는 과정에서 여러 차례 성공을 거두었을 수도 있다. 즉흥적인 경구(警句)가 때때로 우리에게 예상치 못한 놀라움을 주는 방식도 바로 이와 똑같은 방식이다.

그런데 우리는 스스로 휘파람을 분다든가, 어떤 일을 계획하거나 상상하고 있다는 것을 알더라도 일반적으로 놀라지 않는다. 그리고 누가 물어보면 우리는 우리가 이것을 하고 있는 동안 이것을 하고 있다는 것을 알고 있었기 때문에 놀라지 않는다고 답한다. 그러면 우리가 「나는 이런저런 것을 했고, 그것을 하는 동안 나는 그것을 하고 있다는 것을 알고 있었다」고 말할 경우 우리는 어떤 종류의 항목을 추가하고 있는가? 대뜸 이렇게 말하고 싶은 유혹을 느낄 것이다. 「그러면 내가 그것을 하고 있던 동안 나에겐 내가 그것을 하고 있다는 것이 섬광처럼 번득이든지 해가 솟듯 나타났어야 한다. 아니면 그 행위가 지속적인 것일 경우, 내가 그것을 하고 있다는 것을 계속해서 섬광처럼 번득이든지 지속적으로 해가 솟듯 나타났어야 한다」라고.

그러나 이같은 섬광(閃光)이나 일출(日出)의 비유는 우리가 직면한 문제의 해결에 아무런 도움도 주지 못한다. 왜냐하면 우리가 하고 있는 무엇인지를 알고 있었다고 확신할 경우에조차 우리는 통상 그것을 하는 동안 섬광이나 일출과 같은 발생사건을 떠올리지 않기 때문이다. 게다가 만의 하나 그런 발생사건들이 일어났다고 하더라도, 동일한 물음이 다시 한번 제기될 것이기 때문이다. 즉 「그 섬광이 생겼을 때 당신은 그것이 번득이고 있다는 것을 알고 있었는가 그리고 그 섬광이 생기지 않는 동안에 당신은 그것이 번득이지 않는다는 것을 알고 있었는가」라는 물음이 제기된다. 또 「당신이 휘파람을 불고 있다는 사실이 당신에게 번득이고 있다는 사실이 당신에게 번득였는가」 혹은 「어떤 일이 행해지고 있다는 것에 대한 당신의 앎이 반드시 당신에게 뭔가가 번득인다는 것과 직결될 필요가 있는가」라는 문제 등도 제기될 수 있다.
  어떤 일이 일어났는 데도 한 사람이 놀라지 않는다고 말하는 것은 그가 그 일을 예상하고 있었다든지 준비를 하고 있었다는 뜻이다. 그러나 우리는 적어도 두 가지 특이한 방식으로 「예상하다(expect)」라는 말을 사용한다. 첫째, 특정한 시점에 그 사람이 그 사건이 일어날지도 모른다는 명제를 숙고하고 받아들였다는 의미에서 사용하는 경우가 있다. 이런 의미에서라면 「당신이 이런 예측을 한 시점은 정확히 언제였는가」라는 물음에 대해 어떤 식으로건 대답을 할 수 있을 것이다. 그러나 둘째로, 그가 이같은 예측을 했고 안 했고와 관계없이 그는 계속해서 일어날지 모를 그 일에 대한 준비를 갖추고 있었다는 의미에서 사용될 수도 있다.
  예를 들면 두번째 의미에서 비가 올 것으로 예상한 정원사는 반복해서 정원일을 하다가 멈추고 조용히 있거나 비가 올 것인지에 대해 속으로 혹은 말로 예단을 내릴 필요는 없다. 그는 다만 물뿌리개를 도구창고에 놓아두고, 우의를 갖고 다니면서 더 많은 묘목을 표판에 심을 뿐이다. 그가 비가 올 것으로 예상한다는 것은 수시로 이런 말을 해서가 아니라 비가 올 때에 대비하여 적절하게 정원일을 하는 것이다. 오후 내내 그는 비에 대비한 준비를 하는 것이다. 「그렇지만 그는 비가 올 것이라는 명제를 항상 숙고하고 있어야 한다. 그가 우의를 준비하고 다닌다든지 물뿌리개를 창고에 넣어두는 것은 모두 이 때문이 아닌가」라는 반론이 제기될 수도 있다. 그러나 이런 반론에 대해서는 「과연 어느 시점에 그가 비가 올 것이라고 생각했는지를 말해보라, 그리고 그러한 예단을 하지않는 순간에는 그가 비가 올 것이라고 생각했는지 아니면 오지 않을 것이라고 생각했는지 말해보라」고 물어보면 간단히 해결된다. 그는 이 시점, 저 시점 그리고 또 다른 시점에서 비가 올 것을 예단한다. 왜냐하면 그는 비가 올 것을 항상 예측하고 있기 때문이다. 그가 우의를 준비하고 물통을 창고에 갖두는 것도 이 때문이다.
  이런 의미에서의 「예측하다(expect)」는 발생사건이 아니라 지속적인 마음상태다. 결국 그는 오후 내내 우연히 일어날지도 모르는 사태에 대하여 미래시제로 말해야 할 마음상태에 있다는 뜻이며, 또한 그런 방식으로 정원작업을 해야 할 마음상태에 있다는 뜻이다. 우의를 준비한다든지 하는 것이 바로 그렇다. 이런 의미에서 「예측한다」는 것은 준비한다는 것이다. 그리고 자신에게든 남들에게든 경고를 한다는 것은 여러 가지 중의 한 가지를 사전에 조치하도록 하는 것이다. 그래서 우리가 그 정원사는 비가 왔을 때 놀라지 않았다든지 그는 비가 올 것으로 확신하고 있다고 말할 때, 혹은 그는 비가 올 것에 대비하고 있었다고 말할 때 우리는 「우연적인 경우」를 제외한다면 내면에서 번득인 예견의 섬광이나 미래시제로 무언의 발화, 혹은 소리가 나는 발화를 지시하는 것이 아니다. 그의 오후 내내 활동은 비가 올 것을 예측한 마음상태에서 원예활동도 하고 언어활동도 한 것이다.

여기서 얻는 교훈은 우리가 당면한 문제에도 그대로 적용된다. 우리가 종종 종사하는 일 중에는 지속적인 적용을 요구하는 것들이 있다. 즉 2단계를 하려면 그 전에 1단계를 마쳐야 하는 것이다. 이런 경우 예를 들면 식사를 하기 위하여 테이블에 앉아야 하는 것처럼 다음 단계와 전(前)단계의 관계가 목적과 수단의 관계를 갖는다. 그런데 예를 들면 우리는 주된 요리를 먹기 위하여 사전에 채소를 먹지 않으며, 어떤 곡조를 허밍으로 부르는 것을 끝맺기 위해 그 곡조를 부르는 것을 시작하는 것도 아니다. 아주 종종 무언가를 수행하는 경우에 점점 연속적으로 단계를 밟아 나가야 할 경우일지라도 그것은 다만 인위적으로 각 단계들을 분할할 뿐이지만 그럼에도 불구하고 단지 절반이나 4분의 3만이 성취되었을 때에는 그 수행을 중도에서 그친 것이라고 말하는 것은 여전히 의미 있는 일이다. 또 행위자가 그와 같은 직렬적(直列的) 작업을 어느정도 유의하면서 실행하고 있다면, 그는 어떤 특정한 단계에서도 다음에 무엇을 할 것인가, 이미 어떤 것이 행해졌는가를 일정한 의미에서 염두에 두고 있었음에 틀림없다.

그는 자신이 갔던 길을 그대로 기억하고 있다든지 현재의 단계 다음에 이어질 다음 단계에 가고 있다는 것을 기대하고, 혹은 의도하고 있음에 틀림없다. 이 사실은 다음과 같은 서술에 의해 표현되기도 한다. 즉 다소·예지적으로 수행된 직렬적 작업에 있어서는 행위자는 하려고 하는 바에 대한 계획이나 프로그램을 갖고 있었어야 하고 또한 작업을 진행해가면서 그 계획을 끊임없이 고려해야 한다. 그리고 이런 일은 빈번하게 일어난다. 그러나 항상 일어날 수는 없다. 설사 항상 일어난다 하더라도 계획을 입안한다든지 고려한다는 행위는 그 작업의 연속적이고 조직적인 수행을 설명하기에 충분치 않다. 왜냐하면 계획을 입안하고 고려한다는 것 자체가 예지적이고 연속적으로 수행된 직렬적인 작업이기 때문이다. 그리고 무한히 계속되는 직렬적인 작업이 그 어떤 직렬적 작업의 예지적 수행에 선행(先行)한다고 말하는 것은 불합리할 것이기 때문이다. 또한 계획에 대한 간헐적인 고려만으로 그 과제의 각기 다른 단계에서 그 계획의 어떤 항목에 대해 고려하고 있는지를 우리가 어떻게 아는지, 혹은 현재 우리가 행동하고 있는 것이 최근에 고려한 계획에 따른 것이란 사실을 어떻게 아는지에 대해 제대로 설명할 수 없다.

 이미 예정된 일에 종사하고 있는 사람은 그 다음 단계에서 무엇을 할 것인가를 염두에 두고 있는 것이라고 말할 때 이 말의 일차적인 의미는 상황에 따라, 예를 들면 2단계가 끝났을 때 3단계를 수행할 준비가 되어 있다는 뜻이다. 또한 이밖에 그는 방해를 받지 않는 한 자신이 무엇을 하려고 했던가를 스스로 알 뿐만 아니라 남들에게도 이야기할 수 있다는 뜻이다. 그는 어떤 특정한 단계에 종사하면서도 동시에 다음에 닥쳐올 사태에 대해 준비를 하면 그렇기 때문에 실제로 그런 일이 발생했을 때 놀라지 않는 것이다. 이런 의미에서 설사 그의 관심이 자신의 일에 집중해 있고 또 그 관심이 일 자체와 그 일의 진행과정에 대한 숙고나 기록이라는 두 가지 과정으로 분할된다 할지라도 그는 그 일을 행하고 있는 동안에는 자신이 행하고 있는 것에 민감할지도 모른다.

 이상의 상황과 다른 경우에는 그가 갑자기 전혀 생각지 못한 경구(警句)를 내뱉을 때와 마찬가지로 그는 자신이 해온 일이 어떤 것인지를 발견하고서 놀랄 것이며 또한 자신이 했던 일에 대해 그 자신이 알고 있었다고 말하지 않을 것이다. 예를 들어 농담을 던지려고 했던 경우에도 그럴 것이다. 이 점은 그 순간에 수행된 그밖의 다른 급작스런 행위들에도 똑같이 적용된다. 예를 들면 이런 행위가 마땅히 수행되어야만 했던 행위일 수도 있다. 그러나 그 행위자는 그 일에 대한 준비자세가 되어있지 않았기 때문에 자신이 어떻게 그 일을 수행하게 되었는지를 모른다. 그가 준비를 갖추지 않았다는 것은 그가 자신이 무엇을 하고 있는지를 모른데서 생긴 결과도 아니고 또 그런 것의 원인도 아니다. 그것들은 표현만 다를 뿐이지 동일한 사항을 이야기하는 것이다.

　새로운 논의를 추구하는 사람은 스스로 즉흥적인 농담을 하고서 놀라는 사람과 달리 통상 자신이 무엇을 하고 있는지에 대해 민감하다. 그는 자신이 도달한 결론에 놀랄 수 있겠지만, 자신이 결론에 도달했다는 것 자체를 알고서 놀라는 것은 아니다. 단계단계 진행되는 그의 추론작업 그 자체가 결론에 도달하려고 하는 그의 노력을 나타내고 있다. 그래서 그가 자신이 무엇을 하고 있는지를 알고 있었다고 하는 것은 그가 자신의 전제들에 대한 고찰을 그런 고찰에 대한 고찰이라고 하는 또 다른 행위와 희석시켜야만 했다——그는 사실 이같은 지엽적인 사항에 관심을 둔다든지 생각한다든지 할 필요도 없다——는 의미에서가 아니라 추론과정에서 그가 다음으로 밟게 될 단계에 대한 준비가 되어 있지 않았고 동시에 그밖의 다른 여러 가지 사건들——이런 사건들은 대부분 결코 일어나지 않는다. 예를 들면 그가 무엇을 하고 있는지를 누가 물어본다든지 그가 저것을 안 하고 이것을 하게 된 이유는 무엇인지를 물어보는 것 등이 그것이다——에 대한 준비도 되어 있지 않았다는 의미에서다. 결국 의식인광이론은 부분적으로「준비가 되어 있다(prepared)」,「용의가 있다(ready)」,「경계하고 있다(on the qui vive)」,「마음에 두다(bearing in mind)」,「놀라지 않으려 하다(would not be surprised)」,「기대하다(expect)」,「깨닫고 있다(realize)」,「……에 민감하다(alive to)」등과 같은 마음구조에 관한 개념들을 특수한 내적 사건의 개념으로 해석하려는 시도였다.

　이러한 설명은「잊지 않다(not-forgetting)」에도 그대로 유효하다. 예를 들면 대화를 나누고 있는 사람이 어떤 문장을 중간까지 이야기했을 때, 그는 일반적으로 자기 문장이 어떻게 시작했는지를 잊지 않고 있다. 어떤 의미에서 보면 그는 자신이 이미 시작했던 말을 계속 추적하고 있는 것이다. 그렇지만 어떤 말을 내뱉았을 때 그는 계속 그 말에 선행하는 말을 내적으로 반복하고 있다고 말한다면 어불성설일 것이다. 18번째 단어가 19번째 단어에 길을 양보해주려는 순간에 그전까지의 17개의 말을 다시 암송한다는 것은 물리적으로 불가능하다는 사실을 논외로 하더라도 반복이라는 과정 그 자체가 직렬적인 작업이며 따라서 그 작업의 뒷부분을 실행하기 위해 그 작업을 수행하는 사람은 다시 그 첫부분을 기억해야 한다는 말이 된다. 그러나 잊지않고 있다는 말은 또한 실제로 회상하고 있다고 서술될 수 없다. 오히려 역으로 회상하고 있다는 것은 다만 잊지않고 있다는 것의 조건의 한 가지가 실현된 것에 지나지 않는다. 「마음에 두다」라는 것은 「생각을 떠올리다(recall)」가 아니라 오히려 무엇보다도 「생각을 떠올리는 것」을 가능하게 해주는 그런 것이다.

이와 같이 직렬적인 작업을 예지적으로 수행하는 것은 그 행위자가 자신이 성취한 것과 자신이 그것으로부터 성취해야만 할 것 두 가지를 그 작업의 진행중에 숙지하고 있다는 것을 의미하지만 그러나 그것은 그와같은 작업의 수행이 1단계의 수행을 감시하는 뭔가로부터의 2단계의 수행이나 과정에 의존하고 있다는 것을 의미하는 것은 아니다. 물론 행위자는 때때로 만일 그렇게 하도록 재촉을 받는다면, 예를 들어 「어이, 나는 지금 〈즐거운 나의 집〉을 휘파람으로 불고 있어」라고 자기 자신이나 세상에 알릴 수 있다. 그렇게 할 수 있는 그의 능력은 우리가 「그는 자신이 무엇을 하고 있는지에 대해 신경을 쓰고 있다」고 말할 때 특정한 마음상태에 있다는 것의 의미의 일부분이다. 그러나 그가 실제로 그와 같은 것을 자기 자신이나 세상에 알린다는 것은 그가 그 노래를 휘파람으로 부르는 것에 집중하고 있다는 사실 속에 포함되지 않는다. 오히려 그런 집중은 그가 그런 주석이나 해설을 가할 때마다 산만해지고 말 것이다.

나는 지금까지 내가 「직렬적인 수행」이라는 말을 통해 무엇을 뜻하려는지를 밝히기 위하여 비교적 단순한 작용인 휘파람불기나 문장발화(發話) 등에 대해 이야기했다. 그러나 보다 느슨하고 유연한 의미에 있어서 하나의 대담 전체도 직렬적인 작업이라고 말할 수 있을 것이다. 또한 어떤 사람이 하루동안 혹은 1년동안 행하는 일과 휴식도 직렬적인 작업이라고 할 수 있을 것이다. 오트밀을 먹는 것은 비돌발적인 사건이고 아침밥을 먹는 것도 마찬가지다. 그리고 한 번의 강연을 하는 것도 직렬적인 수행이지만 일련의 강연을 하는 것도 마찬가지로 직렬적인 수행이다.

그래서 이런 의미에서 어떤 사람이 자신이 하고 있는 일에 대해 신경을 쓰는 것과 거의 같은 방식으로 그는 자기 이외의 다른 사람이 하고 있는 일에 대해 신경을 쓰는지도 모른다. 다른 사람이 말하는 문장이나 강연을 듣는 직렬적인 작업에서 듣는 사람은 말하는 사람과 마찬가지로 말해진 얘기의 앞부분을 잊어버리지 않지만 그렇다고 항상 머리 속에 두고 있는 것도 아니다. 그리고 그는 앞으로 계속될 얘기에 대해 그가 어떻게 기대하고 있는지에 대해 자신한테 반드시 말할 필요는 없지만 어느 정도는 예상을 하고 이에 대한 준비를 한다. 물론 듣는 사람의 마음구조는 말하는 사람의 그것과 상당한 차이가 있을 것이다. 왜냐하면 말하는 사람은 종종 창조적이거나 기발한 말을 할 수 있는 입장에 있는 데 반해 듣는 사람은 수동적이고 수용적이기 때문이다. 또 듣는 사람은 종종 말하는 사람의 얘기내용에 대해 놀라는 일이 있지만 말하는 사람은 자신이 말하는 내용에 대해 놀라는 일이 거의 없기 때문이다. 그리고 듣는 사람은 문장이나 주장의 논리를 따라가는 것이 어렵지만 말하는 사람은 그렇지 않다. 끝으로 말하는 사람은 매우 미묘한 사항들에 대해 말하려고 의도할 수 있는 데 반해 듣는 사람은 구체적으로 어떤 종류의 주제가 이야기될 것인지에 대해 대충 예상해볼 뿐이다.

그러나 듣는 사람과 말하는 사람의 이같은 차이들은 정도의 차이일 뿐, 근본적인 유형에서 다른 것은 아니다. 말하는 사람이 자기가 앞으로 말할 내용에 대해 듣는 사람보다 더 잘 안다고 해서 그가 듣는 사람은 결코 접근할 수 없는 특별한 유형의 사실들에 대한 「특별한 접근권」을 갖고 있다는 뜻은 아니다. 다만 그것은 듣는 사람이 매우 불리한 입장에서 알게 되는 사항을 「보다」 유리한 입장에서 알 수 있다는 뜻이다. 예를 들면 어떤 사람이 대화의 방향을 갑자기 바꾸었을 때 그의 부인은 과거 그의 애인만큼 놀라거나 당황하지 않는다. 또 친한 친구들은 새로 맞이한 제자들에게 이야기하는 것보다 훨씬 조금만 얘기해도 서로의 뜻을 잘 설명할 수 있는 것이 바로 그런 경우들이다.

지금까지 나는 논점을 명확히 할 목적으로 일반인이 어떤 특정한 순간에 자신이 종사하고 있는 일에 신경을 쓰는 방식과 공정한 판단력을 가진 사람이 다른 사람이나 자신의 성격을 평가한다든지 하는 방식이라는 두 가지 방식을 서로 분리하여 다루었다. 이 두 가지 방식 간에는 커다란 차이가 존재한다는 것은 의심할 여지가 없다. 예를 들면 평가한다든지 시험한다든지 하기 위해서는 특수한 재능, 관심, 훈련, 경험, 비교 혹은 일반화의 능력, 공평무사 등이 요구되지만 반면에 휘파람으로 어떤 곡을 분다든지 어디를 걸어서 간다든지 하는 것에 신경을 쓰기 위해서는 보통 아이들의 능력만으로도 충분하다.

그럼에도 불구하고 어떤 조류도감(鳥類圖鑑)에 있는 개똥지빠귀새에 대한 어린아이의 흥미가 조류학으로 연결되는 것과 마찬가지로 어떤 것을 하고 있다는 것에 관해 가장 소박한 지식조차도 특정한 수행에 관한 가장 세련된 지식으로 연결된다. 산수문제를 풀고 있는 어린아이라도 자신이 하고 있는 것에 대해 가장 소박한 의미에서 신경을 쓰고 있다고 말할 수 있는 것이다. 그 이유는 그 아이가 수에 대해 생각하고 있으면서도(물론 수에 대해 생각하고 있다는 것에 대해서는 생각하지 않지만) 전단계의 계산을 잊지 않고 있으며 계산의 법칙을 염두에 두고 있고, 또 답을 알아내더라도 전혀 놀라지 않는다. 그러나 이 아이는 자신의 계산결과를 검산하는 아이나 어디서 잘못을 저질렀는지를 알아내려는 아이 혹은 다른 사람의 계산에서 잘못을 지적하고 설명하려는 아이와 비교할 때 침착성, 조심성, 세련성 등의 정도에서 차이가 난다.

또한 협조적인 부모, 전문적인 교사, 계산능력을 시험하는 사람 등은 그들의 세련성의 정도에 있어서만 마지막에 말한 유형의 아이와 차이가 난다. 아주 간단한 덧셈만 할 수 있는 어린아이는 아마도 자신이 무엇을 하고 있는지, 그리고 왜 그는 자신이 밟아가는 단계들을 밟고 있는지를 정확하게 서술하기는 어려울 것이다. 반면에 시험관은 수험생이 실제로 행한 계산을 매우 정확하고 고도로 형식화된 채점시스템을 사용하여 평가할 수 있다. 그러나 이런 경우에 있어서도 다시 자신이 하고 있는 것에 관한 초보자의 지식의 불명료성은 점차 시험관의 수량적인 평가기준과 연결이 된다.

자기 자신과 타인에 대한 지식은 대체적이긴 하지만 그러나 구별가능한 여러 가지 등급으로 나누어지며, 거기에 상응하여 「지식」이란 말도 대체적이긴 하지만 서로 구별가능한 여러 가지 의미를 갖는다고 말할 수 있다. 어떤 사람은 자신이 「고향의 봄」을 휘파람으로 불고 있다는 것을 의식할는지는 모르지만, 실제로는 느끼지도 않는 침착함을 겉으로 보이기 위해 자신이 휘파람을 불고 있다는 것을 알지는 못한다. 또한 그는 자신이 침착함을 위장하고 있다는 것을 의식하더라도 자신이 숨기고 있는 분노가 양심의 가책에 따른 심적 동요에서 유래한다는 것은 알지 못한다. 또한 그는 자신이 꺼림칙한 마음을 가지고 있다는 것을 알고 있지만, 그것이 어떤 특수한 압력에서 생긴 것이라고는 생각지 못한다.

그러나 통상 어떤 사람이 자신에 대하여 뭔가를 알고 있는지 아닌지를 우리가 고찰하는 경우, 그 어떤 의미에서도 그가 그 지식을 어떻게 획득했는지 혹은 획득하려 했는지를 설명하기 위해 특별한 접근권이라는 가정을 도입하는 것은 필요없을 뿐만 아니라 유용하지도 않다. 물론 내가 타인에 대하여 그와 같은 지식을 갖는 경우와 비교해본다면 내가 나 자신에 대하여 그런 지식을 갖는 편이 용이하다고 생각할 수 있는 면들이 많다. 역으로 그보다 곤란하다고 생각할 수 있는 면들도 많다. 그렇지만 그와 같은 쉽고 어려움의 차이는 자기 자신에 관한 지식과 타인에 관한 지식 간의 유형의 차이에서 나오는 것이 아니고 또한 이런 유형에 있어서의 차이로 우리를 자동적으로 끌고가는 것도 아니다.

일반적인 상황에서는 우리가 어떤 적절한 방식으로 서로에 대해 무관심해지기는 하지만 형이상학적인 의미에서 서로를 절대적으로 분리시키는 철의 장막 같은 것은 결코 없다. 마찬가지로 우리는 매일매일의 사교적인 처세나 비사교적인 처세를 통해 자기 자신을 숙지하게 되지만 자기 자신에 대하여 자기 자신을 완전하게 영구적으로 비추어주기를 강요하는, 또한 자기 자신에 대하여 자기 자신을 설명하기를 강요하는 것과 같은 형이상학적인 거울은 존재하지 않는다.

5. 음미되지 않은 발언에 의한 드러남

타인과 자기 자신에 관한 지식은 일반적으로 타인이나 자기 자신이 어떻게 행동하는가에 주목하는 것을 통해 얻어진다. 그러나 이런 행동 가운데 우리가 특히 강하게 의존하는 영역이 있다. 예를 들면 우리가 어떤 사람을 조사하는 경우 그가 말하는 방법을 배우고 우리도 잘 아는 언어로 말을 할 때 그가 말하는 사항 중의 어떤 부분——즉 자발적이고 솔직하며 그 어떤 준비도 되지않은 상태에서 서술되는 부분——을 우리는 그에 관한 중요한 정보의 원천으로 사용한다. 물론 사람들은 생각하고 있는 사항을 수시로 내뱉기보다는 입을 다물고 말하지 않는 경우도 얼마든지 있다.

또한 때때로 우리는 불성실하고, 사실에 반대되는 인상을 주려는 속셈에서 말을 하는 경우들에 대해서도 잘 알고 있다. 그러나 발언들이 용의주도하고 사전에 음미될 수 있다는 사실이야말로 주의깊지 못하고 음미되지 않은 발언들이 가능하다는 것을 뜻한다. 요컨대 입을 다물고 있다는 것은 솔직해지지 않으려고 억지로 애쓰는 것이며, 위선적이라는 것은 입을 사용하여 내뱉는 말을 의도적으로 억제하는 것이며 동시에 진의(眞意)에 반하는 것을 어떻게든 그것이 솔직한 것처럼 행동하여 서술하는 것이다. 「자연스럽다(natural)」라는 말의 의미 중에 자기 마음을 그대로 이야기하는 것은 「자연스럽다」는 것이 있다. 그리고 작위적인 행동을 한다는 말은 마음에 생각난 것을 말하지 않으려고 자기를 억제하는 것, 혹은 마음에 생각나지 않은 것을 억지로 이야기하려고 하는 행동을 말한다. 게다가 전혀 음미되지 않은 발언은 자연스럽거나 비작위적(非作爲的)일 뿐만 아니라 지극히 정상적인 발언방식이다. 우리는 어떤 일을 숨기려면 특별한 수고를 하거나 어려움을 겪어야 한다.

왜냐하면 마음에 두고 있는 것을 입으로 내뱉는 것이 인간의 정상적인 반응(反應)이기 때문이다. 그리고 우리는 강제되지 않은 대화방식에 익숙해 그것을 모방함으로써 마음에도 없는 것을 말하는 기술을 알게 된다. 그러나 이렇게 말한다고 해서 인간의 본성이 윤리적으로 선(善)하다는 뜻은 아니다. 음미하지 않고 말하는 것이 곧 정직하다든가 솔직하다는 뜻은 아닌 것이다. 정직(正直)이란 고도로 작위적인 성향이다. 왜냐하면 정직이란 불성실(不誠實)을 억제하는 성향이기 때문이다. 솔직(率直)도 침묵을 지키지 않으려는 성향이란 점에서 마찬가지로 고도의 작위적인 성향이다. 불성실이나 침묵을 몰랐던 사람은 정직할 수 없고, 또 솔직할 수도 없다. 이것은 진실되고 개방적인 발언을 몰랐던 사람이 불성실할 수 없고 침묵할 수도 없는 것과 같은 이치다.

이상에서 말한 것 이외에 다른 종류의 음미된 발언들이 있다. 이것들은 통상적인 사교적 대화에 속하는 것이 아니고 보다 심각한 문제들과 관련된다. 이것들은 뒤에 가서 상세하게 다루게 되겠지만, 일단 여기서 몇 가지 예를 들어보자. 의사, 판사, 목사, 정치가, 천문학자, 수학자 등이 입으로 말하는 조언, 판결, 선고, 이론, 공식 등이 그렇다. 그런데 이들이 하는 말은 「지껄이다(chatting)」는 의미가 아니고 「천명하다(pronouncing)」나 「제의하다(propounding)」는 의미다. 최소한 그들은 자기가 할 말의 경중(輕重)을 가려가며 그 말을 준비한다. 그들은 입에 처음 떠오른 말을 그대로 내뱉지는 않는다.

왜냐하면 그들의 담론(discourse)은 엄격한 훈련을 거쳤기 때문이다. 그들이 하는 말은 일반적으로 그때그때 떠오르는 지껄임과 달리 그대로 써서 활자화해도 될 정도다. 요컨대 그 말은 예를 들어 무심코 새나오거나 흘리는 식으로 즉흥적이거나 자연발생적인 것이 아니라 신중한 고찰을 거쳐 전달되는 것이다. 이런 말을 하는 사람은 자신이 노리는 정확한 결과를 얻기 위하여 자신이 무엇을 말하고 있는지, 그리고 어떻게 말하고 있는지를 엄밀하게 고찰하고 있다. 이런 종류의 발언은 문자 그대로 산문적이다.

여기에서 우리는 통상적이고 음미되지 않은 발언을 음미된 대화적 발언 및 음미된 비(非)대화적 발언과 비교해볼 필요가 있다. 우리가 음미되지 않은 대화적 발언을 사용하는 것은 신중하고 불성실하게 대화하는 것을 배우기 전이나 말의 경중을 가려 언술하는 것을 배우기 전의 일이다. 그리고 입에 떠오르는 대로 말하는 것이 우리의 대화생활의 태반을 차지한다. 위장이나 위엄을 갖추는 일은 어쩌다가 필요할 뿐이다.

입에 떠오르는 대로 말하게 되는 것은 당황하지도 않고 계산되지도 않은 타인과의 대화에서다. 또한 일반적으로 침묵하고 있을 때 자기 자신과 이야기 하게 되는 것은 편안하고 허심탄회한 대화에서다. 음미되지 않은 속에서 우리는 그때그때 주로 관심이 가는 것은 무엇이든지 말한다. 이때 우리는 다른 관심사항과 비교해가며 말하지는 않는다.

예를 들면 우리가 정원에 대해 이야기하는 것은 우리가 정원을 본다든지 산책을 하도록 하는 동기——즉 정원에 대한 흥미——를 갖고 있기 때문이다. 또 우리가 식사에 대해 지껄이는 것은 우리가 식사에 흥미를 갖기 때문이다. 흥미나 관심이 없으면 식사에 대해 지껄이는 일도 일어나지 않을 것이다. 물론 배가 고파서 식사를 하듯, 배가 고파서 식사에 대해 이야기할 수도 있을 것이다. 또 우리는 험한 절벽을 올라갈 때 우리의 발걸음이 떨리는 것과 같은 이유 때문에 우리는 절벽의 험난함에 대해서도 쉽게 이야기하게 되는 것이다. 이처럼 자연발생적인 발언은 병렬적인 관심들의 비교에서 나오는 것이 아니라 뭔가에 대한 관심을 갖는 데 보조적인 역할을 하는 행위이다.

신발끈을 풀지 못해 골탕을 먹고 있는 사람은 당장 말하는 법을 배워야 할 경우 그 행위와 관련된 언어표현을 사용하고 싶은 기분이다. 이렇게 될 경우 그는 초조한 목소리로 그 표현을 말한다. 그가 말하는 방식과 더불어 말하는 내용도 우리가 그의 마음상태를 알 수 있도록 해준다. 왜냐하면 그가 전혀 음미하지 않고 그런 표현을 사용한다는 사실은 그의 현재 마음상태에서 하고 싶은 것 중의 하나이기 때문이다. 물론 초조하게 신발끈을 억지로 잡아당기는 것도 그중 하나일 것이다. 그가 신발끈에 대해 신경질적으로 말함으로써 그만큼 신경질이 나 있는 것이다.

한편 음미되지 않은 발화(發話)는 현재 그 말을 하는 사람의 마음상태의 결과가 아니다. 왜냐하면 마음상태란 어떤사건을 일으킬 수 있는 또 하나의 사건은 아니기 때문이다. 또한 그 발화는 마음상태 자체에 대해 아무것도 말해주는 바가 없다. 예를 들면 어떤 트럭 운전수가 다급하게 「런던으로 가는 길이 어디냐」고 묻는다면 그는 길을 찾고 싶어하는 희망을 나타내는 것이지 그런 희망 자체에 관한 자서전적인 혹은 심리적인 발언을 하고 있는 것은 아니다. 그는 자기 자신을 일반사람에게 혹은 그 자신에게 알리고 싶은 욕망 때문에 그런 질문을 하는 것이 아니라 런던으로 가는 올바른 길이 무엇인지를 알고 싶은 욕망에서 그런 질문을 한 것이다.

이와같이 음미되지 않은 발언은 앞으로 간략하게 살펴보겠지만 자기주석을 가하고 싶은 경우에 그런 자기 자신에 대한 주석의 일차적인 증거는 될

지라도 그 자체가 자기주석은 아니다. 제대로 음미되지 않은 발언의 다수는 다음과 같이 명백한 흥미의 소재를 보여주는 구절들——나는 이 책의 어딘가에서 이것을 「고백」이라고 부른 적이 있다——을 담고 있다. 「나는……원한다(I want)」, 「나는……을 희망한다(I hope)」, 「나는……을 의도한다(I intend)」, 「나는……을 혐오한다(I dislike)」, 「나는 우울하다(I an depressed)」, 「나는……을 의아해한다(I wonder)」, 「나는……라고 추측한다(I guess)」, 「나는 허기를 느낀다(I feel hungry)」 등. 그리고 음미되지 않은 발언들의 문법 때문에 우리는 자기를 기술하는 모든 문장들을 잘못 생각하는 경향이 있다.

그러나 「나는……원한다(I want)」는 말의 일차적인 용법은 정보(情報)를 전해주는 데 있는 것이 아니라 요구나 요청을 하는 데 있다. 「제발(please)」이라는 말처럼 이 말도 일반적인 지식을 알려주는 것이 하나도 없다. 「네가 한다고」라든지 「어떻게 알았니」라고 대답하는 것은 완전히 잘못된 것이다. 「나는……을 혐오한다」나 「나는……을 의도한다」는 말의 일차적인 의미도 듣는 사람에게 말하는 사람과 관련된 사실이나 정보를 전하는 데 있지 않다. 또한 우리는 「그는……을 혐오한다」나 「그들은……을 의도한다」는 말을 할 때처럼 담담하고 교육적인 목소리로 누가 그런 말을 하는 것을 들었다고 해서 놀라서는 안 된다. 이와같이 우리는 「나는……을 혐오한다」와 「나는……을 의도한다」는 말이 각기 반항적인 목소리와 결의에 찬 목소리로 들리기를 기대한다. 왜냐하면 그런 말들은 각각 반항적인 마음상태와 결의에 찬 마음상태에 있는 사람들의 입에서 나오기 때문이다. 그것들은 혐오나 결의에 차서 말해지는 것이지 어떤 사람이 싫어했다거나 결단을 내렸다는 자서전적인 정보를 얻기 위해 나온 말이 아니다.

화자(話者)가 본인이건 아니건 상관없이 화자의 음미되지 않은 발언에 주목하는 사람은——화자에 대한 그의 관심이 올바른 방향이고, 발언되는 언어를 잘 알고 있을 경우——화자의 마음상태에 대해 특히 제대로 논평할 수 있는 위치에 있게 된다. 화자의 다른 행동들, 즉 우물쭈물한다거나 눈물을 흘리고 웃고 하는 겉으로 드러난 행위에 대한 주의깊은 관찰이 관찰자에게 많은 것을 전해주기는 하겠지만, 이런 행동을 명확하게 목격하고 해석하는 일이 쉽게 이루어지지는 않는다. 그러나 말하는 행위는 명확하게 들리고 해석된다. 말하는 것을 배운다는 것은 누군가를 이해하는 법을 배운다는 것이다. 내가 나 자신은 물론이고 다른 사람의 음미되지 않은 발언이나 목소리톤을 통해 말하는 사람의 마음상태를 알게 되는 데는 경찰견과 같은 특별한 능력이 요구되지 않는다.

우리 스스로가 하는 고백에서조차 가부가 분명치 않은 용의주도한 말을 제대로 파악하려면 경찰견과 같은 자질이 발휘돼야 한다. 이제 우리는 말한 내용과 겉으로 드러난 행동을 기초로, 설사 경찰견과 같은 세심함이 없더라도, 세심함의 동기들뿐만 아니라 말해졌어야 할 것들을 추출해야 한다. 예를 들면 펼쳐진 책의 페이지에 무엇이 있는지를 알아내는 일은 단순한 읽기의 문제인 데 반해 덮여진 책의 페이지에 무엇이 있는지를 알아내는 일은 가설(假說)과 증거를 필요로 한다. 그러나 은폐된 것이 독파되어야 한다고 해서 은폐되지 않은 것이 독파되어야 한다고 말할 수는 없다.

「자기의식(self-consciousness)」이라는 말을 통해 종종 우리가 의미하는 바의 하나는 입 밖으로 내뱉은 것이건 입 속에서 우물우물한 것이건 아니면 머리 속에서만 말해진 것이건 간에, 겉으로 드러난 분명한 고백을 포함해서 우리 자신의 음미되지 않은 발언들에 대하여 우리 자신이 엿들은 것이다. 우리는 자신이 소리를 내 말한 발언과 소리내지 않은 독백을 도청한다. 이런 발언들을 엿듣는 과정에서 우리는 새로운 것, 즉 이런 발언들을 노출시키는 마음의 틀을 서술할 수 있는 준비를 한다. 그러나 이런 종류의 활동에는 본질적으로 특유한 것이란 존재하지 않는다. 나는 다른 사람이 혼자서 독백하는 것은 엿들을 수 없지만 내 자신이 말하는 것을 내가 엿듣는다거나 다른 사람이 말하는 것을 내가 엿듣는다는 것에 주의를 돌릴 수 있다. 다른 사람이 자신만이 알 수 있는 암호로 일기를 쓰거나 혹은 그냥 써서 책상 서랍에 넣고 자물쇠로 잠궈버리면 나는 그 사람의 일기를 읽을 수 없다. 실제로 자기에 대한 이런 종류의 연구는 다른 사람의 무심코 하는 발언이나 계산된 발언 모두에서 동일할 뿐만 아니라 우리는 소설가가 설명적인 묘사를 곁들여 주인공들의 대화를 실제로 전개시켜 나가는 것을 읽을 때와 마찬가지로 다른 사람들과의 공개적인 토론에 참가해서 우리 자신의 말에 대한 이런 연구를 할 수 있다.

비판적인 독자들은 이제까지 내가 「생각하다(to think)」라는 동사의 사용을 억제하고 「말하다(talk)」, 「재잘거리다(chat)」, 「대화하다(converse)」, 「내뱉다(let out)」 등과 같은 사소한 용어들을 사용한 이유에 대해 궁금할 것이다. 왜냐하면 내가 언급하고 있는 말들은 일상적으로 해당상황에 적절한 말이며, 그 말을 하는 사람들은 자신들이 말하는 내용을 의미한다. 예를 들면 나는 너털웃음, 재잘거림, 의미없는 장광설 등과 같은 것이 아니라 유의미하고 명석한 발언을 하고 있는 것이다. 내가 「생각하다」라는 말을 사용하는 이유는 두 가지인데 서로 관련되어 있다.

첫째 내가 염두에 두고 있는 발언들은 화자(話者)와 청자(聽者) 간의 사교적인 대화에 속한다. 이때 화자와 청자가 동일인이어도 상관없다. 이들의 목적은 일상회화다. 일상회화를 구성하는 대다수 발언은 직설법이 아니라 그 자체가 질문, 명령, 거부, 경구, 질책, 축사(祝詞) 등이기 때문에 이런 경우 우리는 인식론자들이 좋아하는 「사고」니 「판단」이니 「명제」니 하는 말에 대해 이야기할 수 없다. 물론 위에서 말한 질문, 명령, 거부, 경구, 실책, 축사 등이 결국은 「사고」나 「판단」 혹은 「명제」 등을 표현하는 것인 데도 그렇다.

둘째, 우리는 일반적으로 이론이나 정책들을 구성하는, 엄격하게 훈련되고 음미된 발언들을 사용할 때만 「사고(思考)하다」하는 말을 국한시키는 경향이 있다. 우리는 재잘거리는 것을 탁아소에서 배운다. 그러나 이론적 사고를 위한 기본적인 요소라도 배우려면 학교에 가지 않을 수 없다. 이론적 사고를 위한 기술은 일련의 체계적인 수업에서 배우지만, 일상적인 대화는 거의 대부분 실제로 회화를 하는 데서 배운다. 그래서 전제를 제시하고 결론을 도출하는 것과 같은 특별한 목적을 위해 문장을 사용하는 것, 특히 일정한 종류의 직설법 문장을 사용하는 것은 후천적으로 습득된 세련된 것이며, 필연적으로 문장이나 어구를 일상적으로 사용하는 것보다는 뒤에 배운다. 어떤 이론이나 이론의 단편을 인쇄매체로 전달하는 것이 적절한 수단이 되겠지만 그렇지 않고 목소리로 전달할 경우, 우리는 그렇게 해서 나는 소리를 「이야기하다(talk)」라고 하기에는 망설일 수밖에 없다. 심지어 그것을 재잘거림이나 회화라고 부르는 것은 단호히 거부해야 한다. 왜냐하면 그런 종류의 언술은 사교적인 목적이 아니라 교육상의 목적을 갖고 있기 때문이다. 다시 말해 이론(혹은 그 단편)을 전하는 것은 일종의 작업인 데 반해 음미되지 않은 재잘거림은 어떤 종류의 작업도 아니다. 더욱이 그것은 쉬운 작업도 아니고 즐거이 합의할 수 있는 작업도 아니다.

6. 자아

 철학자들은 말할 것도 없고, 어린아이를 비롯한 교육을 제대로 받지 못한 사람들도 「나」라는 개념에 직면하면 당혹감을 느낀다. 종종 어린아이들은 「내가 너가 되고 너가 내가 된다면 어떻게 될까」 혹은 「나는 태어나기 전에는 무엇이었을까」 등과 같은 물음을 던지고서 당황하곤 한다. 다른 한편 신학자들은 「개인에 있어 구원받거나 벌을 받는 것은 무엇인가」라는 물음에 머리를 싸매왔고, 철학자들은 「나」는 특이하고 독자적인 실체를 뜻하는지의 여부와 나의 불가분(不可分)하고 연속적인 아이덴티티는 무엇인가 라는 문제를 사색해왔다. 물론 이런 난제(難題)들이 하나같이 유사기계론적 가설을 아무 생각 없이 채택한 데서 생긴 결과는 아니다. 그리고 나는 이 절(節)에서는 위에서 말한 난제들 중 일부의 문제군(群)만을 정당하게 취급하겠다는 제안을 하겠다. 실제로 이런 문제군을 해명하고 해결하는 일은 철학일반에서 보더라도 중요한 의의를 갖는 것이다.

 그런데 내가 염두에 두고 있는 난제들은 모두 내가 「나」 개념의 「체계적 도피성(systematic elusiveness)」이라 부를 것에 의존한다. 이론적 사색의 경험이나 그런 소양이 전혀 없는 아이가 처음으로 「나는 누굴까 그리고 무엇일까」라고 자문(自問)할 때, 그는 자신의 이름, 연령, 성별, 국적, 신분 등을 알고 싶은 바람에서 이 질문을 하는 것이 아니다. 그는 자신의 통상적인 인적사항은 다 알고 있다. 그 아이가 이런 질문을 던지는 것은 「나」라는 것이 나타내고 있는 것의 배경에 뭔가가 있다고 느끼기 때문이다. 즉 자신의 인적사항들을 빠짐없이 열거한 후에도 아직 서술되지 않은 뭔가가 남아 있다고 생각하는 것이다.

또한 그는 매우 막연하게나마 「나」라는 것이 무엇을 표상하건 관계없이 그것은 대단히 중요하고 독특한 것이라고 생각한다. 이때 독특하다고 하는 것은 그것이 다른 어느 것에도 속하지 않고 동시에 다른 어느 것도 그것에 속하지 않는다는 뜻이다. 말하자면 그것 중의 하나만 「존재할 수」 있는 것이다. 「너」나 「그녀」나 「그」와 같은 대명사들은 전혀 신비롭지 않지만 「나」라는 대명사는 끊임없이 신비감을 불러일으킨다. 그리고 그것이 신비로운 이유를 부분적으로라도 설명해보자면 그 아이가 「나」가 의미하는 바를 손가락을 가리켜 지적해보려고 하면 할수록 그는 전혀 그렇게 할 수 없다는 것을 깨닫게 되기 때문이라고 할 수 있다. 그가 잡을 수 있는 것이라곤 나의 코트자락 뿐이다.

왜냐하면 「나」 자체는 언제나 코트자락보다 앞서 있기 때문이다. 땅에 비친 머리의 그림자처럼 「나」는 말에 올라타듯이 올라탈 수 있는 그런 것이 아니다. 그렇다고 해서 전혀 잡을 수 없을 만큼 앞서 간 것도 아니다. 실제로 경우에 따라서는 전혀 추적자보다 앞서 가 있지 않은 것처럼 보이기도 한다. 「나」는 추적자의 근육 속에 들어 있기 때문에 포착되지 않고 피한다. 어떻게 얘기하면 손만 뻗쳐도 닿을 만큼 가까이에 있는 것이기도 하다.

이처럼 「나」라는 개념에 의해 이런 아이가 당하는 것과 비슷한 방식으로 희롱당하기는 이론가들도 마찬가지다. 영국 경험론 철학의 대가(大家)인 데이비드 흄조차도 자신의 경험에 포함된 모든 항목들을 빠짐없이 열거하려고 했을 때 「나」라는 것에 대응되는 것은 찾을 수 없었다고 인정한 바 있다. 하지만 그는 경험의 항목들을 서술하기 위해서는 반드시 있어야할 「중요한 무엇」이 없다고 생각하지는 않았다.

흄 이외의 인식론자들도 그와 유사한 어려움을 느꼈다. 말하자면 그들은 「내가 알고 있는 사항의 목록 중에 자아(自我)라는 인식주체를 추가시켜야 하는가 말아야 하는가」에 대해 고뇌한 것이다. 이 질문에 대해 「아니다」고 대답할 경우 나의 인식하는 자아를 이론적으로 불모(不毛)인 정체불명의 것에 환원시켜야 하고, 「그렇다」고 답할 경우에는 「어망」을, 그것이 잡아올린 고기 중의 한 마리로 환원시키는 어리석음을 저지르게 된다. 이 질문은 마

자기인식   243

치 판사를 피고석에 앉힐 수 있는가 없는가의 질문처럼 위험한 것이다.
　다음 절에서 나는 「나」라는 개념이 갖는 이같은 체계적인 도피적 성격을 설명하고 이와 더불어 「나」라는 개념과 「너」나 「그」라는 개념 간의 명확한 비대칭성이 어떻게 해서 생기게 되는지에 대해서도 설명을 할 것이다. 그러나 우선 모든 인칭대명사에 통용되는 몇 가지 특징들을 살펴보는 것이 편리할 것이다.
　철학자들을 포함해서 일반 사람들은 자아를 구성하는 것이 무엇인지를 물을 때 「나」와 「너」라는 말은 무엇의 이름인지를 묻는 경향이 있다. 그 이유는 사람들이 「템즈」라는 이름의 강과 「바둑이」라는 이름의 개에 익숙해 있기 때문이다. 그들은 또 자신들이 아는 사람의 성(姓)과 그 자신의 성이 같은 사람들도 잘 알고 있다. 그래서 사람들은 막연하게나마 「나」와 「너」는 공적(公的)인 성(姓)이 아니기 때문에 「나」와 「너」는 각기 구별되는 기묘한 종류의 이름이어야 하고 그 결과 통상의 이름에 의해 공적으로 알고 있는 사람의 배후나 내면에 들어 있는 종류의 특별한 개인의 성(姓)과 다르지 않다고 느끼는 것이다. 바꿔말해 「나」나 「너」와 같은 대명사는 호적에 등재되어 있지 않기 때문에 「나」나 「너」의 소유자는 호적에 등재된 이름의 소유자들과는 어딘가 달라야 한다.
　그러나 이와 같은 문제설정 방식은 애초부터 잘못된 것이다. 물론 「나」와 「너」는 「바둑이」나 「템즈」처럼 통상의 고유명사가 아니지만, 그렇다고 변칙적인 고유명사도 아니다. 그것들은 고유명사가 아니다. 도대체 이름이 아니다. 이는 「오늘(today)」이 그 말이 서술하는 날에 관한 1일(日)의 이름이 아닌 것과 같다. 말할 것도 없이 인칭대명사를 신비화하는 경향은 그 대명사가 지칭하고 있는 존재자를 우리가 둘러보기 시작하는 순간부터 생겨난다. 물론 대명사를 포함한 문장들은 식별 가능한 사람들을 언급한다. 그러나 언급된 사람이 대명사에 의해 식별되는 방식은 그들이 고유명사에 의해 식별되는 방식과 전혀 다르다.
　이 차이는 잠정적으로 다음과 같이 얘기할 수 있을 것이다. 듣는 사람이나 읽는 사람에 대해 화제와 관련된 특정의 사물, 에피소드, 인물, 장소, 시점 등을 지시해주는 일군(一群)의 단어들이 있다. (편의를 위해 앞으로 이 단어들을 지칭어라 부르겠다) 예를 들면 「지금(now)」을 「기차가 지금 다리 위를 지나고 있다」는 말을 듣는 사람에게 기차가 다리 위를 통과하는 특정의 시점을 지시해주는 「지칭어(index word)」이다. 물론 「지금」이라는 말은 낮에도 사용될 수 있고 밤에도 사용될 수 있다. 그렇지만 그것은 「하루 중에 어떤 순간에도」라는 말이 의미하는 사항을 뜻하는 것은 아니다.

「지금」이라는 말은 그 말이 발화되는 것을 듣도록 화자(話者)가 청자(聽者)에 대해 의도했던 그 특정한 시점을 지시한다. 기차가 다리 위를 통과하는 시점은 「지금」이라는 말이 그 시점에 서술되는 것에 의해 지시되는 것이다. 마찬가지로 「저것」이라는 말도 말하는 사람이 「저것」이라는 말을 발화하는 그 시점에 말하는 사람의 손끝이 향하고 있는 특정의 사물을 지시하기 위해 때때로 사용된다. 또 「여기에」라는 말은 종종 말하는 사람이 「여기에」라는 소리를 내는 그 특정의 장소를 지시하고, 「이 페이지」라는 표현이 지시하는 페이지는 활자로 된 「이(this)」라는 말이 그 일부를 점하고 있는 페이지다. 그리고 간접적으로 어떤 것을 지시하는 다른 지칭어들도 있다. 예를 들면 「어제」라는 말은 그것이 발화되거나 신문에 인쇄된 날의 하루전날을 지시하고, 또 「그때(then)」라는 말은 일정한 의미에 있어서 그 말이 들리거나 읽히는 시점과 어떤 특정한 관계에 있는 시점이나 기간을 지시한다.

그래서 「나」나 「너」와 같은 대명사는 종종 직접적인 지칭어가 되지만 「그」나 「그들」 그리고 경우에 따라서는 「우리」와 같은 대명사는 간접지칭어가 된다. 「나」라는 말은 그 말을 하거나 글로 쓰는 특정의 사람을 지시하고, 「너」라는 말은 내가 「너에게」 말하고 있는 것을 듣고 있는 상대방을 지시할 수도 있고 혹은 내가 글로 쓰던지 인쇄한 「너」라는 것을 읽는 사람을 (숫자가 얼마가 되건) 지시할 수도 있다. 하여튼 지칭어의 물리적 사건은 그 말이 지시하는 것과 물리적으로 연계되어 있다. 그래서 「너」라는 말은 나와 나 이외의 사람들이 기분내키는 대로 너에게 부여하는 기묘한 이름이 아니라 어떤 특정한 회화를 하고 있는 상황에서 내가 말하고 있는 상대방이 누구인가 라는 것을 너에게 지시해주는 지칭어다.

마찬가지로 「나」라는 말도 특별한 존재자를 지시하기 위한 말도 특별한 존재자를 지시하기 위한 특별한 이름이 아니라, 예를 들면 내가 말을 한다든지 글을 쓴다든지 할 때 「길버트 라일」이라는 고유명사를 통해 가리켜질 수 있는 동일한 개인을 지시한다. 이 경우 「나」라는 말은 「길버트 라일」의 별명이 아니다. 이 말은 길버트 라일이라는 사람이 「나」라는 단어를 사용할 때 「길버트 라일」이 가리키는 것과 동일한 인물을 지시한다.

그러나 결코 이것이 전부는 아니다. 이제 우리는 고유명사 뿐만 아니라 인칭대명사를 굉장히 다양하고 폭넓은 방식으로 사용하고 있다는 사실에 주목해야 한다. 「나」나――정도의 차이가 있긴 하지만――「너」 그리고 「그」 등의 다양한 용법들 간의 차이에 대한 포괄적인 이해가 결여된 채 사람들이 이 말들을 연구한 결과 이를 둘러싼 신비화는 한층 심화되어버린 실정이다.

「나는 불 앞에서 나 자신을 따뜻하게 하고 있다(I am warming myself before the fire)」라는 문장에서 「나 자신(myself)」이라는 말은 문장의 의미를 전혀 손상시키지 않고서 「나의 신체(my body)」로 바꿀 수 있다. 그러나 주어인 「나(I)」를 「나의 신체」로 바꿔버리면 난센스가 된다. 마찬가지로 「내가 죽고나면 화장해주십시오(Cremate me after I am gone)」라는 문장은 자아 그 자체의 소각을 의미하는 것이 아니다. 왜냐하면 목적어 「나를」과 주어 「나」는 서로 다른 의미에서 사용되었기 때문이다. 그래서 1인칭 대명사를 경우에 따라 「나의 신체」로 의역할 수도 있고 그렇지 못할 수도 있는 것이다. 심지어 어떤 경우에는 내가 나의 신체의 일부분에 대해 이야기하면서도 그것에 대해 「나는」이나 「나를」을 사용할 수 없다.

예를 들면 「나는 불에 데지 않고, 나의 얼굴과 손만 뎄다」고 말할 수 없지만 「나는 불에 데지 않고 머리카락만 눌었다」고 말할 수는 있다. 무감각하고 내 마음대로 움직일 수 없는 신체의 일부는 나의 소유물이기는 해도 나(I)의 일부분은 아니다. 역으로 자동차나 지팡이 등과 같이 신체를 보조하는 기계장치나 도구는 「나」라는 인칭대명사를 사용해 말할 수 있다. 예를 들면 「나는 기둥에 들이 받았다」고 말할 때 이 문장은 「내가 운전한 차(혹은 내가 소유한 차에 내가 함께 탄 차)가 기둥을 들이받았다」는 문장과 동일한 사실을 의미한다.

다음에는 「나는」과 「나를」이 분명하게 「나의 신체」나 「나의 다리」로 치환(置換)될 수 없는 몇 가지 맥락들을 살펴보자. 예를 들면 「충돌사건에서 나는 내가 잘린 것을 알고 당황한다」고 말할 때,「나의 다리가 잘렸다」를「내가 잘렸다」고 바꾼 것은 받아들일 수 있지만「나는 당황한다(I am annoyed)」를 어떤 식으로 치환하려 하는 것은 무리다. 이와 마찬가지로「나의 머리(=육체)가 기억하고 있다」든가「나의 뇌가 장제법을 한다」혹은「나의 신체가 피곤과 싸우고 있다」등으로 말하는 것은 불합리하다. 아마도 많은 사람들이 인간을 신체와 비신체의 결합물로 서술하고 싶은 충동을 느껴온 것도 이와같은 불합리성 때문일 것이다.

그러나 아직 우리는「나는」과「나를」이라는 말의 용법이 갖는 융통성을 전부 살펴본 것이 아니다. 왜냐하면 단순히 신체에 대한 언급에 의해서는 전혀 의역될 수 없는 1인칭대명사의 용법들에는 위에서 지적한 것들 이외에 다음과 같이 명확한 대조들이 있기 때문이다. 예를 들면「나는 내가 막 꿈을 꾸기 시작하는 것을 알았다(I caught myself just beginning to dream)」고 말하는 것은 완벽하게 의미있는 문장이지만「나는 나의 신체가 막 꿈을 꾸기 시작하는 것을 알았다(I caught my body just beginning to dream)」든가「나의 신체는 내가 꿈을 꾸기 시작하는 것을 알았다(My body caught me beginning to dream)」라고 하는 것은 말이 안 된다. 또「어떤 아이가 스스로 옛날이야기를 하고 있다」는 것은 말이 되지만,「그의 신체가 그에게 이야기를 하게 한다」거나「그가 그의 신체에 이야기를 하게 한다」고 말하는 것은 무의미하다.

1인칭대명사를 사용할 때 볼 수 있는 이와같은 대조성, 특히 자기억제의 발현을 기술할 때 나타나는 대조성 때문에 수많은 설교자나 사상가들은 이런 식으로 말하게 된다. 즉 일반인은 본래 피부의 안쪽에 결합되어 있는 복수(複數)의 인간이 머물고 있다거나 그들의 팀과 같은 것이라든지, 생각을 하거나 반대를 하는「나」와 탐욕적이고 게으른 나는 별개의 인간이라는 식으로 말하는 것이다. 그러나 이런 식의 묘사는 아무런 소용이 없다.「사람(person)」이라는 말이 의미하는 것 중에는 자신이 꿈을 꾸기 시작하는 것을 알아차릴 수 있고, 자기 자신에게 이야기할 수 있고, 자신의 욕심을 억누를 수 있는 그런 능력을 갖고 있다는 뜻이 포함된다.

그래서 앞서 말한 것처럼 한 사람을 일군(一群)의 사람들로 환원하는 것은 사람들의 숫자만 늘일 뿐, 동일인이 말하는 사람임과 동시에 듣는 사람인 경우나 동일인이 깨어 있으면서 동시에 꿈을 꾸는 경우, 그리고 동일인이 화상(火傷)을 입으면서 동시에 화상을 입은 것에 화들짝 놀라는 경우에 대해 제대로 설명을 해주지 못한다. 이런 사정을 설명하려면 일단 다음과 같은 사실을 확인하는 데서 출발해야 한다. 「나는 나 자신이 꿈을 꾸기 시작하는 것을 알아차렸다」와 같은 문장에서 여기에 포함된 나(I)와 자신(myself)이라는 두 개의 대명사는 서로 다른 사람에 대한 이름이 아니다. 왜냐하면 그것들은 애초부터 이름이 아니라(물론 의미차이가 있기는 하겠지만) 「나는 내 자신이 불의 온기에 의해 따뜻해지고 있다」는 문장에서 보는 바와 같이 서로 다른 맥락에서 서로 다른 의미로 사용되고 있는 지칭어이기 때문이다.

한 문장에서 두 번 사용된 1인칭대명사는 동일인을 지칭하면서 동시에 서로 다른 의미를 가질 수 있다고 말하는 것이 부적절하게 보이는 경우, 일단은 동일한 상황이 통상의 고유명(名)이나 사람들의 타이틀과 관련될 수도 있다는 사실을 지적하는 것만으로 충분히 해명될 수 있을 것이다. 「미스 존스는 결혼을 하고나면 더 이상 미스 존스가 아닐 것이다」라는 문장은 특정의 한 여인이 더 이상 그 자신이기를 멈춘다거나 현재 그녀가 갖고 있는 인격을 갖지 못할 것이라는 뜻이 아니라 그녀는 사회적 지위가 바뀔 것이라는 뜻이다.

그리고 「나폴레옹이 아니었다」는 문장은 장군이라는 지위가 바뀌었다는 뜻이다. 이는 마치 「나는 이제 더 이상 나 자신이 아니다」라는 문장과 유사하다. 「나는 막 꿈을 꾸기 시작하고 있었다(I was just beginning to dream)」는 문장과 「나는 자신이 막 꿈을 꾸기 시작한다는 것을 알아차렸다(I caught myself just beginning to dream)」이라는 문장은 논리적으로 전혀 다른 유형에 속한다. 대명사 「나(I)」가 두 문장에서 전혀 다른 논리적 힘을 갖고 사용되고 있는 것은 바로 유형을 달리하는 데서 생긴 결과다.

동물이나 어린아이, 그리고 바보 등은 도저히 할 수 없는, 그런 인간 특유의 행동을 고찰할 때 우리는 여러 가지 이유로 해서 다음과 같은 사실에 주목해야 한다. 즉 어떤 종류의 행동은 다른 종류의 행동과 일정한 방식으로 관련이 되거나 작용한다는 것이다. 예를 들어 어떤 사람이 다른 사람에게 보복을 하거나 욕을 하거나 응답을 하거나 숨바꼭질을 할 경우, 그 사람의 행위는 어떤 식으로건 다른 사람의 행동과 관계를 갖지 않을 수 없다. 뒤에 상세하게 다룰 한 가지 의미에서 전자의 행위는 상대방의 생각을 포함하고 있다.

한 쪽의 행위자에 있어서 행동은 다른 쪽의 행위자에 의한 행동과 어떤 식으로건 관계를 가질 수 없다면 스파이행위나 칭찬을 하는 행위가 될 수 없다. 또 내가 손님으로 행동할 수 있으면 다른 사람은 반드시 파는 사람으로 행동해야 하는 것이다. 마찬가지로 어떤 인물이 반대심문을 하기 위해서는 누군가 다른 사람이 물증을 제시해야 한다. 또 연극비평가가 존재하기 위해서는 무대에서 연기를 하는 인물들이 다른 쪽에 존재하고 있어야 한다. 이와 같이 어떤 행위를 서술할 때 그 행위 이외의 행위에 대한 간접적인 언급을 포함하는 행위들을 지시하는 것으로서 「고차적 행위(higher order actions)」라는 용어를 사용하는 것이 편리한 경우가 있을 것이다.

모두 그런 것은 아니고 일부의 「고차적 행위」는 상대방 행위자에게 영향을 준다. 예를 들면 내가 어떤 인물의 행위를 다만 배후에서 이러쿵저러쿵 할 경우라도 나의 행위수행이 상대방의 행위수행에 대한 생각을 포함한다는 의미에서 나의 행위는 상대방의 행위와 관계하는 것이다. 그러나 나의 이러쿵저러쿵 하는 행위가 상대방의 행위를 바꾸지는 않는다. 이 점은 특히 논평자나 비평자가 해당 행위자가 죽고난 후 논평을 하거나 비평을 하는 경우 명확하게 드러난다. 무슨 말인가 하면 역사가는 워털루전투에서 나폴레옹이 수행한 행위를 바꿀 수는 없는 것이다. 다른 한편 내가 공격하는 시점과 방법은 상대방이 방어를 하는 시점과 방법에 영향을 주고, 판매자로서 내가 무엇을 파는가는 구매자로서 상대방이 무엇을 사는가와 밀접한 관계를 갖는다.

다음으로 제삼자의 행위와 관계를 가진 어떤 사람의 행동에 대해 내가 이야기할 때, 나는 제삼자가 실제로는 하지 않는 일을 하고 있다고 잘못 판단한 가운데 이루어지는 행위들을 배제하지 않는다. 예를 들면 실제로 나는 잠이 들지 않았는데도 잠을 자는 것처럼 꾸미는 나의 기술을 칭찬하는 아이는 방금 위에서 말한 의미에서 볼 때 내가 가장을 하고 있다는 것을 전제하는 행위를 하고 있는 것이다. 그리고 로빈슨 크루소는 자기의 앵무새가 자기의 말을 알아듣는다고 절반만이라도 확신한다면 설사 그 확신이 잘못된 짓일지라도 그는 실제로 그 새와 대화를 나누고 있는 것이다.

끝으로 주목해야 할 문제는 하나의 행위에 이어져 수행되는 행위나 다만 가능하거나 예상될 뿐인 행위와 관련하여 수행되는 행위가 있을 수 있다는 것이다. 나를 찍어 달라고 상대방에게 뇌물을 줄 때, 그의 투표행위는 아직 이루어지지 않았고 앞으로도 전혀 일어나지 않을 수 있다. 그의 투표행위에 관한 나의 언급은 나의 매수행위에 대한 서술과 관계되지만, 그 경우 그 언급은「나를 위해 그는 투표해야 한다」라는 유형에 속하는 것이지「그가 투표했기 때문」이라든가「그가 나에게 투표할 것이라고 내가 생각했기 때문」이라는 유형에 속하지 않는다. 마찬가지로 그에 대한 나의 언급은 바로 이런 식으로만 그의 이해 및 나와의 합의, 즉 그가 나를 이해하고 나와 합의하도록 하기 위해 나는 이야기한다는 것을 전제로 하고 있다.

그래서 갑(甲)이란 사람이 을(乙)이란 사람이 한 일을 논박하고, 발견하고, 보고하고, 희화화하고, 이용하고, 칭찬하고, 조소하고, 선동하고, 모방하고, 해석하는 등의 행위를 할 경우, 갑의 행위에 대한 그 어떤 서술도 을이 한 행위, 혹은 했다고 생각되는 행위에 대한 간접적인 언급을 담고 있어야 할 것이다. 이에 반해 갑의 행동에 대한 서술에는 을의 행동에 대한 서술이 전혀 담겨 있지 않다. 갑의 발견이나 조소에 대한 언급은 그가 발견하거나 조소하고 있었다는 것은 포함하지만 그 역은 성립하지 않는다. 갑의 행동이 을의 행동보다 고차적 행위라고 말할 때 의미하는 바가 바로 이것이다.

「고차적(higher)」이라고 해서「고상하다(loftier)」는 뜻은 아니다. 이런 맥락에서 탈주병에게 공갈협박을 하는 것은 그의 탈주행위보다 고차적이고, 광고행위는 판매행위보다 고차적이다. 친절한 행위를 회상하는 것은 그 행위 자체보다 숭고한 것은 아니지만 고차적인 것이다. 다른 사람들의 행위를 뒤에서 보고하거나 평하는 행위가 일종의 고차적 행위인 것은 분명하지만, 이와 유사한 다른 고차적 행위에 대해 특별한 우위를 갖지는 않는다는 것을 명심해두면 여러모로 유익할 것이다.

갑이라는 사람의 행동에 대해 학문적인 기록을 남기는 것은 갑이 취한 수단에 대하여 을이 취하는 수단의 한 가지일 뿐이다. 평서문으로 문장을 써서 그것을 공적, 사적인 목적으로 이용하는 것은 주지주의자(主知主義者)가 즐겨 생각하는 것과는 달리 을이 취하는 필요불가결한 최초의 수단도 아니고 또 유토피아적인 최후의 수단도 아니다. 그러나 바로 이런 논점을 명확히 하기 위해서는 고차적 행위를 수행하려면 그것에 대응하는 저차적 행위「에 관한 고찰을 포함」할 필요가 있다고 하는 것은 무슨 의미에서인지를 고찰할 필요가 있다. 예를 들어 이 말은 내가 누군가의 제스처를 흉내내려 한다면, 두 가지 행위, 즉 내 자신에게 말로 그 제스처를 이야기하면서 동시에 그런 서술에서 사용된 용어들에 맞는 제스처를 해야 한다는 뜻이 아니다.

어떤 사람의 제스처에 대해 나 자신에게 말하는 것 자체가 고차적 행위의 수행이며, 마찬가지로 그 사람의 제스처에 대한 생각을 담고 있는 행위일 것이다.「……에 관한 생각을 포함하다(involve the thought of……)」란 구절은 인과적 상호작용을 의미하는 것도 아니고 그렇다고 한 종류의 과정과 다른 종류의 과정이 공존하는 것을 의미하는 것도 아니다. 어떤 사람의 제스처에 대해 논평한다는 것, 즉 논평을 하고 있다는 것 자체는 그 제스처에 대해 어떤 식으로건 생각을 하고 있다는 것이어야 하고, 단순한 모사가 아니라 모방을 한다는 것도 어떤 식으로건 그 제스처에 대해 생각하고 있다는 것이어야 한다.

이 경우「생각(thinking)」이란 확장된 의미에서 사용된 것이고 여기에는 어떤 종류의 깊은 숙고(熟考)를 뜻하는 것도 아니고 그 어떤 명제를 표명하는 것을 뜻하지도 않는다. 그것이 의미하는 바는 내가 어떤 행위를 할 때 자신이 무엇을 하는지를 알고 있어야 한다는 것이다. 예를 들어 내가 하고 있는 것은 모방행위이기 때문에 나는 그 대상이 되는 사람이 취하는 제스처를 알아야 하고, 그렇게 해서 알게된 지식을 보고나 논평의 방식이 아니라 모방의 방식으로 사용하고 있다는 것을 알아야 한다는 것이다.

고차적 행위는 본능적인 행위가 아니다. 그 행위들은 모두 효율적으로/비효율적으로, 적절하게/적절치 못하게 그리고 예지적으로/어리석게 행해질 수 있다. 어린아이들은 고차적 행위들을 어떻게 수행해야 하는지를 배워야 한다. 또 저항하거나 얼버무리는 법 그리고 보복하는 법을 배워야 하고, 기선을 제압하는 법, 굴복하거나 협동하는 법, 응수하거나 옥신각신하는 법, 보답을 하거나 벌을 주는 법 등을 배워야 한다. 또 그들은 다른 사람들에 대해 조크를 하는 것도 배워야 하고, 어떤 농담이 자신에 대한 것이라는 것도 배워야 하고, 명령에 복종하는 것과 명령을 내리는 것을 배워야 하고, 요구를 하는 것과 요구를 들어주는 것을 배워야 하고, 점수를 받는 것과 점수를 주는 것 등을 배워야 한다.

또 보고서나 해설 혹은 주석을 쓰는 것도 배워야 하고, 그것을 읽는 것도 배워야 한다. 비평을 하는 것과 남의 비평을 이해하는 것을 배워야 하고, 그것을 인정, 부인, 수정, 의견을 달고, 질문을 더 하거나 더 받을 수 있는 것을 배워야 한다. 곧바로 이루어지지는 않겠지만, 적어도 그들은 자신들이 폭로하려고 하는 사항들을 마음속에 간직하는 것을 배워야 한다.

지금까지 내가 유흥장이나 학교의 진부한 일들에 관심을 기울인 목적을 이제 알 수 있을 것이다. 일정한 단계가 되면 어린아이는 자기 자신의 저차적 행위(lower order acts)에 고차적 행위를 가하는 비결을 알게 된다. 그 아이는 다른 사람들과 관계를 가지는 가운데 농담, 강압, 질의, 비판, 모방 등을 행하든지 그 대상이 되어 보면서 양측의 역할을 어떻게 수행할 것인지를 알게 된다. 그 아이는 지금까지 이야기를 귀기울여 들은 적도 있고, 이야기를 한 적도 있다. 그러나 이제 그는 그 자신의 뭔가에 사로잡힌 귀에다 대고 이야기한다. 또 그 아이는 불성실한 일들을 했다 해서 남들에게 적발된 적도 있고 다른 사람들의 불성실한 점들을 적발한 적도 있지만 그러나 이렇게 해서 배운 적발의 기술을 그 자신의 불성실에 적용한다.

또 그는 설사 마음이 내키지 않는 경우에도 자신이 따른다는 권위를 갖고서 그 자신에게 명령을 할 수도 있다. 그래서 이와같은 자기 설득이나 자기 억제는 다소라도 효과적이다. 그 아이가 청년이 되면, 어른이 아이들과의 관계에서 흔히 발휘하는 고차적 행위의 대부분을 그 자신의 행동에 적요하는 것을 배운다. 이렇게 되면 철이 들었다는 말을 듣는다. 게다가 그는 다른 사람들의 행동에 대해 고차적 행위를 가할 수 있는 능력뿐만 아니라 그런 성향을 갖게 되는 것과 마찬가지로 청년기에 이르면 그 자신의 행동에 대해서도 고차적 행위를 할 수 있는 능력을 물론이고 그런 경향을 갖게 된다.

그리고 다른 사람들의 특정한 행동뿐만 아니라 그런 행동을 하는 기질에 대해서도 대처하는 법을 배우는 습관이나 동기 혹은 능력에 대해 이론적, 실천적으로 조처를 취할 수 있는 능력이나 준비태세를 어느 정도 익힌다. 또 그 자신의 고차적 행위수행이나 그것을 할 수 있는 기질도 결코 예외가 아니다. 어떤 차원의 수행이건 간에 그것에 대하여 다양한 고차적 행위들이 수행되어야 한다는 것은 언제나 가능하다. 만일 당신이나 나 자신이 행한 어떤 행동을 비웃는다면, 나는 나의 즐거움에 대해 구두로 논평을 하거나 그것에 변명을 하거나 남들을 농담거리로 삼을 수는 있지만 실제로는 그렇게 하는 일이 별로 없다. 더 나아가 나는 그렇게 한 데 대해 나 자신을 칭찬하거나 비난할 수 있고, 일기장에 내가 이런 일을 했다고 적을 수도 있다.

정확한 말은 아니겠지만 현재 논의중인 것들은 통상「자기의식」이나「자기억제」라는 말로 표현되곤 한다. 그러나 우리가 말하고자 하는 것은 이것보다는 훨씬 넓은 것이다. 예를 들어 우리는 종종 자신의 행동에 대해 보고자(報告者)로서 행동할 수 있고 또 그러해야 하는 한편, 자신의 행동을 완벽하게 억제하는 자로서 행동할 수 있고 또 그러해야 한다. 그러나 이와같은 고차적인 행위는 무수히 많은 고차적 행위 중의 단 두 개에 지나지 않는다. 이것은 타인과 자신 사이에서 이루어지는 무수히 많은 교섭 중의 단 두 개인 것과 마찬가지다.

또 주의해야 할 점은 자신이 행위를 보고하는 경우나 자신의 행위를 통제하는 경우, 우리는 불가피하게 편견이나 부주의에 빠지지 않는다는 생각을 전제해서는 안 된다. 즉 나 자신에 관한 나의 보고는 타인에 관한 나의 보고와 같은 종류의 결점들을 갖고 있으며, 내가 내 자신에게 부과하는 훈계나 교정(矯正) 혹은 권고 등도 내가 타인에 대해 부과할 때와 마찬가지로 효과적이지 못하거나 부적절할 수 있는 것이다.

자기의식(self-consciousness)이란 말이 어떤 식으로건 사용된다고 할 때 그 말은 신성화된 유사광학적 모델에 기초하여 마치 거울에 반사된 자기 자신의 빛의 광선에 의해 스스로를 밝히는 횃불처럼 생각되어서는 안 된다. 오히려 그 반대로 그것은 보다 정직하고 예지적인 목격인지 아닌지에 대해 통상 더 효과적으로 다루는지 아니면 덜 효과적으로 다루는지의 특별한 경우일 뿐이다. 이와 마찬가지로 자기억제도 완벽한 지혜와 권위를 가진 우수한 자가 미숙한 훈련을 받은 부하를 다루는 것과 같은 것이 아니다. 오히려 그것은 평범한 사람이 평범한 사람을 다루는 특별한 경우이다.

예를 들면 존 도라는 사람이 두 역할을 다 맡고 있는 것이 그렇다. 사실 비판을 넘어서 있는 고차적 행위란 있을 수 없으며, 그 어떤 고차적 행위도 다시 비판을 받게 마련이다. 즉 개선의 여지가 없이 완벽한 일은 일어나지 않으며, 개선의 여지가 없는 일이란 있지도 않다. 특정한 행위가 최고로 고차적인 행위일 수 없으며, 그 어떤 차원의 행위보다 더 고차적인 행위가 있게 된다.

7. 「나」라는 개념의 체계적 도피성

드디어 우리는 「나」라는 개념의 체계적인 도피성*을 설명하고, 이와 관련하여 그 개념이 「당신」이나 「그」와는 왜 부분적인 비대칭성을 갖는지를 알아볼 단계에 이르렀다. 이론적인 면에서건 실천적인 면에서건 어떤 식으로 자기 자신에 대해 관심을 갖는다는 것은 남들에 대해 관심을 갖는 것과 마찬가지로 고차적 행위를 수행하는 것이다. 예를 들면 어떤 사람이 자신이 막 끝낸 일이나 현재 하고 있는 일이 무엇인지를 서술하려고 노력하는 것은 「우연한 경우」를 제외한다면 그 자체는 주석을 다는 행위가 아닌 어떤 행동에 대해 주석을 달려는 것이다. 그러나 주석을 단다는 작업은 실제로 그 주석을 다는 측의 행위가 아니고 또 그럴 수도 없다. 마찬가지로 비유를 다는

---

* 다소 어색한 번역어지만 원뜻을 살리기 위해 직역을 했다. 가리키는 내용은 「나」에 대해 접근할수록 멀어진다는 뜻이다.

행위도 그 비웃음의 대상이 되는 행위가 아니다. 이와 같이 자기주석, 자기조소(自己嘲笑), 자기훈계는 논리적으로 볼 때 영원히 최후로부터 두번째에 위치할 수밖에 없는 운명이다. 그럼에도 불구하고 어떤 특정한 주석이나 훈계로부터 남아 있는 그 어떤 것도 더 이상의 주석이나 훈계를 받지 않을 특권을 갖는 것은 아니다. 오히려 바로 다음의 주석이나 비난의 표적이 될 것이다.

여기서 말하려는 논점은 다음과 같이 구체적으로 설명할 수 있다. 음악교사는 학생이 부른 가사를 과장해서 모방하는 방법을 통해 학생의 악센트나 선율을 비판할 수 있다. 그리고 만일 학생이 아주 천천히 노래를 부를 경우, 교사는 다음 가사가 나오기 전에 학생이 부를 노래를 그대로 따라 부를 수 있다. 그러나 이때 교사가 겸손한 분위기에서 그것과 똑같이 그 자신의 노래를 비판하려 한다든지, 더 나아가 자신이 모방하여 부른 가사를 포함해 그가 부른 가사를 과장해서 모방하려 한다고 생각해보자. 여기서 무엇보다 분명한 것은 첫째로 그가 그 노래의 첫번째 가사에 앞설 수 없다는 것이고, 둘째로 그 어떤 시점에서도 그는 이제 모방해야 할 가사를 발성했다는 것이고, 그것을 흉내내면서 그가 얼마나 빨리 따라 하느냐 하는 것은 전혀 관심의 대상이 아니라는 것이다. 원칙상 그는 자신이 쫓고 있는 대상의 상의끝 이상을 붙잡을 수 없다. 왜냐하면 어떤 가사는 그 자체의 모방음일 수 없기 때문이다. 그럼에도 불구하고 그가 모방을 하지 않고 남겨둔 가사는 하나도 없다. 비유해서 말하자면 그는 언제나 축제에 하루 늦게 도착한다. 그러나 그는 매일 도착할 때마다 어제 축제가 있었던 장소에 도착하는 것이다. 그는 자기 머리의 그림자를 결코 뛰어넘을 수는 없지만 단 한 번의 도약 이상 뒤쳐지는 것도 아니다.

통상의 서평자는 책을 서평하지만, 다음 단계의 서평자는 그 서평을 평하는 것이다. 그러나 다음 단계의 서평은 자기비평이 아니다. 두번째 단계의 서평은 세번째 단계의 서평에서 이루어질 수 있을 뿐이다. 편집자가 인내심을 십분 발휘할 경우, 비록 어떤 단계에서건 비판을 받을 수밖에 없지만, 그 어떤 단계의 서평이라도 출판될 수 있는 것이다. 마찬가지로 일기쓰는 사람의 모든 행동이 일기의 주제가 될 수는 없다. 왜냐하면 일기장에 마지막 한 행(行)을 쓰면서 한 행동도 다시 일기장에 기록되어야 하고, 이런 과정은 무한히 계속되기 때문이다.

　내가 생각하기에 바로 이런 사실은 내가 작년의 「나」나 어제의 「나」에 대해서는 원칙적으로 빠짐없이 서술하고 설명할 수 있다고 느끼면서 오늘의 「나」에 대해서는 내가 파악하려고 하는 순간 미끌어져 나가버리는 느낌을 갖는 것을 설명해준다. 그것은 또 끝까지 남게 되는 것을 종국적인 미스테리라고 생각하지 않고서도 「나」의 개념과 「너」의 개념의 명확한 비대칭성을 설명해준다.

　그것이 설명해주는 것은 또 한 가지가 있다. 우리가 「의지의 자유 (Freedom of the will)」의 문제를 고찰하면서 자신의 생애는 시계나 수로(水路)의 그것과 비슷하다고 생각할 때, 우리 자신의 가까운 미래는 이미 불변적으로 고정되어 있고 예측가능하다는 생각에 빠지는 경향이 있다. 내가 지금 막 생각하거나 느끼거나 행동하려고 하는 것이 이미 정해져 있다고 생각하는 것은 불합리해보인다. 그런데도 일반 사람들은 다른 사람들의 미래가 그런 식으로 미리 정해져 있다고 생각하는 것에 대해서는 그같은 불합리성을 제대로 인식하지 못하는 경향이 있다. 소위 「자발성의 느낌」이라는 것은 내가 지금 생각하거나 행동하려고 하는 것이 이미 예상가능하다고 생각하는 것은 불가능하다고 보는 견해와 밀접하게 연관되어 있다. 다른 한편으로 내가 어제 생각하거나 행동한 것을 지금 고찰하고 있을 경우, 그것은 내가 실행에 옮기기 전에 예측될 수 있는 것이었다고 상정하는 데는 아무런 불합리성도 없어보인다. 내가 나 자신의 바로 다음 행동을 예측하려고 실제로 애쓰고 있는 동안에만 그런 과제는 자기가 밀쳐보낸 물살을 따라 잡으려고 애쓰는 수영자의 과제와 유사하다.

　이런 문제에 대한 해결방안도 앞에서 다루었던 것과 같다. 행동이나 사고(思考)에 대한 예측은 고차적 행위이며, 이런 행위는 예측의 대상이 되는 행동이나 사고와는 차원을 달리한다. 그러나 내가 어떤 행동을 하기 직전의 마음상태는 지금 내가 하고 있는 행동과는 약간 차이가 있기 때문에, 논리적으로 볼 때 나는 적어도 나의 예측과 관련해서 중요한 자료 하나는 간과할 수밖에 없다. 이와 마찬가지로 나는 다른 사람에게 그가 무엇을 해야 할 것인지에 대해 가능한 한 충실한 조언을 할 수는 있지만, 단 하나의 조언은 빠뜨릴 수밖에 없다. 왜냐하면 나는 이런 조언을 하면서 동시에 그것을 어떻게 받아들이는 것이 좋은지를 조언할 수는 없기 때문이다. 따라서 나 자신이 실제로 뭔가 행동하든지 생각을 하고 있다는 것을 의식했다고 해서 전혀 놀라지 않지만, 내가 무엇을 할 것인지 혹은 무슨 생각을 할 것인지를 예측하려고 주의를 기울일 때에는 흔히 그 결과가 나의 예측대로 되지 않는다고 말하더라도 전혀 모순이 아니다. 내가 사전에 어떤 생각을 품는 과정 자체가 나의 예측이 미치지 못하는 방향이나 정도로 나의 행동의 진로를 바꿀 수도 있기 때문이다. 아무리 노력해도 내가 갖출 수 없는 유일한 것은 내가 생각하려고 하는 바로 다음 생각이다.

나의 매우 가까운 미래는 이런 식으로 나에 의해 파악되는 것이 체계적으로 어렵다. 물론 그렇다고 해서 나의 생애(生涯)는 원칙적으로 나 이외의 예언자에 의해 예측될 수 없다든가, 심지어 어떤 행위는 일단 행해지고 나면 나에 의해 설명될 수 없다는 것을 입증해주는 것은 아니다. 나는 집게손가락으로 다른 것을 지적할 수 있고, 다른 사람들은 이 손가락을 가리킬 수 있다. 그러나 집게손가락이 그 자체가 가리키는 대상이 될 수는 없다. 이는 어떤 다른 것이 미사일을 맞출 수는 있어도 미사일이 그 자체의 표적이 될 수 없는 것과 같다.

그 어떤 행위도 고차적 행위의 대상이 될 수 있지만 그 자체의 대상은 되지 못한다는 이같은 일반적인 결론은 앞에서 「지금(now)」, 「너(you)」, 「나(I)」 등과 같은 지칭어의 특별한 기능에 대해 내가 얘기했던 것과 밀접하게 연결된다. 「나(I)」가 들어 있는 문장은 어떤 특정한 사람에 의해 발화되거나 씌어지는 것에 의해, 그것이 특정의 누군가를 서술하고 있는 것이란 점을 지시한다. 「나」는 그 말을 하는 장본인이다. 그래서 어떤 사람이 「나(I)」가 포함된 문장을 말할 때, 그 문장에 대해 그가 말하는 것은 고차적 행위, 예를 들어 자기보고나 자기권고, 자기연민 중의 하나일 수 있으며, 이러한 행위는 해당행위 자체에서는 다루어지지 않는다. 설사 그 사람이 특별히 사색을 할 목적으로 일시적이나마 「자아의 문제」에 관심을 쏟고 있다 하더라도, 그는 자신이 추구하고 있는 것의 날리는 옷깃 이상은 잡지 못했으며, 또 그렇다는 것을 안다. 그가 쫓고 있는 대상은 사냥꾼이 바로 그 자신이기 때문이다.

결론적으로 말해서 고차적 행위와 태도는 적절치 못하게도 「자기의식」이라는 거창한 칭호에 둘러싸여 있지만 사실은 신비적이거나 은밀한 것은 아무것도 없다. 그것은 다른 사람들과의 교섭에서 일어나는 고차적 행위나 태도와 다를 바가 전혀 없다. 실제로 전자는 후자의 특수한 한 가지 응용사례일 뿐이며, 일차적으로는 후자로부터 배운다. 만일 나 자신의 소심한 행동에 대해 스스로 비웃는 이차적인 행위를 상정할 때, 내가 그 행위에 대해 논평을 가하는 삼차적인 행위를 한다고 할 때 1인칭 대명사를 서로서로 다른 두 가지 방식으로 사용해야 할 것이다. 나는 나 자신이나 다른 사람들에게 「나는 나의 소심한 행동에 대해 스스로 비웃고 있었다」고 말한다. 그러나 이 문장은 나의 피부 속에 두 명의 「나」가 존재한다는 것을 보여주는 것이 아니라 그 두 명의 「나」에 대하여 논평을 하고 있는 세번째의 나에 대하여 말하는 것도 아니다. 단지 그 문장은 「그녀가 그를 비웃고 있다」고 말할 때와 같은 방식의 일반적인 어구를 사용하고 있다는 것을 보여줄 뿐이다. 그리고 내가 이런 어구를 사용하는 이유는 그 어구가 표현을 위해 일상적으로 사용되는 사람들 간의 교섭방법을 적용하고 있기 때문이다.

이 장을 끝맺기에 앞서 1인칭대명사와 다른 대명사 간에는 중대한 차이가 있다는 점을 언급하는 것이 중요하다. 「나(I)」라는 것은 내가 사용하면 언제나 나만을 지시한다. 「나」라는 인칭대명사는 나의 그림자와 같다. 나는 다른 사람의 그림자에서는 벗어날 수 있지만 나의 그림자에서는 벗어날 수 없다. 그러나 「나」의 개념이 갖는 이같은 불변적 성질에 무슨 신비성이 있는 것은 아니다. 여기서 내가 이 개념의 불변적 성격을 언급하는 까닭은 그것이 「나」라는 개념에 대해 신비화하는 독특한 성격과 집요함을 부여해주는 것같기 때문이다. 그래서 「지금」이라는 말도 그것과 동일한 경향으로 우리를 이끌어가는 느낌을 갖는다.

7
감각과 관찰

1. 들어가는 말

내가 이 책을 쓴 동기에는 여러 가지 비판적인 것들이 있다. 그중 하나가 「정신적」이라는 말은 하나의 상태를 의미하는 것이 아니라는 점을 보여주는 것이다. 이에 따르면 주어진 사물이나 사건에 대해 그것이 정신적인 것인지 혹은 육체적인 것인지, 또는 「마음속에서」 일어난 것인지 혹은 「외부세계에서」 일어난 것인지를 물어보는 것은 의미없는 일이다. 사람의 마음에 대해 이야기한다는 것은 「물리적 세계」라 불리는 것에 포함되지 않는 사물들을 수용하고 있는 창고에 대해 이야기하는 것이 아니다. 마음에 대해 이야기하는 것은 일정한 종류의 일을 하거나 겪을 수 있는 사람의 능력, 자질, 경향 등에 대해 말하는 것이며 또한 일상세계에서 그런 일들을 하거나 겪는 것 등에 대해 말하는 것이다. 다시 말하지만 세계가 두 개 있다든지 열한 개가 있다는 식으로 말하는 것은 무의미하다. 전혀 본질적이지 않은 기준에 따라 세계를 이렇게 저렇게 나누게 되면 혼란밖에 안 생긴다. 심지어 「육체적 세계」라는 권위 있는 표현조차 「화폐의 세계」나 「잡화점의 세계」 혹은 「식물의 세계」 등과 같은 표현과 마찬가지로 철학적으로는 적절치 못하다.

그러나 「정신적」이라는 말이 하나의 상태를 뜻한다는 교설을 옹호하는 입장에 서있는 사람들은 감각, 감정, 인상 등을 위하여 특별한 장(場)이 있어야 한다고 주장할 것이다. 실험과학은 다양한 종류의 사실과 과정들을 서술하고 상호관계를 밝혀주지만 여기에서 우리의 인상이나 관념은 언급되지 않는다. 따라서 인상이나 관념이 속할 수 있는 다른 세계가 있어야 한다는 것이다. 그리고 예를 들면 감각의 발생이 고통을 느끼거나 빛의 반사에 괴로워하는 사람에게 일어난 사실이라는 것이 명백하듯이 그 감각은 그 사람안에 있어야 한다는 것이다. 그러나 그것은 안에(in)라는 말을 특수한 의미에서 사용한 것이다. 왜냐하면 외과의사라도 그 사람의 표피 밑에서 그것을 찾아내지 못할 것이기 때문이다. 따라서 감각은 그 사람의 마음에 있어야 한다는 것이다.

게다가 감각, 감정, 인상 등은 그 소유자가 항상 그것들을 의식하고 있어야 한다. 그 사람의 의식의 흐름에 어떤 것이 포함되어 있든지 간에 적어도 그의 감각, 감정, 인상 등은 그러한 흐름의 일부다. 이것들은 마음을 구성하는 전체는 아니지만 마음을 구성하는 중요한 부분이다.

이런 이론을 따르는 사람은 확신을 갖고서「나는 마음의 눈으로 본다」든지「나의 머리 속을 달렸다」는 표현을 사용한다. 그들은 감각과 신체상태를 철저하게 분리하려는 입장을 혐오한다. 복통, 귀의 간지러움과 울림현상 등은 정신적 경험의 맑은 냇물을 오염시킬 우려가 있는 생리적 부수현상들이다. 그러나 눈을 감아도 볼 수 있는 광경이나 사방이 조용한 데도 들을 수 있는 음악이나 소리는 바로 정신의 영역에 속한다는 훌륭한 표시이다. 일정한 한계 안에서 나는 그것들을 마음대로 소환하고 몰아내고 변형할 수 있으며 나의 육체의 위치나 상태는 그것들의 발생이나 속성과 관련해 아무런 연관성도 갖지 않는다.

인상들을 정신적인 것으로 보는 이같은 믿음에는 기분좋은 추론이 따라 나온다. 예를 들면 어떤 사람이 자기 자신에 대해 생각해왔을 때 그의 회고에 나타나는 것은 지금까지 진행되어 온 것의 일부분이라도 마치 그가 얘기한 것처럼 그에게 들린 일련의 단어들이었다는 사실이다. 그래서 조용히 자기 자신과 담화를 나누는 것은 마음의 고유한 직무라는 존중할 만한 교설은 다음과 같은 교설을 강화시키며 동시에 그 교설에 의해 강화된다. 그 교설이란 이렇다 : 순수한 사고장치는 물리적 소음의 잡스러운 세계에 속하는 것이 아니고 꿈을 구성하는 보다 에테르적인 요소로 되어 있다는 것이다.

그러나 인상에 대해 논의하기에 앞서 먼저 감각들에 대해 여러 가지 사항들을 살펴보아야 한다. 특히 이 장은 감각과 관찰에 전적인 관심을 쏟을 것이다. 인상(印象)작용에 대해서는 다음 장에서 다뤄볼 것이다.

이 장에 대해서 나는 만족스럽게 생각지 않는다. 그 이유는 6절에 가서 상세하게 언급하겠다. 나는 한때 「지각한다는 것=감각을 갖는다는 것」이란 공식이론을 신봉한 적이 있다. 그러나 이때의 「감각」이란 개념은 고도로 정교하게 사용된 것이다. 우리가 일상적으로 「감각」이나 「느끼다」는 말을 사용할 때와는 전혀 다른 의미다. 우리가 일상적으로 이런 말을 사용할 때 그 의미는 특별한 지각군(群), 즉 촉각이나 운동지각, 어느 부분인지 명확히 알 수 있는 통증이나 불편함 등과 관련된다. 보고 듣고 맛보고 냄새맡는 것에는 이런 의미에서의 감각이 포함되지 않는다. 이는 보는 것이 듣는 것을 포함하지 않고 찬바람을 느끼는 것이 어떤 것을 맛보는 것을 포함하지 못하는 것과 마찬가지다. 보다 정교화된 의미에서의 「감각」은 사이비과학적인 데카르트적 이론들과 관련된 준-생리학적이고 준-심리학적인 용어처럼 보인다. 이런 의미의 감각개념은 소설가, 전기작가, 일기쓰는 사람, 보모 등이 사람에 대해 이야기할 때, 혹은 의사가 환자에 대해 이야기할 때 사용되지 않는다.

일상적이고 일반적인 의미에서 「감각」은 지각의 구성요소가 아니라 그 자체가 일종의 지각이다. 그러나 정교한 의미에서의 「감각」도 지각의 한 구성요소가 아닌 것은 마찬가지다. 일반사람들은 생리학적-심리학적 가설을 배우지 않더라도 혹은 정신과 육체의 교섭과 관련된 이론적 난점들에 대해 들은 적이 없더라도 사물들을 보고 듣고 느낀 것에 대해 어떻게 말해야 하는지를 알고 있었다.

나는 이런 문제들을 논의하는 데 필요한 적합한 어구를 잘 모른다. 그러나 그 문제들을 기존의 용어로 논의하는 것이 적어도 우리끼리는 곡해없이 이해되기를 바란다.

2. 감각

경우에 따라 감각을 명백하게 감각지각에 속하는 것과 그렇지 않은 감각지각으로 나누는 것이 편리할 때가 있다. 좀더 구체적으로 말하자면 눈, 귀, 혀, 코, 살갗 등과 같은 특별한 감각기관과 관련된 감각과 그렇지 않고 비감각기관과 관련된 감각으로 나누는 것이다. 그러나 이러한 구별은 다소 자의적이다. 눈이 부시거나 코에 자극이 올 때 우리는 신체기관의 통증으로 여기는 경향이 있다. 또 역으로 목이나 위에서 어떤 감각을 느낄 때 우리는 생선가시가 걸렸다든지 쇠고기 요리가 배 속에서 소화가 안 된다고 말하는 경향이 있다. 어떤 특수한 근육의 감각에 대해 무차별적으로 피곤감이라 서술하기도 하고 중량감이나 저항감이라고 서술하기도 한다. 또 어떤 사람은 자신이 멀리 있는 기차소리를 들었다고 말하기도 하며 어떤 경우에는 귀에서 들리는 정상적인 울림이나 노랫소리와 기차소리를 구별하기 힘들다고 말하기도 한다.

이상과 같은 명백한 이유들로 인해 우리는 지속적으로 감각기관들과 관련된 감각들에 관해 언급해야 한다. 왜냐하면 우리는 지속적으로 우리가 본 것과 보지 않은 것, 우리가 듣고 냄새맡고 맛보고 느끼는 것을 언급해야 하기 때문이다. 그러나 우리는 이런 감각들에 대해 「산뜻하다」고 말하지 않는다. 우리는 통상적으로 우리가 관찰하고 있거나 관찰하려고 노력하거나 관찰하고 있다고 주장하는 그런 사물이나 사건들과 관련해서만 그 감각들에 대해 언급하기 때문이다. 사람들은 자신들이 얼핏 본 것에 대해 이야기하는데 그러나 이런 언급은 구체적으로 통나무를 얼핏 본다든가 뭔가 움직이는 것을 얼핏 본다는 등의 맥락에서만 이루어진다. 또한 사람들은 사물이 어떻게 보이는지 혹은 어떻게 들리거나 어떤 맛이 나는지를 서술해야 할 경우에 이런 습관으로부터 벗어나지 못한다. 다만 그들은 정상적인 경우라면 그것이 건초더미처럼 보인다, 허밍소리처럼 들린다, 마치 그 안에 후추가루가 들어 있는 것같다는 식으로 말할 것이다.

건초더미, 허밍소리, 후추가루 등과 같은 공통된 대상들을 일정한 방식으로 언급함으로써 감각들을 서술하는 이같은 절차는 대단히 큰 이론적 중요성을 지닌다. 예를 들면 건초더미는 그 서술에 대해 모든 사람들이 동의할 수 있는 그런 것이다. 건초더미는 그 어떤 관찰자들도 관찰할 수 있는 사물이며, 그래서 우리는 그것에 대한 관찰자들의 설명이 서로 일치하거나 적어도 그 설명들이 일치할 때까지 수정작업을 해나갈 수 있을 것으로 기대한다. 그것의 위치, 모양, 크기, 무게, 만든 날짜, 용도 등은 누구나 평범한 관찰과 조사방법들에 의해 알아낼 수 있는 사실들이다. 그러나 이보다 더 중요한 의미가 있다. 이런 일상적 방법들은 동시에 건초더미가 평범한 관찰 조건들 하에 있는 평범한 관찰자들에게 어떻게 보이고 느껴지고 냄새가 나는지도 확정해준다. 어떤 것이 건초더미처럼 보인다고 내가 말할 때(비록 그것이 사실은 빨래줄에 널린 담요일지라도), 나는 일정한 각도에서 적당한 조명을 받으며 적당한 배경을 뒤로 해서 볼 경우에는 누가 보더라도 건초더미라고 말할 만한 그런 것에 의해 그것이 어떻게 보이는지를 서술하고 있는 것이다. 즉 나는 여기에서 지금 담요가 나에게 어떻게 보이는지를, 나만이 볼 수 있는 특정한 시각적 관찰 혹은 다른 특정한 사람이 특정한 상황에서만 볼 수 있는 독특한 관찰과 비교하고 있는 것이 아니라 그 어떤 평범한 관찰자라도 일정한 종류의 상황, 즉 그것들이 낮에 보면 건초더미처럼 보일 수 있는 상황에서 당연히 갖게 될 것이라고 기대하는 그런 시각적 관찰의 「한 유형」과 비교하고 있는 것이다.

이와 마찬가지로 어떤 것이 후추맛이 난다고 말하는 것은 그것이 후추가 들어간 식품이 일반사람들에게 맛을 느끼게 하듯이 지금 나에게 맛이 느껴진다고 말하는 것과 같다. 지금까지 흔히 사람들은 내가 결코 후추낱알은 서로 다른 사람들에게 비슷한 감각을 준다는 사실을 알 수 없다고 말해왔다. 그러나 지금으로서는 우리 자신의 감각들에 관한 정보를 전달하는 평범한 방식들은 우리가 생각하기에 공통된 대상들에 관한 다른 어떤 사람의 관찰에 의해서도 확인될 수 있는 것에 대해 일정한 형태의 지시를 하는 것이다는 것을 지적하는 것만으로 충분하다. 우리는 우리 자신들에 대해 개인적인 것을 중성적인 혹은 비인격적인 용어들로 서술하는 것이다. 실제로 우리의 서술들은 그런 용어들의 도움 없이는 아무것도 전달할 수 없다. 결국 이것들은 우리가 다른 사람들을 통해 배운 용어들이다. 우리는 건초더미를 이런저런 감각들의 집합에 의해 서술하지 않고 또 서술할 수도 없다. 우리는 우리의 감각들을 건초더미와 같은 사물들이나 관찰자들을 언급함으로써 서술한다.

　이것은 우리가 유기체의 감각들을 서술할 때도 그대로 적용된다. 고통을 받고 있는 사람이 자신의 고통을——비록 그가 반드시 자신의 고통을 칼이나 드릴 혹은 벌건 장작에 의한 것으로 생각하지 않고서도——찔린 것 같다거나 갈리는 것 같다거나 혹은 불에 덴 듯한 고통이라고 서술할 경우 여전히 그는 다른 사람이 그런 도구나 물건으로 가할 수 있는 유형의 고통에 비유하여 자신이 겪고 있는 종류의 고통을 말하는 것이다. 「내 귀에서 노래소리가 들린다」나 「내 피는 차갑게 흘렀다」나 「나는 별을 보았다」는 서술에 대해서도 같은 설명을 할 수 있다. 심지어는 어떤 사람의 견해가 흐리멍텅하다고 말하는 경우에서도, 동일한 사물들이 대기의 안개를 통해 보고 있는 사람들에게 보이는 방식에 그 견해를 비유하는 것이다.

　우리의 감각들을 서술하는 이런 방식들에 대한 이제까지의 언급의 핵심은 왜 그리고 어떻게 감각에 관한 개념들의 논리를 논의하는 데 있어 언어적인 난점(難点)이 존재하는지를 보여주는 데 있다. 우리는 「산뜻한」 감각개념을 사용하지 않는다. 특정한 감각들을 서술할 경우 우리는 동일한 사물이 정상적인 다른 사람들에게도 정상적으로 보이고 들리고 느껴지는 바를 기준으로 언급한다.

　인식론자들은 마치 「산뜻한」 감각이름이라도 되는 듯 「고통」, 「가려움」, 「자상(刺傷)」, 「훈훈함」, 「눈부심」 등과 같은 말을 즐겨 사용한다. 그러나 이런 관행은 이중으로 잘못된 것이다. 이런 부류의 용어들은 대부분 벼룩, 단검, 라디에이터 등과 같은 공통된 사물과 관련된 상황에서 그 의미를 도출할 뿐만 아니라 그런 감각을 가진 사람이 그것들을 갖는 것을 좋아한다거나 싫어한다, 혹은 마땅히 좋아해야 하거나 싫어해야 한다는 뜻을 함축하고 있다. 내 무릎의 통증은 내가 갖기를 꺼리는 감각이다. 따라서 「잘 알 수 없는 감각」이라는 말이 전혀 불합리하지 않다고 할 경우 그 말은 불합리한 표현이다.

이런 점은 앞으로 커다란 중요성을 갖게 될 개념적 구별을 도입하는 데 기여할 수 있다. 그것은 다름아닌 감각을 갖는다는 것과 관찰한다는 것의 구별이다. 예를 들면 어떤 사람이 어떤 것을 주목하거나 유심히 살펴보거나 쳐다보거나 듣거나 맛을 본다고 표현할 경우 그것이 의미하는 것 중의 단지 일부분만이 그가 시각적, 청각적, 미각적 감각을 갖고 있다는 말이다. 그러나 어떤 것을 관찰한다는 말이 성립하기 위해서는 관찰자의 엄밀한 노력에 대해서 주의깊다든가 경솔하다, 대충대충한다든가 꼼꼼하다, 치밀하다든가 허술하다, 정확하다든가 부정확하다, 전문가답다든가 아마추어적이다 등의 용어를 사용해 서술할 수 있다. 관찰행위는 성실함이 담길 수 있는 행동이며 따라서 우리는 관찰을 하는 데 있어 성공적일 수도 있고 성공적이지 못할 수도 있으며 또한 잘 할 수도 있고 못할 수도 있는 것이다. 그러나 인간의 관찰력 발휘를 특징지우는 이상의 방식들 중 그 어느 것도 시각, 청각, 미각 등을 갖는다는 말에는 적용될 수 없다. 예를 들면 우리는 무슨 소리를 주의깊게 들을 수는 있지만 귀에 노랫소리가 들리는 감각을 주의깊게 가질 수는 없다. 우리가 사물을 체계적으로 둘러보는 것은 가능하지만 시각작용 자체가 체계적일 수는 없다. 또 우리는 맛을 구별할 수는 있지만 미각작용 자체를 구별하지는 못한다. 그리고 우리는 흔히 호기심이나 복종심 때문에 관찰은 하지만 이런저런 동기 때문에 간지럼의 감각을 갖지는 않는다. 우리는 의도적으로 관찰을 하지만 의도적으로 감각을 갖지는 않는다. 물론 의도적으로 감각을 유발하기는 한다. 또 우리는 관찰상의 실수를 저지르기는 하지만 감각에서 오류를 저지르거나 오류를 피한다고 말하는 것은 무의미하다. 감각에는 정확성이나 부정확성도 없고 참-거짓도 없다. 또 감각은 이해할 수 있는 것도 오해할 수 있는 것도 아니다. 관찰한다는 것은 뭔가를 찾아내거나 찾아내려고 노력하는 것이지만 감각을 갖는다는 것은 찾아내는 것도 찾아내려고 노력하는 것도 아니며 동시에 찾아내지 못한 것도 아니다.

　이런 대조들을 통해 우리는 이렇게 말할 수 있다. 어떤 사람이 관찰하거나 관찰하지 않고 있을 때 그 사람의 관찰수준이나 관찰방식 혹은 관찰대상에 대한 언급이 그의 재치와 성격을 부분적으로 기술하기는 하지만 그의 감각적인 능력이나 실제적인 감각들에 대한 언급은 전혀 그의 성격이나 재치를 기술하지 않는다는 것이다. 다소 반박의 여지가 있긴 하지만 나는 이것을 감각에는「정신적인」것이 전혀 없다고 말하고 싶다. 귀가 먹었다는 것은 어리석다는 말과 그 유형에서부터 다르고 사시(斜視)도 비열함과는 무관한 것이다. 사냥개의 후각을 갖고 있다고 해서 그를 예지적이라고 말할 수 없다. 우리는 어린아이가 색맹이라고 해서 그를 훈련시키거나 나무라지 않으며 혹은 정신적 결함이 있는 아이로 간주하지 않는다. 불완전한 시각을 진단하고 처방을 내리는 일은 도덕군자가 맡는 일이 아니라 안과의사가 할 일이다. 감각을 갖는다는 것은 지성이나 성격의 발휘가 아니다. 따라서 우리는 파충류도 감각을 갖고 있다고 할 만큼 자부심이 대단한 건 아니다.

예지적인 사람들이 그 어떤 감각들의 계열을 갖고 있다 하더라도 단순히 감각력이 있는 동물은 거의 똑같은 감각을 갖는다고 언제나 생각할 수 있다. 그리고「의식의 흐름」이「감각들의 계열」이라고 할 때 이런 흐름에 있는 내용들을 밝혀내는 것만으로는 이런 감각을 가진 피조물이 동물인지 인간인지를 구별할 가능성이 없다. 또한 백치인지 정신병자인지 제정신인 사람인지도 구별할 수 없다. 하물며 그가 야심만만하고 논증적인 언어학자인지 재치는 없지만 성실한 관청의 사환인지를 구별한다는 것은 전혀 기대할 수 없다.

그러나 이상에서 살펴본 고찰들은 어떤 사람의 감각과 감정 그리고 인상들의 흐름을 그의 마음을 구성하는 재료로 보고 마음은 특별한 재료로 구성된 특별한 지위를 갖는 것이라는 도그마를 지지하는 이론가들을 충족시킬 수 없다. 그들은 안과의사나 치과의사는 환자의 신체기관에 화학적이거나 기계적인 치료를 가함으로써 환자의 감각을 변형할 수 있지만 그가 보고 느낀 것이 맞는지에 대해서는 환자에게 물어볼 수밖에 없다고 주장한다. 신발을 신어본 사람이라야 그것이 꽉 끼는지 어떤지를 알 수 있다. 이를 통해 실제로 공적이고 물리적인 세계와 사적이고 정신적인 세계, 누구나 목격할 수 있는 사물이나 사건과 당사자만이 목격할 수 있는 사물이나 사건 간에는 건널 수 없는 간격이 있다는 그럴 듯한 주장이 나올 수 있다. 행성, 미생물, 신경, 고막 등은 외부세계에 있는 공적이고 관찰가능한 사물이지만 감각, 감정, 인상 등은 우리의 여러 가지 마음의 세계에 있는 사적으로만 관찰가능한 구성요소들이라는 것이다. 그러나 이런 주장은 완전히 틀린 것이다.

나는 이런 이분법이 사이비라는 것을 보여주겠다. 구두수선공은 신발이 꽉 꼈을때 내가 느끼는 꽉끼는 느낌을 눈으로 목격할 수 없다고 말하는 것은 사실이다. 그러나 내 자신이 그 느낌을 목격할 수 있다고 말하는 것은 거짓이다. 구두 수선공이 나의 꽉끼는 느낌을 볼 수 없는 이유는 나와 다른 사람을 가로막는 무슨 철의 장막 같은 것이 있어서 그런 것이 아니라 그 느낌은 도대체가 나 자신을 포함해 어느 누구도 「목격할 수 있다 혹은 없다」는 식으로 언표될 수 있는 그런 부류의 사물이 아니기 때문이다. 나는 꽉끼는 느낌을 가지지만 그것을 들여다보거나 관찰할 수는 없다. 다시 말해 내가 주시하거나 귀기울여 듣거나 맛을 본다고 해서 알 수 있는 것이 아니다. 어떤 사람이 참새를 관찰한 적이 있다고 할 때와 같은 의미에서 그가 양심의 가책을 관찰한다고 말하는 것은 난센스다. 교통사고에 대해서는 한 명이나 여러 명의 목격자가 있을 수 있다. 그러나 양심의 가책에 대해서는 여러 명은 커녕 단 한 명의 목격자도 있을 수 없는 것이다.

우리는 행성, 심장박동, 나방 등의 관찰을 위하여 망원경, 청진기, 횃불 등과 같은 보조관찰기구를 갖고 있고 또 그것을 필요로 하는 이유가 무엇인지에 대해 잘 알고 있다. 그러나 그런 기구들을 우리의 감각에 적용한다는 것이 과연 무엇을 의미하는지는 생각조차 할 수 없다. 마찬가지로 우리는 시야를 가리는 안개, 욱신거리는 손가락, 귀의 울림 등과 같이 공통적인 대상에 대한 관찰을 방해하는 핸디캡이 어떤 유형의 것인지를 알고 있지만 그렇다고 해서 욱신거림이나 귀 속의 울림과 같은 감각과 우리 사이에 그런 핸디캡에 유추될 수 있는 장애가 있다고 생각해서는 안 된다.

감각은 관찰될 수 있는 성질의 것이 아니라고 말한다고 해서 마치 감각이 현미경에도 안 잡히는 박테리아나 날으는 총알 혹은 달의 반대편에 있는 산 등이 관찰될 수 없는 것과 같은 식으로 관찰될 수 없다는 것도 아니다. 내가 의미하는 바는 이런 것이다. 한 자(字)짜리 단어들을 제외하면 그밖의 모든 기록된 단어들은 스펠링을 갖고 있다. 어떤 것들은 쓰기가 어려운 것도 있고 또 어떤 것들은 각기 다른 스펠링으로 구성되어 있기도 하다. 그러나 만일 알파벳 문자 하나하나의 스펠링은 어떻게 되는가 라는 질문을 받으며 그것들은 도대체가 스펠링이 없다고 대답해야 한다. 그러나 여기서 「스펠링이 없다」고 해서 그 일이 전혀 해결할 수 없을 만큼 어렵다는 것이 아니고, 「한 자짜리 단어의 스펠링은 어떤 순서로 이루어져 있는가」라는 질문 자체가 부적절하다는 것이다. 문자들은 스펠링으로 풀어쓰기가 쉽지도 않고 또 풀어쓰는 것이 불가능할 정도로 어려운 것도 아니기 때문에 나는 감각이란 관찰가능한 것도 아니고 관찰불가능한 것도 아니라고 주장하는 것이다. 그러나 이에 따라 우리가 한 자로 된 단어는 어떻게 결코 풀어쓸 수 없는지를 물어보지도 않는다는 사실로 인해 우리는 문자들이 어떻게 씌어졌는지를 알 수 없는 바와 마찬가지로 우리가 감각을 관찰하는 것에 대해 전혀 물어보지 않는다는 사실은 사람들이 감각에 대해 기울이는 주의나 그들이 주의하는 감각들에 대해 그들이 행하는 승인이나 보고에 대해 말할 필요가 없다는 것을 보여주는 것이다. 두통은 목격될 수 없다. 그러나 알아차릴 수는 있다. 그리고 어떤 사람에게 간지러움을 들여다보지 말라고 충고하는 것은 부적절하지만 그것에 특별한 주의를 기울이지 말라고 충고하는 것은 지극히 정당하다.

　우리는 앞에서 관찰행위는 감각작용을 포함한다는 것을 살펴본 바 있다. 예를 들어 참새를 얼핏이라도 보지 않은 사람에 대해 그가 참새를 보고 있다고 말할 수는 없다. 또 살짝 스치는 냄새를 맡지도 않은 사람에 대해 그가 치즈냄새를 맡는다고 말하는 것도 있을 수 없다. (여기서 일단 나는 「얼핏보다」나 「냄새가 살짝 스치다」는 말이 감각을 나타내는 것이라고 간주하고자 한다. 실제로는 그렇지 않다. 왜냐하면 얼핏봄이라는 말에 대해 「명확하다」든지 「불명확하다」는 말을 할 수 있다는 것은 그것이 「단번에 끝나는」 감각어가 아니라 관찰어임을 보여주기 때문이다.) 따라서 참새나 치즈와 같은 관찰의 대상은 관찰자가 얼핏보거나 살짝 냄새라도 맡을 수 있는 그런 것이어야 한다. 그러나 대다수 이론가들은 우리에게 참새나 치즈같은 공통적인 대상에서 눈을 돌려 「얼핏보는 것」이나 「냄새가 살짝 스치는 것」에 관심을 갖도록 요구하며, 또 실제로는 전혀 불가능한 데도 마치 이것들을 참새나 치즈를 볼 때와 같은 식으로 관찰할 수 있다고 생각하도록 강요한다. 그러나 이런 강요를 받아들인다는 것은 내가 참새를 얼핏 보았을 때 내가

「얼핏 보는 것」을 관찰할 수 있다면 나는 참새에 대한 「얼핏 봄」과 같은 것을 가질 수 있다는 것을 인정해야 한다. 만일 감각이 관찰가능한 대상이라면 감각을 관찰하는 행위에는 감각에 대한 감각작용이 수반돼야 한다. 이는 참새를 보려면 사전에 참새를 얼핏 보는 것이 수반되는 것에 비유될 수 있다. 그런데 이런 일은 사실상 불가능하다. 「얼핏보는 것을 얼핏보는 것」이나 「통증에 대해 살짝 냄새맡음」 혹은 「꽉조임의 소리」나 「욱신거림에의 욱신거림」 등에 대해 묻는다면 대답을 할 수 없다. 그리고 만일 이것들에 대응되는 것이 있다고 한다면 또 다시 그것에 대한 질문이 이어져 무한히 소급돼 올라갈 것이다.

또 어떤 사람이 경마를 관람하고 있다고 하자. 이때 그가 제대로 보고 있는지 어떤지, 혹은 그가 주의깊게 보고 있는지 어떤지, 그리고 그가 가능한 한 잘 보려고 노력하는지 어떤지에 대해 물어보는 것은 지극히 정당하다. 그래서 만일 어떤 사람이 감각을 관찰한다고 말하는 것이 옳다고 한다면 간지럼에 대해 평상거리에서 보았는지 아니면 가까이서 보았는지를 묻는다거나 훼방을 받지는 않았는지를 물어보는 것도 정당하게 될 것이다. 심지어 그가 노력만 한다면 좀더 명확히 식별할 수 있지 않았느냐를 물어보는 것도 정당한 것이 된다. 그러나 실제로는 London이란 단어의 첫째 문자인 L은 어떤 스펠링들로 구성되어 있는가라는 질문이 말이 안 되듯이 이같은 질문을 던지는 것도 어불성설이다. 도대체 이런 질문들은 묻는다는 것 자체가 불가능하다. 이 점은 「관찰하다」라는 단어가 주시함, 귀기울임, 맛을 봄 등과 같은 과정이나 확인하고 탐지하는 것과 같은 성취를 나타내기 위해 일반적으로 사용되기는 하지만 경우에 따라서는 「주의를 기울이다」와 「알아채다」와 동의어로 사용되기 때문에 부분적으로는 은폐되기도 한다. 주시하는 것과 확인하는 것에는 주의를 기울이는 것이 포함되지만 주의를 기울이는 것에는 주시하는 것이 포함되지 않는다.

이상과 같은 논의를 통해 우리는 참새나 치즈와 같은 일반적인 공통의 관찰대상을 나만이 특권적으로 관찰할 수 있는 특유의 대상——즉 나의 감각——과 비교하는 것은 애초부터 잘못된 것이라는 사실을 도출해낼 수 있다. 왜냐하면 감각이란 원래 관찰가능한 대상이 아니기 때문이다. 따라서 우리는 다른 사람들의 공통된 대상들을 거주시킬 「외부세계」와 독점적인 관찰대상들을 거주시킬 「마음」이라는 두 개의 극장을 상정해서는 안 된다. 「공적인 것」과 「사적인 것」의 대립은 부분적으로 관찰되고 만져질 수 있고 맛볼 수 있는 대상과 전혀 그렇지 못한 감각을 대립적으로 본 데서 나온 잘 못된 추론의 결과다. 구두수선공이 나 자신이 아닐 경우 내가 느끼는 꽉쥐는 느낌을 지각할 수 없다는 것은 당연하며 동어반복일 뿐이다. 그러나 이렇게 되는 이유는 그가 나만이 볼 수 있는 구경거리에 동참할 수 없기 때문이 아니라 그가 나의 감각을 느낀다고 말하는 것 자체가 무의미할 뿐만 아니라 그가 나의 꽉끼는 느낌을 주시하고 있다고 말하는 것이 어불성설이기 때문이다.

또한 한걸음 더 나아가 이런 결과도 도출된다. 관찰에 의해서건 그렇지 않건 모든 사람들의 관찰의 공통된 대상을 특징지우기 위해 우리가 확인해야 하는 속성들은 감각에 의해 이루어질 수 없다. 왜냐하면 감각은 크기와 모양, 위치와 온도, 색이나 맛을 갖고 있지 않기 때문이다. 「참새는 어디 있느냐」라는 질문에 대한 대답이 제대로 성립한다는 의미에서 「참새에 대한 당신의 얼핏봄이 어디 있느냐」라는 질문에 대한 대답은 있을 수 없다. 실제로 「내 발에서」 간지러움이 있다고 말하거나 「내 코에서」 콕콕찌르는 느낌이 있다고 말하는 것은 아주 정당하다. 그러나 이때의 의미는 뼈가 「내 발에」 있다거나 후추가루가 「내 코 안에」 있다고 말할 때의 의미와는 전혀 다르다. 그래서 사람들이 「외부세계」나 「공적 세계」는 참새나 치즈 그리고 그 세계에서 발견될 수 있는 위치나 연관들을 포함한다고 말을 하는 혼란된 의미의 「세계」 개념에서 감각의 위치나 연관이 발견될 수 있는 그런 또 하나의 세계는 존재하지 않는다. 그리고 공적 세계의 점유자와 사적 세계의 점유자 간의 연관이 무엇인가를 알아낼 수 있는 그런 문제도 존재하지 않는다. 게다가 바늘처럼 공통된 대상은 건초더미라는 또 다른 대상의 안이나 밖에 있을 수 있지만 감각에 적용되는 「안」이나 「밖」에 대응되는 사물은 없다. 구두수선공이 나의 꽉끼는 느낌을 관찰할 수 없는 이유는 그것이 말 그대로 내 피부 안에 숨어 있어서 그런 것도 아니고 또 비유적인 의미에서 그가 접근할 수 없는 은밀한 장소에 숨어 있어서 그런 것도 아니다. 오히려 그 반대다. 그 느낌은 도대체가 나 자신이라는 공통된 대상의 내부나 외부에 있는 것이 아니며 숨겨져 있는 것도 안 숨겨져 있는 것도 아니다. 문자는 명사도 아니고 형용사도 아니다. 따라서 영어구문의 규칙에 맞는지 틀리는지를 이야기조차 할 수 없다. 물론 신발이 맞지 않아 꽉끼는 느낌에 대해 일차적으로 서술할 수 있는 사람은 오직 나 혼자뿐이라는 사실은 참이며 중요하다. 또 내 말을 정확히 이해할 수 없는 사람은 나의 시각에 대한 가장 정확한 정보원(情報員)을 갖지 못하는 결과가 된다. 그러나 나만이 나의 감각에 대해 일차적인 서술을 할 수 있다고 해서 다른 사람들은 갖지 못하는 기회, 즉 그런 감각들을 관찰할 수 있는 기회를 나 혼자 갖는다는 뜻은 아니다.

한걸음 더 나아가 상호관련된 두 가지 중요한 사실을 살펴보자. 첫째, 나의 감각이 나에게만 사적으로 드러난다고 할 때 「사적」이란 의미는 중요하긴 해도 철학적으로 별로 흥미가 없다. 즉 여러분이 논리적으로 나의 잡는 행위를 잡지 못하고 나와의 경주를 이기지 못하고 나의 음식을 먹지 못하고 나의 찡그린 인상을 그대로 하지 못하고 나의 꿈을 꿀 수 없듯이 내가 갖는 꽉쥐는 느낌 등을 그대로 가질 수 없다. 금성이 해왕성의 위성들을 가질 수 없고 폴란드가 불가리아의 역사를 가질 수는 없는 것이다. 이것은 단지 4격이 타동사에 대해 동족목적어인 그런 문장들의 논리적 힘의 일부일 뿐이다. 이런 타동사는 아무런 관계도 표시하지 않는다. 예를 들어 「나는 나를 잡았다」는 문장은 나와 잡는 행위와의 관계를 표시하지 않는다. 오히려 잡는 행위는 나보다는 너와의 관계일 수 있는 것이다. 그것은 「나는 나의 자전거를 세웠다」와는 다르다. 나의 자전거를 내가 세우기를 기대하는 것은 너일 것이다.

다음으로 「나는 통증을 갖는다」는 말이 아무런 관계도 표시하지 않는다고 말할 때 이것은 「나는 모자 하나를 갖고 있다」는 문장처럼 나는 「나의 통증」이란 말이 그 어떤 종류의 사물이나 「용어」도 뜻하지 않는다는 것을 말하고 있다. 「나는 통증을 갖는다」는 말에는 어떤 발생사건이 일어났다는 것을 말하고 있긴 해도 그것은 결코 발생사건을 표시하는 것은 아니다. 감각을 관찰한다든지 조사한다든지 목격한다든지 검사하는 일에 대해 이야기한다는 것 자체가 무의미한 것도 부분적으로 이로부터 추론할 수 있는 것이다. 왜냐하면 이런 동사에 적절한 대상은 사물이나 발생사건이기 때문이다.

그러나 우리가 감각에 대한 이론을 구성할 때 우리는 그것들을 마치 포착할 수 없는 사물이나 발생사건인 양 다루고 싶은 강한 유혹을 받게 된다. 이런 경우 우리는 경솔하게도 다음과 같은 모델을 따른다. 「텐트 안에 한 사람이 들어가 있는데, 그는 텐트 안에 나타나는 빛의 반점이나 조각들을 보고 또 텐트 내부의 요철(凹凸)을 촉각으로 느낀다. 그리고 그는 그같은 빛의 조각들과 텐트의 요철을 이루고 있는 횃불이나 장화를 보거나 느낄 수 있게 되기를 바랄지 모른다. 그러나 그는 유감스럽게도 텐트가 언제나 그러한 것처럼 그런 횃불을 결코 볼 수 없으며 그런 장화를 결코 촉각으로 느낄 수 없다.」 이런 모델에 있어서 조명을 받고 요철모양을 하고 있는 텐트는 사물이고 텐트에 나타난 일시적인 조명과 요철은 발생사건인 셈이다. 따라서 그것들은 텐트 안의 사람이 관찰하고 정밀하게 조사하고 탐지하는 것으로 서술될 수 있는 그런 종류의 사물이다. 또한 그것들이 거기에 존재는 하지만 관찰되거나 탐지되지는 않는다고 말하는 것도 적절하다. 게다가 조명을 받거나 요철이 생긴 텐트를 관찰하거나 탐지할 수 있는 사람은 횃불이나 장화도 차단되지만 않는다면 관찰하고 탐지할 수 있다. 따라서 어떤 사람이 감각을 갖고 있다고 하는 상황은 텐트 속에 있는 사람의 상황에서 나온 유추와 전혀 무관하다. 감각을 갖는다는 것은 사물을 관찰하거나 탐지하는 것이 아니다. 그리고 사물이나 발생사건을 관찰하고 탐지한다는 것은 사람들이 감각을 갖는다는 의미에서 그것들을 갖는 것이 아니다.

3. 감각자료이론

흔히 「감각자료이론(혹은 감각소여이론이나 감각여건이론)」으로 불리는 이론에 관해 이 자리에서 논평한다는 것은 적절해보인다. 이 이론은 일차적으로 감각지각과 관련된 개념들을 해명하려는 시도다. 거기에는 시각, 청각, 촉각, 미각, 후각 등과 같은 감각의 개념들도 포함된다.

우리가 일상적으로 사용하는 「보다」, 「듣다」, 「맛보다」 등과 같은 동사는 감각들이 「산뜻하다」는 것을 말하기 위해 사용되지 않는다. 왜냐하면 우리는 경마를 본다, 기차소리를 듣는다, 최고의 와인을 맛본다는 식으로 말하지만 이때 경마나 기차 그리고 와인은 감각이 아니기 때문이다. 내가 눈을 감는다고 해서 경마가 중단되지 않으며, 감기에 걸렸다고 해서 술맛 자체가 사라지지 않는다. 따라서 우리는 내가 눈을 감았을 때 중단되는 그 무엇, 그리고 감기에 걸렸을 때 사라지는 그 무엇에 대해 이야기하는 방식들, 즉 공통된 사건이나 술과 무관한 이야기 방식들을 필요로 할 것같다. 이런 목적에 매우 적합한 명사군(群)을 발견하는 것은 쉽다. 왜냐하면 내가 눈을 감을 때 경주를 보는 나의 시야는 방해를 받고, 눈물이 날 때는 말의 모습이 달라질 것이고 감기로 인해 술맛은 사라질 것이고 귀를 막는다면 기차소리는 약해질 것이라고 말하는 것은 지극히 당연한 것이기 때문이다. 이는 다음과 같은 것을 시사한다. 즉 우리는 「모습」, 「외관」, 「소리」, 「맛」, 「냄새」, 「따끔거림」, 「힐끗 봄」 등과 같은 것들에 대해 이야기함으로써 감각의 산뜻함에 대해 말할 수 있다는 것이다. 또 그것이 시사하는 바는 다른 사람에게도 공통된 대상을 관찰할 때 한편으로는 감각이 기여한 것과 다른 한편으로는 교육, 추론, 기억, 예측, 습관, 상상, 연상 등이 기여한 것을 식별하기 위해서는 이같은 관용적 표현을 고려할 필요가 있다는 것이다.

따라서 이런 이론에 따르면 시각을 갖는다는 것은 어떤 것에 대해 순간적인 모습 혹은 시각적인 외양을 갖는다는 것과 같은 뜻이고 후각(嗅覺)을 갖는다는 것은 어떤 것에 대해 순간적인 냄새를 갖는다는 뜻이다. 그러나 순간적인 모양이나 순간적인 냄새를 갖는다고 하는 것은 도대체 무엇인가? 그리고 이렇게 얻어진 모습이나 냄새는 어떤 종류의 사물인가? 첫째로 경마를 보는 것은 경마장의 레이스코스에서 일어나는 스포츠행사가 아니다. 모든 사람이 경마를 보는 것과 동일한 방식으로 내가 그 경주에 대해 갖게 되는 순간적인 모습을 본다는 것은 불가능하다. 여러분들은 내가 갖게 된 말의 모습을 볼 수 없다. 이는 내가 겪는 고통을 여러분이 그대로 겪을 수 없는 것과 같은 이치다. 감각자료(sense datum), 즉 순간적인 모습, 냄새, 통증, 소리 등은 단 한 명의 지각하는 사람만이 독점적으로 가질 수 있다.

둘째, 예를 들어 경마를 힐끗 본다는 것은 어떤 사람의 시야에 펼쳐진 순간적인 색(色)의 잡동사니를 본다는 말로 이해될 수 있다. 그러나 이런 경우 색의 잡동사니는 오직 특별한 의미에서만 그러하다는 설명이 뒤따라야 한다. 일반적으로 사람들이 색의 잡동사니에 대해 이야기할 때 누가 관찰해도 볼 수 있는 것들, 즉 누비이불, 실내장식용 벽걸이, 유화(油畵), 무대배경, 흰곰팡이가 핀 회반죽 등과 같이 우리 눈앞에 있는 사물의 평평한 표면에 대해 언급한다. 그러나 특정한 시야를 순간적으로 점유하고 있는 색의 잡동사니로 서술되는 사물의 시각적 외관이나 모습은 누구에게나 공통된 평평한 사물의 표면이라고 생각하지 않는다. 그것들은 단순히 색의 확장이지 채색된 캔버스나 회반죽의 확장이 아니다. 다시 말해 사물의 시각적 외관이나 모습은 그것들을 소유하는 자의 시각적 공간을 점유하고 있다. 물론 이 경우 그 사람은 영구적으로 그것들을 어떤 식으로건 일상적인 공간에 있는 공통된 사물들의 표면과 다시 결부지으려는 유혹에 시달리게 된다.

결국 감각자료이론의 주창자들은 내가 갖게 되는 어떤 사물의 모습이나 냄새 그리고 따끔거림 등에 나 이외의 다른 사람은 접근할 수 없다는 사실에 동의하면서도 여기서 나오는 결론이라 할 수 있는 다음과 같은 사실, 즉 그것들은 그 상태에 있어 정신적이라든가 그것들은 「나의 마음속에」 있다는 사실에는 동의하지 않는다. 모습이나 냄새 그리고 따끔거림 등은 그것들을 지각하는 사람의 물리적, 생리적 상태에 그 기원을 두지만 반드시 심리적 상태에 기원을 두는 것은 아니다.

설사 감각자료이론의 주창자들이 그들의 생각대로 모습, 냄새, 소리 등과 같은 순간적이고 사적인 것들이 존재한다는 것을 증명한다고 하더라도 곧장 다음과 같은 문제에 부딪히게 된다. 「지각하는 사람이 그것들을 획득하거나 소유한다는 것은 도대체 무엇인가?」 이 문제에 대한 그들의 대답은 간단하다. 그 지각자는 그가 색의 잡동사니를 보고 소리를 듣고 냄새를 맡고 맛을 보고 간지러움을 느낀다고 할 때와 같은 의미에서 그것들을 지각하거나 관찰한다는 것이다. 사람들이 경마를 보거나 와인을 맛보지 않고 다만 그들은 색의 잡동사니를 보거나 향내를 맛본다고 말하는 것은 종종 납득할 수 있는 발언일 뿐만 아니라 시사하는 바가 많은 발언으로 생각되기도 한다. 혹은 통상적인 언어관습에 따라 「보다」나 「맛보다」 등의 통속적인 의미에 있어서 경주를 본다든지 와인을 맛본다고 말하는 것은 용인될 수 있지만 이론적인 목적을 위해서는 이런 동사들을 통속적인 의미와는 구별되고 세련되게 사용해야 한다. 예를 들어 색의 잡동사니를 본다든가 향내를 맛본다고 해야 올바른 것이다.

그러나 최근 들어 일군(一群)의 새로운 동사들을 사용하는 유행이 확산되고 있다. 말하자면 감각자료이론을 지지하는 일부 사람들은 이제 「우리는 색의 잡동사니를 직관한다(intuit)」, 「우리는 냄새를 직접 안다(have direct awareness)」, 「우리는 소리를 직접 감지한다(have immediate acquaintance-ship)」, 「우리는 간지러움을 직접 인지한다(be in direct cognitive relations with)」 혹은 일반적으로 「우리는 감각자료를 감각한다」는 식으로 말하는 것을 선호한다. 그러나 이처럼 거창한 표현들을 사용함으로써 얻는 실익(實益)은 무엇인가? 그것은 이런 것이다. 말하자면 「추측하다」, 「발견하다」, 「결론짓다」, 「알다」, 「믿다」, 「의아해하다」 등과 같은 일부 동사들은 「내일은 일요일이다는 것을……」, 「이것이 빨간 잉크인지 아닌지를……」 등과 같은 보충어와 함께만 사용될 수 있다. 그리고 「엿보다」, 「귀를 기울이다」, 「관찰하다」, 「알아채다」, 「마주치다」 등과 같은 유형의 동사들은 「참새를……」, 「드럼의 울림을……」, 「존 도씨를……」 등과 같은 보충어를 필요로 한다. 그런데 감각자료이론에 따르면 모습이나 냄새는 특정한 사물이나 사건이며, 따라서 「get a glimpse(순간적으로 보다)」나 「have a tickle(간지러움을 느끼다)」와 같은 표현에서 「get」이나 「have」 등의 동사를 의미있게 해석하기 위해서는 후자의 인지동사들을 사용해야 한다. 그 이론은 「직관하다」, 「인식하다」, 「감각하다」 등과 같은 딱딱한 동사들 대신에 「관찰하다」, 「뚫어지게 보다」, 「맛보다」 등과 같은 동사의 일상적인 의미를 빌려왔다. 이 둘 간의 차이는 이렇다. 문외한은 참새를 관찰하고 타임즈지를 뚫어지게 본다는 식으로 이야기하는 반면, 감각자료이론의 지지자들은 색의 잡동사니를 직관한다든가 냄새를 직접 감지한다는 식으로 서술한다.

그렇지만 예를 들어 시각적 감각을 갖는다는 것이 무엇인지에 대한 설명 ──즉 시각적 감각을 갖는다는 것은 나 혼자 독점적으로 소유하고 있는 색의 잡동사니를 직관하거나 알아챘다는 설명──그 자체만으로 우리가 타인과 공유하는 대상을 인식하는 문제의 전모가 밝혀졌다고 할 수 없다. 현재에도 우리가 「엄격하게」 혹은 「직접적으로」 보지 않는 경마와, 우리가 「엄격하게」 혹은 「직접적으로」 보지만 경주코스에서 일어나는 것은 아닌 경주의 모습 간의 연계에 관한 논쟁이 계속되고 있다. 그러나 감각자료이론의 지지자들은 감각하는 것이 무엇인지에 대한 자신들의 해명이 경마를 관전하는 것이 무엇인지에 대해서도 해명해줄 것이라고 기대하고 있다.

특히 감각자료이론은 환각을 서술할 때 생기는 패러독스들을 해결해줄 것이라는 점이 강조되기도 한다. 예를 들어 난시(難視)가 있는 사람이 실제로는 한 개의 초만 존재하는데 「초가 두 개 보인다」고 서술할 때, 또는 알콜중독자가 실제로는 뱀이 없는 데도 「나는 뱀 한 마리를 보고 있다」고 서술할 때, 그들의 서술은 이제 새로운 용어를 사용해 재구성될 수 있다. 난시가 있는 사람은 실제로 두 개의 「초의 모습」을 보고 있으며 알콜중독자는 정말로 한 마리 「뱀의 외관」을 보고 있다고 말할 수 있다는 것이다. 굳이 그들이 잘못한 것이 있다면 단 하나, 즉 두 개의 초나 하나의 뱀이 물리적으로 존재한다고 생각한 것이다. 또 어떤 사람이 자신의 정면에 기울어진 원탁을 보고 자신은 타원형의 물체를 보고 있다고 말할 때, 만일 그가 부엌에 실제로 타원형의 물체가 존재한다고 생각한다면 잘못을 범하는 것이지만 만일 자신은 뭔가 타원형의 사물을 발견했다고 말한다면 전혀 잘못된 것이 없다. 왜냐하면 그의 시야에는 정말로 타원형의 흰색덩어리가 있으며, 그는 정말로 거기서 그것을 보거나 「직관」하기 때문이다. 자신의 시야에 들어온 것을 가지고 부엌에 존재하는 것이 무엇이라는 것을 주장하는 것은 언제나 오류를 범할 가능성이 높다. 그리고 방금 예를 든 경우에서는 명백히 오류다. 그러나 그의 시야에 들어온 것은 정말로 거기에 존재하며 정말로 타원형이다.

나는 여기서 이같은 이론 전체가 하나의 논리적 오류, 즉 감각의 개념을 관찰의 개념에 동화시키는 오류를 저지르고 있다는 점을 입증해보일 것이다. 또한 나는 이런 동화는 감각의 개념뿐만 아니라 관찰의 개념에 동시에 무의미하다는 것도 보여줄 것이다. 감각자료이론에 따르면, 예를 들어 경마를 일견(一見)하는 경우에 시각을 갖는다는 것은 감각소(感覺素, sensum), 즉 색의 잡동사니를 보거나 직관한다는 것이다. 이는 곧 경마를 일견한다는 것은 그밖의 다른 어떤 것, 즉 색의 잡동사니를 일견하는 것에 의해 설명된 다는 것을 의미한다. 그러나 경마를 일견하는 것이 적어도 하나의 감각을 가지는 것을 포함한다면 색의 잡동사니를 일견한다는 것은 다시 적어도 하나의 적절한 감각——다시 초기의 감각소에 대한 감각으로 분석돼야 하는 감각——을 포함해야 하고 이런 과정은 무한히 계속된다. 그래서 이런 과정의 매단계마다 감각을 갖는다는 것은 종종 「감각가능한 대상」이라고 불리는 특정한 대상을 보는 것으로 해석되고 또 이런 대상을 보는 매단계마다 감각을 갖는다는 것이 포함돼야 한다. 이런 경우 어떤 사람이 뭔가를 발견한다든지 지켜본다든지 귀기울여 듣는다든지 엿보거나 맛보기 위해서는 감각적으로 촉발돼야 한다거나 감각적으로 촉발되기 위해서는 적어도 하나의 감각이 있어야 한다고 말해야 하는 것은, 「직관하다」라는 위압적인 말을 사용한다고 해서 해결될 문제가 아니다. 그래서 우리가 흔히 생각하듯이 내가 경마를 보고 있건 아니면 감각자료이론에 따라 색의 덩어리를 직관하고 있건 우리가 뭔가를 본다는 것에는 우리가 감각을 갖고 있다는 사실이 포함된다. 그리고 감각을 갖는다는 것 자체는 뭔가를 보는 것이 아니다. 벽돌 자체가 집이 아니고 문자 자체가 단어가 아닌 것과 같은 것이다.

이미 앞에서 보았던 바와 같이 감각의 개념과 관찰 혹은 지각의 개념 사이에는 중요한 논리적 연관이 있다. 이 연관 자체는 그 두 개념이 서로 다른 종류의 개념이라는 것을 함축하고 있다. 예를 들어 어떤 사람이 뭔가를 지켜보거나 엿보면서 동시에 드는 그것에 대한 일견조차 갖지 않는다고 말하는 것은 모순이다. 또 그가 아무런 청각도 갖지 않으면서 뭔가를 듣는다고 말하는 것도 모순이다. 왜냐하면 적어도 하나의 감각을 갖는다는 것은 「지각하다」, 「엿듣다」, 「맛보다」 등의 일부이기 때문이다. 따라서 하나의 감각을 갖는다는 것 자체가 지각이나 발견 혹은 응시와 같은 유형일 수는 없다. 만일 모든 옷감이 바느질의 연속으로 돼 있을 경우 모든 바느질 자체가 작은 옷감이라고 말하는 것은 분명히 불합리하다.

이 장의 앞부분에서 나는 이미 감각의 개념과, 관찰하거나 음미하거나 조사하다 등의 개념 간에는 여러 가지 뚜렷한 차이점들이 있다는 것을 지적한 바 있다. 그리고 이런 차이점은 서로 다른 사물을 서술할 때 사용되는 수식어가 상호 교환불가능하다는 사실에서 드러난다는 점도 지적했었다. 그래서 우리는 어떤 사람이 뭔가를 듣게 되는 동기에 대해서는 이런저런 말을 할 수 있지만 그가 청각을 갖게 되는 동기에 대해서는 아무 말도 할 수 없다. 또 그는 엿보는 과정에서는 기교나 인내심 혹은 방법을 보여줄 수 있지만 시각을 갖는 과정에서 그런 것을 보여줄 수는 없다. 역으로 간지럼이나 미각은 짜릿하거나 그렇지 않을 수 있지만 점검하는 것이나 조사하는 것에 대해 짜릿하다는 말을 사용할 수는 없다. 또 경마관전을 억제하거나 파충류에 대한 관찰을 일시중지하려는 것에 대해 말하는 것은 유의미하지만, 통증을 느끼는 것을 억제한다거나 코 속의 간지럼을 일시중지한다고 말하는 것은 무의미하다. 하지만 간지럼을 갖는 것이 감각자료이론이 주장하듯이 어떤 특별한 대상을 직관하는 것이라면, 왜 우리가 간지럼이나 그밖의 불쾌감에 대한 직관을 일시중지함으로써 그같은 간지럼이나 불쾌감을 제거할 수 없는지는 불분명한 채로 남는다.

따라서 감각은 지각하는 것, 관찰하는 것, 발견하는 것 등이 아니다. 또 감각은 조사하고 뚫어지게 살피고 점검하는 것이 아니다. 그리고 감각은 이해하는 것, 인지하는 것, 직관하는 것, 아는 것도 아니다. 말하자면 감각을 갖는다는 것은 감각가능한 대상과 인지적 관계에 있는 것이 아니다. 아니 이런 대상은 존재하지도 않는다. 또 그런 관계란 것도 없다. 앞에서 말한 바 있듯이 감각이 관찰의 대상이 될 수 있다는 것은 잘못된 주장일 뿐만 아니라 감각 그 자체가 대상들에 대한 관찰일 수 있다는 주장 또한 잘못된 것이다.

감각자료이론의 옹호자라면, 예를 들어 어떤 사람이 기차소리에 귀를 기울이고 있다는 서술이 가능하기 위하여 그는 적어도 하나의 소리를 포착하고 그래서 적어도 하나의 청각을 갖는다는 견해는 수긍한다 하더라도, ──이런 견해를 받아들일 경우 당연한 결과인──그 사람이 필연적으로 혼란의 늪에 발을 딛고 있다는 견해는 여전히 부정할 것이다. 왜냐하면 어떤 사람이 소리를 듣고 있다고 서술할 수 있기 위해서는 그가 감각자료(sense datum)를 감각하는 데 있어 선행하는 감각을 가져야 한다는 것을 용인할 필요는 없기 때문이다. 「감각을 갖는다」는 것은 다만 감각가능한 특별한 대상에 대한 단순한 직관을 보고하는 통속적인 방식이며, 어떤 사람이 그런 대상을 직관하고 있다고 말하는 것에는 그가 어떤 식으로건 감각적으로 촉발되고 있다는 것이 포함되지 않는다. 왜냐하면 그는 예를 들어 소리들이나 색의 덩어리들을 무심하고 무감동하게 관조하는 사람일 수 있으며, 이런 경우에 소리나 색의 덩어리 그 자체는, 그 사람의 내부에 짜릿함의 강도에 대해서는 서술할 수 있는 것이 아무것도 없는 채로, 강약이나 농염을 가질 수 있기 때문이다. 그래서 그는 간지럼을 당하지 않고서도 간지럼을 느낄 수 있으며, 그가 냄새나 고통에 익숙해지는 방식들도 그가 그런 것들에 대해 단순히 조사하고 점검할 수 있다는 것 이외의 다른 감수성을 포함할 필요는 없다.

이같은 옹호론은 결국 감각을 갖는 것을 어떤 감각도 갖지 「않는」 것으로 설명한다. 그래서 이런 식의 옹호론은 감각한다는 것은 감각하는 주체가 자극에 대해 민감할 필요가 없거나 감수성을 갖고 있지 않은 그런 인지과정이라는 대담한 제안을 함으로써 무한역행에 빠지는 것을 피하고 있다. 이 옹호론은 감각을 특별한 대상에 대한 관찰로 해석함으로써 첫째, 그것이 해명하려고 했던 바로 그 개념을 제거해버렸고, 둘째 관찰이라는 개념 자체를 무의미하게 만들었다. 왜냐하면 관찰이란 개념은 그 자체가 관찰하는 것과 다른 감각의 개념을 포함하기 때문이다.

이와 달리 감각자료이론은 다른 근거에서 옹호될 수도 있다. 말하자면 감각의 개념과 관찰의 개념을 지배하는 논리적 규칙들이 무엇이든 상관없이 우리가 뭔가를 보고 있는 경우에 우리는 시야를 순간적으로 점유하는 색의 잡동사니와 직접 접하게 되고, 뭔가를 듣고 있는 경우에는 소리를, 뭔가를 냄새맡고 있는 경우에는 냄새를 우리는 직접 접하게 된다는 사실은 불변으로 남아 있다는 것이다. 이는 다른 감각의 경우에도 마찬가지다. 감각자료가 감각된다는 것은 의문의 여지가 없으며, 어떤 이론과도 무관하게 사실이다. 2차원적인 색의 덩어리는 가장 엄격한 의미의 「보다」라는 의미에서 내가 보는 것이며, 이런 색의 덩어리는 말이나 기수(騎手)가 아니고 기껏해야 말이나 기수의 모습이나 시각적 외관일 뿐이다. 또한 만일 두 개의 초가 실제로 존재하지 않는다면 난시를 가진 사람은 두 개의 초를 보지는 못한다. 그러나 그는 분명 두 개의 밝게 빛나는 뭔가는 본다. 그리고 이는 다름아닌 그 사람만이 독점적으로 소유하는 두 개의「초의 외관」혹은 감각자료일 수 있다. 감각자료이론은 인위적으로 어떤 실재물을 날조하지 않는다. 그 이론은 다만 우리가 타인과도 공유하고 있는 대상에 마음을 빼앗겨 통상은 무시되고 일상대화에서 배제되는 감각의 직접적인 대상에 우리의 주의를 기울이도록 촉구할 뿐이다. 또한 만일 논리적 고찰의 결과 감각을 갖는 것이 매를 본다든가 경마를 응시하는 것과 부합돼서는 안 된다는 결론이 도출돼 나오는 것처럼 보인다면 당연히 그런 고찰은 문제가 있는 것이다. 왜냐하면 시각을 갖는다는 것은 말할 것도 없이 어떤 특정한 감각가능한 대상에 대해 추론을 거치지 않고 한 식별이기 때문이다. 이상이 감각소여이론을 옹호하는 또 다른 입장이다.

 그렇다면 다소 진부한 예이긴 하지만, 어떤 사람이 기울어져 있는 원형접시를 보고 있고 그는 그것을 타원형처럼 보인다고 서술하는 경우를 고찰해보자. 그리고 만일 가능하다면 그 사람이 정말로 타원형이 어떤 사물을 보고 있다는 것을 말하기 위해서는 어떤 것들이 요구되는지를 살펴보자. 여기서 그 접시가 실제로 타원이 아니라 원형이라는 것은 공통적으로 승인된 사실이다. 그러나 논의를 성립시키기 위해 우리는 그 사람이 (비록 원형접시가 아무리 경사가 심해도 통상적으로는 타원형으로 보이지 않지만) 접시가 타원형으로 보인다고 솔직하게 보고하고 있다고 가정해보자. 여기서 문제는, 그 접시가 타원형으로 보인다는 그의 보고가 올바르다고 인정한다고 해서 그가 정말로 타원형인 감각대상, 즉 접시 그 자체가 아니라「접시의 모습 혹은 시각적 외관」이라 부를 수 있는 것을 보고 있다는 뜻인가 하는 것이다. 또한 우리는 다음과 같은 사실, 즉 우리는 그가 실제로는 타원형인데 원형접시의 시각적 외관을 가진 감각대상을 본 적이 있다고 말해야 한다면 이 타원형의 대상은 순간적으로 존재했다가 사라지고 지각하는 당사자에게만 고유한 평면적인 색의 덩어리라는 사실을 용인해야 할 것이다. 다시 말해 그 대상이란 감각자료이며 따라서 감각소여는 존재한다는 것을 우리는 용인해야 할 것이다.

그런데 이런 문제들에 대해 어떤 이론도 갖고 있지 않은 사람은 원형접시가 타원형으로 보인다고 말하는 데 있어 아무런 당혹감도 느끼지 않는다. 또 이런 사람은 원형접시가 마치 타원형처럼 보인다고 말하는 데도 전혀 당혹감을 느끼지 않을 것이다. 그러나 그에게 자신은 원형접시의 타원적인 모습을 보고 있다고 말하도록 권고한다면 그는 이 권고를 따르는 데 있고 당혹감을 느낄 것이다. 물론 그는 경우에 따라서는 사물들의 모습에 대해 아주 쉽게 이야기하고 또 사물들을 보는 것에 대해서도 아주 쉽게 말할 것이다. 그러나 통상적으로 그는 사물들의 모습을 보는 것, 혹은 경마를 보는 것을 응시하는 것, 매에 대한 일견을 일견하는 것, 나무꼭대기의 시각적 외관을 보는 것 등에 대해서는 이야기하지 않는다. 그는 이런 식으로 자신의 감각내용물들을 뒤섞을 경우 그는 비스킷을 먹는 것(eating biscuits)에 대한 이야기와 비스킷을 조금씩 먹기를 하는 것(taking nibbles of biscuits)에 대한 이야기로부터 비스킷 조각들을 조금씩 먹는 것으로 나아갈 때 겪게 되는 것과 동일한 무의미함을 말하고 있다고 느끼게 될 것이다. 그리고 그는 아주 올바를 것이다. 그는 「조금씩 먹는 것(nibble)」에 대해 유의미하게 이야기할 수 없다. 왜냐하면 「조금씩 먹는 것」이라는 말은 이미 먹는다는 뜻의 명사이다. 이는 「외관」이라는 것이 이미 본다는 뜻의 명사이기 때문에 「보이는 것을 보다(see looks)」라는 말을 사용할 수 없는 것과 같다.

그가 기울어진 원형접시가 타원형의 외관을 갖고 있다거나 타원형처럼 보인다고 말할 때 의미하는 바는 그것이 타원형이긴 하지만 기울어지지 않은 접시가 그렇게 보이는 것처럼 보인다는 것이다. 예를 들어 기울어진 원형의 사물은 종종 기울어지지 않은 타원형의 사물과 똑같아 보이기도 한다. 물속에 절반쯤 잠긴 막대기는 물에 잠기지 않은 상태에서 휘어진 막대기와 유사하게 보인다. 그리고 견고하고 입체이긴 하지만 먼 거리에 있는 산들은 종종 바로 코 앞에 있는 평평한 벽의 장식처럼 보이기도 한다. 접시가 타원형처럼 보인다고 말할 때 그는 뭔가 특별한 사물, 즉 「외관」을 타원형이라고 특징짓는 것이 아니다. 오히려 그는 기울어진 원형접시의 외관을 기울어지지 않은 타원형 접시의 외관에 비유하고 있는 것이다. 즉 그는 「나는 평평한 타원형 접시를 보고 있다」고 말하는 것이 아니라 「나는 타원형이면서 기울어지지 않은 접시를 보고 있는지도 모른다」고 말하는 것이다. 우리는 멀리 있는 비행기보다는 가까이 있는 비행기가 더 빨라 보인다고 말해도 무방할 것이다. 그러나 그것이 「더 빠른 외관(a faster look)」을 갖고 있다고 말할 수는 없다. 「더 빨라 보인다(Looks faster)」는 말은 「그것이 공기 속을 더 빠르게 날고 있는 것처럼 보인다」는 뜻이다. 비행기의 명백한 속도에 대해 이야기하는 것은 비행기의 외관의 속도에 대해 이야기하는 것이 아니다.

다시 말해 「그 접시는 타원형의 외관을 갖고 있다」고 하는 문법적으로 세련되지 못한 문장은, 감각자료이론이 가정하는 것처럼, 이론적으로는 대단한 가치를 가지면서도 일상생활에서는 거의 사용되지 않는 기본적인 관계적 진리들 중의 하나를 표현하고 있지 못하다. 이 문장은 그 일부가 일반적이면서 동시에 가설적이라는 점에서 대단히 복잡한 명제를 표현하고 있다. 다시 말해 그 문장은 실제로는 기울어지지 않은 접시가 존재하는가 하지 않는가의 문제와 관계없이 접시의 현실적인 외관에 대하여 기울어지지 않은 타원형 접시의 전형적인 외관들에 관한 규칙이나 처방들을 적용하고 있는 것이다. 그것은 내가 어딘가에서 잡종정언명(mongrel-categorical statement)이라고 부른 바 있는 그런 문장이다. 결국 이것은 어떤 사람에 대해 「그는 판사처럼 행동하고 있다」, 「그는 교육자처럼 말하고 있다」고 하는 것과 유사한 성격의 문장이다. 예를 들어 자신이 난시(亂視)라는 것을 아는 사람이 「테이블 위에 초가 두 개 있는 것처럼 보인다」거나 「나는 두 개의 초를 보고 있는지 모른다」고 말하는 것은 난시가 아닌 사람들에게 두 개의 초가 정상적으로 비치는 모습을 참조해서 하나의 초가 어떻게 보이는지를 서술하는 것이다. 그리고 그가 자신이 난시라는 것을 모르는 상태에서 테이블 위에 초가 두 개 있다고 말한다면, 그는 방금 말한 바로 그 처방을 잘못 적용하고 있는 것이라고 할 수 있다. 「그것은……처럼 보인다」, 「그것은 마치……인 것같다」, 「그것은……의 외관을 갖고 있다」, 「나는……을 보고 있는 것인지 모른다」 등등의 표현은 방금 말한 것과 같은 사례에 적용되는 일정한 종류의 개방적이고 가언적인 처방의 효력을 갖는다. 우리가 어떤 사람에 대해 「그는 현학적인 외양을 갖고 있다」고 말할 때, 우리는 두 종류의 현학적인 존재자, 즉 그런 사람과 그런 사람의 외양이 존재하고 있다는 것을 제시하려는 것이 아니다. 우리가 제시하려는 것은 그 사람이 현학적인 사람들처럼 보인다는 것뿐이다. 이와 마찬가지로 앞에 든 사례에서도 두 종류의 타원적 대상, 즉 큰 접시와 그런 외관이 존재하는 것이 아니다. 실제로 존재하는 것은 타원형을 가진 일부 접시와, 마치 타원형처럼 보이는 그밖에 다른 접시들뿐이다.

일상생활에서 우리는 여러 가지 방식으로 색(色)의 얼룩이나 반점들에 대해 쉽게 이야기할 수 있다. 예를 들어 가정주부는 굳이 진홍색 종이나 진홍색 꽃, 진홍색 담요나 진홍색 커튼을 구체적으로 지적하지 않고서도 거실에 진홍색이 좀 있었으면 좋겠다고 말할 수 있을 것이다. 그래서 그 주부는 남편에게 「나가서 진홍색으로 된 것을 사다 달라」고 부탁하고 그것이 제라늄이건 디스템퍼건 크레톤이건 혹은 그밖에 그녀가 요구한 것과 부합되는 다른 어떤 것일 경우 그것으로 빈공간을 채우도록 할 것이다. 이와 비슷하게 울타리의 작은 틈새로 훔쳐보고 있는 관찰자는 자신이 노란색 지역을 보았다고 말할지는 모르지만, 그가 본 것이 노란 수선화인지 노란 겨자인지 노란 캔버스인지 아니면 그밖에 다른 특정한 종류의 사물인지를 구체적으로 지정해서 말할 수는 없다. 이 문장을 완전하게 하기 위해서 그가 말할 수 있는 단 하나는 「나는 노란 어떤 것을 보았다」는 것뿐이다.

우리는 이처럼 일상생활에서는 「노란 ……의 얼룩」이나 「어떤 진홍색의 반점」 등과 같은 공간을 나타내는 표현들을 사용한다. 이와 달리 감각자료 이론은 일상어휘와는 다른 어휘들을 사용한다. 예를 들어 이런 어휘체계에서는 「나는 하얀 ……의 얼룩을 본다(I see a patch of white……)」가 아니라 「나는 흼의 얼룩을 본다(I see a patch of White)」라고 말해야 하고, 또는 「평면처럼 보이고 타원형처럼 보이는 푸른 어떤 것」이 아니라 「그는 푸름(Blue)의 이차원적이고 타원적인 어떤 것을 찾아냈다」는 식으로 말해야 한다.

그런데 나는 지금까지 논의를 하면서 시각적 감각을 갖는 것은 색의 얼룩이나 반점들을 감각하거나 직관하는 것이라고 서술될 수 있는, 그런 종류의 관찰을 하는 것이라는 것을 부정해왔다. 그러나 나는 한 가정주부가 남편에게 「주홍색의 ……의 덩어리」를 사오라고 말하는 것이 틀렸다고 주장하는 것도 아니고 보행자가 울타리에 있는 구멍을 통해 노란 어떤 것들을 찾아냈다고 말하는 것이 틀렸다고 주장하는 것도 아니다. 감각자료이론이 지금까지 해온 것은 이같은 공통된 대상들에 관한 일상적인 공간적 서술들로부터 영묘한 기름을 짜내는 것이었다. 그리고 감각자료이론은, 결국 공간을 나타내는 서술들을 사용하는 것 이외에는 특정화되지 않은 공통의 대상들이 어떻게 보이는가를 언급하는 일련의 일상적인 진술들을 잘못 해석했을 경우에만 그 이론은 마치 새로운 부류의 대상들을 찾아낸 것인 양 말해왔던 것이다.

조망, 안개, 초점, 여명 등에 관해 말하는 것과 마찬가지로 외관, 소리, 냄새, 덩어리, 모양, 색깔 등에 대해 말하는 것은 이미 공통된 대상들에 대해 말하는 것이다. 왜냐하면 그렇게 말하는 것은 타인에게도 공통된 대상의 전형적인 외관들을 서술하는 데 있어 우리가 이미 습득한 지각(知覺)을 위한 처방을, 그 시점에서 우리가 이해하려고 하는 모든 것에 적용하는 것이기 때문이다. 어떤 사람이 순간적인 장면을 포착했다거나 외침과 같은 소리를 들었다고 말하는 것은 이미 단순히 그의 시각과 청각을 서술하는 것에 포함된 것 이상의 것을 말하는 것이다. 왜냐하면 그것은 이미 그가 주의를 기울이는 대상을, 매우 일반적인 지각의 처방을 사용해 분류하는 것이기 때문이다.

이 점은 (존 로크의) 「제2성질」에 관한 역사적 교설을 참조하면 보다 쉽게 이해될 것이다. 이런 교설에 따르면 하나의 공통된 대상이 녹색이다, 쓰다, 차갑다, 맵다, (소리가) 강렬하다 등으로 서술하는 것은 바꿔 말해 그 대상이 감각능력을 가진 관찰자에 의해 이러저러하게 보인다, 이러저러한 맛이다, 이러저러한 느낌이다, 이러저러한 냄새가 난다, 이러저러한 소리가 난다 등으로 특징짓는 것인데, 이는 완전히 정확하다고 할 수 없고 부분적으로만 옳다. 또한 이런 교설에 있어서 관찰자의 감수성에 영향을 미치는 조건들은 그 사물들이 그에게 어떻게 보이고, 어떤 맛이 나고, 어떻게 느껴지고, 어떤 냄새가 나고, 어떻게 들리는지에 대해 차이점을 가져온다고 한 것은 전적으로 정확한 지적이었다. 예를 들어 기차소리가 얼마나 시끄럽게 들리는가 하는 것은 기차와 관찰자의 거리, 그가 어느 정도 난청인지, 그의 머리가 향하고 있는 방향, 그의 두 귀가 덮혀 있는지의 여부 등등에 의해 달라지는 것이다. 또 일정한 온도의 물이 차갑게 느껴지는지 아니면 따스하게 느껴지는지는 바로 그 전까지의 그의 손의 체온에 의해 결정된다. 이런 사실들에 입각해, 하나의 대상이 녹색이라고 말하는 것은 그것이 녹색이라고 보고하는 특정한 관찰자의 시각적 감각들에 관해 말하는 것과 같다는 교설에로의 이론적 비약이 이루어졌다. 다시 말해「녹색이다」,「쓰다」,「차갑다」등과 같은 말은 감각들에 적용될 때에만 올바른 것이고 공통된 대상에 적용되서는 안 되는 형용사들이라고 간주되었던 것이다. 그러나 감각에 관하여 그것은 녹색의 사물이다, 타원형의 사물이다, 혹은 차가운 사물이다라고 말하는 것이 불합리한 것과 마찬가지로, 감각 자체의 특이한 대상들에 대해 감각을 할당하는 것이 필요하게 되어, 그 결과「녹색이다」라는 말은 감각의 소유에 대해서가 아니라 그런 감각에 의해 내적으로 키워진 하나의 독특한 대상에 대해 적절하게 적용되어야 하는 형용사라고 생각하지 않으면 안 되게 되었다. 누구에 의해서나 관찰가능한 공통된 대상들을 제2성질을 나타내는 형용사들로 특징지우는 것을 금지한 결과 그런 형용사들을 사용하기 위해서는 그것들에 상응하는 은밀한 대상들을「창안」해내지 않으면 안 되게 되었다. 이렇게 되면 제2성질을 나타내는 형용사들은 관찰보고문에서 서술어로 사용되는 것 이외에는 서술어로서 기능하지 않을 것이기 때문에 감각들은 그 자체가 특별한 대상들에 대한 관찰로서 해석되어야 한다.

 그러나 내가 하나의 공통된 대상을 녹색이다, 쓰다 등으로 서술할 때 나는 비록 그것이 어떻게 보이고 어떤 맛이 나는지에 관해 어떤 것을 이야기하고 있기는 하지만 나의 현재 감각에 관해 하나의 사실을 보고하고 있는 것은 아니다. 여기서 내가 말하고 있는 것은 제대로 보고 맛을 느낄 수 있는 조건과 입장에 있는 사람이라면 누구에게나 그것이 이러저러하게 보이고 이러저러한 맛이 날 것이라는 것이다. 따라서 만일 내가 어느 시점에서 들판이 나에게는 회청색으로 보일지라도 그것은 사실 녹색이다 라고 말한다면, 혹은 나에게는 아무런 맛도 느껴지지 않지만 어떤 과일이 실제로는 매우 쓰다고 말한다면 이는 자기모순을 저지르는 것이 아니다. 심지어 내가

감각과 관찰   285

 그 풀은 실제로는 녹색이지만 나에게는 회청색으로 보인다고 말하는 경우에 조차 나는 여전히 나의 순간적인 감각을, 실제로 회청색인 공통된 대상들이 올바른 시각기능을 가진 사람들이라면 누구에게나 정상적으로 보이게 되는 그런 방식에 동화시켜 서술하고 있는 것이다. 「제2성질」을 나타내는 형용사들은 공통된 대상들의 공적으로 확인가능한 사실들을 보고할 때에만 사용된다. 왜냐하면 들판에 관해 그것은 녹색이다 라고 하는 것은 공적으로 확인가능한 사실이기 때문이다. 즉 그것이 그것을 제대로 볼 수 있는 입장에 있는 사람에게 이러저러하게 보일 것이라고 하는 것은 공적으로 확인가능한 사실이기 때문이다. 다른 사람들에게 이런 형용사들의 용법에 관해 가르치는 사람은 그밖에 무엇을 할 수 있는가? 여기서 우리가 주목해야 할 점은, 「그것이 누구에게나 이러저러하게 보일 것이다」라고 하는 공식은 「그것은 누구에게나 '녹색'으로 보일 것이다」라고 의역할 수 없다는 것이다. 왜냐하면 어떤 것이 녹색으로 보인다고 말하는 것은 그것이 녹색이고 제반조건들이 정상적일 경우에 한해 그것이 그렇게 보일 것이라고 말하는 것이기 때문이다. 우리가 어떤 것이 어떻게 보이는지 혹은 어떻게 보일 것인지를 「말」할 수 있으려면 반드시 공통된 대상들의 확인가능한 속성들에 관해 언급하고 그리고나서 이것은 이제 예상했던 그대로 보인다고 말해야 한다.

 따라서 「들판이 녹색이다」라고 하는 말은 일정한 시각능력과 기회를 가진 관찰자들에 관한 명제들을 함의한다고 말하는 것은 사실이다. 그러나 그 말이 그것을 말한 사람의 일화에 관해 이야기해준다고 말하는 것은 사실이 아니다. 「들판이 녹색이다」라는 문장은 「이 자전거는 12파운드이다」라는 명제와 유사하다. 왜냐하면 그것은 실제로건 가능적으로건 구입자에 관한 가언적 명제들을 함의하지만 그 말을 하는 사람에 관해 그 어떤 정언적 명제를 함의하지 않기 때문이다. 하나의 물건이 가격을 갖고 있다는 것은 특정한 물건과 많은 고객들에 관한 사실이지 불특정한 물건과 특정한 고객에 관한 사실이 아니다. 게다가 단순히 특정한 고객에 관한 사실일 수만은 없는 것이다.

 「서치라이트는 눈부시다」라고 말하는 사람이 스스로 눈부심에 따른 불편을 겪어야 할 필요는 없다. 그러나 그는 여전히 또 다른 방식으로——비록 그것이 서치라이트에 관해 이야기하는 것을 포함하는 방식이긴 하지만——그런 불편함에 대해 이야기하고 있는 것이다. 말하는 사람이 눈부심을 겪지 않고 있다면 서치라이트가 눈부시다고 말할 수 없으며, 그래서 눈부심이란 서치라이트의 성질이 아니라 그 개인의 감각자료의 성질이라고 주장하는 것은 잘못이다. 서치라이트가 눈부시다고 하는 말에는 그것이 지금 누군가를 눈부시게 하고 있다는 말이 함축돼 있지 않다. 그 말은 단지 일정한 거리에서 보안경없이 그것을 보고 있는 정상적인 시각을 가진 사람을 눈부시게 한다는 뜻이다. 「그 자전거는 12파운드다」라는 말이 내가 가진 돈에 대해 보고하는 것이 아니듯, 「그 서치라이트는 눈부시다」라는 나의 진술은 현재 내가 가진 감각에 대해 보고하는 것이 아니다. 흔히 사용하는 「주관적」이라는 의미에서 볼 때 「제2성질」은 주관적이지 않다. 물론 맹인의 나라에서는 색을 나타내는 형용사들이 사용되지 않겠지만 모양, 크기, 거리, 운동방향 등 등에 관한 형용사들은 영국에서와 같은 방식으로 사용될 것이라는 사실은 여전히 참으로 남겠지만 말이다.

「제2성질」을 주관적이라고 보는 논증들은 사실 흥미 있는 말장난에 의존하는 경향이 있다. 「녹색이다」, 「달다」, 「차갑다」 등과 같은 형용사들은 「눈부시다」, 「맛있다」, 「뜨겁다」, 「쌀쌀하다」 등과 같이 쾌감이나 불쾌감을 나타내는 형용사들과 같은 부류이다. 설사 그러하다 하더라도, 우리가 앞에서 본 것처럼, 「제2성질」이 주관적이라는 결론은 도출되지 않는다. 물이 「고통스럽게 뜨겁다」고 말한다고 해서 그 문장을 말하는 사람이 고통을 느끼고 있다는 말은 아니기 때문이다. 그러나 그것은 보다 간접적인 방식으로 고통 속에 있는 사람들을 지칭하고 있다. 그리고 고통을 느끼고 있다는 것은 마음의 상태, 즉 곤혹스러운 상태에 있다는 것이기 때문에 우리는 「고통스럽게 뜨겁다」는 말은 간접적으로 「특별하게」 마음의 상태를 암시하고 있다고 말할 수 있다. 그렇다 하더라도 「물이 미지근하다」나 「하늘이 푸르다」는 말이 간접적으로라도 마음의 상태를 암시한다는 결론은 도출되지 않는다. 「미지근하다」와 「푸르다」는 형용사는 불쾌감이나 만족감을 나타내는 형용사가 아니기 때문이다. 예를 들어 어떤 길이 다른 길보다 더 지루하고 또 그 길은 제3의 길보다 더 길다고 서술할 수 있을는지 모른다. 그러나 전자의 서술이 보행자의 지루한 느낌을 암시하는 것과 동일한 방식으로 후자가 보행자의 기분을 서술하고 있다고 말할 수는 없는 것이다.

이같은 모든 논증들이 초래한 언어학적 결과는 이렇다 : 즉 우리는 「감각의 대상」, 「감각가능한 대상」, 「감각소(感覺素, sensum)」, 「감각자료」, 「감각내용」, 「감각장(感覺場, sense field)」, 「감각된 것」 등과 같은 표현을 사용해야 할 필요가 없다는 것이다. 인식론자들만이 사용해 온 「감각하다」라는 타동사와 「직접지(直接知, direct awareness)」와 「숙지(熟知, acquaintance)」라는 위압적인 표현들은 다시 창고로 보내야 한다. 이런 표현들은 감각의 개념에게 관찰의 개념이 하는 일을 제공하려 했던 시도의 기념물에 지나지 않는다. 그것은 관찰의 공통된 대상에 상응해 감각자료를 요청함으로써 불가피하게 끝맺게 되는 우울한 시도였던 것이다.

그리고 또 우리는 다음과 같은 결론을 얻게 된다. 즉 우리는 이처럼 요청된 외부의 대상들에게 무대를 제공하기 위해 사적인 극장을 세울 필요가 없고, 또한 이런 요청된 대상과 일상적인 것들 간의 서술불가능한 관계를 서술하겠다고 골을 싸맬 필요도 없다는 것이다.

4. 감각과 관찰

이 책의 목적은 기존의 지식이론들, 특히 지각이론들에 새로운 병력을 투입하는 것이 아니다. 오히려 이런 이름을 가지고 통용되는 수많은 이론들이 본의와 관계없이 유사기계론적 가설들이거나 혹은 그것들을 구체화하고 있다는 것을 보여주는 것이 이 책의 목적 중에서 중요한 것이라 할 수 있다. 이론가들이 「과거의 경험들이 어떻게 마음에 축적되는가?」, 「마음은 어떻게 해서 감각들의 장벽을 지나 외부에 있는 물리적 실재물들을 파악할 수 있는가?」, 「우리는 감각자료를 어떻게 개념이나 범주들에 포섭하는가?」 등과 같은 문제들을 제기할 때 이런 문제들이 마치 숨겨진 유령과 같은 장치들의 존재와 상호관련들에 관한 문제인 양 접근한다. 그들은 마치 자신들이 사변적 해부학이나 심지어 대(對)첩보전과 같은 일을 하고 있는 듯이 말을 한다.

그러나 우리는 어떤 사람이 감각을 갖고 있다는 사실을 그의 마음에 관한 사실로 간주하지 않는 반면, 그가 뭔가를 관찰하고 있다는 사실과 그가 일정한 종류의 사물들을 관찰하지 않는 경향이 있다는 사실은 그의 정신적 작용과 능력에 관한 서술에 속하기 때문에 이런 차이에 관해 좀더 얘기하는 것은 우리의 논의를 위해 유익할 것이다.

우리는「관찰하다」라는 동사를 두 가지 방식으로 사용한다. 첫째는 누군가가 뭔가를 관찰하고 있다고 말하는 것은 그가 성공을 하건 실패를 하건 관계없이 적어도 보고 듣고 맛보고 냄새맡고 촉각을 느낌으로써 그 뭔가에 관한 어떤 것을 찾아내려고 시도하고 있다는 말이다. 둘째는 어떤 사람이 탐구를 성공했을 때, 즉 그가 이러저러한 방법들을 통해 뭔가를 찾아냈을 때 그 사람은 관찰을 했다고 말한다.「보다(see)」,「듣다(hear)」,「탐지하다(detect)」,「분별하다(discriminate)」등과 같은 지각동사들은 일반적으로 관찰상의 성공을 기록하기 위해 사용된다. 반면「주시하다(watch)」,「경청하다(listen)」,「조사하다(probe)」,「살피다(scan)」,「맛보다(savour)」등과 같은 동사들은 관찰상의 수행을 기록하는 것이기 때문에 그것의 성공여부는 여전히 문제로 남는다. 그래서 어떤 사람이 주의깊게 그리고 성공적으로 주시하고 있다고 말하는 것은 적절하지만 그가 주의깊게 혹은 성공적으로 보고 있다고 말하는 것은 적절치 못하다. 반면 어떤 사람이 주도면밀하게 조사하고 있다고 말하는 것은 적절하지만 그 사람이 주도면밀하게 발견하고 있다고 말하는 것은 적절치 못하다.「나는 홍방울새를 본다」처럼 간단해보이는 주장은 성공을 요구하는 반면「나는 움직이고 있는 것이 무엇인지를 알기 위해 노력하고 있다」는 문장은 단순히 하나의 조사활동을 보고할 뿐이다.

현재 우리의 논의에서「관찰하다」라고 하는 다소 애매한 표현을 사용하는 것이 편리한 경우도 있을 것이다. 왜냐하면 그것은 탐색하는 것에 대해서와 마찬가지로 발견하는 것을 의미하는 데도 사용될 수 있기 때문이다. 이 책에서 기본적인 어휘로 사용되고 있는「지각」과「지각하다」는 말은 너무나 협소하다. 왜냐하면 그 말들은「보다」,「듣다」,「맛보다」,「냄새맡다」,

——한 가지 의미에서——「촉각을 느끼다」 등과 같은 특수한 지각동사들과 마찬가지로 성취를 나타내기 때문이다.

이미 앞에서 우리는 감각을 갖는다는 것이 관찰하는 것을 포함하지는 않지만 관찰한다는 것은 적어도 하나의 감각을 갖는다는 것을 포함한다고 말한 바 있다. 이제 우리는 「관찰하는 것에는 적어도 하나의 감각을 갖는 것 이외에 다른 어떤 것이 있는가」라고 물어야 할는지 모른다. 질문을 이런 식으로 정식화하는 것은 방향을 잘못 잡은 것이다. 왜냐하면 그같은 정식화는 울새를 시각적으로 관찰한다는 것이 한편으로는 적어도 하나의 시각적 감각을 갖는 것임과 동시에 그밖의 다른 어떤 것을 하거나 갖는 것, 즉 허밍을 하면서 걷는 것이 어울리듯이 두 개의 상태나 과정에서 어울리는 것을 시사하기 때문이다. 그러나 이런 시사가 반드시 참일 필요는 없다. 제5장 4절에서 주장했던 바와 같이 주의력을 기울여 어떤 일을 하는 것과 예를 들어 넋이 나간 상태에서 그 일을 하는 것 사이에는 본질적인 차이가 있다. 그러나 이런 차이는 주의력을 기울이는 것이 또 다른 「장소」에서 일어나고 있는 부수적인 행위라는 점에 있는 것이 아니다. 따라서 우리가 물어야 하는 것은 「관찰자는 감각을 갖는 것 이외에 무엇을 하고 있는가」가 아니라 「관찰자에 관한 기술(記述)은 그가 감각을 갖고 있다는 기술을 넘어 그 이상의 어떤 것을 구체화하고 있는가」라고 물어야 한다. 이 점은 곧 중요하게 될 것이다.

우리는 이런저런 형태로 지각에 관한 많은 사색들을 지배하고 있는 하나의 모델을 배제하는 데서 논의를 시작해보자. 사람들에게 널리 애호받으면서도 사이비문제인 「한 사람은 그의 감각들을 넘어 외적 실재물들을 어떻게 파악할 수 있는가」라는 질문은 종종 다음과 같이 제기된다. 한 죄수가 창문 없는 독방에 수감되어 있는데 그는 태어날 때부터 이같은 고독한 감금생활을 해오고 있다. 이 죄수가 외부세계로부터 얻을 수 있는 것이라고는 그의 감방벽에 내리쬐는 빛의 깜박임과 벽 사이에서 들리는 톡톡거리는 소리뿐이다. 하지만 이같은 빛과 소리로부터 그는 관찰할 수 없는 축구시합과 화원(花園) 그리고 일식 등을 알게 된다. 아니면 알게 되는 것처럼 보인다. 그렇다면 그는 빛이나 소리와 같은 그의 신호들이 조립되는 암호들을 어떻게 배우게 되는가 혹은 도대체 그런 암호와 같은 것들이 존재한다는 사실을 어떻게 알아내는가? 만일 메시지의 어휘들이 축구와 천문학의 어휘들이고 깜박임이나 톡톡거림의 어휘가 아니라면 그는 어떤 식으로건 해석해낸 그 메시지들을 어떻게 해석할 수 있는가?

물론 이 모델은 정신을 기계 속의 유령으로 보는 익숙한 견해이다. 그것이 갖는 일반적인 결점들에 대해서는 더 이상 논급할 필요가 없다. 그러나 몇 가지 특수한 결점들에 대해서는 주의를 기울일 필요가 있다. 이런 종류의 모델을 사용한다는 것은 명시적 혹은 암시적인 가정을 전제로 하고 있다. 그 가정이란 이런 것이다. 즉 감방의 죄수가 빛의 깜박임을 볼 수 있고 톡톡거림을 들을 수 있지만 불행하게도 축구시합을 볼 수 없는 것과 마찬가지로 우리는 시각이나 그밖의 감각들을 관찰할 수는 있지만 불행하게도 울새는 관찰할 수 없다는 것이다. 그러나 이는 관찰의 개념을 이중적으로 잘못 사용하는 것이다. 앞서 보았던 것처럼, 한편으로, 어떤 사람이 감각을 목격하고 있다고 말하는 것 자체가 난센스이며, 다른 한편으로「관찰하다」,「찾아내다」,「응시하다」등과 같은 동사의 일반적인 용법은「울새를 관찰하다」,「무당벌레를 찾아내다」,「책을 응시하다」등의 맥락에 있는 것이 자연스럽다. 축구시합들이란 우리가 그것에 대해 간취할 수 있는 부류의 것인 반면 감각은 그런 부류의 것이 아니다. 다시 말해「죄수의 모델」이 시사하는 바는, 우리가 울새나 축구시합들에 관한 뭔가를 알아내기 위해서는 우리가 관찰하는 감각들로부터 우리가 결코 관찰할 수 없는 새나 축구시합으로 추론해가는 따위의 일을 해야 한다는 것이다. 그런데 실제로 우리가 관찰하는 것은 새와 시합이고 감각들은 결코 관찰할 수 없다. 따라서「우리가 감각을 유심히 본다거나 조사하는 것으로부터 어떻게 울새와 축구시합에 관한 지식으로 도약하는가」라는 질문은「어떻게」에 관한 사이비질문이다.

이제 지각에 관한 유일무이하고 중심적인 문제란 없다. 일정한 범위에서 부분적으로 중복되는 문제들만이 있으며 이 문제들의 대부분은 그것들 중의 일부가 해명되는 순간 흥미를 끌지 못하게 될 것이다. 우리는 이런 식으로 이 범위에 속하는 몇 가지 문제들을 예시할 수 있다. 어떤 사람이 골무를 찾고 있다고 기술하는 것은 그가 시각적, 촉각적, 청각적 감각들을 갖고 있다는 것에 관해 뭔가를 말하는 것이지만 사실은 그 이상의 것을 말하고 있다. 이와 마찬가지로 어떤 사람에 대해 그가 보고 있는 것이 되새*인지 울새인지, 막대기인지 그림자인지, 창문에 있는 파리인지 그의 눈에 있는 티끌인지 등등을 이해하려고 노력하고 있다고 서술하는 것은 그의 시각에 관해 뭔가를 이야기하는 것이긴 하지만 그 이상의 것을 말하고 있다. 끝으로 어떤 사람이 앞에 있지 않은 뱀을 「본다」고 서술하거나 모든 것이 조용한 가운데 소리를 「듣는다」고 서술하는 것은 비록 그의 감각에 관해서는 아니지만 그가 받은 인상들에 관해 뭔가를 이야기하고 있는 것처럼 보인다. 그러나 그것은 그 이상을 말하고 있다. 그렇다면 이같은 예들에서 무엇이 더 말해지고 있는가? 혹은 우리가 그런 서술들을 할 수 있다고 가정할 때, 이런 서술들이 서로 구별되고 감각에 관한 「산뜻한」 서술들과도 구별되는 그런 서술들의 특별한 힘은 무엇인가? 즉 이런 질문들은 「우리가 울새들을 어떻게 보는가」라고 하는 유사기계론적 형태의 질문들이 아니라 「우리는 '그가 울새를 보았다'와 같은 서술들을 어떻게 사용하는가」라고 하는 형태의 질문이다.

우리가 어떤 사람에 대해 그는 방안에서 모기를 탐지하고 있다고 서술할 때, 우리는 그의 귀에 일정한 종류의 노랫소리가 있다는 것 이외에 더 이상의 무엇을 말하고 있는가? 우선 우리는 그가 그의 귀에 노랫소리를 갖고 있을 뿐만 아니라 그가 들은 것을 아주 가까이에 있는 모기의 소리로 인식하거나 식별했다고 대답하는 것에서 시작해보자. 그리고 우리는 계속해서 보다 개괄적인 용어들을 사용해, 그는 귀에 노랫소리를 갖고 있을 뿐만 아니라 일정한 생각들을 하고 있었다고 말하는 경향이 있다. 아마도 그는 나아가 그가 그런 노랫소리를 하나의 개념에 포섭하거나 그는 자신의 감각상태를 지적 과정과 결합시키고 있었다고 말할지도 모른다. 그러나 우리는 비록 올바른 방향으로 발걸음을 내딛인 것이긴 하지만, 이런 부류의 것을 말하는 데 있어서 동시에 잘못된 방향으로 발걸음을 내딛인 것이기도 하다. 우리가 이러저러한 개념적 혹은 담론적 과정들이 발생했을 것이라고 말한다

* 검은 방울새류의 작은 새

면 우리는 계속해서 잘못된 방향으로 가기 시작하는 것이다. 왜냐하면 이는 의도적이진 않지만 결과적으로 모기를 탐지하는 일은 약간 특수하고 그러나 관찰되지 않는 유령의 바퀴들이 돌지 않는다면 일어날 수 없을 것이라고 말하는 것이다. 그리고 이때 바퀴의 존재와 기능들에 대해서는 인식론자들만이 제대로 진단해낼 수 있다는 단서가 붙는다. 다른 한편으로 이런 종류의 이야기를 함에 있어 우리는 또한 올바른 길에 들어서 있다. 어떤 사람이 만일 모기가 무엇인지 그리고 모기가 어떤 소리를 내는지를 모른다면, 혹은 정신이 나갔든지 광적으로 되든지 어리석든지 해서 이런 지식을 현재의 상황에 적용할 줄 모른다면, 그가 모기를 탐지할 수 없다는 것은 분명히 사실이다. 왜냐하면 이는 「탐지하다」라는 것이 의미하는 바의 한 부분이기 때문이다.

다시 말해 우리는 청자들이 은밀하게 수행하거나 겪었을지 모르는 어떤 다른 것들에 대한 가설들을 세우려는 것이 아니다. 설사 청자의 내부에서 그같은 막간극이 수차례 일어났다 하더라도 그것들에 관한 정보들은 모기를 탐지하는 것이 귀에서 울리는 소리를 갖는 것과 어떻게 다른지를 설명해주지 못한다. 우리가 알고자 하는 것은 「그가 모기를 탐지했다」는 논리적 행동이 「귀 속에 소리가 울렸다」, 「그는 무엇이 소리가 나게 했는지를 알려고 했지만 실패했다」, 「그는 그것을 전화선에서 들리는 바람소리로 착각했다」는 등의 행동과 어떻게 구별되는가이다.

이번에는 이와는 조금 다른 상황을 고찰해보자. 즉 어떤 사람에 대해 그는 뭔가를 듣고 있고, 뭔가에 귀기울이고 있고, 그가 듣고 있던 것을 이해하려고 노력할 뿐만 아니라 그가 들은 것을 식별하거나 인식하려고 하고 있다고 서술하는 경우다. 예를 들어 선율을 인식하려는 사람의 경우다. 이런 상황이 성립되기 위해서는 그의 귀에는 연주된 음조들이 있어야 하고 따라서 그는 귀머거리여서도 안 되고, 마취상태에 있어서도 안 되고, 숙면상태에 있어서도 안 된다. 그가 들은 바를 인식한다는 것에는 듣는 것이 포함된다. 또한 거기에는 주의를 기울이는 것도 포함된다. 왜냐하면 넋나간 상태이거나 마음이 산만하면 선율을 따라갈 수 없기 때문이다. 그러나 이밖에도 그는 이런 선율을 그 전에 접한 적이 있어야 한다. 그리고 그는 그것을 접한 데 그치지 않고 그것을 배워서 잊지 않아야 한다. 만일 그가 이런 의미에서 이미 그 선율을 알지 못한다면 그는 현재 그 선율에 귀기울이면서 그것을 인식하고 있다고 말할 수 없다.

그렇다면 어떤 사람이 선율을 알고 있다, 즉 그것을 배워서 잊지 않고 있다는 것은 무슨 뜻인가? 물론 거기에는 그가 선율의 이름을 말할 수 있다는 것은 포함되지 않는다. 왜냐하면 선율은 이름을 갖고 있지 않기 때문이다. 그리고 설사 그가 그것에 대해 잘못된 이름을 부여한다 하더라도 그는 여전히 그 선율을 알고 있다고 할 수 있을지 모른다. 또한 거기에는 그가 그 선율을 말로 서술할 수 있다거나 음부(音符)로 표기할 수 있다는 것도 포함되지 않는다. 왜냐하면 우리들 대부분은 선율을 인식할 수는 있어도 그처럼 서술하거나 표기할 수 있는 사람은 드물기 때문이다. 심지어 그는, 설사 그가 그렇게 할 수 있다 하더라도, 그 선율을 허밍이나 휘파람으로 불 수 있어야 할 필요가 없다. 그런 경우에도 그는 그 선율을 얼마든지 알 수 있다. 그리고 만일 그가 다른 수많은 선율들을 허밍이나 휘파람으로 불 수 있으면서도 이 선율만은 불 수 없는 경우, 우리는 그가 이 선율을 모른다고 의심한다. 그가 그 선율을 알고 있다고 서술하는 것은 적어도 그가 그것을 들었을 때 그것을 인식할 수 있다는 말이다. 그리고 그가 그것을 들었을 때, 다음과 같은 경우들, 즉 한두 곡조를 듣고서 다음에 어느 곡조가 나올 것인지를 예측한다면, 혹은 그가 앞의 곡조들이 반복될 것이라는 것을 정확하게 예상한다면, 혹은 연주상 빠진 부분이나 잘못된 부분을 정확히 집어낸다면, 혹은 얼마동안 음악을 중단했다가 다시 들을 때 어디에서 다시 시작하는지를 예측한다면, 혹은 여러 사람들이 서로 다른 선율들을 휘파람으로 불고한 후에 누가 이 선율을 불었는지를 정확히 집어낸다면, 혹은 그가 정확히 연주시간을 적중한다면, 혹은 그가 적시에 선율에 맞춰 휘파람이나 허밍으로 따라부를 수 있다면 등등 무한히 많은 경우 중에서 어느 하나가 전부를 행한다면 그는 그것을 인식하고 있다고 말할 수 있을 것이다. 그리고 우리가 그에 대해 그는 다음에 따라나올 곡조를 예상하면서 무엇이 따라나오지 않을지는 모른다고 말할 때, 우리는 그가 실제로 앞서서 생각하고 있다고 말할 필요는 없다. 만일 예상했던 곡조가 제 시간에 나오지 않아 그가

당황하거나 비난을 한다면 그가 그것을 기대하고 있었다고 말하는 것은
―― 비록 그가 그것을 예상하는 과정들을 겪었다고 말하는 것이 잘못이겠
지만 ―― 사실이다.

간단히 말해서 만일 그가 선율이 어떻게 진행되는지를 알고서 그런 지식
을 사용하고 있다면 그는 그 선율을 인식하거나 따라가고 있는 것이다. 그
리고 그는 그 선율을 들음으로써 뿐만 아니라 특별한 마음상태에서, 즉 그
가 지금 듣고 있는 것과, 피아니스트가 그 선율을 계속 연주하고 올바르게
연주할 경우, 그가 들으려고 하는 것 혹은 그가 듣게 될 것을 기꺼이 듣고
자 하는 마음상태에서 그것을 들음으로써 그는 그런 지식을 사용한다. 그는
그 선율이 어떻게 진행되는지를 알고 있으며 이제 그는 곡조들을 그 선율의
진행으로서 듣는다. 그는 그가 듣고 있는 것이 그가 경청하고 있는 것이라
는 의미에서 볼 때 선율의 처방에 따라 그 곡조들을 듣는 것이다. 하지만
이처럼 그가 곡조들을 들으면서 동시에 경청하고 있다는 서술의 복합성 속
에는 그가 복합적인 작용들을 겪고 있다는 뜻이 함축돼 있지 않다. 예를 들
면 그는 자신이 곡조를 듣는 것에 뭔가 산문적인 움직임을 대응시키거나 그
가 듣는 것을 「선율의 개념 하에 포섭」시킬 필요는 없는 것이다. 실제로 만
일 그가 그 선율을 만들거나 상상하거나 실제로 경청하지 않으면서 「릴리불
레로」의 사상을 생각하고 있다고 누가 서술한다면, 그는 자신이 생각할 것
이라고는 아무것도 없었다고 말할 것이다. 그리고 만일 그에 대해 그가 그
선율을 인식할 수 있다는 사실은 설사 그 선율이 다양한 상황에서 다양한
방식으로 연주되더라도 그가 그 선율에 대한 「개념」 혹은 「추상적인 관념」
을 갖고 있다는 것을 의미한다는 말을 들으면, 그는 「릴리불레로」라는 추상
적 관념을 고려하거나 적용한다는 것이 도대체 무엇인지를 생각조차 할 수
없다고 올바르게 반박할 것이다. 물론 이런 경우에는 그것이 단순히 그가
그것을 듣고 거기서 잘못이나 빠진 부분을 찾아내고 그중의 어떤 부분을 허
밍으로 따라부르는 등의 행위를 할 때 그가 그 선율을 인식할 수 있다는 것
을 뜻하는 것만은 아니라는 단서가 붙는다.

이렇게 해서 우리는 앞에서 말했던 것, 즉 그가 듣는 것을 인식하는 사람
은 청각만을 갖는 것이 아니라 사고작용도 함께 갖는 것이라는 사실을 재고

할 수 있게 되었다. 익숙한 선율을 따라 부르고 있는 사람은 「그는 어떤 생각들을 하고 있는가」, 심지어 「그는 어떤 일반적 개념들을 적용하고 있는가」 등의 질문에 대한 대답이 있어야 한다는 등의 생각들을 하고 있어야 한다는 것은 사실이 아니다. 또 그가 명제들을 자신에게 혹은 동료에게 영어나 불어로 생각하거나 선포했음에 틀림없다고 하는 것도 사실이 아니다. 그리고 그가 시각적 혹은 청각적 이미지들을 정렬하고 있었음에 틀림없다고 하는 것도 사실이 아니다. 사실인 것은 그가 어느 정도 조심스러웠음에 틀림없다는 것이고, 그가 들은 곡조들은 그가 예상했던 대로 진행되거나 그렇게 되지 않아 그에게 충격을 주었을 것이라는 것이다. 그는 사람들이 낯선 것에 귀를 기울이듯 단순히 경청했던 것도 아니고 필연적으로 그의 경청행위를 다른 과정과 연결시켰던 것도 아니다. 그는 다만 그 처방에 따라 경청하고 있었을 뿐이다.

어떤 의미에서 하나의 알고 있는 선율을 따르는 것이 「사고」인지 「사고」가 아닌지를 보다 상세하게 해명하기 위해 우리는 처음으로 왈츠를 듣고 있는 사람의 경우를 고찰해보자. 그는 이 선율이 어떻게 진행되는지를 모른다. 그러나 그는 다른 왈츠선율들이 어떻게 진행되는지는 알고 있기 때문에 어떤 종류의 리듬들이 나올 것인지는 안다. 그는 이어질 곡조들에 대해 단지 부분적으로만 준비가 되어 있다. 그리고 그는 이미 들은 곡조와 이제 들리는 곡조들의 위치를 완전하게는 안 되고 부분적으로 정할 수 있다. 그는 그 선율이 어떻게 진행되는지를 이리저리 생각하고 있고 이런 과정에서 그는 곡조들을 배열하기 위해 노력하고 있는 것이다. 그는 그 어떤 순간에도 다음에 나올 곡조들에 대한 준비가 돼 있지 않다. 즉 그는 뭔가를 풀려고 애쓰고 있다는 특별한 의미에서 사고하고 있는 것이다.

그러나 이런 사람과 대조적으로 이미 그 선율을 알고 있는 사람은 굳이 그것이 어떻게 진행되는지를 알려고 애쓰지 않고서도 그 선율을 따라간다. 그 선율은 그에게 연주되는 동안 내내 완전히 자명하다. 거기에는 불확실성이 결코 없기 때문에 불확실성을 해결하기 위한 활동이 전혀 필요없다. 그런 활동이 아무리 신속하고 쉬운 것이라도 마찬가지다. 그는 이리저리 근심하면서 경청하고 있는 것이 아니라 오직 경청하고 있을 뿐이다. 하지만 그는 단순히 곡조들을 듣고 있는 것이 아니다. 왜냐하면 그는 「릴리불레로」를 듣고 있기 때문이다. 그 곡조들은 그에게 명확하게 들릴 뿐만 아니라 그 선율은 그에게 아주 자명하다. 그리고 그 선율의 자명성은 그의 청각적 감수성에 관한 사실이 아니다. 그것은 그가 배웠지만 잊지 않은 것 그리고 그런 교훈들은 현재 적용한 것에 관한 사실이다.

끝으로 친숙한 선율을 따라하는 것은 그것과 친숙화되는 것을 내포하지만, 그렇다고 해서 회상과 관련된 작용들을 겪어야 하는 것은 아니다. 그 선율을 과거에 들었다는 것에 대한 기억들을 다시 불러올 필요는 없다. 친숙한 선율을 따르고 있는 사람은 그가 듣고 있는 것을 사고하고 있는 것이라고 말할 때의 「사고」의 의미는 과거에 들었던 것과 관련된 생각들이 그에게 현재 일어나고 있다는 것이 아니다. 그는 그 선율이 어떻게 진행되는지를 잊지 않았지만 그렇다고 해서 그가 그것이 과거에 진행되었던 바를 회상하고 있는 것은 아니다.

대략적으로 말해서 어떤 선율이 어떻게 진행되는지를 안다는 것은 일련의 청각적 기대의 성향들을 획득했다는 것이고, 하나의 선율을 인식하거나 그것을 따라 할 수 있다는 것은 예상된 곡조를 순서대로 듣고 있다는 것이다. 그리고 이는 들리는 것과 들리게 될 것을 경청하는 것 이외에 다른 어떤 예상행위의 발생도 포함하지 않는다. 어떤 사람이 예상된 곡조를 듣고 있다는 서술은 어떤 사람이 예상치 못한 곡조를 듣고 있다는 서술과 다르며 (듣기는 하지만 경청은 하지 않는 사람처럼) 어떤 사람이 아무런 예상도 하지 않은 채 곡조를 듣고 있다는 서술과도 다르다. 그러나 이는 두번째나 세번째 사람에게서는 일어나지 않은 뭔가 특별한 일이 첫번째 사람에게서 일어난다는 뜻은 아니다. 그것이 의미하는 바는 듣는 행위가 서로 다른 방식으로 일어나며 그런 차이에 대한 서술은 특별한 발생사건에 대한 보고가 아니라 그의 듣는 행위를 특별하게 훈련된 듣기로 특징짓는 것을 포함할 뿐이다. 한 사람이 어떤 선율을 따라하고 있다는 것은 그의 귀에 관한 사실이며 또한 그의 마음에 관한 사실이다. 그러나 그것은 그의 귀에 관한 하나의 사실과 그의 마음에 관한 하나의 사실을 결합한 것도 아니고 그의 감각에서 일어난 하나의 사건과 그의 지성에서 일어난 또 하나의 사건을 동시에 보고하는 것도 아니다. 그런 것은 내가 「준-가설적」 혹은 「잡종-범주적인」 진술이라고 불렀던 바로 그것이다.

이제 우리는 흔히 지각적 인식의 표준적 모델로 간주되는 몇 가지 종류의 지각적 사건들에 관한 고찰로 되돌아 갈 수 있게 되었다. 우리는 그것들이 많은 중요한 측면에서 선율의 인식문제와 합치된다는 것을 보게 될 것이다. 나는 친숙한 선율을 따르고 있는 어떤 사람의 경우에서 출발하기로 선택했다. 왜냐하면 이는 오래 끌어온 문제이기 때문이다. 우리는 한 순간에 문기둥은 볼 수 있지만 「릴리불레로」는 들을 수 없다. 따라서 여기에는 지적 과정들을 비추는 사건들을 요청하는 유혹이 전혀 없다. 이때 과정들이란 너무 빨라서 알아차릴 수 없지만 지적인 것은 인식론자들이 요구하는 엄청난 노고들을 모두 수행할 만큼 충분하다.

어떤 사람에 대해 그가 골무를 본 적이 있다고 서술할 때, 여기서 말해진 바 중에는 적어도 그가 하나의 시각적 감각을 가졌다는 것이 포함된다. 그러나 사실은 훨씬 많은 것들이 함께 말해졌다. 이론가들은 흔히 이를, 어떤 사람이 골무를 본 적이 있다는 서술은 그가 적어도 하나의 시각적 감각을 가졌다는 것을 말하고 있으며 동시에 그는 뭔가 다른 일을 했거나 겪었다는 것을 말하고 있다는 뜻으로 해석한다. 그래서 그들은 「만일 골무의 발견자가 시각적 감각을 갖는 것 이외에 다른 일들을 행하거나 겪지 않았다면 그는 골무를 발견하지 못했을 것이므로 그가 행하거나 겪은 그밖의 다른 일은 무엇인가」라고 질문을 던진다. 그래서 이런 질문에 답하기 위해서는 너무 신속해서 아무도 알아차릴 수 없는 추론들, 혹은 돌발적이고 기억할 수 없는 지적 비약들, 개념들을 만들어 그것들에 의해 시각적 자료들을 포섭하는 것 등에 대한 이야기를 끌어들인다. 즉 그들은 「그가 골무를 찾아냈다」는 명제는 상당한 논리적인 복잡성을 갖고 있기 때문에 그 명제는 상당히 복잡한 과정들에 대해 보고하고 있다고 가정하고 있는 것이다. 그리고 이런 과정들은 눈으로 목격할 수 없기 때문에 그것들이 어딘가 눈에 보이지 않는 장소, 즉 발견자의 의식의 흐름 속에서 진행되고 있다고 상정하게 된다.

누군가가 선율을 인식한다고 말할 때 우리가 염두에 두게 되는 바에 대한 분석은 다른 사례에도 적용될 수 있다. 분명 골무를 찾아낸 사람은 그가 본 것을 인식하고 있는 것이며, 이 말은 그가 시각적 감각을 갖고 있다는 것뿐만 아니라 그가 이미 골무가 어떻게 생겼는지를 배워서 잊지 않고 있다는 것도 포함한다. 그는 자신이 골무를 통상의 조명에서 통상의 거리를 두고 통상의 각도에서 볼 때 골무를 인식하기에 충분하도록 골무의 외관들에 관한 처방전을 배웠다. 이런 상황에서 골무를 볼 때 그는 자신의 교훈을 적용하고 있는 것이다. 실제로 그는 자신이 배운 바를 행하고 있다. 그는 골무가 어떻게 생겼는지를 알고 있기 때문에, 비록 실제로는 예상할 필요가 없겠지만, 만일 그가 골무에 접근해간다거나 그것에서 거리를 둘 경우 그 모양이 어떻게 될 것인지를 예상할 준비가 돼 있다. 그리고 그같은 예상작용들을 발휘하지 않고서 그가 골무에 접근해가거나 거리를 둘 경우 그것은 그가 전에 예상했던 그대로 보일 것이다. 그가 취한 골무에 대한 실제의 일별이 골무의 처방전에 따라 이루어질 때 그런 일별은 그가 획득한 기대성향을 만족시킨다. 그리고 이것이 바로 그가 골무를 찾아내는 것이다.

  선율을 인식하는 사례에서 나타난 사항은 골무의 경우에도 그대로 적용된다. 골무를 인식하는 것이 그 어떤 장애물들에 의해서도 방해받지 않는다면, 즉 골무가 그것을 처음으로 보는 관찰자에게도 명백하다면, 그 어떤 특별한 사고나 숙고, 당혹스러움이나 회상도 수행될 필요가 없다. 그는 영어나 불어로 그 자신에게나 다른 사람들에게 뭔가를 말해야 할 필요가 없다. 요약컨대 그는 기억의 인상이나 환상의 이미지들을 배열해야 할 필요가 없다. 그는 의아해하거나 추측하거나 조심해야 할 필요도 없다. 그는 과거의 사건들을 회상할 필요도 없다. 만일 요청이 있다면 그가 그런 일들을 할 준비가 돼 있는 것으로 기대될 수는 있겠지만, 사실 그는 사고라고 서술되는 그런 것을 전혀 할 필요가 없다. 그는 사고하고 있으며 단순히 시각적 감각만을 갖고 있는 것이 아니라는 의미는 그가 골무를 보는 마음의 구조에서 시각적 감각을 갖고 있다는 것이다. 비록 그가 추가적인 준비작용들을 겪지는 않겠지만, 최초의 몇몇 곡조들로부터 선율을 인식하는 사람이 회고적으로는 이미 듣고 현재 들리고 있는 것에 대해 준비를 하는 것임과 동시에 앞으로는 뒤이어 나올 곡조들에 대해 준비를 갖추고 있는 것과 마찬가지로, 한눈에 소를 인식하는 사람은 각종 광경과 소리, 냄새 등에 대해 준비를 갖추고 있는 것이다. 그러나 이런 광경이나 소리, 냄새 등에 대한 「사고」가 그의 내면에서 실제로 일어나야 할 필요는 없다.

그런데 독자들은 골무의 시각적 명료성이나 선율의 청각적 명료성에 대한 이러한 설명이 사실이라 하더라도 본질적인 문제가 해결되지 못한 채 남아 있다는 느낌을 가질지 모른다. 우리는 먼저 골무들이 존재한다는 것을 어떻게 배우는가? 단순한 감각들에서 출발한 사람이 어떻게 물리적 대상들이 존재하고 있다는 것을 발견해내는 단계에 도달하는가? 그러나 이것은 기묘한 방법-질문(how-question)이다. 왜냐하면 그것을 하나의 방식으로 해석할 경우 우리 모두는 그 대답을 완벽하게 잘 알기 때문이다. 우리는 어린아이들이 어떤 소리는 그 선율에 속하고 다른 소리는 속하지 않는지를, 그리고 자장가처럼 선율없는 소리의 연속이 인식가능한 리듬을 갖고 반면에 시계소리와 같은 것은 인식가능한 단조를 갖는 반면 덜그럭거리는 소리 등은 무원칙하고 무질서하다는 것을 어떻게 배우게 되는지를 알고 있다. 또 우리는 어머니나 보모가 이런 종류의 교훈들을 아이들에게 가르치기 위해 사용하는 일정한 종류의 놀이와 훈련을 알고 있다. 어린아이가 지각의 처방전을 학습하는 방법을 우리가 기술하는 경우, 어린이가 자전거 타는 법을 학습하는 방법을 기술하는 경우와 마찬가지로 거기에는 인식론적인 문제가 포함돼 있지 않다. 그들은 연습에 의해 배우고 우리는 이런 학습을 촉진해주는 훈련 방법들을 보다 정교하게 할 수 있다.

이제 연습에 의한 학습을 이야기할 때에는 위와 같은 방법-질문의 해결책을 제공할 필요가 없다는 것이 분명해졌다. 이 질문은 능력과 관심사가 발전하는 과정에서 거치게 되는 단계들에 관해 물으려 했던 것도 아니고 그런 능력과 관심사의 발전을 돕거나 방해하는 것들에 관해 물으려 했던 것도 아니다. 그렇다면 무엇을 물으려 했던 것인가? 아마도 그것은 다음과 같은 것이 아닌가 생각된다. 「아마도 어린아이들이 일단 선율을 배웠다면 그들이 어떻게 그 선율을 배웠는가」 혹은 어떻게 인식했는가에 관해서는 철학적인 문제가 발생하지 않을 것이다. 또한 광경이나 맛, 냄새 등에 대한 처방을 배우는 것과 유사한 것에 관한 문제도 발생하지 않을 것이다. 그러나 선율을 배운다는 것과 바이올린이나 골무, 소, 문기둥 등과 같은 것이 존재한다는 것을 알아내는 것 간에는 큰 차이가 있다. 물질적 대상들이 존재한다는 것을 알아내는 것은 선율들을 배우는 것과 달리 소음이나 광경, 맛, 냄새들을 뛰어넘어 우리의 사적인 감관들 이외의, 그리고 그것들과는 독립된 공적인 존재자들로 나아갈 것을 요구한다. 그리고 여기서「뛰어넘어」라는 비유적 표현은 오로지 이런 감각들이 존재한다는 것을 원초적으로 알고 있다는 토대 위에서 그런 대상들이 존재한다는 것을 알게 된다는 뜻이다. 따라서 우리의 문제는 한 사람이 어떤 원리들에 따라, 그리고 어떤 전제들로부터 소와 문기둥들이 존재한다고 타당하게 결론내릴 수 있는가 하는 것이다. 혹은 운이 좋아서 그가 별다른 추론을 하지 않고서도 그런 것들을 올바르게 본능적으로 믿게 되었다면, 그는 이런 본능적인 믿음을 어떤 추론들에 의해 정당화할 수 있는가? 즉 방법-문제는「탐정은 그 사냥터지기가 살인자라는 혐의를 확인하기 위해 어떤 증거를 확인했는가」라는 유형의 셜록 홈스식 질문으로 해석돼야 한다. 그리고 그 문제를 이런 식으로 해석함으로써 우리는 곧바로 그것이 잘못된 문제임을 알 수 있다. 우리가 탐정에 의해 확인된 증거에 관해 이야기할 때, 우리는 컵에 남은 지문이나 엿들은 대화내용 등과 같이 그 탐정이나 그의 정보제공자들이 관찰하거나 목격했던 것들에 대해 생각하고 있는 것이다. 그러나 감각이란 그것의 소유자가 관찰하거나 목격하는 그런 것이 아니다. 그것은 어떠한 실마리도 아니다. 대화에 귀를 기울인다는 것은 청각적 감각을 갖는다는 것을 포함한다. 왜냐하면 귀를 기울인다는 것은 주의를 기울여 듣는 것이고 듣는 것은 청각적 감각들을 갖는 것을 포함하기 때문이다. 그러나 감각을 갖는다는 것은 실마리를 발견하는 것이 아니다. 우리는 대화를 듣고 지문자국을 봄으로써만 실마리를 발견한다. 만일 우리가 일정한 것들을 관찰할 수 없다면 우리는 다른 것들을 위한 실마리를 갖지 못하며 대화는 지문이나 문기둥이 우리가 주목해서 보는 종류의 것임과 마찬가지로 귀를 기울여 들어야 하는 그런 종류의 것이다.

 그런데 이처럼 부적절한 방법-질문이 매력을 끄는 이유는 무엇보다도 모든 학습은 이전에 확인된 증거로부터 추론에 의해 발견하는 것이고, 감각자료를 감각하는 과정은 최초의 증거를 확인하는 역할을 맡고 있다고 잘못 가정하는 경향 때문이다. 물론 실제의 경우에 우리는 체스하는 법, 자전거타는 법, 문기둥을 인식하는 법 등을 배울 때와 마찬가지로 훈련으로 강화된 연습에 의해 이전에 확신된 증거들로부터 추론을 행하는 법을 배운다. 추론 규칙들을 적용하는 것은 연습에 의한 학습조건이 아니라 연습에 의해 배우게 되는 수많은 일들 중의 하나일 뿐이다.

이미 본 바와 같이 귀기울여 듣는 것과 주시하는 것은 단순히 감각을 갖기만 하는 것도 아니고 감각을 관찰하는 과정과 공통된 대상으로 추론해가는 과정을 결합하는 것도 아니다. 귀기울여 듣거나 주시하는 사람은 만일 그가 귀머거리거나 맹인이라면 할 수 없을 그런 것을 하고 있는 것이다. 이는 그가 넋이 나간 상태이거나 주의가 산만하거나 아주 무관심하다면 전혀 다른 성격의 일이 될 것이다. 또 그가 귀나 눈을 사용하는 법을 배우지 않았을 경우에도 전혀 다른 성격의 일이 될 것이다. 관찰한다는 것은 귀와 눈을 사용하는 것이다. 그러나 귀와 눈을 사용한다는 것은 자신의 시각과 청각을 단서로——좀 다른 의미에서——사용하는 것을 포함하지 않는다. 감각들을 「사용」한다는 것에 대해 말하는 것은 아무런 의미도 없다. 예를 들어 소를 응시하고 있는 경우 나는 시각적 감각「을 사용해」그 소에 관한 사실을 발견하고 있다고 하는 말도 성립될 수 없을 것이다. 왜냐하면 이 또한 감각들이 보이거나 들리는 사물들이 다루어지는 것과 동일한 방식으로 다루어질 수 있는 도구나 대상이라는 것을 시사하기 때문이다. 그리고 이는 심지어 망치를 조작하는 것은 우선적으로 나의 손가락들을 조작하는 것을 포함한다거나 나는 나의 손가락들을 제어함으로써 망치를 제어한다고 말하는 것 이상으로 잘못된 것일 것이다.

감각들을 서술하기 위해 사람들이 즐겨쓰는 또 다른 모델이 있다. 밀가루, 설탕, 우유, 계란, 건포도 등이 빵만드는 사람이 케이크를 만드는 원료들이듯이, 혹은 벽돌이나 목재가 건축업자의 원료이듯이, 감각들은 종종 우리가 알고 있는 세계를 만드는 원료인 양 이야기된다. 훨씬 더 잘못된 이야기에 대한 반론으로서 이 이야기는 몇 가지 중요한 장점들을 갖고 있다. 그러나 케이크나 집의 구성요소들에 적용되는, 수집하고 비축하고 분류하고 포장을 풀고 처리하고 조립하고 배열하는 것 등은 감각들에는 적용되지 않는다. 우리는 케이크가 무엇으로 만들어지는가는 물을 수 있지만 지식이 무엇으로 만들어지는지는 물을 수 없다. 또 우리는 구성요소나 원료들이 무엇으로 바뀌는지는 물을 수 있어도 어린아이가 최근에야 갖게된 시각이나 청각들로부터 무엇을 만들어낼 수 있는가에 대해서는 물을 수 없다.

따라서 우리는 선율을 인식하는 것과 문기둥을 인식하는 것 간에는 비록 세부적인 면에서는 상당한 차이가 있긴 하지만 원칙적인 차이는 없다고 결론지을 수 있다. 우리가 이 주제를 끝내기에 앞서 그같은 차이 한 가지를 언급해보자. 예를 들어 어린아이는 아주 초기 단계의 유아기에 딸랑이나 새끼고양이 등과 같은 사물들에 대한 시각의 처방전, 소리의 처방전, 촉각의 처방전 등을 함께 이용하는 법을 배운다. 그리고 특정한 종류의 사물들이 어떻게 보이고 소리나고 느껴지는지를 배우기 시작함으로써 그 아이는 그것들이 어떻게 움직이는지를 배우기 시작한다. 예를 들어 딸랑이나 새끼고양이가 소리를 내거나 내지 않는 것 등이 그것이다. 그는 이제 실험적인 방식으로 사물들을 관찰한다. 그러나 선율을 배우는 것처럼 비교적 머리를 써야 하는 일은 그 자체만으로는 외관과 소리의 공조를 많이 포함하지 않으며 또는 실험을 위한 여지를 많이 주지 않는다. 그러나 이는 정도의 차이일 뿐 종류상의 차이는 아니다.

추가적으로 간단히 짚어봐야 할 한두 가지 사항이 있다. 첫째, 내가 어떤 사람에 대해 그는 지각의 처방전을 배우고 있다고 말할 때 이는 그가 생리학이나 광학 혹은 역학 등의 인과법칙을 발견하고 있다는 뜻이 아니다. 공동의 대상들에 관한 관찰은 특정한 종류의 공통된 대상들 간의 일반적 상관관계들을 찾아내는 것에 선행한다. 둘째, 내가 어떤 사람에 대해 그는 지각의 처방전을 알고 있다. 예를 들어 그는 공동의 대상들이 어떻게 보이고 소리나고 어떤 느낌을 주는지를 알고 있다고 말할 때, 이는 그가 이런 처방전을 정식화할 수 있다거나 전달할 수 있는 능력을 갖고 있다는 말이 아니다. 대다수 사람들이 몇 가지 서로 다른 종류의 매듭들을 묶는 법은 알면서도 그것을 서술하는 능력은 전혀 갖고 있지 않듯이, 혹은 그 매듭들에 대해 말로 된 서술이나 인쇄된 서술들을 이해할 수 없듯이, 우리 모두는 다른 사람들에게 우리가 그것을 인식할 수 있게 해주는, 눈에 띄는 표시들에 관한 어떤 것을 이야기할 수 있기에 앞서 훨씬 전부터 우리 모두는 시야에 들어온

소를 식별하는 법을 알고 있다. 또 우리는 우리가 소를 그릴 수 있기 훨씬 전부터 소의 그림들을 인식할 수 있다. 실제로 우리가 시야에 들어온 혹은 귀에 들리는 사물들에 관해 이야기하는 법을 배우기 전에 그 사물들을 인식하는 법을 배우지 않았다면 우리는 시작조차 할 수 없을 것이다. 이야기하는 것 그리고 이야기를 이해하는 것 자체는 그것들을 말하고 듣는 것에 관한 단어들을 인식하는 것을 포함한다.

비록 나는 지각의 처방전들에 따라 사물을 보는 사례들의 대부분을 잘못이 없는 관찰, 즉 문기둥이 있는 곳에서 문기둥을 보는 식의 예를 들기는 했지만 이와 똑같은 일반적 설명은, 실제로는 우편함이 있는데 이를 사냥꾼으로「본다」거나 실제로는 그림잔데 막대기라고「보거나」깃털이불 위에 아무것도 없는데 뱀이 있는 것으로「보는」등의 잘못된 관찰에도 마찬가지로 타당하다. 하나의 사물을 잘못 본다는 것은 그것을 제대로 보는 것이 포함되는 바, 즉 기법의 사용을 포함한다. 어떤 사람이 하나의 방법을 배우지 않았다면 그에 대해 부주의하다고 말할 수 없다. 그에 대해 부주의하다는 말을 하는 것은 그는 이미 어떤 방법을 배웠는데 그것을 적절하게 사용하지 않는 경우에만 가능하다. 균형을 유지할 수 있는 사람만이 균형을 상실할 수도 있다. 사냥꾼과 우편함을 구별할 수 있는 사람만이 우편함을 사냥꾼으로 착각하는 잘못을 범할 수 있다. 그리고 뱀이 어떻게 보이는지를 아는 사람만이 그가 환상을 품고 있다는 것을 자각하지 못한 채 자신이 뱀을 보고 있다는 환상을 품을 수 있는 것이다.

5. 현상론

「현상론(現象論, Phenomenalism)」이라고 알려진 이론에 관해 몇 마디를 하는 것은 논쟁적인 관심을 불러일으킨다. 이 이론에 따르면, 크리켓팀에 관해 이야기하는 것은 그것을 구성하는 11명의 개인들에 관해 여러 가지 방식으로 말하는 것과 같듯이, 문기둥과 같은 공동의 대상에 관해 이야기하는 것은 관찰자가 그것을 보거나 듣거나 느끼거나 하는 가운데 갖게 되는 혹은 갖게 될지 모르는 감각자료에 관해 여러 가지 방식으로 이야기하는 것과 같다. 다시 말해 크리켓팀의 역사에 있어서 보고될 수 있는 것은 그 팀이 시합을 하든가 여행을 하든가 식사를 하든가 이야기를 하든가 할 때의 그 팀의 구성원들의 행위나 경험들의 일정한 선택 이외에는 아무것도 없는 것과 마찬가지로, 문기둥에 대해서도 그것이 어떻게 보이거나 보일 것인지 혹은 어떤 소리가 나는지 혹은 어떻게 느껴지는지 등에 관한 것 이외에는 더 이상 말할 것이 없다. 이것이 현상론이 주장하는 바다. 실제로 「그것」이 어떻게 보이는지 등등에 관해 말하는 것조차도 잘못이다. 왜냐하면 「그것」은 이런 외관들이나 소리 등에 관한 언급들을 생략적으로 모아서 서술하는 방식일 뿐이기 때문이다. 그러나 현상론에서도 이런 계획은 사실상 실현될 수 없는 것임을 인정한다. 설사 한걸음 양보해 우리는 몇몇 구성원들의 팀활동과 습관, 정서 등에 대한 서술을 수집함으로써 한 팀의 운명에 관해 말할 수 있겠지만, 반면에 우리는 관찰자들이 가진, 혹은 가질 수 있었던 해당 감각들을 기술함으로써 우리 모두가 문기둥에 관해 안다고 말할 수는 없는 것이다. 즉 우리는 「산뜻한」 감각어휘를 갖고 있지 않다. 우리는 사실상 인간을 포함한 공동의 대상들을 언급함으로써만 우리의 감각들을 구체적으로 지적할 수 있다. 그러나 현상론은 이를, 언어의 우연적인 결함이라고 간주한다. 그리고 이런 결함은 완벽한 논리적 불편부당성의 요구들을 충족시킬 수 있는 언어가 만들어진다면 사라지게 될 것이라고 주장한다.

　이 이론의 동기들 중에서 칭찬할 만한 것의 하나는 은밀한 작용자와 원리들을 배제하려 했다는 것이다. 현상론의 지지자들은, 현재 유포되고 있는 지각이론이 관찰불가능한 실재나 요인들을 상정함으로써 문기둥과 같은 사물들에 대해 감각들에 의해서는 드러낼 수 없는 속성들을 부여하고 있다고 보았다. 요컨대 문기둥은 영속적인 반면 감각들은 순간적이다. 또 문기둥은 누구에게나 접근가능한 것인 반면 감각들은 개개의 사유물이다. 문기둥은 인과적 규칙성을 따르는 반면 감각들은 무질서하다. 문기둥은 단일적인 반면 감각들은 다수적(多數的)이다. 그래서 감각들에 노출된 것의 배후에는 보다 중요하고 은밀한 문기둥의 속성들이 존재한다. 즉 「영원한 실체」니 「물자체」니 「인과성의 중심」이니 「객관적 통일성」이니 하는 것들이 존재한다고 말하는 경향이 있어 왔다. 그래서 현상론은 철학자들의 이같은 쓸데없는 특효약들을 배제하려고 시도한다. 다만, 앞으로 내가 제시하려는 바와 같이, 현상론은 이런 특효약들이 듣지 않는 질병들을 진단하거나 치료하려고 하지 않은 채 그 특효약을 배제하려고만 시도한다.

또한 현상론은 앞의 경우와 달리 권장할 만한 동기는 아니지만 또 다른 동기를 갖고 있다. 그것은 현상론이 반대하는 바로 그 이론가들로부터 나온 동기이다. 즉 현상론에서는 감각을 갖는다는 것 자체가 어떤 것을 발견하는 것이다, 혹은 어떤 것이 감각에서「드러난다(revealed)」고 상정했다. 현상론은 감각자료이론의 원리, 즉 감각을 갖는다는 것 자체가 하나의 관찰행위이며 사실상 오류를 방지할 수 있는 장치라는 점에서「관찰」이라는 이름을 가질 만한 유일한 종류의 관찰행위 라는 것을 가정했다. 이 원리에 따르면 우리는 실제로 관찰에 의해서만 감각에 직접 주어지는 대상들에 관한 사실들──예를 들면 색의 덩어리나 소리, 통증이나 간지럼 등──을 발견할 수 있다. 그런 대상들에 관한 명제들만이 관찰에 의해 검증가능한 것이다. 이렇게 되면 우리는 문기둥을 실제로 관찰할 수 없고 따라서 우리 모두가 문기둥에 관해 잘 알고 있는 것들을 관찰에 의해서는 발견할 수 없는 것처럼 되고 만다.

이제 우리는 현상론 및 현상론이 반박하고 있는 이론 모두 애초부터 잘못을 범하고 있었다는 것을 알 수 있다. 현상론이 반대하고 있는 이론에서는 우리가 오직 감각가능한 대상들만을 관찰할 수 있기 때문에 문기둥들은 부분적으로라도 관찰에 의해서는 발견될 수 없는 요소들로 구성되어야 한다고 주장했다. 현상론에서는 우리는 오직 감각가능한 대상들만을 관찰할 수 있기 때문에 문기둥에 관한 명제들은 감각가능한 대상들에 관한 명제들로 번역될 수 있어야 한다고 주장했다. 그러나 실제로는「감각가능한 대상」이란 성립될 수 없는 무의미한 말이며 따라서「감각가능한 대상들에 관한 명제들」이라는 말도 무의미하다. 따라서 우리가 문기둥을 관찰할 수 없다는 말은 결코 참일 수 없기 때문에「문-기둥들」이란「존 도씨는 이러저러한 것을 보고 있다」와 같은 표현들에 대해서만 유의미하게 주어질 수 있는 종류의 보족어의 적합한 예다. 문기둥들은 특히 방부제 처리를 할 경우에는 대단히 오랫동안 지속된다, 그것들은 피어오르는 연기와 달리 딱딱하고 견고하다, 그것들은 그림자와 달리 밤이건 낮이건 누구든지 알아낼 수 있다, 그것들은 문의 무게를 견뎌내지만 불에 의해 연소될 수 있다 등등의 사실들은 관찰과 실험에 의해 알아낼 수 있는 것들이다. 또한 문기둥이 나무나 사람처럼 보인다든가 일정한 조건들 하에서는 그것들의 크기나 떨어져 있는 거리에 관해 잘못을 범하기 쉽다는 것들도 마찬가지 방식으로 발견될 수 있다. 물론 문기둥에 관한 그런 사실들이 감각에 직접 주어지거나 감각에서 직접 드러나는 것은 아니다. 그러나 오히려 아무것도 주어지지도 드러나지도 않는다. 왜냐하면 감각을 갖는다는 것은 뭔가를 발견하거나 알아내는 것이 아니기 때문이다.

이는 또한 왜 언어가 우리로 하여금, 현상론에 따르자면 문기둥에 관한 명제들이 그것들로 번역되어야 하는 그런 명제들을 만들어낼 수 없게 하는지를 보여준다. 그것은 우리의 어휘가 불완전해서 그런 것이 아니라 도대체가 특별한 어휘를 필요로 하는 그런 대상들이 존재하지 않기 때문이다. 다시 말해 우리는 공동의 대상들에 관한 어휘는 갖고 있는데 감각가능한 대상들에 관한 어휘는 갖고 있지 못한 것이 아니라 감각가능한 대상이라는 개념 자체가 성립할 수 없는 것이다. 따라서 이상적으로나마 우리가 문기둥의 어휘가 아니라 감각의 어휘로만 말해야 한다는 것은 잘못된 것일 뿐만 아니라 우리는 공통된 대상들을 서술할 때 사용하는 어휘를 사용하지 않고서는 감각들 자체를 도저히 서술할 수 없다.

이에 대해서는 다음과 같은 반론이 제기될지 모른다. 우리와 천문학자들이 통상적으로 붉은 가슴울새와 나선형 성운(星雲)들에 관해 알게 해주는 작용들에 관해 「관찰」이라는 존중을 나타내는 명칭을 부여하는 것은 적절치 못한 것이 아니냐 하는 것이다. 우리는 종종 어떤 사물들을 다른 사물로 잘못 볼 뿐만 아니라 우리는 결코 우리가 그런 잘못을 범하고 있지 않다고 보증해주는 증명서를 갖고 있지 않다. 「관찰」이란 말은 착오방지과정에만 한정되어야 한다.

그러나 과연 왜 그래야 하는가? 어떤 사람에 대해 주의깊다고 말하고 다른 사람에 대해 부주의하다고 부르는 것이 유의미하다면, 우리는 왜 한걸음

물러서서, 주의력의 정도는 결코 절대적일 수 없으므로 둘 중의 어느 것도 진정한 관찰행위는 아니라고 말해야 하는가. 우리는 어느 누구도 그가 오류를 범하지 않았다는 것을 보증해주는 증명서를 갖고 있지 않다고 해서 논리적 사고를 하지 않는다고 말하지 않는다. 그렇다면 왜 「관찰하다」라는 동사만이 적용되는 일종의 착오방지작용이 존재한다고 가정해야 하는가? 실제로 「관찰하는 것」은 그 과제적인 의미에서 볼 때 「주의깊게」, 「부주의하게」, 「성공적으로」, 「헛되게」 등과 같은 부사와 어울리는 동사들 중의 하나이다. 이같은 사실은, 오류를 범하지 않도록 하는 경계(警戒)가 필요치 않고 또한 경계할 여지도 없다는 점에서 관찰하는 것이라는 것이 존재할 수 없다는 것을 보여준다.

이처럼 관찰의 보증된 오류방지브랜드를 요구하는 한 가지 동기는 이런 것인 것같다. 원칙적으로 관찰에 의해 발견될 수 없는 경험적 사실들의 문제가 존재한다, 혹은 존재할 수도 있다고 말하는 것은 불합리하다는 것이다. 그래서 그 어떤 통상적인 관찰도 실제로는 오류를 범할 수 있기 때문에 「경험적」이라는 용어가 관찰에 의해 정의되기 위해서는 오류방지장치가 된 특별한 종류의 관찰이 있어야 한다고 말한다. 따라서 이런 역할을 하기 위해 감각하다(sensing)라는 말이 고안된다. 왜냐하면 잘못된 감각작용에 관해 말한다는 것은 분명 부적절하기 때문이다. 그러나 감각작용이 잘못될 수 없는 이유는 그것이 오류방지장치가 된 관찰이어서가 아니라 도대체가 그것은 관찰작용이 아니기 때문이다. 감각작용에 대해 「잘못된」이라고 부르는 것 못지않게 그것을 「진정한」이라고 부르는 것도 말이 안 된다. 감각들은 정직하지도 기만적이지도 않다. 또한 이런 종류의 주장은 그밖의 다른 종류의 자동적으로 진정한 관찰의 요청도 정당화해주지 못한다. 그 주장이 요구하는 바는 결국 익숙한 사실들이 제공해주는 것, 즉 관찰상의 오류는 그밖의 다른 오류들과 마찬가지로 탐지가능하고 또한 수정가능하다는 것이다. 따라서 단 한 번의 실수로 사실상 빠뜨려진 경험적 사실은 끝없는 일련의 실수들에 의해 빠뜨려질 필요는 없다. 여기서 필요한 것은 어떤 특정한 보증된 과정이 아니라 통상의 주의깊은 과정들, 수정불가능한 관찰들이 아니라 통상의 수정가능한 관찰들, 오류를 막기 위한 예방접종이 아니라 오류에 대한 일반적의 주의와 오류의 통상적인 검증과 수정이다. 확인한다는 것은 확실한 사항들의 축적의 기반으로 추측이라는 건축물을 세우는 과정이 아니라 확실성을 얻어가는 과정이다. 확실성이란 우리가 확인하는 작업을 성공적으로 끝냈을 때 얻게 되는 것이지 우연히 혹은 재수가 좋아서 얻게 되는 것이 아니다. 즉 확실성이란 노동에 대한 임금이지 계시의 선물이 아니다. 「주어진 것(the Given)」이라는 안식일의 개념이 「확인된 것」이라는 평일의 개념에 자리를 물려주었을 때, 우리는 현상론 및 감각자료이론 모두와 작별을 고해야 한다.

이들이 오류방지브랜드를 가진 관찰을 갈망한 데는 또 하나의 동기가 있었다. 즉 「지각하다」, 「보다」, 「탐지하다」, 「듣다」, (「발견하다」는 의미에서의) 「관찰하다」 등과 같은 관찰어들은 내가 앞에서 말한 「성취동사」라는 것을 충분히 깨닫지 못했기 때문이었다. 어떤 사람이 비성공적으로 경주를 이길 수 없고, 부정확하게 철자맞추기놀이를 풀 수 없는 것과 마찬가지로 ── 왜냐하면 「이긴다」는 말은 「성공적으로 경주를 한다」는 뜻이고, 「푼다」는 말은 정확하게 재배열을 한다는 뜻이기 때문이다 ── 그는 오류적으로 탐지할 수 없고 부정확하게 볼 수 없다. 그가 뭔가를 탐지했다고 말하는 것은 그가 오류를 저지르지 않았다는 뜻이고, 그가 뭔가를 (주로 사용되는 의미에서) 본다고 말하는 것은 그가 잘못을 저지르지 않았다는 뜻이다. 이는 지각하는 사람이 그로 하여금 오류를 저지르는 것을 막아주거나 불가류(不可謬)의 능력을 발휘하게 해주는 절차나 조치를 사용했다는 뜻이 아니다. 이미 여기서 사용된 지각동사 자체는 그가 오류를 저지르지 않았다는 것을 함축하고 있다. 그러나 우리가 「눈여겨 보다」, 「귀기울여 듣다」, 「샅샅이 뒤지다」 등과 같은 과제동사를 사용할 때 거기에 상응하는 행위나 작용들에 대해 「잘못되었다」, 「실패했다」는 식으로 말하는 것은 언제나 유의미하다. 정밀조사(scrutiny)가 잘못되거나 실패하는 것을 막아줄 장치는 없다. 간단한 논리학도 치료하기, 찾기, 풀기, 적중하기 등이 잘못되거나 실패하는 것을 「막아준다」. 의사들이 비성공적으로 치료할 수 없다는 사실이 그들이 전혀 오류를 저지르지 않는 의사라는 뜻은 아니다. 그 사실이 의미하는 바는, 성공한 치료가 성공하지 않았다고 말하는 것은 모순이라는 것이다.

 이는 어떤 사람이 홍방울새를 보거나 나이팅게일의 소리를 들었다고 주장하는 사람이 홍방울새나 나이팅게일이 없었다는 말을 듣고 설득당해 즉시 자신이 보거나 들었다는 주장을 철회하게 되는지를 설명해준다. 그는 존재하지 않는 홍방울새를 보았다거나 비현실적인 나이팅게일의 소리를 들었다고 말하는 것이 아니다. 마찬가지로 철자맞추기를 풀었다고 주장하면서도 그것이 해답은 아니라는 말을 듣고 설득당한 사람은 그가 그것을 풀었다는 주장을 철회한다. 그는 그 동사의 「엄격한」 혹은 「한정된」 의미에서 「풀이의 대상」을 풀었다는 것을 말하고 있는 것이 아니다. 그리고 그 대상은 철자풀이에 위장돼 있는 그 단어와도 일치하지 않는다.
 여기서 이런 견해들 모두를 비판하는 것은 아니지만 매우 중요한 사실은 하나의 일반적인 가정이 있는 것처럼 보인다는 것이다. 즉 우리가 알게 된 모든 것은 전제들로부터의 추론에 의해 혹은 궁극적인 전제들의 경우에는 대상과의 비추론적인 만남에 의해 얻어진 것이라는 가정이다. 이런 만남은 전통적으로 「의식」, 「직접적 앎」, 「숙지(熟知)」, 「직접적 통찰」, 「직관」 등 인식이론의 도움을 빌리지 않고서는 전혀 사용할 일이 없는 단어들에 의해 특징지어져 왔다.
 「추론에 의해 혹은 직관에 의해」라고 하는 이 기묘한 이분법은 유클리드 기하학에 대한 인식론자들의 존경심에 역사적 기원을 갖고 있다. 기하학의 진리는 정리(定理)나 공리들이다. 그리고 기하학은 한때 과학적 지식의 전범(典範)이었기 때문에 진리를 찾아내거나 확정하려는 그밖의 다른 모든 절차들은 경건하게 이 하나의 특별한 절차에 잘못 통합되었다.
 그러나 (기하학과 다른 과학들 간의) 유사성에 관한 이같은 가정은 잘못된 것이다. 숙지나 추론에 의하지 않고 사물들을 확인하는 방법은 그밖에도 수없이 많다. 「당신은 그것을 어떻게 알았는가」라는 질문에 대해 예상되는 답변들을 한번 고찰해보자. 「그 방에 열두 개의 의자가 있다는 것은 어떻게 알았는가?」 「그것들을 헤아려 봄으로써 알았다.」 「9×17이 153이라는 것은 어떻게 알았는가?」 「그것들을 곱한 다음에 10×17에서 17을 빼 검산을 해봄으로써 알았다.」 「fuchsia(적자색)의 스펠링은 어떻게 알았는가?」 「사전을 보고 알았다.」「영국왕의 시기별 연도를 어떻게 알았는가?」「엄한 선생님으로부터 배웠다.」「너의 통증이 어깨가 아니라 다리에 있다는 것을 어떻게 알았는가?」「둘 다 내 다리요 내 어깨니까 알았다.」「불이 꺼졌다는 것을 어떻게 알았는가?」「내가 두 번이나 보고 손으로 확인했다.」

이런 예들 중 그 어느 것에서도 우리는 추론이나 공리에 해당할 만한 것들을 찾아볼 수 없다. 그리고 우리는 이처럼 서로 다른 발견기법들 중에서 어느 것을 골라야 할지에 대해 투덜거려서는 안 된다. 다만 의심이 나는 경우에는 그런 기법들이 실행과정상에 부주의했던 것이 아닌가에 대해서만 투덜거릴 수 있을 뿐이다. 우리는 테니스를 장기를 두듯이 해야 한다고 요구하지는 않는다.

6. 보충하는 말

「들어가는 말」에서 내가 말했던 바와 같이 이 장에서 우리가 하고 있는 논의들에는 심히 잘못된 것이 있다. 나는 마치 우리가 감각작용의 개념 혹은 그와 관련된 개념들을 어떻게 사용하는지를 알고 있는 듯이 말해왔다. 그리고 나는 매우 유감스러워하면서 「산뜻한」 감각작용 단어들이 결여돼 있다고 말했다. 그리고 나는 청각적 감각작용과 시각적 감각작용들에 대해 마구 이야기해왔다. 그러나 나는 이들 중의 그 어느 것도 실은 그렇지 않다고 확신한다.

종종 우리는 자신들이 현대생리학이나 신경학 혹은 심리학의 가설들에 정통하다는 것을 보여주기 위해 지극히 학술적인 톤으로 「감각작용(sensation)」이라는 말을 사용하는 경우가 있다. 이런 경우 우리는 그 말을 「자극」, 「말초신경」 등과 같은 과학적 용어들과 동일한 맥락에서 다룬다. 그리고 우리가 번개의 섬광의 시각적 감각작용을 야기한다고 말할 때 우리는 실험실의 연구자들이 이제는 우리에게 시각적 감각작용이라는 일종의 사물이 무엇인지를 말해줄 수 있다, 혹은 언젠가는 말해줄 수 있을 것이라고 생각한다. 그러나 「감각작용」이나 「느낌」이란 단어의 비학술적인 사용은 이와는 전혀 다르다. 예를 들어 이론들에 대한 고려없이 그냥 전기쇼크가 내 팔에 욱신거리는 느낌을 주었다든가 감각작용이 이제 나의 마비된 다리에 다시 돌아오고 있다고 말할 때의 의미가 그렇다. 이런 사용법에서 볼 때 우리는 얼마든지 모래알이나 눈부신 빛은 우리의 눈에 불쾌한 감각을 준다고 말할 수 있다. 그러나 동시에 이런 사용법에서는 우리가 일상적으로 보는 사물들이 우리의 눈에 어떤 식으로건 감각들을 제공한다고 말해서는 안 된다. 모래알을 빼냈을 때 우리는 「당신의 눈은 지금 어떤 느낌인가」라는 질문에 응답할 수 있다. 그러나 우리가 들판에서 하늘로 눈을 돌릴 때 우리는 「이같은 시계(視界)의 전환은 당신의 눈의 감각을 어떻게 변모시켰는가」라는 질문에 대해 응답할 수 없다. 물론 우리는 눈앞의 광경이 어떻게 변했는지에 대해서는 우리의 지식을 기초로 대답할 수 있다. 또 우리는 특수한 이론들에 관해 주워들은 지식을 기초로 「아마도 자극상의 변화와 우리의 간상체 및 원추체의 반응상의 변화가 있었을 것」이라고 답할 수도 있다. 그러나 그 어떤 단계에도 우리가 통상 우리 눈에서 느끼는 「느낌」이라고 불러야 하는 것은 존재하지 않았다.

마찬가지로 맵고 자극적인 냄새는 우리의 코와 목구멍에서 느끼는, 특수하고 서술가능한 느낌을 우리에게 준다. 그러나 대부분의 냄새는 우리의 코에 그같은 감각들을 주지 않는다. 나는 장미의 냄새와 빵의 냄새를 구별할 수 있지만, 그렇다고 해서 나는 이런 차이를 소박하게 「전기충격이나 뜨거운 물이 내 손에 있어서의 감각의 차이를 주듯이 장미는 나에게 한 종류의 감각작용이나 느낌을 주고 빵은 다른 종류의 감각작용이나 느낌을 준다」고 서술하지 않는다.

일상적인 용법에서 볼 때 「감각작용」이나 「느낌」은 원래 지각작용을 뜻한다. 감각작용이란 어떤 것에 대한 감각이며, 그래서 우리는 깃발이 휘날리는 것을 보고 거기서 나는 소리를 듣듯이 배가 떨리거나 흔들거리는 것을 느낀다. 우리는 이런 의미에서 사물들의 냄새를 명료하게 혹은 불명료하게 맡을 수 있는 것과 마찬가지로 사물들을 명료하게 혹은 불명료하게 느낄 수 있다. 또 우리가 우리의 눈으로 보고 우리의 귀로 듣듯이 우리는 우리의 손, 입술, 혀, 무릎 등으로 사물들을 느낄 수 있다. 공통된 대상이 끈끈한지 아닌지, 따뜻한지 아닌지, 유연한지 아닌지, 딱딱한지 아닌지 등의 여부를 가리기 위해서 우리는 보거나 귀기울이거나 냄새를 맡거나 맛을 보아서는 안 되고 그것을 느껴야 한다. 이처럼 일상적이고 비학술적인 용법에서 볼 때 감각작용에 관한 보고한다는 것은 촉각적 관찰이나 근육운동상의 관찰에 의해 발견된 어떤 것을 보고한다는 뜻이다.

사실 우리는 빈번하게 「느낌」과 「감각작용」을 파생적인 방식으로이긴 하지만 전혀 다르게 사용하곤 한다. 눈에 염증이 생긴 사람이 자신의 눈꺼풀 밑에 꺼칠꺼칠한 느낌이 있다고 말할 때, 혹은 열이 난 사람이 자신의 머리는 뜨겁고 발은 차갑다고 말할 때, 그들은 눈꺼풀 밑에 아무것도 없다거나 머리와 발의 온도가 실제로는 동일하다는 결과가 나와도 자신들의 주장을 철회하려 하지 않을 것이다. 왜냐하면 그들이 말하는 「느끼다」라는 것은 「보이다」가 「마치 ……처럼 보이다」를 의미하고 「들리다」가 「마치 ……처럼 들리다」를 의미하는 것과 마찬가지로 「마치 ……처럼 느끼다」를 의미하기 때문이다. 그러나 「마치 ……처럼(as if)」이라는 문장을 완성시키는 데 필요한 것은 어떤 사태들에 관한 언급이다. 그리고 그런 사태가 실제로 얻어질 수 있는 것이라고 한다면, 그것은 일차적인 의미에서의 「느낌」에 의해 발견될 수 있을 것이다. 이런 의미에서는 화자가 눈꺼풀 밑에 아무것도 없다는 것을 납득했을 때 「나는 나의 눈꺼풀 밑에 티끌 같은 것이 있다」는 주장을 철회한다. 우리는 이를 「느끼다」, 「보이다」, 「들리다」 등과 같은 동사들의 「후지각적(後知覺的, post-perceptual)」이라고 부르자.

그러나 「느끼다」라는 말과 「보다」, 「듣다」, 「맛보다」, 「냄새맡다」 등의 말 사이에는 중요한 차이가 있다. 발에 마비가 온 사람은 「내 발은 사물을 느낄 수 없다」고 말할 수 있을 뿐만 아니라 「나는 내 발을 느낄 수 없다」고도 말할 수 있다. 반면에 일시적으로 눈이나 귀가 먼 사람은 「나는 오른쪽 눈이나 귀로 사물들을 보거나 들을 수 없다」고는 말할 수 있어도 「나는 나의 눈을 볼 수 없고 나의 귀를 들을 수 없다」고는 말할 수 없을 것이다. 마비된 발에 감각이 되돌아 왔을 때 감각의 소유자는 포장도로와 자신의 다리 양자와 관련된 것들에 대해 보고할 수 있는 능력을 되찾는다.

분명 감각작용의 이러한 일차적 개념은 지각이라는 일반개념의 한 구성요소가 아니다. 왜냐하면 그것은 지각이라는 유(類)개념에 대한 종(種)개념이기 때문이다. 나는 그 어떤 것을 보지 않고서도 뭔가를 느낄 수 있듯이 아무것도 느끼지 않고서도 뭔가를 볼 수 있다.

그렇다면 이와는 다른 의미, 즉 본다는 것이 시각적 감각작용들이나 인상들을 갖는다는 것을 포함한다고 말할 때와 같은 학술적 의미에서의「감각작용」의 경우는 어떠한가. 이런 의미에서의 감각작용이나 인상들은 적어도 그것들이 생리학이나 심리학 혹은 인식론의 이론들에 관한 간접적 지식들이라도 갖기 전까지는 흔히 일반사람들이 언급하는 것들은 아니다. 하지만 사람들은 이같은 이론적 수준에 이르기 훨씬 전부터「보다」,「듣다」,「맛보다」,「냄새맡다」,「느끼다」등과 같은 지각동사들을 사용하는 법을 알고 있으며, 그래서 그들은 이론을 알고난 이후에 그것을 계속 사용할 때와 같은 의미에서 그 동사들을 사용한다. 이렇기 때문에 학술적 의미에서의 감각작용이나 인상개념은 그것들의 지각개념의 구성요소가 아니다. 우리는 플라톤을 따라서 지각개념을 논의할 수 있고 또 논의해야 한다. 그런데 만일 그렇게 할 경우, 우리는 그가 아직 감각자극에 관한 훗날의 이론들에 관해 들은 적이 없기 때문에 그가 보다, 듣다, 느끼다 등과 같은 개념들을 사용하는 법을 완전히 마스터하지 못했다고 불평할 기회를 전혀 갖지 못한다.

생리학자와 심리학자들은 자신들이 인상과 신경자극을 갈라놓고 있는 만(灣)을 가로지르는 다리를 찾을 수 없다는 사실에 대해 때로는 한탄하기도 하고 때로는 자랑스러워하기도 한다. 그들은 이런 인상들이 존재한다는 것을 당연시한다. 따라서 그들을 혼란스럽게 만드는 것은 너무도 당연하게 그 인상들이 야기되는 메커니즘이다. 사람들은 어떻게 감각인상들의 존재를 의문시할 수 있는가. 적어도 데카르트 이래로 이런 인상들이 의식의 근원적이고 기본적이며 항구적인 요소들이라는 사실은 너무나도 당연시되지 않았던가?

오늘날 우리가 한 사람이 무언가를 의식하고 있다고 말할 때 이를 통해 우리가 정상적으로 의미하는 바의 일부는 그가 특별한 조사나 직관을 하지 않고서도 그것을 승인하거나 보고할 태세가 돼 있다는 것이다. 그러나 자신이 경험하고 있는「인상」이라는 것에 대해 우리는 결코 이같은 것을 행하지 않는다. 사람들은 통상적으로 자신들이 보고 듣고 냄새맡고 느끼는 것을 말할 준비가 돼 있다. 또한 그들은 그것이 이러저러하게 보인다, 이렇게 저렇게 들린다는 식으로 말할 준비도 돼 있다. 그러나 그들은 자신들이 어떤 인상들을 갖고 있는지 혹은 갖고 있었는지에 대해서는 말할 준비가 돼 있지 않다. 좀더 정확하게 말하면 그들은 언어적으로 그런 능력을 전혀 갖고 있지 않다. 따라서 그같은 발생사건들이 일어난다는 생각은 분별력 있는 일반인들이 현실적으로 말하고 있는 바를 연구한다고 해서 나오는 것은 아니다. 다시 말해 이런 사건들은 특별한 교육을 받지 않은 「의식」을 표현하는 경우에는 언급되지 않는다. 오히려 그런 생각은 특별한 인과적 가설, 즉 나의 마음은 문기둥이 나의 신체에 뭔가가 일어나게 만들고 이것이 다시 나의 마음에 뭔가가 일어나게 만들 경우에만 문기둥과 접촉할 수 있다는 가설로부터 도출된다. 이런 견해에 있어 인상들이란 유사기계론적 이론의 제반목적들을 달성하기 위해 요청된 유령과도 같은 충동들이다. 왁스로 된 웅덩이를 서술하는 데 사용되듯이, 「인상」이란 말 자체는 그 이론의 동기를 보여준다. 우리가 느낌에 의해 알아내는 사물들을 말할 때 사용하는 어휘를 그 이론이 이용할 수 있고 또 오용(誤用)할 수도 있다는 것은 철학적으로 볼 때 불행한 일이다. 실제로 우리가 어떤 것이 따뜻하다, 끈끈하다, 떨고 있다, 거칠다 등과 같은 사실들을 감각작용에 의해 안다는 것은 전문가의 이론이 아니라 단편적인 상식에 의해 확인된다. 따라서 우리가 보고 듣고 냄새맡을 때 우리가 감각작용들을 갖는다는 사실은 보다 일반적인 상식의 하나처럼 보이게끔 되었다. 감각인상이라고 하는 세련된 개념은 촉각에 의한 지각이라는 통상의 관념의 우산 아래 은폐되었던 것이다.

나는 「감각작용」이나 「느낌」과 같은 단어들의 또 다른 비학술적인 용법들을 언급하지 않고 지나갈 수 없다. 종종 어떤 사람은 자신이 그의 눈꺼풀 아래에서 띠끌 한 개를 느낀다고 말하지 않고 또 자신이 눈꺼풀 아래에서 띠끌이 있는 것같은 느낌을 느낀다고 말하지 않고 자신은 눈에 통증을 느낀다거나 눈에 고통스런 감각을 갖고 있다고 말하려 할 것이다. 그래서 「고통」, 「간지럼」, 「메스꺼움」 등과 같은 불편함을 나타내는 명사들은 일부 이론가들에 의해 특별한 감각작용의 이름으로 다루어진다. 이런 경우 「감각작용」은 학술적이고 세련된 의미에서 또 다른 학술적 용어 「인상」과 동의어로 사용된다. 그러나 고통을 당하고 있는 사람이 무엇을 느끼고 있는가라는 질문을 받게 되면 그는 「하나의 고통」 혹은 「불편함」이라고만 말해서는 질문자를 충족시킬 수 없고 다만 「바늘로 찌르는 듯한 느낌」, 「모래알이 들어간 듯한 느낌」, 「불타는 듯한 느낌」 등으로 답해야 한다. 요컨대 그는 예리한 물건이 그를 찌르고 있거나 모래알 같은 것이 그를 껄끄럽게 하고 있거나 뜨거운 것이 그를 데게 하고 있는 듯이 느끼려면 후지각적 표현을 사용해야 한다. 반면에 어느 정도의 고통이 있는지, 즉 약간의 고통인지 상당한 고통인지 아니면 엄청난 고통인지에 관한 사항은 전혀 다른 종류의 질문에 대한 대답으로 주어진, 전혀 다른 종류의 정보다. 그래서 「통증」, 「가려움」, 「구역질」 등과 같은 명사가 결국은 인상들을 보고하거나 서술할 때 사용되는 어휘의 기초가 된다는 시사는 잘못된 것이다. 그렇지만 여전히 하나의 모래알이 나에게 상처를 입힌다고 하는 것과 귀에 들린 불협화음이나 눈에 보이는 부조화된 색이 나에게 상처를 입힌다고 하는 것 사이에는 흥미롭고 매우 중요한 차이가 남는다. 그 모래알은 말 그대로 나의 눈에 상처를 입히는 것이지만 불협화음은 비유적인 의미에서만 나의 귀에 상처를 입힌다. 나는 부조화된 색에 의해 주어진 고통을 멈추기 위해 약사에게 안약을 지어달라고 해서는 안 된다. 그리고 부조화된 색이 나의 왼쪽 눈을 상하게 한 것 이외에 나의 오른쪽 눈도 상하게 했는지에 관한 질문을 받을 경우 나는 모래알이나 현란한 빛이 문자 그대로 나의 눈을 상하게 한다는 의미에서 나의 눈이 문자 그대로의 의미에서 나의 눈을 전혀 상하게 하지 않았다고 대답하는 것 이외에는 아무런 대답도 해서는 안 된다.

「고민」, 「혐오」, 「비탄」, 「곤혹」 등과 같은 단어들은 기분을 나타내는 말이다. 그러나 문자 그대로 사용했을 때의 「상하게 하다」, 「가려움」, 「구역질」 등과 같은 단어들은 기분을 나타내는 말이 아니다. 우리는 상처나 가려움을 모래알이나 밀집의 존재를 실제로 느끼거나 혹은 느끼고 있다고 상상하는 장소에 위치지울 수 있다. 예를 들면 상처나 가려움은 명료하거나 불명료할 수 없고 또 명확하거나 불명확할 수도 없다. 어떤 것을 보거나 만져서 찾아내는 것은 하나의 성취이지만 「나는 너무나 가렵다」라는 문장은 성취에 관한 보고가 아니며 확인된 어떤 것을 서술하고 있는 것도 아니다. 나는 이같은 단어들의 논리적 문법에 관해 더 많이 말해야 할 것이 있다는 사실을 제외하고는 구체적으로 무엇을 더 말해야 할는지에 대해서는 잘 알지 못한다.

8
상상력

1. 들어가는 말

앞에서 나는 「정신적」이라는 말이 종종 「상상적인」이라는 말과 동의어로 사용되는 용어상의 사실을 언급한 바 있다. 그리고 우울증의 증상들을 이야기하면서도 「순전히 정신적인」이라는 말을 사용하기도 한다. 그러나 이처럼 언어상의 기묘함보다 더 중요한 사실은 전문가나 일반사람 할 것 없이 모두 상상적인 것에 대해 일종의 별세계적인 실재성을 부여하고, 정신을 그처럼 육체가 없는 존재자들이 사는 은밀한 거주지로 다루려는 경향이 있다는 것이다. 물론 상상작용은 정신력이 발휘된 결과이다. 그러나 나는 이 장에서 다음과 같은 점을 보여주겠다. 즉 「사람들이 흔히 '존재한다'고 생각하는 사물이나 사건이 실제로 어디에 존재하는가」라는 물음에 답하려는 시도는 사이비질문에 대답하려는 것에 불과하다는 것이다. 그런 사물이나 사건은 이 방 안에나 후안 페르난데스 속에 존재한다고 생각될 수는 있겠지만 실제로는 그 어디에도 존재하지 않는다.

이와 관련해 핵심이 되는 문제는 「마음의 눈으로 본다」나 「머리로 듣는」 것이 무엇인가를 규정하는 문제이다. 다시 말해 「시각적 이미지」, 「심상」, 「청각적 이미지」, 그리고 일정한 의미에서 사용될 때의 「표상」 등으로 이야기되는 것은 일반적으로 외부세계가 아닌 어딘가에 진정으로 존재하고 있는 실재물로 간주된다. 그래서 정신은 흔히 그 실재물들이 등장하는 무대로 지칭된다. 그러나 앞으로 내가 입증해보이겠지만 우리는 언제나 마음의 눈으로 사물을 보고 머리 속으로 사물의 소리를 듣는다는 견해가 일반적으로 통용되고 있다고 해서 그런 사물이 실제로 존재하고 있다거나 우리가 그런 식으로 사물을 보고 듣는다는 것을 증명해주는 것은 아니다. 무대에서의 살인이 실제로 살인이 아니듯이 마음의 눈으로 사물을 본다고 할 때 그런 사물이 존재하거나 실제의 시각작용이 일어나는 것은 아니다. 그래서 그런 사물이나 사건이 존재하거나 발생하기 위해서 그것들이 머물 수용소가 있을 필요는 없는 것이다.

앞장의 마지막 부분에 서술된 보론(補論, afterthonght)도 감각에 관해 이 장에서 서술할 내용의 일부를 다루었다.

2. 마음속으로 그려보는 것

「본다」는 것과 마음속으로 그려보는 것 혹은 시각화시켜보는 것은 전혀 별개다. 우리는 눈을 뜨고 있고 주변이 밝을 때에만 사물들을 볼 수 있다. 그러나 눈을 감은 상태에서 세상이 어두컴컴해도 우리는 마음의 눈으로 상을 그려볼 수 있다. 마찬가지로 우리는 다른 사람들도 들을 수 있는 정상적인 상황에서만 음악소리를 들을 수 있다. 그러나 다른 사람이 전혀 음악소리를 들을 수 없는 상황에서도 우리의 머리 속에 운율은 흐를 수 있다. 게다가 우리는 눈앞에 있어서 볼 수 있는 것만을 보고 들을 수 있는 것만을 들으며, 경우에 따라서는 눈앞에 있거나 귀에 들리는 것을 본인의 의지와는 상관없이 보거나 듣는다. 그러나 마음의 눈으로 보는 그림은 종종 선택이 가능하며 머리 속에 들리는 시구나 운율도 마찬가지다.

사람들은 이런 차이를 분명히 하기 위한 한 가지 방법으로 실제의 나무를 보거나 음악을 들을 때는 그냥 본다거나 듣는다고 말하고, 그렇지 않고 추억이나 상상의 대상을 보거나 들을 때는 「본다」거나 「듣는다」처럼 다른 표시를 한다. 그래서 사람들은 정신착란을 일으킨 사람은 그냥 뱀을 본다고 하지 않고 뱀을 「본다」는 식으로 말한다. 이런 용어상의 차이는 다음과 같

상상력   319

은 사실에 의해 더욱 분명해진다. 예를 들면 어떤 사람이 어린시절의 집을 「보고」 있다고 말할 때 그는 종종 실제상황을 서술할 때는 거의 사용되지 않는 수식어 「생생한」, 「진짜같은」, 「생명체같은」 등을 사용한다. 인형에 대해서는 「살아 있는 것같다」고 말할 수 있지만 어린아이에 대해 이런 말을 해서는 안 되는 것과 같은 이치다. 혹은 어떤 사람의 초상화를 보고 「진짜 같다」고 하는 것은 가능하지만 실제 사람의 얼굴에 대해 이런 말을 한다면 곤란할 것이다. 다시 말해 어떤 사람이 실제 눈에 보이지 않는 것을 「본다」고 말할 때 그 사람은 자신이 하고 있는 행동이 실제의 사물을 보는 행동과 그 유형부터가 다르다는 것을 알고 있다. 왜냐하면 그 동사에는 「　」표시가 되어 있고 또 그것에 대해서는 진짜같다든가 생생하다는 말을 할 수 있기 때문이다. 그는 「나는 지금 거기에 있는 것인지 모른다」고 말할 수 있는데, 이때 「……할지 모른다」는 말은 적합하다. 왜냐하면 실제로는 지금 거기에 있지 않다는 말이기 때문이다. 일정한 상황에서는 그가 실제로 보고 있는 것이 아니라 꿈, 정신착란상태, 극단적인 갈증, 최면상태, 마술쇼에서처럼 「보고 있다」고 하는 사실을 깨닫지 못하는 경우가 있다고 해서 실제로 보는 것과 마음의 눈으로 「보는 것」을 구별하는 것은 온당치 못하다고 반박할 수 없다. 이는 경우에 따라 위조한 사인과 진짜 사인을 구별하는 일이 어렵다고 해서 진짜 자기 이름을 쓰는 것과 다른 사람의 이름을 날조해서 쓰는 것 사이에 개념상의 구별이 있을 수 없다고 강변하는 것과 같은 것이다. 우리는 위조한 사인에 대해 실물을 잘 모방했다든가 잘못 모방했다고 말할 수 있다. 그러나 진짜 사인에 대해서는 모방이라는 말 자체를 사용할 수 없다. 왜냐하면 실제 사인이 없으면 날조자는 아무것도 모방할 것이 없기 때문이다.

　시각에 의한 관찰이 다른 감각기관들에 의한 관찰보다 우위를 갖고 있는 것과 마찬가지로 대부분의 사람들에게 시각적 상상력은 청각이나 촉각 등에 의한 상상력보다 더 강력하다. 지금 우리가 논의를 위해 사용하고 있는 언어가 주로 시각에 관한 언어로부터 온 것도 그 때문이다. 예를 들어 사람들은 사물을 「마음속에 그리거나 시각화하는 것」에 대해 이런저런 얘기를 하지만 시각적 상상 이외의 상상을 표현하기 위한 동사로서 그것에 상응하는 총칭적인 동사를 갖고 있지 않다.

 이로부터 다음과 같은 불행한 결과가 나온다. 시각적 관찰의 공통된 대상들 중에는 눈으로 볼 수 있는 사물과 눈으로 볼 수 없는 위조물이라는 두 종류의 대상이 있다. 예를 들면 실제 얼굴과 초상화, 실제 사인과 위조 사인, 실제의 산과 산사진, 아기와 아기인형 등이 그런 경우다. 우리가 상상을 비유적 방식으로 서술하는 언어를 구성하는 것이 자연스러운 것도 이 때문이다.

 어떤 사람이 「나는 나의 보육원을 마음속으로 그리고 있다」고 말할 때, 우리는 그 사람이 그의 보육원이 아니라 또 하나의 가시적인 대상, 즉 그의 보육원에 대한 하나의 그림을 생각하고 있는 것이라고 추리하는 경향이 있다. 비유하자면 사진이나 유화가 아니라 사진에 대응되는 어떤 것, 즉 다른 종류의 재료로 만들어진 어떤 것이라고 추리하려는 것이다. 게다가 그 사람이 생각하고 있다고 우리가 상정하는 이 종이없는 그림은 우리도 역시 볼 수 있는 그런 것이 아니다. 왜냐하면 그것은 우리 모두의 눈앞에 있는 벽에 걸린 그림이 아니라 오직 그 사람만이 찾아갈 수 있는 그런 「독특한」 화랑에 있는 그림이기 때문이다. 그래서 우리는 그가 머리 속에 그리고 있는 보육원상은 그의 마음에 있을 것이라고 생각하고, 그가 머리 속에 그릴 때 보는 「눈」은 우리도 확인할 수 있는 그런 신체의 눈이 아니라 마음의 눈이라고 생각한다. 그래서 우리는 결국 「보는 것」은 보는 것이며 그가 「본」 것은 모두가 볼 수 있는 유화처럼 진짜와 유사하고 진짜처럼 보인 것이라는 이론에 따르게 된다. 사실 그 그림은 아주 짧은 동안의 그림이지만 영화와 같은 그림이다. 또한 그 그림은 그것과 그 화랑을 소유한 사람에게만 보인다. 그러나 독점은 특이한 일이 아니다.

 나는 「마음속으로 그려보다」, 「시각화시켜 보다」, 혹은 「보다」 등과 같은 개념은 적절하고 유용한 것임을 부정하지 않는다. 다만 그런 개념을 사용한다는 사실 자체가 우리가 그려보는 그런 그림의 존재 혹은 그런 그림이 잠시 전시되는 화랑의 존재를 정당화시켜주는 것은 아니란 점을 밝히고 싶다. 개략적으로 말해서 이미지를 그리는 행위는 일어나지만 이미지는 눈에 보이지 않는다. 나는 머리 속에서 울리는 음조를 듣지만 실제의 귀로 듣는 것은 아니다. 사실 자신의 보육원을 마음속에 그리는, 어떤 면에서 보면 실제로 그의 보육원을 쳐다보고 있는 사람과 비슷하다. 그러나 이런 유사성은 그의 보육원의 진정한 유사성을 실제로 보는 것에 있는 것이 아니라 그가 실제로 보는 것이 아닐 때 그의 보육원 자체를 보는 것처럼 보이는 데 있다. 그는 그의 보육원의 유사성에 대한 관찰자가 아니라 그의 보육원에 대한 관찰자를 모방하고 있는 것이다.

3. 특별한 지위를 갖는 그림에 관한 이론

먼저 또 다른 교설, 즉 시각화시켜 보다라고 할 때 나는 특별한 지위를 갖는 그림을──거의 일상적인 의미에서──보고 있다고 하는 교설이 가진 몇 가지 함축적 의미들을 고찰해보자. 내가 보고 있는 그림은 내 얼굴 앞에 있는 것이 아니다. 즉 그 그림은 물리적 공간 속에 있는 것이 아니라 또 다른 종류의 공간 속에 있어야 한다는 것도 그 교설의 일부이다. 그래서 예를 들어 자신의 밀랍인형이 미소짓고 있다고 상상하는 어린아이는 미소에 관한 그림을 보고 있는 것이다. 그러나 미소에 관한 그림은 인형의 입술에 존재하는 것이 아니다. 왜냐하면 그 입술은 어린아이의 얼굴 앞에 있기 때문이다. 따라서 상상 속의 미소는 결코 인형의 입술에 존재하지 않는다. 그런데 이는 불합리하다. 즉 어느 누구도 아무 곳에도 귀속될 수 없는 미소를 상상할 수 없으며 또한 인형의 소유자 중 어떤 사람도 미소짓지 않는 인형과, 인형과는 관계없는 어딘가 다른 장소에서 나타날 분리되고 불가능한 미소의 그림자에 만족치 않을 것이다. 사실 그 아이는 인형의 입술 이외의 다른 곳에서「이상한 나라의 앨리스」에 나오는 체어셰어의 미소를 보지 못한다. 오히려 눈앞에 있는 인형의 입술에 미소를 보고 있다고 공상한다. 다만 그 아이는 거기서 그것을 보지는 못할 것이다. 만일 본다면 깜짝 놀랄 것이다. 마찬가지로 마술사는 우리 코앞에 있는 무대에서 우리에게 자기 손에 있는 모자로부터 토끼가 나오는 것을「보여준다.」(「　」없는 보여준다가 아니다) 즉 그는 자기 손에 있는 것이 아니라 전혀 다른 종류의 공간에 있는 제2의 모자로부터 환상의 토끼가 나오는 것을 보여주지(「보여주지」가 아니다) 않는다.

따라서 마음속으로 그려보는 미소는 물리적 현상, 즉 인형의 안면부가 정말로 움직이는 것이 아니다. 또한 그것은 유모차나 유아원과 완전히 단절된 곳에서 일어나는 것을 그 아이가 관찰하는 비물리적 현상도 아니다. 다시 말해 미소란 도대체 존재하지 않으며 미소의 모사물도 존재하지 않는다. 존재하는 것은 오직 자신의 인형이 미소짓고 있다고 공상하는 어린아이뿐이다. 그래서 그 아이는 실제로 자신의 인형이 미소짓고 있다고 마음속에 그리고 있지만 그 아이는 미소에 관한 실제 그림을 보고 있는 것이 아니다. 또 나는 모자에서 토끼가 튀어나오는 것을 본다고 착각하고 있지만 나는 모자의 진짜 환영(幻影)으로부터 토끼의 진짜 환영이 튀어나오는 것을 보고 있는 것은 아니다. 내부적으로 피가 통하지 않는 유사물에 의해 은밀하게 모조되는 실제물이 외부에 존재하지 않는다. 다만 사물과 사건, 이런 사물과 사건 중의 일부를 목격하는 사람들, 자신들이 목격하지 않은 것을 목격하고 있다고 공상하는 사람들만이 존재한다.

다른 예를 들어보자. 내가 별로 익숙치 않은 긴 단어를 쓰기 시작해서 한두 음절을 써내려간 후 나는 더 이상 어떻게 써내려가야 할지를 확신하지 못하는 나 자신을 발견한다. 그때 나는 아마도 사전을 찾고 있다는 상상을 하고 어떤 경우에는 마지막 3음절이 어떻게 인쇄돼 있는지를 「볼」 수도 있을 것이다. 이런 경우에 사람들은 내가 정말로 인쇄된 단어의 그림──단 여기서 그 그림은 「나의 머리 속에」 혹은 「나의 마음에」 있다──을 보고 있다고 말하고 싶을 것이다. 왜냐하면 내가 「보고 있는」 단어의 문자를 읽어내는 작업은 내가 실제로 보는 사전의 항목, 혹은 항목의 사진으로부터 문자를 읽어내는 작업은 유사하게 느껴질 것이기 때문이다. 그러나 다른 경우에 나는 그 단어를 쓰기 시작해서 내가 쓰고 있는 페이지나 쓰려고 하는 위치에서 한두 개의 음절을 「본다」. 이 경우 나는 마치 다만 그 지면상에 존재하는 단어의 환영을 잉크로 쓰고 있는 것처럼 느낀다. 하지만 이때 내가 「보고」 있는 것은 나의 펜의 바로 우측 혹은 그 지면상에 존재하기 때문에 내가 그 물리적 공간 이외의 어딘가 다른 기묘한 공간에 존재하는 단어의 그림이나 환상을 보고 있다고 말하는 것은 불가능하다. 또 우리는 내가 어느 장소에서 한 타자기로 인쇄된 혹은 손으로 쓴 단어를 마음속에 그리더라도, 그리고 인쇄된 것이건 손으로 쓴 것이건 간에 내가 그 단어를 마음속에 그리는 것에 따라 그 단어의 음절을 써내려갈 수 있다고 하더라도, 실제상에서는 그 단어의 그림이나 환영은 결코 존재하지 않으며 따라서 나는 그 단어의 그림이나 환영을 볼 수 없다. 나는 바로 그 페이지 위에서 그 단어를 보는 것같으며, 내가 그것을 보다 생생하고 지속적으로 보는 것 같을수록 그만큼 쉽게 나는 그 페이지 위에 그렇게 느껴지는 것을 나의 펜으로 쓸 수 있다.

잘 알려진 바와 같이 흄은 「인상」과 「관념」, 즉 감각과 이미지가 존재한다고 생각했다. 그리고 그는 공허하게도 이같은 두 종류의 「지각」의 경계선을 찾으려고 시도했다. 그에 따르면 관념은 인상보다 희미한 것이며 생성순서에 있어서도 인상보다 뒤진 것이다. 왜냐하면 관념이란 인상의 흔적이자 모사이며 재생이기 때문이다. 하지만 그는 인상도 선명도에 차이가 있을 수 있으며 모든 관념이 비록 모사이긴 하지만 인상이 완전한 「원형」에 이를 수 없듯이 완전한 「모사」에는 이를 수 없다는 점을 인정했다. 그래서 흄 자신의 주장에 의하면 단순한 조사만으로는 어떤 지각이 인상인지 관념인지를 결정할 수 없다. 그러나 실제 대화과정에서 듣는 것과 꿈속에서 「듣는 것」, 동물원에서 보는 뱀과 정신착란상태에서 「보는」 뱀, 지금 내가 실제로 점유하고 있는 서재와 「내가 있었을지도 모르는」 유아원 간에는 분명히 본질적인 차이가 있다. 흄이 저지른 잘못은 「보는 것」을 보는 것의 일종이라고 생각한 것, 혹은 「지각」을 두 가지 유(類)개념――다시 말해 인상과 인상의 유령 혹은 반향――이라고 생각한 것에 있다. 사실 그런 유령은 존재하지 않으며 만일 존재한다 하더라도 그것은 특별한 인상일 뿐이며 그것은 보는 것에 속하지 「보는 것」에 속하지 않는다.

인상은 관념에 비해 더 생동감 있다는 주장을 통해 관념과 인상을 구별하려는 흄의 시도는 두 가지 커다란 잘못 중의 하나일 뿐이다. 먼저 「생동적인 (lively)」이란 말이 「생생한 (vividly)」을 뜻한다고 생각해보자. 어떤 사람이 생생하게 그릴 수는 있어도 생생하게 볼 수는 없다. 마찬가지로 어떤 「관념」이 다른 관념보다 생생할 수는 있어도 인상들에 대해 생생하다는 표현을 쓸 수 없다. 이는 마치 하나의 인형이 다른 것보다 어린아이와 훨씬 유사할 수는 있어도 어린아이한테 유사하다는 말을 사용할 수 없는 것과 같다. 어린아이와 인형의 차이를 어린아이가 인형에 비해 훨씬 유사성을 갖고 있고 말하는 데서 찾는다는 것은 분명히 말도 안 된다. 다른 예를 들어보자. 한 연기자가 다른 연기자보다 박진감 있다고는 말할 수 있다. 그러나 연기를 하는 것이 아닌 사람에 대해 박진감 운운하는 것은 말이 안 된다. 따라서 그런 사람이 연기자보다 훨씬 박진감 있다고 말하는 것은 무의미하다. 만일 그렇지 않고 흄이 「유사성」이 아니라 「강렬함」이나 「강도」의 차원에서 「생생하다」는 말을 사용하고 있다면 그는 전혀 다른 방향에서 잘못을 저지른 셈이 된다. 왜냐하면 감각은 강렬함이나 강도의 차원에서 다른 감각과 비교될 수 있지만 감각을 이미지와 비교하면서 그런 차원을 끌어들일 수는 없기 때문이다. 예를 들어 내가 매우 시끄러운 소리를 듣고 있다고 상상할 때 나는 사실상 덜 시끄러운 소리나 희미한 소리를 듣지는 않는다. 이런 경우에 있어서 나는 단지 격렬한 감각을 갖고 있다고 상상은 하겠지만 실제로는 어떤 청각도 갖고 있지 않기 때문에 부드러운 청각조차 갖고 있지 않다. 상상 속의 절규소리는 귀를 찢지도, 그렇다고 어루만지는 듯한 웅얼거림조차 주지 못한다. 그래서 상상 속의 절규소리는 우리가 실제로 듣는 웅얼거림보다 더 크거나 혹은 더 희미하다고 할 수 없다. 따라서 상상 속의 절규소리는 웅얼거림과 차원이 다르다.

  이와 마찬가지로 살인자에도 사람을 죽인 살인자와 무대 위에서 살인자의 역할을 연기하는 살인자의 두 종류가 있는 것이 아니다. 왜냐하면 후자는 그 본래적 의미에 있어 살인자가 아니기 때문이다. 그들은 짐짓 그런 척한다고 하는 파악하기 힘든 속성을 갖는 그런 살인을 하는 것이 아니라 통상적으로 말하는 살인을 한 것처럼 가장한다. 그리고 살인을 한 것처럼 가장한다는 것은 실제로 살인을 한 것이 아니라 살인을 한 것처럼 보이는 것이다. 모의살인이 살인이 아닌 것과 마찬가지로 상상 속의 광경이나 소리도 실제의 광경이나 소리가 아니다. 따라서 그것들에 대해 희미하다는 등의 말을 할 수 없다. 그리고 그것들은 사적인 광경이나 소리가 아니다. 그리고

상상력 325

「너의 모의살인의 희생자를 어디에 두었는가」라는 사이비질문에 대해서는 아무런 대답도 할 수 없다. 왜냐하면 도대체가 희생자란 없었기 때문이다. 마찬가지로 「우리가 보고 있다고 공상하는 사물들은 어디에 있는가」라는 사이비질문에 대해서도 대답한다는 것 자체가 불가능하다. 왜냐하면 그런 사물들은 도대체 존재하지 않기 때문이다.

　그러나 이같은 견해에 대하여 「만일 실제로 들을 수 있는 선율이 존재하지 않는다면 우리는 어떻게 머리 속에서 울리는 선율을 듣는 것같은 상태에 처할 수 있는가」라는 질문이 나올 수 있다. 이 질문에 대한 대답 중의 하나는 아주 쉽다. 즉 만일 배우가 실제로 사람을 죽인다면 그는 모의살인을 하는 것이 아닌 것과 마찬가지로 만일 우리가 실제로 하나의 선율을 듣는다면 우리는 하나의 선율을 듣는 것같거나 선율을 듣고 있다고 공상하고 있는 것은 아닐 것이다. 그러나 이것만으로는 충분치 못하다. 「들을 수 있는 선율이 도대체 존재하지 않는다면 우리는 어떻게 하나의 선율을 듣는 것처럼 느낄 수 있는가」라는 질문은 답이 이미 정해진 질문형식을 갖고 있다. 이 형식이 시사하는 바는 (마술트릭과 자동전화에 대하여 묻는 것이 적절한) 기계론적 혹은 유사기계론적 문제가 존재한다는 것과, 우리는 어떤 사람이 하나의 선율에 귀를 기울이고 있다고 스스로 공상할 때 그가 행하는 바를 구성하는 숨겨진 작용들을 우리에게 서술했어야 했다는 것이다. 그러나 어떤 사람이 어떤 선율을 듣는다고 공상하고 있다고 말하는 것이 의미하는 바를 이해하는 데는 그가 그렇게 할 때 일어나고 있을지도 모를 그 어떤 숨겨진 과정들에 관한 정보가 필요치 않다. 우리는 어떤 상황에서 사람들에 대해 그들이 어떤 것을 보거나 듣거나 행하고 있다고 상상하고 있다고 서술하는지를 이미 알고 있고 또 어릴 때부터 알아왔다. 문제는 경마를 보거나 콘서트를 듣거나 살인을 행하는 것에 대해 이야기할 때 사용하는 어법에 의존하지 않고 방금 말한 상상적 상황에 대한 서술들을 해석하는 것이다. 예를 들어 용(龍)을 보고 있다고 공상하는 것은 실재하는 용의 환영을 보는 것이다. 혹은 살인을 저지른 척 하는 것은 실재하는 모의살인을 한 것이다. 혹은 선율을 들은 것같은 것은 실재하는 마음속의 선율을 듣는 것이라고 말하는 것은 이미 위에서 말한 그런 어법에 의존하는 것이 된다. 이같은 언어적 관행, 즉 그런 어법을 채택하는 것은 부분적으로나마 사실을 부인하는 행동을 위해 고안된 개념들을, 종개념으로 바꾸려고 노력하는 것에 지나지 않는다. 그래서 어떤 행동이 모의살인이라고 말하는 것은 경미하거나 미약한 살인이 저질러졌다는 뜻이 아니라 그 어떤 종류의 살인도 저질러지지 않았다는 뜻을 담고 있다. 또 어떤 사람이 용을 마음속에 그린다고 말하는 것은 그가 특정 종류의 용이나 그와 유사한 어떤 것을 희미하게 보았다는 뜻이 아니라 도대체 용이나 그와 유사한 것은 보지 않았다는 뜻을 담고 있다. 이와 마찬가지로「마음의 눈으로 헬벨린산을 보는」사람은 실제의 산이나 산과 유사한 어떤 것을 보는 것이 아니다. 또한 그의 눈앞에 실제의 산이 존재하지 않으며 또 얼굴에 있는 눈이 아닌 어떤 다른 눈앞에 산의 모조품이 있는 것도 아니다. 그러나 여전히 그가「지금 헬벨린산을 보고 있는 것인지 모른다」고 말하는 것은 참이며 심지어 그는 자신이 현재 그렇게 하고 있지 않다는 것을 깨닫지 못할지 모른다고 말하는 것도 참이다.

또 다른 종류의 상상하기(imaging)를 고찰해보자. 어떤 사람이 대장장이의 작업장에 대해 언급할 때 우리는 종종 그와 동시에 어린 시절로 돌아가 시골의 대장간을 방문하고 있는 기분에 빠지곤 한다. 나는 모루 위에 있는 붉게 빛나는 말발굽을 생생하게「볼」수 있고, 발굽위에 울리는 망치소리를 아주 생생하게「들을」수 있고, 거기서 나는 냄새를 덜 생생하게「맡을」수 있다. 우리는 이「마음의 코로 냄새맡는 것」을 어떻게 서술할 수 있는가? 일상언어로는 내가 불에 달궈진 말발굽냄새의「유사물」을 냄새맡고 있다는 말을 할 수가 없다. 이미 말한 바와 같이 주간의 일상적 세계에서는 얼굴과 산의 그림들인 여타의 가시적 사물들뿐만 아니라 가시적인 얼굴과 산들이 존재한다. 또 가시적인 사람들도 존재하고 사람들의 가시적인 상(像)들도 존재한다. 나무와, 나무의 반영물 모두 사진으로 찍을 수도 있고 거울에도 비친다. 눈에 보인 사물들과, 그런 사물들의 가시적인 유사물들을 시각적으로 비교하는 것은 흔한 일이고 매우 쉽다. 우리는 소리에 관해서는 이정도로 다룰 만한 상태에 있지 않다. 그러나 마찬가지로 귀에 들린 소리가 있는가 하면 그 소리의 메아리도 귀에 들린다. 불려진 노래가 있는가 하면 노래의 녹음도 들을 수 있고 어떤 목소리가 있으면 그 소리에 대한 성대모사도 우리는 들을 수 있다. 이같은 사정에 기초해, 시각적 상상을 하는 것을 원본을 보는 것 대신에 그것의 유사물을 보는 것인 양 이야기하는 것은 용이할 뿐만 아니라 매력적인 방법이기도 하다. 이는 청각적 상상을 하는 경우에도 마찬가지다. 그러나 우리는 냄새맡는 것, 맛보는 것, 촉각으로 느끼는 것 등에 대해서는 그런 유추를 하지 않는다. 그래서 나는 발굽이 타는 냄새를 「맡고 있다」고 말할 때, 나는 이같은 나의 진술을 「나는 발굽이 타는 냄새의 모사물을 맡고 있다」는 내용을 서술하는 표현으로 의역할 방법을 갖고 있지 않다. 원본과 그 모사물과의 관계를 서술하는 언어는 냄새맡는 일의 경우에는 적용되지 않는다.

그럼에도 불구하고 나는 발굽이 타는 냄새를 생생하게 「맡는다」든가 그 냄새가 나에게 생생하게 되돌아온다고 말할 수 있을 것이다. 그리고 이런 경우 생생하게(vividly)*라는 부사는 그 자체가 나는 냄새맡고 있는 것이 아니라 「냄새맡고」 있다는 것을 내가 알고 있다는 것을 보여준다. 냄새를 맡는 것에 대해 생생하다거나 실물과 같다거나 진짜에 가깝다고 수식할 수는 없다. 냄새를 맡는 것에는 다만 더욱 강렬하다거나 덜 강렬하다고 하는 수식어만 붙을 수 있다. 오직 「냄새맡는 것」만이 생생할 수 있고 따라서 「냄새맡는 것」은——물론 내가 더 혹은 덜 강렬하게 냄새를 맡고 있는 것같을 수는 있지만 말이다——더 강렬하거나 덜 강렬할 수 없다. 내가 아무리 생생하게 대장간의 냄새를 「맡는다」고 하더라도, 그로 인해 나의 방에 약하게 흐르고 있는 라벤더향의 냄새가 사라지지는 않는다. 양파의 냄새와 라벤더의 냄새 사이에는 경쟁관계가 있을 수 있다. 그러나 냄새와 「냄새」 사이에는 그같은 경쟁관계가 성립될 수 없다.

최근 불난 집에 있었던 사람이 그는 여전히 연기냄새를 「맡을」 수 있다고 보고할 경우, 그는 그가 보고하는 그 순간에 그 집이 불타고 있다고 생각하고 있는 것은 아니다. 그가 아무리 연기냄새를 생생하게 「맡고」 있다 하더라도 그는 자신이 실제로는 아무 냄새도 맡고 있지 않다는 것을 안다. 적어도 그가 제정신을 가진 사람이라면 이 점을 깨달을 것이고, 만일 그가 깨닫

---

* 번역은 원어를 살려 「생생하게」라고 했지만 여기서의 의미는 「실제처럼」이라는 뜻이다.

지 못한다면 그는 「냄새」가 생생하다고 말하지 않을 것이고 그 냄새는 강렬하다고 잘못 말할 것이다. 그러나 만일 연기냄새를 「맡는 것」은 사실상 연기의 유사물의 냄새를 맡는 것이라는 이론이 맞는 것이라면, 그는 「냄새맡는 것」과 냄새맡는 것 간의 차이를 구별하는 방법을 전혀 갖지 못할 것이다. 그런데 우리는 이와 유사한 방법들에 의해 실제의 얼굴들을 보는 것과 얼굴의 유사물을 보는 것, 혹은 목소리를 듣는 것과 목소리의 녹음을 듣는 것 간의 차이를 구별한다.

통상 사물들과, 그것들의 스냅사진이나 모사물 간의 차이를 알아내는 시각적 방법들이 존재한다. 예를 들어 사물들의 그림은 평평하고 테두리가 있으며 대개 액자에 들어 있다. 그런데 그 그림은 동그랄 수도 있고 뒤집어질 수도 있고 쭈글쭈글해지거나 찢어질 수도 있다. 어떤 소리의 메아리나 녹음조차도 비록 청각적으로는 아니지만 적어도 소리 그 자체의 일정한 기계적 기준에 의해 구별될 수 있다. 그러나 이같은 판별수단들 중에 그 어떤 것도 냄새와 그 모사물, 맛과 그 유사물, 간지럼과 그 유사물 사이에는 사용될 수 없다. 사실 냄새, 맛, 촉각적 느낌에 대해 「모사물」이니 「유사물」이니 하는 단어들을 적용한다는 것 자체가 말이 안 된다. 따라서 이런 경우에는 대장간의 냄새를 「맡는」 사람은 사실상 어떤 것의 모사물이나 유사물의 냄새를 맡고 있는 것이라고 말하게끔 하는 유혹이 전혀 존재하지 않는다. 그는 어떤 것의 냄새를 맡는 것처럼 보인다든가 냄새를 맡고 있다고 공상하고 있지만 냄새의 복제나 모사물 혹은 유사물과 같은 것이 존재하는 양 말할 수 있는 길은 없다. 그래서 이런 경우에는 「냄새맡다」에는 냄새맡는 것이 포함되지 않으며, 따라서 상상하는 것은 그것이 결코 지각하는 것이 아니라는 점에서 어떤 유사물을 지각하는 것이 아니라는 것은 명백하다.

그렇다면 왜 우리는 자연스럽게 「사물들을 보는 것」을 그 사물의 그림들을 보는 것이라고 잘못 서술하려는 경향에 빠지게 되는가? 그것은 「그림들」이라는 말이 스냅사진과 마음속의 그림이라는 두 개의 종개념을 포괄하는 유개념이어서가 아니다. 왜냐하면 「마음속의 그림」이란 「모의살인」이 살인이 아니듯이 그림이 아니기 때문이다. 오히려 이와 반대로 우리는 「본다는 것」을 마치 그것이 그림을 보는 것인 양 말한다. 왜냐하면 사물이나 사람들의 스냅사진을 보는 익숙한 경험이 종종 그런 사물들과 사람들을 「보는 것」처럼 유도하기 때문이다. 이것이 바로 스냅사진이 존재하는 이유이다. 어떤 사람에 대한 눈으로 볼 수 있는 유사물이 나의 바로 앞에 있을 때 나는 종종——비록 그가 눈앞에 없고 심지어 오래전에 그가 죽었다고 할지라도——그 사람 자체를 눈앞에서 보고 있는 것처럼 보인다. 또한 만일 초상화가 이런 기능을 수행하지 못한다면 나는 그것을 더 이상 그냥 두어서는 안 된다. 혹은 내가 한 친구의 목소리를 녹음한 것을 들을 때, 나는 비록 그가 수마일 떨어져 있다 하더라도 그가 내 방에서 노래하거나 말하는 것을 듣고 있다고 공상한다. 이런 경우 지각하고 있는 것같다는 느낌이 하나의 유(類)를 형성한다. 그리고 이 유(類)에 포섭되는 종(種) 중에서 우리와 특히 친숙한 것은 어떤 것에 대한 일반적인 사진을 보고 있을 때 그것을 보는 듯한 느낌이 드는 것이다. 그 어떤 물리적 유사물도 눈앞에 없을 때 어떤 것을 보는 듯한 느낌이 드는 것은 또 다른 종류의 종이다. 상상한다는 것은 「마음의 눈」이라고 불리는 환영의 기관 앞에 환영의 그림들이 놓여진다는 것이 아니다. 그러나 우리 눈앞에 종이그림을 갖는다는 것은 상상하는 것에 대해 친숙한 자극제이다.

 친구를 그린 유화를 볼 때, 내가 실제로 친구를 보고 있지 않음에도 불구하고, 만일 그 친구를 아주 명료하고 상세하게 보는 듯한 느낌이 든다면 그 그림은 진짜같다(lifelike)고 서술된다. 이에 반해 간단한 풍자화는 동일인물의 진짜같은 유화와 전혀 유사하지 않더라도 진짜같을 수 있을 것이다. 하나의 그림은 그것이 묘사하고 있는 인물의 윤곽선이나 색깔을 정확하게 모사해야 한다는 것은 그것이 진짜같기 위한 필요조건이나 충분조건이 아니다. 그래서 내가 어떤 얼굴을 생생하게 「보고」 있을 때, 이는 내가 정확한 모사물을 보고 있다는 것을 내포하지 않는다. 왜냐하면 나는 그 얼굴을 생생하게 「보지」 않고서도 정확한 모사물을 볼 수 있고 그 역도 마찬가지이기 때문이다. 그러나 어떤 사람의 그림이 진짜같다거나 「말을 하고 있다」고 느끼게 되는 것은 그 사람을 보는 것같은 느낌이 든다는 것을 포함한다. 왜냐하면 그것은 다름아닌 「진짜같다」나 「말을 하고 있다」는 것이 의미하는 바이기 때문이다.

사람들은 지금까지 「본다」는 것을, 진정한 것이지만 유령과 같은 유사물을 보는 것이라고 서술하는 경향을 보여왔다. 왜냐하면 우리는 생생함이나 진짜같음을, 마치 내가 헬벨린산을 「보기」 위해서는 내가 실제로 뭔가 그 산과 유사한 것을 보고 있어야 하듯이, 유사성에 의해 설명하려고 해왔기 때문이다. 그러나 이는 잘못이다. 그것이 아무리 정확하다 하더라도 모사물을 보는 것은 반드시 생생하게 「보는 것」이어야 할 필요가 없다. 그리고 물리적 실체를 갖는 유사물은 유사성에 의해서가 아니라 그것이 유인하는 「본다는 것」의 생생함에 의해 서술돼야 한다.
　간단히 말해서 정신적인 그림들이라고 하는 것들은 존재하지 않는다. 그리고 만일 그런 것들이 존재한다면, 그것들을 보는 것은 얼굴이나 산들을 보는 것같은 느낌이 드는 것과 동일하지 않을 것이다. 우리는 아주 드물기는 하지만 불에 달궈진 말발굽의 냄새를 「맡듯이」 얼굴이나 산들을 마음속에 그려보거나 시각화한다. 그러나 얼굴이나 산을 그려보는 것은 그 얼굴이나 산의 그림을 우리 앞에 가져오는 것이 아니라, (비록 우리가 별도의 자극들을 받지 않고서도 할 수 있고 실제로 종종 그렇게 하고 있긴 하지만) 우리 눈앞에 물리적 유사물을 갖고 오는 것이 흔히 우리에게 도움을 주는 그런 것이다. 마찬가지로 꿈을 꾸는 것은 사적인 시사회에 참석하는 것이 아니다. 오히려 반대로 공개적인 시사회를 보는 것이 꿈꾸는 것에 우리를 이끌어들이는 한 방법이다. 영화를 보고 있는 관객은 다양하게 빛을 받는 마포 한장을 보고 있는 것이다. 그러나 그는 동시에 기복이 있는 대평원을 「보고」 있다. 그래서 꿈을 꾸고 있는 사람은 다양하게 빛을 받는 「마음속의」 마포를 보고 있는 것이라고 말하는 것은 사태의 진상을 왜곡하고 있다고 할 수 있다. 왜냐하면 마음속의 마포란 존재하지 않으며, 설사 그것이 존재한다 하더라도, 그 마포가 다양하게 빛을 받고 있는 것을 보는 것이 대평원을 말로 달리고 있는 것을 꿈꾸는 것은 아닐 것이기 때문이다.
　시각화하는 것을 실재하는 내면의 유사물을 보는 것이라고 서술하려는 경향은 감각자료이론을 강화시켜주고 또 그 이론에 의해 강화된다. 「보는 것」이란 내가 종이없는 특별한 스냅사진――비록 이 사진은 뒤집을 수 없는 기묘한 것이긴 하지만――을 보고 있는 것이라고 잘못 가정하고 있는 이 이론의 상당수 옹호자들은 한걸음 더 나아가 진정한 의미에서 보는 것이란 내가 특수하게 비물질적인 색의 영역을 보고 있는 것이라고 생각한다. 또 그들은 시각적 감각을 갖는 것은 「사적인 공간」에 흩어진 색들의 평평한 덩어리를 보는 것이라고 잘못 가정하기 때문에, 상상한다는 것은 이 원형인 색의 덩어리와 동일한 화랑에 전시돼 있는 보다 환영에 가까운 색의 덩어리들을 유심히 보는 것이라고 말하는 것이 훨씬 쉬운 일이라고 주장한다. 다시 말해 나의 서재에는 어떤 인물과 그 인물의 그림자나 초상화가 동시에 존재할 수 있는 것과 같이 나만의 은밀한 시각적 화랑에는 감각자료와 그 자료의 재생물이 동시에 존재할 것이라는 것이다. 마음속에 그려보는 행위를 그림-보기로 해석하는 입장에 대한 나의 반론은 그 자체로서 감각들에 대한 감각소여이론의 해석을 제거하는 것이 아니다. 그러나 나의 반론들은 마음속에 그림을 그려보는 것은 감각자료의 재생물을 보는 것이라는 부수적인 이론은 제거할 수 있다고 본다. 그리고 만일――감각작용의 개념은 관찰작용의 개념과 다르기 때문에――시각적 감각을 갖는 것이 색의 덩어리에 대한 일종의 관찰작용으로 잘못 서술되고 있다고 말한 나의 주장이 옳다면, 상상하는 것은 결코 어떤 것에 대한 관찰작용이 아닐 뿐만 아니라 어떤 특별한 종류의 감각작용을 가지는 것도 아니라는 결론이 나온다. 이런 결론은 다른 근거들로부터도 도출될 수 있다. 매우 시끄러운 소리를 듣고 있는 듯하다는 것은 일정정도 귀가 먹었다는 것도 아니고, 매우 밝은 빛을 보고 있는 듯하다는 것은 일정정도 현기증을 느낀다는 것도 아니다. 관념은 특수한 종류의 인상이 아니고 따라서 어떤 것을 이런 의미에서의 관념이라고 서술하는 것은 하나의 인상을 갖게 된다는 것을 부정하는 것이다.

4. 상상하기

여기서는 다음과 같은 질문들이 제기될 수 있을 것이다. 「그렇다면 과연 한 사람이 자신이 뭔가를 보거나 냄새맡고 있다고 공상하는 것은 무엇인가?」, 「실제로는 듣고 있지 않으면서도 어떻게 그는 뭔가를 듣는 것처럼 느낄 수 있는가?」, 「그리고 특히 어떤 사람은 알콜중독자의 경우처럼 그는 단지 듣거나 보는 것처럼 느낄 뿐이라는 것을 어떻게 해서 의식하지 못하는 일이 생길 수 있는가?」, 「과연 어떤 정확한 측면들에서 '보는 것'이 보는 것과 매우 흡사해 당사자는 최선의 노력과 최고의 지혜를 갖고서도 종종 자신이 어느 쪽을 하고 있는지를 말할 수 없는 것일까?」 이제 우리가 이런 질문들로부터 답이 이미 정해진 질문들과의 연관성을 제거해낸다면, 우리는 이런 질문들이 단순히, 내가 지금까지 한 번도 적극적으로 개진한 바 없는 개념, 즉 상상하기나 믿게 하기(make-believe)의 개념에 관한 문제라는 것을 알 수 있다. 내가 지금까지 이 개념에 대해 말하지 않은 이유는, 상상하기는 어떤 특별한 지위를 가진 그림들을 보는 것으로 서술되어야 한다는 이론——이 이론은 종종 암묵적으로 가정되곤 한다——에 대한 우리의 면역성을 기르는 것이 필요한 것으로 보였기 때문이다.

그러나 나는 이제 사람들이 흔히 「헬벨린산에 대한 마음속의 그림을 갖는 것」 혹은 「헬벨린산을 마음의 눈앞에 두는 것」이라고 서술하는 바는, 사실은 상상하기의 특별한 한 가지 경우, 즉 우리가 헬벨린산을 바로 눈앞에서 보고 있다고 상상하는 것이며, 우리의 머리 속에서 울리는 선율을 듣는다는 것은 어떤 장소, 예를 들면 콘서트홀 등에서 연주되고 있는 선율을 듣고 있다고 상상하는 것이라는 점을 입증한 것이기를 바란다. 만일 이런 나의 바람이 성공했다면, 나는 또한 마음이란 마음속의 그림들이 보여지고 목소리나 선율들의 재생물이 들리는 「장소」라는 생각은 잘못된 것임도 입증한 셈이 된다.

상상적(imaginative)이라고 서술하는 것이 일반적이고 적절한 것으로 보이는 우리의 행위 중에는 매우 다양한 종류의 수많은 행동들이 포함된다. 예를 들면 증인석에서 위증을 하는 목격자, 새로운 기계를 고안하려고 하는 발명가, 공상소설작가, 곰놀이를 하고 있는 아이, 헨리 어빙* 등은 모두 자신들의 상상력을 발휘하고 있다. 그렇지만 목격자의 거짓말을 듣고 있는 판사, 새로운 발명품에 대해 자신의 의견을 말하는 동료, 소설의 독자, 시끄

---

* 1838~1905, 영국의 유명한 배우이자 극장경영자.

러운 소리를 내는 「곰들」을 질책하는 것을 말리는 간호원, 연극비평가와 극장이용자 등도 마찬가지로 상상력을 발휘한다. 그렇지만 그들 모두가 자신들의 상상력을 발휘하고 있다고 우리가 서술하지 않는 것은, 이와 같이 종종 아주 다른 종류의 다양한 작용들에 바탕을 두고 있는, 어떤 공통의 핵(核)을 이루는 작업이 존재한다고 우리가 생각하기 때문이 아니다. 이는 비유하자면 두 사람이 모두 농부라고 부를 수 있게 하는 것은 둘 다 똑같이 행동하도록 하는 어떤 핵을 이루는 작업이 있다고 우리가 생각하기 때문이 아닌 것과 마찬가지다. 쟁기질이 하나의 농삿일이고 파종이 또 하나의 농삿일이듯이, 새로운 기계를 고안하는 것이 상상적인 것의 한 방식이라면 곰놀이를 하는 것은 또 하나의 방식이다. 핵이 되는 농삿일과 같은 것이 존재하고, 그것을 수행함으로써만 어떤 사람은 「농부」라고 불릴 수 있는 자격을 갖게 된다고 생각하는 사람은 아무도 없다. 그러나 인식론에서 사용되고 있는 제반개념들은 대개 농부의 경우에 비해 덜 관대하게 다루어지고 있다. 인식론은 종종 본래적 의미에서 상상력이라고 부르게끔 하는 하나의 핵이 되는 작용이 존재한다고 가정한다. 예를 들어 목격자의 위증을 듣고 있는 판사와 곰놀이를 하고 있는 아이 둘 다 어떤 특별한 동일요소로 된 작업을 수행하는 한에서만 그들의 상상력을 발휘하고 있다는 것이다. 이런 식으로 가정된 핵이 되는 작용은 종종 마음의 눈으로 보는 것이나 머리 속으로 듣는 것 등의 작업, 즉 공상된 한 편의 지각이라고 가정된다. 물론 그 아이가 그밖의 다른 많은 일들도 할 수 있다는 것을 부정하는 것은 아니다. 그 아이는 소리지를 수 있고, 마루 위를 소리내 걸어다닐 수 있고, 이를 갈 수도 있고, 동굴에 있다고 생각하고 자는 척할 수도 있다. 그러나 이런 견해에 따르면 그 아이가 털로 덮인 자신의 손이나 눈에 갖힌 동굴 등의 그림을 마음의 눈으로 볼 때에만, 그 아이는 뭔가를 상상하고 있는 것이다. 말하자면 그 아이가 내는 소음이나 기묘한 행동은 그가 마음속에 그림을 그리는 데 도움이 될 수 있고, 또 그림을 그려본 데 따른 결과일 수도 있다. 그러나 그의 상상력은 그가 소음을 내거나 그같은 기묘한 행동을 하는 데서가 아니라 거기서는 지각될 수 없는 것들을 그가 「보고, 듣고, 냄새맡고, 느끼는 데서」 발휘된다. 그리고 이에 상응하는 것들은 의심을 품으면서도 주의를 기울여 경청하는 판사에게도 마찬가지로 통용될 것이다.

　이처럼 솔직하게 표현해볼 때, 이런 견해가 불합리하다는 것은 명명백백하다. 왜냐하면 이런 견해에 따를 경우, 우리가 흔히 바로 그 때문에 아이들이 상상력이 있다고 서술하게 되는 것들의 대부분은 그것의 발생과 특징들을 확인하기도 어려운 제한된 수의 작용들에 밀려 배제된다. 특히 상대적으로 명확하게 의사표현을 하지 못하는 아이들의 경우에는 더욱 그렇다. 우리는 그 아이들이 노는 것을 보고 듣는다. 그러나 우리는 그들이 사물들을 「보는 것」과 「듣는 것」을 보거나 듣지는 않는다. 마찬가지로 우리는 코난 도일이 쓴 것을 읽지만 그가 마음의 눈으로 본 것을 시야에 가져올 수는 없다. 그래서 이 이론에 따르면 우리는 아이들이나 배우들 혹은 소설가들이 상상적인지 아닌지에 대해——비록 우리 모두 아이들, 배우, 소설가들을 일상생활 속에서 서술할 때「상상력」이라는 말을 어떻게 사용하는지를 안다는 이유만으로「상상력」이라는 단어가 인식이론들에서 사용되고 있기는 하지만——쉽게 단정해서 말할 수 없다.

　공상 속에서 보거나 듣거나 하는 일에만 전념하는, 「상상력」이라고 하는 특별한「능력」은 존재하지 않는다. 그 반대로 사물들을「보는 것」이 상상력이 발휘된 한 가지요, 곰처럼 으르렁거리는 것이 상상력이 발휘된 또 한 가지다. 마음의 코로 냄새를 맡는 것은 평범치 않은 공상행위이고 꾀병부리는 것은 매우 평범한 공상행위이다. 아마 다수의 이론가들이 상상력의 발휘를 특별한 부류의 공상적 지각들에만 한정해온 주요한 동기는 다음과 같은 점 때문일 것이다. 그들은 마음(혹은 정신)은 공식적으로「인식」, 「의지」, 「정서」의 세 영역으로 나뉘고 상상력은 인식의 영역에서 생겨나는 것이기 때문에 상상력은 나머지 두 영역과 무관해야 한다고 가정했던 것이다. 이들에게 있어서 잘못된 인식은 미숙한 상상력의 장난에 기인하고 인식이 성공하는 경우에는 상상력이 잘 활동해서 그런 것이었다. 그래서 상상력이란 이성의 (변덕스러운) 하인이기 때문에 다른 두 주인은 섬길 수 없다. 그러나 우리는 이같은 봉건적인 알레고리로 시간을 허비할 필요는 없다. 실제로 만일 우리가 상상하기가 인식활동인지 비인식활동인지에 관한 질문을 받을 경우 가장 좋은 방책은 그런 질문 자체를 무시해버리는 것이다. 「인식」이란 용어는 철학시험지에나 나오는 용어이다.

5. 가장하기(⋯⋯인 체하기)

이제 처음으로 가장하기(pretending)의 개념을 고찰해보자. 이 개념은 부분적으로 기만하기, 역할을 맡기, 곰놀이하기, 병든 척하거나 우울한 척하기 등과 같은 개념들의 일부를 구성한다. 주목해야 할 것은 이들 각종의 가식행위(make-believe)에서 어떤 경우에는 가장하는 사람이 의도적으로 정교하게 모방을 하거나 위장을 하고, 또 어떤 경우에는 자신이 실제로 어느 정도까지 모방이나 위장을 하고 있는지를 확실히 알지 못하며, 그밖의 또 다른 경우에는 자신의 행동에 의해 그 자신이 완전히 기만당하기도 한다는 것이다. 우리는 소규모이지만 이것을 곰놀이를 하고 있는 아이의 예에서 현저하게 볼 수 있다. 이 예에서 그 아이는 밝은 조명이 빛나는 방에 있는 동안에는 자신이 즐거운 놀이를 하고 있을 뿐이라는 것을 인식한다. 그러나 그는 아무도 없는 단계에 이르면 다소 불안감을 느끼고 통로가 어두워지면 불안감을 제거할 수 없게 된다. 이같은 가식행위는 모든 단계의 회의주의나 미숙함과 양립할 수 있다. 이러한 사실은「한 사람은 자신이 어떤 것을 보고 있지 않다는 것을 깨닫지 않고서도 어떻게 그가 그것을 보고 있다고 공상할 수 있는가」라는 미리 상정된 문제와 깊은 관련을 갖는다. 그러나 만일 우리가「어린아이는 줄곧 그것이 게임일 뿐이라는 것을 분명히 확신하지 않으면서도 어떻게 곰놀이를 할 수 있는가」,「꾀병을 부리는 사람은 자신의 증상들이 공상에 불과하다는 것을 완벽하게 확신하지 않고서도 어떻게 그가 그런 증상들을 갖고 있다고 공상할 수 있는가」등과 같은 유사한 질문들을 제기하는 경우, 우리는 이런 질문들이나 그와 유사한 질문들이 결코 진정한 어떻게-질문(how-question)이 아니라는 것을 알게 된다. 사람들이──그것이 공상에 불과하다는 것을 깨닫지 못하고──자신들이 사물들을 본다든가 곰에 의해 쫓긴다든가 맹장이 아프다고 공상할 수 있다는 사실은, 반드시 모든 사람들이 언제나 어느 연령에나 어떤 상황에서나 최고조로 사려깊고 비판적인 안목을 가질 수 있는 것은 아니라는 평범한 일반적 사실의 한 부분일 뿐이다.

어떤 사람이 뭔가를 가장하고 있다고 서술하는 것은 그가 하나의 역할을 맡고 있다는 것이며, 하나의 역할을 맡고 있다는 것은 일반적으로 어떤 역할도 맡고 있지 않으면서 자연적으로는 어떤 일을 하고 있는 또 다른 사람의 역할을 맡는 것이다. 죽은 사람은 움직이지 않는다. 그리고 죽은 체하는 사람도 마찬가지로 움직이지 않는다. 그러나 죽은 체하는 사람은 죽은 사람과 달리 움직이지 않으려고 노력하고 있으며 또한 죽은 사람을 닮으려는 일념으로 움직이지 않고 있다. 아마도 이 사람은 의도적이고 능숙하게 그리고 확신을 가지고 움직이지 않을 것이지만 죽은 사람은 그냥 움직이지 않을 뿐이다. 시체는 죽은 것이어야 하지만 모의시체는 살아있어야 한다. 실제로 모의시체는 살아있어야 할 뿐만 아니라 깨어있어야 하고, 제정신을 차리고 있어야 하며, 그가 맡고 있는 역할에 온 정신을 쏟아야 한다.

곰이나 시체인 체 하는 사람에 대해 이야기하는 것은 곰이나 시체가 어떻게 행동하는지 혹은 어떻게 행동하는 것으로 상정되는지에 대해 완곡하게 이야기하는 것이라 할 수 있다. 그는 곰이 으르렁대듯이 으르렁거리고 시체가 조용히 누워있듯이 누워있음으로써 그 역할들을 수행한다. 따라서 우리는 자신이 맡고 있는 것을 자연스럽게 수행하는 것이 어떤 것인지를 알지 못하고서는 하나의 역할을 어떻게 수행하는지를 알 수 없다. 또한 우리는 자연적인 원래의 행위 자체가 어떻게 수행되는지를 모르고서는 모의행동이 진짜같은지 아닌지 그리고 그것을 능숙하게 모방했는지 아닌지를 판별할 수 없다. 따라서 곰처럼 으르렁거리는 체한다거나 시체처럼 조용히 누워있는 체하는 것은 고도로 작위적인 행동인 반면 곰의 으르렁거림이나 시체의 부동자세는 단순하고 소박한 것이다.

이러한 차이는 다른 사람의 주장을 인용하는 것과 내가 그 주장을 하는 것 간의 차이와 비슷하다. 만일 내가 당신이 한 주장을 인용한다면 이때 내가 하는 말은 바로 당신이 한 말이다. 심지어 나는 그것을 당신의 목소리 그대로 할 수도 있다. 하지만 나의 말하는 행위를 모두 서술했을 때 그것은 결코 당신의 행위를 서술한 것과 같을 수 없다. 당신의 행위는 설교자로서

상상력 337

의 기량이 발휘된 것일 수 있지만 나의 행위는 보고자나 모방자의 행위에 지나지 않는다. 당신이 원본이라면 나는 메아리이다. 당신은 당신이 믿는 바를 이야기한 것이지만 나는 내가 믿지 않는 바를 말한 것이다. 간단히 말해서 내가 말한 단어들은 말하자면 인용부호 안에서 그 단어들이 씌어진 대로 말해진 것이다. 당신이 말한 단어들은 그렇지 않다. 당신은「직접화법」으로 이야기했다. 그러나 나는 나의 발언내용이「간접화법」의 형식으로 받아들여지기를 기대했을 것이다. 이와 마찬가지로 곰은 직접 으르렁거리지만 어린아이의 으르렁거림은 말하자면 인용부호 안에 있는 것이다. 그 아이의 직접적인 행동은 곰의 행동과 달리 재현행동이며 이는 간접적으로 으르렁거림을 구현하고 있다. 그러나 내가 당신의 말을 인용한다고 해서 동시에 두 가지 일을 하는 것이 아니듯 그 아이는 동시에 두 가지 일을 하고 있는 것이 아니다. 모방행동은 그것이 재현하고 있는 자연적인 행동과 구별되는데, 그 이유는 모방행동이 행동들의 복합체여서가 아니라 일종의 복합적인 서술을 수반하는 행동이기 때문이다. 자연적인 행동에 대한 언급은 모방행동을 서술하는 데 있어 불가결한 구성요소이다. 아이가 내는 소리는 곰에게서 나오는 소리와 유사하다고 서술하는 데는 아무런 문제가 없다. 마찬가지로 내 입에서 나오는 소리가 당신이 설교할 때 나오는 소리와 유사하다고 서술하는 것에도 아무 문제가 없다. 그렇지만 이같은 모방행동의 개념은 자연적인 행동의 개념과 논리적 성격에 있어 전혀 다르다. 실제로 우리는 양자의 행위자를 서술할 때에 전혀 다른 부류의 서술어들을 사용한다.

위조된 서명은 원래의 서명과 동일한 종류인가 다른 종류의 것인가? 만일 위조된 것이 완벽하다면 위조된 서명이 있는 수표는 원래의 서명이 있는 수표와 구별할 수 없고 이런 의미에서 두 서명은 정확하게 똑같은 종류의 것이다. 그러나 서명을 위조하는 것은 서명을 하는 것과 전혀 다르다. 왜냐하면 전자는 후자가 하지 않는 것, 즉 원래의 서명과 구별할 수 없게 하려는 바람과 능력이 요구되기 때문이다. 이런 의미에서 서명을 위조하는 것과 실제 서명을 하는 것은 완전히 다른 종류의 일이다. 위조자의 모든 교묘함은 자신의 수표를 원래의 수표처럼 완벽하게 복제하려는 노력을 하는 데서 발휘된다. 그런데 원래의 수표에 사인을 할 때에는 그같은 교묘함이 전혀 필요없다. 위조자가 본뜨는 것은 양자의 필적의 유사성에 의해 기술되어야 한다. 이는 어린아이가 본뜬 것이 그의 소리와 곰의 소리의 유사성에 의해 기술되어야 하는 것과 마찬가지다. 치밀한 본뜸은 모사하기 개념의 한 부분이다. 즉 모사물과 원본과의 유사성이야말로 모사하는 행위를 모사된 행위와 유형면에서 구별지어주는 것이다.

가장하는 행위의 종류, 가장하게 되는 동기, 가장 능숙했는지 미숙했는지를 가리는 기준 등은 수없이 많다. 어린아이는 재미로 가장을 하고, 위선자는 이익을 목적으로, 우울증환자는 병적인 이기심 때문에, 스파이는 종종 애국심 때문에, 배우는 종종 예술을 위해, 요리강사는 실연을 위해 가장을 한다. 자신의 코치와 스파링을 하고 있는 권투선수의 경우를 고찰해보자. 그들은 실제로는 진짜로 싸우지 않지만 진짜로 싸우는 것같은 동작들을 취한다. 비록 승리를 목적으로 하는 것도 아니고 패배를 두려워하는 것도 아니지만 공격을 하고 물러서고 타격을 가하고 반격을 한다. 선수는 이것들을 해봄으로써 전략을 익히고 코치는 이것들을 함으로써 전략을 가르친다. 하지만 그들이 단순히 모의싸움을 하고 있을 뿐이긴 하지만 그들은 두 가지 평행하는 동작을 동시에 할 필요는 없다. 무슨 말인가 하면 그들은 펀치를 가하고 동시에 그것을 끌어당기고, 함정을 파고 동시에 그들이 판 함정에 빠지고 주먹을 날리고 동시에 상대방에게 주먹을 날리라고 말하는 등의 두 가지 행위를 동시에 할 필요가 없다는 것이다. 그들은 일련의 동작들만을 해나가고 있는 것인지 모르지만 그들은 정언적 방식으로가 아니라 가언적 방식으로 이런 동작들을 하고 있다. 따라서 상대방에게 상처를 입혔다고 하는 개념은 두 사람이 하려고 하는 바를 서술하는 경우에 단지 간접적으로만 등장할 뿐이다. 다시 말해 그들은 상대방에게 상처를 입히려고 하는 것도 아니고 상대방으로부터 상처를 입는 것을 피하려고 하는 것도 아니다. 그들은 다만 실전에서 상처를 줄 수 있거나 상처입는 것을 피할 수 있는 방법들을 훈련하고 있는 것이다. 스파링을 하는 데 있어서 중요한 것은 실제로 타격을 가할 수 있을 때에――즉 만일 그 싸움이 실전이었다면 타격을 가했을 상황에서――타격을 가하는 것을 억제하는 데 있다. 개략적으로 말해 모의권투란 일련의 계산된 싸움의 생략이다.

이상의 예들을 통해 드러난 핵심논점은 모의행동의 서술에는 본질적인 이중성이 보이지만, 행위 그 자체로서는 독자성을 갖고 있다는 것이다. 다시 말해 모의행동에서 행해지는 사항을 기술하기 위해서는 적어도 주절과 종속절을 모두 포함하는 문장이 필요하지만, 거기서는 오직 한 가지만 행해지고 있는 것이다. 이 점을 이해하기 위해서는 정신발달 지체부자유아의 역을 연기하고 있는 배우에 대해 그는 고도로 예지적인 방식으로 어리석게 표정을 짓고 있다고 말하는 데는 왜 언어상의 모순이 존재하는지를 이해해야 한다. 또 광대에 대해 능숙하게 서투르고 현명하게 어리석다고 말하는 것도 왜 언어상의 모순인지를 이해해야 한다. 이같은 발언에서 드러나는 모순이 피상적인 것에 지나지 않는 이유는 「정신발달 지체부자유의」나 「어리석은」 등과 같은 부정적인 형용사가 위와 같은 표현의 종속절에서 언급되고 있는 행위에 귀속하는 것인 데 반해 긍정적인 형용사나 부사는 주절에서 언급되고 있는 행위에 귀속되고, 게다가 단일한 동작밖에 행해지지 않기 때문이다. 마찬가지로 내가 어떤 진술을 인용한다면, 당신은 나의 발언을 「정확하면서」 동시에 「정확하지 않은 것」이라고 올바르게 특징지을 수도 있을 것이다. 왜냐하면 예를 들어 나는 국채의 규모에 관한 지극히 부정확한 진술을 정확하게 인용할 수도 있고 그 역도 가능하기 때문이다. 하지만 나는 단지 하나의 진술만을 했을 뿐이다.

가장하는 행위들은 직접적 서술과 간접적 서술 간의 이같은 이중성을 통합하는 서술을 가진 유일한 것이 아니다. 예를 들어 내가 어떤 명령에 복종할 경우, 나는 나에게 명해진 것을 행동에 옮기며 동시에 나는 명령에 따른다. 그러나 나는 나에게 명해진 것을 행동에 옮김으로써 명령에 따르는 것이므로 사실 나는 단 하나의 행동만을 할 뿐이다. 하지만 외견상 모순돼 보이는 두 개의 술어로 나의 행동의 특징을 서술하는 것이 적절한 경우가 종종 존재한다는 것에서 드러나는 바와 같이, 내가 말하는 바에 대한 서술은 복합적이다. 비록 내가 하도록 명령받는 바가 행동습관을 몸에 익히지 못한 것이긴 하지만, 나는 명령받은 바를 습관의 힘으로 행동에 옮긴다. 또 비록 내가 명령받는 사항이 잘못된 병사의 특징이라 하더라도 나는 훌륭한 병사처럼 명령에 복종한다. 마찬가지로 나는 어리석은 짓을 하도록 충고를 받고

서도 현명하게 행동할 수 있으며, 쉬운 일을 하겠다는 결심을 실행에 옮기면서 어렵게 수행할 수도 있다. 제6장 6절에서 우리는 고차적인 과제와 저차적인 과제, 고차적인 수행과 저차적인 수행 등을 언어적으로 구별하는 것이 편리하다는 사실을 살펴본 바 있다. 이때 「고차적 과제」란 그것에 대한 서술이 이 과제보다 덜 복잡하게 서술된 또 다른 과제에 대한 언급을 포함하는 과제를 말한다. 이런 경우 어떤 과제를 실행에 옮기는 과정에서 행해지는 동작들이 전적으로 또 다른 과제를 실행하는 과정에서의 동작들과 유사하다는 사실은, 미리 암시된 방식으로 유형면에서 구별되는 과제들에 대한 서술과도 서로 모순되지 않고 양립가능하다.

가장하기로 다시 화제를 돌리자. 시무룩한 체하는 사람의 마음상태는 실제로 시무룩한 사람의 마음상태와 다르다. 그러나 양자의 차이는 전자가 실제로는 시무룩하지 않다는 데 있는 것이 아니다. 그는 비록 시무룩한 것처럼 행동하지만 실제로는 시무룩하지 않다. 그리고 이런 모방은 어떤 방식에 있어서 시무룩함에 대한 사고를 포함한다. 다시 말해 그는 어떤 사람이 시무룩하다는 것이 어떤 것인지에 대한 지식을 갖고 있을 뿐만 아니라 그런 지식을 어떤 식으로건 사용하고 있다. 그는 의도적으로 시무룩한 사람의 행동을 본뜬다. 그러나 우리가 시무룩한 사람의 행동을 본뜨는 것은 시무룩함에 대한 사고를 갖는 것을 포함한다고 말할 때, 우리는 일정한 위험, 즉 시무룩한 체하는 것은 시무룩함에 대해 숙고하는 하나의 작용과 그것에 의해 유발된 유사한 시무룩한 행위를 수행하는 제2의 작용으로부터 나오는 전후로 된 하나의 과정이라는 것을 시사하는 위험에 직면한다. 물론 이러한 시사는 잘못된 것일 것이다. 왜냐하면 가식하는 것이 모방되는 대상에 대한 사고를 포함하는 것은, 가식하는 행위가 미리 서술되거나 계획되는가의 여부나 그 행위에 대한 서술이나 계획이 그 행위와 혼합되는가의 여부와 같은 방식은 아니기 때문이다. 시무룩한 사람이 흔히 행동하는 방식들로 행동하려고 애쓰는 것 자체가 부분적으로 그가 어떻게 행동할 것인지에 대한 사고이다. 예를 들면 시무룩한 사람이 입을 쑥 내민다든지 땅을 쾅쾅 밟는 행위에 대한 다소 충실한 근육상의 재현은 그가 어떻게 행동할 것인지에 관한 지식을 적극적으로 사용하는 것이다. 따라서 어떤 사람이 선술집의 주인을 실물 그대로 본뜰 수 있다면, 예를 들어 그가 그 자신이나 타인을 향해 선술집 주인의 기질을 모두 말로 서술할 수 없다 하더라도, 그는 그 주인의 기질이 어떠한지를 안다는 것을 우리는 인정한다. 그가 그 주인을 실물 그대로 본뜰 수 있을 때에는 그는 그 주인이 기분이 나쁠 때 어떻게 행동하는지를 생각할 수 없다고 말해서는 안 된다. 그를 모방하는 것은 다름아닌 그가 어떻게 행동하는지를 생각하는 것이다. 또한 우리가 그 사람에게 선술집 주인은 어떻게 행동하고 있다고 생각하는지를 물을 때, 그가 그 응답으로서 선술집 주인의 행동을 모방한다면 우리는 그것을 거부하고, 그 대신 말로 응답하도록 그에게 요구해서는 안 될 것이다. 실제로 시무룩한 체한다는 개념을 설명하기 위해 우선 위장을 계획하고 다음에 유사한 시무룩한 행위를 한다는 두 개의 작용에 관한 인과적 설명을 부여하는 것은 전혀 불필요할 뿐더러 사실은 그 반대다. 다시 말해 일련의 행위의 설계도를 묘사하는 것이 그 일련의 행위의 수행과 연관돼 있다고 주장할 수 있다는 것은 어떤 의미에서인가를 설명하기 위해서는 도면에 그려진 과업을 실행에 옮기는 것은 두 가지 일을 하는 것이 아니라 오히려 한 가지 일을 행하는 것이라는 것을 보여줄 필요가 있다. 그러나 이런 경우 그같은 행위에 관한 서술은 가장하다든지 명령에 따른다든지 하는 행위를 서술하는 경우와 마찬가지로 논리적 복잡성을 갖고 있기 때문에, 수행된 행위는 고차적 행위이다. 이와 마찬가지로 계획된 일을 실행하는 것이나 곰처럼 으르렁거리는 것은 어느 것이나 비교적 복잡한 과업이다. 그런 행위들을 서술하기 위해서는 그것들에 대한 서술이 다른 행위에 대한 간접적인 언급을 전혀 포함하지 않는 일들에 대해 우리는 간접적으로 언급해야 한다. 자신이 행한 바를 후회하는 것, 결심을 지키는 것, 타인의 행위를 조소하는 것, 규칙에 따라 행동하는 것 등은 동일한 유형이다. 다른 많은 경우들과 마찬가지로 이 모든 경우들에서 고차적 행위를 하는 것은 저차적 행위에 대한 사고를 포함한다. 하지만 「……에 대한 사고를 포함하다」라는 구절은 또 다른 인지적 행위가 동시에 발생하고 있다는 뜻을 함축하고 있지 않다.

이 단계에서 일련의 가장하기에 대해 언급해볼 필요가 있다. 계획입안이나 이론구성에 관여하고 있는 사람은 그가 평소에는 그렇게 생각하지 않는 사항들에 대해 생각을 해보는 것이 유용하거나 즐겁다는 것을 알게 될 것이다. 그리고 이처럼 가정하거나 상정하거나 생각하기를 즐기거나 생각을 갖고 놀거나 제안들을 숙고하는 것 등은 모두 도식이나 이론들을 받아들이는 체하는 방식들이다. 이런 경우 사고되고 있는 명제들을 표현하는 문장은 자연적으로 사용되고 있는 것이 아니라 모의적으로 사용되고 있다. 비유적으로 말하자면 그 문장은 인용부호 안에 있는 것이다. 다시 말해 그 문장을 사용하는 사람은 그의 입 속에 있는 지적인 혀로 그 문장을 말하고, 그래서 그는 정언적인 마음상태에서가 아니라 가언적인 마음상태에서 발언하고 있는 것이다. 이와 매우 유사하게 그는 자신이 「만일……이라면」, 「……라고 가정해보면」, 「……라고 인정하자면」, 「즉」 등과 같은 특별한 기호를 사용해 그 문장들을 단순한 방식으로가 아니라 복잡한 방식으로 사용하고 있다는 사실을 그는 널리 알리고 있는 것이다. 혹은 복싱에 비유하자면, 그는 이런 경우 싸우고 있는 것이 아니라 스파링을 하면서 소리를 크게 내거나 그 자신에게 내고 있는 것이라 할 수 있다. 그러나 그는 여전히 오해를 받아 이같은 것을 진짜로 말했다는 비난을 받을 수 있고, 그래서 그는 자신이 주장했던 바를 몸소 실행에 옮겼던 것이 아니라 만일 자신의 주장이 현실로 나타났다면 그가 실행에 옮겼을 것을 고찰했을 뿐이라는 점을 해명해야 한다. 다시 말해 그는 아마도 이런 생각을 실행에 옮기기 위해 그 생각을 시행해봤을 뿐이다. 즉 가정해본다는 것은 자연스럽게 하게 되는 사고보다 훨씬 고차적인 작용이다. 우리는 판단을 일시 정지한 상태에서 사고하는 방법을 배우기 위해서는 그 이전에 판단을 내리는 법부터 배워야한다.

이 점은 대단히 중요하다. 그 까닭은 첫째로 그것이 상상하기라는 개념과 매우 밀접한 관계를 갖고 있기 때문이고, 둘째로 명제를 생각한다는 것은 어떤 것이 사실이라고 긍정하는 것보다 더욱 기초적이거나 소박한 수행이며, 따라서 예를 들면 「그러므로(therefore)」라는 말의 용법을 습득하기 위해서는 먼저 「만일……이라면(if)」이라는 말의 용법을 습득하지 않으면 안된다고 생각하는 논리학자나 인식론자가 있기 때문이다. 그리고 나 자신도 오랫동안 이렇게 생각해왔다. 그러나 말할 것도 없이 이는 잘못이다. 왜냐하면 가식하기의 개념은 믿음이라는 개념보다 더 고차적이기 때문이다.

6. 가장하기, 공상하기, 상상하기

해적놀이를 하고 있는 아이와 자신이 해적이라고 공상하고 있는 아이 사이에는 별다른 차이가 없다. 차이가 있다면 그것은 이런 것일 것이다. 첫째 우리는 연기를 보고 있는 사람이 그 연기를 다소 진짜에 가깝다고 느끼는 것으로 생각하는 경우「연기하다」,「가장하다」,「역할을 연기하다」등과 같은 단어를 사용하는 반면, 배우 스스로 반신반의하고 있다고 생각하는 경우 우리는「공상하다」,「상상하다」등과 같은 단어들을 사용한다. 둘째로 우리는 정교하게 계획되고 연습을 거친 연기들에 대해서는「연기하다」나「가장하다」등의 단어를 사용하는 반면, 사람들이 흔히 자기 의지와는 무관하게 빨려들어가게 되는 가식하기(make-believe)의 활동들에 대해서는「공상하다」나「상상하다」등의 단어를 사용한다. 이 두 가지 차이의 근저에는 다음과 같은 보다 근본적인 차이점이 존재한다. 즉 모방되고 있는 행동이나 상황이 어떠한 것이건 간에 사람들의 눈앞에서 신체적으로 그것을 모방하는 경우에 우리는「가장하다」나「역할을 연기하다」라는 단어를 사용하는 반면, 비록 예외가 상당수 존재하기는 하지만, 사람들이「머리 속에서」하기 때문에 눈으로 보지도 못하고 귀로 듣지도 못하게 하면서 행하는 일들에 대해, 즉 모의행위에 대해서가 아니라 공상 속의 갖가지 지각들에 대해「상상하다」나「공상하다」는 단어를 사용하는 경향이 있다.

여기서 우리가 주로 관심을 갖는 것은 이처럼 특별한 종류의 가장하기, 즉 우리가「상상하기」,「마음속에 그려보기」,「마음의 눈으로 보기」,「마음속으로 경험하기」등으로 부르는 것들이다. 스파링이 가언적인 방식으로 싸움동작의 일부를 경험하는 것이라고 인정하는 사람들조차 헬벨린산을 마음의 눈으로 보는 것에 관해서도 마찬가지의 설명이 성립한다는 것을 결코 인정하려 들지 않을 것이다. 여기서는 어떤 동작들이 가언적인 방식으로 일어나는가? 분명히 우리는 어린아이가 인디언처럼 유모의 머리가죽을「벗겨내고」, 권투선수가 스파링파트너를「통타하고 있다」고 서술하는 경우와 마찬가지로, 알콜중독자가 뱀을「본다」고 서술하는 경우에도 인용부호를 사용하지만, 그러나 이 두 경우에서 인용부호의 힘은 동일하지 않다는 주장이 나올 수 있다. 사실 스파링이 모의적인 싸움을 하는 것과 동일한 방식에서 마음속에 그림을 그리는 것이 모의적으로 보는 것은 아니기 때문이다.

그런데 헬벨린산을 마음속으로 그려보는 것은 헬벨린산의 그림을 보는 것이고, 머리 속으로「릴리불레로」를 듣는 것은 그 선율의 사적인 재현이나 내적인 울림을 듣는 것이라고 하는 견해가 잘못된 것이라는 것은 이미 밝혀졌다고 생각한다. 이제는 보다 미묘한 미신 하나를 제거할 차례다. 인식론자들은 오랫동안 마음속의 그림 혹은 시각적 이미지와 시각적 감각 사이에는 소리에 대한 메아리, 타격에 대한 상처, 실제 얼굴에 대한 거울의 반영물 등과 같은 관계가 있다고 생각하도록 우리를 고무해왔다. 이 점을 보다 구체화하기 위해 그들은 내가「보거나 듣거나 냄새맡을」때 일어나고 있는 것은 순전하게 감각적인 지각의 구성요소에 대응하는 것이지 인식이나 이해를 구성하는 요소에 대응하는 것이 아니라고 가정해왔다. 다시 말해 상상하기란 고유한 감각을 갖는 것이 아니라 감각의 환영을 갖는 것이라는 점에서 지성의 기능이 아니라 감각력과 비슷한 어떤 것이라고 가정했던 것이다.

그러나 이런 견해는 완전히 잘못된 것이다. 가청(可聽) 범위 내에 있는 어떤 미지의 선율이 연주되고 있는 경우에는 우리는 그 선율이 어떻게 진행되는지를 모르고서도 그것을 듣지만, 반면에 어떤 사람의 머리 속에서 선율이 연주되고 있는 경우에는 우리는 그가 그 선율이 어떻게 진행되는지를 모른다고 서술하는 것은 불가능하다. 어떤 사람의 머리 속에서 선율이 흐르고 있다는 것은 그 선율이 어떻게 진행되는지에 관한 지식을 우리가 사용하는 상투적인 방식과 유사하다. 그래서 어떤 사람의 머리 속에 선율이 흐르고 있다는 것은 단순히 청각적 감각을 갖는 것과 유사한 것이 아니라 귀에 익은 선율을 따라하는 과정과 유사하며 또한 귀에 들린 선율을 따라하는 것은 감각의 기능이 아니다.

이와 마찬가지로 만일 안개가 자욱하게 낀 날 내가 울타리 틈새를 들여다본다면, 나는 내가 보는 것이 실제로 산허리를 세차게 감아돌아 내려오고 있는 수류인지를 확인할 수 없을 것이다. 그러나 어떤 사람이「나는 나의 마음의 눈으로는 생생하게 뭔가를 보았지만 그것이 어떤 종류의 사물인지는 전혀 알 수 없다」고 말하는 것은 부조리할 것이다. 사실 나는 곡명을 잊어버린 선율을 내 머리 속에 가질 수 있듯이, 마음의 눈으로 어떤 얼굴을 볼 수 있지만 그 얼굴의 주인의 이름은 기억하지 못할 수 있다. 그렇지만 나는 그 선율이 어떻게 진행되는지를 알고 또 내가 어떤 종류의 얼굴을 마음속에 그리고 있는지도 안다. 그 얼굴을 마음의 눈으로 본다는 것은 그 얼굴에 대해 알게 됨으로써 내가 할 수 있는 여러 가지 것들 중의 하나이다. 그것을 말로 서술하는 것은 보다 드문 경우이기는 하지만 또 하나의 능력이다. 그리고 그것을 육안으로 인식하는 것은 가장 흔한 능력에 속한다.

우리는 앞장에서 어떤 것을 지각한다는 것은 감각들을 갖는다는 것과 그 밖의 다른 것 —— 즉 넓은 의미에서 「사고(thinking)」라고 불릴 수 있는 것 —— 을 모두 포함한다는 사실을 살펴보았다. 그래서 우리는 이제 뭔가를 보거나 듣고 있다고 마음속에 그리거나 상상하거나 공상한다는 것은 이런 넓은 의미에서의 사고를 포함한다고 말할 수 있다. 뭔가에 대해 마음속으로 그림을 그리는 행위의 특징을 서술하기 위해서는 단지 그림을 마음속에 갖고 있다는 것뿐만 아니라 그려진 대상이 실제로는 어떻게 보이는지에 관한 지식을 이용하고 있다는 것을 보여주는 형용사, 예를 들어 생생하다, 명료하다, 실물에 충실하다(faithful), 정확하다 등과 같은 형용사를 사용해야 한다고 생각한다면, 위에서 말한 사실은 분명해질 것이다. 예를 들면 불타고 있는 이탄(泥炭)의 냄새가 생생하게 난다고 서술하면서도 눈앞에서 연기를 내고 있는 이탄의 냄새를 맡을 수 없다고 말한다면 이는 부조리할 것이다. 따라서 상상하기란 순전한 감각의 한 기능이 아니다. 이리하여 감각은 갖고 있지만 학습능력은 없는 생명체는 문자를 쓸 수 없는 것과 마찬가지로 사물을 「볼」 수도 없고 마음속으로 그려볼 수도 없다.

어떤 사람의 머리 속에 하나의 선율이 흐르고 있다면 그는 그 선율이 어떻게 진행되는지에 관한 자신의 지식을 이용하고 있는 셈이다. 그래서 만일 그가 연주되고 있는 그 선율을 듣고 있다면 그는 자신이 무엇을 듣고 있는지를 어떤 식으로건 자각하고 있는 것이다. 다시 말해 스파링을 하고 있는 권투선수는 가언적인 방식으로 공격과 수비를 하고 있는 것과 마찬가지로, 머리 속으로 선율을 듣고 있는 사람에 대해서도 그는 가언적인 방식으로 선율을 듣고 있다고 서술할 수 있을 것이다. 게다가 살인자역을 맡은 배우가 실제로는 어느 누구도 죽이지 않은 것처럼, 헬벨린산을 마음속에 그려보고 있는 사람은 실제로 그 산을 보는 것은 아니다. 이미 우리가 아는 바이지만, 그는 그 산을 마음속으로 그리고 있는 동안에 눈을 감아도 무방하다. 헬벨린산을 마음속에 그린다는 것은 시각적 감각을 갖는다거나 그런 감각에 속하는 것을 갖는다는 것과 전혀 관계없으며, 따라서 그런 감각을 갖지 않는다거나 그런 감각에 속하는 것을 갖지 않는다는 것과 얼마든지 양립가능하다. 실제로 이런 경우에는 감각에 속하는 것이란 아무것도 「존재」하지 않는다. 그러므로 헬벨린산이 어떻게 보이는지를 깨닫는 것과 헬벨린산을 보는 것 간의 관계는 고차적인 행위와, 일반적으로 고차적 행위를 서술할 때 언급되는 소박한 행위 사이에 성립하는 관계와 동일하다.

  그러나 이 둘 사이에는 다음과 같은 중요한 차이가 남게 되거나 혹은 남게 되는 것처럼 보인다. 예를 들어 매듭을 묶는 법을 실연하도록 요청받은 선원은 실연을 하는 데 필요한 끈을 자신이 갖고 있지 않다는 것을 알게 된다. 그러나 그는 맨손으로 매듭을 묶는 동작만 해보여도 실제로 실연을 하는 것과 똑같은 효과를 얻을 수 있다. 그것을 지켜보는 사람들은 실제의 끈이 없이도 그가 어떻게 손과 손가락을 움직이는지를 봄으로써 그가 노끈을 어떻게 묶는지를 알게 된다. 말하자면 비록 그는 가언적으로 노끈을 묶고 있지만 손과 손가락은 실제대로 움직이고 있다. 이에 반해 어떤 사람이 눈을 감고 헬벨린산을 마음속에 그려보고 있다면 그는 말하자면 가언적인 방식으로 산의 풍경을 즐기고 있을 뿐, 실제로 뭔가를 행하고 있는 것으로 보이지는 않는다. 이 두 가지 사례를 비교할 경우 그의 실재하지 않는 시각은 선원의 실재하지 않는 끈에 상응할 것이다. 그렇지만 그의 손과 손가락의 움직임에 상응하는 것은 무엇인가? 그 선원은 매듭이 어떻게 묶이는지를 (손과 손가락의 드러난 움직임을 통해서라도) 구경꾼들에게 보여준다. 그러나 헬벨린산을 마음속에 그리고 있는 사람은 그 산의 윤곽이나 색깔을 동료에게 보여줄 수 없다. 심지어는 그 자신에게도 보여줄 수 없을 것이다.

  그러나 이러한 두 종류의 가식하기 간의 차이는 단지 어떤 것을 지각하는 것과 어떤 것을 야기하는 것 간의 차이에서 나온 결과에 불과하다. 이 차이는 어떤 것을 은밀하게 야기하는 것과 겉으로 드러나게 야기하는 것 간의 차이는 아니다. 왜냐하면 지각한다는 것은 애당초 어떤 것을 야기하는 것이 아니기 때문이다. 지각한다는 것은 어떤 것을 획득하는 것, 혹은 때때로 어떤 것을 유지시키는 것이지 어떤 일이 새롭게 일어나게끔 하는 것은 아니다. 보는 것과 듣는 것은 목격되거나 목격되지 않은 어떤 행위가 아니다. 왜냐하면 애당초 그것들은 행위가 아니기 때문이다. 그래서 「나는 너의 석양을 봄을 보았다」 혹은 「나는 내 자신이 그 음악을 듣고 있는 것을 보는 데 실패했다」고 말하는 것은 무의미하다.* 그리고 듣기나 보기에 관해 내가 목격을 했니 못했니 하는 말들이 무의미하다면, 더더욱 공상 속의 듣기나 보기에 관해 목격을 했니 못했니 하는 말들도 마찬가지로 무의미하다. 듣기나 보기는 일어나는 사건이 아니기 때문이다.

연주회에서 어떤 사람은 옆 사람이 음악에 박자를 맞추고 있는 것을 볼 수 있고 심지어는 밴드에 맞춰 가볍게 휘파람을 불거나 허밍을 하는 것을 들을 수 있을 것이다. 그러나 우리는 그 사람이 옆 사람의 음악듣기를 본다고 말할 수 없을 뿐만 아니라 그 사람이 옆사람의 음악듣기를 보지 못했다고 말할 수도 없다. 「비밀리에」와 「공개적으로」라는 말은 「저주하다」나 「음모를 꾸미다」에는 붙을 수 있지만 「듣다」에는 붙을 수 없다. 더구나 기차에서 어떤 사람이 옆자리에 앉은 사람이 자신의 머리 속에 흐르는 선율에 따라 박자를 맞추고 있는 광경을 볼 때, 그는 옆사람이 상상 속의 선율을 「듣는 것」을 보았다든가 볼 수 없었다는가 하는 얘기는 하지 않는다.

다음으로 우리가 앞장에서 보았던 바와 같이, 귀에 익은 선율을 따라가며 듣는다는 것은 곡조를 듣는 것은 당연히 포함하고 이 이상의 것들도 포함한다. 예를 들면 귀에 들려오는 선율에 귀를 기울인다는 것은 들려오는 곡조에 적절한 장소를 갖는다는 것을 포함한다. 각각의 곡조는 예상했던 대로 그리고 예상했던 시간에 들려오고, 또한 들리는 것은 들으려고 했던 것이다. 이처럼 지속적인 곡조에 귀를 기울인다는 것은 배워서 잊어버리지 않은

---

* 영어와 우리말의 차이로 인해 정확히 그 뜻이 살아나지 못하는데 여기서 말하고자 하는 바는 「석양을 보고 있는 그」가 아니라 「그가 석양을 보는 것 자체」에 강조점이 주어진 것이다. 이하의 예에서도 이런 맥락으로 이해해야 한다.

선율을 갖는다는 것을 함의하며, 따라서 그것은 훈련의 산물이지 단순한 청각적 감수성의 기능이 아니다. 그러므로 귀에 장애가 있는 사람이 하나의 선율을 더 잘 듣는 사람보다 더 잘 따라가며 들을 수도 있는 것이다.

어느 정도 귀에 익은 선율을 경청하고 있는 한 사람은 종종 그 선율을 듣지 못했다고 말하는 수가 있다. 이 말은 비록 그가 직접 그 선율을 연주하거나 허밍으로 소리를 내는 것은 아니고 귀를 기울여 듣고 있을 뿐이긴 하지만, 그러나 그는 여기저기서 실제로 울려 나올 곡조와는 다른 곡조들을 경청했다는 뜻이다. 그래서 그는 어떤 악장의 연주가 시작되는 것을 들었을 때, ——비록 그는 거기에 자신이 놀랐다는 것이 자신의 잘못이라는 점은 인정했지만——그는 그것을 듣고 놀랐다. 이런 경우 선율의 전개에 관한 그의 잘못은 그것이 은밀하게건 공공연하게건 잘못된 문장으로 표현될 필요도 없었고 또 일반적으로는 그렇게 되지도 않는다는 점에 주목해야 한다. 여기서 그가 「행한」 전부는 실제로 들려올 예정이었던 곡조 대신에 들려올 예정이 아니었던 곡조를 경청한 것이다. 그리고 곡조에 이처럼 귀를 기울이는 것은 단 하나의 행위를 하는 것이 아니라 일련의 행위들을 하는 것이다.

이렇게 해서 우리는 상상 속의 선율을 따라 듣고 있는 사람의 경우를 살펴볼 수 있게 되었다. 실제로는 선율이 어느 방향으로 전개되고 있는데 그 선율이 다른 방향으로 전개될 것이라고 기대하는 것 자체는 이미 상정한다든가 공상한다든가 상상하는 것이다. 귀에 들리는 곡조가 경청했던 곡조와 다를 때, 경청했던 곡조는 단지 들릴 수도 있었을 곡조들이라고 서술될 수 있을 뿐이다. 따라서 그 곡조들을 경청할 때의 마음상태는 잘못된 기대를 하는 상태의 하나였다. 경청자는 자신이 실제로 듣게 되는 것에 대해 실망하거나 창피해한다. 전적으로 그의 머리 속에서 선율이 연주되고 있는 것을 경험하는 사람도 부분적으로 이와 동일한 상황에 놓여 있다. 그도 역시 ——그 스스로 실제로는 그것을 듣고 있지 않다는 것을 줄곧 잘 알고 있으면서도——그가 실제로는 듣지 않는 것에 귀를 기울인다. 그러므로 그는 또한 선율을 듣지 못한다든지 혹은 듣지 못했다는 것을 인정하든지 인정하지 않든지 하는 것이다. 그래서 이같은 사실 자체는 상상하기란 단순히 감각이나 감각의 잔영들을 갖는 것이 아님을 보여준다. 왜냐하면 상상하기란 잘못된 선율이나 정확한 선율 중의 어느 것을 수용하는 문제로 특징지울 수 없기 때문이다.

 머리 속에 울리는 선율을 경험한다는 것은 귀에 들려오는 선율을 따라 듣는 것과 유사하며, 실제로 그것은 선율의 리허설의 일종이다. 그러나 전자의 상상 속의 작용이 후자와 유사한 이유는, 종종 상정되듯이, 음량이 다른 것 이외에는 실제로 귀에 들리는 선율의 곡조와 유사한 곡조의 잔영들을 듣는 것을 전자가 포함하기 때문이 아니라, 둘 다 그 곡조가 어떻게 진행되는지에 관한 지식을 사용하고 있다는 사실 때문이다. 이런 지식은 실제로 선율을 들을 때에도 그 선율을 인식하고 따라 듣는 데에 사용되고 그것을 연주하거나 허밍할 때에도 사용되며 잘못 연주될 때에 무엇이 잘못되었는지를 알아내는 데에도 사용된다. 또한 그런 지식은 그 선율을 연주하거나 허밍으로 부른다고 공상할 때에도 사용되고 그것을 경청하고 있다고 공상할 때에도 사용된다. 따라서 하나의 선율을 정확하게 안다는 것은 그것을 인식하고 따라 듣기, 그것을 연주하기, 연주과정에서 잘못을 찾아내기, 머리 속으로 연주하기 등과 같은 것들을 할 수 있다는 뜻이다. 그러므로 어떤 선율을 정확하게 휘파람으로 불거나 머리 속으로 연주한 사람이 그 선율이 어떻게 진행될지를 생각하지 않았다고 말하는 것은 모순이다. 왜냐하면 그가 그런 것들을 한다는 것 자체가 바로 그 선율이 어떻게 진행될 것인지를 생각하고 있다는 것이기 때문이다.

 그러나 순수하게 상상적인 작용은 귀에 들리는 선율을 따라 듣거나 그것을 허밍으로 따라 부르는 것보다 훨씬 고차적인 것이다. 왜냐하면 그 작용은 선율을 따라 듣거나 연주하는 것에 대한 사고를 포함하기 때문이다. 이는 마치 스파링이 실전에 대한 사고를 포함하고 간접적으로 듣는 것이 직접 말하는 것을 듣는 것에 대한 사고를 포함하는 것과 같은 이유에서이다. 알고 있는 선율에 귀를 기울이고 있다고 공상하는 것은 그 선율이 실제로 연주될 경우 반드시 들리게 될 곡조들에 관해「경청하는 것」을 포함한다. 결국 그것은 가언적인 방식으로 그 곡조들을 경청하는 것이다. 마찬가지로 알려진 선율을 허밍으로 부르고 있다고 공상하는 것은 그 선율이 실제 허밍으로 불리게 되면 반드시 흥얼거리게 될 곡조들에 대한「준비가 돼 있음」을 포함한다. 그래서 그것은 가언적인 방식으로 그 곡조들에 대해「준비하는 것」이다. 그것은 아주 조용히 흥얼거리는 것이 아니라 오히려 그것은 평온을 유지하려고 노력하고 있지 않은 경우에는 곧 나오게 될 그런 흥얼거림을 의도적으로 하지 않는 것이다. 그래서 혼자서 말하거나 흥얼거리고 있다고 상상하는 것은, 만일 소리를 내어 말하거나 흥얼거릴 경우에는 곧 나오게 될 말이나 흥얼거림을 지속적으로 억제하는 것이라고 말할 수 있을 것이다. 여기서 그런 작용들이 철저하게 내밀한 이유는, 그때의 말이나 곡조들이 밀폐된 독방에서 나오기 때문이 아니라 그런 작용들이란 다름아닌 그런 말이나 곡조들이 나오는 것 자체를 억제하는 것이기 때문이다. 그리고 이는 또한 어떤 사람이 말하거나 흥얼거리고 있다고 공상하는 것을 배우는 것이 말하거나 흥얼거리는 것을 배우는 것보다 뒤에 습득하게 되는지를 설명해준다. 소리없는 독백이란 의미심장한 무언(無言)의 연속적 흐름이다. 물론 어떤 일들에 대해 말하는 것을 억제한다는 것은 말하려고 했던 바와 그것을 어떻게 말했을 것인가 이 두 가지 모두에 대해 알고 있다는 것을 포함한다.

  이야기를 하고 있다고 상상하는 것에는 대체로 듣고 있다고 상상하는 것뿐만 아니라 이야기하고 있다고 상상하는 것도 포함되듯이, 마찬가지로 어떤 선율을 상상하는 경우에는 단순히 수동적으로 곡조에 귀를 기울이고 있다는 것뿐만 아니라 적극적으로 곡조를 연주하고 있다는 것도 공상하고 있다는 것이 포함된다. 또한 이와 마찬가지로 스스로 소리를 내고 있다고 상상하는 사람은, 만일 그가 소리를 내 노래를 부르거나 이야기를 하고 있는 중이었다면 그가 충분히 움직였을 근육들을 조금은 움직이는 경향이 있다. 왜냐하면 이런 경우 완전한 억제는 부분적인 억제보다 훨씬 어렵기 때문이다. 그러나 이는 우리가 현재 관심을 쏟고 있는 문제와는 별로 관계없다. 우리의 관심은 예를 들어 어떤 사람이 그가 듣고 있지 않는 것을「듣는다」고 하는 말이 무슨 뜻인지를 알아내는 것이다.

  이런 고찰을 시각적 이미지나 그밖의 다른 이미지에 적용하는 것은 어렵지 않다. 마음의 눈으로 헬벨린산을 본다는 것은 헬벨린산을 보거나 그 산에 대한 사진을 보는 것, 즉 시각적 감각들을 갖는 것을 포함하지 않는다. 마음의 눈으로 그 산을 본다는 것은 헬벨린산을 보는 것에 관한 사고를 포함하며 따라서 헬벨린산을 보는 작용보다 훨씬 고차적인 작용이다. 다시 말해 그 산을 마음의 눈으로 본다는 것은 그 산이 어떻게 보여야 하는지에 관한 지식의 이용법 중의 하나이다. 즉 그것은 그 산이 어떻게 보여야 하는지에 관한――사고라는 말의 의미 중 한 가지에 있어서――사고인 것이다. 따라서 우리는 눈앞의 헬벨린산을 인식함으로써 우리의 기대가 충족되는 것과 마찬가지로, 그 산을 마음속에 그려봄으로써 실제로 기대가 충족되는 것은 아니고 그것을 마음속에 그려본다는 것은 기대를 충족시키는 연습과도 같은 것이다. 마음속에 그려본다는 것은 결코 희미한 감각이나 감각의 환영을 갖는다는 뜻이 아니라, 만일 그 산을 실제로 보고 있다면, 당연히 가졌을 것을 전혀 갖지 못하고 있다는 뜻이다.

 물론 상상하기가 모두 실재하는 얼굴이나 산을 마음속에 그려보는 것이나 귀에 익은 선율이나 소리를 「듣는 것」은 아니다. 예를 들어 우리는 이야기 속에 나오는 산들을 보고 있다고 스스로 공상할 수 있다. 또 작곡자는 아마도 결코 이전까지 연주된 바 없는 선율들을 경청하고 있다고 공상할 수 있을 것이다. 그래서 이런 경우에는 그같은 상상 속의 광경이 정확하게 상상되고 있는가 아닌가 라는 것과, 작곡되고 있는 어떤 선율이 실제로 진행되는 방식과는 다른 방식으로 진행되고 있는 것으로 「들리는가」 그렇지 않은가 라는 것은 전혀 문제가 되지 않는다고 생각할 수도 있다. 이는 한스 안데르센이 그의 작품에 등장하는 인물의 생애를 잘못 이야기했다고 비난할 수 없고, 반대로 그의 서술이 사실에 충실하다고 칭찬할 수 없는 것과 마찬가지다.

 이번에는 가장하기와 인용하기에 대해 고찰해보자. 예를 들어 동일한 배우가 오늘은 프랑스인의 역을 연기하고 내일은 화성에서 온 방문자의 역을 연기한다고 가정해보자. 전자의 경우 우리는 배우가 실감나게 연기를 했는지 아닌지를 판단할 수 있지만 후자의 경우는 어떻게 알 수 있는가? 다른 예를 들어보자. 나는 당신이 말한 것을 인용하는 것에서 시작해 계속해서 당신이 말하려 했지만 실제로는 하지 않은 사항, 혹은 당신이 말할 수 있었지만 실제로는 하지 않는 사항 등에 대해서도 인용할 수 있다. 우리는 하나의 인용이 정확한지 아닌지를 알 수 있다. 가장된 내용의 인용은 애당초 정확할 수도, 부정확할 수도 없다. 그것은 단지 당신이 말하려 했거나 말할 수 있었던 그 사항인지 아닌지를 가려 봄으로써 아주 느슨한 의미에서 성격이 맞는지 안 맞는지에 대해서만 이야기할 수 있을 뿐이다. 그럼에도 불구하고 그 배우는 화성인을 실감나게 재현하고 있는 것처럼 가장하고 있으며, 나는 내가 바로 당신의 말을 인용하고 있는 것처럼 가장하고 있다. 이는 다름아닌 이중구조를 가진 재현행위의 한 사례다. 스파링을 하고 있는 권투선수를 모방하고 있는 소년의 경우도 비슷하다. 왜냐하면 그 소년은 실제 권투를 하고 있는 것도 아니고 연습을 하고 있는 것도 아니며 다만 권투연습을 하고 있는 사람의 동작 중에서 일부를 본뜨고 있기 때문이다. 요약하자면 그 소년은 모의-모의-권투를 하고 있는 것이다. 우리가 실제의 시합을 언급할 때 사용하는 술어들을 스파링을 언급할 때 사용하지 못하듯이, 스파링을 언급할 때의 술어들은 스파링의 모방을 언급할 때 사용하지 못한다. 마찬가지로 헬벨린산을 본 것에 대해 이야기할 때 사용하는 술어들은 우리가 그 산을 마음속으로 그려보는 것에 적용될 수 없을 뿐만 아니라 헬벨린산을 마음속에 그리는 것에 대해 우리가 사용하는 술어들은 환상의 섬「아틀란티스」나「잭의 콩나무」를 마음속에 그리는 것에 대해 적용될 수 없다. 그럼에도 불구하고 우리는「아틀란티스」나「잭의 콩나무」가 존재한다면 이렇게 생겼을 것이라고 가장한다. 이런 경우 우리는 이중의 상상적 행위를 하고 있는 것이다.

 이제 우리는 흄이 저지른 오류가 어떤 것인지를 알아내 그것을 바로 잡아야 할 위치에 도달했다. 흄은「보는 것」이나「듣는 것」이 환상 속의 감각(shadow-sensation)을 가진다고 잘못 가정함으로써——이런 가정은 환상 속의 감각이 존재할 수 있다고 하는 더 큰 오류를 포함하고 있다——예를 들어 각이 진 상처를 갖는다는 것은 사전에 각이 진 대상에 의해 타격을 받았다는 것을 포함하듯이, 사전에 그에 상응하는 감각을 갖지 않고서는 우리는 특정한「관념」을 가질 수 없다는 인과이론을 내놓았다. 아마도 그는 내가 마음의 눈으로 보고 있는 색깔들은 사전에 내가 육안으로 보았던 색깔들이 남겨놓은 흔적이라고 생각했던 것 같다. 이런 견해에서 올바르다고 말할 수 있는 단 한 가지 점은 내가 마음의 눈으로 보는 것이나「나의 머리 속에서」 듣는 것이 일정한 방식으로 내가 그 전에 본 것이나 들은 것과 연계돼 있다는 사실이다. 그러나 이런 연계의 본성은 결코 흄이 가정했던 것이 아니다.

우리는 앞에서 모의행위들은 원래의 자연적인 행위들을 전제한다는 것을 살펴보았다. 이는 모의행위를 수행하는 것이 특별한 의미에서 후자에 대한 사고를 포함하고 있기 때문에 그렇다고 말했었다. 곰이 어떻게 으르렁거리고 살인자가 어떻게 살인을 저지르는지를 보거나 배운 적이 없는 사람은 곰놀이를 하거나 살인자의 역을 할 수 없을 것이다. 또 그는 그런 놀이나 연기에 대해 비평을 할 수도 없을 것이다. 이와 마찬가지로 푸른 사물이 어떻게 보이는지, 혹은 우체부의 노크소리가 어떻게 나는지를 사전에 배운 적이 없는 사람은 푸른 사물을 마음의 눈으로 볼 수 없고 그 노크소리를「들을」수 없을 것이다. 그래서 우리는 사물들을 주로 원래 그대로 보고 듣고 함으로써 그것들이 어떻게 보이고 들리는지를 배운다.

지식을 사용하는 수많은 방식들 중의 하나인 상상하기는 관련된 지식이 획득돼 상실되지 않아야 한다는 것을 요구한다. 우리는 프랑스어를 영어로 번역하는 제한된 능력을 설명하기 위해 유사기계론적 이론을 필요로 하지 않듯이, 마음의 눈으로 사물을 보는 제한된 능력을 설명하기 위해 감각의 흔적들에 관한 유사기계론적 이론을 필요로 하지는 않는다. 우리가 필요로 하는 모든 것은, 지각을 통해 어떤 것을 습득한다는 것은 일정한 지각행위를 내포하고 있다는 것이고, 또 그렇게 습득된 사항들을 적용하는 것은 그런 사항들을 이미 습득하고 있다는 것을 내포하고 있다는 것이며, 상상하기란 바로 그런 사항들을 적용하는 한 방식이라는 것이다. 상상하기는 감각의 흔적을 갖고 있다는 이론에 중독된 사람은 머리 속에서 흐르는 선율의 경우에 그 이론을 적용시켜 보아야 한다. 그것은 청각의 흔적을 재생한 것인가 아니면 일련의 청각들의 재생된 흔적들을 나열한 것인가?

7. 기억

기억한다는 것에 관한 간단한 보론(補論)을 현재의 상상력에 관한 논의에 첨가하는 것은 여러 가지로 유용할 것이다. 우리는 먼저 「기억하다 (remember)」라는 동사가 흔히 사용되는 두 가지 서로 다른 방식들에 주목해 보자.

(1) 이 두 가지 용법 중에서 가장 중요하면서도 거의 논급된 바 없는 용법은 어떤 것을 기억한다는 것이 뭔가를 배운 다음 그것을 잊지 않았다는 것을 의미하는 용법이다. 이런 의미에서 우리는 그리스알파벳, 자갈채취장에서 해수욕장으로 가는 길, 정리(定理)의 증명, 자전거타는 법, 다음 회의가 7월 마지막주에 있다는 것 등을 기억하고 있다고 말한다. 어떤 사람이 뭔가를 잊지 않았다고 말하는 것은 그가 현재 어떤 일을 하고 있다거나 겪고 있다, 심지어 그가 규칙적으로 혹은 종종 어떤 일을 하거나 겪는다고 말하는 것이 아니다. 그 말은 그리스알파벳을 처음부터 끝까지 암기한다는 것, 낯선 사람에게 해수욕장에서 자갈채취장으로 돌아가는 길을 가리켜주는 것, 다음 회의를 7월 둘째주로 알고 있는 사람에게 마지막주라고 정정해주는 것 등등의 일을「할 수 있다(can)」는 뜻이다.

이런 의미에서 기억되고 있는 것은 배운 사항이며, 배워서 잊지 않고 있는 것은——비록 그것의 학습이 물론 그것을 잊지 않는다는 조건보다는 선행하지만——과거와 하등의 관계도 가질 필요가 없다. 이런 의미에서「기억한다」는 말은 언제나 그런 것은 아니지만 종종「알다(know)」라는 말로 바꿔쓸 수 있다.

(2)「기억하다」라는 말에는 이와 전혀 다른 용법도 있다. 그것은 어느 특정한 순간에 뭔가를 기억해내거나 회상하는 경우와, 자신의 과거에 있었던 어떤 에피소드를 지금 상기하거나 되돌아보거나 마음걸려 하는 경우다. 이런 의미에서의「기억하다」는 하나의 발생사건이다. 그래서 사람들은 그것을 하는 데 성공할 수도 있고 실패할 수도 있다. 그것은 일정시간 동안 그의 주의력을 지배하며 그는 그것을 즐겁게 혹은 고민하며 할 수도 있고 쉽게

혹은 고생해서 할 수도 있다. 예를 들면 변호사는 증인에 대해 일어난 일을 생각해내도록 요구하고 또 선생님은 학생들에게 한 번 배운 것들을 잊어버리지 말라고 훈련시킨다.

상기한다는 것(recalling)은 여러 면에서 상상하는 것과 공통된다. 내가 상상하는 것은 내가 직접 보고 듣고 행하고 주목했던 것들이듯이 나는 내가 직접 보고 듣고 행하고 느꼈던 것만을 상기한다. 그리고 내가 상상할 때 하듯이 비교적 생생하게, 비교적 쉽게, 그리고 비교적 일관되게 상기한다. 게다가 내가 사물들을 어떤 때는 의도적으로 그리고 어떤 때는 나도 모르게 상상을 하듯이, 상기할 때에도 그렇게 한다.

잊지 않는다(not-forgetting)는 개념과 회상한다(recollecting)는 개념사이에는 중요한 연관이 있다. 어떤 사람이 실제로 뭔가를 상기하고 있다거나 혹은 그것을 회상할 수 있거나 생각해낼 수 있다고 말하는 것은 그가 그것을 잊지 않고 있다는 뜻을 함축하고 있다. 반면에 그가 어떤 일을 잊지 않고 있다고 말하는 것은 그가 그것을 상기한다거나 상기할 수 있다는 것을 함축하지 않는다. 예를 들면 소풍가서 목격했던 사건들을 나는 회상할 수 있다거나 실제로 회상한다고 말한다면——비록 나는 더 이상 거기서 어떤 일이 일어났는지를 알지 못하지만——그것은 모순일 것이다. 그러나 내가 언제 태어났는지를 안다, 혹은 나는 실제로 일어났던 사건들을 상기할 수는 없지만 나의 맹장을 절제했다고 말하는 것에는 모순이 없다. 또 나는 나폴레옹이 워털루전쟁에서 패배했다는 것과 영어를 그리스어로 번역하는 방법을——비록 나는 이런 일들을 잊지 않고 있지만——상기하고 있다거나 상기할 수 있다고 말하는 것은 불합리할 것이다. 왜냐하면 이런 일들은 내가 상기한 일이 내가 그전에 목격했거나 실제로 행했거나 경험한 것들이어야 한다는 의미에서 도대체 상기될 수 있는 성격의 것들이 아니기 때문이다.

이론가들은 종종 기억에 의한 지식, 기억에 의한 신념, 그리고 증거로서의 기억 등에 대해 이야기한다. 그리고 그들은 지식의 「원천」이나 우리가 사물들을 알게 되는 방식들에 관한 논의를 할 때, 종종 마치 기억이 그런 「원천」인 것처럼 그리고 기억한다는 것은 사물들을 알게 되는 그런 방식의 한 가지인 것처럼 이야기하곤 한다. 그래서 기억은 종종 지각이나 추론과 동렬에서 인식기능 혹은 인식능력으로 간주된다. 때로는 지각함이나 추론함과 동렬에서 인식작용이나 인식과정으로 간주되기도 한다.

이는 한마디로 잘못이다. 예를 들어 증인이 어떤 사건이 일어났다는 것을 그가 어떻게 아는지에 관해 말해보라는 요구를 받는다면, 그는 「나는 그것을 목격했다」, 「나는 그것에 관해 이야기하는 것을 들었다」, 「나는 내가 목격하고 들은 바로부터 그렇게 추론했다」는 등의 대답을 할 것이다. 그는 그가 보았던 바를 잊지 않음으로써 혹은 보았던 바를 상기함으로써 무엇이 일어났는지를 알아냈다고 답할 수는 없다. 상기한다는 것과 잊지 않는다는 것은 지식의 「원천」도 아니고——또 이와는 별도로——지식을 획득하는 과정도 아니다. 상기한다는 것은 배워서 잊지 않는다는 뜻을 함의하고, 잊지 않는다는 것도 똑같다. 이 둘 중 어느 것도 배우는 것, 발견하는 것, 혹은 입증하는 것 등이 아니다. 하물며 일어난 일을 상기한다는 것은——증인이 말한 것으로부터 배심원이 추론해낸다는 의미에서의 추론을 제외한다면——어떤 일이 일어났는가를 도출하기 위해 행하는 확실한 추론이나 개연적 추론의 근거가 되는 증거를 사용한다는 것은 더욱 아니다. 예를 들어 증인이 「나는 천둥소리와 같은 폭음 직후에 충돌이 일어났다고 상기한다. 그래서 아마도 그 충돌은 그 폭음 직후에 일어났을 것이다」고 주장하는 일은 없다. 이런 추론은 존재하지 않는다. 설사 있다 하더라도 뛰어난 증인이라는 것은 회상하는 데 뛰어난 사람을 말하는 것이지 추론에 뛰어난 사람을 말하는 것은 아니다.

물론 증인이 스스로 놀라면서도 그가 상상력을 가지고 사건을 묘사했음에 틀림없다고 인정하지 않으면 안 되는 경우도 있을 수 있다. 왜냐하면 이런 저런 이유로 인해 그는 그가 상기했다고 인정했던 바가 무엇인지를 상기해낼 수 없을 수도 없기 때문이다. 또 다른 상황에서는 그 스스로 자신이 상기하고 있는지 아니면 사건을 날조하고 있는지를 의심해야 하는 경우들도 있을 수 있다. 그러나 주장된 회상들이 날조일 수도 있다는 사실들로부터 정확하게 상기하는 것은 발견하는 것이거나 성공적인 조사를 하는 것이라는 결론이 나오는 것은 아니다. 은하수에 대해 알고 있는 바를 이야기해달라거나 바크셔주에 있는 강과 철도의 지도를 그려달라는 부탁을 받았을 때, 우리는 사실을 정확하게 재현하는지 아닌지 자신도 모르는 사항들을 이야기하거나 그릴 수도 있다. 그리고 우리는 우리가 이런 일을 해왔다는 것을 알고서는 놀라게 될지도 모르고 우리가 그것을 하고 있는지 아닌지에 대해서도 자신이 없을 수 있다. 그러나 어느 누구도 말하는 것과 지도를 그리는 것이 지식의 「원천」이나 사물들을 알아내는 방법 혹은 그로부터 추론에 의해 발견을 하게 되는 증거물이라고 생각하지는 않는다. 어떤 것에 대해 이야기하고 그것을 그리는 것은 기껏해야 이미 배운 바를 전달하는 방식에 불과하다. 마찬가지로 상기하는 것도 이미 배운 바를 복습하는 것이다. 그것은 어떤 것을 되찾아오는 것이지 어떤 것에 도달하는 것이 아니다. 그래서 그것은 수를 다시 세보는 것과 같은 것이지 조사하는 것과는 다르다. 우리는 하루에 스무 번씩도 하나의 특정한 사건을 상기할 수 있다. 그렇다고 해서 우리가 스무 번씩 무엇이 일어났는지를 발견했다고 말하는 사람은 아무도 없다. 나머지 열아홉 번의 회상이 발견이 아니라면 첫번째 것도 마찬가지로 아니다.

우리는 상기에 관한 상투적인 설명에서, 우리가 자신의 과거사에 속하는 사건을 상기할 때, 그 사건의 세부사항들은 상상 속에서 우리에게 되돌아와야 한다는 인상을 받게 된다. 우리는 세부사항들을 「마음의 눈으로 보아야 하고 머리 속으로 들어야 한다.」 그러나 여기서 「해야 한다(must)」라는 말이 존재할 여지는 전혀 없다. 만일 음악회에 간 사람이 바이올리니스트가 어느 대목을 어떻게 잘못 연주했는지를 회상하려 한다면, 실수한 부분의 선율을 휘파람으로 다시 불어보거나 바이올리니스트가 했던 그대로 자신의 바이올린을 갖고 연주해볼 것이다. 그래서 만일 그가 그 잘못을 충실하게 반복한다면 그는 분명히 그 바이올리니스트의 잘못을 회상하고 있는 것이다. 이것은 그 바이올리니스트가 어떻게 잘못을 저질렀는지를 회상할 수 있는 유일한 방법인지 모른다. 왜냐하면 그는 머리 속으로 그 선율을 반복해보는 데 능하지 못할 수도 있기 때문이다. 이와 마찬가지로 모방은 잘 하면서도 마음의 눈으로 사물을 보는 데는 능숙치 못한 사람은 자신의 손과 얼굴을 사용해 목사의 제스처와 표정을 재현해낼 것이다. 이와 비슷한 경우의 설계사는 연필이 주어져 그것으로 개략도를 그릴 수 있게 되어야 비로소 요트의 윤곽과 삭구(索具)장치를 회상할 수 있을 것이다. 이런 경우 그들의 모방이나 도해가 납득할 만하고, 또한 만일 그것들이 조악할 때에는 그것을 모방하거나 도해한 사람이 계속해서 그것들을 수정해간다면, 우리는 그들이 실제로 보았던 것을 회상해냈다고 납득하게 되어, 더 이상 그들의 시각적 이미지의 생생함이나 풍부함 혹은 일관성 등에 대해, 혹은 그런 이미지의 존재여부에 대해 추가적인 정보를 요구하지 않을 것이다.

여기서 음악회관람자, 모방자, 설계사 등이 연주상의 잘못이나 목사의 동작 혹은 요트의 윤곽 등을 재현함으로써 어떤 인식을 갖게 되었다고 말할 사람은 아무도 없을 것이다. 그들은 다만 그 선율이 어떻게 잘못 연주되는 것으로 들렸는지, 목사가 어떤 동작을 하고 있는 것으로 보였는지, 그리고 요트는 어떤 모양과 삭구장치를 갖고 있는 것으로 보이는지를 보여주었을 뿐이다. 상상 속에서 상기한다는 것도——효율성이라는 면에서는 이들보다 못하고 신속성이라는 점에서는 좀 낫겠지만——원칙적으로 이것들과 다르지 않다. 물론 상기한다는 것은 그것들과 달리 직접적으로 공공적 유용성도 갖지 못한다.

사람들은 흔히 시각적 이미지가 지닌 사진과 같은 사실성을 과장하는 경향이 있다. 이처럼 과장을 하게 되는 주된 이유는 그들이 아주 빈번하게, 특히 적절하게 촉구되든가 질문을 받게 될 때에, 그들은 자신들이 경험했던 사건들에 관해 매우 포괄적이고 상세하고 정연한 서술을 할 수 있다고 느끼게 되는 때문인 것같다. 그래서 사람들은——자신들이 지나간 사건들을 그것들이 일어난 순간에 서술하듯이 그것들을 서술할 수 있기 때문에——이미 사라져버린 광경의 복제품이나 기념품에 비추어 자신들의 서술내용을 점검해야 한다고 가정하는 유혹에 빠진다. 예를 들어 어떤 사람의 얼굴에 대한 묘사가 그 사람이 앞에 없을 때에도 있는 것처럼 빼어나다면, 이는 그 사람의 얼굴사진과 같은 어떤 것이 존재하기 때문이라고 그들은 생각하는 것이다. 그러나 이는 전혀 근거없는 인과적 가설에 불과하다. 「나는 과거에 내가 목격했던 바를 어떻게 충실하게 시각화할 수 있는가」라는 질문이 하등 복잡할 것이 없는 것과 마찬가지로 「나는 어떻게 내가 과거에 목격했던 바를 충실하게 묘사할 수 있는가」라는 질문도 전혀 복잡하게 생각할 문제가 아니다. 개인적인 경험을 통해 알게된 사물들을 묘사할 수 있는 능력은 언어구사능력을 가진 사람이라면 누구나 가질 수 있을 것으로 기대하는 기술의 하나다. 반면에 그같은 사물을 시각화하는 능력은 이와는 별개의 일로, 대부분의 사람들에게 어느 정도 갖추어져 있고, 어린아이나 의상디자이너, 수사경찰, 만화가 등에게는 상당히 높은 정도로 갖추어져 있다고 기대하는 능력이다.

따라서 상기한다는 것은 말을 사용해 충실하게 서술하는 형태를 취할 수 있다. 말을 사용해 상기한다는 것은 일어난 사건이 말해질 뿐 묘사되지 않는다는 점에서 (물론 말한다는 것은 종종 어느 정도의 극적인 묘사를 포함하고 있지만) 모방에 의해 상기하는 것이나 스케치에 의해 상기하는 것과는 구별된다. 분명히 이런 경우에서도 서술이 지식의 「원천」이라거나 지식을 획득하는 방법이라고 말할 사람은 없을 것이다. 왜냐하면 서술은 제조나 조립단계에 속하는 것이 아니라 수출의 단계에 속하기 때문이다. 달리 말해 서술은 공부내용을 습득하는 것이 아니라 습득한 내용을 복습하는 것에 가깝다.

그럼에도 불구하고 사람들은 생생한 시각적 상기는 보는 것의 일종이고 따라서 (뭔가 그 전에 없던 혹은 몰랐던 것을) 발견하는 것의 일종이라고 생각하려는 유혹을 강하게 느낀다. 이런 오류를 범하게 되는 한 가지 동기로 다음과 같은 것을 들 수 있을 것이다. 예를 들어 어떤 사람이 직접 목격하지 않고서 해전이 일어났다는 사실을 알게 되었을 때, 그는 시각적 이미지를 이용해 그 광경을 의도적으로 혹은 무의식적으로 마음속에 그려볼지 모른다. 그래서 그는 그 전투에 대해 생각할 때마다 거의 획일적으로 그가 처음 알았을 때의 그 광경을 마음속으로 그려보게 될 것이다. 이는 마치 그 사건에 대한 이야기를 해달라는 요구를 받을 때마다 거의 획일적으로 그 사건을 묘사하게 되는 것과 유사하다. 그러나 비록 그가 현재의 상투적인 방식으로 그 광경을 마음속에 쉽게 그려내지 못할 수 있겠지만, 그럼에도 그는 여전히 그가 목격하지 않았던 광경들을 마음속으로 그리는 습관적 방식과 그가 목격했고 잊지 않고 있는 사건들이 시각적 이미지의 형태로 그에게 「되돌아오는」 방식과의 차이를 인식하고 있다. 말하자면 후자에 있어서도 전자에서와 마찬가지로 그는 획일적인 방식으로 사건을 그려내지 않을 수 없지만, 그러나 이런 경우의 획일성은 그에게 강제적인 것이며 단순히 반복에 의해 정착된 것은 아닌 것으로 여겨진다. 그는 한 사건이 일어났을 때 자기 마음대로 그 사건을 원래대로 볼 수 없었던 것과 마찬가지로, 현재에도 자기 마음대로 그 사건을 「볼」수는 없다. 예를 들면 그는 벽난로선반 이외의 장소에서는 원래 장작을 볼 수 없었을 것이다. 왜냐하면 그곳이 그 장작이 있던 자리이기 때문이다. 아무리 그가 노력을 해도 그는 이제 다른 장소에서 그 장작을 보는 것을 상기할 수 없다. 왜냐하면 그가 할 수 있는 것이라고는 그것이 석탄통에 들어 있는 것을 보는 것으로 상상하는 것뿐이기 때문이다. 실제로 그는 그것이 석탄통에 있다는 다른 사람의 주장을 반박하는 순간에도 그 통안에 있는 장작이 보이는 것을 상상하고 있을 수도 있다.

어떤 경주의 기사를 읽고 있는 독자는, 그 기사의 내용이 주는 일정한 제약 하에서, 먼저 하나의 방식으로 그 경주를 마음속에 그려볼 수 있고, 그 다음에는 서로 다른 방식으로 심지어는 서로 상충하는 방식으로 그것을 의도적으로 혹은 무의식으로 마음속에 그려볼 수 있다. 그러나 그 경주를 직접 본 사람은 그 경주의 세부적인 광경들을 되살릴 수는 있지만 직접 본 광경 이외의 다른 사항들은 엄격하게 배제된다는 것을 느낀다. 바로 이 때문에 많은 사람들은 상상에 의한 회상은 사진을 샅샅이 보는 것이나 축음기의 레코드를 경험하는 것과 유사하다고 말하고 싶은 유혹에 빠진다. 「나는 한 가지 방식 이외에 다른 방식으로는 그 사건을 '볼' 수 없다」고 말할 때의 「……할 수 없다(cannot)」는 암암리에 「카메라는 거짓말을 할 수 없다」나 「레코드는 선율을 변조할 수 없다」고 할 때의 기계적인 의미의 「할 수 없다」에 동화된다. 그러나 사실 전자의 「할 수 없다」는 말은 「나는 Edinburgh라는 철자를 내 마음대로 쓸 수 없다」고 할 때의 「할 수 없다」는 의미와 가깝다. 나는 몇 개의 문자를 정확히 올바른 순서에 따라 써내려가면서 동시에 그 문자를 다른 배열로 써내려갈 수는 없다. 즉 내가 알기에 당연히 그렇게 써야하는 방식과 그밖의 다른 방식을 동시에 사용해 Edinburgh라는 단어를 써내려갈 수는 없는 것이다. 나의 손으로 하여금 다른 방식이 아닌 바로 이 한 가지 방식으로 그것의 철자를 써내려가도록 강요하는 것은 아무것도 없다. 오히려 그것은 요구되는 내가 알고 있는 철자법과, 그것과는 다른 임의의 철자법 양자를 동일한 작업 속에서 동시에 진행한다는 가능성이 간단한 논리에 의해 배제되기 때문인 것이다.

이와 마찬가지로 나에게 어떤 것에 대해 마음속으로 그림을 그리도록 강요하는 것은 전혀 없다. 물론 그런 방식이 아니라 이런 방식으로 마음속의 그림을 그리도록 강요하는 것도 없다. 그러나 만일 내가 어떤 광경이 과거에 내가 목격했을 때 어떻게 보였던지를 상기하고 있다면, 이때 마음속으로 그림을 그려보는 나의 행위는 임의적인 것이 아니다. 또 한 가지 예를 들면, 자갈채취장에서 해수욕장으로 가는 경우, 나는 다른 길이 아닌 바로 이 길을 가도록 강요받지 않는다. 그러나 만일 내가 이 길이 올바르다는 것을 안다면, 나는 논리상으로 올바르다고 알려진 길을 가면서 동시에 다른 길을 갈 수는 없는 것이다.

바이올리니스트가 잘못을 저지른 대목을 휘파람으로 불면서 그 잘못을 재현하는 음악회관람자의 경우를 다시 한 번 고찰해보자. 그는 그 잘못을 재현하기 위해 실제로 휘파람을 불지 않으면 안 되지만, 이 문장에서 「하지 않으면 안 된다(have to)」는 말이 갖는 유일한 의미는, 만일 그가 그 이외의 것을 휘파람으로 분다면 그는 바이올리니스트의 잘못을 재현하는 것이 아니라는 것이다. 그는 바이올리니스트가 연주하는 것을 들은 바를 잊지 않았기 때문에 그는 현재 휘파람으로 불고 있는 것을 부는 것이다. 그러나 이때의 「때문에」는 원인과 결과의 관계를 나타내는 것이 아니다. 그래서 그가 휘파람을 분다는 것은 바이올리니스트의 잘못된 연주나 그가 그 연주를 처음 들었던 것에 의해 인과적으로 제약되거나 지배되지 않는다. 오히려 그가 들은 바를 잊지 않고 있다고 말하는 것은 그가 그것을 휘파람으로 불어서 그 잘못을 충실하게 재현하는 등의 일을 할 수 있다는 뜻이다. 그가 계속 바이올리니스트의 잘못을 염두에 두는 한에 있어, 그는 계속해서 그것을 충실하게 재현함으로써 그 잘못이 어떤 것이었는지를 보여주는 등의 일을 할 수 있고 또 그렇게 할 준비가 돼 있다.

어린아이가 시를 암송해야 하는 상황에 처한 경우, 그가 전체 혹은 일부를 틀린다면, 그가 시를 암송했다고 말하지 않는다. 잘못된 인용은 애당초 인용이 아니다. 만일 어떤 사람이 한 단어를 철자로 썼다든가 어떤 문장을 해석했다는 말을 들을 경우, 우리는 「그러나 그는 그것을 제대로 했는가?」라는 질문을 하지는 않는다. 왜냐하면 철자법이나 해석에 잘못이 있다면 그것은 도대체 철자법이니 해석이니 할 수 없기 때문이다. 그러나 물론 「철자를 쓰려고 시도하다」나 「해석하려고 시도하다」 등의 표현과 같은 의미에서 그 동사를 사용하는 용법들이 존재한다. 이런 용법에서는 「실패하여 (unsuccessfully)」라는 부사를 「철자법을 쓰다」라든가 「해석하다」라는 동사들에 유의미하게 붙일 수 있다.

「상기하려고 노력하다」라는 의미에서 사용되는 경우를 제외할 경우, 「상기한다」는 것은 위의 동사들과 마찬가지로 「성취(got it)」동사이다. 따라서 「recall unsuccessfully」니 「recall incorrectly」니 하는 표현들은 정당치 못한 구절이다. 그러나 이렇게 말한다고 해서 우리가 무슨 특권을 갖고 있어서, 일단 그것을 자유롭게 발휘하기 시작하면, 아무런 주의도 기울이지 않고 그 능력에 의해 우리의 목적이 달성된다는 뜻은 아니다. 그것은 다만, 만일 예를 들어 어떤 사건에 대해 우리가 알고 있는 방식 이외의 다른 방식으로 우리가 그 사건을 마음속에 그린다면, 그때에 우리는 그 사건을 상기하고 있다고 말할 수 없다. 이는 마치 그가 말했다고 우리가 알고 있는 것들 이외의 다른 말을 화자가 한 것인 양 할 경우 우리는 그의 말을 인용하고 있다고 말할 수 없는 것과 같다. 상기한다는 것은 때로는 우리의 노력을 필요로 하는 것이고 때로는 실패하기도 하는 그런 것이다. 그래서 우리가 상기를 제대로 한 것인지 아닌지를 우리 스스로도 모르는 경우들이 아주 많다. 그 결과 우리는 처음에는 뭔가를 상기했다고 주장했다가도 뒤에 가서 설득을 당해 그것을 철회하기도 하는 것이다. 그러나 비록 「상기하다」가 「성취」동사이기는 하지만 그렇다고 해서 그것이 발견하다, 해결하다, 증명하다 등과 같은 부류는 아니다. 오히려 「암송하다」, 「인용하다」, 「묘사하다」, 「모방하다」 등의 동사처럼 그것은 보여주는 것(showing)의 동사, 적어도 그런 부류와 가까운 동사이다. 상기하는 데 능하다는 것은 조사를 잘한다는 뜻이 아니라 드러내 보여주는 데 능하다는 뜻이다. 만일 「서술(narrative)」이란 말을 산문적 표현뿐만 아니라 비산문적 표현에 대해서도 적용할 수 있다면, 상기한다는 것은 서술하는 기능이다. 바로 이 때문에 우리는 상기한 내용을 서술할 때 비교적 충실하다든가 생생하다든가 정확하다는 등의 형용사를 사용하지, 독창적이니 탁월하니 강렬하니 하는 형용사를 사용하지는 않는다. 우리는 상기를 잘한다는 이유만으로 어떤 사람을 「현명하다」거나 「주도면밀하다」고 부르지 않는다. 일화를 이야기하는 사람은 탐정과 그 종류가 다르다.

9
지 성

1. 들어가는 말

   지금까지 나는 이성, 지성, 오성(悟性) 등에 대해 별로 적극적으로 말하지 않았다. 사고, 판단, 추론, 개념화(conception) 등에 대해서도 마찬가지다. 실제로 지금까지 이 책에서 내가 별로 적극성을 갖지 않고 언급했던 것들은 대개 사라져가는 경향을 갖고 있는 것들이었다. 무슨 말인가 하면 나는 흔히 생각하는 가정(假定), 즉「의도적인(purposive)」,「능숙한(skilful)」,「세심한(careful)」,「야심에 찬(ambitious)」,「자발적인(voluntary)」등과 같은 수식어를 사용하려면 (그에 상응하는) 숙고(熟考)작용 혹은 이론화작용들의 발생이 그 인과적 전제조건으로 포함된다는 가정에 반대되는 주장을 반복적으로 해왔기 때문이다. 어쩌면 나는 계획수립작용과 이론화작용 그 자체가「의도적」,「능숙한」,「세심한」,「야심에 찬」,「자발적인」등과 같은 것으로 특징지어질 수 있기 때문에 내가 이런 작용들을 단순히 매듭묶기나 선율 따라 듣기 혹은 숨바꼭질놀이 등과 전혀 다르지 않은 특별한 일로 간주하는 듯한 인상을 주었는지 모르겠다.
   나이가 많은 엘리트들이 주축을 이뤘던 사무실을 이렇게 민주화시키는 일은 대단히 충격적인 일로 보일 것이다. 왜냐하면 아직도「정신(마음, mind)」과「정신적(mental)」이라는 말을 각각「지성(the intellect)」과「지적(知的, intellectual)」이라는 말과 동의어로 간주하는 관례가 널리 퍼져 있기 때문이다. 예를 들어 어떤 시험의 응시자가 학문적 과제들을 얼마나 잘 수행할 수 있는지를 알고 싶을 경우 시험관이 그에게 「어떤 종류의 정신능력을 갖고 있는지」를 물어보는 것은 매우 관례적인 일이다. 이때 그 응시자가 동물을 좋아하고 부끄럼을 잘타며 음악에 소질이 있고 재치가 있다는 식으로 대답을 한다면 그 시험관은 당혹스러움을 느낄 것이다.

이리하여 우리는 지적 능력, 지적 경향, 지적 수행(遂行) 등과 같은 개념들이 갖는 몇 가지 특징들을 논의할 시점에 이르렀다. 이런 논의를 통해 우리는 이것들이 흔히 요청되는 인과적 선행성은 갖지 못하지만 나름대로의 우위나 중요성을 갖는다는 사실을 알게 될 것이다.

2. 지성의 판별기준

우리는 인간생활에서 지성이 차지하는 위치를, 의식적 혹은 무의식적으로 비유를 사용해 몇 가지 일정한 모델들에 따라 서술하는 경향이 있다. 예를 들어 우리는 종종 지성(知性)을 특수한 신체기관처럼 이야기한다. 그래서 강한 지성이나 약한 지성을 강한 눈이나 근육 혹은 약한 눈이나 근육에 비유한다. 또한 오성(悟性)은 가끔 소매서점이나 은행을 「거쳐(via)」각각 제품을 공급하는 출판사나 조폐공사에 비유된다. 그리고 이성(理性)은 청중들의 가운데에 자리잡은 채 자기가 아는 바를 그 청중들에게 말하고 명령이나 권고를 하는 똑똑한 연사(演士)나 행정관리에 비유되곤 한다. 이제 우리는 이런 부류의 모델들이 우리의 논의에 필요한 단서들을 제공하기에 부적절하다는 주장을 하는 데 주저할 필요가 없다. 그런데 처음부터 의심을 해볼 필요가 있는 이 모델들은 모두 하나의 공통된 약속을 하고 있다. 무슨 말인가 하면 우리는 눈과 근육의 강약(强弱)에 따라 할 수 있는 일이 무엇이고 할 수 없는 일이 무엇인지를 아주 정확하게 말할 수 있고, 우리는 이 출판사나 저 조폐공사가 어떤 제품을 내놓게 되고 또 내놓지 못하게 되는지를 정확히 말할 수 있으며, 또한 우리는 한 강연에서 어떤 연사가 무엇을 말했는지, 그리고 무엇을 말하지 않았는지도 정확하게 말할 수 있다는 것이다. 그러나 인간의 어떤 행위와 반응이 「지적(知的)」이라고 분류되어야 하는가 라는 질문을 받게 되면 그와 엇비슷한 기준조차도 제대로 세우지 못한다. 예를 들어 수학에서의 계산은 당연히 「지적」 작업으로 분류돼야 하지만, 만일 그 계산이 잘못투성이인데도 재수가 좋아서 맞춘다거나 그냥 기계적으로 외워서 맞춘다면 어떻게 되겠는가? 또 법정에서의 변론도 물론 「지적」 작업으로 분류되어야 한다. 그러나 그 변론의 동기가 잘못된 근거를 대의명분(大義名分)인 양 보이기 위한 것이라면 어떻게 되겠는가? 철학적 사유도 마찬가지로 그렇게 분류돼야 하지만, 만일 그 사유(思惟)가 뭔가를 바라는 뜬구름 같은 것이라면 어떻게 되겠는가? 사실들을 수집하고 종합하는 작업도 마찬가지로 분류돼야 한다. 그러나 그 수집이란 것이 잡동사니를 모아놓은 것과 같고 그 종합이란 것도 황당한 요소를 포함하고 있다면 어떻게 되겠는가?

어떤 견해에 따르면 지적 작업의 결정적인 속성은 그 작업이 진리발견이라는 목적에 의해 지배되고 있다는 것이라고 한다. 그러나 브리지게임이나 체스놀이는 지적 작업이지만 그 목적은 진리발견이 아니라 이기는 것이다. 기술자나 장군은 그들의 머리로 계획을 짜지만 진리발견이 그들의 목적은 아니다. 입법가는 추상적 용어를 사용해 체계적으로 사고를 해야 하지만 그들이 산출해내는 것은 지적인 정리(定理)가 아니라 법률안이다. 이와 반대로 노인들의 회상(回想)은 진리들의 엄청난 결집체가 될 수 있지만, 이런 회상을 최소한의 지적 능력이 발휘된 것 이상으로 보기에는 무리가 따른다. 노인들은 과거에 무엇이 일어났는지를 힘들여 생각해내지 않는다. 그 일은 거의 자동적으로 노인의 머리에서 되살아나기 때문이다. 또 우리는 일반적으로 관찰력이 뛰어난 아이가 눈, 귀, 코, 혀, 손으로 끊임없이 찾아내는 발견물들을 지적 능력의 발휘로 간주하지 않는다. 그것들을 가지고 학식을 늘이지는 못하기 때문이다.

또한 지적인 것과 그렇지 못한 것 간의 경계선이 「사고(思考, thinking)」의 개념을 파고든다고 해서 보다 분명해지지는 않는다. 「사고」란 말은 「지적」이라는 말 못지않게 모호하며, 나름대로의 애매성 또한 크기 때문이다. 어떤 의미에서 영어의 동사 「think(생각하다)」는 「believe(믿다)」나 「suppose(상상하다)」와 동의어다. 그래서 어떤 사람이 이런 의미에서 수많은 엉터리

같은 일들을 「생각」하는 것은 가능하다. 그러나 그 이외의 다른 의미에서는 거의 아무것도 생각하지 않는 것도 일어날 수 있다. 이런 상태에 있는 사람은 겸손한 사람이면서 동시에 지적으로 게으른 사람이다.

하지만 「생각하다」라는 동사에는 그밖에도 예를 들면 어떤 사람이 피아노를 연주하면서 깊은 주의력을 쏟고 있을 때처럼, 「자신이 하고 있는 바를 열심히 생각하고 있다」고 말할 때의 의미도 들어 있다. 그러나 이는 그가 무슨 깊은 생각이나 시름에 잠겨 있다는 뜻이 아니다. 만일 피아노를 친 그 사람에게 「당신은 어떤 전제(前提)들에 기초를 두고 있었으며 또 어떤 결론에 이르렀습니까?」, 즉 어떤 생각을 하고 있었느냐고 물어본다면 그는 「나는 아무 생각도 안 했어요. 나는 무슨 명제를 만들거나 조작할 시간도 없었고 관심도 없었습니다. 나는 연주에만 마음을 쏟았을 뿐, 무슨 문제들을 사색하지 않았고 심지어 어떻게 연주해야 할 것인가에 관해서조차 신경쓰지 않았습니다」라고 대답할 것이다.

우리는 종종 「특출난」 단어나 문장과 같은 상징을 사용한 작용을 「지적 과정(intellectual process)」 혹은 여기서 요구되는 특별한 의미에서의 「사고(thinking)」라고 부르기도 한다. 이런 사고방식은 「정신은 사고할 때 그 자신에게 말을 건넨다(In thinking the soul is talking to itself)」라는 관용적 표현에서 여실히 드러난다. 그러나 이 말은 너무 광범위하고 동시에 너무 협소하다. 예를 들면 순전히 기계적으로 자장가를 따라 부르거나 구구단을 암송하는 어린아이는 일종의 표현숙달과정을 거치고 있는 것인지 모르지만, 자신이 하는 말이나 문장의 의미가 무엇인지에 대해 주의력을 기울이고 있는 것은 아니다. 즉 그 아이는 자신의 표현들을 사용하고 있는 것이 아니라 앵무새처럼 따라할 뿐인 것이다. 물론 그렇다고 해서 사고하는 사람(thinker)이란 의도적으로 온 주의력을 집중해 표현들을 조작하는 사람이란 뜻은 아니다. 그 이유는 예를 들어 조각그림맞추기놀이가 과거에 배운 적이 있는 외국동요의 단편들로 구성되어 있다면 어린아이는 문장들의 정확한 의미를 몰라도 열심히 노력해 올바른 순서에 따라 효율적으로 재배열할 수 있기 때문이다. 그렇다고 이 말은 사고한다는 것(thinking)이 표현들의 복합체를 특수한 의미들의 전달수단으로 구성하는 것이란 뜻도 아니다. 왜냐하면 우리는 제삼자가 한 표현들을 그냥 따라하고 있는 사람에 대해서도 「사고한다」는 말을 사용하기 때문이다. 이런 경우 그 사람은 자신의 생각을 말로 표현하고 있는 것이 아니라 다른 사람의 말에서 생각을 얻고 있는 것이다.

다른 한편 우리는 단어, 코드부호, 도표, 그림 등과 같은 표현들이 전혀 사용되지 않은 상황에서도 경우에 따라 진정으로 지적(知的)인 일을 할 수 있다는 것을 인정해야 한다. 엉클어진 양털의 가닥을 잡는 일, 체스놀이에서 어디에 놓을 것인지를 고심하는 일, 조각그림을 정확하게 재배열하는 것 등은 그 어떤 독백이 수반되지 않더라도 일반적으로 인지(認知)기능이 포함된 것으로 보아야 할 것이다.

끝으로 앞에서 언급한 바 있는 논점, 즉 음미되지 않은 발화(unstudied utterance)와 음미된 발화(studied utterance)의 차이를 적용하는 것은 여기서 중요성을 갖게 된다. 우리가 일상생활 속에서 대화를 나눌 때 흔히 무엇을 말할 것인지, 그리고 그것을 어떻게 말할 것인지 음미하지 않고 우리의 입에 가장 먼저 도달하는 것부터 내뱉는다. 왜냐하면 일상대화에서는 우리가 한 말을 변호한다든지 그런 말들 간의 관계를 해명한다든지 우리가 제기하려는 문제의 취지나 의도를 다시 풀어서 설명할 필요가 없기 때문이다. 일상대화는 정교하지도 않고 즉각적이며 큰 비중이 실려 있지도 않다. 즉 힘든 노고가 들어간 것이 아니며 사람을 교화(敎化)한다든지 기억시킨다든지 기록시킬 의도를 갖고 있지 않다. 그럼에도 불구하고 일상대화에는 그 나름의 초점들이 있으며 청자(聽者)는 그것들을 이해하고 적절하게 반응한다.

그러나 이런 일상적인 대화는 어떤 사람이 뭔가를 판단(judging), 숙고(pondering), 추리(reasoning), 사고(thinking)할 때 우리가 염두에 두는 그런 대화와는 다르다. 우리는 주로 어떤 사람의 지적 능력을 그가 일상대화에서 지껄이는 방식들을 기준으로 삼아 판단하지 않는다. 우리가 그런 판단을 내릴 경우에는 일을 끝내고 기분이 느슨한 상태에서 나오는 것이 아니라 근무중의 음성으로 나온, 다분히 상대방의 생각과 의도가 담기고 신중하게 발화되는 방식을 기준으로 삼는다. 그러나 경우에 따라서는 그가 하는 농담을 고려하거나 다른 사람의 농담을 알아듣는 수준을 기준으로——설사 그 농담이 비학문적인 대화의 수준일지라도——상대방의 지적 능력을 판단하기도 한다. 전문이론가들은 음미되지 않은 잡담과 세련된 담화(discourse)의 차이를 단지 정도의 차이로 간주해 우리의 입술에 곧바로 도달하는 것, 즉 일상적 대화는 진지하게 나온 발언과 종류면에서는 동일한 지적 과정을 반영하고 있다고 가정하는 경향이 있다. 그러나 실제로 보면 우리는 한 사람의 명민함(judiciousness)이나 통찰력(acumen) 혹은 이해력(grasp)을 판단할 때 진지한 발언만을 척도로 삼는다. 그래서 우리는 실제생활에서 모든 예지적 표현의 사용을 사고(思考)로 간주하지 않고, 오직 혹은 주로 노동처럼 행해지는 것으로 간주한다. 우리는 음미되지 않은 잡담을 낮은 수준의 이론화나 계획수립으로 간주하지 않으며 그런 점에서 우리는 매우 올바르다. 어떤 사람의 이론이나 계획을 한 단계 진전시키는 것이 일상적 잡담의 목적은 아니기 때문이다. 또한 우리는 산책하는 것이나 흥얼거리는 것을 가벼운 수고를 하는 것 정도로 여기지도 않는다. 그러나 결국 「지적(知的)」이라는 말과 「사고」라는 말을 엄격하게 정의하려는 모든 시도가 좌절된다면 무슨 소용이 있겠는가? 예를 들어 우리는 전원적/도회적, 놀이/일, 봄/여름을 어떻게 구별해야 할 것인지에 대해 잘 알고 있으며, 명확히 정의할 수 없는 중간적 성격의 사례들이 발견된다고 해도 당황하지 않는다. 우리는 수학문제를 푸는 것은 지적인 일이고 골무를 찾는 것은 지적인 것이 아닌 반면 적절한 운(韻)을 찾아내는 일은 중간적 성격을 갖는 것임을 알고 있다. 브리지게임은 지적인 놀이이고 스냅게임은 지적인 것이 아니지만 상대방의 패를 다 딸 때까지 하는 베개게임은 중간적 성격을 갖고 있다. 마찬가지로 우리가 일상적으로 지성과 사고라는 개념을 사용하면서 중간적 성격의 사례들이 발견됐을 때 당황하지 않는다.

물론 목적 여하에 따라 이런 문제가 전혀 중요하지 않을 수도 있다. 그러나 지금의 우리에겐 대단히 중요하다. 왜냐하면 그것은 「이성」, 「지성」, 「오성」 등을 특수한 능력 혹은 은밀한 기관으로 간주했던 옛날 이론의 잘못을 지적해주는 것임과 동시에 판단하는 것(judging), 개념화하는 것(conceiving), 추정하는 것(supposing), 추리하는 것(reasoning) 등과 같은 특수한 지적 과정을 다루는 최근 이론의 잘못도 적시해주기 때문이다. 이 두 이론은 실제로는 식별할 길이 없는 것들을 식별해 낼 수 있는 척도라도 갖고 있는 양 하고 있다. 우리는 인식론의 상표를 사용해야 할 때와 사용해서는 안 되는 때를 언제나 알 수 있는 것은 아니다.

 논의를 다시 시작해보자. 사람들이 지적 능력이나 수행을 다른 능력이나 수행과 비교할 때 염두에 두는 생각이 하나 있다. 그것은 바로 학교교육이라는 생각이다. 이에 따르면 지적 능력은 규정 교과목에 의해 계발되고 규정시험을 통해 검증된 능력이다. 그리고 지적 작업은 학교교육을 받은 사람들만이 수행할 수 있는 일의 전부, 혹은 그 일의 일부이다. 또 지적인 사람은 최상의 교육혜택을 받은 사람이며 지적인 대화는 교화(敎化)된 대화이며 동시에 교화를 주는 대화라는 것이다. 날 때부터 타고난 요령이나 교육받지 않아도 알고 있는 요령은 지적 숙련으로 분류되지 않으며 줄넘기나 스냅놀이 혹은 잡담처럼 단순한 모방에 의해 주로 익힌 기술조차도 지적인 성취물로 분류되지 않는다. 「지적(知的)이다」라는 말을 적용하는 것은 적어도 그 일부가 책이나 강의에서 혹은 일반적으로 교육적인 담화(didactic discourse)에서 배운 교훈들을 사용하는 경우에만 국한된다.

 여기서 다음과 같은 두 가지 사실이 분명해진다. 첫째 일상적인 대담을 이해하고 사용하는 법을 사전에 배운 적이 없는 사람은 교육적인 담화를 이해하고 사용할 수 없다는 것이고, 둘째 교육적인 담화 그 자체가 일종의 음미된(studied) 담화라는 것이다. 학교교육도 교육적인 담화에서 이뤄진다. 그리고 담화 그 자체는 일정부분 학교교육의 산물이다. 그런 담화는 그 자체의 훈련이 필요하며 사교상의 일상적인 방식이 아니라 비사교적이고 전문적인 방식으로 언표되고 기록된다. 또 그것은 위엄을 갖추고 진행된다. 설사 기지에 찬 일상회화처럼 꾸미더라도 그것을 그냥 일상회화 수준에서 받아들이는 것은 부적절한 것으로 여겨진다. 그런 식의 일상회화 스타일이 사기성이 있는 것으로 인식되는 것도 그 때문이다. 이 경우 교사는 자신과 학생들이 정말로 아무것도 하지 않고 있는 양 가식하고 있을 뿐이다. 뒤에 가서 우리는 지성적인 것과 그렇지 않은 것을, 어떤 사물이 학습되는 교육기관을 기준으로 나누는, 다소 사소해보이는 이런 판별방식의 배후에는 대단히 중요한 사항이 숨겨져 있다는 것을 보게 될 것이다. 일단 여기서는 사고(thought)나 사고하는 것(thinking)을 나타내는 개념들 중의 일부에 대해 논의할 필요가 있다. 우리는 어떤 사람이 뭔가를 생각해내는 일(thinking out)에 관여하고 있다고 말할 때의 「사고」의 의미와 그 사람이 생각하는 것은 이러저러한 것이라고 말할 때의 「사고」의 의미를 명확히 구별해서 사용해야 한다. 다시 말해 사고(思考)가 힘들다, 질질 끌다, 방해받는다, 부주의하다, 성공적이다, 소용없다는 식으로 말할 때의 의미와 어떤 사람의 사고는 참이다, 거짓이다, 타당하다, 오류다, 추상적이다, 거부됐다, 공감을 얻었다, 공표됐다, 혹은 공표되지 않았다는 식으로 말할 때의 의미를 구별해야 한다는 것이다. 전자(前者)의 의미에서 우리는 어떤 사람이 종종 그리고 일정한 시간 동안 관여하는 일에 대해 이야기한다. 반면 후자(後者)의 의미에서 우리는 그런 일의 결과를 이야기한다. 이런 구분을 하는 것이 중요한 까닭은 뭔가를 생각해내는 일을 서술할 때 그 일의 성과를 서술하는 용어를 차용하는 것이 최근 크게 유행하고 있기 때문이다. 예를 들면 우리는 (뭔가를 생각해내는 일에 속하는) 판단하는 것, 추상하는 것, 포섭하는 것, 연역하는 것, 귀납하는 것, 단정하는 것 등을, 마치 이런 것들이 특정단계에서 숙고하고 있는(pondering) 특정한 사람들이 실제로 수행하는 기록가능한 작업인 것처럼 수행하고 있는 사람들의 이야기를 듣는다. 그리고 우리는 다른 사람들이 이런 것들을 하고 있는 것을 눈으로 볼 수 없고 심지어 우리 자신이 그런 행위를 하는 경우에도 눈으로 본다는 것이 불가능하기 때문에 우리는 그것들이 비밀스러운 사건이고, 그런 사건의 발생은 인식론의 전문가들에 의한 추론과 예측을 통해서만 발견될 수 있다고 인정하고 싶은 충동을 느끼게 된다. 해부학자들은 우리 내부에서 일어나는, 그러면서도 우리가 알 수 없는 생리작용과 대뇌기능에 대해 말하듯이, 이들 전문가들도 우리가 위에서 말했던 그런 일들을 하고 있다고 우리에게 가르치는 것같다. 그렇다면 우리의 지성은 비신체적 기관들이라고 결론지어야 할 것 같다. 왜냐하면 이 유사해부학자들은 지성의 은밀한 기능들에 관해 많은 것을 찾아내고 있기 때문이다.

나는 「판단」, 「연역」, 「추상」 등과 같은 말은 숙고하는 것(pondering)의 결과들을 분류한 것에 속한다고 보는 것이 올바른 견해이며, 숙고하는 것을 구성하는 제반작용들을 지시하는 것으로 보는 것은 잘못된 견해라는 것을 보여주고자 한다. 그 말들은 전기(傳記)의 어휘에 속하는 것이 아니라 서적, 강의, 토론, 보고 등에 대한 논평의 어휘에 속한다. 다시 말해 그것들은 심판관의 말이지 전기작가의 말은 아니다.

3. 이론의 구성, 습득 및 활용

진리의 발견을 목적으로 한다는 것을 함의(含意)하지 않음에도 불구하고 우리가 「지적」이라고 서술하는 업무들이 놀이와 일 모두에 수없이 많다. 그러나 진리를 발견하기 위해 우리가 관여하는 일군(一群)의 특별한 업무들을 우선적으로 고찰하는 데는 그만한 이유가 있다. 여기서 내가 「일군의 업무들(family of avocations)」을 말하는 까닭은 유클리드, 투키디데스, 콜럼버스, 아담 스미스, 뉴턴, 린네, 포슨, 버틀러주교 등이 지적 작업과 관련해 동업자였던 양 한다고 해서 얻을 것은 아무것도 없기 때문이다.

「이론」이라는 말이 광범위하게 다양한 의미를 갖고 있지만, 위에서 말한 사람들이 각각 명성을 얻었던 작업은 「이론구성(theory building)」이라는 작업이다. 예를 들어 셜록 홈스의 이론들은 마르크스의 이론들과 동일한 방법으로 구성되지 않았으며 그것들의 사용이나 적용방법도 마르크스의 그것들과 유사하지 않았다. 그러나 두 사람 모두 자신들의 이론을 교육적인 산문체로 서술했다는 점에서 유사성을 갖는다.

이론을 구성하는 작업이나 과정에 대해 보다 세부적인 고찰을 하기 앞서 우리는 어떤 사람이 이론을 「갖고 있다」고 말하는 것이 무슨 뜻인지부터 고찰해야 한다. 이론을 구성하는 것은 이론을 습득하려는 것이며, 이론을 갖고 있다는 것은 이론을 습득한 다음 잊지 않고 있다는 뜻이다. 이론을 구성하는 것을 여행이라 한다면 이론을 갖고 있다는 것은 목적지에 있다는 것이다.

펜을 갖고 있다고 해서 뭔가를 쓰고 있다는 뜻이 아니듯, 이론이나 계획을 갖고 있다는 것 자체가 뭔가를 하거나 말하고 있다는 것은 아니다. 펜을 갖고 있다는 것은 필요한 경우 글을 쓸 준비가 되어 있다는 것이다. 마찬가지로 이론이나 계획을 갖고 있다는 것은 필요에 따라 그것을 말하거나 적용할 준비가 돼 있다는 것이다. 다시 말해 이론이나 계획을 세우는 작업은 그같은 준비를 갖추는 작업이다.

내가 말하고자 하는 바는 이론의 소유자는 그것을 진술하거나 적용할 준비가 되어 있다는 것이다. 그러나 이것은 과연 무엇을 말하는 것인가? 이론을 말할 준비가 돼 있다는 것은 그 이론이 무엇인지를 처음으로 배우거나 이미 알고 있는 것을 좀더 세부적으로 알고자 하는 사람(그 사람이 이론을 소유하고 있는 그 자신이어도 무방하다)에게 만족스러운 답변을 줄 수 있다는 것이다. 다시 말해 이론을 말할 준비가 돼 있다는 것은 그 이론의 결론들, 그 결론들이 해결한 문제들, 그 결론들을 받아들이고 다른 경쟁적 대답들은 배제하는 것 등에 대한 충분한 이유들을 말이나 글로 알기 쉽게 서술할 수 있다는 뜻이다. 이론을 갖고 있다는 것은 그 이론을 사용해 수업을 한다든지 재교육을 할 수 있다는 것을 포함한다. 그 수업을 예지적으로 받는 학생도 그같은 이론을 가질 수 있으며, 만일 그가 매우 똑똑하다면 그 이론을 채택하지 않으면서도 그 이론을 파악할 수는 있게 된다. 그러나 우리가 이론을 구성하는 것은 오직 혹은 일차적으로 이론에 대해 말할 수 있기 위해서가 아니다. 이 점은 우리가 그런 목적을 위해 계획을 세우지 않는 것과 마찬가지다. 우리가 자신이나 학생들에게 교육적인 실습을 시키는 것은 교육적인 목적 이외의 다른 목적에도 교육내용들을 이용할 수 있도록 만들기 위함이다. 예를 들면 콜럼버스는 단순히 지리시간에 외운 내용에 새로운 사항을 추가하기 위해서만 탐험을 했던 것은 아니다. 이론이나 계획을 갖고 있다는 것은 단순히 누군가의 이론이나 계획이 무엇인지를 말할 수 있다는 것이 아니다. 이론을 말할 수 있다는 것은 사실 한 가지 일을 할 수 있다는 것만을 뜻하는데 그 일이란 이론을 교육상 이용할 수 있다는 것이다. 그래서 유클리드의 제반정리(定理)를 통달했다는 것은 단순히 그것을 암송할 수 있게 됐다는 뜻만이 아니라 그 정리의 응용문제를 풀 수 있다든지, 그 정리에 반하는 반론들에 대처할 수 있다든지, 그 정리들의 도움으로 관련분야에서 새로운 지평을 열 수 있다든지 하는 것을 의미한다.

「어떻게 해서 이론은 교육적인 설명이 아니고 다른 설명들이 되는가」라는 물음에 대한 유일한 대답을 한다는 것은 불가능하다. 예를 들어 셜록 홈스가 갖고 있는 이론들의 일차적 의도는 범인의 체포나 유죄입증 혹은 계획범죄의 예방과 무고한 용의자의 결백증명 등에 적용하는 것이었다. 또 그 이론들은 효과적인 수사기법의 모범사례들로 사용될 수도 있었을 것이다. 또 그 이론에서 더 세부적인 연역이 이뤄지고 거기에 따라 범인들이 체포되고 무고한 용의자가 석방된다면 그 이론은 실제로 적용되었다고 말할 수 있다. 그리고 뉴턴의 이론들에 기초해 정확한 예측과 과거에 일어난 사건에 대한 명확한 설명이 이뤄진다면, 그 이론들에 따라 실제로 기계가 설계된다면, 영구운동을 하는 기계를 만들겠다는 희망이 포기된다면, 그 이론 이외의 다른 이론들이 폐기되거나 그의 이론의 일부로 편입된다면, 그의 이론의 전부 혹은 일부를 학생들이 이해할 수 있는 책이 출판되거나 강의가 행해진다면, 그의 이론구성기법의 일부 혹은 전부가 그를 모범으로 해서 학습되고 새로운 탐구분야에 성공적으로 적용된다면, 뉴턴의 이론은 사용되고 있다고 말해진다. 또 뉴턴의 신봉자라고 하는 것은 단순히 뉴턴이 말했던 바를 반복해서 말할 뿐만 아니라 뉴턴이 말하거나 실행에 옮기려 했지만 실제로 그렇게 하지 못한 것까지 할 수 있는 사람을 뜻한다. 어떤 이론을 갖고 있다는 것은 다양한 대처를 할 준비가 돼 있다는 것이고 가르침을 통해 아는 것은 그 대처방안들 중 일부에 지나지 않는다. 그리고——남들에게든 자신에게든——누군가에게 가르친다는 것은 그에게 다양한 과제들에 대한 준비자세를 갖도록 하는 것이며, 그 과제 중 일부만이 다시 가르침의 내용이 될 수 있다.

   따라서 이론구성을 하는 데 있어 마음은 「무엇보다도」 교육적으로 (didactically) 말을 하거나 글을 쓸 준비를 갖추는 것이라고 할 수 있을 것이다. 또한 이론을 배워서 우리가 얻는 혜택이란 다양하고 새로운 방식으로 행동하고 대응할 수 있는 준비태세를 갖추게 되는 것이라고 할 수 있을 것이다. 물론 여기서 그같은 방식들 중 일부만이 교육상의 목적을 위해 발표될 것이다. 하여튼 이는 이성을, 단지 교육적인 대담을 주고받을 수 있는 능력이라고 보는 견해에서 무엇이 잘못됐는지를 부분적으로 보여준다. 그러나 학습된 작업 중의 일부는 보다 철저하게 교육적인 대담일 것이다. 왜냐하면 교육적인 대담에 주의깊게 귀를 기울여서 배우게 되는 적어도 한 가지 사실은 동일한 사항들을 어떻게 말할 것인가 혹은 어떤 사항들이 동일한 효과가 나도록 어떻게 말할 것인가 아니면 적어도 그런 효과가 나도록 어떻게 말할 것인가이기 때문이다. 예를 들면 신병(新兵)은 최소한 명령어들을 배우고 또 하사관들이 그것들을 어떻게 전달하는지를 배운다. 누군가에게 뭔가를 가르친다는 것은 동시에 그런 뭔가를 가르친다든가 배우는 것을 가르치는 것이기도 하다. 예를 들어 별의 운행이나 진자(振子), 망원경의 작동법을 가르치는 갈릴레오는 동시에 그밖의 다른 주제에 대해 과학적으로 대담하는 법을 자신의 사례를 통해 가르친 것이다.

이제 이론구성의 작업을 고찰해보자. 첫째, 나는 이론구성이라는 말의 범위를 수학, 법학, 언어학, 철학처럼 안락의자나 책상에서 수행되는 작업에 한정하지 않을 것이다. 콜럼버스는 항해를 떠나지 않았더라면 대서양의 서편에 대해 설명할 수 없었을 것이고 케플러도 티코 브라헤와 함께 끈기있게 천체를 시각적으로 연구-관찰하지 않았더라면 태양계를 설명하지 못했을 것이다. 그럼에도 불구하고 우리는 여기서 최종적으로 그들이 구성을 끝내고 말이나 글로 피교육자에게 가르치는 그런 이론과, 그들이 이론을 세우는 데 필수불가결했던 노력이나 관찰을 구별해야 한다. 왜냐하면 이론들을 정식화했을 경우에 그 정식화에는 그 이론이 거쳤던 경과와 그 과정에서 행했던 관찰들에 대한 보고나 언급은 포함되지만 경과나 관찰 그 자체는 포함되지 않기 때문이다. 연구의 결과들은 산문(散文)으로 전달될 수 있지만 연구하는 것 그 자체는 일반적으로 펜을 써서 이뤄지는 작업이 아니라 현미경이나 망원경, 천칭, 검류계, 측정선, 리트머스시험지 등을 조작함으로써 이루어지기 때문이다.

둘째, 이론구성에 대해 이야기하면서 나는 유명한 발견들을 중심으로 한 고전적 사례들만을 언급하는 것이 아니라 어떤 식으로건 교육을 받은 적이 있는 모든 사람들이 어느 정도 그리고 종종 참여하는 그런 부류의 과제들까지도 언급할 것이다. 이론구성의 의미를 이런 식으로 확대할 경우 카펫이 마루에 어울리는지를 알려고 하는 가정주부도 일상생활 속에서 사소한 이론구성의 과제에 관여하고 있는 셈이다. 그 가정주부는 뭔가를 탐구하고 있으며 그 탐구결과는 말이나 글로 진술될 수 있을 것이다. 그녀가 남편에게 보고하는 사항과 그녀가 카펫을 갖고서 하려는 일은 둘 다 그녀가 어떤 이론에 도달하는지를 보여줄 것이다. 왜냐하면 그날 아침 그녀가 줄자, 연필, 종이 등을 사용해 행한 작업은 그녀가 카펫을 저렇게가 아닌, 바로 이렇게 까는 일과, 남편에게 마루와 카펫의 모양과 크기가 이러저러하므로 카펫이 저렇게 깔릴 것이라고 설명하는 일을 준비하는 것이기 때문이다. 그리고 나는 그 결과가 연역적 체계를 형성하든지 그렇지 않든지 간에 일정한 체계적 탐구의 결과들을 칭하기 위해서도 「이론」이라는 말을 사용하고 있다. 따라서 어떤 전투의 진행과정에 대한 역사가의 설명도 이런 의미에서는 그의 이론이다.

  예를 들어 어떤 농부가 길을 만들 경우 그는 그 길을 쉽게 왕복할 수 있다. 바로 그 때문에 그가 길을 만든 것이다. 그러나 길을 만드는 작업은 쉽게 왕복하는 과정이 아니라 지면에 표시를 해서 땅을 파고 자갈을 깔고 바닥을 다지고 도랑을 파는 과정이다. 그는 결국 더 이상 파거나 다지지 않고서도 왕복할 수 있는 길을 갖기 위해 원래는 길이 아닌 곳을 파고 다진 것이었다. 이와 마찬가지로 이론을 가진 사람은 그 자신이나 다른 사람들에게 그 이론 전체나 일부를 상세하게 설명할 수 있다. 말하자면 그는 이론의 한 부분에서 다른 부분까지를 산문으로 왕복할 수 있는 것이다. 그러나 이론을 구성하는 작업은 아직 아무것도 없는 곳에 길을 만드는 일이었다. 이론구성을 길만들기에 비유하는 것의 핵심은 이렇다. 인식론자들은 아주 흔하게 이론을 구성하는 노고(勞苦)를, 이미 누군가가 갖고 있는 어떤 이론을 검증하거나 가르치는 경우에만 적절하게 적용될 수 있는 용어들을 사용해 서술한다. 이는 예를 들어 마치 유클리드의 《기하학원론》을 구성하는 일련의 명제들이 유클리드가 최초에 기하학상의 발견들을 행할 때 이뤄진 일련의 이론적 사색들을 일대일로 반영하고 있듯이 서술하는 것과 마찬가지다. 즉 그가 이론을 구성할 때 이미 그는 이론을 소유하고서야 가능한 것들을 갖추고 있었다고 말하는 것과 마찬가지다. 그러나 이것은 불합리하다. 다른 한편 인식론자들은 지금의 경우와는 정반대로 유클리드가 이론을 이미 소유하고 그 이론을 다른 사람에게 전하려 할 때 행했던 것을 마치 원래의 이론화작업을 재현하는 것인 양 서술하는 경우도 종종 있다. 이것도 마찬가지로 불합리하다. 후자와 같은 생각을 하는 인식론자들은 말하자면 길을 이용하는 것이 마치 길을 만드는 것과 같은 것인 양 서술하는 것이다. 반면에 전자와 같은 생각을 하는 인식론자들은 말하자면 길을 만드는 것이 마치 길을 이용하는 것과 같은 것인 양 서술하는 것이다.

그래서 고생해서 길을 만들고 있는 농부는 애쓰지 않고 왕복할 수 있도록 지면을 준비하는 것이듯이 힘들여 이론을 구성하는 사람은 다른 무엇보다도 그가 노력해서 얻게 될 이론들을 쉽게 해설할 수 있는 준비를 하는 것이다. 다시 말해 그의 이론구성작업은 무엇보다도 교육적인 과제들을 위한 자기준비이며 이런 과제들은 더 이상 자기준비가 아니라 학생들을 위한 준비이다. 물론 거기에는 중간 단계들도 있다. 즉 이론을 구성한 사람이 이론은 갖고 있지만 그것을 완전히 장악하지 못한 단계가 있다. 이 경우 그는 그 이론에 아직 완벽하게 정통해 있지 못한 것이다. 비유하자면 그는 때때로 미끄러지고 비틀거리며 주저하는 처지에 놓여 있다고 할 수 있다. 이 단계에서 그는 머리 속이나 종이에서 그 이론 전부 혹은 일부를 검토할 것이다. 그러나 이 때 연습을 많이 하고 난 후처럼 쉽게 할 수 있는 것도 아니고 애초에 이론을 세울 때만큼 고생을 해야 하는 것도 아니다. 다시 말해 이런 상태에 있는 사람은 아직도 표면에 남은 울퉁불퉁한 곳을 다지기 위해 쿡쿡 밟으며 길위를 왔다갔다 해야 하는 농부의 입장과 비슷하다. 농부가 어느 정도 쉽게 다닐 수 있도록 지면을 고르듯이 이론을 세우려는 사람도 자기이론에 어느정도 정통하면서도 그것을 완전히 통달하기 위해 계속 자기를 교육하고 있는 것이다. 이처럼 자기 자신에게 자기이론을 설명하기 위해서는 다소간의 노고가 있어야 하며, 이런 노고를 하는 목적에는 더 이상의 노고를 들이지 않고 그 이론을 말하기 위해 스스로 준비하는 것이 포함되어 있다.

그런데 직설법 문장의 올바른 사용이 「판단하는 것(judging)」 혹은 「판단을 내리는 것(making a judgement)」이라는 행위를 반영하고 「만일 ……라면(if)」, 「그래서(so)」 「……때문에(because)」 등의 접속사가 포함된 직설법 문장의 올바른 사용이 「추리하는 것(reasoning)」, 「추론하는 것(inferring)」, 「전제에서 결론을 도출하는 것(drawing a conclusion from premises)」 등의 행위를 반영하고 있다고 서술하는 사람이 있다면 우리는 그에게 당연히 그런 문장의 사용자가 그의 이론을 구성하고 있을 때 그런 직설법 문장의 올바른 사용이 발생한다고 생각해야 하는지, 혹은 이미 그가 자신의 이론을 소유하고서 그것을 말로건 글로건 교육적인 산문체로 전달하고 있을 때 그런 용법이 발생한다고 생각해야 하는지를 물어봐야 한다. 게다가 개념화, 판단, 추론 등 한마디로 사고(思考)는 길을 만드는 경우에 이루어지는 동작인가 아니면 길을 보여준다든지 가르치는 등 길을 이용할 때 이루어지는 일련의 동작인가? 혹은 그것은 뭔가를 습득하는 과정에서 거쳐야 하는 단계인가 아니면 우리가 그것을 학습한 이후 다른 사람들의 요구에 따라 우리가 가르치는 학과의 일부인가? 자기 이론에 철저하게 정통해 있는 전문가가 그 이론을 구성하는 제반요소들을 지극히 쉽게 해설할 수 있다는 것은 말할 필요도 없다. 왜냐하면 그 전문가는 지금 무엇을 말해야 할 것인가를 음미해야 할 필요가 없으며 만일 그렇지 못하다면 자기 이론에 철저하게 정통하다고 말할 수 없기 때문이다. 그는 낡은 지면을 음미하고 있지만 새롭게 지면을 일구고 있는 것은 아니다. 그러나 직설법으로 쓴 단문이나 복문을 즉석에서 순차적으로 서술하는 것, 즉 이론을 해설하는 것은 상당한 시간을 요하는 이론구성을 이루는, 복잡하고 잠정적이며 힘겨운 분투나 시행착오와는 전혀 다르다. 실제로 이론의 제반요소를 쉽게 전달할 수 있도록 그를 준비시키고 훈련시킨 것은 후자와 같은 노력이었다. 따라서 우리가 결정해야 할 문제는 「개념화하다」, 「판단을 내리다」 혹은 「전제에서 결론을 도출하다」 등과 같은 행위는 이론가의 초기 탐구과정에서 찾아야 하는가 아니면 결과가 나온 이후 이뤄지는 해설적인 활동에서 구해야 하는가, 혹은 같은 이야기지만 지식을 획득하는 활동에서 구해야 하는가 아니면 자신이 알아낸 것을 남들에게 가르쳐주는 활동에서 구해야 하는가의 문제이다. 우리가 탐정의 판단이나 추론을 알아내는 것은 그의 보고서에서인가 아니면 그가 벌이는 수사활동에서인가?

    나는 우리가 이런 문제를 제기해야 한다는 점을 강조해두고 싶다. 그런데 인식론자들은 이같은 문제가 존재하고 있다는 것조차 깨닫지 못하는 경향이 있다. 그들이 통상 하는 일은 이미 정통한 이론가가 교육시키기 쉽도록 해설해놓은 교설(教說)들의 제반요소를 분류하는 것이며, 또한 그 요소들에 상응하는 사건들이 그 이론들을 구성할 때 발생했을 것이라고 상정하는 것 등이다. 인식론자들은 이미 공표된 이론의 제반요소 가운데 전제나 결론을 찾아냄으로써 이론구성과는 별개로, 거기에 선행하는 것으로 보이는 「판단하다」라는 인지적 행위가 존재한다고 상정하고 또한 공표된 이론의 제반요소 속에서 논거를 추출함으로써 이론구성과는 별개로 거기에 선행하는 것으로 보이는 전제의 「인지」로부터 결론의 「인지」에로의 이행과정이 존재한다고 상정하려 한다. 인식론자에 의해 상정된, 이론구성과는 별개로 존재하는 지적 과정들은 사실 획득되어 해설된 이론의 제반요소를 분류해 유사기계론적으로 각색된 것이라는 점을 나는 이하의 논의에서 보여주고자 한다.

우리는 지금 이론구성작업이 수많은 독백이나 대화, 종이 위나 머리 속에서 진행되는 수많은 계산이나 오산(誤算), 칠판 위에 마음의 눈으로 해보는 수많은 도표의 소묘나 말소, 수많은 질문이나 반문, 토론, 실험적 증언 등과 결부돼 있다는 것을 부정하지는 않는다. 그리고 표현(expression)을 사용하는 이같은 작업들 중 일부는 이미 구성되거나 파악이 끝난 하위이론들에 대한 자신의 중간보고서로서가 아니라 아직 획득되지 않은 이론을 획득하려고 준비하는 연습의 일부로서 이루어진다. 예를 들면 우리는 많은 것들을 잠정적으로 말하는 경우가 많다. 즉 우리는 그것들을 혀로 굴리고 만일 그 것들에 어떤 약속이라도 있는 듯이 보이면 나는 그 관념들에 익숙해지기 위해서 마음속으로 몇 차례고 반복한다. 이리하여 우리는 그 일이 성공하면 연습을 통해 뒤에 그것을 가지고 작업을 할 수 있도록 스스로 준비를 갖추고, 혹은 그 일이 실패로 판명될 경우 거기에서 완전히 벗어나기 위한 준비를 한다. 우리는 개인교습을 하듯이 자신에 대해 명령을 내리고 비난을 하고 칭찬을 하고 격려를 할 뿐만 아니라 지겨운 문제나 어려운 문제로부터 벗어나지 못하도록 고압적인 어투로 자기 자신을 향해 통찰력 있는 선도적인 질문을 던진다. 그러나 위와 같이 사용된 이런 표현들은 도달된 결론이나 숙달된 논증들을 교육적으로 제시한다는 의미에서 추론에 관한 판단을 표현하는 것이라고 말할 수 없다. 왜냐하면 그 표현들은 일이 가장 잘 풀려 이론이 얻어진다해도 그 이론을 공표하는 문장 속에는 나타나지 않을 것이기 때문이다. 이런 사정은 학생이 해온 숙제의 여백에 교사가 파랑색이나 빨강색연필로 해놓은 채점, 체크, 감탄부호, 의문부호, 조언 등은 학생이 최종적으로 자신의 이론을 서술할 때에는 나타나지 않는 것과 마찬가지다. 이 표현들은 이론을 만드는 작업에 사용되는 발판의 일부이지 이론을 만드는 작업이 성공했을 때 그 결과로 생겨난 구성물의 일부가 아니다. 마찬가지로 신병훈련을 위해 사용되는 명령은 실제 전쟁터에서 충분히 훈련된 병사에 의해 큰 소리로 외쳐지거나 그들의 머리 속에서 말해지는 것이 아니다.

4. 인식론적 용어의 올바른 적용과 잘못된 적용

지적 능력과 작업을 서술하는 경우 전통적으로 사용되는 어휘에는 「판단」, 「추리」, 「개념화」, 「관념(idea)」, 「추상적 관념」, 「개념」, 「판단을 내리는 것」, 「추론하는 것」, 「전제에서 결론을 도출하는 것」, 「명제를 고찰하는 것」, 「포섭하는 것」, 「일반화」, 「귀납」, 「인지(認知, cognition)」, 「파악」, 「직관」, 「개념작용」, 「담론적 사고」 등이 있다. 그러나 이런 용어들은 실제로 일반사람들이 아니라 이론가들이 사용하는 것이다. 이론가들은 어떤 특정한 인물이 어떤 특정한 순간에 소유하고 있는 것을 정확하게 묘사하기 위해서는 그 용어들의 도움을 빌려야 하며, 그런 도움이 없으면 쉽게 묘사하지 못한다고 생각한다. 그래서 예를 들어 존 도씨가 어느 특정한 시점에 눈을 떠서 판단, 개념화, 포섭, 추상화 등의 작업에 착수했다, 그가 어떤 명제를 마음에 떠올리거나 어떤 전제로부터 결론을 이끌어내는 데 3초 이상을 소비했다, 혹은 그가 휘파람을 부는 일과 연역하는 일을 교대로 행하면서 담장에 앉아 있다, 아니면 기침을 하기 직전에 뭔가에 대한 직관을 갖는다 등으로 묘사될 수 있으며 또 묘사돼야 한다는 식으로 이론가들은 생각하는 것이다.

아마 대다수 사람들은 막연하게나마 이같은 개인사적 일화(逸話)들에는 비현실적인 요소가 들어있다고 느낄 것이다. 예를 들어 존 도씨가 자기 자신에 대해 말하는 이야기들은 그같은 용어들로 표현되지 않거나 그런 용어들로 쉽게 번역될 수 있는 다른 용어들로 표현되지 않는다. 그는 아침식사를 하기 전에 얼마나 많은 인지작용들을 수행하는가 그리고 그 작용들을 수행한다는 것은 도대체 어떤 느낌인가, 또 그 작용들은 지루하지 않았는가? 그는 전제에서 결론을 도출해내는 과정을 즐겼는가, 그는 결론을 이끌어내는 작업을 주의깊게 행했는가 아니면 분별없이 했는가, 아침식사를 알리는 종(鐘)은 그가 전제에서 결론에 이르는 도중 잠시동안 그를 멈추게 했는가? 그가 최종적으로 판단을 내리거나 추상관념을 형성한 바로 그 시점에 그 판단이나 추상관념에는 무슨 일이 일어났는가? 그같은 것을 행하는 방법을 그에게 가르쳐준 사람은 누구인가? 개념화하는 것은 순식간에 이뤄지는 과정인가 점진적 과정인가? 그는 우물쭈물하지만 개념화할 수 있는가 혹은 개념화하는 것을 피할 수 있는가? 그가 명제를 고찰하는 데 얼마동안의 시간이 걸렸는가? 그같은 고찰의 마지막 단계에서 일어나는 일은 최초의 단계에서 일어나는 것과 비슷한가 아니면 다른가? 명제를 고찰한다는 것은 오히려 무언가를 막연하게 응시하는 것과 유사한가 아니면 정밀하게 탐색하는 것과 유사한가? 그는 이런 질문들에 대한 대답을 어떻게 시작해야 할지를 모른다. 그는 자신이 실제로 보고할 수 있는 그의 생활 속의 사건들에 관해서는 쉽게 그리고 자신있게 답할 수 있지만, 그가 보고할 수 있어야 한다고 인식론자들이 상정하는 종류의 사건들에 대해서 그는 전혀 대답할 수 없다.

 게다가 인식론자들은 자신들이 상정하는 이같은 인지작용이나 인지과정들이 폐쇄된 문 뒤에서 일어나는 것인 양 말한다. 예를 들면 우리는 존 도씨의 생활에서 그런 작용이나 과정들이 발생하는 것을 눈으로 볼 수 없다. 그런 것들의 발생에 관해 보고할 수 있는 것은 오직 그뿐이다. 그나마도 불행하게 그는 그것들 중 어느 것도 외부에 끄집어내지 못한다. 우리는 제아무리 훈련을 받더라도 그런 일들을 외부에 끄집어낼 수 없다. 그런 일들을 외부에 결코 끄집어낼 수 없는 이유는 명확하다. 이런 용어들로 서술된 개인사적 일화들은 신화에 지나지 않는다. 이는 곧 그 용어들, 혹은 그중 일부가 적절하게 적용되긴 하지만, 그러나 사람들이 어떤 특정한 시점에 행하고 있거나 경험하고 있는 것을 서술하는 데 사용될 경우에는 잘못 적용되고 있다는 것을 의미한다. 그렇다면 그 용어들의 올바른 적용법은 무엇인가? 그리고 사람들이 행하고 경험하는 것들을 서술할 때 그 용어들을 사용하는 것은 어떤 잘못이 있는가?

만일 우리가 과학자의 인쇄된 논문이나 탐정의 타이핑된 보고서를 읽는다든가, 어떤 전쟁에 관한 역사가의 강연을 귀기울여 듣고 있다면 우리는 사실상 「추론」, 「추리」 등으로 불릴 수 있는 논증(arguments)이나 「평결」, 「판결」, 「판단」 등으로 불릴 수 있는 결론(conclusions) 혹은 「추상관념」이나 「개념」 등으로 불릴 수 있는 추상적 용어들(abstract terms) 그리고 「포섭」으로 불릴 수 있는 분류언명(class-membership statements) 등등을 마주 대하는 것과 마찬가지다. 구성된 이론의 언명 중 다리, 관절, 신경이라고 할 수 있는 것에 대한 비교해부학은 적절하고도 필수적인 연구이며, 비교해부학이 그것들을 분류할 때 사용하는 용어들은 어떤 특정한 이론의 진리나 정합성을 논의하든가 서로 다른 과학들의 방법들을 상호비교하는 데 반드시 필요하다.

그러나 여기에서 이런 의문이 제기된다. 「이미 공표(公表)된 이론의 세부항목들을 그같은 용어들을 사용해 특징짓는 것이 정당하다면 왜 이에 상응하는 이론화 작업의 세부항목들을 그에 상응하는 용어들을 사용해 서술하는 것이 마찬가지로 정당할 수 없는가?」 예를 들어 어떤 이론의 활자화된 언명이 몇몇 전제와 결론들의 활자화된 언명들을 포함할 경우, 왜 우리는 이론을 짜내려고 궁리하는 것이 이에 상응하는 전제인식작용과 결론인식작용들을 포함한다고 생각해서는 안 되는가? 또 어떤 책에 한 논증이 서술되어 있다고 한다면, 그 책의 내용이 무엇인지를 알아낸 사람의 전기(傳記)에는 그 논증에 상응하는 함축관계-인식작용(implication-cognizing)이 존재했어야 하지 않는가? 또한 한 탐정의 보고서에 「알리바이」와 같은 추상적인 용어가 들어있을 경우 그가 조사를 하는 과정에서 그에 상응하는 「알리바이」라는 추상적 관념을 갖게 되는 내면적 사건이 그의 마음속에서 일어났어야 하지 않는가? 물론 책에 인쇄된 이론이나 강연장에서 언급된 이론들은 그 이전에 진행된 걸음의 족적과 같은 것이다. 족적에 적용되는 용어의 일부를 직접 족적을 만든 발에 적용하든지, 혹은 족적에 적용된 그밖의 다른 용어 중의 일부로부터 발에 관한, 좀 다르기는 하지만 그와 동일한 일부 술어를 추론해내는 것은 얼마든지 정당하다. 그렇다면 우리는 왜 마찬가지 방식으로 이론가의 이론구성작업을 그의 수작업을 서술하는 술어로부터 변환하거나 추론한 용어들을 가지고 특징지어서는 안 되는가? 이론이라고 하는 이 결과는 그렇다면 어떤 다른 원인들로부터 생길 수 있었는가?

여기서 내가 비판하고 있는 철학적 전통의 옹호자들의 입을 빌려 의도적으로 만들어본 이 마지막 질문은 내가 생각하기에 신화의 본성을 단적으로 보여준다. 이 질문은 우리가 이미 고찰해보고 거부했던 낡은 인과적 신화의 변종(變種)이다. 또 그것은 이론의 언명을 구성하는, 서로 분리가능한 교육적 산문의 단편들에만 특별히 적용되는 유사기계론적 가설이다.

이 논법을 따라가면 다음과 같이 된다. 추상화, 분류, 판단 등과 같은 특별한 내면적 과정들은 반드시 일어나야 한다. 왜냐하면 공표된 이론들에 사용된 추상적 용어들, 분류어휘들, 그 이론들에서 나온 결론 등은 내면적 과정들 이외의 다른 어떤 것의 결과일 수 없기 때문이다. 그리고 담론적 사고(discursive thinking)라는 은밀한 작업들이 일어나야 한다. 왜냐하면 의미 있는 산문의 구절들이 공개강연회나 인쇄물의 형태로 나타나도록 해주는 것은 다름아닌 그 은밀한 작업들이기 때문이다. 혹은 이 유사기계론적 입장을 흔히 사용되는 「표현하다(to express)」라는 동사를 사용해 말해보면 이렇다. 즉 이론들의 언명에서 특징적으로 등장하는 「왜냐하면(because)」 문장과 「그래서(so)」 문장은 의미 있고 따라서 그것에 상응해 이론가의 마음속에서 일어나는 인지적 작업들을 표현하기 때문에 전제에서 결론으로 추론해가는 정신작용은 존재해야 한다는 것이다. 그래서 모든 의미 있는 표현은 의미를 가지며 따라서 하나의 표현이 실제로 사용될 경우 그 표현의 의미는 어딘가에서 일어나고 있으며 그것은 오직 화자나 필자의 은밀한 의식의 흐름 속에서 발생한 사고의 형태로만 일어날 수 있다고 한다. 아마도 인식론자들이 기하학적 논증을 해야 하듯이 산술과 대수의 계산에 주의를 기울였다면 그들은 우리 인간이 갖고 있다고 상정한 「철의 장막」의 배후에서 덧셈, 뺄셈, 곱셈, 나눗셈 등과 같은 정신적 과정의 발생을 증명하기 위해 일관성있게 유사한 논증들을 시도했을 것이며 또한 우리는 개념화, 판단, 추론 등과 같은 정신작용 이외에 더하기, 빼기, 등식화 등과 같은 인지작용들도 존재한다고 말해야 했을지도 모른다. 게다가 그들은 우리가 「장제법」이나 「2차방정식」이라는 정신능력도 갖고 있다고 보았을 것이다. 우리가 연필로 한 장제법의 합이나 입으로 말한 2차방정식이 뭔가를 외적으로 표현한 것이라면 그 뭔가는 다름아닌 정신적 능력의 발휘라고 그들은 주장하는 것이다.

유사기계론적 가설이 갖고 있는 이상과 같은 일반적인 결점들에 대해 더 이상 이러쿵 저러쿵 할 필요는 없다. 그러나 우리는 그 가설을 지적 작업들에 적용할 때 생기는 몇 가지 특수한 문제에 대해 주목해야 한다. 첫째, 적절하게 사용된 의미 있는 표현들은 특정한 의미들을 갖는다고 말하는 것은 동어반복이기 때문에 확실히 참이다. 그러나 그 사실이 「그 의미는 언제 그리고 어디서 일어나는가」라는 물음에 대한 해답을 주지는 않는다. 예를 들어 지금 어떤 곰이 곰 우두머리에 의해 인도되고 있을 수 있다. 또 한 족적은 과거에 내디딘 발에 의해 각인되었음에 틀림없다. 그러나 하나의 표현이 의미를 갖고 있다고 말한다고 해서 그 말이, 즉 그 표현이 「의미」나 「사상」이라고 불리는 유령 같은 지도자에 의해 이끌린다는 뜻은 아니다. 또한 그 표현이 들을 수 없고 보이지 않는 발걸음 뒤에 남은, 누구나 볼 수 있는 공적인 자취라는 뜻도 아니다. 하나의 표현을 이해한다는 것은 눈으로 볼 수 없는 원인을 추론해낸다는 것이 아니다. 하나의 표현이 누군가에 의해 이해된다는 바로 이 사실은 그 표현의 의미가 기껏해야 단 한 사람만이 알 수 있는 사건이거나 그런 사건에 속하는 것으로 서술되어서는 안 된다는 것을 단적으로 보여준다. 「이런저런 표현이 의미하는 바」라는 구절은 결코 사물이나 사건을 서술하고 있는 것이 아니며 더구나 숨겨진 사물이나 사건을 서술하고 있는 것도 아니다.

둘째, 어떤 사람이 의미 있는 단어나 어구 혹은 문장 등을 자기 뜻에 맞게 사용하려면 그 이전이나 그와 동시에 순간적인 어떤 것, 즉 「그 단어나 어구 혹은 문장들에 상응하는 사고」라고 불리는 작용이 그 내부에서 일어나야만 한다는 주장을 수용할 경우, 우리는 당연히 여기서 상정한 내적 작용은 우리에게 서술될 것이라고 기대하게 된다. 그러나 그런 서술들이 실제로 이뤄졌을 때, 그것들은 단어, 어구, 문장 자체의 유령 같은 이중적인 것들에 대한 서술처럼 보인다. 「사고」는 마치 또 다른 하나의 보다 공허한 명명, 단정, 혹은 논증인 듯이 서술된다. 예를 들면 「오늘이 토요일이 아니라면 내일은 일요일일 수 없다」고 소리낸 주장을 지휘하고 있다고 상정된 사고는 사실은 「오늘이 토요일이지 않고서는 내일은 일요일일 수 없다」라고 자기 자신에게 하는 언명임이 드러난다. 다시 말해 그것은 소리를 내 겉으로 드러난 진술을 독백으로 하거나 입을 다물고서 복창한 것이나 다름없는 것이다. 물론 우리는 청중들에게 말하려 하는 바를 머리 속으로 혹은 「작은 소리로」 복창하거나 원고지에 적어볼 수 있고, 또 종종 그렇게 하기도 한다. 그러나 이것은 이론상으로 아무런 차이도 없다. 왜냐하면 똑같은 의문이 다시 제기되기 때문이다: 「이처럼 독백으로 혹은 침묵하는 가운데 이뤄진 표현의 유의미성은 어디에 있는가? 현실의 스튜디오와는 별개로 존재하는 또 하나의 더욱 어두컴컴한 스튜디오에서 진행되는 또 다른 '그것에 상응하는 사고'에서인가? 그리고 이것은 다시 또 하나의 복창된 언명인가?」

 의미 있는 어떤 것(something significant)의 의미를 알면서 그것을 말하는 것은 뭔가를 큰소리로 혹은 머리 속으로 말하는 행위와, 동시에 혹은 바로 직전에 그 행위와는 다른 유령 같은 행위 두 가지를 하는 것이 아니다. 이것은 물론 어떤 일을 반복연습한 후에 일정한 마음의 틀(frame of mind) 속에서 행하는 것이다. 즉 잡담하듯이, 무모하게, 가식적으로, 방심해서, 혹은 넋나간 상태에서 행하는 것이 아니라 의도적으로, 치밀하게, 주의를 기울여, 진지하게 그리고 조심해서 행하는 것이다. 소리를 내서 말하건 혼자 머리 속에서 말하건 이처럼 일정한 마음의 틀에서 뭔가를 말한다는 것은 뭔가를 생각하고 있다는 것이다. 뭔가를 말한다는 것은 뭔가를 생각한 후에 얻을 수 있는 결과가 아니다. 예를 들면 한 저자가 뭔가 생각을 하기는 하지만 그것을 자기 자신이나 외부세계에 말하는 것을 피할 수도 있기 때문이다. 그러나 물론 그는 다른 언어로 동일한 효과를 내는 문장을 말하거나 동일한 언어로 다른 내용을 말할 수도 있기 때문에 다른 것을 말하면서 동일한 것을 생각하는지도 모른다. 이는 다음과 같은 상황에 비유해보면 잘 알 수 있다. 서투르게, 부주의하게, 목적없이, 망치질을 해서 제대로 못을 박더라도, 혹은 목수가 그 망치 대신 다른 망치로 못을 박을 수 있다 하더라도 못박는 일은 망치를 갖고 하는 것과 망치를 갖지 않고 하는 것 두 가지를 하는 것이 아니다.

그래서 어떤 사람이 한 이론을 갖고 있던지 그 이론에 정통해서 무엇보다도 그 자신이나 다른 사람에게 그 이론에 관한 교육적인 진술을 할 준비가 돼 있다고 한다면 그는 사실상 거기에 필요한 추상적인 용어, 방정식, 그래프, 그림을 통한 예증 등과 더불어 전제문, 결론문, 서술문, 논증 등에 대한 준비가 되어 있다는 뜻이다. 그리고 그가 상세한 설명을 해달라는 요청을 받을 경우 그는 어떤 특정한 시점에서 그의 머리 속에서건 「입」으로건 타자기를 이용해서건 실제로 그런 표현들을 할 수 있다. 다시 말해 그는 의도적으로 치밀하게, 주의를 기울여, 진지하게, 조심해서 온 마음을 다해 이 일을 행하는 것이며, 또 그래야 한다. 즉 그는 자신이 말하고 있는 바에 주의를 기울이면서 말하거나 쓰는 것이 될 것이다. 따라서 그는 추상적인 용어, 전제문, 결론문, 논증, 그래프, 방정식 등을 어떤 특정한 순간에 주의를 기울여 전개하고 있기 때문에 바로 그때 그 자리에서 그는 그것들이 의미하는 바를 「생각하고 있다」고 우리는 말할 수 있다. 따라서 이와 같이 말하는 것은 완전히 정당하다. 그러나 「생각하고 있다(thinking)」라는 현재진행형은 우리로 하여금 그 사람이 다음과 같은 두 가지 과정을 경험하고 있는 것처럼 생각하도록 이끄는 경향이 있기 때문에 그렇게 말하는 것은 다소 위험하다. 그 두 가지 과정이란 하나는 일련의 어구나 문장을 말한다든가 타이프를 친다고 하는 외부로 나타나는 과정이고, 다른 하나는 그같은 발언이나 집필의 유령과 같은 목소리나 손에 의한 행위가 단지 그것들의 「표현」이나 「족적」에 불과한 「관념」, 「판단」, 「추론」, 「사고」, 「인지작용」 등을 소유하거나 만들어내는, 필연적으로 은밀한 내적 과정이다. 그리고 그 경향은 다름아닌 이론구성활동을, 이미 획득된 이론을 교육적으로 서술할 때 산문을 이용해 행하는 작업의 내적인 전조(前兆)라고 생각하는 사람들이 빠지게 되는 유혹이다.

이렇게 해서 우리는 다시 앞에서 제기했던 문제, 즉 「이론가들의 설명작업이나 해명작업에서 존재하는 것으로 상정된 '판단하다', '추상관념을 갖다', '추론하다' 등과 같은 작용들을 우리는 찾아내겠다고 하는 것은 아닌가」하는 문제로 돌아왔다. 예를 들어 그 작용들은 그가 자신이 무엇을 말할 것인지를 알고 있을 때 하는 발언 속에서 드러난다고 상정되는가, 아니면 그가 무엇인가를 말하려고 모색하는 중이기 때문에 아직 무엇을 말할 것인지를 알지 못하고 갈팡질팡하는 가운데 드러난다고 상정되는가? 혹은 그가 이미 획득한 능력을 발휘하고 있을 때 드러나는가, 아니면 여전히 곤란을 겪고 있을 때 드러나는가? 또「방법(how)」을 가르칠 때 드러나는가 배울 때 드러나는가? 이제 더 이상 열거하지 않더라도 다음과 같은 사실은 분명해졌다고 생각된다. 즉 결론과 전제를 사용한 논증이나 추상적 관념, 방정식 등에 대한 교육적 해설을 한다는 것은 목적에 도달한 후의 단계에 속하는 것이지 목적에 이르는 과정의 단계에 속하는 것은 아니라는 사실이다. 이론가가 자신이 획득한 이론을 다른 사람에게 가르칠 수 있다는 것은 그가 그것을 배우는 것을 끝냈기 때문이다. 또한 그가 지식을 사용할 수 있다는 것은 그가 그 지식의 습득을 끝냈기 때문이다. 이는 길을 즐겁게 왕복할 수 있는 것은 그가 고생을 해가며 길을 조성했기 때문이라든지 아무런 어려움 없이 무기를 조작할 수 있다는 것은 무기사용을 위해 준비를 끝냈기 때문이라는 것과 마찬가지다. 그의「사고(thoughts)」란 그가 현재 획득한 것이지 그것을 획득하기 위해 투입한 노력이 아니다.

만일 우리가「판단을 내리다(making a judgement)」라는 비일상적인 표현을 사용하려고 한다면 우리는 어떤 탐정이 현재 갖고 있는 자신의 이론의 일부를 서술적인 산문으로 표현할 때에만「그 탐정은 사냥터지기가 지주를 살해했다」는 판단을 내린다고 말해야 한다. 또 우리는 그가 이 이론의 일부를 자기 자신에게나 기자, 혹은 스코틀랜드 경찰청에 말하고 있을 때에만 이런 판단을 내리고 있다고 말해야 한다. 따라서 우리는 이런 판단을 내리는 행위에 선행하는 개별적 행위가 그 탐정의 수사의 일부로 발생한다고 말하지 않도록 주의해야 한다.

그래서 만일 우리가「생각하다(thinking)」라는 말을——「생각해내다(thinking out)」라는 의미에서——이론을 획득하기 위해 없어서는 안 되는 숙고(pondering)라는 예비적인 노동에 한정할 경우, 탐정이「도중에」어떤 하부이론들을 확립하고, 그리하여 그가 그것을 중간보고로서 자신이나 기자 혹은 스코틀랜드 경찰청에 전할 준비가 돼 있는 경우를 제외한다면 우리는 사고한다는 것이 「판단을 내리다」라는 것을 자신의 구성요소의 일부로 갖거나 포함한다고 말해서는 안 된다. 그것은 예를 들어 런던을 여행하는 것 (travelling to London)이 런던에서 행해지는 일들이나 런던에서 있을지도 모를 기자회견의 리허설 등으로 구성되지 않는 것과 마찬가지다.

분명히 탐정은 수사과정에서 「지주를 살해한 것은 사냥터지기인가」라는 자문을 던짐으로써 자신의 노력을 고무하고 방향을 잡아나갔을 것이다. 그러나 이렇게 사용된 의문문은 결론을 가르치는 문장이 아니라 결론을 추구하는 것이다. 그가 그런 자문을 한 이유는 그가 아직 확립하지 못한 뭔가가 남아서 그런 것이지 이미 그 뭔가를 확립한 다음에 말할 준비가 된 뭔가가 있어서 그런 것은 아니다.

또 하나 분명한 것은 탐정은 잠정적으로 그 자신이나 경찰청에 「범인은 사냥터지기일 것이다」라고 말했을 것이라는 점이다. 그러나 이 행위는 사냥터지기가 지주를 살해했다고 판단을 내리던가 보고하는 등의 행위와는 무관하며, 어떤 상황에 있어서는 이미 구성되고 소유되어 이제 더 이상 구성과정에 있지 않은 하부이론에 대한 중간보고로 간주돼야 할 것이다.

한걸음 양보해 이렇게 말할 수도 있다. 「이론구성작업은 '판단하는 작용들'로 구성돼 있거나 그 작용들을 포함하고 있는 것으로 서술돼야 한다는 생각에는 뭔가 잘못이 있는 것인지 모른다.」 물론 어떤 이론을 가진 사람은 그가 어떤 사항들에 대해 말할 수 있게 되기 전에는 그것을 말할 수 없다. 예를 들어 그는 수사를 하고 있는 동안에는 자신의 성과에 대해 말할 수 없는 것이다. 재판은 판결이 내려짐으로써 종결된다. 그러나 재판이 판결들로 구성되는 것은 아니지 않는가? 그렇다면 추론의 경우는 어떻게 되는가? 어떤 사람의 사고가 종종 전제에서 결론으로 이행하는 추론과정을 통해 진전을 보인다는 것은 그 사람이 이성적 존재라고 하는 개념의 일부를 구성하고 있는 것은 분명하지 않은가? 그러므로 예를 들어 존 도씨를 향해 「전제에서 결론에 이르는 과정의 최후 세번의 여행이 즐거웠는가」, 「그 여행에 얼마나 시간이 걸렸는가」, 「그 여행에서 꾸물거리지는 않았는가」, 「열심히 추론했는가 아니면 게으르게 했는가」, 「전제에서 결론에 이르는 도중에 멈추지는 않았는가」 등과 같은 질문을 던진다면 그는 적잖이 당혹스러워 하겠지만 그럼에도 불구하고 그가 전제들로부터 어떤 결론에 이르는 특정한 시점의 이행과정 중에 있다고 하는 것은 이성적 존재인 존 도씨에 대해 종종 올바른 표현일 것임이 틀림없다.

물론 존 도씨가 어떤 것을 발견하거나 다른 사람으로부터 배울 때 그는 전에는 자신에게 일어난 적이 전혀 없는 중대한 사실을 그 자신과 다른 사람들에게 말하는 것인지 모른다는 것도 사실이다. 발견은 종종 추론에 의해 이뤄진다. 그러나 모든 논증행위가 발견은 아니다. 동일한 논증이 동일인에 의해 반복적으로 사용될 수는 있다. 그러나 그 경우 우리는 그가 반복해서 동일한 발견을 했다고 말해서는 안 된다. 예를 들어 탐정이 화요일에 어떤 사건의 단서들을 잡고서 수요일의 한 시점에 처음으로 「지주를 죽인 것은 밀렵꾼일 수가 없다. 따라서 범인은 사냥터지기」라고 자신에게 말을 한다. 그러나 수사 결과를 상관에게 보고할 때 그는 과거형으로 「수요일 오후에 나는 사냥터지기가 지주를 죽였다고 논증했다」고 말할 필요가 없다. 왜냐하면 그는 「나는 이 단서들을 통해 사냥터지기가 지주를 죽였다고 결론내린다」든가 「이 단서들로부터 그가 살인자라는 결론이 나온다」 혹은 「밀렵꾼은 지주를 죽이지 않았다. 따라서 사냥터지기가 지주를 죽였다」고 말할 수도 있기 때문이다. 그는 이 말을 머리회전이 느린 상관에게 여러 차례 말을 할 수도 있고, 뒤에 또 다시 법정에서 여러 차례 반복할 수도 있다. 그때마다 그는 자신의 논증을 사용하거나 자신의 결론을 도출하거나 자신의 추론을 하는 것이다. 이런 것은 그의 머리에 뭔가 번득이는 단 한 순간에만 국한되지 않는다.

또한 이런 경우에는 사실 그의 머리에 뭔가 번득이는 순간이 생길 필요도 없다. 사냥터지기가 살인자라는 생각이 이미 탐정의 머리 속에 들고, 또한 처음에는 새로운 단서들이 그 사건과 미미한 관계만 갖는 듯이 보이는 것은 얼마든지 있을 수 있는 일이다. 아마 몇 분 동안 혹은 몇 일 동안 그는 이런 단서들을 숙고하고 또 숙고해 그들이 놔둔 것으로 보이는 허점들이 어느 시점엔가는 사라질 때까지 점차 줄어들었다는 것을 발견할 수도 있을 것이다. 유클리드의 제1정리의 증명을 공부할 때 우리 모두가 처하게 되는 것과 유사한 이런 상황에서 논증의 힘은 생각하는 사람의 머리에 섬광처럼 나타나는 것이 아니라 서서히 모습을 드러낼 뿐이다. 이는 마치 이해되지 않는 어려운 라틴문장의 의미가 번역자의 머리에 섬광처럼 나타나지 않고 서서히 나타나는 것과 비슷하다. 여기에서 우리는 그 생각하는 사람이 어느 특정한 시점에 처음으로 결론에 도달했다고 말할 수 없으며 다만 일정한 고민과 번민을 거친 후에 그는 마침내 자신이 그렇게 할 수 있다는 것을 알고서 결론을 이끌어낼 준비가 돼 있었다고 말해야 한다. 그가 논증을 숙달하는 과정은 단계적으로 진행된다. 이는 실습을 통한 학습이 포함된 모든 숙달과정은 점차적으로 진행되는 것과 마찬가지다. 그러나 일단 숙달이 이뤄지고 나면 그는 조금도 망설이지 않고 전체논증을 진술할 수 있으며 또 필요할 때마다 그 논증을 진술할 수 있고 그와 유사한 다른 표현들을 사용해 그것을 진술할 수 있다.

어떤 논증을 즉각 사용할 수 있기 위해서는 다소간 점진적인 훈련에 의해 그것을 숙달하고 있어야 한다고 하는 사실은 우리가 이미 알고 있다. 그러나 이 사실은 완전히 진부화된 논증의 표본을 그 사례로 사용하는 논리학자들의 습관에 의해 은폐되는 경향이 있다. 어떤 논증을 주저함이나 불안감없이 사용한지 오래 됐으면 그 논증은 진부한 것이다. 진부한 논증이 가진 힘은 라틴어문장의 의미가 그 어휘나 구문에 대해 우리가 아주 익숙할 때에는 즉각적으로 명확해지는 것과 동일한 이유에서 즉각적으로 명확하다. 그것들은 이제 우리 눈에 바로 들어오거나 섬광처럼 들어온다. 그러나 그것은 과거에는 단번에 들어오지 않았다. 그리고 지금도 우리가 그와 유사한 것들을 본 적이 없는 논증이나 라틴어문장에 접하면 즉각 들어오지 않는다.

그래서 「추론」이란 말이 그 속에서 발견이 이뤄지는 작용, 따라서 반복될 수 없는 작용을 함축한다는 것은 결코 사실이 아니므로 우리는 「추론」이란 말을, 생각하는 사람이라면 반복할 수 있어야 하는 작용이라고 이해한다. 만일 그가 그런 추론 및 그와 유사한 것들을 어떤 경우에든 자유자재로 다룰 수 없다면 논증을 제대로 장악한 것이 아니다. 그가 단편적인 정보 하나를 받아들일 때 일시적으로 그에게 참신하고 참된 생각이 떠오르는 것으로는 충분치 못하다. 만일 그가 전제들로부터 결론을 도출했던 과정에 대한 서술을 하려고 한다면 그는 그런 전제의 받아들임이 그에게 그런 결론을 받아들일 수 있는 권리를 주었다는 사실을 알아야 한다. 그리고 그가 이를 알고 있는지 없는지에 대한 테스트는——물론 그가 그런 원리를 추상적으로 명명하거나 공식화할 것이라고 기대는 하지 않겠지만——그런 논증의 원리들의 또 다른 적용이 될 것이다.

 따라서 우리는 특정한 논증, 혹은 일정한 부류의 논증들을 배우는 것과 그런 논증을 사용해 새로운 진리를 배우는 것을 구별해야 한다. 후자가 원활하면 할수록 그 논증에 대한 우리의 숙달정도는 더 확고해질 것이다. 그러나 우리가 이런 숙달을 완성하는 것은 점차적일 수밖에 없을 것이다. 만일 어떤 사람이 새로운 진리를 발견하는 데 그 논증을 실제로 사용해 자신이 그 논증을 사용할 수 있다는 것을 보여준다면 이는 동시에 그가 자신이 현재 당면한 문제를 풀 때 이외에 다른 목적들을 위해서도 동일한 논증을 사용할 수 있다는 것을 보여주는 셈이다. 펜이나 이론 혹은 계획을 갖는 것과 마찬가지로 논증을 갖는다는 것은 그것을 획득하는 것 그리고 그것을 사용하는 것과 다르다. 그것을 사용한다는 말 속에는 그것을 갖고 있다는 말이 포함되며 그것을 갖고 있다는 말은 획득해서 잃지 않는다는 것을 포함한다. 그러나 일부 이론이나 계획과 달리 논증이란 단순히 정보를 흡수한다고 해서 숙달되지 않으며 또한 논증에 대한 숙달도 기억력이 약하다고 해서 상실되지 않는다. 논증은 기술(技術)과 비슷하다. 논증을 숙달하기 위해서는 연습이 필요하며 오랫동안 하지 않더라도 그것들을 사용하는 법은 좀처럼 잊어버리지 않는다. 여기서 말하는 연습이란 논리학교수가 가르치는 특수연습이 아니라 교실에서 거의 모든 사람에게 이뤄지는 수업시간의 연습뿐만 아니라 일상적인 대화와 독서를 하는 가운데 모든 사람들이 행하는 일상적인 연습을 말한다.

 어떤 사람이 「이러하므로, 그 결과……(this, so that)」, 「이 때문에 따라서 그러하다(because this, therefore that)」, 혹은 「이것은 저것을 포함한다(this involves that)」 등의 표현을 사적인 용도나 공적인 용도로 말하거나 쓸 때, 그가 그러한 자격을 갖고 있다는 것을 자각하면서 그런 표현들을 말하거나 쓴다면 우리는 하나의 논증이 사용되고 있다든가 결론이 도출된다고 한다. 물론 이런 마음상태에서 이같은 말하기와 쓰기는 정신적이며 또한 지적인 행위이다. 왜냐하면 그것은 올바른 의미에서 「지적(知的)」이라고 부를 수 있는 그런 능력 중의 하나가 발휘된 셈이기 때문이다. 그러나 이렇게 말한다고 해서 그것이 막후에서 수행된 그런 「정신적 행위」라고 생각해서는 안 된다. 그것은 조용한 독백으로 이뤄질 수 있지만 발성되거나 활자의 형태로 이뤄질 수도 있다. 사실 우리는 수학자의 가장 뛰어난 계산과 증명을 볼 것으로 기대하는 경우에, 즉 그 수학자가 동료들의 비판을 존중해 활자의 형태로 제출하는 경우에 사고하는 사람의 가장 미묘하고 주의깊은 논증을 볼 것으로 기대할 수 있다. 만일 사고하는 사람이 공표하려 하지 않거나 공표할 수 없으면서도 훌륭한 논증을 갖고 있다고 자랑한다면 우리는 이때 무엇을 의심해야 하는지를 잘 알고 있다.

이는 우리를 또 하나의 논점으로 인도한다. 우리는 앞에서 어떤 사람이 어떤 특정한 시간에 일정한 기간 동안 전제에서 결론으로 나아가는 작업에 관여하고 있다고 서술할 경우 그같은 서술에는 일정한 종류의 불일치가 들어있다는 것을 보았다. 「추론하는 것」이란 말은 완만한 과정이나 신속한 과정을 지칭하기 위해 사용되는 것이 아니다. 그래서 「나는 연역을 시작했으나 그것을 끝낼 시간이 없었다」는 말은 유의미하게 말해질 수 있는 종류의 것이 아니다. 이런 종류의 불일치가 존재한다는 것을 인식하는 과정에서 일부 이론가들은 「추론하는 것」은 눈을 깜박하거나 섬광이 번쩍일 때처럼 시작과 동시에 완성되는 작업, 즉 순간작인 작업이라고 서술하기를 좋아한다. 그러나 이것은 잘못된 설명이다. 우리가 결론도출작업을 완만하거나 신속한 과정이라고 서술할 수 없는 이유는 그 작업이 「자! 빨리」하는 식으로 진행되는 것이 아니라 도대체 그것은 과정 자체가 아니기 때문이다. 어떤 사람이 런던에 도달하거나 「글자바꿈 수수께끼」를 풀 때 혹은 장기에서 상대방의 왕을 외통수에 몰아넣을 때에는 신속하거나 완만할 수가 있다. 그러나 결론에 도달하는 것은 런던도착이나 수수께끼풀이 혹은 외통수처럼 「점진적으로」, 「신속하게」 혹은 「동시에」 등으로 수식될 수 있는 그런 성질의 것이 아니다. 우리는 어떤 경주에서 완주하는 데 얼마나 걸렸는가라고 물을 수는 있지만 경주를 이기는 데 얼마나 걸렸는가라는 질문은 던질 수 없다. 예를 들어 일정한 순간까지는 그 경주가 진행중이었다. 그러나 그 시점 이후 경주가 끝나고 누군가가 승리자가 되었다고 하자. 이때 그 시점은 길었다거나 짧았다고 말할 수 없다. 일정한 재산을 취득한다는 것도 그와 유사한 경우다. 재산매매를 위한 사전 협상은 길거나 짧을 수 있다. 그러나 재산을 소유하지 않는 단계에서 소유주가 되는 과정은 번개가 번쩍할 때처럼 빠른 것도 아니고 황혼이 질 때처럼 완만한 것도 아니다. 「과정」이란 말 자체가 잘못된 은유(隱喩)였던 것이다. 마찬가지로 어떤 사람이 오랜 시간 동안 혹은 짧은 시간 동안 추구했던 진리를 소유할 때 일어나는 변화를 서술하기 위해 「과정」이란 말을 사용한다면 그것도 마찬가지로 잘못된 것이다.

  어떤 사람이 이미 하나의 논증을 획득했을 경우 그가 그것을 말로나 글로 그것을 처음으로 사용하는 경우나 15번째 사용하는 경우 틀림없이 어느 정도의 시간을 필요로 할 것이다. 그는 그 논증을 자신에게 매우 빨리 이야기하든가 아니면 전화로 천천히 말을 할 수도 있다. 하나의 논증을 전달하는 데 몇 초가 걸릴 수도 있고 몇 시간이 걸릴 수도 있다. 우리는 논증을 전달하는 과정을 말하기 위해 ——「추론하다」, 「연역하다」, 「결론을 도출하다」 등의 동사는 거의 사용하지 않으면서도 —— 가끔 「논증하다」라는 동사는 사용한다. 이같은 용법에서 우리는 화자(話者)가 전제를 진술하는 과정과 결론을 진술하는 과정의 중간에서 방해를 받았다든가 그가 전제에서 결론에 이른 시간이 어제보다 오늘이 훨씬 빨랐다고 말할 수 있다. 마찬가지로 말을 더듬는 사람은 농담을 하는 데 오랜 시간이 걸릴지 모른다. 그러나 우리는 그에게 농담을 하는 데 얼마나 걸렸느냐고 묻는 일은 없다. 마찬가지로 우리는 명확하게 결론에 도달하는 데 얼마나 오랜 시간이 걸렸느냐고 묻지 않는다. 「외통수를 치다」, 「득점하다」, 「발명하다」, 「도착하다」 등과 마찬가지로 「결론짓다」, 「연역하다」, 「증명하다」 등은 그 일차적인 용법에 있어서 내가 「성취했다(got it)」 동사라고 부른 것이다. 그리고 어떤 사람의 출판물이나 그가 획득한 것의 사용은 시간이 많이 걸릴 수도 있고 적게 걸릴 수도 있지만 아직 성취하지 못한 단계에서 이제 막 성취한 단계로의 이행은 신속한가 느린가를 가려주는 수식어로는 특징지을 수 없다. 어떤 사람이 이런 동사들을 시간을 나타내지 않는 현재형에 사용할 경우, 예를 들어 「나는 결론내린다」, 「그는 연역한다」, 「우리는 증명한다」 등이라고 말할 경우 그는 그 동사들을 일차적인 의미에서 파생된 의미로 사용하고 있는 것이다. 그런 동사들은 뭔가를 획득한다는 것을 직접 보고하는 것이 아니라 소유하다 라는 것에 근접한 어떤 것을 나타낸다.

추론을 나타내는 동사들은 어떤 것의 과정이나 작업들을 지시하고 있다는 전통적인 가정을 채택한 과거의 철학자들은 다음과 같은 두 가지 주장을 해야 할 필요성을 느꼈다. 첫째 그 과정이나 작업들은 번개 같은 속도를 갖고 있다는 것이고, 둘째 그런 과정이나 작업의 일어남은 그런 경험을 한 사람만이 알 수 있는 은밀한 비밀이라는 것이다. 이 가정에 따르면 토론과정이나 활자를 통해 행한 논증들은 당사자의 마음속에서 일어난 사적인 작업의 단순한 「표현」이며 토론이나 인쇄물의 수용자측에 마찬가지의 사적인 작업을 유발하는 것이었다. 이처럼 심판관이 사용하는 동사를 전기작가가 사용하는 동사로 착각하게 되면 불가피하게 일인이역(一人二役)의 전기를 요구하게 된다.

추론에 관한 인식론은 인식론의 다른 많은 분야와 마찬가지로 어떤 특수한 미신(迷信)——즉 인식론이 서술하려고 하는 이론구성작업들은 「보는 것」과의 유추를 사용해 서술되어야 한다는 미신——에 충실해야 하는 핸디캡을 갖고 있었다. 그 결과 이런 인식론은 이미 친숙하고 예상되며 햇빛에서 보듯 명약관화한 것에 대한 신속하고 아무런 노력도 들일 필요가 없으며 정확한 시각적 인식을 표준적 모델로 삼는다. 반면 낯설고 예상치 못했으며 달빛에서 보듯 애매한 것에 대한 완만하고 망설이며 하는 인식이나 잘못된 인식에 대해서는 아무런 언급도 하지 않는다. 게다가 그 인식론은 시각적 성과를 나타내는 동사 「보다(see)」가 지시하는 것을 모델로 삼는 반면 시각적 과제를 나타내는 동사 「응시하다(peer)」, 「샅샅이 보다(scrutinize)」, 「주의깊게 보다(watch)」 등이 지시하는 것은 모델로 삼지 않는다. 예를 들면 뭔가를 생각해내는 것(thinking things out)은 적어도 부분적으로나마 함축돼 있는 것들을 연쇄적으로 「본다」라는 작업들로 구성돼 있는 것처럼 서술된다. 그러나 이것은 이론구성작업을 작업이 아닌 성취와의 유추에 의해 서술하는 것이나 마찬가지다. 혹은 그것은 실제로는 다소 어려운 자기훈련을 ──전혀 노력이 들지 않는── 성취와의 유추에 의해 서술하는 것과 같다. ──왜냐하면 그 이전에 오랫동안 노력을 한 결과 그런 성취를 완벽하게 할 수 있기 때문이다. ──이는 마치 여행이 도착들로, 탐색이 발견물들로, 공부가 시험을 잘 보는 것들로, 한마디로 시도가 성공으로 구성돼 있는 것인 양 서술하는 것과 같다.

농담을 즉각 이해한다든지 한눈에 소를 알아보는 것과 같은 방식으로 함축관계들이 즉각적으로 이해되는 경우들이 빈번하게 있는 것은 사실이다. 통상적으로 아는 상황에서 우리가 초원에 있는 동물이 소라고 하는 것을 이해하기 위해 주의를 기울여 볼 필요가 없듯이, 마찬가지로 우리는 익히 아는 상황에서 예를 들어 오늘이 크리스마스날이라는 것을 알면서「내일은 크리스마스선물을 주는 날이다」라고 말하기 위하여 주의를 기울일 필요는 없는 것이다. 여기서 우리는 이미 특별한 논증 혹은 그 논증과 유사한 것들에 충분히 익숙해 있다. 어떤 논증이 진부하거나 그에 가까울 경우 따로 주의를 기울일 필요가 전혀 없다. 왜냐하면 그 논증을 진부하게 만든 그런 사전의 경험들이 우리로 하여금 이런 준비를 하도록 만들기 때문이다. 그래서 예를 들어 우리는 mensa에 해당하는 영어를 말하려 할 때 우리의 뇌를 괴롭힐 필요는 없는 것이다.

소를 본다고 할 때에도 사정은 마찬가지다. 현재 시점에서 소에 대한 우리의 인식은 특별한 노력이 들어간 것이 아니고 즉각적이다. 왜냐하면 우리가 어린시절에 겪었던 필요불가결하고 예비적인 경험이 그후 오랫동안 소의 통상적인 외형을 진부한 것으로 만들었기 때문이다. 그래서 하나의 진리가 다른 진리로부터 도출된다는 것을「안다(seeing)」라고 하는, 노력이 들지 않고 즉각적인 작용과 같은 애용되는 사례들은 논증을 어떻게 사용하고 따라서 할 것인지를 배우는 과정에 대해 아무것도 가르쳐주지 않는다. 왜냐하면 그런 사례들은 이미 연습을 통해 논증하는 법을 숙달한 사람들에 의해 완벽하게 이뤄지는 것들을 다시 한 번 보여준 것에 지나지 않기 때문이다.

우리는「보다」라는 동사의 비유적인 용법을 논증의 즉각적 수용에 대해 이야기할 때보다는 농담을 즉각적으로 이해할 때 더 자주 사용한다. 그러나 기이한 것은 그 어떤 인식론자도 농담을 하는 행위가 농담의 요점들을 인지하는 「정신작용들」의 예비적인 발생을 포함한다고 생각하지 않는다는 것이다. 이는 논증의 사용이 함의관계들을 「본다」고 하는 예비적인 「정신작용들」을 전제한다고 사람들이 흔히 생각하는 것과는 다르다. 아마도 이는 오직 유클리드의 「기하학원론」이 아무런 농담도 포함하지 않기 때문일 것이다. 그러나 정확한 이유는 아마도 농담을 알아차리는 것이 농담을 말한다고 하는 선행사건의 인과적 결과일 수 없다는 것, 즉 농담을 말하는 것은 농담을 알아차린다는 선행사건을 「표현하는 것」은 아니라는 것이 명백하기 때문일 것이다.

나는 이제 논증을 사용한다는 것이 함축관계를 안다고 하는 선행적이고 「내면적인」 작용을 「표현하는 것」이 아니라는 사실을 보여주고자 한다. 예를 들면 어떤 사람이 농담을 할 경우 그는 말하려고 하는 농담을 이미 획득하고 있으며 또 그는 그 농담을 몇 번이고 반복해서 할 수 있을 뿐만 아니라 다른 사람이 그 농담을 할 때 알아차릴 수 있다는 말이 된다. 마찬가지로 어떤 사람이 논증을 사용하고 있을 경우 그는 사용하려는 논증을 이미 획득한 것이며 그것을 몇 번이고 반복해서 사용할 수 있을 뿐만 아니라 다른 사람이 그 논증을 사용할 경우 그것의 힘을 알아차릴 수 있다는 말이 된다. 본인이 논증을 직접 할 수 있는 능력에는 다른 사람이 그 논증을 할 때 함축관계를 「아는(see)」 능력이 수반된다고 해서 자동적으로 그가 그런 논증을 하기 직전이나 논증을 하고 있는 동안 「알다」라는 행위를 해야 하는 것은 아니다. 함축관계나 농담을 「아는 것」의 명상적인 은유는 일부 특수한 상황에서 완벽하게 적합하지만 바로 지금 말한 이유 때문에 다른 상황에서는 적절치 못하게 된다. 예를 들어 익살꾼의 농담을 듣고 있는 청중들은 사실상 전혀 농담을 하지 않고 다만 그가 하는 농담을 이해하거나 이해하지 못할 뿐이다. 청중들은 이해력이 있거나 없거나, 분별력이 있거나 없거나, 이해가 빠르거나 느릴 수는 있지만 그들에 대해 독창적/비독창적 혹은 창의적/비창의적이라는 수식어를 사용할 수는 없을 것이다. 또 그들은 농담이 재미있다거나 재미없다는 것을 알아차리든가 재미가 있는 것을 알아내지 못할 수는 있어도 재미있는 혹은 재미없는 뭔가를 말하거나 행하는 것은 아니다. 농담을 「이해한다(see)」는 것은 청중의 역할이지만 농담을 하는 것은 익살꾼의 일이다. 청중에 대해서는 명상적 비유를 사용해 서술할 수 있지만 익살꾼을 서술할 때는 실행어(executive terms)를 사용해야 한다. 만일 어떤 농담도 말해지지 않았을 경우 이해되어야 할 농담이란 존재조차 하지 않는다. 재치있는 대답이 재미있기 위해서는 우선 그런 대답이 존재해야 하는 것이다. 익살꾼 자신도 비록 더 많은 청중들에게 재담을 하기 전에 그 재담의 유머를 「알」수는 있지만, 사실 그가 직접 재담을 하기 전까지는 그 재담의 유머를 「알」수 없다. 농담을 이해한다는 것은 농담을 한다는 것을 전제한다. 이는 화랑의 존재가 이젤을 전제하고 소비자의 존재가 생산자를 전제하는 것과 마찬가지다. 만일 구성, 실행, 창작, 생산 등의 용어들이 익살꾼, 화가, 농부 등에게 적용될 수 없다면 농담을 이해하고 그림을 감상하고 농산물을 소비하는 것과 관련된 용어들은 아무것에도 적용되지 않고 남게 될 것이다. 위에서 말한 것들은 이론의 문제에 대해서도 그대로 타당하다. 예를 들어 증명이 주어지지 않을 경우 그 증명을 수용하거나 거부하는 것은 원천적으로 불가능하다. 또 결론이 도출되지 않은 상황에서는 추론을 인정할 것인지 인정하지 않을 것인지를 따질 수가 없다. 그리고 진술이 이뤄지지 않았을 경우 진술에 동의하는지 여부를 가릴 수 없다. 한 재판관이 판결에 동의하기 위해서는 다른 재판관이 이미 어떤 판결을 내렸어야 한다. 구성되고 서술된 논증만이 음미될 수 있고 어떤 추론이 적어도 이미 논의의 선상에 올려졌을 경우에만 함축관계를 아느니 모르느니 하는 이야기를 할 수 있다. 우리는 함축관계를 먼저 보고 그 다음에 결론을 도출하는 것이 아니다. 이는 마치 글자수수께끼의 해답을 보고나서 그것을 푸는 것이 아닌 것과 같다. 「정답」이라고 말하기에 앞서 계산이 먼저 이뤄져야 하는 것이다.

지적 작업을 서술하는 데 있어 명상적 용어와 실행적 혹은 구성적 용어와의 이러한 대조는 또 다른 방식으로 설명될 수 있다. 예를 들어 어린 학생들이 기하학의 초보적인 교육을 받을 때 통상 정리(定理)들의 증명은 그들에게 책으로 인쇄되어 혹은 칠판에 써어진 채로 제시된다. 학생들의 과제는 그 증명을 공부하고 이해하고 동의하는 것이다. 그들은 동의하는 것에 의해 배운다. 그러나 그들이 산술이나 대수의 초보적인 교육을 받을 때는 전혀 다른 방식으로 공부해야 한다. 먼저 사칙연산을 직접 해야 한다. 또한 그들은 방정식의 고전적인 해법을 음미할 필요도 없다. 직접 방정식을 풀어야 한다. 그들은 직접 해보는 것에 의해 배운다. 따라서 명상적 용어들은 당연히 기하학을 배우는 사람들을 교육하거나 서술할 때 사용되는 반면, 산술이나 대수를 배우는 사람을 교육하거나 서술할 때 사용되는 것은 실행어들이다. 학생들은 증명을 「알」거나 「이해」하지 못하면 야단을 맞는다. 반면 장제법을 「하지」 못하거나 4차방정식을 「풀」지 못하면 야단을 맞는다. 이와 마찬가지로 우리는 번역에 대해 인정할 것인가 혹은 채택할 것인가 라고 말하기보다는 행해졌는지 혹은 주어졌는지 라고 말한다.

불행하게도 형식논리학은 추론과 지적 작업 일반에 관한 인식론이 주로 명상적 용어, 즉 칠판은 없고 펜과 종이만 준비돼 있는 교실에 적합한 용어가 아니라 펜과 종이는 없고 칠판만 있는 교실에 적합한 용어로 말해지기 때문에 애초부터 전통적으로 존중받아온 기하학적 방식으로 가르쳐져 왔다. 그리고 우리는 「인지하다(cognise)」라는 것이 뭔가를 작동시키는 것이 아니라 어떤 것이 보여지는 것이라고 이해하도록 교육받아 왔다. 만일 기하학과 형식논리학 이전에 산술과 체스를 배우도록 커리큘럼이 짜여 있다면 이론구성작업은 칠판이 잘 보이는 좌석을 먼저 차지하기 위한 싸움보다는 계산이나 체스의 책략의 실행과 연결될 것이다. 그리고 우리는 정면관람석의 어휘가 아니라 풋볼경기장의 어휘로 추론에 관해 이야기하는 습관을 갖게 됐을지 모르며 또 우리는 논리학의 법칙들을 추론에 동의하는 허가증이 아니라 추론을 할 수 있는 허가증으로 간주했어야 할 것이다. 그래서 우리에게는 함축관계를 「안다」는 내면적 작용이 어떤 논증을 사용하기 위한 서곡이어야 하는 일은 일어나지 않을 것이다. 사실 어떤 사람에 대해, 그가 아마도 머리 속으로 「이러하므로, 그 결과……」, 「이 때문에 따라서 그러하다」 혹은 「만일 이러하다면 결국 그러하다」 등과 같은 공표된 논증을 듣거나 읽을 때에만 어떤 진리로부터 다른 진리를 도출하는 것을 본다고 서술할 수 있을 것이다.

나는 간단하게나마 용어상의 위반사례를 한 가지 더 살펴보겠다. 전문이론가나 문외한 모두 통상적인 용법에서 적절하게 그리고 편리하게「추상적」이라고 분류하는 표현들의 일정한 부류들이 있다. 예를 들면 1마일, 국채, 적도, 평균납세자, 169제곱근, 크리켓 등은 추상개념이다. 평균적인 교육을 받은 사람이라면 누구나 수많은 추상적 용어들을 예지적으로 사용하는 법을 알며 또한 다른 사람들이 그 용어들을 사용했을 때 이해하는 법도 안다. 그는 일반적인 진술, 설교, 질문, 논증 등을 하는 데 있어 당황하지 않고 일관되게 그리고 적절하게 추상적 용어들을 사용한다. 또한 그는 상황에 따라서 그런 용어들을「추상적」이라고 분류하는 것의 효용성도 알고 있다. 만일 그의 아들이「왜 적도는 그곳을 횡단하는 사람에게는 보이지 않으면서 지도에 표시돼 있는가」,「지난 3~4일 동안 영국에는 아무런 크리켓경기도 없었는데 수년 동안 영국에는 크리켓경기가 열리고 있었다고 말하는 것은 도대체 무슨 뜻인가」라고 묻는다면 그는 적도나 크리켓은 단지 추상관념일 뿐이라고 말함으로써 대답을 하거나 질문에서 벗어나려 할 것이다. 이렇게 말한다는 것은 다시 말해——비록 문외한들은 이런 식으로 말하는 것을 좋아하지 않겠지만——「적도」,「평균납세자」,「크리켓」등과 같은 추상적 용어를 포함하는 진술, 질문, 논증 등은 그 구문이 제시하는 것보다 더 높은 일반성을 갖는다는 것을 말한다. 요약하자면 사람들은 그같은 진술, 질문, 논증 등이 실제로는 개별적으로 언급되지 않는 사물, 사람, 경기 등의 영역을 전혀 다른 방식으로 언급하고 있지만 마치 그런 진술, 질문, 논증들이 개별적인 사물, 사람, 경기 등에 관한 언급들을 담고 있는 것처럼 해석한다.

만일 어떤 사람이 특정한 시점에 추상적 용어를 사용하고, 그것을 유의미하게 그리고 그것의 유의미성을 알면서 사용하고 있다면 그는 추상관념을 사용하고 있다, 심지어 그는 추상적인 사고를 하고 있다고 할 수 있다. 그리고 부적절하긴 하지만 무해(無害)한 이들 표현으로부터, 그가 사용하는 추상적 용어는 그가 특정한 시점과 장소에서 갖고 있는 추상관념을「표현한다」라고 하는, 보기에 따라 훨씬 심오하고 진단적인 진술에로 나아가는 것이 훨씬 쉬웠다. 이렇게 되면 다음과 같은 흥미있는 문제들이 제기된다. 그는 이 추상관념을 어떻게 그리고 언제 형성했는가? 그가 추상관념을 바로 직전에 사용했을 때와 지금 사용할 때의 사이에 있는 기간 동안 그것은 어디에서 무엇을 행하는가? 추상관념은 마음의 눈으로 보는 매우 불명료한 그림과 같은 것인가 아니면 이웃과는 조금씩 다른 명료한 마음의 그림들의 묶음인가? 마음이란 그처럼 귀중하긴 하지만 실체가 없는 물품을 저장할 수 있는 유일한 창고라고 하는 점은 당연히 문제가 되지 않을 것이다.

그러나 실제생활에서 이런 식의 이야기를 하는 사람은 전혀 없다. 예를 들면 추상관념을 형성하느라고 바쁘다는 이유로 놀이에 참여하기를 거부한다든지 개념을 떠올리는 것이 장제법을 하는 것보다 어렵고 시간이 오래 걸린다고 말한다든지 하는 일은 전혀 없다. 어느 누구도 몇 주 동안 헤맨 끝에 드디어 추상관념을 찾아냈다고 말하지 않으며, 또한 평균납세자라는 그의 관념은 충분히 불명료하지 않아서 자신의 일을 할 수 있다든가 충분히 명료하지 않아서 그 일을 할 수 없다고 말하지 않는다. 어떤 교사도 학생들에게 제자리에 앉아서 추상화작업을 하도록 요구하지 않으며 혹은 그런 일을 잘한다거나 못하는 것에 대해 평가를 내리지 않는다. 소설가의 경우에는 주인공을 묘사하면서 용감하게 추상하고 있다, 왕성하게 추상하고 있다, 멍청하게 추상하고 있다는 등의 표현을 사용하지 않는다. 「추상하다」라는 동사가 진정한 의미에서 전기적인 동사가 아니라는 것은 분명하다. 따라서 그 동사는 환영(幻影)의 전기에조차 적절치 못하다.

새로운 예를 고찰해보자. 지리학에서 사용하는 등고선은 분명 추상적 개념이다. 병사는 지도의 기호와 합치되는 하천이나 도로를 실제로 찾아내는 것과 같은 방식으로는 지도에 있는 300피트 등고선과 합치하는 것을 눈앞에 있는 언덕에서 아무것도 발견하지 못한다. 하천을 표시하는 기호는 추상적 기호가 아니라고 말할 때의 의미에 있어 등고선은 추상적 기호라고 할 수 있지만, 그러나 그럼에도 불구하고 병사는 그 기호들을 어떻게 해독하고 사용할 것인지를 잘 알 것이다. 예를 들어 눈앞에 있는 잡목림(雜木林)과 지도상의 잡목림의 기호를 동일시함으로써 그는 자신이 해발고도 얼마에 있는지, 정상에 도달하려면 얼마나 올라가야 하는지, 안개가 낀 후에는 철교를 볼 수 있을지 없을지 등을 알 수 있다. 그는 대략 판단한 등고선을 이용해 지도를 그릴 수 있으며 주어진 등고선의 임의의 지점에서 약속을 만날 수 있고 또 등고선에 관해 유의미하게 이야기할 수도 있다. 그래서 비록 그는 이런 지적을 듣게 되면 당황하겠지만, 그는 등고선이라는 추상관념을 갖고 있는 것이다.

그러나 그가 이런 관념을 갖고 있다고 말한다고 해서 우리는 지금 그가 관심을 내면으로 돌렸을 때 오직 그만이 발견할 수 있는 그런 무형의 뭔가가 존재하고 있다고 말하는 것은 아니다. 여기서 우리가 말하려는 것은 방금 서술했던 과제들 중의 일부를, 그와 동일한 종류의 수많은 다양한 과제들과 함께 수행할 수 있고, 그것도 규칙적으로 수행할 수 있으며 때로는 지금 수행하고 있다는 것이다.

「그는 어떻게 이런 추상관념을 형성했는가」라는 질문은 「그는 어떻게 이 특수한 기량이나 능력을 획득했는가」라는 질문으로 바뀐다. 이 질문에 대해 그는 스스로 대답을 할 수 있다. 예를 들어 그는 지도를 해독하는 법과 그리는 법을 배웠다. 그리고 그는 컴퍼스와 지도를 소지한 채 낯선 지역에 투입됐다. 그는 최근 홍수로 남아있는 파괴의 흔적이 호수위 12피트에 있는 언덕을 따라 어떻게 라인을 형성하고 있는지에 주의하라는 말을 들었다. 또 그는 평저형(平底形)의 구름이 해발 300피트에 가라앉아 있다면 확인하기 어려운 것은 무엇이고 계속 시야에 남아있는 것은 무엇인지를 알아보도록 명령을 받았다. 또 그는 등고선이 교차하거나 중단되는 지도를 그렸다가 비웃음을 사기도 했다. 그가 기량을 완전히 숙달하는 데 3주가 걸렸다. 이를 우리는 그가 등고선이라는 추상관념을 형성하는 데 3주가 걸렸다고 바꿔 말할 수도 있다. 그러나 이 경우 그가 등고선을 해독하고 사용하는 법을, 그리고 「등고선」이란 말의 사용법을 아는 데 3주가 걸렸다고 말하는 것이 훨씬 안전하고 자연스러울 것이다. 그런데 이렇게 말하면 암암리에 우리는 3주간의 전기간을 통해 그의 내부에 비유적인 의미에서 뭔가가 서서히 증류되거나 조정되었, 혹은 그 자신이 풋볼이나 식사 혹은 수면에 빠져 있을 때조차 사진의 원판 같은 것이 비유적인 의미의 암실에서 점차적으로 현상되었다는 식으로 생각하기 쉽다.

「등고선은 추상개념이다」 혹은 「등고선은 지도의 추상적인 기호다」라고 말하는 것은 지도의 해독자가 지도를 해독하거나 만들려는 사람에게 줄 수 있는 적절하고도 유용한 지침이다. 반면에 「등고선은 지도의 제작자가 고도(高度)를 해발 몇 피트라고 생각할 때의 정신적 작용을 외부로 표현한 것이다」라고 말하는 것은 지도를 해독한다는 말이 어떤 익명의 관측자의 침투불가능한 「그림자 생활」을 꿰뚫고 들어간다는 것을 의미하는 것처럼 우리를 잘못 이끌 수 있다.

5. 말하기와 가르치기

앞장들에서와 마찬가지로 이 장에서도 나는, 예를 들면 아무 의미 없이 주고받는 사교적이고 음미되지 않은 잡담, 과묵한 사람과 불성실한 사람의 용의주도한 대담, 교사의 음미되고 일방적이며 엄격한 이야기 등과 같이 서로 다른 이야기들을 구별하려고 노력했다. 특히 이 장에서는 마지막 이야기, 즉 글로 된 것이건 말로 된 것이건, 아니면 공표된 것이건 혼잣말로 하는 것이건, 어떤 사람이 자신이 가르쳐야 하는 바를 가르치는 교육적인 담론에 초점을 맞췄었다. 여기서 교육적인 담론의 방법, 목적, 심지어 논조에까지 신경을 썼던 주된 이유는 지성의 개념이 교육적인 담론에 의해 해명되기 때문이다. 적어도 우리가 「지적인 힘들」이라고 부르는 것의 중요한 부분은 교육적 담론에 의해 애당초 생겨나고 발전되며 그 자체가 특히 보다 심화된 강연들에서 동일한 교훈을 가르치거나 그 교훈들의 채택과 확장 등을 가르치는 데 발휘되는 특수한 능력이다. 말하자면 교육적인 담론은 지식전달의 수단이다.

그러나 동시에 서로 다른 종류의 이야기들을 논의하는 보다 일반적인 이유가 있다. 인식론자들은 항상 사고와 발언 사이에 뭔가 밀접한 관계가 있다고 생각해왔다. 그러나 이런 관계에 대한 그들의 해명은 암묵적인 가정, 즉 뭔가에 대해 말하는 핵심적이고 동질적인 행위가 존재한다는 가정에 의해 얼렁뚱땅 정당화되었다. 그들은 예를 들어 「진술하다」, 「제의하다」, 「발표하다」, 「선언하다」, 「서술하다」, 「주장하다」, 「표현하다」, 「알리다」, 「말하다」, 「논술하다」 등과 같은 동사들을 아무 불안감도 없이 마치 그 동사들이 어떤 사람이 이런 것들 중의 어느 하나를 하고 있다고 서술될 때 바로 그런 행위를 명확하고 충분하게 설명해주는 양 사용해왔다. 그러나 바로 그같이 뭔가를 말한다고 하는 단선적이거나 핵(核)과 같은 행위란 존재하지 않는다. 우리가 뭔가를 말할 때에는 대화로, 달래며, 안심시키며, 엄중하게, 즐겁게, 야단치며 등과 같이 말한다. 거래를 하듯이 말하는 것은 고백적으로 말하는 것과 다르다. 이 둘은 또 일화를 이야기하듯이, 위협적으로 혹은 화를 내며 말하는 것과 구별된다. 심지어 우리가 뭔가를 쓰는 것은 일정한 톤의 목소리로 읽히기를 바라는 의도가 들어있으며 우리가 머리 속으로 우리 자신에게 말하는 것도 단조롭게 「말해지는 것」이 아니다.

우리가 여기서 관심을 갖는 종류의 이야기는 교육적인 말하기와 쓰기이다. 다른 대부분의 이야기와 달리 교육적인 말하기와 쓰기는 기억되기를 바라는 의도를 갖고 있다. 다른 이야기들의 의도는 기억되는 것이 아니라 반응을 기대하거나 즉각 행동에 옮겨지는 것이다. 다른 대부분의 이야기와 달리 교육적인 이야기는 듣는 사람의 정신을 더 좋게 하려는 의도, 즉 그 사람의 정신상태를 개선하거나 정신능력을 강화하려는 의도를 갖고 있다. 가르친다는 것은 누군가에게 뭔가를 하도록——여기에는 말을 하는 것까지 포함된다——가르치는 것이다. 그리고 학생은 자신이 하도록 배운 바를 적어도 얼마간이라도 계속 할 수 있도록 기대된다. 수업의 의도는 배워서 잊지 말라는 것이다. 한마디로 가르친다는 것은 누군가에게 의도적으로 어떤 능력을 갖춰주는 것이다. 물론 가르치는 것이 전부 교육적인 이야기에 의해 이뤄지는 것은 아니다. 어린아이들의 경우 모방에 의해 뭔가를 배워나가지만 그 모방의 사례들이 반드시 의도적으로 모방을 하도록 주어진 것은 아니다. 어떤 것들은 의도적으로 만든 사례나 예증을 통해 가르쳐지기도 한다. 또 어떤 것들은 단순한 훈련에 의해, 또 어떤 것들은 비웃음을 받으며 가르쳐진다. 이런 것들은 이밖에도 상당히 많다.

교육적인 담론의 의도는 그것을 듣는 사람이 기억하고 모방하고 반복하는 것이다. 이런 점에서 일부수업과는 비슷하지만 대부분의 수업과는 다르다. 교육적인 담론은 의미를 상실하지 않고서도 반복될 수 있으며 말이나 글에 의해 이 사람에서 저 사람으로 전달하는 데도 적합하다. 실연(實演)이나 사례를 통해 교육받는 사항들은 보존될 수 없지만 교육적인 담론에 의해 교육받는 사항들은 보존될 수 있다. 따라서 이런 사항들은 축적되고 집적되고 비교되고 걸러지고 비판될 수 있다. 그래서 우리는 할아버지들이 아버지들에게 가르친 것, 그리고 아버지들이 자신들이 배운 것에 추가시키고 변형시킨 것 등을 배울 수 있는 것이다. 그들이 자신들의 교육을 개선시켰던 독창적인 발견들은 그들의 자식들을 교육시키는 과정에서 구체화될 수 있다. 왜냐하면 발명을 할 때는 천재적 능력을 필요로 하지만 배우는 데는 천재적 재능이 필요없기 때문이다. 지적인 진보가 가능한 이유는 다름아닌 성숙한 사람만이 발견할 수 있는 것을 미숙한 사람은 배워서 알 수 있기 때문이다. 고학이 성장하는 이유도 학부학생이 적절한 학교교육에 의해 유클리드, 하비, 뉴턴 등이 도달했던 지점에서 출발하도록 훈련받을 수 있기 때문이다.

게다가 교육적인 담론은 그것이 전달하는 교육내용이 적절히 훈련받은 어떤 교수에 의해서 그리고 적당히 준비가 된 어떤 수용자에게도 전달될 수 있다는 의미에서 비개인적이며 시간이나 장소에 제한되지 않는다. 그리고 교육적인 담론을 하는 경우들은 고정적이지 않다. 반면 회화적, 거래적, 확인적, 고소적 언급들을 전달하는 상황은 반복되지 않는 상황에 의해 고정된다. 예를 들면 재치문답이나 교통신호 혹은 약속은 특정한 상황에서 특정한 사람이 특정한 사람에게 하는 것이 아니라면 그것을 할 수 있는 기회는 영원히 사라진다. 그러나 만일 존 도씨가 어제 라틴어 가정법에 대해 수업을 받지 못했다면, 혹은 달의 크기와 거리를 다룬 장(章)을 끝내지 못했다면 그는 내일이나 내주에 그와 동일한 것을 배움으로써 동일한 목적을 달성할 수 있을 것이다. 「명제」라고 불리는 것의 본성과 지위를 갖고 있는 것에 관한 철학적 논의에 정통한 사람에게는 분명한 일이겠지만, 명제를 서술할 때 사용되는 술어들은 그 직무상 교육적인 담론에 속하지 재치문답, 속어, 의문, 감탄, 조사(弔詞), 비난, 서약, 훈령, 불평 등 무한히 많은 비교육적 담론에 속하지 않는다. 그런데 일부 이론가들은 「지적 작용」을 명제를 갖고 조작하는 작용으로 정의하기를 좋아하고 또 다른 일부 이론가들은 「명제」를 지적 작용의 산물이나 도구로 정의하기를 좋아한다는 것은 우연이 아니다. 이들 두 부류의 이론가들 모두 암암리에 가르침을 주고받고 또 가르침을 사용하는 활동과 능력에 관해 언급하고 있다. 그러면서도 물론 그같은 통속적인 활동이나 능력을 명시적으로 거론하지는 않는다.

모든 이야기는 상대방에게 뭔가 특정한 영향을 주려는 의도를 갖고 있다. 질문을 하는 의도는 상대방이 그것을 듣고 이해하고 대답해주는 것이다. 제안의 의도는 상대방이 그것을 잘 생각해서 받아들이는 것이다. 위협은 저지를, 조사(弔詞)는 위로를 주려는 의도를 갖고 있다. 교육적인 이야기의 의도는 가르치는 것이다. 수영교사가 학생들에게 말을 하는 일차적인 의도는 학생들이 그가 한 말을 다른 사람에게 그대로 전달해주는 것이 아니다. 그의 의도는 학생들이 손발로 필요한 움직임을 해서 이 다음에는 별다른 지시가 없어도 혼자서 수영을 할 수 있도록 하는 것이다. 결국에 가서는 아마도 그 학생들도 다른 초보자들에게 수영을 가르치거나 적어도 그 자신이 새로운 영법을 익히거나 보다 어려운 조건에서 수영을 할 수 있도록 스스로를 가르칠 수 있을 것이다. 가르쳐진 사항을 배운다는 것은 단순히 그것을 모방하는 것일 뿐만 아니라 그와 유사한 다른 많은 것들을 체계적으로 할 수 있는 능력을 갖게 된다는 것이다. 발음, 지리, 문법, 문체, 식물, 계산, 추론 등과 같은 보다 많은 학문적 사항들에 대해서도 마찬가지로 유효하다. 우리는 이런 사항들을 통해, 대부분 그 사항들에 관한 말을 반영하는 것이 아닌 것들을 말하고 행동하는 법을 배운다.

교육적인 영향은 남들에게 뿐만 아니라 자기 자신에게도 미칠 수 있다. 예를 들어 어떤 사람은 자신의 코치행위가 이뤄지는 말들을 반영하지 않는 많은 것들을 그 자신에게 말하고 행하도록 코치할 수 있다. 예를 들면 군대의 훈련에서 자신에게 명령을 내리고 그 다음에 총을 집어 그 명령에 따르는 것과 마찬가지로 그는 그 자신에게 뭔가를 말하고 나서 그것을 새로운 교육적 동작에서 사용할 수 있다. 혹은 창고에 각각 2갤론씩의 석유가 든 깡통 7개가 있다고 자신에게 말한 다음 그는 그 자신에게 창고에는 14갤론이 있다고 말할 수 있다. 우리가 「짜내다」, 「숙고하다」, 「고찰하다」, 「토의하다」, 「생각해내다」라고 부르는 행위들이 발전적일 수 있다는 것은 익히 아는 바다. 그것들은 새로운 결과를 성취할 수 있다. 모든 물음에 대한 답은 아니겠지만 일부 물음에 대한 대답은, 그 이야기가 올바르고 또 능숙하고 진지하며 신중하게 이뤄지기만 한다면 사적인 혹은 개인들 간의 이야기에 의해서도 얼마든지 얻을 수 있다. 그러나 농담에 가까운 이야기는 대수의 문제를 해결하지 못하며 또한 대수의 표현을 연발한다고 해서 대수의 문제가 해결되는 것도 아니다.

우리가 어떤 사람의 지적 숙달과 한계에 대해 언급할 경우 우리가 염두에 두는 주된 사항은 그 사람이 지적 숙달을 이루는 과정에서 보여준 그의 능력과 열의이다. 그런데 나는 지적 작업에 의한 새로운 성과들의 달성에 관해 언급할 때 연역, 보다 일반적으로 말해서 추론에 관해 이야기하고 있다고 생각하는 사람들이 있을지 모르겠다. 그러나 연역이나 추론은 물론 중요한 것이긴 하지만 유일하게 발전적인 종류의 사고는 아니다. 예를 들면 우리는 곱셈이나 나눗셈을 하는 과정에서 사고하는 것에 의해 전에는 몰랐던 해답에 이른다. 그러나 우리는 이런 해답들을 「결론」이라고 부르지는 않는다. 또 우리는 잘못 계산된 것들을 「오류」라고 부르지도 않는다. 수많은 관련사실들을 조립해야 하는 역사가는 어떤 전쟁에 관해 일관된 설명을 주기 전에 사고를 해야 한다. 그러나 그가 최종적으로 얻어낸 설명의 일관성은 수학에서의 정리(定理)의 연쇄가 보여주는 일관성과는 다른 것이다. 역사가의 설명은 수많은 추론들을 포함할 것이고 또 그것은 모순들을 보여서는 안된다. 그러나 그것이 훌륭한 역사가 되려면 그밖의 다른 지적 장점들도 가져야 한다. 또 탁월한 번역은 주의깊은 사고를 필요로 한다. 그러나 번역을 할 때 준수돼야 할 규칙이나 규준들이 모두 추론의 규칙을 따르는 것은 아니다. 번역이 서투르다는 것은 결함이 있는 사고를 보여주는 것이기는 해도 오류의 사고를 보여주는 것은 아니다. 운율이 부정확한 소네트를 지을 경우 그 어떤 질문도 요구되지 않으며 또한 어떤 중명사(中名辭)도 안정적일 수 없다.

뭔가를 짜낸다는 것(thinking things out)에는 자기 자신이나 다른 동료들에게 교육적인 의도를 갖고서 뭔가를 말하는 것이 포함된다. 또한 명제를 주장한다는 것은 그 명제를 받아들이는 사람에게, 자신에게 말한 사항을 그 이후의 상황에서, 예를 들면 전제나 격률로서 사용함으로써 그것을 활용할 태세나 준비를 갖추도록 하는 의도를 갖고 있다. 교실에서처럼 개인간의 토론이나 혼자서 숙고를 하고 있을 때에 가르치는 측이나 배우는 측 모두 필연적으로 숙달되고 인내력있고 정력적이고 전심전력을 다하지는 않는다. 그래서 교육은 반복, 복습, 연기, 철회될 수도 있으며 교육을 받는 사람의 반응도 잘못되고 궤도에서 벗어나고 주저하고 겉치레일 수 있다. 단 하루만에 이루어진 발전은 바로 다음날 전부 사라질 수 있고, 역으로 오랫동안 계속된 좌절은 사고하는 사람이 어제는 그렇게 어려웠던 일이 오늘은 이렇게 쉬울 수 있는가 라는 생각을 할 만큼 발전을 가져올 수도 있다. 혹은 오늘 달성한 성과가 더 어려운 일을 자신에게 부과했다는 사실을 내일이 되서야 알고서 불평을 하게될 수도 있다. 아마도 그는 어제의 명제들을 하나의 전제로 사용하는 방법을 찾아냈는지도 모른다. 그러나 오늘 얻어낸 결론은 다시 전제가 될 수도 있다. 그의 성과들은 언제나 그가 숙련된 기술을 갖고서 근면하게 일하고 행운까지 겹쳐서 더 나은 성과를 얻어낼 수 있는 교훈으로 사용될 수 있는 것이다.

그래서 우리는 숙고하는 것(pondering)은 외관상 단지 비행동적인 문장들의 연속적인 산물임에도 불구하고 발전적이라는 유명한 사실이 불가해한 것이 아니라는 것을 알게 된다. 적절하게 전달되고 적절하게 받아들여진 일정한 종류의 문장들은 교육적인 효과를 갖는다. 그 문장들은 우리로 하여금 그 문장들의 전달과정에서 말해지거나 행해지지 않았던 것들을 말하고 행하도록 가르친다. 사고하는 사람들 중의 일부는 「우리는 어떻게 우리가 이미 알고 있는 것을 단순히 자신에게 말하는 것만으로 새로운 것들을 알게 되는가」라는 질문을 받으면 당혹해한다. 그러나 그들은 「초보자가 어떻게 둑위에 있는 수영교사의 말을 듣고서 새롭고 정확한 수영동작을 배우게 되는가」심지어 「초보자가 어떻게 자기 자신에게 하는 말을 듣고서 새롭고 정확한 수영동작을 배우게 되는가」라는 질문에 대해서는 당혹해하지 않는다. 「우리가 어떻게 교사나 동료 혹은 자기 자신이 하는 교육적인 의도의 언사를 듣고서 새로운 교육적 행동을 하는 것을 배우게 되는가」라는 물음은 더 이상 불가해한 것이 아니다.

6. 지성의 우선권

지적 작용들이 다른 정신능력들의 발휘보다 상위에 있고 또 그것들을 「지배한다」고 말할 때의 「지성」의 의미와 정신적 개념들을 구현하고 있는 인간의 행위나 반응들에 대한 우리의 모든 서술에는 지적 작용들의 발생이 함축돼 있다는 주장을 내가 거부했을 때의 「지성」의 의미를 구별하는 것은 이제 어렵지 않다.

지적인 작업은 문화적 우선권을 갖는다. 왜냐하면 그것은 고도의 교육, 즉 교육적 담론에 의한 교육을 주고받을 수 있는 사람들이 행하는 작업이기 때문이다. 다시 말해 지적 작업이 문화를 구성하고 그것은 문화의 필요조건인 것이다. 좀 단순화시켜 말하자면 야만인이나 어린아이들은 지적 작업을 하지 못한다. 만일 그들이 지적 작업을 한다면 우리는 그들을 적어도 반(半)문명화됐다거나 취학연령에 가깝다고 서술해야 하기 때문이다. 학교교육을 전혀 받지 않은 사람이 지성을 갖고 있다고 서술하는 것은 그런 학교교육에 의해 혜택을 볼 수 있는 능력에 관해 이야기하는 경우를 제외한다면 일종의 모순이다. 그러나 학교교육을 전혀 받지 않은 사람이 마음을 갖고 있다고 말하는 것은 전혀 모순이 아니다. 어떤 사람이 학교교육을 받는다고 하는 것은 그가 이미 그런 학교교육을 받을 수 있는 능력을 갖고 있다는 것을 전제로 한다. 예를 들어 솔직한 발언을 구사하거나 이해할 수 없는 사람은 강의를 이해할 수 없으며 심지어 그런 사람이 강의를 한다는 것은 생각조차 할 수 없다.

따라서 주의하다, 시도하다, 바라다, 두려워하다, 즐거워하다, 지각하다, 기억하다, 회상하다, 의도하다, 학습하다, 가장하다, 놀이하다, 농담하다 등과 같은 것들이 교육적으로 이뤄진 지시에 따라서만 일어날 수 있는 것인 양 말하는 것은——그것을 지시하는 자가 자기 자신이건 다른 사람이건 관계없이——불합리하다. 그러나 이것은 예를 들어 「변호사가 되고 싶다」, 「볼테르의 위트를 즐긴다」, 「그리스어의 조건문의 사용법을 기억한다」, 「자석발전기라는 것을 식별한다」, 「배당금 지불보증을 확인한다」 등의 사항이 성립하기 위한 필요조건으로서 일정한 정도의 지적 소양이 있어야 한다고 말하는 것과 모순되지는 않는다. 그렇지만 어떤 사람이 그 전에 교육받지 않고서는 도저히 할 수 없는 어떤 일을 하고 있다고 서술한다고 해서, 그가 행동하기 직전에 그같이 사전에 배워서 알게 된 것들을 전부 혹은 일부를 암송해야 한다고 말하는 것은 아니다. 예를 들면 내가 사전에 그리스어문법을 배우지 않았다면 지금 나는 그리스어로 된 문장을 읽을 수 없을 것이다. 그러나 통상적으로 내가 그리스어문장을 해석할 때마다 그리스어문법 중의 일부를 언제나 떠올려야 하는 것은 아니다. 물론 내가 그 문법규칙들에 따라 해석을 하겠지만 그것들을 함께 생각하는 것은 아니다. 나는 그것들을 기억하고 있지만 특별한 어려움이 생기지 않는 한 그것들에 호소하지 않는다.

인식론자나 도덕가들 사이에는 마음을 갖고 있다는 것은 그중에 이성과 양심이라는 한 사람 혹은 두 사람의 강사를 잠재적으로 뿐만 아니라 실제적으로도 갖고 있다고 가정하는 경향이 있다. 종종 양심은 사람들에게 안식을 가져다주는 목소리로 이야기하는 이성과 같은 것이라고 주장된다. 또한 마음속에 있는 이런 강사들은 청중이 알지 못하는 사항들을 청중들에게 가르칠 수 있다는 이유로 이미 그것을 알고 있는 것인 양 생각된다. 예를 들면 나의 이성은 완전히 이성적이라는 점에서 나 자신과 동일하지 않고 나의 양심도 완벽하게 양심적이라는 점에서 나 자신과 동일하지 않다. 이런 경우 이성과 양심은 더 이상 배울 것을 갖고 있지 않다. 그리고 만일 우리가 「나의 이성과 양심이 이미 배워서 잊지 않고 있는 것들을 이성이나 양심에게 가르친 것은 누구인가」라는 질문을 던진다면 우리는 이성과 양심의 가슴 속에 그에 상응하는 강사가 거주하고 있다는 대답을 듣게 될 것이다. 물론 이 같은 육아용 신화의 배후에는 내가 이 신화를 이처럼 가볍게 확장한 배후에 진지한 의도가 있는 것과 마찬가지로 어떤 진지한 의도가 있다. 사실 어린 아이가 뭔가를 중간쯤 배우고 그 일부를 부모나 학교교사에 의한 교육적 담론에 의해 획득한 경우 그는 엄숙한 목소리로 자신에게 재교육수업을 실시할 능력과 성향을 획득한 것이다. 그는 통상적인 상황에서는 부모나 교사가 그들에게 무슨 말을 할 것인지, 혹은 그가 그 자신에게 무슨 말을 해야 할 것인지를 걱정할 필요가 없다. 그는 자신이 배운 내용들 중에서 진부한 부분들에 대해서는 조금도 망설임없이 적절하게 전달할 수 있을 만큼 잘 알고 있다. 그리고 그가 이것을 서술할 때, 예를 들면 그 자신과 그의 부친의 악센트가 절묘하게 혼합된 악센트로 권위있게 말해지는 「이성의 목소리」나 「양심의 목소리」를 듣는다고 생각하는 것은 각자의 자유다. 또한 그는 그것을 따르는 것이 여전히 어렵다고 느끼고 있는 지시를 쉽게 그 자신에게 줄 수 있다. 그가 자신에게 하는 설교는 필연적으로 실천에 선행한다. 왜냐하면 교육적인 발언을 그에게 하는 목적은 그렇게 함으로써 그로 하여금 보다 나은 실천을 하도록 하는 것이기 때문이다. 그래서 이 단계에서 그는 언제 어떻게 그 자신에게 말을 해야 할 것인지를 비록 충분하게는 아닐지라도 제법 배울 수 있을 것이다. 라틴어로 된 시구와 씨름하고 있는 경우에도 그것에 상응하는 일이 일어날 수 있다. 우리는 라틴어문장의 구조가 가진 어려움을 경험할 때 절반은 자신의 것이고 절반은 학교선생님의 것인 목소리로 우리에게 주어지는 구문론적 규칙에 「귀를 기울인다」든가 「듣는다」고 할 수 있을 것이다. 그래서 이런 목소리는 「라틴어문법의 목소리」라고 서술될 수도 있다. 그러나 이런 경우에는 「목소리」의 출처가 너무나 분명하기 때문에 우리가 겪는 문법적 당혹감의 원천은 마음의 내부에 있는 천사와도 같은 언어학자의 구술이라고 어느 누구도 말할 수 없을 것이다.

 이와 같이 양심과 라틴어문법의 지식에 대해 언급함으로써 우리는 이제 앞에서 얼핏 언급하기는 했지만 제대로 논의를 하지 못했던 문제, 즉 이론구성작업 이외의 지적 활동들에 관한 문제로 돌아왔다. 예를 들면 문법적 지식을 갖는다는 것은 라틴어문장을 작문하고 해석할 줄 안다는 것이고, 또 만일 도덕적 지식이라는 확장된 표현을 사용할 수 있다고 한다면, 도덕적 지식을 갖는다는 것은 주어진 문제들이 단순히 이론적이기만 한 것도, 그렇다고 기술적이기만 한 것도 아닌 그런 상황에서 어떻게 행동해야 할 것인지를 안다는 것이다. 체스나 브리지게임의 지식이란 놀이를 이기려고 하는 과정에서 발휘되는 지적 성취이다. 또 전략이란 전투나 전쟁에서 이기려고 하는 과정에서 발휘되는 지적 성취이다. 기술자의 학교교육과 작업현장에서의 경험은 그에게 다리를 설계하는 것을 가르치지만, 우연한 경우를 제외한다면 그에게 이론을 구성하거나 설명하는 것을 가르치지는 않는다.

우리가 이런 놀이나 작업을 「지적」이라고 부르는 이유를 찾아내는 것은 어렵지 않다. 왜냐하면 어떤 기술을 숙달하는 데 필요한 교육뿐만 아니라 그것을 실천에 옮기는 데 필요한 작업들의 다수는 이론을 구성하고 설명하고 응용하는 작업에 필요한 것들과 동질적이기 때문이다. 라틴어문장을 작문하고 해석할 수 있는 능력은 하나의 기술(art)인 반면 라틴어의 언어학은 하나의 과학(science)이다. 그러나 전자를 가르치고 실습하는 것은 후자를 가르치고 응용하는 것의 일부와 일치한다. 공학이 물리학, 화학, 경제학을 발전시키지는 못한다. 그러나 공학분야에서 유능하다는 것은 그 분야의 이론에 대해 완전히 무지하다는 것과 양립할 수 없다. 확률의 정확한 계산은 필요불가결한 것은 아니더라도 최소한 일정한 추정을 하는 경우에는 보다 지적인 카드놀이를 하는 데 필수적인 요소임이 분명하며 바로 이는 우리가 그런 놀이를 「지적」이라고 서술할 수 있는 이유이기도 하다.

지적 발달은 가장 원시적인 것을 제외한 모든 직업이나 관심사가 존재하기 위한 조건이라는 것을 알기는 어렵지 않다. 모든 고도의 기교, 게임, 계획, 오락, 조직, 산업 등은 반드시 교육받지 않은 야만인이나 어린아이의 머리를 넘어서 있으며 만일 그렇지 않다면 이런 것들을 「고도의(advanced)」라고 부를 수 없다. 우리는 글자수수께끼를 풀기 위해, 혹은 카드놀이를 하기 위해 과학자가 될 필요는 없다. 그러나 문맹은 벗어나야 하며 덧셈과 뺄셈은 할 줄 알아야 한다.

7. 인식론

이 장을 마무리하기 전에 우리는 전공분야와 관련된 학문적인 문제를 고찰해보아야 한다. 철학의 한 분야는 전통적으로 「지식이론」 혹은 「인식론」이라 불린다. 우리가 현재 다루고 있는 문제는 다음과 같다. 「우리가 지금까지의 논의를 통해 인식론자들이 제시했던 이론들의 중요부분에서 근본적으로 잘못된 것이 있다는 것을 발견했다고 한다면, 인식론자들은 이제 지식에 관한 어떤 종류의 이론들을 구성하려고 노력해야 할 것인가?」, 「만일 관념, 개념화, 판단, 추론 등과 같은 모든 강압적인 용어체계가 공표된 제 반이론의 요소들의 기능을 서술하는 것으로부터 이론구성이라는 작용과 과정을 서술하는 것으로 잘못 전이된 것이라면, 지식의 이론 중에 남는 것은 과연 무엇인가?」, 「만일 이런 용어들이 지시하는 것이, 지적 작업들이 행해질 때 이용되는 것으로 잘못 상정된 무슨 숨겨진 전선이나 도르래와 같은 것이라면, 지식이론만의 고유한 주제는 무엇인가?」

「지식이론」이라는 용어는 두 가지 것을 나타내기 위해 사용될 수 있다. 첫째, 그것은 이미 구성된 이론들의 구조를 체계적으로 연구하는 「과학이론」을 뜻하는 것으로 사용될 수 있다. 둘째, 그것은 지식을 배우고 발견하고 발견하는 것에 관한 이론을 뜻하는 것으로 사용될 수 있다.

첫째, 과학, 보다 일반적으로 말해서 「구성된 이론」들에 관한 철학적 이론은 이론을 구성할 때 필요한 용어, 진술, 논증 등에 대해서 뿐만 아니라 그밖의 수많은 종류의 표현들을 기능적으로 설명해준다. 그것은 흔히 「과학의 논리」라고 불리며 비유적으로 표현하자면 「과학의 문법」이라고 할 수 있다. (그러나 이때의 「과학」이란 말은 영국학술원이 후원하지 않는 이론들을 배제하기 위한 의미에서 사용되고 있는 것이 아니다.) 이런 부류의 설명은 과학자 개개인의 생애에서 일어나는 에피소드들에 관해서는 서술하거나 언급하지 않는다. 따라서 그런 설명은 그같은 생애에서 일어나는 것으로 상정되는 그 어떤 에피소드들에 대해서도 서술하거나 언급하지 않는다. 그것은 활자로 공표된 것, 혹은 공표될 수 있는 것을 특별한 방식으로 서술한다.

둘째, 사람들에게 뭔가를 가르치는 훈련이나 직업이 존재하듯이 학습, 교육, 시험 등과 같은 개념을 다루는 철학적 이론의 분야도 존재할 수 있다. 이는 흔히 「학습의 철학」 혹은 「교육방법론」이라 불리며 좀더 거창하게는 「교육학의 문법」이라고 불리기도 한다. 이것은 지식을 얻게 되는 과정에 관한 이론이라는 의미에서 지식이론이라 할 수 있다. 이런 연구분야는 개인들의 생애에서 일어나는 에피소드들을 교사나 시험관이 서술할 때 사용하는 용어들을 다루게 될 것이다.

그런데 로크, 흄, 칸트 등과 같은 위대한 인식론자들은 그들 스스로 개인들이 지식을 획득하는 생애의 은밀한 이부분에 대해 논의하고 있다고 생각했지만 실은 「과학의 문법」을 크게 발전시켰다. 그들은 여러 종류의 이론들을 신뢰할 수 있도록 해주는 근거들에 대해 논의했지만 그 방법에 있어서는 유사-생리학적 비유를 사용했다. 그런데 전통적 인식론이 사용했던 상표들을, 이미 구성된 이론들을 해부할 때 적절한 장소에 올바르게 복귀시키는 일은 마음에 관한 우리의 이론들에 대해 환영할 만한 영향을 미칠 것이다. 마음은 사적이고 은밀한 무대라고 하는 교설에 관한 믿음을 조장하는 가장 강력한 요인들 중의 하나는, 이런 상표들이 지시한다고 곡해돼온 「인지작용」이나 「인지과정」이 존재해야 한다고 가정하는 뿌리깊은 습관이다. 그 결과 존 도씨가 행하고 있다고 우리가 목격할 수 있는 것들 중의 그 어느 것도 관념을 갖다, 추상화하다, 판단을 내리다, 전제에서 결론을 도출하다 등과 같은 행위들이 아니기 때문에 이런 행위들은 오직 그만이 접근할 수 있는 무대 위에 있는 것으로 상정할 필요가 있는 듯이 보이는 것이다. 인식론자들이 비유를 사용해 제시하는 설득력있고 풍부한 전기적 세부사항들은 적어도 「나」라는 1인칭의 경우에 있어서는 「기계 속의 유령」이라는 신화를 고수하도록 우리를 이끄는 두 가지 강력한 동기 중 하나다. 다시 말해 존 도씨의 행위가 귀속되는 에피소드들은 다른 사람들이 결코 목격할 수 없었다는 점에서 철저하게 「내적인」 것인 양 보인다. 그러나 그런 에피소드들이 목격되지 않는 진정한 이유는 그것들이 신화에 불과한 때문이다. 그 에피소드들은 공표된 이론들의 제반요소들의 기능적 서술을 대신하는 인과적 가설이었던 것이다.

10
심리학

1. 심리학의 프로그램

 지금까지 오면서 나는 심리학이라는 학문에 대해서는 별로 이야기한 적이 없다. 이처럼 생략한 것은 매우 이상스럽게 여겨질 것이다. 왜냐하면 이 책은 분명히 과학적 심리학은 아니지만 철학적 심리학에 관한 글이기 때문이다. 부분적으로나마 그 이유를 해명해보겠다. 나는 지금까지 모든 사람들이 흔히 사용하는 일련의 개념들의 논리적 성격에 대해 고찰해왔다. 학습, 실천, 시도, 조심, 가장, 욕구, 애호, 주장, 책임회피, 관찰, 보는 일, 동요(動搖) 등은 전문용어가 아니다. 누구나 이런 개념들의 사용법을 배워야 하고, 또 실제로 배우고 있다. 심리학자들이 이 개념들을 사용하는 방식은 소설가, 전기작가, 역사가, 교사, 장관, 경비병, 정치가, 형사 혹은 길거리를 지나는 사람들이 그것들을 사용하는 방식과 다르지 않다. 그렇지만 이것으로 이야기가 끝난 것은 아니다.
 우리는 심리학이라는 학문에 대해 생각할 때, 심리학의 공식적인 프로그램을 심리학자들이 실제로 수행하는 연구조사와 동일시하고, 또한 심리학의 공적(公的)인 약속들을 연구실에서의 작업과 같은 것으로 보는 경향이 있다. 또 때로는 그렇게 보게끔 고무되기도 한다. 그런데 「심리학(psychology)」이란 말이 생겼던 백여 년 전에는 두 세계의 전설이 참인 것으로 여겨지고 있었다. 그 결과 (사실은 전혀 잘못된 생각이지만) 뉴턴적 과학이 물리적 세계에 존재하고 발생하는 만물을 설명하듯이, 요청된(postulated) 비(非)물리적 세계에 존재하고 발생하는 것을 설명하는, 뉴턴적 과학에 상응하는 과학이 있을 수 있고 또 있어야 한다고 생각하게 되었다. 뉴턴적 과학자들이 물리적 세계의 현상을 연구하듯이, 정신적 세계의 현상을 연구하는 과학자들도 있어야 한다는 것이다. 「심리학(心理學)」은 「정신현상(혹은 마음의 현상)」에 대한 뉴턴적인 경험적 연구의 명칭으로 받아들여졌다. 게다가 뉴턴적 과학자들이 시각, 청각, 촉각에 나타난 그 현상의 소여(data)를 찾아내어 고찰했듯이, 심리학자들은 비시각적이고 비청각적이며 비촉각적으로 주어지는 상응하는 소여를 찾아내어 고찰하려고 하였다.

물론 당시의 사람들은 인간 고유의 행동에 대한 체계적 혹은 단편적인 연구들이 존재하고 있고, 또 존재할 수 있음을 부정하지는 않았다. 이미 그 당시에 역사가들은 근 200년 동안 인간의 행위와 언어, 견해 및 기획들, 그리고 인간의 집단들을 연구해오고 있었다. 문헌학자, 문예비평가, 사상가 등은 인간의 언설(言說)과 저술, 시, 연극, 종교, 철학 등을 연구해왔다. 심지어는 극작가나 소설가들도 작품 속의 인물들이 행위하고 반응하는 방식들을 묘사하는 가운데 현실적인 인간들이 어떻게 행동하고 있는지를 조심스럽게 보여주었다. 경제학자들은 시장(市場)에서 사람들이 어떻게 행동하게 되는지에 관하여 실제적인 또는 가설적인 연구를 진행하였다. 전략가들도 장군들이 맞게 되는 현실의 혹은 가능적인 복잡성과 결심문제를 탐구하였다.

교사들은 학생들의 행동방식을 연구하고, 형사나 장기놀이자는 상대방의 기동(機動), 습관, 약점과 강점 등을 탐구한다. 그러나 준(準)-뉴턴적인 프로그램을 따르는 심리학자들은 인간을 완전히 다른 방식으로 연구하려 한다. 그들은 교사나 형사, 전기작가, 친구 등은 이용하기 어려운 자료를 찾아내어 연구한다. 또한 이런 자료는 연극의 무대나 소설책 속에서 찾을 수도 없다. 즉 심리학 이외의 다른 곳에서는 현실적인 사람들이 거주하고 있는 천막과 집에만 연구를 제한하였다. 그러나 심리학적 인간연구는 거주자들을 직접 탐구의 대상으로 삼으려 했다. 심리학자들이 열쇠를 찾아내어 문을 연 다음에야 비로소 인간사상과 행동을 연구하는 타분야의 학도들은 굳게 잠겼던 문을 더 이상 두드리지 않아도 된다는 희망을 가질 수 있게 되었다. 눈에 드러난 행위나 귀로 들을 수 있는 말 그 자체는 행위하거나 말하는 사람의 성격이나 지적 자질이 직접 발휘된 것이 아니라 그것의 외부적인 징후나 표출이었다.

두 세계의 전설을 포기하는 것은 곧 잠겨진 문이 있고 아직도 찾아야 할 열쇠가 있다는 생각을 포기하는 것이다. 언제나 심리학 이외의 다른 모든 인간 연구학도들의 소여(所與)였던 인간의 행동과 반응, 언표된 발화와 언표되지 않은 발화, 목소리, 얼굴표정과 제스처 등은 결국 연구해야 할 정당하고도 유일한 표출물들이었다. 그리고 이것들만이 「마음의 현상들」이라는 어마어마한 명칭을 누릴 수 있었다.

그런데 심리학의 공식적인 프로그램에서는 그 탐구의 주제로서 여타의 인간연구가 접근할 수 있는 제반 인간적 표출물들과 그 종류에 있어서 구별되는 그리고 그것들의 「배후」에 놓여 있는 사건들만을 선택하겠다고 약속하였음에도 불구하고, 실험심리학자들은 실제의 연구과정에서 이 약속을 단번에 깨뜨리고 말았다. 실험심리학자들은 실재하지 않는 것을 관찰하고 신비적인 것을 기술(記述)하는 데 자신의 하루를 보낼 수는 없었던 것이다. 그들이 조사하고 탐구한 것은 미치광이, 백치, 그리고 술이나 피곤, 공포, 최면 등에 시달리고 있는 사람들, 심지어는 뇌손상을 당한 사람들의 행위나 얼굴표정, 말 등이었다. 그들은 안과의사의 입장에서 감각지각을 연구하였다. 그래서 어떤 때는 생리학적 실험을 하기도 하고, 또 어떤 때는 실험대상의 반응이나 진술을 분석하기도 했다. 또 그들은 갖가지 종류의 표준식 테스트를 통해 성공사례와 실패사례를 수집하여 비교하는 방법으로 어린이의 지능을 연구하였다. 또 그들은 하루 일과를 여러 단계로 나눈 다음, 타자수들이 언제 얼마만큼의 오타(誤打)를 치게 되는지 조사하였고, 일정기간별로 시간이 지난 후 암송의 성공 여부를 기록하는 방법으로 어떤 유형의 기억된 단어나 구절을 잊어버리게 되는지를 연구하였다. 또한 그들은 들판에 있는 동물과 부화기 속의 병아리의 행태도 연구하였다. 「관념연합(Association of Ideas)」이라고 하는 연금술과도 같은——그래서 「화학적인」 것을 예기하는 듯하다——원리조차 실험자가 테스트용 단어를 말했을 때 그 피실험자가 큰소리로 얼마나 신속히 대답하는가의 문제에 실제로 적용되기까지 하였다.

　이처럼 프로그램과 실제의 연구 사이에 생긴 불균형에는 아무런 특별한 것도 없다. 그렇지만 우리는 사후(事後)에라도 문제와 방법에 관한 지혜를 기대해야 한다. 철학자들이 직접 자기의 목표와 절차에 대해 밝혔던 것이 그들의 실제 결과나 작업방식과 부합되었던 경우는 거의 없다. 예를 들면, 그들은 「전체(全體)로서의 세계」를 설명하겠노라고, 그리고 총관적(總觀的, synoptic) 사색의 과정을 통해 이런 설명을 수행하겠노라고 약속을 하였다. 그러나 실제에서 보면 그들은 자기들 특유의 이전투구(泥田鬪狗)를 벌여왔으며, 그들이 이룩한 성과라는 것도 전혀 무가치하다고 할 수는 없겠지만 약속했던 것에 비하면 지극히 보잘것없는 것이었다.

　산소의 발견 이전까지만 해도 화학자들은 가연소(可燃燒)로서의 플로지스톤이란 물질을 찾으려고 온갖 노력을 기울였지만, 결국은 찾을 수 없게 되자 플로지스톤 자체보다는 그 물질의 겉으로 드러난 양태나 영향 등을 연구하는 쪽으로 타협적인 방향전환을 하였다. 그래서 그들은 연소의 현상들을 조사한 다음, 곧바로 자신들이 (이론상의 필요에 따라 상정했던) 관찰불가능한 열소(熱素, heat-stuff)의 요청을 포기하였다. 이같은 열소라는 비가시적 물질의 요청(要請)은 도깨비불과도 같이 모험심이 가득한 화학자들을 지도에도 없는 오지(奧地)로 내몰아, 그 오지를 엉터리 표지 투성이의 지도에 그려넣게끔 하였다. 만약에 심리학도 마음을 물질로 여기는 심소(心素, mind-stuff)의 요청에 휩쓸리지만 않는다면 앞으로 훨씬 변모된 상태에 있게 될 것이다.

　그러나 「심리학의 프로그램은 과연 어떤 것이어야 하느냐」의 문제는 여전히 남아 있다. 그런데 이 물음에 답하려고 시도하다 보면 다음과 같은 난관에 봉착하게 된다. 나는 앞에서 실험심리학자는 말할 것도 없고 경제학자, 범죄학자, 인류학자, 정치학자, 사회학자, 그리고 교사, 시험관, 형사, 전기작가, 역사가, 노름꾼, 전략가, 정치인, 사용주, 신앙고해자, 부모, 연인, 소설가 할 것 없이 모두 다 동일한 종류의 자료를 바탕으로 해서 사람들의 마음의 온갖 작용들을 연구한다고 말한 바 있다. 그렇다면 우리는 어떤 기준에 의하여 「심리학적」이라 부를 수 있는 연구와 그렇지 못한 연구를 판별할 수 있는가? 학교 시험성적표의 통계적 결과는 심리학과 무관하다고 여기면서 I.Q 테스트는 심리학적 연구결과라고 말하는 것은 과연 어떠한 기준에 따른 것인가? 왜 나폴레옹의 동기, 의도, 재능 및 어리석음에 대한 역사가의 연구는 심리학적 연구가 아닌데, 샐리 보샹(Sally Beauchamp)의 그것들에 대한 역사가의 연구는 심리학적 연구인가? 만일 우리가 심리학이란 다른 분야에서 다루지 않는 것을 대상으로 한다는 생각을 포기해버리면, 그리고 이와 더불어 심리학자들은 다른 분야의 연구자들이 금하고 있는 자료를 바탕으로 작업을 하고 있다는 생각을 포기해버리면, 심리학과 이들 다른 분야 사이에 과연 어떤 「종차(種差)」가 있겠는가?

　이런 물음에 대해 부분적으로나마 이런 식으로 답할 수 있을 것이다. 시골 우체부는 한 지방을 자기 손바닥처럼 훤히 알고 있다. 그는 그 지방의 도로, 샛길, 개울, 언덕, 잡목숲 등에 대해 샅샅이 알고 있다. 그는 어떤 기후조건 하에서도 밤낮 가리지 않고 계절과 관계없이 자기가 원하는 길을 쉽게 찾아갈 수 있다. 그러나 그는 결코 지리학자가 아니다. 그는 그 지방에 관하여 단 한 장의 지도도 작성할 수 없으며, 또한 그 지방이 인근지방과 어떻게 연결되어 있는지에 대해서도 자신있게 말할 수 없다. 그는 자기가 그렇게 잘 알고 있는 지방의 해발고도나 거리 혹은 나침반 상의 방위(方位)에 대해 전혀 알지 못한다. 그는 자기 지방에 있는 갖가지 유형의 지형들을 분류(分類)하지 못하며, 자기 지방의 특징으로부터 인접 지방의 특징들을 제대로 이끌어내지도 못한다.

　그는 자기 지방을 토의할 때 지리학자가 언급할 수 있는 모든 특징들을 마찬가지로 언급할 수는 있지만, 그 특징들의 종류를 같은 것끼리 분류해내지는 못하는 것이다. 그는 지리학적 일반화, 측량술, 일반적인 설명적 혹은 예측적 이론들을 전혀 이용하지 못한다.

　이와 마찬가지로 형사나 신앙고해자 혹은 시험관이나 소설가 등은 심리학자가 수집하는 자료에 대해 실용적인 차원에서는 정통할 수 있지만, 그들의 자료취급방식은 비과학적인 데 반해 심리학자의 취급방식은 과학적이다. 그들의 방법이 목동의 날씨맞추기에 상응하는 것이라면 심리학자의 방법은 기상학자의 과학에 상응하는 것이다.

그러나 이 정도 대답만으로는 심리학과 인간행동에 대한 다른 분야의 연구들——예를 들면, 경제학, 사회학, 인류학, 범죄학, 언어학 등등——을 구별하는 일이 거의 불가능하다. 공공도서관의 사서들도 통계적 방법을 사용하여 사람들의 독서취미를 파악한다. 그러나 이런 독서취미가 아무리 의심할 바 없는 마음의 한 특징이라 하더라도 이런 유의 조사가 심리학의 자리를 차지할 수는 없을 것이다.

따라서 심리학을 뉴턴적 과학의 대응물로 보는 견해를 포기한다는 말 속에는 심리학이 통일적인 탐구에 대한 명칭이라고 믿는 견해를 포기해야 한다는 뜻이 내포되어 있음을 명심해야 한다. 「의학」만 하더라도 그것은 여러 가지 탐구와 기법들의 다소 느슨한 연관체계일 뿐 그 어떤 논리적 체계도 갖고 있지 않다. 심리학도 이와 별로 다를 바 없다. 결국 준(準)-뉴턴적 과학의 꿈은 하나의 신화(神話)에서 나온 것에 지나지 않으며, 더욱이 통일성까지 바랐던 공허한 꿈이었다. 더욱이 심리학이「외부세계」의 과학인 뉴턴적 과학에 버금가려 했으니 될 말인가?「마음의 현상들」만을 다루는 고립된 분야가 있다고 하는 잘못된 교설은 생물학을 위한 여지를 전혀 남겨주지 않는 하나의 원리(原理)에 기초를 둔 것이었다. 뉴턴적 물리학은 공간 내에 존재하는 모든 것을 다루는 통일과학임을 자처하였다. 데카르트적인 과학상(科學像), 더 나아가 세계상은 멘델이나 다윈을 위한 여지를 한 치도 남겨놓지 않았다. 두 개의 세계에 관한 전설은 동시에 두 개의 과학에 관한 전설이었으며, 다수의 과학들이 존재한다고 인정하게 되면,「심리학」이 단일한 동질적 이론에 대한 명칭이 아니라는 주장으로부터 받게 될 충격을 완화시켜줄 것이다. 오늘날 과학의 이름 하에서 통일적인 이론을 약속해 주는 것은 거의 없다. 이제 이런 일은 더 이상 일어나지 않을 것이다.

그런데 위에서 언급했던 심리학과 의학 간의 비유는 한 가지 중대한 측면에서 방향이 빗나간 것이었다. 왜냐하면 상당히 진척된 심리학 연구 중의 일부는 넓은 의미에서 볼 때 의학 연구이기 때문이다. 단적인 예로, 심리학군(群)에 속하는 천재 프로이트는 그의 업적이 곧 심리학적임과 동시에 의학적이다.

심지어 프로이트의 영향이 워낙 깊고 치명적이리만치 폭넓어서,「심리학자」란 용어를 마치 마음의 질병을 연구하고 치료하는 사람이라는 뜻으로만 사용하려는 경향이 강하게 나타나고 있는 실정이다. 같은 맥락에서, 「정신적(mental)」이라고 하면 곧바로 「정신적으로 문제가 있는(mentally disordered)」을 뜻하는 경향까지 생겨났다.

「심리학」이란 용어를 처음부터 제한된 의미로 사용했다며 용어법(用語法)상 매우 편리했을지도 모른다. 그러나 지금의 학계는 광의(廣義)의 심리학 개념에 너무 젖어 있기 때문에 용어상의 개신(改新)을 바란다는 것은 어리석은 일이다.

일부 사람들은 인간의 재능과 성격을 다루는 다른 모든 연구들과, 심리학적 연구 사이에는 일반적이고 명확한 구분선이 존재한다는 주장에 대해 거부감을 느끼게 될는지 모른다. 설사 심리학자들이 이론발견을 위한 자기들만의 독점적인 자료나 연구대상을 갖고 있지 않다하더라도, 그들의 이론들은 변함없이 언어학자나 위장전문가, 인류학자, 형사 등이 지닌 이론들과 근본성격에서 구별된다. 심리학적 이론들은 인간행동에 대한 인과적 설명을 주고 있고, 또 주려한다는 점에서 독자성을 갖는 것이다.

결국 인간의 마음의 제반작용을 연구하는 새로운 분야들이 아무리 생겨난다하더라도, 심리학은 이런 제반작용을 인과적으로 설명하려고 노력한다는 점에서 다른 그 어떤 분야들과도 구별될 것이다.

물론 여기서 「인과(cause)」나 「인과적 설명(causal explanation)」이란 말은 매우 엄격한 의미를 갖는 표현이다. 마치 이 말은 우리에게 눈으로 볼 수 없는 당구알의 들리지 않는 소리마냥 뭔가 신비스러운 것이 있어서 세상만물에 대한 진정한 과학적 설명을 할 수 있는 양 들린다. 그래서 우리의 말과 행동에 대해 과학적 설명을 하겠노라는 약속을 듣게 되면, 우리는 즉각 지금까지 전혀 꿈꾸어본 적도 없고 앞으로도 목격하게 될 것 같지 않은 어떤 힘이나 작용원인의 존재를 알게 될 것으로 기대한다. 그러니 우리 마음의 틀이 덜 예민할 경우, 우리는 우리 자신의 행위와 반응에 숨겨진 원인들을 발견하겠노라는 약속에서 별다른 그럴듯한 것을 찾아내지 못한다. 우리는 농부가 왜 시장에서 돼지들을 팔지 못하고 그냥 돌아왔는지를 잘 안다. 그는 가격이 자기가 기대했던 것보다 훨씬 낮다는 것을 알게 되었다. 우리는 철수가 왜 인상을 찌푸리고 문을 쾅 닫았는지를 잘 안다. 그는 누군가에 의해 모욕을 당했던 것이다. 우리는 소설에서 여주인공이 왜 혼자서 아침에 편지를 읽고 있는지를 잘 안다. 왜냐하면 필요한 인과적 설명을 소설가가 해주었기 때문이다. 여주인공은 겉봉에 있는 필체를 보고서 연인이 보낸 것임을 알았다. 한 중학생은 15의 제곱이 225라고 답을 쓴 이유를 잘 안다. 그는 수학법칙을 알고 있었기 때문이다.

앞으로 잠시 살펴보게 되겠지만, 본인도 왜 그랬는지를 모르는 행위나 불안감 혹은 발언들의 종류가 수없이 많다. 그러나 본인이 설명할 수 있는 행위나 발언이라고 해서 그것이 종류에 있어 특이한 설명을 필요로 하는 것은 아니다. 행위나 발언의 원인이 행위자나 주변 사람들에게 잘 알려져 있는 경우에, 그 행위나 발언의 진정한, 그러나 숨겨져 있는 원인들에 대하여 뭔가 새로운 소식을 주겠다고 약속하는 것은 악명높은 원인을 갖는 기계론적 사건들의 은밀한 원인들에 대한 특이한 종류의 약속이다.

자전거에 대해 아는 사람이라면 체인에 의해 전달되는 페달의 압력 때문에 뒷바퀴가 돌아가고 있다는 것을 잘 안다.

그렇지만「페달의 압력이 왜 체인을 팽팽하게 하는가?」그리고「왜 체인의 팽팽함이 뒷바퀴의 회전을 가능하게 해주는가?」라는 질문은 그에게 비현실적인 질문이라는 인상을 줄 것이다.「무엇 때문에 그는 페달에 압력을 가함으로써 뒷바퀴를 회전시키려 하는가?」라는 질문도 마찬가지의 인상을 줄 것이다.

우리의 수많은 행위와 반응에 대해「인과적 설명」을 시도할 수 있는 이같은 일상적인 의미에서, 이런 원인들을 언급할 수 있는 것이 심리학자들만의 특권은 아니다.「판매자」나「파업」을 이야기하는 경제학자는 일반적으로 가격이 너무 낮다는 것을 알고서 돼지를 팔지 않고 농장으로 돌아오는 농부의 경우와 같이 그것들을 설명한다. 문학비평가는 한 시인이 하필이면 왜 어떤 특정한 구절에 새로운 리듬을 사용했는지를 논의하면서 왜 그 구절에서 시인이 시작(詩作)상의 곤란을 겪고 있었는지를 고찰한다. 선생님도 학생이 왜 곱셈을 정확하게 할 수 있었는지를 알기 위해 배후에 있는 그 어떤 것을 추구할 필요는 없다. 왜냐하면 그는 직접 드러난 사건을 목격하였기 때문이다.

　다른 한편으로, 전혀 이상과 같은 설명을 할 수 없는 종류의 행동들도 있다. 나는 왜 특정인(特定人) 앞에만 서면 당황하여 말을 못하게 되는지를 모른다. 나는 왜 내가 느닷없이 지금까지 전혀 주의를 기울인 적이 없는 길거리의 한 구석을 주시하게 되었는지를 알지 못한다. 공습경보 사이렌이 울리고 나면 왜 말을 서술하게 되는지를 잘 모른다. 혹은 어떻게 해서 내가 틀린 세례명으로 친구에게 편지를 발송하게 되었는지를 알지 못한다. 우리는 이런 종류의 문제들이 진정한 심리학적 문제라고 인식하고 있다. 만일 내가 심리학에 대한 최소한의 지식이라도 갖고 있지 않다면, 앞뒤가 맞지 않는 편지를 보았을 때 정원손질이 왜 특별히 매력적인지를 알지 못한다. 농부가 왜 일정가격에서는 돼지를 팔지 않으려는가의 문제는 심리학이 아니라 경제학의 문제이다. 그러나 왜 특정한 외모의 손님에게는 팔지 않는가라고 묻는다면 이는 분명 심리학적인 문제인 것이다. 감각지각이나 기억력의 분야에서도 이와 유사한 일이 있을 수 있다. 왜 그물눈을 지나는 직선이 휘어져 보이는지, 혹은 외국어로 하는 대화가 모국어로 하는 대화보다 빨라 브이는지 우리의 지식으로는 알 수 없다. 이런 문제도 심리학의 문제라고 할 수 있을 것이다. 하지만 우리는 형태, 크기, 그림, 속도 등에 대한 우리의 정확한 평가에 상응하는 심리학적 설명을 듣게 되면, 잘못된 약속을 한 것이라고 느끼게 된다. 왜 우리가 기만을 당했는지에 대해 심리학자에게 물어보자. 하지만 우리는 왜 우리가 기만당하지 않는지를 스스로 알 수 있을 뿐만 아니라 심리학자에게 말해줄 수도 있다.

　우리 마음의 무능(無能)을 드러내는 징후들을 분류하고 판별하기 위해서는 전문적인 연구방법이 필요하다. 우리 마음의 능력이 발휘된 현상들을 설명하는 데는 평상시의 건전한 상식만 있어도 되고, 때로는 경제학자나 교수, 전략가, 시험관 등이 사용하는 전문방법이 있어야 한다. 그러나 이 사람들의 설명은 보다 근본적인 (은밀한) 원인들로부터 도출된 것이 아니다. 그래서 인간행위와 반응에 대한 인과적 설명이 모두 심리학적인 것은 아니다. 게다가 모든 심리학적 연구가 인과적 설명은 아니다. 수많은 심리학자들은 측정의 방법을 고안하여, 이 방법으로 측정된 결과들을 수집하는 일에 전념하고 있다. 물론 여기에 깔린 기대는 이러한 측정의 결과들이 언젠가는 정확한 기능적 상관관계나 인과법칙의 수립을 위해 기여하리라는 것이다.

그러나 그들의 측정작업은 기껏해야 예비적 성격을 벗어나지 못한다. 그렇기 때문에 「심리학적 연구」를 곧바로 인과적 설명의 탐구라고 할 수는 없는 것이다.

내가 이 책을 통해 왜 심리학에 대해 미미한 언급밖에 하지 않았는지에 대해 이제 깨닫게 될 것이다. 이 책의 주요 목적은 심리학만이 마음의 능력이나 특성을 경험적으로 연구하는 유일한 학문이라는 독선을 논박하는 것이고, 또한 이런 독선에서 나온 추론인, 「마음」은 심리학 고유의 전문용어에 의해서만 적절하게 기술될 수 있다는 잘못된 관념을 타파하는 데 있었다. 영국을 지진학(seismology)만으로 서술하는 것이 불가능하듯이.

2. 행태주의

이 책의 일반적 경향에 대해 「행태주의적(=behaviourist)」이라는 낙인을 찍고 싶어하는 사람들이 많으리라 생각된다. 그래서 「행태주의」에 대한 약간의 언급을 하고 넘어가는 것이 좋을 것이다. 행태주의란 원래 과학적 심리학의 고유한 방법에 관한 이론이었다. 이에 따르면, 심리학은 지금까지와는 달리 여타의 진보를 이룩한 과학의 모범을 따라야 한다는 것이었다. 즉 심리학의 이론들도 반복가능하고 공개적으로 검증가능한 관찰과 실험에 기초를 두어야 한다는 것이었다. 그러나 의식이나 내관(內棺)의 모습을 공개적으로 검증할 수는 없다. 오직 사람들의 외관상 나타난 행동(혹은 행태)만이 다른 여러 사람들에 의해 관찰되고 계측되어 기록될 수 있다. 이러한 행태주의적 방법론의 강령을 고수했던 초기의 이론가들은 의식과 내관의 소여(所與)를 하나의 신화로 보아야 할 것인지, 아니면 그 소여는 과학적 연구와는 무관한 것으로 보아야 할 것인지에 대해 갈팡질팡하고 있었다. 즉 그들이 홉스(Hobbes)나 가상디(Gassendi)의 다소 조야한 기계론적 교설을 신봉하고 있었는지, 아니면 계속해서 데카르트의 준(準)-기계론적 이론을 고수하면서도 연구절차의 면에서는 갈릴레오에게서 물려받은 전통을 따르고 있었는지에 대해 명확하게 결정을 내리기란 쉽지 않다. 예를 들면, 그들이 사고를 복합적인 소음과 운동을 하는 것으로 보았는지, 아니면 이런 운동과 소음이「내면생활」의 과정과 얽혀 있기는 하지만 운동과 소음은 오직 실험실에서만 볼 수 있는 현상이라고 보았는지 분명치가 않다.

그러나 초기의 행태주의자들이 기계론적, 혹은 준(準)-기계론적 이론을 수용하였는지의 여부는 그리 중요치 않다. 그들은 두 가지 이론 모두에서 오류를 범하였다. 우리가 명심해야 할 중요한 사실은 인간 특유의 행위들을 행태주의적 방법으로 기술함으로써 행태주의자들이 무시하거나 부정했다는 이유로 처음에 비난했던 가정(假定)상의「내면생활」의 사건들이란 것이 얼마나 허망한 것이었던가가 심리학자들에게 명확해진 것이다.「내적 지각」의 징후들을 전혀 언급하지 않았던 심리학자들은 덴마크의 왕자위를 빼앗긴「햄릿」과도 같았다. 그러나 추방당한 영웅은 혈액과 척추가 없는 존재처럼 되어, 이들을 이론의 적대자들조차도 그 영웅의 어깨에 중대한 이론적 부담을 안겨준 데 대해 부끄러움을 느끼기 시작했다.

소설가, 극작가, 전기작가 등은 사람들의 행위, 발언, 상상력, 표정, 동작, 목소리의 크기 등을 서술함으로써 그들의 동기나 사고, 습관, 불안감 등을 표현하는 데 만족해왔다. 제인 오스틴(Jane Austen)의 논의에 초점을 맞추는 심리학자들은 이것들이 연구주제의 장식적인 요소들이 아니라 본질적인 재료들임을 깨닫기 시작했다. 물론 그들은 이 유령과도 같은 것을 서술해야 하는 과제로부터 심리학을 구축해내야 함과 동시에 기계론적인 데 빠지는 것을 막기 위하여 다소간 불필요한 불안에 계속 시달려야 했다. 그렇지만 기계론의 망령은 장장 1세기 동안이나 영향력을 행사하였다. 그 이유로서는 여러 가지가 있겠지마는 무엇보다도 이 기간 동안 생물학(生物學)이「과학」의 칭호를 얻으며 확고하게 자리잡았기 때문이었다. 뉴턴의 체계는 이제 더 이상 자연과학의 유일한 패러다임이 아니었다. 인간은 이제「기계 속의 유령」론을 거부한다고 해서 기계로 전락할 필요가 없다. 이제 인간은 일종의 동물, 즉 고등포유동물의 위치를 차지할 수 있었다. 물론 여기에서도 고등포유동물이 곧 인간이라는 가설에 이르기 위해서는 위험스러운 비약을 하지 않으면 안 된다.
　행태주의자들의 방법론적 강령은 심리학의 프로그램에 대해 혁명적인 중요성을 가졌다. 게다가 그 강령은 두 개의 세계에 관한 이야기를 신화(神話)로 간주하는 철학적 혐의를 뒷받침해주는 주요한 지주의 하나였다. 이러한 방법론의 승리로 인하여 일정의 홉스적인 이론이 판을 치게 되고, 심지어는 심리학의 과학적 조사방법이론의 진리성은 곧 기계론의 진리성을 보여주는 것인 양 생각하는 경향이 만연되었다는 사실은 오히려 상대적으로 중요성이 덜한 문제이다.
　나는 지금 심리학자들이 실제로 하고 있는 구체적인 연구절차들이 두 개의 세계에 관한 심화를 오랫동안 고수함으로써 어느 정도까지 영향을 받아 왔는지, 혹은 행태주의의 반란이 그들의 방법에 어느 정도까지 변화를 가져 왔는지에 대해 말하고 있는 것이 아니다. 내가 말하고 싶은 것은 그 신화가 가져온 악영향이 좋은 영향보다 더 컸고, 그 신화에 대한 행태주의자들의 반란은 실제적인 면에서보다는 명목적인 면에서 더 많은 개혁을 이룩했다는 사실이다. 신화라고 해서 언제나 이론의 진보에 해악(害惡)을 끼치는 것은 아니다. 신화들은 종종 초창기에는 어마어마한 생산적 가치를 갖기도 한다. 신대륙을 향해 떠나는 개척자들은 신대륙도 결국은 구대륙과 크게 다르지 않을 것이라는 생각을 갖기 마련이고, 어린아이의 경우 어디에 가더라도 그 집의 난간이 자기가 전에 살던 집에서의 난간과 촉감이 비슷하다면 낯선 집이라 할지라도 크게 당황하지 않는다.
　그러나 심리학의 방법론을 더욱 전개시키는 것이나 개별과학의 특수한 가설을 설정하는 일은 이 책의 목적에 속하지 않았다. 이 책의 목적은 초지일관 두 개의 세계에 관한 이야기는 철학자의——비록 허구의 이야기는 아니지만——신화라는 것을 입증하는 데 있으며, 또한 이같은 입증을 통하여 이 신화가 그동안 철학의 영역 내부에 미친 손상을 회복시키는 데 있었다. 나는 이를 위해 심리학자들이 겪고 있는 곤란한 문제들에서 증거를 찾지 않고, 철학자들 자신이 마음에 관한 기본적인 개념들에 대해 잘못된 유형의 논리성을 부여했다는 점을 논증코자 노력하였다. 만일 나의 논증에 타당성이 있는 것이라면, 이런 개념들은 홉스나 데카르트와 같은 기계론자나 준

-기계론자들에 의해——물론 이 둘은 서로 대립되는 것이지만——논리적 위상이 잘못 정립되었다고 할 수 있을 것이다.

   결론적으로 홉스와 가상디의 마음이론이 갖는 이론적 생산성을 데카르트주의자들의 이론의 생산성과 비교해볼 때, 우리는 의심할 바 없이 데카르트 쪽이 훨씬 더 생산적이었다고 판정을 내리지 않을 수 없다. 우리는 이런 맥락에서 그 두 이론들 간의 대립을 서술할 필요가 있다. 한 지방의 군대의 일개 중대가 한 요새에 배치되어 있다. 또 다른 중대의 병사들은 그 요새가 외호(外濠)의 물이 말라버렸고, 성문들이 파괴되었으며, 성벽도 군데군데 허물어져 있음을 알아차린다. 하지만 이 위태위태한 기지를 지킨다는 것이 어리석은 줄 알면서도 이 지방을 수호하기 위해서는 이런 기지라도 필요하다는 생각에 사로잡혀 있는 그 병사들은 자기들이 볼 때 가장 그럴듯하게 기지처럼 보이는 곳, 즉 폐허가 된 기지에라도 의탁할 수밖에 없는 것이다. 그 어느 쪽도 방어하기란 역부족이다. 당연히 폐허가 된 요새는 돌로 구축한 요새보다 적의 공격에 대해 취약하기 마련이다.

   게다가 그 자체의 취약성마저 안고 있다. 하지만 어떤 측면에서는 폐허가 된 요새를 점령한 병사들이 더 나아 보였다. 왜냐하면 그들은 돌 하나 없는 요새에서도 훨씬 더 안전하다는 환상에 사로잡혀 있다는 점에서 어리석기 그지 없지만, 다른 중대가 있는 돌로 된 기지의 약점들을 보았기 때문이다. 그들에게 승리를 가져다줄 듯한 조짐은 없다. 그렇지만 그들은 교훈이 될 만한 증거들을 보았다. 그들은 대리전략의 의미를 알아차린 것이다. 왜냐하면 그들은 벽이 허물어진 암벽성은 요새의 기능을 상실한다는 것을 깨달았기 때문이다. 이어서 그들이 깨우치게 될 교훈은 그같은 폐허가 된 요새도 요새가 되지 못한다는 사실이다.

   우리는 이런 경우를 한 가지 핵심문제에 대해 적용해볼 수 있을 것이다.

   한 이론에 따르면 사고하는 것은 말하는 것과 동일하다. 다른 이론에서는 당연히 이러한 동일시에 대해 거부한다.

   그러나 말하는 것은 행동하는 것이라는 견해와 사고하는 것은 행동하는 것이라는 견해는 서로 무관하다는 입장에서 거부한다면 이는 당연한 것이긴 하지만 잘못된 방식의 거부라 할 수 있다. 사고하는 작용은 많은 점에서 말하는 작용과 구별된다. 사고작용은 언어작용이 일어나는 곳과는 전혀 다른 장소에서 언어작용을 통제한다. 그렇지만 이는 그 어느 것도 옳지 않다. 왜냐하면 위에서 비유로 든 경우에서와 똑같은 이유로 해서 사고하는 것을 말하는 것과 동일시하는 것은 취약하기 그지없기 때문이다. 아무 생각 없이 지껄이는 말은 사고가 아니라 허튼소리인 것과 같듯이, 이것들도 아무 생각 없이 이루어지고 있다. 그래서 역으로 그것들을 사고하는 것이라 할 수 없다.

그러나 아무 생각 없는 지껄임과 사고를 구별하는 것에 대해 아무리 잘못된 서술을 하더라도, 이는 대단히 기본적인 차이점을 인식하고 있는 것이다. 데카르트의 신화는 홉스의 신화를 모방함으로써 홉스의 신화의 결점들을 수정한다. 그러나 교설상의 동정요법일지라도 질환에 대한 인식은 이루어지기 마련이다.

옮긴이의 말

　이 책은 영국의 현대철학자 길버트 라일(Gilbert Ryle)의 주저(主著)인 《마음의 개념(*The Concept of Mind*)》(Barnes & Noble, New York, 1984)을 옮긴 것이다. 그는 「옥스퍼드학파」라고도 불리우는 일상언어학파를 주도한 철학자였으며, 《마음(*Mind*)》지의 편집자(1947~71)이자 옥스퍼드대학의 형이상학 교수(1945~68)로 있으면서, 언어의 잘못된 사용에서 빚어지는 혼란을 제거하는 데 커다란 노력을 기울였다.
　여기에 옮긴 《마음의 개념》은 그의 첫번째 저서로서 현대의 고전(古典)으로 평가받고 있다. 이 책에서 그는 데카르트의 물심(物心)이원론에 도전장을 던진다. 라일에 따르면 전통적인 데카르트의 이원론은 정신을 신체의 유기적 원리로 보지 않고 관찰불가능하고 기계적 법칙에도 따르지 않는 뭔가 신비스러운 것으로 간주함에 따라 심각한 혼란을 초래했다는 것이다. 그래서 라일은 논리적 일관성이 결여된 데카르트의 교설에 대해 「기계 속의 유령」론이라는 명칭을 붙였다.
　그리고 라일은 또 다른 저서 《딜레마(*Dilemmas*)》(1954)에서 자유의지론과 숙명론의 경우처럼 전혀 양립할 수 없어 보이는 명제들을 분석하였다. 이에 대해 그는 논리언어(language of logic)와 사건언어(language of events) 간의 개념적 혼동에서 빚어진 결과임을 보여줌으로써 이와 유사한 딜레마들을 해결할 수 있다고 믿었다.

그밖에 라일의 저서로는 《철학적 논증(Philosophical Arguments)》(1945), 《이성적 동물(A Rational Animal)》(1962) 등이 있으며 1971년에는 선집(選集)이 2권으로 출판되어 나왔다.

참고 삼아 서양의 철학자들이 정신(mind)을 어떻게 이해하였는지를 간략히 정리해보겠다.

고대 그리스에서는 아낙사고라스(Anaxagoras)가 세계의 원질인 무수히 많은 스페르마타(spermata)의 원동력으로서 누스(nous)를 상정하였는데, 아직도 물질적 성격에서 완전히 벗어난 것은 아니었다.

그 후 플라톤은 이데아와 합일될 수 있는 인간정신으로서의 푸쉬케(psyche)를 비물질적이며 영원히 불멸하는 존재로 보았다. 하지만 일반적으로 그리스시대의 존재론은 대부분 동물적 영혼이나 식물적 영혼의 연장선상에서 인간의 정신을 이해하려 하였다.

중세시대에는 당연히 인간영혼이 별다른 주목을 받지 못하다가 데카르트 철학과 더불어 근대 형이상학의 주요개념으로 떠올랐다. 데카르트에 따르면, 정신과 물체는 대립되는 2개의 유한한 실체(實體)이며, 이들은 무한실체로서의 신에 의존하여 대립적으로 존재하는 것이다.

그리고 물질의 속성(attribute)은 연장(延長)인데 비해 정신의 속성은 사유(思惟)라 하여 두 실체 간의 의존관계를 부정하는 이원론(二元論)을 수립하였다.

그 후 이런 이원론으로 스피노자에 의해 신=자연이라는 일원론으로 통일되고, 라이프니츠는 단자론(monadology)을 수립하였으나, 결국 이들은 모두 정신을 실체나 실체의 속성으로 보았다.

그 후 계몽주의에 오면서 정신을 실체로 이해하는 입장은 쇠퇴하고 활동이나 기능(function)의 측면에서 이해하려는 경향이 일반화되었다. 그 후 칸트, 피히테, 셸링, 헤겔을 거치면서 사고를 통해 역사적-사회적 전체의 세계가 포함되게 되었다.

라일의 작업은 분명히 이러한 서양의 지적, 철학적 전통과 직접 닿아 있다.

이 책을 통해 독자들의 사고방식 전환에 많은 도움이 있기를 바라며, 워낙 어려운 저작에 욕심을 부린 관계로 본의 아닌 오역이 있을 것으로 생각된다. 독자 여러분의 질정을 바란다. 나태해질 때마다 따끔한 질책을 해준 상훈이 엄마에게 고마움을 표시하고 싶고 더불어 전병석 사장님과 김혜숙 편집장님께도 감사를 드린다.

1994년 3월
이한우

옮긴이 이한우

고려대학교 영문과를 거쳐 같은 학교 대학원 철학과를 졸업하고,
한국외국어대학교에서 박사과정을 마쳤다.
중앙일보, 문화일보를 거쳐 현재 조선일보 문화부 기자로 활동하고 있다.
번역서로 W. H. 월쉬의《형이상학》, 리처드 팔머의《해석학이란 무엇인가》,
조셉 블레이처의《해석학적 상상력》, 칼 뢰비트의《역사의 의미》,
라인홀드 니버의《도덕적 인간과 비도덕적 사회》등이 있다.

마음의 개념

1판 1쇄 발행 1994년 3월 15일
1판 재쇄 발행 2019년 9월 10일

지은이 길버트 라일 | **옮긴이** 이한우
펴낸곳 (주)문예출판사 | **펴낸이** 전준배
출판등록 1966. 12. 2. 제 1-134호
주소 03992 서울시 마포구 월드컵북로 6길 30
전화 393-5681 | **팩스** 393-5685
홈페이지 www.moonye.com | **블로그** blog.naver.com/imoonye
페이스북 www.facebook.com/moonyepublishing | **이메일** info@moonye.com

ISBN 978-89-310-0226-3   03100

◦ 옮긴이와의 협약에 의해 검인 생략함
◦ 잘못 만든 책은 구입하신 서점에서 바꿔드립니다.